变革时代的法律秩序

当代中国重大立法司法问题探讨

（修订版）

Legal Order in the Period of Transition

法律出版社
LAW PRESS · CHINA

陈有西　浙江宁海人，一级律师，兼职法学教授。中央财经大学法学院、浙江工商大学法学院法律硕士导师。京衡律师集团董事长兼主任。1977年考入杭州大学(现浙江大学)中文系，获文学学士。1993年考入北京大学法律系高级法官班进修行政法。中国法学会个人会员、中华全国律师协会宪法人权委员会副主任、中华全国律师协会知识产权委员会委员。浙江省公安厅法律专家委员会委员。曾经在浙江省委、浙江省公安厅、省高级法院工作，担任省政法委书记、高级法院院长秘书。曾经主持大学法律系、省社科院法学所工作。已经出版《定罪量刑指南》、《知识产权法》、《反不正当竞争法律适用概论》、《行政诉讼和行政执法的法律适用》等专著、合著八部。历年发表法学论文和文章400余万字。曾借调最高法院参与起草中国法院十年规划纲要，多次应邀参加全国人大法工委和国家行政立法课题组《行政处罚法》、《立法法》、《行政复议法》、《行政许可法》等草案起草论证活动。作为律师，办理了大量刑事、经济、行政、知识产权著名案件，有的评为最高法院知识产权十大名案，中国文坛八大名案。曾获评浙江省杰出法学青年，浙江省律师事业突出贡献奖、杭州市政府授予法律中介服务业标兵、浙江省委省政府授予省级普法先进个人。是一位理论和实务兼长的法律学者。

再版说明

法律出版社告知,《变革时代的法律秩序》2009年5月出版后,半年即已脱销。作为一本纯学术的著作,能够得到社会认可深感欣慰。有些学者和朋友向我要书,手头阙如。同出版社商量后,决定增订再版。借此机会,对内容作些许调整。增补数篇早年发表的,我认为比较有价值的文章。这本书从现在角度看,内容自然已经有些不新鲜了,但是在我十年二十年前写作时,都是走向前沿的一些思考,提出的一些问题,到现在仍然没有解决,也可以看出中国司法改革之难。这两年中我新发表的文章和演讲,将出版另外的著作,这本书就保持阶段性的原貌。

谢谢读者朋友的厚爱,并期方家继续不吝赐教。

联系工作邮箱:zjhzcyx@hotmail.com

陈有西

2010年10月于北京

序　言

思想者是快乐的

陈有西是一位经历比较独特的法律学者。我认识作者是在1993年夏，那时最高人民法院和北京大学合办了高级法官班，为全国法院系统培养中层以上高级法官，我应邀前去讲授行政法和行政诉讼法，陈有西是这个班的学习委员，自然有了较深的印象。后来引起我对他的更多关注，还在于他的勤奋著述。在一年多的时间里，他在《行政法学研究》、《中国法学》、《中外法学》等刊物上发表了二十多篇行政法方面的论文，还完成了《反不正当竞争法律适用概论》、《行政执法和行政诉讼的法律适用》、《企业反侵权指南》三本书稿的写作，并都陆续出版。其中《对行政诉讼困境的宏观思考》、《中国行政法院设置相关问题探讨》等论文引起了国内行政法学界的广泛关注，也引起了我的注意。其时，我国《行政处罚法》、《行政复议法》、《立法法》、《行政许可法》都在相继启动立法，我作为行政立法研究组的副组长，就邀请他参加立法研究活动以及行政法学研究会年会。他的一些发言带来了司法一线的信息和思考，有的意见很有见地。在《行政处罚法》最后几稿的讨论中，他作了一个很好的发言。会后我嘱他整理成文，后来发表在《行政法学研究》上，这便是收入本书的《关于行政处罚立法的十点思考》。

陈有西是国家恢复高考后的第一届七七级大学生。这一届学生，经受过生活的锤炼，对个人命运，对社会现实，有更多的思索，因而思想活跃，有追求，有抱负，出现了很多杰出人才。对于陈有西来说，他不仅具有这一代人的共同特点，还有着个人的独特经历。他到过基层，坐过机关，担任过副局长，当过省公安厅副科长，还担任过省委分管政法的领导的秘书和高级人民法院院长的秘书兼研究室副主任。后来又到省社科院法学所、大学法律系担任负责人。1999年,他辞去公职,成了一个专职执业律师,办理了大量刑事、民事、行政、知识产权和国际业务案件。离开国家机关和科研机构,卸去职务,这无疑出于一种坚定的法律信念。而他涉足过警察、法官、党委、学术、律师等多种岗位、不同层级,使他有了更为深刻的实证积累,有了多角度的不同方位的思考,有了独特的学术视角。因而在他的学术研究中,有见解,有胆识,这是他的研究成果具有鲜明特色和独特价值的重要原因。

多年来,作者始终结合工作实际,不懈地进行着思考研究,写了大量著作。本书便是作者十多年法学研究成果的汇集。作者从实际出发,从实践中发现问题,从实践中思考解决问题的途径,并提炼上升到理论上,对立法、司法、司法解释、行政法、刑法、知识产权法、司法改革多方面进行思辨和论说,对中国的法制现状和存在的问题,提出了许多立法改进和司法改革的可能性思路。观点新颖而不偏激,有学术深度而不晦涩,既有前沿探索,更有实证的研究和论证。是法学理论和法律实务紧密结合的难得的法学论著。

法学是应用科学,紧密反映现实并服务于现实。法学研究必须着眼于国家法制的进步和社会的发展,从实际出发去研究我国的民主与法制建设问题。同时,法学研究又是需要创新思维和勇气的。改革开放三十年来,我国的经济环境和政治环境发生了巨大的变化,法学界伴随着改革开放的进程,成为一个非常活跃的富有生机的领域。国家的每一项法治建设的成就、司法改革的进展,以及法律适用的完善、公民法治意识的增强,都包含着众多法律学者的不懈努力,很多优秀的成果都需要认真回顾和总结。

本书的出版,正是体现了法学的回顾、总结和客观需要,有利于全面展示作者的法学思想,促进法学界对于作者所提出的一些问题的共同研究和总结。

有感于作者的勤奋,有感于作者的探索精神,也叹赏于本书的特色和价值,欣然命笔作序,期望引起学界的注意,并祝愿作者能够有更多的学术成果问世。

应松年

2008年岁末于北京世纪城

目录

一

宪法行政法篇

1. 统治意志还是社会契约?*

——中国行政立法法理基础的再探讨

【提要】法的本源应该是统治阶级意志,还是应该反映全体人民的意志,这是法理学中的一个基本问题,对立法和司法的观念和具体运作,一直产生着重大影响。人民意志在代议活动中,会产生衰减和变异。作为统治阶级的人民,和作为被管理和统治的人民,其立场和意志不可能完全重合。我国作为人民主权的国家,立法应该力图真实全面地体现人民意志。

【主题词】法理学　法的本源　立法意志　行政立法

法是统治阶级意志的体现,这是我国法学基础理论上早有定论的权威观点。这一理论滥觞于《共产党宣言》,由列宁

---

* 本文完成于1995年,曾在1996年黑龙江大学全国行政法年会上宣读,当时法的阶级性问题还是不容讨论的禁区。不少学者给予了肯定,一些学者表示了不同看法。其后作者又向北京大学龚祥瑞先生等求教,听取了许多宝贵的意见,如对"行政立法"的范畴和概念、"训政"在革命兴起需要唤起民众时是必要的、立法意志只能是代议意志而不可能有全民意志等,参照这些意见又作了几次修改。后在巴黎大学中国留学生刊物《法律与经济》上全文发表。文中所称的"行政立法"是广义的,既指国务院等行政机关立法,也指人大等权力机关的制定行政法律的活动;探讨法的本质是从行政法理学这个角度出发,但许多原则及于整个法学基础理论,即从行政法角度出发,对法的本质是统治意志的体现,还是绝大多数人民意志的体现这个命题进行粗浅的探讨,以对前苏联20世纪30年代的法学理论以及对我国的影响进行一些反思。这次出版保持了原样,没有进行修改。我国立法的参与面正在不断扩大,如《刑事诉讼法》和《刑法》的修改和《行政处罚法》的立法,都是人民代表大会全会立法而不只是常委会立法;《公路法》在人大会议通过时还曾经遭否决;《物权法》、《劳动法》立法过程都广泛地征求了社会各界的意见。社会主义民主政治正在逐步走向成熟,因此作者认为将此文收入文集还是有一定意义的。

和斯大林的国家和法的理论进行发展，最后是由前苏联的马克思主义法学家如维辛斯基等人集大成。我国在新中国成立后法学理论受前苏联的直接影响，国家和法的理论基本上继承了前苏联法学家20世纪30年代的观点，半个多世纪以来没有突破和改变。在我国近年来的立法活动尤其是行政立法中，参与面窄、立法的官方意志明显、行政立法偏私现象是存在的。这一切，都需要我们实事求是地进行新的探讨。根据我国的"人民民主国家"的性质、人民代表大会的根本制度，以及中国共产党的奋斗目标，我国在立法观念上要走出"统治意志论"围城，以发展的观点，按马克思主义唯物史观，充分尊重人民群众的意志和首创精神，使我国的立法和司法活动更加科学化、规范化，更切合实际地代表绝大多数人民群众的意志，以适应当前大举立法、依法治国的需要。

一、如何理解经典作家关于法的本质的阐释

马克思、恩格斯揭示了资本主义法"是这样的"
而没有给出社会主义法"也应该这样"

法是掌握国家权力的统治阶级意志的集中体现。这一理论是马克思主义经典作家对资本主义时期的法作深刻解剖后得出的结论。这一结论最早见于《共产党宣言》："你们的法不过是同被奉为法律的你们这个阶级的意志一样，而这种意志的内容是由你们这个阶级的物质生活条件来决定的。"①就是说，马克思主义科学地揭示了资本主义法"是怎样的"，但对将来的社会主义法"应该是怎样的"，还没有作出明确的构想。这一步工作是后来由列宁、斯大林进一步发展，再由研究马克思主义法学的学者来完成的。列宁从法的一般规律研究出发，也指出："法律就是取得胜利、掌握国家政权的阶级的意志的表现。"②斯大林则从中明确推导出社会主义法也是阶级意志的体现，"宪法所以需要，是为了把合乎劳动者愿望并有利于劳动者的社会秩序固定下来"。③1938年，前苏联斯大林时期的总检察长维辛斯基提出了一个法学提纲，得到了科学院法律研究所的通过，从此成了马克思主义法学中阐述法的本质的经典理论："法权是经国家政权制定或认可的，反映统治阶级意志的，而由国家的强制力来保证其适用的行为规则（规范）的总和，其目的在于保护、巩固并

---

① 《马克思恩格斯选集》（第1卷），人民出版社1972年版，第268页。
② 《列宁全集》（第13卷），人民出版社1959年版，第304页。
③ 《斯大林选集》（下卷），人民出版社1979年版，第400页。

发展有利于适合于统治阶级的社会关系和社会秩序”。[①] 看一看我们现在国内的法学理论教科书,可以看出我们一直在照抄这一理论。

列宁在夺取政权之初沿用这一原理
是阶级斗争激烈时期的政治需要
并没有说将来人民政权的法也与此相同

在无产阶级和资产阶级夺取政权的大决战中,列宁十分强调法的阶级意志性。但他这时的统治阶级意志同我们现在的“人民意志”有所不同,他主张由少数先进分子先来代表人民体现其意志。“正是为了使一定阶级的群众能够学会认清自己的利益、地位、推行自己的政策,才必须立即建立本阶级先进分子的组织,即使起初这些分子只占本阶级极少的一部分也没有关系。”“无论什么时候什么地方,某个阶级的领袖永远是该阶级最有知识的先进代表人物。”“负责人不是实现他个人的意志,而是实现这个社团的意志。”[②]到了后来,革命发展了,阶级的自觉的代表者的数量会无比地增长,于是,阶级的大多数便跟着他们的党前进。[③] 前苏联法学家阿尔查诺夫等在《列宁著作中的国家与法》中阐释说:“一定阶级的意志,起初是由代表这个阶级实际利益的自觉的少数人创制出来的”,“绝不是所有的个人都能提高到全阶级利益的觉悟水平”。[④] 可以看出,列宁这些理论完全适应于革命开始发动阶段,无产阶级革命靠少数精英推进的时候,全体成员的意志可以也只能由少数先进分子来代表。而在革命已被广大群众接受,并取得政权之后,其阶级的意志必须由最广大的人民群众一起来体现。如果不是这样,就将违背人民民主的原则,走向专制主义和寡头政治的歧途。

维辛斯基的“统治意志论”
20世纪50年代在前苏联本土就受到挑战
而中国却半个多世纪一直接受下来奉为信条

从20世纪50年代到苏共二十大前后,在法的本质问题上,前苏联学者就对维辛斯基的理论提出了怀疑和挑战。由于我国当时所取的立场,我们对这

---

① 苏联科学院法学所:《马克思列宁主义关于国家与法的理论教程》,人民大学出版社1955年版,第136页。

② 《列宁全集》(第4卷),人民出版社1959年版,第256页。

③ 《列宁著作中的国家和法的问题》,法律出版社1958年版,第12~14页。

④ 《列宁著作中的国家和法的问题》,法律出版社1958年版,第12~14页。

种否定斯大林时期的观点并没能注意和接受，因此当时前苏联法学界论争中的许多发展了的观点，并未对我国法学理论产生多少影响。1957 年，法尔别尔在“关于法的概念问题”一文中明确认为维辛斯基的法的本质的定义“需要重新确定”，因为它忽略了生产关系的影响作用和法的“说服作用”，只强调了法的统治意志性和法的强制性。[①] 苏共二十大后，这一理论进一步受到了批判。除了上述两点外，还因为这个定义“没有解释统治阶级的意志是用什么方式形成的”。1963 年，前苏联法学家斯·阿列克谢耶夫在“论全民的法的本质”一文中明确认为，“现阶段的法是反映全体人民的利益和意志的工具”，“全民的法是社会主义法的发展的一个阶段，在这个阶段上，社会主义的法的特点和优越性最充分地显示出来”。[②] 弗·谢苗诺夫也认为，“30 年代所提出的法的定义是不全面的，带有方法论的缺点，并且不符合现时代的要求。这个定义以维辛斯基的观点为基础，它认为，法只有统治和服从的范畴。十分明显，这个定义不能包括苏维埃全民的法”。[③] 在 60 年代，“全民的法”的观点被进一步发展，伊·拉潘纳说：“按照斯大林 1939 年的断言，前苏联已经废除剥削，剥削者已经不再存在。那么，在这样一个理论上无阶级的国家里，统治阶级已经不再存在，怎么还会有作为统治阶级意志反映的法的存在?”[④]在这场论战中，拉潘纳同时指出了前苏联当时的“全民的法”与“统治者的法”只是换了个名称而本质未变，其他前苏联法学家则过于热衷鼓吹“全民的法”的共产主义特性而有矫枉过正之嫌，但有一点可以肯定，维辛斯基的对法的图解是片面的，在前苏联就遭到过批判，但由于其是以诠释马克思列宁主义经典的面目出现的，因此半个多世纪以来一直是被作为圣经来学习而不是被作为一种学术观点来研究的，这一现实对我国法理学的研究发展起了极大的阻碍作用。

二、我国法学界长期以来对人民主权的理解

中国新民主主义革命时期领袖人物对法的理解贯穿着民主主义的思想理念

旧民主主义革命先驱孙中山先生一生推崇三民主义，但其对“民权”的理

---

① 法尔别尔：“关于法的概念问题”，载《政法译丛》1957 年第 4 期。

② 《苏维埃国家与法》1963 年第 4 期。转引自《国家与法的理论参考资料》，人民大学出版社，第 333 ~ 348 页。

③ 谢苗诺夫：“全民的法的原则”，载《法学研究资料》1964 年第 5 辑。

④ 拉潘纳：“国家和法：苏联和南斯拉夫”，载《法学研究资料》1964 年第 6 辑。

解前后是有变化的。他早年倡导人权自由，晚年则反对讲人权自由。① 他对统治意志的理解与列宁一脉相承。他在《总理遗教》中说："中国专制已行了数千年之久，所以民国虽然有了九年，一般人民还不晓得去站那主人的地位。我们现在没有办法，只好用些强迫手段，迫着他来做主人，教他学习"，"共和国的皇帝就是人民。以五千年被压做奴隶的人民，一旦招他作皇帝定然是不会作的，所以我们革命党人应当来教训他，如伊川训太甲一样"。他的观点就是：总的原则是主权在民，但现在人民还很愚昧落后，因此要我们革命党人来代行其意志，教其觉悟。他试图走"军政"（通过军队夺取政权控制国家）→"训政"（伊川训太甲一样教训百姓使其成为有现代意识的人民）→最终实现"宪政"（全民的意志形成法治国家）的道路。正因为这一点，后来蒋氏政权利用了这一理论，造成了高度的独裁统治，失去了民心，也失去了大陆政权。

与此不同的是，中国共产党在革命初期却十分重视主权在民的理念，而且不是在口号上，而是身体力行。1934 年红色根据地制定的《中华苏维埃共和国宪法大纲》中，即明确写着："苏维埃政权是属于工人、农民、红色战士及一切劳苦民众的，在苏维埃政权下，所有工人、农民、红色战士及一切劳苦民众都有权选派代表掌握政权的管理"，"凡苏维埃公民在十六岁以上者，均有苏维埃选举权和被选举权，直接派代表参加各级工农兵苏维埃的大会，讨论和决定一切国家的地方的政治任务"。1931 年的《苏维埃地方政府的暂行组织条例》中明确规定："区执行委员会每两个月须向该区的选民做工作报告一次，县执行委员会每四个月须向选民做报告一次，省执行委员会每六个月须向该省内的选民做工作报告一次。选民群众可以在该工作报告大会上批评政府的工作"。②

毛泽东主席在 1940 年《新民主主义论》中发展了革命根据地的人民主权传统，明确提出："中国现在可以采取全国人民代表大会、省人民代表大会、县人民代表大会、区人民代表大会直到乡人民代表大会系统，并由各级代表大会选举政府"。并对国民党政权前后不一的行径进行了谴责："'近世各国之民权制度，往往为资产阶级所专有，适成为压迫平民之工具。若国民党之民权主义，则为一般平民所共有，非少数人所得而私也。'这是一九二四年国共合作的国民党一大的声明。十六年来，国民党自己违背了这一声明，以致造成今天

---

① 杜钢建："从民权主义到人权主义"，载《宪政的理想与现实》，中国人事出版社 1995 年版，第 83～85 页。

② 北京政法学院：《中国法制史参考资料选编》近现代第 3 分册，第 23、42 页。

这样国难深重的局面。"[①]毛主席还十分重视人民对管理国家的直接参与。他在1949年10月13日一份电报中对某县人民代表会议的经验充分肯定,指示:"如果一千几百个县都能开起全县代表大会来,并能开得好,那就会对我党联系数万万人民的工作,对于使党内外干部获得教育,都是极重要的。务望仿照办理,抓紧去做。"1950年毛主席针对某市人代会上会议主持人和个别党员干部不让与会代表充分发言的错误行为作了批示:"此种行为似应在报纸公开揭露,予以批评,借以教育全党。"这些言行都充分证明,我党从土地革命到新民主主义革命、社会主义革命时期,对主权在民、人民管理国家都有明确的信念。而且在代议制中十分重视真正直接体现人民的意志。当然,由于革命斗争的残酷性,这种民主理念往往让位于高度集权的形势需要而受到不同程度的损害,很难完全地实现。

把法的阶级性和"统治意志论"绝对化
中国法学界历来有不同看法

20世纪60年代中苏论战,我们对前苏联法学界内部的关于法的本质的争论自然是不可能给予太多的关注的。但与维辛斯基的理论写入我国法理教科书的同时,对法的本质的认识大家就不甚一致。80年代,在我国法学界爆发了关于法的本质的论争,在肯定法的阶级性的同时,对法的共性、社会性、继承性都有了新的认识。有的学者彻底些,认为"阶级的法"和"全民的法"非此即彼,只有"全民的法";有的则不敢正面否定法学界的权威理论,只从"阶级的法"中分出一块,说阶级的法中也有一些"公共管理的法"的成分。有的学者指出:"过去那种只讲法的阶级性的偏颇,很难解释和说明法的实际发展","把法的阶级性绝对化,甚至用以抹杀法的其他属性,这就未免失之偏颇,也就无法解释法的领域中所存在的诸多现象,或者解释这种现象也不能自圆其说。如把资本主义法和社会主义法简单地对立起来,全盘否定其相互借鉴和比较的可能性,全盘否定其中所存在的历史联系,但在立法实践中,又不露声色地进行比较和借鉴"。"社会主义的法主要地反映了无产阶级的意志,同时也在一定程度上反映了农民和其他劳动人民的意志和要求,在一定时期一定条件下还可能反映一些资产阶级民主派的利益和要求,我国解放初期的临时宪法《共同纲领》就是一例。"[②]有的学者还举出像《交通法》、《环保法》、《种子

① 《毛泽东著作选读》(上册),人民出版社1986年版,第364页。
② 陈学明:"法的阶级性与社会性的统一",载《青海社会科学》1982年第4期。

法》、《防止污染法》等法律，就没有明显的阶级属性，只是为了一种社会公共管理的需要。这些观点当时作为离经叛道的理论，当然受到传统法学权威的抨击，他们说，公共管理的法也是有阶级性的，因为他为统治天下的统治者服务。这场讨论不是毫无收获的。1992 年出版的一本由权威法学家主编的法理学教科书，在全面论述了法的阶级性之后，写下了这样一句意味颇深的话："这种原理，主要适用于阶级对立的社会，对已经消灭了剥削阶级的我国社会主义社会的法，是不适用的。"①这句话，体现了我国法学界对社会主义法的本质的一种新认识，为进一步探讨这一问题打开了大门。

中国人民民主国家的性质

使法成为"全民的法"有了可能

可以真正意义上实现"社会契约论"

我国《宪法》明确规定，国家的一切权力属于人民。无产阶级掌握国家政权，使最广大的人民群众成了统治阶级，只要人民真正参与了立法和国家管理，"统治意志的法"和"社会契约的法"就能得到最大限度的同一。人民民主的国家性质，注定法不是统治者的，而是大众的，社会契约的，即不是"王者之法"，而是"民众之法"。多年来，我们一直是把这两者混为一谈的，即我们的人大和政府是代表人民的，管理者的意志就是人民意志，"统治意志"就是"全民意志"，人民就是政府，政府就是人民，因此官方立法就是全民立法，代议制等同于直接制。由此产生了理论上的混乱和实践中的种种弊端。毛泽东主席在新中国成立初期十分重视全体人民对政府的监督，"只有让人民起来监督政府，政府才不敢松懈。只有人人起来负责，才不会人亡政息"。② 他十分赞赏立法的广泛参与。在起草第一部《宪法》时，他充分肯定大讨论和征得了五千九百多条意见的做法，认为："一切重要的立法都要采用这个方法。这次我们采用了这个方法，就得到了比较好的、比较完全的宪法草案。"他认为立法意志上的兼收并蓄搞"统一战线"，"可以安定各阶层，安定民族资产阶级和各民主党派，安定农民和城市小资产阶级。还有少数民族问题，它有共同性，也有特殊性。共同的就适用共同的条文，特殊的就适用特殊的条文。"③他的这些早期论述，体现了先进的社会契约观念，以及比这更进一步的人民主权观

---

① 沈宗灵主编：《法学基础理论》，北京大学出版社 1988 年版，第 35 页。

② 转引自"毛泽东与黄炎培的谈话"，载《延安五日记》，第 115 页。

③ "关于中华人民共和国宪法草案"，载《毛泽东著作选读》（下册），人民出版社 1986 年版，第 707～709 页。

念。“宪政是什么呢？就是民主的政治。”他不同于“旧的、过了时的、欧美式的、资产阶级专政的所谓民主政治”，也不同于“苏联式的、无产阶级专政的民主专政”，而是要实行一种新的社会主义的民主政治。①

三、一个误区：社会主义制度下统治者等于人民大众

历来存在两种法：王者之法和大众之法

自然法学派用后者来反抗前者

自从有了国家，就有了统治与被统治的关系。从人类国家发展史考察，从来就是少数人对大多数人进行统治。因为统治就是管理，国家的特征就是权力的集中，由少数人对整个国家事务进行管理。在奴隶社会和封建社会，只有王者之法。到了资产阶级革命，才提出主权在民，即大众之法，于是有了启蒙思想家的“社会契约论”。为了打垮千百年来王者之法的正统地位，与“君权神授”相反，他们提出了“自然法”理论，认为人类社会之前本来存在过一个合理的理性的王国，人人生而平等，后天的统治者制定的法，必须最大限度地接近自然法。这个“自然法”的构想是唯心的，其实是反映了当时尚处于被统治地位的资产阶级和广大民众的愿望，争得立法和政治上的地位，可以有力地抗衡“王者之法”。卢梭在《社会契约论》中认为，人享有天赋人权，因此人们之间存在个别利益的对立，这种对立会引起社会的动乱，使个人的财产和自由经常处于无保障的状态中，因而要订立契约，由契约而建立共和国。人民亲手建立国家，人民服从自己建立的国家，国家代表人民的意志。这里，国家意志的基础就是社会契约，不存在由“王者代行”的问题。卢梭批判格老秀斯“人民可以把自己奉献给一个国王”的观点，认为主权是不可转让的。权力可以转移，但意志却不可以转移。他认为主权也是不可分割的，国家和政府不可混为一谈，主张由人民直接行使主权权力。② 因此，从资产阶级启蒙思想家开始，就十分注意人民意志的实现程度及其实现方式。而由于资本主义制度下经济地位的不平等，实现“全民的法”的意志也是十分困难的。而社会主义的经济制度和人民代表大会的政治制度，为实现“全民的法”提供了可能，但同时，在实现的途径和方式上，则还远难称得上完善。

---

① 《毛泽东选集》(合订本第2卷)，第731～739页。

② 岳麟章：《从马基雅维利到尼采》，陕西人民出版社1989年版，第135～140页。

所谓总体利益的意志

并不能完全混同全体公民的公权力和私权利

在我国,一方面,人民是国家的主人,被宪法赋予了管理国家的权力,因此是“统治者”;另一方面,在行政法上,最广大的人民群众又是被国家各级政府机构管理的“被统治者”。在理论上,他们被由他们自己选出来的国家管理者所统治。这就造成了他们的一种社会角色的“裂变”。

有的学者长期无视这一事实,笼而统之地说我们国家的统治阶级就是最广大的人民群众。这在行政法上的矛盾显而易见:因为在行政法中“最广大的人民群众”恰恰是“行政管理相对人”。有的学者其实并不是不清楚其中的区别,但在学术上总不敢直抒其意。虽然加强行政管理与人民的总体利益在绝大多数情况下是一致的,但不能否认在相当多的情况下存在冲突,他们作为统治者的“公权力”和作为被统治者的“私权利”是不能混为一谈的。有的行政立法无视被管理者的意志,体现出浓重的官方意志和“行政权威主义”,有的行政立法者完全忘记了自己是依人民的授权在立法这一渊源,直截了当地把人民当做了管理对象和治理的对象,即封建旧法中的“牧民”观念,而不去考虑广大群众对这样的行政法规有何看法。而由于“统治意志论”根深蒂固的影响,也从来不认为这样做有何不妥。

代议制状态下形成的意志和公众意志

在实际上不可能重叠同一

权力会产生异化,这是亘古不变的真理。代议制的权力一旦形成,如果没有推举者的经常性的制约和提醒,就会按自己的惯性向极权主义发展。由于人民大众在行政法上既是统治者又是被统治者这种双重的属性,由其推选出来行使统治权力的那一部分代言人很可能会使“统治的职能”不断膨胀,而越来越远离原本推举他的阵营。最终产生统治意志和公众意志的背离。

在代议制本身的形式要件上,由于制度的不完善不科学,以及其他人为的因素,也会产生代议者意志和公众意志的背离。人民代表大会是代表人民意志的。但我国人民代表大会的立法权力流失(或者称做被侵占)的现象是不争的事实,已有学者专门探讨了这个问题。首先,由于我国人口众多,法律传统中民众参与不足,同时由于人民代表人数过多,议政能力参差不齐,常委会立法成了主要模式。因此行政立法不但全民参与不足,连人民代表参与也是不足的。其次,我国人大的立法权实际上呈现广泛的流失的趋势。郭道晖在“论国家立法权”一文中,认为对国家立法权的侵越来自三个方面:一是行政权对立法权的侵越。如不依法行政，以行政权抵制立法权；行政立法权侵越国家立法权；对行政授权立法失去制约和控制。他引用伯纳德·施瓦茨的话说："如果在授权法中没有规定任何标准制约委任之权，行政机关等于拿到了一张空白支票，他可以在授权的领域里任意地制定法律。"二是司法权对立法权的侵越。这主要是指大量的司法解释在行使立法解释的权力，即"司法造法"。除了最高人民法院、最高人民检察院依法享有司法解释权外，"大量无资格的主体介入司法解释，如一些地方的司法机关也擅自发布司法解释性文件；中央行政机关、中共中央有关机关、全国人大常委会有关部门乃至有的人民团体，也常参与司法解释文件的联署。"三是地方立法权对国家立法权的侵犯。许多应由国家立法的事项，地方立法机关乃至地方政府就越权代行了。[①]

由于这一系列因素的影响，"全民意志"在代议的过程中势必产生衰减和变异。由于代议者所处的"统治者"的立场，这种变异还可能转向对立面，即反过来侵害被代议人的权益。这样产生出来的法就失去了群众基础，在法理上它可能是劣法、次法，在法律适用上就不会得到群众的自觉遵守，法的效能就会发生衰减，即"有法不依、有令难行"。

作为统治者的人民大众
与实际统治者的利益相背离的情况
是实际存在的

以工人阶级为代表的最广大的人民群众是统治者，这是社会主义制度的本质。但最广大的人民群众不可能都直接来统治国家，因此需要代议制即人民代表大会制。而经过"代议"，其意志就不可能与其本意完全相同。因此，把我国人民群众和实际在管理国家的管理者完全等同起来，把"代表"理解为"本体"，显然是理论上不通、实践上有害的。如果一直以列宁和孙中山先生的"少数精英带动大批落后群众"的观点，来套革命胜利后今天的政治结构，我们就会犯个人英雄主义英雄史观的错误。在社会主义条件下，统治意志和群众意志不一致的现象是会发生的，而且是大量存在的。管理和被管理者的立场不可能同一。在近年发表的不少行政法论文中，我们已经可以看到大量的这方面的冲突。有的部门起草的法律草案和已颁布施行的行政法规中，出于部门利益和管理方便，"收回"法律赋予公民的权利，或对公民权利加以严格限制甚至剥夺的，也不乏其例。如《集会游行示威法》草案中"不得"行为的

---

① 郭道晖："论国家立法权"，载《中外法学》1994年第4期。

规定有22处,全国人大通过时去掉了近一半。有的行政法规自己为自己设定权力,自己为自己免除义务,根本不考虑行政管理相对人的意志。延及行政各个系统的乱收费、乱罚款、乱征收“三乱”行为更是这种现象的最好注脚。绝大多数的“三乱”行为都不是广大人民群众的意志,而是被他们推选出来管理国家的行政机关的意志。“统治意志”和“全民意志”在这个问题上形成了截然不同的对立。在我国不断增加的“上访”事由中,行政权的这种侵夺民权的因素占有很大比例。直接证明了行政权同民权的冲突,双方的意志有时是完全对立的。

四、统治意志论在行政立法中产生的消极影响

“统治意志论”会导致“官方立法”的偏颇

产生立法不公现象

一种法学理论对立法思想和执法行为都将会产生直接的影响。

我们之所以在现在花很大的精力重新去探讨这一问题,是因为:过分地强调法的统治意志性,对我国今天的行政立法会带来有害的副作用,会被“官方立法论”者作为直接的理论依据,忘记了自己权力的人民属性。在执法实践中,会产生“我在管你”的立场,而忘记了“你委托我在管理社会”的本质。封建“牧民”观念和立法的“官方意志”论是有血缘关系的。

“执法不公”的现象容易被发现,因此近年来也引起了整个社会的关注。“立法不公”的问题则远未引起人们的注意。其实,立法一旦脱离了“全民”的基础,就会成为庙堂里的法,就会远离人民,就会产生“不公”。因为法的公正性是以绝大多数人的“合意”为基础的。我国近年立法机关的立法,都经过了比较科学的程序,应该说不存在立法不公的问题。但大量以行政法规名义出现的“法”的公正性,特别是规章以下的规范性文件的公正性,则是值得推敲的。这个“公正”的参照系,不是指道义上的对与错、是与非,而是指是否符合绝大多数人民群众的意志。“三乱”现象成了全国性的大问题,我们习惯于用行政手段去治理。殊不知“三乱”之所以屡禁不止,恰恰是由于行政机关的立“法”不公造成的。行政机关收费权、处罚权的设定不受任何制约是关键所在。各地乱收费、乱摊派的项目清理出来竟多达数千种,各地发个文件说收就收,收多长时间可以不受限制,收费的对象可以任意设定。行政许可行为也同样,多一个许可设定,就多一个向行政相对人收费的途径。一方面,“法是统治意志的体现”,我是管理机关,当然可以立法;另一方面,我是人民政府,收费是为了公共利益。这两种心理都支持着这种任意立“法”的行为。而实际

上，大多数的行政收费都有小团体利益和地方利益在里面起作用，但其对上和对外的口径则是为了公益的需要。

“统治意志论”会导致行政立法中人民参与不足

将法的统治意志属性推向极端，就会产生立法上的官本位观念。由于行政立法机关觉得“我就是人民”，在制定法律法规时就会凭主观认知行事。我们有的行政立法只由起草部门起草后，甚至不通过行政首长集体研究，就由个别领导签发公布，同行政权的“首长负责制”同等处理，更不用说论证和同其他法律的衔接了。由此产生了不少行政规章的冲突和矛盾，“叠床架屋”的现象十分普遍。在这种程序立出来的法中，人民群众的参与是不可想象的，他们完全被排斥在立法活动之外。

行政立法要征求利益相关人的意见，这是行政法治的一个重要原则，但人民群众即便作为利益相关人，也往往不被告知，更不用说作为“统治者”应享有的立法权力了。我们来考察一下，“群众的意志”在要成为“统治的意志”的途征中，是如何产生衰减和变异的：

1. 群众自己不可能直接参与立法，因此要有代言人；

2. 代言人是选举出来的，前提就是这个选举是要能真实体现群众意志的，是人民选出的代表，具有真实的代表性的；

3. 代表的意志和学识水平是能够最大限度地代表和反映人民的意志的；

4. 代表是能够按照自己的独立意志、完全参与立法，并能够充分表达自己的真实意志的；

5. 代表人数过多又必须从代表中产生代表，即下级代表代表人民间接选举上一级人大代表，代表间接选举产生人大常委会委员，这些委员也要是能够代表全体代表的意志及其人民的意志的；

6. 立法权不是扩散的，而是都掌握在人民代表大会手中的，没有被其他机关侵越；

7. 实际上行政机关把持部分立法权的不可避免性，使人大不可能将立法权完全置于自己掌握之下；

8. 行政立法必须是受人大制约并完全服从人民意志的。

这八个前提中，最关键的是两个连结点：人民对人民代表的控制和人民代表对国家行政管理者的控制。这一系列的假定前提实际上不可能都完整地实现。因此群众意志上升为立法意志后，不可能不发生变异和衰减。有时候立出来的法，会与群众意愿大相径庭，群众无法想象这是以他们的名义按他们的意志立出来的法。

要改变这种状况，就必须用扩大群众的直接参与来进行弥补。

由于群众参与不足，群众对法的信任度和支持率也就降低，只是在被动地接受“王者之法”，守法的自觉性和执行法律的效能也便大打折扣。

官方立法
往往使法律脱离现实

由掌握国家权力的统治者代替人民群众来立法，还会造成法律与社会现实的脱节。马克思主义政治经济学认为，上层建筑受经济基础支配，法是建立在一定经济基础之上的统治阶级意志的反映。而过分强调法的“统治意志”属性，就会使我们过分强调上层建筑的反作用，不顾社会现实去创制法律。在发展社会主义市场经济的过程中，社会各个主体的利益都在进行重新调整和整合，社会现实非常复杂，法律应该兼顾全体成员的利益。由于我们现在立法的参与面相对于十二亿人民来说只是极窄的一小部分，而授权立法面广量大，我们现在立法脱离现实的情况是实际存在的。一种是先进得脱离现实，一种是落后得脱离现实，一种是法律规定不适应要调整的对象。先进的如频频被一些政府官员抨击的《行政诉讼法》、《行政许可法》、《流浪人员救助办法》；行政法规中曾经施行过的《奖金税条例》、《筵席税规定》、《殡葬改革办法》、《计划生育条例》。落后的如大量分散不严谨的税收法规和文件规定；《烟草专卖法》中的垄断不适应自由市场实际；大量的行政审批和许可关卡；繁文缛节的审批规定；“名誉侵权赔偿”法律和司法解释早就有了，而保护新闻从业人员权益的“新闻保障法”一直没有出台也没有列入近年的立法计划；目前也没有系统的物权法和债权法。不适合调整对象的如各种以行政法规名义出现的“三乱”性质收费和罚款的规定。由于利益驱动因素的作用，好多行政法律规范不是为了把社会管好，而是为了管“糟”，乱中收钱，充实部门利益；设置关卡为本地区和小团体捞好处。许多现实生活中急需调整的社会现象，得不到立法的及时反映，许多群众的解决意愿，无法在上层立法意图中体现，使有的法律在实际执行中遇到许多困难。

“统治意志论”
使行政立法忽视程序

行政立法忽视程序的问题正在受到行政法学界的普遍关注。《立法法》

和《行政处罚法》、《行政许可法》的立法解决了许多问题，但尚有大量问题有待行政程序法的立法来明确解决。现在行政立法的乱，主要问题不是出在人大立法机关，而是行政权立法。行政立法不严格讲求程序，除了行政要求效率、首长负责制等行政机关特有的因素的直接影响外，"统治意志论"也起了非常重要的影响。因为法是统治意志，而行政权是最能体现统治权的，久而久之，行政机关就会产生"我在立法就是人民在立法"的错觉，甚至有人更直观地认为"行政立法权本来就属于行政机关"，根本不需要经过人民的讨论、参与、制约和合意。在这样的情况下，"行政立法要征求利益相关人的意见"、要征求人民的意见，行政立法要有论证、要有必要的听证和三读审议程序，便被认为是不符合中国国情的"资本主义的一套"。因此行政权立法往往透明度不高，事先不征求社会各界的意见，在内部也往往缺乏集体的讨论和审议。调查表明，几乎所有的"三乱"收费的行政规章，都是行政机关单方决定后立即施行的。作为行政管理相对人的"人民"，只有服从和执行的份。因为行政机关认为，法是统治意志的表现，中国的人文传统又历来是王者立法、百姓守法，要征求群众的意见再出台法律就是多余的。

五、人民民主国家法的本质应该是全民的法

人民民主国家的立法思想基础
应该是社会契约观

从人民主权观念出发，法是全体社会成员中的绝大多数人之间的一种约定，是全体成员必须平等地自觉遵守的，是治者与被治者的一种契约关系。人民民主的国家实现了让绝大多数人当家做主的理想，因此也为"全民契约的法"的产生，提供了可能。

我们不想新造一个什么法律术语来给这样产生的法下个定义，我们沿用"社会契约论"来表述这样的法也恰如其分。北京大学龚祥瑞先生在世时，在认真审阅本文后对笔者说，我国的人民民主专政理论实质上是"多数人专政论"，不同于卢梭的"社会契约论"。这是很精辟的分析，但我认为这两者还是有相通之处。因为卢梭的理论虽然直接产生于资本主义上升时期而被冠以资产阶级的启蒙思想家，但其对法的构想是对未来理想王国的追求。这个"未来"是不仅仅限于资本主义阶段的。相反，由于资本主义的经济基础的不平等性，卢梭的契约观在资本主义时期要完全实现却是非常困难的。而社会主义的经济基础则为其提供了可能。马克思主义也从卢梭等思想家的理论中汲取过不少有用的成分。

但我们今天所说的"全民的契约",的确又是与卢梭的"社会契约论"不完全一致的。卢梭的理论来源于唯心主义的"自然法",他构想了超乎人类社会之上的理性王国,让人民的"契约"来无限接近这一理想国的法则,来对抗现实中的封建的"王者之法"。而我们今天讲的"全民契约的法"是唯物的,是建立在人民当家做主之后,建筑在社会主义经济基础之上的意识形态的反映,来源于社会主义的价值观和现实中绝大多数人的集体意志。"权力的合法性必须立足于大众的民意之上。"人民民主政权基础上的社会契约才是真正的社会契约,使其有了广泛的代表性和真实性。

统治意志论和社会契约论
在人民民主条件下可以互补

前苏联法学家在20世纪60年代的论战中,即指出了无产阶级专政的法转变为全民的法的可能性。他们说:"在人类历史上还从来没有过这样的社会关系组织形式,法第一次不是表现为社会的一部分人强加于另一部分人的暴力,而是表现为全社会的和全体人民的工具。""社会主义的法是作为无产阶级专政的无产阶级的法而产生的","它具有转变为全民的法的前途",因为它一开始就"反映绝大多数人民的利益和意志"。"剥削阶级的消灭不可避免地会导致这样一个结果:即法开始转变为反映全体人民的利益和意志的手段。"①他们十分强调这种转化的内在前提,即无产阶级的先进性。他的意志代表了绝大多数民众的意志。因此,在无产阶级的"统治意志"中,本身包含了"全民意志"的属性。但这两种意志又不是一回事,无产阶级要有博大的胸怀,全民的法就不仅仅体现无产阶级一个阶级的利益。因此全民的法就其任务而言,是旨在保障全体人民的利益,保障劳动人民的权利和自由;就其构成的意志而言,"是完全和实际地反映全体人民的意志"。因此,统治意志和全民契约在许多地方是重合的,但又是不完全同一的。在建立全民的法的时候,统治意志和全民契约可以互相补充。而对于我国现阶段而言,尤其要大力加强社会契约观念,用以淡化数十年来形成的"法就是官方统治意志"这种根深蒂固的观念。经济的市场化和法制的民主化是联系在一起的,只有建立一套民主理性的稳定的法制,才可能真正促进中国的社会主义市场经济的发展。

---

① 阿历山大罗夫、阿列克谢耶夫:"论全民的法的本质",吴大英译,载《苏维埃国家与法》1962年第9期、1963年第4期。

六、探讨这一命题在行政立法中的实际意义

法理学上的统治意志说

是行政法上“管理论”的基础

任何的学术探讨都应该有其实践上的意义。行政法学界对行政法本质的认识历来有两种理论:管理论和控权论。法的本质上的“统治意志论”,是行政法上“管理论”的有力支柱;而法理上的“社会契约论”则与行政法中的“控权论”有着不解之缘。

有一位宪法学家认为:迄今世界上还没有一个国家是彻底民主的国家。在人口众多的大国里,只有代议民主,没有全民民主。在幅员广大、人民众多的国度里,全民的民主是很难实现的。所谓“民主”,充其量是精英民主、多元民主、多数民主,而不会有彻底的民主。因此,统治意志论才有了存在的现实基础。正由于这样,我们共产党人作为绝大多数人民利益的代表,就要时刻记住自己的奋斗宗旨,努力体现社会各个群体的意志,实现党的十一大到十六大一直提出的建设富强、文明、民主的人民民主国家的目标。

行政立法是管理国家的重要手段。在这个问题上尽量实现科学化、民主化,是我们实现依法治国的重要一翼。立法比执法重要得多,执法的一次失误和不公,影响的是个案;而一旦立了一个不好的法,则要无数次地适用,其后患极大。

在行政立法中引进社会契约观念

应从多方面改进我们的工作

第一,所有的行政立法都要努力扩大参与面。一是在起草法案中,要由比较超脱的专家学者行使这一职能,减少行政部门起草法律的比重,以克服管理意志和部门观念带来的偏颇。二是在人大审议和通过法案时,要扩大代表的参与面,有些重大的法案,不但要由常委会同意,还要提请全体人民代表审议。三是要建立法案公告制度。重大的、关系全体国民利益的法案,要在提交人大通过前数个月在专门报刊上公布征求全社会的意见。意见要认真收集整理,在人大审议时向代表通报。

第二,要限制行政立法权,控制授权立法过宽的现象。防止行政机关自己立法,自己执法。行政机关本身是没有制定法律法规的权力的,其立法权来源于人民代表大会的授权。即使法律明确规定给予的行政立法权也是这样。由于立法的“官方意志”而造成的片面性问题,主要出在行政立法这方面。而更

多的则是出在规章以下的规范性文件这些界于“法与政策”之间的领域。立法权的转移层次越多，离“全民意志的法”就越远，就容易产生背离“全民意志”的现象。控制行政立法权过大和授权过宽，可以有效地减少这种现象的出现。

第三，建立向利益相关人征求意见制度。“社会契约的法”的特点，就在于各种对立意见的表达和调和。“统治意志论”带来的最大的弊端，就在于立法的单方意志性，我立法，你只有服从和遵守的份。我们要克服这一缺憾，就要建立行政立法的意见征求制度，让利益相关人充分表达其意愿，根据其合理性、代表性、强烈程度、可行性，对立法内容进行修正，使各种意见都能在立法意志上体现出来。

第四，加强立法的程序化规范化。行政执法要强调程序，行政立法更要重视程序。这个程序就是指立法过程中的起草、讨论、论证、公布、修改、听证、审议、通过、备案等一系列过程。特别是由行政机关自行草拟发布的规章性文件的制定程序，更要严明程序，防止“首长立法”、“短平快”立法。把程序控制，作为防止侵犯相对人合法权益的“劣法”、“次法”出台的有效措施。

第五，行政立法专家和行政机关内部的立法工作者要转变观念。要从思想上树立“社会主义的法应是全民意志的法”这一观点，淡化“统治意志”观念，明确自己是在受广大人民群众的委托而为社会立法，而不是在为官方制定一种管理人民的法。这一转变非常重要。只要有了这种意识，许多片面的不合理的内容就不会写进法律法规。

邓小平说：“我们进行社会主义现代化建设，是要在经济上赶上发达的资本主义国家，在政治上创造比资本主义国家的民主更高更切实的民主。”①法是对民主的内容和形式产生直接影响的因素，社会主义的法究竟应该是怎样的性质，这是一个十分重大的课题。我们要建立“更高更切实的民主”，必须以发展的目光、科学的态度来对待这个问题，使我们的法真正体现人民的意志，调动一切积极因素去共创未来。

---

① 《邓小平文选》，人民出版社1983年版。

2. 我国行政法院设置及相关问题探讨*

【提要】经过立法后四年多的实践,我国行政诉讼制度正在出现令人担忧的局面。其根本原因,是我们立了一个很好的法,却没有随之建立良好的执法保障机制。立法意图和执法效果间出现了巨大的失衡。没有法院的独立地位,就不可能有实质意义上的行政诉讼。而市场经济的运作必须要在各主体间确立一个超脱公正的裁判。设立行政法院不会导致三权分立,不会削弱党的领导,只会使社会主义民主政治制度更加完善,不用大动现有法院体制就能做到。本文主张撤销各基层法院中的行政审判庭,设立与中级法院同级的行政法院审理初审案件,上级行政上诉法院的体制也作相应改变。此举将根本改变现在行政诉讼所面临的困境,保障市场经济所需要的法治原则得以实现。

我国行政法院的设置问题,在《行政诉讼法》立法审议时即已引起过法学界和立法界的探讨和争议。虽然这个方案最终未被采纳,但其必要性和优越性,经过争论已被许多学者和立法专家所认识。其后,有关这个问题的探讨一度沉寂下来,其原因,一是因为法律刚刚通过,在普通法院内部设立行政审判庭的体制已经确立;二是因为鉴于我国政治体制改革的现状,近期内设立行政法院的可能性不大,学者由此搁置了对这个问题的探讨。现在,《行政诉讼法》已经实施四年多,在普

---

* 本文发表于 1995 年第 1 期《中国法学》杂志。写作于 1993 ~ 1994 年在中国高级法官培训中心北京大学高级法官班研修行政法专业之时。其时我的职务是浙江省高级法院研究室副主任。与此文相关联的是此前在中国政法大学《行政法学研究》上发表的《对行政诉讼困境的宏观思考》。本文是最早在国内提出行政法院设置的一篇公开发表的论文,此后被许多行政法论著引用。

通法院内设立业务庭的做法，被实践证明存在一些无法摆脱的弊端，越来越多的学者开始转向从法院体制上来探讨解决行政诉讼困境的办法。设立具有中国特色的行政法院的探讨又开始引起人们的注意。拙文“对行政诉讼困境的宏观思考”发表后，①一些学者著文发表看法对设立行政法院的构想亦表示赞同。② 作为设立行政法院这样一个牵涉到国家司法体制和政治体制的重大问题，解决起来必须要有一定的前提条件，诸如时势已发展到有必要成立这种机构；领导集团的意志已倾向于这样做；客观条件已具备了这样做的可能性。这几种因素，有的现在已经具备，有的则还需有一个过程，无论从哪个角度来看，进行一些这方面的理论和学术上的探讨，都是必要的和有益的。

一、设置行政法院的必要性和紧迫性

我们今天之所以要重提设置行政法院问题，主要是基于对现阶段行政诉讼所面临的困境的分析，以及对我国依法治国发展趋势的展望。我国当前行政诉讼的总体状况，国家有关部门和社会各界的评价并不完全一致，有的认为发展健康，形势很好；有的则比较悲观，认为已面临着困境。大多数人则认为在富有成效、已有重大进展的同时，确实面临着严峻的挑战。

对待行政诉讼，就像对待其他新事物一样，既要防止操之过急试图一步到位，看到其中必须经历的一个艰难曲折的过程；又要注意克服和抵制悲观主义和取消主义，如一些人宣扬的“行政诉讼超前论”、“不合国情论”、“自由化论”，试图从根本上否定行政诉讼制度。实事求是地说，行政诉讼的现状确实是令人忧虑的。从全国人大的执法检查和其他渠道，已有大量的事实可以证明这一点。全国法院收案情况是 1990 年 13,006 件，升 30%；1991 年 25,667 件，升 97%；1992 年 27,125 件，升 5%；1993 年上半年负增长，下半年略有回升，全年 27,911 件，与上年基本持平。③ 这些数据准确地反映了行政诉讼四年多来的发展状况。即在立法之初通过艰苦的宣传鼓动有过一阵短暂的辉煌之后，现在已经出现了与行政执法不相称的萎缩现象。从执法检查和民间机构组织的调查两方面的情况综合起来分析，整个社会对行政诉讼的热情正在日益下降。同时，已起诉的案件，由于法院的“协调”和“庭外做工作”，以及当事人的顾虑、各种压力和其他因素，有相当大一部分以“撤回诉讼”结案。全

---

① 载中国政法大学《行政法学研究》1993 年第 4 期。

② 杨海坤：“摆脱行政诉讼制度困境的出路”，载《中国法学》1994 年第 3 期。

③ 见《人民法院年鉴》1988 年、1989 年、1990 年版“司法统计资料”；《最高人民法院公报》1994 年第 2 期“法院工作报告”中的有关数据。

国法院 1989 年到 1992 年四年中审结的 82,129 件案件中，撤诉结案高达 29,061 件，占 35%，[①]1993 年更甚，撤诉结案占 41%，[②]有的地方撤诉率高达 52%。行政诉讼的主要目的是监督政府机关依法行政，维护行政管理相对人的合法权益，同时支持政府机关依法行使行政权有效地进行行政行为。但现在支持政府的功能远远超过了监督功能。1989 年到 1992 年四年中，全国法院审结行政案件为 8.2 万件，而由政府机关作出决定后移送法院执行和强制执行的案件却高达 13.1 万件。[③] 有的政府部门把自己执行不了的难案、阻力大的钉子案，如计划生育处罚、违章建房的拆除，推向法院去执行。司法权和行政权又形成了一种合力来共同对付行政管理相对人，这与建立行政诉讼制度的本意已根本相悖。有一个省法院的调查报告分析说，全省一年中"审结"计划生育处罚行政案件 12 件，其中做工作后原告撤回诉讼 8 件，裁定驳回诉讼请求 3 件，裁定不予受理 1 件，[④]实际上等于一件未审理。但同年全省为政府机关强制执行计划生育处罚行政案件却有 400 多件。据笔者实地调查，有一个县法院 1994 年审结行政案 13 件，为政府执行行政处罚案却高达 230 多件。这已经根本违背了行政诉讼制度的初衷。与社会上对行政诉讼热情下降相对应，法院内部对行政诉讼的热情和信心也不断下降。有相当一部分基层法院全年不受理一件行政案件，不少行政审判庭名存实亡，有的保留名称与民事庭、经济庭、执行庭、告申庭合并，有的庭虽存在，主要精力已放在帮其他审判庭审理其他案件上。为了使行政庭有事可干能够生存下去，最高人民法院 1994 年作出行政执行案件归行政庭办理的规定，由此又带来了审执合一的诸多弊端。除了在正式会议报告和新闻宣传上的言辞外，法院内部从领导到具体审判人员都希望行政案件越少越好。在这样的情况下，行政诉讼对政府机关具体行政行为的制约实际上已微乎其微。有个省会市工商行政处罚起诉率为六千分之一，还有个省会市全部行政案件起诉率为万分之一不到。如果我们仍然沉湎于浮夸的乐观中而不实实在在地正视这个事实，那么《行政诉讼法》真有被束之高阁的危险。对于法院和行政管理相对人来说，情况可能比这更糟：因为这个法的客观后果可能会魔术般地倒过来，不是对行政权进行制约，而是为行政权张目，法院则成了政府部门的执行机关。最终，让人民监督政府机关，让司法权对行政权进行制约的立法意图就会落空。

---

① 据最高人民法院研究室 1993 年 3 月有关统计资料。

② 据最高人民法院研究室 1993 年 3 月有关统计资料。

③ 任建新："最高人民法院工作报告"，载《最高人民法院公报》1994 年第 2 期。

④ 浙江省高级人民法院行政审判庭：《关于全省执行〈行政诉讼法〉情况的调查》1992 年。

为什么会出现这种情况呢？是不是《行政诉讼法》真的不适合我国现阶段的国情，过于超前了呢？答案是否定的。从我国的宪法原则、保障公民权益、加强依法行政、促进依法治国、保障市场经济健康发展，缓解人民内部矛盾等各个功能看，行政诉讼制度都是我国当前一项必不可少的制度，这已是稍有法治观念的人们都认识到的毋庸置疑的事实。行政诉讼制度面临的困境，有多种原因，但不可否认的是：我国立了一个很好的法却没有随之建立一个良好的执法保障机制，行政诉讼在执法环节上出了问题，其中最重要的就是目前的法院体制已被事实证明不可能开展实质意义上的行政审判。“在确定法制化路线之后，如果没有司法的独立性和合理性，美好的法律原则和规定都只是一纸空文。”①我国现在的各级地方法院，在人事管理、财政经费来源、征地建法庭、安置家属、子女入学就业、工资晋级、生活福利、住房医疗、户口迁徙、人身保障等各个方面，无一不受制于政府，依赖政府部门。在这众多因素中，最重要的是人事和财政因素。现在主管行政审判的行政审判庭，只是法院内部的一个业务庭，在这样的环境下，要其对同级政府的具体行政行为进行审查裁断，干预和评判行政权，无疑有些强人所难。四年的审判实践已充分证明，不改变这种体制而要真正开展行政诉讼，实际上只能是一种理论上的美好愿望。因此，要使行政诉讼真正走出困境，非从法院体制上出发寻找出路不可。

二、我国设立行政法院的法律依据及可行性

社会管理方式与科学技术一样，并不存在意识形态和社会制度上的明确界限。行政法院的设置，同样也不是资本主义制度国家的专利。过去我们忌讳谈行政法院，总担心这会导致同资本主义社会一样的三权分立。其实从法国 18 世纪末拿破仑执政时行政法院产生那一天起，行政法院设立的动机、体制、功能、作用，各个国家就有各自不同的特点，有的是为了牵制议会，如早期法国；有的是为了制约行政，如德国；有的隶属于政府，如英国和法国；有的隶属于司法，如德国和后期日本；有的隶属于议会，如瑞典的议会司法专员（ombudsmen）制度。这些机构的设立，与三权分立并未产生必然的联系。只是从“任何权力如果没有制约将会导致专横和腐败”这一法治原则出发，对日益膨胀的行政权进行必要的制衡，达到社会政治权力的总的均衡和稳定。因此行政法院只是随着社会的进步逐步产生的一种行之有效的社会管理方式。资本主义制度下可以运用，社会主义制度下同样可以借鉴。

---

① 季卫东：“法律职位的定位”，载《中国社会科学》1994 年第 2 期。

行政法院的设立在我国是有法律依据的。第一,在法律架构上,我国人民法院已经被宪法和法律赋予了司法审查权。《宪法》规定了我国法院为唯一的国家审判机关,国家要维护社会主义法制的统一。《行政诉讼法》第3条、第5条规定:“人民法院依法对行政案件独立行使审判权”,“对具体行政行为是否合法进行审查”。这些法律规定为行政法院的设立提供了依据。第二,设立专门法院审理专门案件是我国司法制度明确规定的,《宪法》第124条和《人民法院组织法》都规定我国设立军事法院等专门法院。目前我国已有铁路运输、军事、海事三种专门法院,行政法院作为顺应形势发展而产生的一种新的专门法院,并不与我国法院体制相悖。第三,《行政诉讼法》第3条规定:“人民法院设行政审判庭,审理行政案件。”这为行政法院的产生提供了雏形。它指明法院审理行政案件,并可以设立专门的审判组织。只要条件成熟,全国人大进一步通过立法设立行政法院,并不是十分困难的事。

分析近年我国法制建设和行政执法、行政诉讼的现状,笔者认为,设立我国行政法院的条件已经基本上具备,在实践上是可行的。首先,客观形势已经提出了这个要求,中共十四届三中全会作出了《关于建立社会主义市场经济体制若干问题的决定》,我国确立市场经济体制的基本方针已经确定。在市场经济体制下,原先计划经济体制下一切由行政权包揽的状况将发生很大转变,原由行政权作终局裁决和协调的许多经济关系和社会关系,都将转变为平等主体间的权利义务关系,由法院依法律手段平等地进行诉讼处理。对政府机关依法行政的要求空前地提高了,由司法权对行政行为进行制约的必要性也大大增强了。而行政诉讼已是被国际社会证明的促进依法行政的最为有效的手段。同时,市场经济要求有一个统一、公开、公平、自由的市场环境,必须打破地方主义和各种地方壁垒,而当前地方法院体制上的弊端已使经济审判中的地方保护主义成了久治不克的顽症,体现在行政审判上则呈现为明显偏袒被告,使许多违法行政行为得不到制约,使一些市场经济主体的合法权益受到非法行政行为的侵害而无法获得司法救济和保护。《行政诉讼法》是一个保证所有行政法规得到正确实施的法,而执行这个法主要依靠法院能实质性地开展行政诉讼。市场经济环境下要求严肃执法的背景和当前法院体制上存在的弊端,都迫使我们要尽快把设立行政法院问题提上议事日程,以为市场经济确立一个确实能起作用的公正裁判,促进政府行为的法制化和规范化。

其次,四年行政诉讼的实践,已经为成立行政法院做好了组织准备、人才准备、法理准备,积累了初步经验,我国设立行政法院的条件基本成熟。在组织上,全国四级3400多个法院中,全部设立了行政审判庭,绝大多数审判庭都达到一个合议庭(四人)人员以上的标准。在人才方面,全国现在已经拥有一万余名具有四年以上行政审判经验的审判人员,已审理了大量行政案件,最高人民法院高级法官培训中心和业余法律大学六年中培养了大批实践型的行政审判骨干和较高层次的专门人才。在法理方面,我国行政法学领域近年来非常活跃,在理论法学和应用法学两条战线上,科研院校、国家立法机关和法院自身的专家学者对行政法学、行政诉讼法学、行政行为法、行政程序法、行政处罚法、行政立法、行政法的解释权、行政冲突法、行政法理学、经济行政法、部门行政法等各个领域都进行了不同深度的研究,已经积累了大批成果。最高人民法院完成了一系列司法解释,积累了大批判例;海外行政法学领域的研究成果和实践经验已有了大量介绍,我国全面推进依法行政、全面开展行政审判的法理条件基本具备。在社会心理上,民可以告官,政府机关也要依法行政,法律面前各当事主体地位平等的观念深入人心,《国家赔偿法》行将实施,全社会已经接受了行政诉讼这个事实。

再次,审判专门化是当前我国法院改革的方向,也是法制健全国家的普遍做法,有利于提高执法水平,保障执法标准的恒定和统一。当今社会“信息爆炸”,任何一个人要做到事事精通是不可能的,法院的裁判生杀予夺,举足轻重,容不得任何虚饰和浮夸。因此最高人民法院已一再提出要培养专家型的法官。当年立法时有人主张行政裁判机构应该设在政府系统,其主要理由便是法院的干部不可能完全了解门类繁杂的行政管理专业知识,“外行审理内行事务”,会损害和妨碍行政效能。英国的行政裁判所就是设在政府系统的。从审判的专业知识论,这个观点是有一定道理的。解决的办法,便是加强法院审判的专门化。四十多年来,我国法院一直在朝这个方向发展。原先只有刑庭和民庭,从民庭分出了经济审判庭、行政审判庭,从刑庭分出了管审判监督的刑二庭和告诉申诉庭,管经济犯罪审判的刑三庭。去年以来,随着市场经济环境下新类型案件的增多,不少沿海发达地区法院又相继设立了知识产权审判庭、房地产审判庭。从专门法院角度看,除军事法院和铁路法院外,海事法院原先只有上海和广州,现在又设立了厦门、宁波等共有九个。行政审判有不同于法院其他审判的特征,我国行政法制建设也日益健全,设立专门法院审理因此是大势所趋。

最后,以设立行政法院的方式来解决对当前行政审判的干扰,是一个不用大动法院体制而又能解决问题的最佳方案。近年来,在人大、政协、法学界和法院内部,都从市场经济体制需要有一个相对超脱的公正的裁判这个角度,提出了法院整个体制、人事、财政制度改革的设想。总的构想是要加强条条管理，加强法院的相对独立性，提高其地位，确保依法独立审判。[①] 但由于我国长期以来法院体制上形成的模式，各级地方法院与地方政府间存在千丝万缕的联系，要实现这个构想难度很大，也绝非一朝一夕之功。而如果仅将行政法院作为专门法院单列出来，把审级提高，人事财务高管一级，则是当前既不用大动根基，又可迅速摆脱地方干扰，保障行政审判顺利进行的有效途径。

三、设立中国特色的行政法院的具体构想

设立我国行政法院，必须遵循以下几条原则：第一，要保证共产党领导下的全国人民代表大会制的政体的统一。我们设立行政法院不是为了搞三权分立，不是独立于人大之外再搞一套与人大、政府制衡的政治力量。正如任建新在澳大利亚的演讲《中华人民共和国法院及其与政府的关系》中所说的，“人民法院和人民政府是在人民代表大会及其常务委员会统一监督下执行不同职能的两个平行的国家机关系统。法院依照法律规定独立行使审判权，不受行政机关的干涉；法院通过审理行政诉讼案件，既保护公民法人的合法权益，也支持政府依法行使行政权。”[②]在法制的范围内理性地解决社会利益调整中的各种人民内部矛盾，最终达到社会的稳定和发展。第二，要有利于保障法院依法独立行使审判权。这是设立行政法院的关键所在。如果设立行政法院仍然无法做到这一点，那么便是毫无意义的举措。第三，要有利于法院审判专业水平的提高，做到审判专门化，法官专业化，形成我国精干、高效、权威的行政审判机构和行政审判法官队伍，真正能成为市场经济环境下处理公权力和私权利关系冲突的公正的裁判，有一个公认的权威的最终裁决者。第四，要兼顾方便诉讼和保证公正执法两个方面。机构的设置既要方便绝大多数群众进行诉讼，又不可过于分散损害行政法院的总体效能和权威性。第五，机构要精干，防止又形成一个庞大的系列，增加国家行政经费负担。

按照这些原则和我国当前行政审判机构的现状，我国行政法院设置的大致构想为：第一，撤销基层法院中的行政审判庭，县市一级不设行政审判机构。第二，撤销中级法院中的行政审判庭，设立与各中级法院同级的行政法院，审理相当于由现在中级、基层法院一审的初审行政案件，名称即称为“某某行政法院”。第三，撤销高级法院的行政审判庭，在高级法院内设立行政上诉法

① 中共中央组织部和最高人民法院于1988年在闽、浙、黑、蒙四省区试行法院干部由系统管理为主的试点，后没有能够坚持下去。

② 见“任建新在澳大利亚法律200周年纪念大会上的演讲”，载《法院年鉴》1988年版。

院，机构相当于现在的行政审判庭，但级别提高，上诉法院院长由高级法院院长或副院长兼任，业务基本独立，除后勤保障外，体系与法院其他庭基本分离。名称可称“某某省(市)行政上诉法院”，对外单独行使职能。第四，最高人民法院代行国家行政法院职能，机构不再另设，行政审判庭配备和地位都要加强，对下指导两级行政法院相对独立地运作。名称可以不设，也可以称“国家行政法院”，两块牌子一套班子。可以看出，这样的机构构想是一种不彻底的比较务实的方案，是在现有法院体制内的一种“改良”，充分考虑了我国现有行政审判机构的现状，基本思路是既能达到改革的主要目标，在实践上又切实可行，尽量减少难度，与现实接轨。改革的重点放在基层，因为从这四年的实践看，90%以上的行政案件是县一级法院一审的，绝大多数干扰也发生在这一环节，撤销县一级审判机构，由中级法院一级的行政法院来审理县一级的案件，就可以使绝大多数案件摆脱干扰，实现公正执法，实现机构改革的主要目标。虽然省市一级的干扰也不乏其例，但毕竟是少数，互相之间的制约也比较有力，因此省以上与普通法院重归合一无妨大局。同时，这个方案不根本改变我国法院现有体制，行政审判仍属司法系列不属行政系列，最高人民法院和高级法院掌握案件的终裁权，可以保障国家法制的统一。这个方案还可以保证实现国家机构精干高效的原则，全国行政审判队伍如以现有案件为基数，将可以精简。中央和省级并轨，基层撤销，中间设行政法院，实行精简两头充实中间，符合行政审判的实践需要。这样的构想还注意到了同今后我国法制建设的发展趋势相衔接，为将来建立单独系列的行政法院甚至宪法法院打下基础。如果这个构想能付诸实施，我国行政审判很快就会产生质的飞跃，迅速走出困境，在确立社会主义市场经济体制过程中产生不可估量的作用。

四、与设立行政法院相关的几个重大问题

设立行政法院是一个牵动我国司法体制的重大课题，许多学者对此信心不足。除了一些传统的观念和偏见，此举也确会招致行政权威主义、行政效能论、国情落后论者的有力反对。要真正进入国家权力机关的议程，确实有不少工作要做。许多问题要进行周密细致的研究。

(一)关于党的领导的问题

毋庸讳言，我国学术界迄今为止对设立行政法院、宪法法院问题讳莫如深，主要的担忧就是担心这会牵涉三权分立，削弱党的领导。事实上，从审议《法官法》反映出来的意见看，我国权力机关对确立适应市场经济需要的法院和政府的新型关系这一点，还存在不少认识上的差距。一些人大代表对法官

必须具备法官任职资格、法官应由法官委员会管理这些保障法院独立审判的基本措施，亦持反对态度。要统一这方面的认识，路还很长。诚如上文分析的那样，行政法院的设置只是国家管理方式上的一种变革，与三权分立并无必然的联系；无论是普通法院还是行政法院，都将置于党的绝对领导之下，各级法院设有党组，可以保证党的方针政策顺利地得到施行。同时，我国法律、党章党纪、领导同志讲话也一再申明，党领导人民制定法律，同时也将模范地执行法律，党要在宪法和法律的范围内活动。十四届四中全会《关于加强党的建设的几个重大问题的决定》也明确重申，党组织要严格执行国家法律。设立行政法院，可以促进政府机关依法行政，切实保证公民和法人的合法权益，这与党的为人民服务的宗旨完全一致，也符合我党让人民当家做主的理想目标，可以及时和缓地解决人民内部矛盾，实现政治稳定、经济稳定和社会安定，最终保障四项基本原则的贯彻，因此设立行政法院不但不会削弱党的领导，而且会在当前的国际潮流中改进和加强我们党的领导，提高管理水平。

（二）关于行政法院的编制序列问题

按本文思路设置的行政法院在国家机关序列上，仍然属于司法系统，不属于行政系列，不同于法国的行政法院和英国的行政裁判所。法官仍要由人大选举和任命，不是由政府任免。这样既符合我国宪法规定的国家审判权统一由法院行使的原则，又保留了《行政诉讼法》立法的成果，有利于保障国家法制的统一。但是，行政法院在人员来源、工作职能上，与现在的法院行政审判庭又不是完全一样的。人员来源和组成都要考虑吸收行政系统的管理专家和行政法学家，在工作职能上，它除了审判行政案件外，还要像法国行政法院那样，“作为政府的重要咨询机构，成为政府制定行政法规和执行行政管理措施方面的顾问”，同时“具有监督和检查行政机关正在实施的行政管理措施的监督职能”，[①]即由于它是与行政密切相关的专门法院，可以在行政立法、行政执法方面发挥独特的作用，将现在相当于国务院法制局和监察部的部分工作承担起来。

（三）关于相关法律的修改问题

设立行政法院将涉及一些法律的修改。《宪法》已经有我国设立专门法院的规定，不存在修改问题。要修改的主要是《人民法院组织法》、《行政诉讼法》和《治安管理处罚条例》等行政法律法规。《人民法院组织法》和《行政诉讼法》的修改不言自明，行政法律法规的修改主要是对一些两审终审的行政

---

① 洪波：《法国政治制度变迁》，中国社会科学出版社 1993 年版，第 279 页。

案件可否改为一审终审。基层法院的行政庭撤销后，中级法院一级的行政法院将成为一审法院，高审级的特别是省一级行政上诉法院将面临大量二审案件的审判任务，这是一个必将出现的新情况。因此，要设法减轻这种压力。另一方面，四年行政审判的实践也证明，对所有行政案件均实行两审终审，是没有必要也不符合我国国情的。如有不少拘留3天罚款百元的治安处罚行政案件，要经公安一裁和复议、法院一审和二审四道程序，浙江有一件治安拘留15天的行政诉讼，还经过了省检察院抗诉，省法院终审的六道程序，不但公安、法院付出了大量精力和财力，当事人、律师也不胜其烦。以我国政法机关现有的办案力量和繁重的任务，以及群众的法律水平，这样的法律规定显然是不相宜的。因此可以考虑对一些案情简易、处罚不重的行政案件，经行政复议后，由法院一审终审，不得上诉。这在国际上是有先例的。我国《仲裁法》也是一裁终局的。从管理相对人的司法救济权利角度看，也经过了一次行政复议一次司法审查，处罚又不太严重，也可以说已有了充分的救济机制了。从法律的“成本说”分析，这种观点也是站得住脚的。

（四）关于行政法院组成人员的来源

改制后设立的行政法院，人员的组成必须坚持高起点、高要求、高水准。行政法院是审查政府行为的，因此理论上来说总体水平必须高于行政机关。考察海外的行政法院，都具有一种“一锤定音”的权威性，除了全民的法制观念和法律传统外，其审判法官的高水平起了重要作用。我国的行政法院也必须建立这样一种权威。因此，其组成人员一开始必须是懂行、精干、高效、廉洁，具有较强法律知识功底和行政管理知识的通才。进行政法院任法官，必须要取得行政法官任职资格。在改制之初，可以通过全面考试和考核，将基层法院行政审判庭中的优秀审判人员选调到行政法院中去，同时，从政府机关、立法机关、法律院校、律师队伍中精选一些行政管理专家和法律专家，充实高层次的行政法院。对原在行政审判庭而不能胜任行政审判职务的，在组建之初即行调整。

（五）关于行政法院司法审查的范围

设立专门行政法院后，现在《行政诉讼法》规定的法院收案范围可以相应扩大，即在主要审查具体行政行为的合法性的同时，还可以审查规章的合法性，对明显与宪法和高层次法律法规相冲突的法规规章，可以判决撤销，即赋予行政法院一定的审查抽象行政行为的职能，这对尽快改变我国行政立法层次多法规互相抵触情况严重的状况，在市场经济背景下努力实现法制的统一，具有重要作用。应该说，我国目前不但有这个可能条件，更有这方面的迫切需要。

3. 关于行政处罚立法的几个问题*

按全国人大常委会的立法计划,《行政处罚法》将于今年八月份提交全会审议。这个法原是由国务院法制局负责起草的,1992 年国家行政立法研究组成立,开始接手进行全面的研究起草,到 1994 年 4 月基本完成试拟稿。最近全国人大法工委在京组织有关专家对《行政处罚法》试拟稿进行论证座谈,主要围绕行政处罚的设定权(立法主体)、处罚执行机关(执法主体)、行政处罚程序(要否设立听证等)三大问题进行讨论,同时涉及立法目的(管理还是控权)、行政处罚的原则(过罚相当、处罚法定等)、行政强制措施(搜查、扣押、查封、讯问等)、管辖、执行等其他行政处罚的重大问题。各位专家学者的许多发言使人受益匪浅。笔者应邀与会,也谈了一些不甚成熟的想法。中国政法大学《行政法学研究》专门组织一组笔谈发表。

笔者以为,提交论证的这个草案已经相当成熟,既体现了规范行政行为的行政法治精神,同时注意了保障行政权的有效行使。此法如能早日通过实施,对规范我国当前市场经济环境下的政府行为、保障行政管理相对人的合法权益、强化行政管理效能,都将迅速产生积极影响。为使这个法律草案更

* 本文发表于中国政法大学《行政法学研究》1995 年第 2 期。中国人民大学复印报刊资料《法学》8 月号全文转载。是年本人已经从北京大学高级法官班结业,回浙江省高级法院研究室工作,应邀参加了全国人大常委会法制工作委员会《行政处罚法》最后几稿草案论证,并作了发言。应松年教授听后给了充分肯定,会后专门来电话约稿,于是将发言要点整理成文发表。1996 年 3 月 17 日,第八届全国人民代表大会第四次会议通过了该法。行政执法回避的观点是本文首次提出的,内容写进了《行政处罚法》第 37 条。

趋成熟，就讨论中涉及的几个问题再谈几点想法。

一、关于立法的指导思想

《行政处罚法》是继《行政诉讼法》、《国家赔偿法》之后行政法领域的一个重要的基本法。诚如与会的全国人大法工委负责同志指出的，立这个法的主要目的：一是治乱；二是治软。乱，就是指处罚无章法，谁都可以设定处罚权，谁都可以行使处罚权，处罚随意性大，种类庞杂，轻重混乱。软，就是指行政处罚缺乏力度，行政效能低下，该管的不去管，该罚的不去罚，市场经济必需的良好秩序难以确立。老百姓依法行事的意识长期确立不起来。因此对这两种现象都要通过立法进行治理。这一意图实际上体现了行政法学界对行政职能认识的两种思路，即控权论和管理论。我们今天立这个法，是为了规范政府的"处罚行为"，还是为了强化其"处罚权力"？恐怕没有一部行政法典会像《行政处罚法》那样鲜明地体现这种立法取向，因为处罚是最严厉的行政管理手段。立法指导思想将指引我们产生一部什么样的法。在处罚的设定权、执行权、对处罚程序限制的度、对行政强制措施授权的度，都将受这个指导思想支配。长期以来，我们遵循的法学理论是"法律是统治阶级意志的体现"，立法的官方意志体现得较充分，"社会契约"的观念考虑较少，这在行政立法方面体现得十分明显，有的行政法规体现了浓重的"行政偏私现象"。有的学者认为我们国家的"统治阶级"就是最广大的人民群众，这在行政法上是说不通的，因为在行政法中"最广大的人民群众"恰恰是行政管理相对人。虽然加强行政管理与其总体利益是一致的，但他们的私权利是不能同公权利混为一谈的。由于我国人口众多，法律传统中民众参与不足，同时由于人民代表人数过多，议政能力参差不齐，常委会立法成了主要模式，因此行政立法中不但全民参与不足，即便人民代表参与也是不足的。作为《行政处罚法》这样一个影响到每一个公民人身权、财产权、行为权利的重要法律，立法机关必须充分考虑全体行政管理相对人的权益，以弥补其参与不足带来的缺陷。在价值取向上，应该把规范政府处罚行为作为立法重点，这不但是符合现实需要的，更是符合我们人民民主国家的性质和长远利益的。

二、关于行政处罚的设定权

哪一级的立法可以设定行政处罚权，是这次论证中大家争论的一个焦点。其实这也是《立法法》的一个难点。有的学者认为为有利于行政权的有效行使，在实体法中要给行政机关以充分的权力，在程序上再对其进行严格的控制，因此要允许行政规章也可以设定行政处罚内容。其实，所谓“程序上的控制”，不单是行政执法程序，还包括行政立法程序。现在全国性的乱罚款、乱收费、乱设卡等“三乱”行为，其源头有相当一部分来源于建章立制的混乱，即立法上的混乱。如果允许政府规章也有设定处罚的权力，那么想通过《行政处罚法》“治乱”的意图就会落空。以目前公路“三乱”现象为例，目前从国务院到地方治理的思路都是依靠行政整顿治理。其实公路“三乱”的根源恰恰是政府机关本身。行政机关收费权的设定不受制约是关键所在。各地割地为王，说收就收，收多长时间可以不受限制，收费状况可以不受审计，用途可以不向社会公开，成本和收益可以长期不进行核算。有的人甚至错误地认为政府收费是为了公益，可以不受任何限制。如某省有座大桥是解放前造的，位于国道线上，从 1987 年开始收费已收了七八年，当时说是为了造二桥，现在二桥已通车两年多，老桥收费依然如故。① 某市一座大桥是 1985 年通车的，当年收费，至今已有十个年头，大桥投资早已收回，但收费依然，票价反而涨了一倍多。② 收费标准也非常混乱，有的高速公路几十公里只收 3 元，有的二级公路几公里也收 5 元。③ 各地各吹各的号，各唱各的调，一切由当地政府发个文件说了算。省市政府如此，县乡政府自然仿效，有的农民在村前挖坑铺板也收费。收费如此，罚款也同样，有的规章自己为自己设定权力，自己为自己免除义务，罚款名目之多、处罚幅度之大，都是带有浓重的行政权威主义色彩的。立法层次过多还导致法律规范交叉冲突的诸多弊端。因此，取消规章以下的行政处罚设定权，虽然会在一定程度上束缚行政机关的手脚，但仍然是应该坚持的。可以明确这样几条原则：(1)处罚权设定原则上由法律和法规行使，立法主体是全国人大及其常委会、地方人大及其常委会、国务院。(2)人身自由罚由法律设定、涉及人身权的由全国人大和国务院即中央一级设定。(3)对市场经营主体(公民、法人)行为资格的处罚，如吊销许可证照，由法律法规设定。(4)规章要设定处罚权的，必须有法规制定主体以上的特别授权。(5)规

---

① 杭州钱塘江大桥，国民政府时期 1934 年茅以升主持设计建造。1937 年 9 月 26 日通车。新中国 1987 年开始省政府批准决定收过桥费，群众戏称“国民党造桥，共产党收费”。1999 年 12 月 7 日浙江省人民政府文件通知交通厅撤销该收费站。见“茅以升与钱塘江大桥”，载《人民政协报》2004 年 12 月 9 日；1999 年 12 月 7 日浙江省人民政府《关于撤并 104 国道乐清清江大桥等 21 个公路收费站点的批复》。

② 温州瓯江大桥，1984 年 9 月 25 日建成通车开始收费，直到 2003 年 12 月撤销收费站停止收费。见“温州瓯江大桥征费管理所概况”，载《温州公路网》2008 年 3 月 19 日；“瓯江大桥收费站年底之前要完成撤销”，载温州新闻网 2003 年 11 月 27 日。本文当时发表时，这两个大桥都还在收费。

③ 这是指 1995 年时的物价水平下的收费标准。

章以下的规范性文件一律不得设定行政处罚内容。规范了立法行为,才有可能规范执法行为。

三、关于行政刑罚问题

在我国许多行政法律法规中,都有行政违法行为情节严重可以追究刑事责任的规定。有三种方式:一是原则性规定,如“构成犯罪的依法追究刑事责任”;二是指引比照,如“后果严重的比照刑法某条追究刑事责任”;三是明确援引,即明确行政违法后果严重的适用刑法第几条追究。《行政处罚法》自然不能回避这个问题。在草案中,规定了“限制人身自由16日以上、罚没款5万元以上”适用刑事诉讼程序,并有一种思路“由有关行政机关向法院提起公诉”。笔者认为这个问题有待研究。建议修改为:“公民、法人及其他组织的行政违法行为情节严重,已构成犯罪的,由查处机关依法移送国家公诉机关提起刑事追诉。”因为:第一,行政法律关系和刑事法律关系是两种不同的法律关系,行政罚没款不同于罚金刑,行政违法严重的适用刑事诉讼程序,会混淆两种不同性质的法律关系。我国法律体系中亦无此先例。第二,以罚没款“5万元以上”划杠,没有考虑法律的稳定性问题,且标准过低。以现有执法实践经验,法律规定中确定具体数额的方式弊端很多,物价的波动将使法律出现滞后状况。如盗窃数额的量刑杠子已调整多次。“情节严重”的具体数额可由司法解释去决定。第三,“由行政机关向法院提起公诉”将突破现有司法体制,牵涉刑事诉讼法的修改,不可取也无此必要。因此在行政处罚法中还是作原则性的规定更好些,具体如何适用刑罚,可以留给行政专项法去规定。行政刑罚还有一个行政权和司法权的分野问题;行政权和司法权谁为终裁问题;行政处罚和刑罚可否重复实施问题,都应在这个法中作出明确规定。第一个问题比较复杂,可以留给专门的行政单项法去解决。对第二个问题,笔者认为司法权应是最终的,有的学者认为刑罚处理后行政同样还可再行处罚,这在执法中会引起混乱,任何国家司法审判均是一种最终的权力。至于有的法律明确规定行政处罚和刑罚可以重复执行,如《刑法》第153条规定的走私罪和偷税罪,都规定可以在行政处罚外同时处以刑罚,但这些行政处罚亦应在刑罚处罚前决定,以便司法机关在追究刑事责任时作为量刑情节一并考虑,防止重复处罚。

四、关于越权行政和综合执法问题

行政机关职权法定、各司其职、一事不再罚是行政执法的重要原则。在

《行政处罚法》试拟稿中都有很好的体现。但对近年各地基于社会治安综合治理“齐抓共管”而出现的“综合执法”问题，大家的认识很不一致。公安机关管了工商机关、卫生部门、市容机构的事务，在行政法上就是越权行政。综合执法还会带来行政诉讼中的“被告不明”问题。草案中规定在一些公共场所管理中，县以上政府经同级人大批准可以组建综合执法机构，赋予其独立的法律地位。这是立法思想适应现实情况的体现。笔者认为，作为一个行政基本法，一要考虑现实性，二要考虑长远发展。在《行政处罚法》中，要明确职权法定、各司其职是原则，综合执法只是特定时间特定地点的一种补充，可以作为一时的整治措施，而不一定要在法律中给其明确规定一个地位。新通过的《警察法》也对警察行使非警务职能作了限制。因此，可以让行政机关在有必要时临时组织联合执法，在处罚时仍由各参加的职能部门依法各自处罚，各自作出处罚决定，这样在复议、行政诉讼中都比较好处理。故可以对职权法定问题专门规定一条：“行使行政处罚权的行政机关和其他组织，必须要有法律法规的明确规定。未经法律法规规定处罚权的机关不得越权行使处罚。”

五、关于行政执法的回避

回避是司法执法的一个十分重要的制度，但在我国各项行政法规中，对此一直不够重视。实际上，现在行政权对社会生活的干预越来越广，行政执法对公民人身权和财产权的处分权利非常大，行政执法中的人情关系网干扰也远甚于司法执法，在实践中也已大量产生因徇私徇情导致的行政执法不公的问题。如在土地执法中，有的基层干部违法占地多、时间早的反而不处罚，占地少、跟着学的普通群众的房屋反而被拆除，由此导致群众对抗的事例已有不少。因此在《行政处罚法》中，极有必要对回避问题专门作出规定。可以像《刑事诉讼法》那样单列一条：“行政执法人员同被处罚的当事人或者与被处罚的事由有直接利害关系的，应当主动提出回避。被处罚人亦有权申请其回避。回避申请由行政执法者所在机关的行政首长裁定。当事人对裁定结果不服的，可以申请该机关复议一次。对复议申请，行政机关应集体讨论后作出裁定。”

六、关于行政处罚的听证程序

行政法学界有一种观点，称行政法就是程序法，此说强调了行政行为规则的重要性。控权学派的观点也认为，对行政权力的控制主要手段就是通过严格的程序。这次讨论有个很好的现象就是全体与会者对行政处罚程序中要有

"听证"这个问题有非常一致的看法,但同时也主张"听证"不能用得太多以免损害行政效能。在试拟稿中"听证"被表述为"申辩会"。笔者觉得还是称"听证会"更贴切些。因为法律是中性的,行政处罚中,"申辩"只是指被处罚人的立场,而这一活动还有另一方面,即行政机关的"指控"和"举证"行为。称申辩就显得不甚全面,"听证"与法庭的"诉讼"一样,更能体现其本质。法律是人类共同遗产,而不必忌讳中外称谓之别,其实这个词也是在中译时国人创造的。①《行政处罚法》中一旦规定了听证程序,这将使我国的行政法制大大推进一步,有力地促进行政行为公开化、法制化、程序化,有力地保障公民法人和组织的合法权益。同时为了保障行政效能,听证只能限于按普通秩序处罚的一些社会影响大、有典型性、不进行听证无以保障公正执法的那些案件,对即时处罚的一些简易程序案件,就不可都进行听证。

七、关于行政处罚禁止牵连问题

"株连"是封建旧法的残余,"不搞株连"是现代法制的一个重要原则。在现在政策性的行政文件中,"株连"性质的连带责任形式还非常多见,有的还作为成功经验在进行宣传推广。像计划生育一票否决制,社会治安综合治理一票否决制。某企业集团负责人因为集团内一个职工违反计划生育而被取消评劳模的资格;有的单位因为个别人违反某一规定而连带所有人都扣了考核奖金。《行政处罚法》是法律,不同于行政机关内部的"责任书"和"承包合同书",必须坚决禁止任何形式的株连。草案对这一原则作了明确的规定:"行政处罚只适用于对违法行为负有责任的人,不得对无责任的亲属和其他人进行处罚。"但是在未成年人违法的规定中又规定了"也可以处罚其监护人"。这还是有株连之嫌,以取消为好。因为:其一,行政处罚与民法中的民事赔偿和补偿不同,行政处罚和刑罚一样,不应及于监护人。其二,如果监护失职而应受处罚,那也是针对监护人的失职行为,而不是针对监护对象的行政违法行为。

八、关于对市场主体的行为能力处罚

吊销行为主体许可证照,是现在行政处罚中一个十分常见的手段。吊销

① 该法讨论时,曾有学者担心听证的概念来自于西方的法学,过于敏感,因此主张不用"听证"两字而用"申辩会"。笔者本文中针对这一顾虑作此阐释。后来人大正式立法中,法条仍用了"听证"的称谓。

证照、停业整顿不是小事,是对市场主体生存权的剥夺。在当前行政执法中,同样存在“烂”和“软”两种倾向。有的行政执法人员执法随意性很大,如公安交警任意扣照的现象十分普遍,亟须限制。市场经济环境要求政府行为尽量疏而非堵,任意剥夺市场主体的行为能力对发展经济不利。因此,笔者认为能否作出这样的规定:“对直接影响被处罚人行为能力的许可证照,在处罚决定生效前,不得扣押。法律规定可以扣押的除外。”一般来说,行政违法不同于刑事犯罪可能逃逸无法补救,在处罚决定生效后扣照也来得及。

九、关于行政强制措施的控制

检查、扣押、查封、冻结、担保等行政强制措施,是实施行政处罚时必不可少的辅助手段。法律草案对这些都作了规定。但强制措施规定的权力过大,也同样会造成对管理相对人的额外侵害,有必要在立法之初就注意这一问题。我认为在两个问题上要注意控制。一是检查权,要与《宪法》和《刑事诉讼法》一致起来,规定:“行政执法人员可以依法对被检查人的物品进行检查。对被检查人的人身和住宅进行检查,必须有法律的明确授权。”二是扣留权,草案规定对一些特定对象行政机关可以行使24小时的扣留权。笔者认为,还是不这样规定为好。因为对公民的扣留是最严厉的措施,我国行政执法的主体又这样广泛,如果都有扣留权,势必造成混乱,还可能造成严重侵犯公民权的后果,还是限于公安一家有这种权力为好。同时,草案中已经规定了行政机关的24小时“传唤”权,对相对人的限制已经相同,不必要再搞个扣留。另外,从加强社会主义民主与法制的角度,作为行政处罚的劳动教养,对人身自由的限制可以长达3年,比刑法的3年以下徒刑、管制、拘役都重,因此应该取消,对于行政违法严重的,可以适用刑事诉讼程序,经司法审判后再确定刑罚。

十、关于与相关法律的衔接

《行政处罚法》与《立法法》、《行政程序法》、《政府组织法》、《国家赔偿法》都有密切的关系。在立法论证的后期,还要考虑同这些法律综合平衡,把一些法律规定一致起来。如《立法法》牵涉行政处罚权的设定,《政府组织法》涉及行政处罚的主体,《行政程序法》涉及行政处罚的程序。《国家赔偿法》现已实施,可以在《行政处罚法》中明确指引适用,即规定:“公民、法人和其他组织因违法行政处罚而造成损失,经依法确认后,作出违法行为的行政机关得依《国家赔偿法》的规定进行赔偿。”

4. 中国行政诉讼的启动

今年10月1日,[①]《行政诉讼法》就将实施。一个事实已经不容置疑地摆到我们面前:政府机关的某些行政行为,再也不是最后的结论,而有可能受到司法的评判和裁断。

一、国家民主化法制化的重要标志

实行不实行行政诉讼,是一个国家法治程度的重要标志。

我们过去一直习惯于按行政命令办事,公民和组织对政府机关的行政命令和决定,只能无条件地服从。而政府机关的行动依据是政策,具有很强的对策性和不稳定性。由于缺乏相对统一恒定的标准,政府机关工作人员作出的各种行政行为千差万别。行政权力是人民赋予行政机关的,行政机关运用行政权力为人民服务,按理不可能侵犯人民的合法权益。但是,事实往往是,行政机关在行使行政权力的过程中,由于制度的或个人的原因,也会对公民、法人及其他合法组织的合法权益构成非法侵害。而最要紧的是:过去对政府机关的行政行为缺乏一种制约和监督,公民和组织不服行政机关的处理决定,只有向上一级行政机关上访,以正确的"人治"来更改、纠正错误的"人治"。虽然《宪法》第41条规定:"公民对于任何国家机关和国家工作人员,有提出批评建议的权利;对

---

① 本文发表于1990年8月出版的第4期《律师与法制》,其时我在浙江省高级法院担任院长秘书,由于1989年的风波,《行政诉讼法》一出台就遇到了一些非议和挑战,本文有针对性地对该法的实施作了一些介绍。系最早研究行政诉讼现状的一篇文章。原题为《行政诉讼的现状与思考》。《新华文摘》1990年第9期辑入目录,同年获浙江省出版协会期刊优秀文章二等奖。

任何国家机关和国家工作人员的违法失职行为，有向国家机关提出申诉、控告或者检举的权利。对于公民的申诉、控告或者检举，有关国家机关必须查清事实，负费处理。由于国家机关和国家工作人员侵犯公民权利而受到损失的人，有依照法律规定取得赔偿的权利。”但是，由于没有具体贯彻和保障这些宪法原则的“子法”，多年来公民对国家机关行政行为的控告、申诉一直处于无章可循、原则上有、具体说无的境况，使一些公民的合法权益得不到保障。

《行政诉讼法》的制定和实施，弥补了这个缺憾，使《宪法》规定的总精神得以具体化、制度化，使我国的民主与法制建设大大推进了一步。我国的行政诉讼，是指公民、组织认为政府机关的具体行政行为侵犯其合法权益，按照《行政诉讼法》和有关法律、法规向人民法院提起诉讼，由人民法院进行审理并作出裁决的诉讼制度。《行政诉讼法》的作用主要有四条：一是保证人民法院正确、及时、合法地审理行政案件；二是保护公民、法人和其他组织的合法权益；三是保障国家行政机关依法有效地行使职权，即使合法的行政行为得到司法确认，以法律保障其实施；四是监督行政机关依法行政，对其不合法的、越权的、有错误的行政行为予以撤销、变更或判决其履行职责及重新作出行政行为等。

因此，这个法律的实施，是我国法制建设的一件大事，是我国社会主义民主政治建设的一个重要步骤。对保障公民的合法权益、维护和促进行政机关依法行使职权、加强廉政建设、提高政府机关的工作效率，都有重要的意义。它标志着我国的行政活动在更大范围内受到司法监督。行政机关，也就是政府的各个主管部门，将有可能以被告的身份，与作为原告的公民、组织，以平等身份对簿公堂，接受司法审判，并可能承担诸如赔偿等相应的法律后果。这无疑对政府机关依法行政提出了更高的要求。

二、已经有了较好的开端

虽然《行政诉讼法》要到今年 10 月实施，而实际上，行政审判作为法院的一个审判类型，1987 年就已按最高人民法院的要求开始试点。有的案件，像轰动一时的浙江省苍南县“农民告县府”案，是按民事侵权案件受理的，实际上它更像是一宗行政案件。[①] 但其他一些类型的案件，如《治安管理处罚条

---

① 即所谓中国农民告县长第一案。1987 年 7 月，浙江省苍南县巴艚镇农民包郑照因为在行洪河道堤上建房，被县府强制派武警爆炸拆除。该房曾经过镇政府上报批准。包不服强行拆除其房屋的处罚，把县政府推上了被告席。在浙江省高级法院院长的直接支持下，温州中级法院受理了该案。当时的苍南县县长黄德余主动出庭。这起案件是新中国成立以来公开报道的第一起农民状告县政府案件。因为法院最后认定其建房审批手续是“欺骗方式取得”，农民败诉。二审维持了原判。

例》、《土地法》等明确规定的可诉法院的案件，从 1987 年就开始以行政案件审理了。其中以公安机关为被告的“不服治安处罚”案件，从一开始就引起社会各界特别是新闻界的关注。

1989 年，浙江省全省共受理各类行政案件 659 件，办结了 638 件。这年的行政案件中，上升最多的是不服土地管理部门处理的案件，达 214 件，比上年的 123 件上升了 74%。这与这个省去年大力贯彻土地法，查处违法建房、违法用地是密切相关的。与此相反，不服公安机关处罚的治安处罚行政案件反而减少为 362 件，比上年下降了 11%。这里的原因较复杂：一是公安机关依法办事的观念大大加强，处罚的合法性、合理性提高；二是公民守法观念增强，无理向法院起诉的减少；三是法院对有些案件不够坚持原则，应该撤销公安裁定的也维持了，使群众丧失了告状的信心；四是有的公安部门怕当被告，一开始就把一些治安事件推开不管。

《行政诉讼法》实施在即，全国各有关方面都在进行大量的准备工作。各级法院、政府、物价、工商、卫生、公安、公司等单位和部门为实施《行政诉讼法》进行了积极的准备。许多省人大会议专门对法院加强行政审判提出了要求。如某省的省委书记办公会议也要求各级法院认真开展行政审判，各级政府机关要加强依法办事观念，依法行政。可以说，一种开展行政审判的好的气候已经形成，但范围还局限于几个相关部门。全社会、舆论界特别是广大人民群众对这项工作的了解还不能说是很多的。

三、行政权力观念面临挑战

实施《行政诉讼法》，一方面可以把行政工作纳入法制轨道、用法律的强制力支持政府机关行使行政权力；另一方面也使多年来至高无上的行政权威首次受到挑战，要想使广大行政机关干部在观念上适应这一变化，还需要一个不短的过程。

本人自去年以来，到十几个中级法院、基层法院调查时，听到许多从事行政审判的同志谈到领导同志的法律观念问题。某市有一个乡政府越权决定拆毁并没收了一个承包户的围墙，也不给当事人申请复议及起诉法院的权利，第二天就去执行了。当事人告到法院，法院主动去做了许多工作，指出了违法性，乡政府就是不理。法院开庭传唤也不到，致使开庭改期。再开庭又不到。法院缺席判决乡政府败诉，撤销处罚决定，乡政府根本不买账，再制作一个处罚决定。没收的东西仍旧不还。法律在他们眼里远不及乡政府的大印。某市有一个乡政府处罚农民建房，法院审理后认为这户农民建房合法合理，拆除房子不妥。县人大也支持法院，乡里“各大员”也都签了字，但乡主要干部说：“我说了算。我说要拆就要拆。”有一个水利行政案件，县水利局处罚后农民不服，按法律规定应申请上一级主管部门即市水利局复议后，如不服可诉法院。但县水利局送县农委去复议。法院指出于法不符，但市水利局说他们不复议。法院指出这是当事人的法定权利，市水利局复议既是权利也是义务，局长思想还是不通。有一个医疗事故行政案件，当事人不服要求上级卫生局复议，这个卫生局也不复议，当作群众来信去处理，根本没想到这是法定程序。

真正要顺利开展行政审判，除了法院要坚持原则、切实负责、敢于碰硬外，政府机关必须大大加强工作人员的法制观念。从已审理的行政案件来看，一些政府机关的处理决定存在如下一些问题：一是强迫命令，不管是否越权、是否有处罚依据，“我就是法”，或者“集体决定就是法”；二是滥用职权乱罚款乱摊派；三是作出行政决定时，对事实依据没有搞清，取证不及时，处罚证据不足；四是定性不准，引用和依据的法律不当；五是行政处罚程序不严、手续不完备，没有考虑公民的起诉权利；六是原先按政策性处罚的，如治安联防队、工纠队的处罚，乡规民约的处罚，计划生育的一些处罚，原来是允许的，但并没有法定的依据，按《行政诉讼法》就无法维持；七是有些行政行为合法不合理、合理不合法，如物价部门处罚烟草公司的变相抬价搭配销售等；八是个别国家工作人员搞人情拉关系，作出的行政行为明显不公，却以集体的名义顽固坚持等。

《行政诉讼法》的宣传贯彻，已经在行政部门引起了一连串的反应。有的担心当被告，工作不敢放手抓；有的怕败诉，损害了政府的声誉和权威；有的怕群众滥用诉权，动不动就告政府，应付不过来，有的觉得在我国现在的国情下，群众文化素质不高，法制观念不强，“以权代法”是必要的，这样工作见效快、抓得起，而依法行政既繁又难，这个规定那个程序，束缚手脚。特别是计划生育，征收粮税，有时没有点强迫命令就完不成任务。而人民群众也有担心。两方面的担心和猜疑都不无道理，而《行政诉讼法》已经人大通过，不管有什么担心和想法，它将毫不迟延地干预和影响我们的行政活动和社会生活。

四、法院现在缺少什么

行政机关和人民群众如此，那么作为实施这部法律的重要角色——人民法院的状况又如何呢？

可以这样说：我国现在的人民法院，是在人力、财力、物力、机构观念、理论、经验、地位等各项因素都还很不适应的情况下，被硬推上行政审判这个重要舞台的。

首先，是力量不足。开展行政审判，许多国家都有专门的行政法院和行政法官。如法国、德国和英国。但我国实施该法并没有为法院增加一兵一卒。近年国家严格控制行政编制。法院职能扩展，任务加重。1989 年某省全省法院受理案件 12 万多件，比 1987 年增加了 4 万多件，办结 9.6 万件，但编制基本上未增加。全省法官后勤一起总人数仍保持在 8000 多人。现在，为开展行政审判，又要设立各级行政审判庭，人员同样要靠内部调剂解决。该省经过各级法院的努力，两年中已抽调审判力量组建了一批行政审判庭。省高级法院、11 个中级法院都已建立。87 个县、区、市人民法院中，尚有 31 个因力量缺乏而暂未建立。已建立的庭中，多数是两个人。按《法院组织法》规定，3 个审判人员方可组成一个合议庭正常办案，而现在多数还组不成合议庭。

据初步统计，到目前为止，全国人大、国务院、地方人大所立的法律法规中，规定公民不服行政机关的处理可以诉诸法律的已有 160 多个。牵涉范围相当广，除国防、外交、行政任免等，几乎遍及政府的所有重要职能部门。如《治安管理处罚条例》第 39 条规定：“不服上一级公安机关裁决的，可以在接到通知后 5 日内向当地人民法院提起诉讼。”《土地管理法》第 16 条第 3 款规定：“当事人对有关人民政府的处理决定不服的，可以在接到处理决定通知之日起三十日内，向人民法院起诉。”《森林法》第 14 条第 3 款规定：“当事人对人民政府的处理决定不服的，可以在接到通知之日起一个月内，向人民法院起诉。”《矿产资源法》第 46 条规定：当事人不服政府、工商部门、地矿主管部门的行政处罚，可以在“十五日内向人民法院起诉”。另外，如《专利法》、《邮政法》、《食品卫生法》、《卫生检疫法》、《环境保护法》、《商标法》、《全民工业企业法》、《统计法》、《烟草专卖条例》、《税法》、《消防条例》、《出入境管理法》、《浙江省计划生育条例》等许多法律法规，都有类似的规定。不服可起诉的具体行政行为包括：对拘留、罚款、吊销许可证、吊销执照、责令停产停业、没收财物的处罚不服的；对限制人身自由，查封、扣押、冻结等行政强制措施不服的；认为行政机关侵犯自己合法经营权等权益的，行政机关应该为当事人履行某种职责而不履行的，等等。一方面，上述行政法规的实施要受法律的监督，另一方面，这些法规的实施又依赖于法律作为其强有力的后盾。如上列各项法律法规中，几乎都有“超过法定期限，当事人既不起诉又不履行的，由行政机关申请人民法院强制执行”。这就是说，法院不但要受理公民、组织的合法起诉，对政府机关的合法行政决定，还依法要承担最后强行执行的责任，这同样将大大增加各级法院的工作量。

再看执行力量。过去，行政机关的决定都是自己执行；而现在，按照《行政诉讼法》起诉到法院的有些案件法院要执行，群众未起诉又不自觉履行的，政府机关可以申请法院执行。现在，有不少民事、经济案件法院生效判决都来不及执行，主要原因就是法院执行力量太弱，现在再要法院把政府的这项任务也接过来，难度更大。

其次，就是法院的地位问题。《行政诉讼法》对于各级人民法院有两点是历史性、实质性的。一是人民法院的权力和地位将被进一步加强；二是许多法院过去不必管的争讼将大量涌向法院。建国40年来，我们各级人民法院的地位，更像是政府机关的一个职能部门。“公检法司”的概念，只是表明政府机关中“政法”那一块。“一府两院”的提法，那是近几年来才逐步讲响的，法院和检察院从政府部门中分离出来，和各级政府平起平坐，一同受各级人大的监督。但事实上管人、管事特别是财政系列上，仍然同政府部门没什么两样。现在，《行政诉讼法》一实施，法院作为一个与之平等的司法机关，将对各级政府的行为进行司法裁断。对政府行为进行评判，甚至可以判决政府机关承担某些责任、重新进行行政行为等，这对于政府机关和人民法院两方面来说，都是前所未有的。从理论上说，法院的权力和地位无疑是提高了。而反过来，也只有提高法院的地位、树立法制的权威，才有可能开展真正意义上的行政诉讼，而不是搞协调、和稀泥、搞幕后折中。法院的地位不单是法院的事，而是一个国家法治程度的重要标志。要开展行政诉讼，确立法院的依法独立审判的原则非常重要。当然，这个“独立”是指具体办案而言，在总的方针原则上，各级法院要自觉地接受党委的领导，接受人大的监督。如果法院不能严格执法，严格按《行政诉讼法》行事，那么最终将使人民群众失去信心，使这个法律束之高阁，形若空文。由于法院现在的人、财、物、住房、户口、子女就业入学、办事、晋升、加薪、生活需要，没有一件能不依赖当地政府机关，因此在开展行政诉讼中，强调这个问题尤其重要。如在治安行政诉讼中，公安局长在法庭上是被告，由法院判定其是非；而在政法委员会讨论中，公安局长往往是书记，法院要服从党委的领导。在土地案件中，有一个法院判镇政府败诉，因此在这个镇征地建法庭就成了问题。有个法院判政府机关败诉，人代会上某负责人就联络一些人大代表向法院施加压力，而院长是代表选的，法院也受人代会监督。诸如此类的问题，今后可能会经常发生，如果不确立法院的权威，必将影响严肃执法。

最后，法院需要党委、人大、政府机关和广大人民群众的支持和理解。党委和人大要旗帜鲜明地支持法院的合法判决。对一些情况复杂原因多样的案件，要出面协调法院和政府部门的分歧，使之尽量合法地圆满解决。

五、走出泥泞　前途光明

不管怎么说,《行政诉讼法》的实施,只能表明一种发展趋势。开展得如何,将取决于我国的民主化和法制化的进程。国家民主政治建设的进程加快,那么行政诉讼将会向深度和广度两方面迅速拓展;如果放慢,那么这个法律对我们今后的现实生活也许不会产生太多的影响,行政将按原先的模式平稳地运行下去。

这里有几个观念是重要的。首先,行政审判必须循序渐进、逐步推进。在收案范围上,收案数量上,执行的彻底程度上,都要逐步推开,边干边学,让法院、政府机关、人民群众逐步适应。任何无所作为的观点、等着瞧的观点都是不利的;同样,任何急于求成,想一步推开的观点也是不切实际的、有害的。其次,要树立"稳定压倒一切"的观点。行政审判是调节政府机关和人民群众、组织之间的内部矛盾的重要手段,它既能促进依法行政,支持政府的合法行为,又能释放群众的不满情绪,消除官僚主义,改进政府工作,使党群关系、干群关系更加密切、融洽。因此行政审判要为稳定大局服务,为安定社会秩序服务,无论立案调查,还是作出判决,都要考虑社会效果,有利于安定团结。再次,要注意维护政府机关的威信。法院审判行政案件,不是出风头,不是谁压倒谁,而是一切以事实为依据,以法律为准绳,用法律维护政府、公民、组织的合法权益。作出判决要考虑当时当地的实际情况,在合法的前提下努力维护政府机关的权力和威望。对合法行政行为要支持,对滥用诉权的要驳回,行政复议能解决的就由政府机关自行解决。当前社会上,有一种藐视政府机关权威的现象很值得注意,有的宗法势力抬头,血亲械斗增多,有的围攻乡政府派出所,有的打死打伤税务人员、土管人员和路线教育工作人员,有的公然妨碍执行公务,谩骂侮辱国家工作人员……这些事件的发生,虽然原因复杂,有的有政府机关的责任,但与我国公民文化素质尚低、法制观念淡薄,有的目空一切、无政府主义泛滥确有一定关系。法院执法要考虑我国初级阶段的现实状况,依法支持政府机关合法、高效的行使行政权力。

行政诉讼是一项全新的工作。无论对法院,还是对政府机关、群众组织,都还没有经验。眼前的困难和问题确实不少,但只要坚持下去,逐步深入地开展起来,对我国政治生活的重要作用就会日益展示出来。

5. 对行政诉讼困境的宏观思考*

《行政诉讼法》使司法权对行政权的干预和评判，在中国历史上第一次成为事实。其积极的意义和对我国民主与法制建设所起的作用，已被三年来的实践所充分证明。但是，行政诉讼的现状并不乐观，在许多地方，用“走入困境”来形容并不为过，这并非危言耸听。这个“困境”，可以从以下几方面去考察。

一、困境

（一）全国法院一审收案总趋势下降

1990 年《行政诉讼法》颁布施行时，全国法院一审受理案件 13,006 件，比 1989 年上升 30.92%；1991 年，全国法院一审收案猛增到 25,667 件，增长 97.35%。但从 1992 年始，增势猛跌，仅增长 5.68%，今年 1 至 6 月，开始出现负增长，一、二审收案比 1992 年同期下降了 5.68%。

（二）整个社会对行政诉讼的热情下降

公民、法人、其他组织对行政诉讼寄予的期望值大大降低（值得一提的是，这些期望值本来就不高，是经过立法阶段进行的艰苦的宣传和鼓动换取的）。行政管理相对人不敢告、不想告、不愿告、“告也无用”、“民不与官斗”的观念日益流行。立法宣传中在人们心头描绘的美妙图景，已被三年来的现实冲淡得所剩无几。

---

* 本文写作于 1993 年 10 月，发表于 1993 年第 4 期《行政法学研究》，其时本人在北京大学法律系高级法官班进修行政法。此文发表后被众多行政法学者的论著引用，是行政诉讼领域较早引起关注的一篇文章。

(三)政府部门滥用职权、蔑视法院行政审判权的现象有增无减

甚至发生被告在诉讼中拘捕原告、[①]被告公开刁难、报复法院、约束法官行动自由的现象。有一个法院审理77件治安行政案件,被告全部不予答辩。有个法院5个月中判决公安机关败诉的25件治安行政案件,被告未交一次诉讼费。有个城市规划行政案件,被告法定代表人拒不出庭,但开庭时却坐在旁听席上指导代理人诉讼,干扰审判,公然藐视法庭。

(四)撤诉案件多

审理案件不适用调解,是我国《行政诉讼法》规定的一项重要原则,但司法实践中不但存在,而且非常普遍。为规避法律而又能自圆其说,这种调解被称为"协调"、"协商"、"庭外做工作"。在有限的立案案件中,经过"协商"及各种非正常因素的影响,全国法院1988年至1992年4年中审结的82,129件案件中,撤诉结案的高达29,061件,占35.38%,有的省份年度撤诉率高达52%。根据抽样调查,其中大部分撤诉案件如果交付审判,行政机关将败诉。只有很少部分是原告确实自认无理才撤诉。在撤诉的大多数案件中,并非原告的真实意思表示,而是出于各种顾虑和压力。

(五)对具体行政行为的制约面缩小

据对某省会城市1991年行政诉讼情况调查,行政诉讼对政府具体行政行为的制约面显得微不足道。全年公安治安处罚案件14,949件,涉及23,223人,相对人不服诉至法院的仅为50件50人。工商处理违法案件6391件,相对人不服诉至法院的仅有1件。据另一省会城市调查,起诉案件仅占行政处罚案的万分之一不到。并不是说起诉越多越健康,而是相对于现实掌握的公安、工商机关行政执法质量看,这个比例是极不正常的。行政诉讼对政府行政行为的制约监督功能,除了宣传上的轰动效应外,实质上已日渐衰微。

(六)行政移送法院执行案远远超过立案审理案

1989年至1992年4年中,全国法院审结行政案件8.2万件,而政府机关移送申请法院强制执行的行政处罚决定案,却高达13.1万件。行政诉讼的目的是以维护行政管理相对人合法权益、监督依法行政为主,还是支持政府机关工作为主,立法时曾经有过激烈的争论。最后统一认识为以维护公民、法人、其他组织的合法权益为主,《行政诉讼法》立法确定了这一原则,这也是行政诉讼制度有必要存在的精髓。现在,支持功能远远超过了监督功能,法院成了政府机关的执行部门,司法权和行政权又形成一股合力来对付行政管理相对

① "谁还敢告公安局",载《人民法院报》1993年8月27日第1版。

人，实际上否定了行政诉讼制度存在的基础。一些政府部门把自己解决不了的难案、“钉子案”，如计划生育处罚、违章建房的拆除，推向法院去执行。有个省全年不受理一件群众起诉的计划生育行政案（因为有规定），而全年要为行政机关执行或强制执行计划生育处罚案400余件。这与立法本意已根本相悖。

（七）法规冲突情况日益严重

由于行政诉讼收案门类逐渐增多，[①]法院据以进行合法性审查的法规规章越来越多，我国行政法律规范相冲突的现象日渐暴露，[②]其中最难处理的是相同级别行政主管机关起草，经人大通过并授权解释的行政法规之间的冲突。由于法规、规章的司法解释权归各行政主管机关，又缺乏统一的法典编纂及冲突协调法规，行政机关的有权解释实际上要左右人民法院的实体判决和程序适用，有时被告（通过最高级别主管机关）反而握有司法解释权，造成了立法权、司法权和行政权的混淆，[③]导致法院执法无所适从，陷入困境。

（八）法院主观上对行政审判的热情和信心下降

有的基层法院全年不受理一件行政案件，不少行政审判庭名存实亡，有的保留名称与民事庭、经济庭、执行庭、告申庭合并，有的庭虽存在，但主要精力在审理刑、民、经案件及办理执行案件。从领导到具体审判人员都认为行政案件越少越好，有的法院领导同志明确表示少办一些行政案件对法院更有利。“行政诉讼超前编论”、“不合国情论”已从政府机关波及法院，成了法院内部颇具代表性的观点。

二、原因

行政诉讼在立法实施3年后出现这样的局面，原因是多方面的，除了历史根源、认识根源的潜在制约外，主观上可以使我们受制约的因素的影响不容低估。这也是我们要思考认识一番并采取适当对策的思想出发点。立法通过前笔者曾著文认为，我国行政诉讼将会有一个比较曲折的过程，其发展前景将取

---

① 上海市1992年行政案件收案门类已达34类。

② 已有学者对此有了系统论述，参阅马怀德、张泽想：“行政冲突规范探讨”，载《行政法学研究》1993年第2期。

③ 参阅拙文：“堤石激起的轩然大波——我国首例行政抗诉案例剖析”，载《上海法苑》1992年第6期。相类似的还有交通部和卫生部关于远洋船员卫生检疫权的争议；能源部和矿产部关于地质勘察单位资格授予权的争议；建设银行与城建管理机关关于工程造价鉴定权的争议。对于这些，请参见本书“论行政诉讼中的法律规范冲突及其冲突规范”一文。

决于我国政治体制改革和民主与法制建设的进程。① 现在面临的这些困境，与我国近年经济领域的活跃和民主与法制建设的进程是极不相称的。从宏观上实事求是地分析探讨这种现象产生的原因，有利于我们正确采取对策逐步改变这种状况。

（一）无所不在的习惯观念上的阻力

司法权对行政权进行干预，对行政行为进行审查、评判和裁断，在中国历史上是划时代的，因此存在一些曲折和反复不足为奇。综观三年行政诉讼的实践，全新的立法思想无时无刻不在同传统习惯观念发生冲突。“立法超前论”、“国情落后论”、“有碍行政效能论”，甚至“自由化论”、“西化论”层出不穷。产生这些论点有深厚的认识根源和现实根源，其中不乏合理的成分，但主要是那些与现代法治意识根本相悖的旧的传统观念的影响。一个法律的产生，往往要有代表性的民众意识的支持和广泛的社会思潮作为基础。从这个意义上说，“社会契约论”是有其科学性的。而无可否认，我国《行政诉讼法》的产生，主要的直接的动因来自于上层建筑领域，包括领导层和法律思想界，是基于对我国宪法原则的阐述和衍化，甚至对海外一些科学进步的法治观念的借鉴，而人民群众中并无多少思想基础。整个社会几乎是被动地接受了这个法律的到来。这与我们立法思想遵循“国家意志说”直接相关。在这样的情况下，这个法律遭到被设定增加了更多义务而限制了更多权利的政府部门的反对是理所当然的，而当这种反对日益明朗化的时候，也没有引起社会公众的多大制约，因为群众并未真正意识到这部法律对建设富强文明的中国将具有何等重要的意义。在这种背景下，非议和否定这部法律的各种思潮畅行无阻，已经影响了领导决策层及司法界，使开展行政诉讼的思想基础发生了动摇。

（二）法院体制上的问题是当前行政诉讼陷入困境的主要原因

人民法院依法独立行使审判权，是我国重要的宪法原则之一，这与西方资本主义制度下的三权分立体制有着本质上的区别。这个问题本不用多说，但在当前法律思想界还实际存在一些禁区的情况下，要探讨人民法院的地位问题又必须首先把这个顾虑搞清楚。以我们现在的法院体制论，要开展实质意义上的行政审判是异常困难的。各级地方法院在人事管理、财政经费来源、征用土地、安置家属、子女入学就业、工资晋级、生活福利、住房医疗、户口迁徙、

① 见拙文：“行政诉讼的现状与思考”，载《律师与法制》1990 年第 4 期，已收入本书“中国行政诉讼的启动”。

人身保障等各个方面，无一不受制于当地政府，依赖当地政府部门。这众多因素中，最重要的是人事和财政因素。行政审判庭只是法院内部的一个庭，在这样的环境下，要法院对同级政府的行政行为进行审查裁断，干预行政权，无疑有些强人所难。在这三年的审判实践中，已有大量的事例证明不改变这种体制而要真正开展行政诉讼，实际上仅是一种理论上的美好愿望。最后，法院开展行政审判的积极性被极大地挫伤，主观上也希望行政案件越少越好，也有意无意地接受了“行政诉讼超前论”的观念。

（三）立法保障机制问题

全国人大对《行政诉讼法》的施行缺乏必要的监督和保障。对法院的执法活动支持不够有力。《行政诉讼法》不同于《刑事诉讼法》和《民事诉讼法》，它是牵涉到“一府两院”关系的程序法，由于政府机关的现实地位高于法院，因此该法的施行尤其需要党委和人大的支持和监督。《行政诉讼法》本身又是保障大量行政法规得以实施的一部法律，抓好该法的施行，可以推动其他法律的“有法必依”。但是，近年人大的主要精力着眼于立法，对《行政诉讼法》施行中出现的种种消极现象甚至违法现象关注不多，仅停留在一般性的宣传和号召。对如何保障法院实质性地开展行政审判，还缺乏具体措施。如立法时给法院一下子增加了这样一个牵动全局的审判门类，但在编制、装备、法官培养、经费来源诸项保障条件上基本未考虑。① 每年各级地方人大组织的执法检查，也都停留在一般性的情况了解，没有选择一些重大、典型的违法事件一抓到底，结果造成这样一种错觉，好像违反《行政诉讼法》的行为只是一种认识问题，是可以谅解姑息的，以至于肆行无忌愈演愈烈。

（四）法院行政审判力量不足、素质不高，缺乏既精通法律又熟知行政管理专门知识的人才

法院审判人员素质上的不足，是当前“行政诉讼超前论”的借口之一，一些行政机关以此反对法院对行政权干预太多。由于我国法院行政审判庭的设置是小而全，不像英国的行政裁判所及法国的行政法院，审判人员在行政管理方面的专业知识确有不足，导致有的案件办案质量不高。再加上前述各种外在因素的影响，对一些行政案件不敢立、不敢审、不敢判，屈意协调，委曲求全，在夹缝中求安稳，一些案件的裁判结果深使人民群众失望，结果收案大降，人

① 这也是立法时不主张设立行政法院的一个原因。行政审判庭的人、财、物均先在法院内部调剂解决。这给基础条件已十分紧张的人民法院更增加了困难。近年在编制上已有增加，但仅应付高增长的经济审判任务就已显不足。

力假性盈余，行政审判人员成了“杂家”，造成恶性循环。

三、出路

我们正视这些问题，但对行政诉讼的前景丝毫不用悲观。我们国家民主化、法制化的程度在提高；政治体制改革正在稳步推进；政府机关及整个社会依法行政的观念在日益加强；党的领导和我国宪法制度为行政诉讼提供了有力的政治保障，三年行政诉讼的实践已经使我们积累了初步的经验；社会心理上已有了广泛的基础；一代行政审判法官正在成长。还有一个重要的因素就是，中共十四大确立了社会主义市场经济体制，在市场经济模式下，许多原本由行政手段调节的社会关系，将改变为由法律手段去调节。原来由行政机关作终局裁断的行政法律关系和民事法律关系，现在都将移交法院作评判裁决。因此，新的政治环境和社会背景给行政诉讼提供了一个波澜壮阔的舞台。行政诉讼必将走出困境，迎来一个光明的未来。因此，现在行政诉讼的困难是一个暂时现象，当务之急，是要在树立信心的同时，着重从以下几个大的方面去解决问题，使行政诉讼继续向前发展。

（一）在观念上要明辨是非，不能让“超前论”、“不合国情论”习惯成自然，连法院内部、立法界都去接受这种观点

行政诉讼是良药还是苦酒？这一定要从宏观上、全局上、长远效益上看待。行政诉讼对健全我国人民权力基础上的“一府两院”制度，提高政府效能，促进依法行政、制约滥用职权、调节社会矛盾，宣泄社会不满情绪，从而在总体上促进社会的稳定和有序的发展、确保我国的社会主义制度，具有十分重要的作用。这不是搞“三权分立”，不是给政府机关“添麻烦”、“碍手脚”，而是符合国家、人民的根本利益。只要我们对近年出现的非议行政诉讼制度的思潮和行为略作分析，就可以发现这正好是我们希望通过行政诉讼去逐步制约、革除的东西，如行政特权思想、不受制约的人治观念等。中国的行政诉讼不是搞早了，而是太迟了，因为人民权力观念是我们“五四宪法”、《共同纲领》乃至根据地约法中与生俱来的根本，是共产党人为之奋斗的梦想。行政诉讼制度只不过是我国宪法制度的实现和具体化。① 就当前而论，行政诉讼还是制约官僚主义、限制滥用职权、反对腐败的重要法律手段。只有在认识上澄清一系列模糊观念，行政诉讼才会有久遏不疲的精神动力，最终走出困境。

---

① “行政审判权的宪法依据”，载罗豪才主编：《行政审判专题研究》，北京大学出版社 1990 年版，第 7 ~ 9 页。

（二）全国人大及各级地方人大应对当前行政诉讼的现状进行实质性的关注，保障《行政诉讼法》的施行

苏东坡说："有法不行，与无法同。"光重视立法而不注重执法，最终会导致权利义务主体对法律的各取所需，甚至变相搁置，形同虚设。由于行政诉讼的特殊性，抓执法环节的落实显得尤其必要。各级人大应通过执法检查，行使自身的立法监督权，实质性地查纠一批干扰大、有代表性的、有违《行政诉讼法》的案例，公之于众，支持人民法院严格执法。同时要研究从财政体制、人事制度、法院体制上保障法院的独立审判权，重新树立人民群众对行政诉讼的信心。

（三）行政法院的设置应该考虑提上日程

近年来，随着我国法制化程度的提高，在法学界和法院内部，都提出了法院体制、人事、财经制度改革的设想，总的趋势是希望加强系统管理，加强法院的相对独立性，确保依法独立审判。① 但实际上，由于法院与地方政府间存在千丝万缕的联系，实现这个构想难度很大，解决起来还十分遥远。但把行政法院作为专门法院单列出来，把审级提高，②人事、财务高管一级，是当前既不用大动根基又可迅速摆脱地方干扰，保障行政审判顺利开展的有效途径。

（四）要立即着手清理、编纂、衔接相冲突的行政法规

法典编纂不同于法规汇编，它是立法活动的组成部分，既要有权力渊源，又要有雄厚的研究冲突法的力量，因此非官方组织不可。但迄今为止这个问题还未能提上日程。在尚无相一致的冲突法则之前，行政法规的司法解释权要适当集中，不能由各行政主管机关各吹各的号、各唱各的调，使法院无所适从。可以考虑对相冲突法规条款，由国务院专门部门归口解释，或由全国人大专门部门归口解释，甚至法官解释，即赋予法院以一定的司法审查权，只是这种审查权只在审查具体行政行为时才能附带行使，由法官在适用时采用此一项规定而否定彼一项规定，而不能撤销彼一项规定。③

---

① 1988年11月，中共中央组织部和最高人民法院已在黑龙江、内蒙古、浙江、福建四省区开展法院干部由系统管理为主的试点。

② 即撤销基层法院中的行政审判庭，设立与中级法院同级的行政法院审理初审案件；在高级法院内设立行政上诉法院，统一归最高人民法院管辖。为解决高审级受案过多问题，可对若干简易行政案件实行一审终审制，如有些拘留3天罚款百元的治安行政案件，要经公安局、法院的四审四裁，旷日持久，殊无必要，也不合国情。

③ "规范冲突和选择适用"，载罗豪才主编：《行政审判问题研究》，北京大学出版社1990年版，第233～256页。

（五）坚定不移地造就、培养一支高素质的行政审判法官队伍

行政审判对于法院来说，是一项全新的任务。三年的司法实践，[①]已经积累了初步经验，第一代行政审判法官正在磨炼中成长，但总的说执法水平还有待提高，作为一项特殊的审判，法官的地位、声望也显不够。当前我国行政立法、经济立法势头正猛，传统门类的审判法官都面临着一个重新学习、重新适应的过程，行政审判法官这方面的需求就更显迫切。要使行政审判工作继续地发展，法院系统必须着眼未来、树立信心，在实践中不断总结经验、造就一支高素质的行政审判法官队伍，迎接必将到来的更为繁重的行政审判任务。

① 这是相对于1990年10月《行政诉讼法》实施而言。如果从1982年《民事诉讼法（试行）》中原则规定行政案件纳入民事审判算起，则有近十年的历史了。真正作为一种审判引起社会关注，则是1987年《治安管理处罚条例》实施之后。

6. 以新的视野构建中国行政法学体系*

——《中国司法审查制度》一书[①]评介

自从《行政诉讼法》实施以来,我国的行政法学开始走出了单纯研究行政管理方法的狭隘视野,开始对行政法律关系、行政立法、行政执法、行政司法、行政权力渊源、行政程序、行政原则、行政责任、行政法调整对象、行政权的本质等进行全方位的研究。我国大力推进依法治国的大背景和三年行政诉讼的实践,有力地推进了我国行政法学的发展。虽然行政诉讼在实践领域面临着困境,但全国行政法学研究领域却呈现着一种空前繁荣的景象。在这样的大背景下,北京大学出版社出版了由罗豪才教授主编的《中国司法审查制度》一书,对我国行政法学体系进行了全新而大胆的构思,读来使人耳目一新。

与国际行政法学界相比,我国的行政法学还是十分年轻的。因此要给我国行政法学界划分什么学术流派还为时尚早,但如果稍为留心一下近年行政学术著作和文章,我们还是可以发现一种有趣的现象,即我国现在行政法学界已经形成三种主要的观点:管理论、控权论和平衡论。管理论以长期研

---

* 本文写作于 1994 年 4 月 15 日,发表于《中国法学》1994 第 4 期,应该杂志约稿而成文。其时我在北京大学法律系高级法官班研修行政法,罗豪才教授时任北大副校长,在我们高级法官班讲授行政法。他的授业方式之一就是要学生对他的著作进行挑刺和评论,然后在再版时进一步完善。

① 罗豪才主编:《中国司法审查制度》,北京大学高级法官班行政法专业第 2 期(1992)部分法官参加写作,北京大学出版社 1993 年 12 月版。

究行政管理学的国家行政机关中的资深专家学者为代表,主要集中在中国行政管理学会,他们的主要观点是认为行政的主要功能是管理社会治理国家;控权论以北京大学、中国政法大学一些对海外科学进步的行政法学原理有深入了解的一些老专家和年轻学者为代表,他们认为行政法的本质就是对行政权力进行控制,以众所周知的共同规则来防止政府机关滥用权力侵犯相对人的合法权益;平衡论则取两者之长,认为把行政法单纯理解为“管理的法”或“控权的法”都有失偏颇,而是应将之视为既支持政府机关依法行政加强管理,又能保护行政管理相对人合法权益不受非法侵犯的法。这有点儒家的“中庸之道”,但符合中国现阶段国情,《行政诉讼法》实际上在第 1 条肯定了这一原则。罗豪才教授是主张平衡论者,近年来在他的著作、发表在《中国法学》、《行政法学研究》上的论述中,一直倡导这一观点。“三论之争”现在远未定论,这种学术上的民主空气有力地促进了当前行政法学研究的百舸争流的景象。

《中国司法审查制度》的理论基础就是平衡论。以书名论,这好像应该是一本控权论的著作。司法审查(Judicial Review)在西方法律理论中,亦称违宪审查,是指通过司法程序来审查立法和行政是否违宪,并进行裁断的一种基本制度。其理论依据是,宪法具有最高的法律效力,是立法和行政的基础和基本依据,任何法律、法令从内容到形式都不得与宪法相抵触,如果违反,可以由司法机关审查撤销。因此,西方所指的司法审查,主要是对立法、法令等抽象行为的违宪审查。而《中国司法审查制度》一书中的司法审查概念与此不完全相似,在框定的审查对象和审查范围上都有不同。该书明示:“我国的司法审查可以表述为:人民法院依法对具体行政行为的合法性进行审查的国家司法活动。”因此这里的司法审查概念专指人民法院对政府机关的具体行政行为(并未包括抽象行政行为)进行的审查。有点类似于我们现在所称的“行政诉讼”。那么,不沿用一个大家都十分熟悉的概念,而新引入一个不甚贴切的新概念,是否有意标新立异,其理论依据何在呢?

我们认真地阅读该书就会发现,这不是在给我们一个比较时髦的名字,而是在给我们一个新的体系,新的视角,一个新的思维方式。我国现在对行政诉讼的研究,基本方法大都遵循行政诉讼程序法的脉络,来进行诠释性的探究,一个环节一个环节地进行开掘和拓展,没有抓住矛盾的主要方面。而从行政法学的角度论,诚如该书前言分析的那样,现有的教材著述“多数是按‘两段论’的模式安排的”。即在绪论部分阐述行政法学的基本概念、基本原则、基本制度等外,主要分行政行为和监督行政行为两部分,再加上行政责任和行政赔偿等章节，具体阐述有关内容。这种体系虽然条块清楚，符合行政法律关系运作的脉络，但难以摆脱反复叙述、结构重复、行文累赘、法律关系主体不突出，在概念上兜圈子的弊端。因此主编说："我一直有个想法，能否以司法审查为核心来构造一个新的符合我国实际的行政法学体系。行政法学体系应有多种选择，应有多种构造法"，"而以司法审查为核心构造起来的行政法学体系，把行政关系和监督行政关系紧密地统一起来，并以监督主体为主导，对所涉及的各种关系分门别类地展开论述，这种体系上的安排似乎比较简明、清晰和合乎逻辑"。因此，从"司法审查"角度对我国行政法学体系进行新的探讨，无论对于我国的行政法学还是行政诉讼法学，都具有长远的意义。这种体系可以比较贴切地反映我国行政诉讼制度的实质，抓住行政诉讼法律关系中的主要方面，以新的思维方式推动行政诉讼法学的深入研究。从我国法律制度和法学理论的依据而言，提出这一构想，也不是空穴来风。《行政诉讼法》第2条、5条、52条规定：我国人民法院有权"对具体行政行为是否合法"，依据"法律、行政法规和地方性法规"的规定"进行审查"。"公民、法人和其他组织认为行政机关和行政机关工作人员的具体行政行为侵犯其合法权益，有权依本法向人民法院提起诉讼。"《宪法》第5条、123条、126条规定："国家维护社会主义法制的统一和尊严。一切法律、行政法规和地方性法规都不得同宪法相抵触。""人民法院是国家审判机关""依照法律规定独立行使审判权，不受行政机关、社会团体和个人的干涉。"综合理解上述法律规定，我国人民法院享有司法审查权是不言而喻的。只是从法律原则在社会上实现的过程而言，是循序渐进的，《行政诉讼法》实现了从不能审查到可以审查的突破；规章的"参照"适用又实现了从单纯审查具体行政行为到可以审查抽象行政行为的突破，只是这一审查现在还是很有限的。随着行政诉讼不断深入，审判实践中已提出了对泛主体（相对人主体）行政决定如何审查的问题。即对可能造成数十人乃至上百人权益被侵的一个行政决定和"通告"之类的行政行为，并不限于特定人特定事，是属于具体行为还是抽象行为？是否可以纳入司法审查受理范围？这一探究的后果，又可能扩大司法审查的范围。因此，明确提出"司法审查体系"这一构想体现了我国行政法学在《行政诉讼法》施行3年后一种认识的深化和发展，也体现了主编对多年来自己一直想使之更趋完善的行政法学体系的一种超越。最高人民法院副院长祝铭山在专为此书写的序中评价说："这样构建我国的行政法学体系，是罗豪才教授的创意，这无疑是个有益的探索和尝试。"

《中国司法审查制度》一书共26章。其基本结构体系是：1至4章为概论部分，阐述构建这一体系的理论基础和基本含义，包括我国司法审查制度的法律依据和理论依据，审查的对象和范围；5 到 14 章分别论述对各类行政行为的审查及排除范围；15 到 20 章按现代行政法的基本原则分别阐明对行政行为的基本审查标准；21 到 23 章探讨了适用法律的若干问题，包括规章的选择参照和对行政法律规范冲突的处理原则；第 24 章专门探讨了程序问题，25 章论述审查以后法院作出裁决的方式；最后对我国司法审查制度的未来作了构想和建议。全书内容全面，脉络清晰，体系完整，逻辑严密。相对于国内现有的行政法学著作而言，增加了不少新的内容，如对行政合同和行政裁决的司法审查；有的作了丰富和充实，如行政许可和行政不作为问题；有的按照最新的政策和理论观点进行了完善，如对企业经营自主权问题，按《全民所有制工业企业转换经营机制条例》作了详尽的分析。由于本书的分章作者大部分系来自全国法院系统具有较丰富的审判实践经验的中国高级法官培训中心北京大学高级法官班行政法专业的学员，又经过主编和副主编的认真把关和指导修改，理论性和实践性紧密结合也是该书的一大特点。如大多数章节最后都提出了一些很新颖的问题，并对解决方法进行探讨，好多就是来自于对审判实践的总结。

作为提出一种新体系的开山之作，这本著作也不是十全十美的。正如著者自我评价的那样，“仅仅是一种尝试，有待读者评价”。姑妄评之，窃以为该书一个缺点是还缺乏发展的观点，将已构想的体系看得过于完美。如认为《行政诉讼法》的制定“建立了我国系统、完整的司法审查制度”，这个结论是下得过早的。仅仅限于具体行政行为的审查是远难称得上“系统、完整”的司法审查的，如果把这就视为我国司法审查的最高境界，是远远不够的，与世界法律潮流一样，我们有理由相信我国的司法审查范围将不断拓展，包括对抽象行政行为的审查；包括从普通法院审查发展为行政法院、宪法法院审查，从近年我国法制建设的进程看，做到这一步为期将不会过于遥远。惟其如此，我们才认为建立这一行政法学体系意义重大，因为确立这一观念并在执法实践中不断探索，对我国尽快走上行政法治的道路将起良好的促进作用。囿于此，该书的立论已引起了一些专家的不同看法，也囿于此，该书的最后一章“展望与思考”亦显得过于拘谨和缺乏想象力。其实，如果以发展的眼光来看，非议者无须过于苛刻，这是植根于当前现实的一个科学的创见，有一方才有二；赞同者也无须自划雷池，应该以这一新的视野去不停地进一步探索。另外，由于是以“审查”为脉络建立体系，该书对行政法律关系的论述分析不如作者原著《行政法学》中更为严密和富有理论思辨的力量，使该书的力度受到一定的影响。笔者相信，这部新作是会引起我国行政法学界的关注和进一步探讨的。

7. 法治本体论*

法治的声音越来越响亮，意味着我们党的成熟，意味着我们国家的进步。

法治的直观理解是依法治国。但其包含的含义，有如变幻的云彩。

在法制史中，它同“礼治”、“德治”相对，那时的法，也不是今天的法，而是王者所立的专制的法。

在政治学中，它同“人治”相对，“法治”与“人治”，成了近些年法学界说不清道不明的研究课题。

在法理学中，“法治”和“法制”的含义也颇费人们的思量，法理学家可以在教科书中写出一大章来。

在政党政治的现代社会，“法治”与“党治”又有千丝万缕的关系。

由此看来，廓清什么是“法治”。其本质和含义是什么，其最高境界是什么，其发展模式是什么，确实需要我们一代人为之“上下而求索”。

法治和人治，从其依仗人的主观感知和能动作用这一点看，没有区别。因为“法”是人创造的，法的本源来源于人的意志。如何治理国家的法，是人的意志的反映。以法治国，执法也是靠人。立法专家是人，法官、检察官、律师、警察都是人。没有一个“法治”方式能够离开他们这些具体的“人”而直接让“法”对社会产生影响。所有的“治”，都是一部分人对

---

* 本文是我 1996 年在杭州大学（现浙江大学）法学院和浙江省法制研究所“法治精神与社会发展”讨论会上的简短发言，收入杭州大学法学院《法治研究》1996 年卷出版。

另一部分人的管理，以及管理的方式；以及人与自然关系的调节。

法治与人治的区别，仅在于这个“人的意志”的来源，其代表的“人”的广度和深度，其稳定性和随意性。法治指“依照既定法治国”，人治指“依照少数人的随机意志治国”。人们摒弃人治，倡导法治，无非是以多数人的、稳定的、理性的人治，去反对少数人的、随机的、情绪的人治。

既然都是强调“人”，那么以法治面目出现的治国模式，其优越性又何在呢？

优越性有三：

其一，法治是以绝大多数人的人治，来约束少数人甚至独裁者的人治。孟德斯鸠说：一切有权力的人都容易滥用权力。要防止滥用权力，就必须以权力约束权力。中国数千年封建幽灵不散，“牧民”观念、“民王”观念与生俱来，只有强调多数人的人治，才能收降抑之效。

其二，法治是以事先设定的人的意志，来规范事后发生的所有人的行为。帝王之治之所以是人治，是因为法随君出，言出法随，言出法废，个人和利益集团是随时可以推翻自己原先的约法的。人的思想是活跃的，世间万物是瞬息多变的。今天我说过的对我有利的约定，明天会变成对我不利的枷锁。今天我极力鼓吹、标榜和捍卫的意志，明天会成为我想极力推翻和抵制的“教条”。为了制约人的这种“猴性”，必须事先立言，以防止因人废法、因事变法，使国家意志不被少数集权者玩弄于股掌之中。故开明与法治为伍，独裁与人治共生。

其三，法治是以稳定的理性的人的意志，来限制随机的、突发的、狂躁的人的意志。人们在客观冷静之时仔细协商，共同合意，反复斟酌，反复修订，协商确定治国方略和社会行为规则，事先制定出了规矩。到了社会动荡、独裁者专权、民情狂躁之时，它就是拦洪的大坝和矛盾的缓冲器。每一次社会大动荡的时期，都是法制大破坏或者被完全虚化搁置的时期。历史告诉我们，没有一个恒定的社会规则，仅靠某个圣君或者少数精英集团，有时给人类社会带来的不是福祉而是无尽的劫难。尽管这个精英可能是一个旷世奇才和伟人。

认识法治的本质是“理性的人治”这一点是有好处的。这提醒我们不要过分迷信“法治”。而要随时注意这个“法”的来源和科学性，注意这个法是否符合公平正义的原则。有时“恶法亦法”，在“法治”的口号下也能够出现黑暗的统治和对生灵的荼毒。人类历史中戕害人类最甚的，有时就是以“法”的名义进行的。布鲁诺死在宗教法的烈火中，谭嗣同死在《大清律》的屠刀下。人类社会对法的依赖越甚，对法治越强调，就越要注意法的来源和产生过程。

要保障法是多数人的意志，是稳定的意志，是科学的理性的意志，是人类追求的公平正义的理想境界的集中体现。只有这样的“法”，才是我们今天的法治所赖以存在的依据。只有这样的“法治”，才是我们值得为之奋斗的目标。

以此出发，思考和审视我们的立法，思考和审视我们的司法，我们的政治、社会和民生。

8. 要关注宏观上的执法不严问题*

八届全国人大以来，我国大大加快了立法进度，到五次全会止，已经通过101件法律和决定，正在审议的10件。从1979年到现在，全国人大及其常委会总共已经制定了311部法律和相关决定，国务院已经颁布740多部行政法规。①适应我国现阶段国情和市场经济环境的法律体系基本形成。这是一个历史性的成就。立法领域的进展，使我们有必要把目光转向执法领域，即要更多地关注这些法律原则在社会现实中的实现程度。

执法不严、有法不依的问题，在微观领域易于被人注意。如一个案件的实体判决违法和程序违法，由于会涉及具体的权利义务处分，相关人都会十分在意而使问题暴露出来。但宏观上的执法不严问题，就不是那么被人注意。而对于一个国家来说，要强调"依法治国"，宏观上有法不依、执法不严的危害性，远甚于个别案件的执法不公。

由于我国近年思想观念的解放和立法观念、立法技术的进步，许多法律有相当的先进性和前瞻性，有许多已经被立法确认的法律原则，同社会现实之间尚存在不少的差距，因此在执法环节上，出现了相当多的"法律衰减"问题。即立法中的

---

* 本文写作于1997年夏，此时我在浙江省社科院法学所工作。该年应邀参加了国家行政立法课题组的《立法法》起草论证会议。全国人大法工委内参《法制参考资料》第62期将本文报高层领导参考。浙江省社会科学院《学习与思考》1997年第12期公开发表本文。

① 乔晓阳："在立法法起草工作研讨会上的讲话"，载《行政法学研究》1993年第3期。

明确规定,在宏观的执法领域,即产生了执法不严、姑息迁就的现象。① 这个问题现在尚未引起我们足够的重视,反而以“总得有一个适应过程”等托辞为这种现象辩护,使“严格执法”的法治原则在宏观领域受到了严峻的挑战。

一、《广告法》:烟草广告照做不误

《广告法》是1995年2月1日实施的。第18条规定:禁止利用广播、电影、电视、报纸、期刊发布烟草广告。禁止在各类等候室、影剧院、会议厅堂、体育比赛场馆等公共场所设置烟草广告。烟草广告中必须标明“吸烟有害健康”。国家工商局《烟草广告管理暂行办法》第4条禁止利用新闻媒体的变相烟草广告;第9条禁止在公益广告、迁址公告、招工公告、鸣谢单位、报刊标花中出现烟草名称、商标、包装、装潢及带烟草名称特征的企业名称等变相广告行为。

时间已经过去了两年多,烟草广告确实已经大大减少。但按法律规定,则相去甚远。在上海等大城市的火车站、机场等一些公共场所中,“555”、“万宝路”商标和形象广告仍然傲视人流,有的地方还是霓虹灯和灯箱广告。在中央电视台的直播和转播国外和国内的体育节目中,变相烟草广告比比皆是。南方某市还出现了在禁烟日在公共广场搭台演出,为烟厂大做广告的事件。

尽管烟草在社会舆论中越来越处于不利地位,但巨额的烟草利润使其仍有强大的向社会渗透的力量,一些媒体总千方百计想打些“擦边球”从中牟利。据向有的城市的主管人员询问,他们说外国烟草公司同我国广告公司有合同,中途撤下会导致索赔。这是不值一驳的:一是国家法律不是儿戏,民间的契约合同不论要赔多少,是不能对抗国家法律的,外国烟草商也不是法盲;二是广告法已经实施两年多了,为什么还同外商去签违法的户外广告合同?

二、《行政处罚法》:银行收款何时实施

《行政处罚法》立法时,对由银行收缴罚款的问题就发生过激烈的争论。有许多行政执法部门的同志是反对的。最后从有利于罚执分开、公正执法、防止截留罚没款的角度出发,总结了福建几个市的经验,全国人大立法时确立了由银行统一代收罚没款的办法。这是立法意志,不论事先思想通与不通,立了法大家就要执行。《行政处罚法》第46条规定:作出罚款决定的机关应当与收缴罚款的机构分离;除特殊情况当场收缴外,处罚人不得自行收缴罚款;被

① 关于“法律衰减”问题,请参阅郭道晖:“论国家立法权”,载《中外法学》1994年第4期。

罚人在收到处罚决定书15天内,到指定银行交纳罚款;第50条规定:处罚人对数额不大交通不便的罚款当场收款的,2天内要交本单位,单位2天内要交银行。第49条规定:罚款必须出具省一级财政部门统一的罚款收据,否则被处罚者可以拒缴。

这个法律是1996年10月1日实施的,已经过去一年。规定"罚缴分离"问题由国务院制定具体实施办法,所有同该法有冲突的法规和规章,要在1997年12月31日前修订完毕。但是,从现在全国执行的情况看,真正做到银行负责代收罚没款的地区很少,绝大多数地方连试点也没有搞,也没有指定由哪家银行来收罚款。国务院的实施办法至今也没有制定出来。许多地方罚款的收据是当地自制的,有的是白头收据,有的干脆连收据也不给。罚执分离基本上没有实施,行政执法人员基本上都是自己处罚自己收。行政执法部门有两种代表性的观点:一是说立法超前了,根本不符合中国国情,做不到;另一种说在等国务院的实施办法,现在先干着再说。实际上《行政处罚法》规定的实施日期是1996年10月1日,而不是1997年底,年底把有冲突的法规修订完毕并不是说到那时才实施。这样一个涉及全国依法行政的重要法律,这样全局性的拖沓和无动于衷,是罕见的。依法行政确实面临着艰巨的任务。①

三、《刑法》:死刑核准权究竟属谁

新《刑法》已经全国人大全会修改通过,其立法的成就已经为国际社会所公认。这个法已经于1997年10月1日生效实施。其中一个至关重要的法律问题,已经引起法学界有关人士的深切关注,这就是死刑核准权问题。

1979年《刑法》规定的死刑核准权即属最高人民法院。其第43条规定:"死刑除依法由最高人民法院判决的以外,都应当报请最高人民法院核准。死刑缓期执行的,可以由高级人民法院判决或者核准。"1980年,根据全国人大常委会(1980)10号通知,最高人民法院于3月18日发出《关于对几类现行犯授权高级人民法院核准死刑的若干具体规定的通知》,将杀人、放火、抢劫、强奸等几类案件授权高级法院核准。1981年6月10日,五届全国人大常委会第19次会议作出《关于死刑案件核准问题的决定》,除反革命和贪污犯的死刑仍由最高人民法院核准外,其他几类严重刑事犯罪同意最高人民法院授权高级法院核准。1983年9月2日,《法院组织法》修改通过,第13条授权最

① 1997年11月17日,国务院已经发出(1997)第235号令《罚款决定与罚款收缴分离实施办法》,于1998年1月1日起施行。本文写作和发表时该文件尚未出台。

高人民法院可以在必要的时候，将杀人等严重刑事案件的死刑核准权授权高级法院行使。9月7日，最高人民法院正式发出《关于授权高级人民法院核准部分死刑案件的通知》。从此，中国刑事审判中，大部分死刑案件（除反革命和经济犯罪、贩毒犯罪外）的核准权被省一级高级法院所掌握。这对及时有力地惩处刑事犯罪保持社会安定，起了重要作用。但从立法权力而言，是对全国人大全会的意志作了重大的修改，是不一致的。

新《刑法》是全会通过的。重申了1979年《刑法》的规定，而没有接受常委会事后的修改决定的规定。新《刑法》第48条规定："死刑除依法由最高人民法院判决的以外，都应当报请最高人民法院核准。死刑缓期执行的，可以由高级人民法院判决或者核准。"按此规定，10月1日以后的所有死刑案件除死缓外都要由最高人民法院核准才能执行。因为：其一，从法律时效看，新法优于旧法，新《刑法》意味着对向高级法院授权行为的否定；其二，从法律等级看，全国人大全会通过的《刑法》高于常委会通过的《法院组织法》和常委会的《授权决定》；其三，从法律部门看，对于刑事的重大事项应适用针对性的《刑法》规定，而不能适用机构规制方面的《法院组织法》的规定；其四，从立法解释权限看，今后最高人民法院也无权改变死刑核准权这样一个十分重大的法律规定，不能在人大刚立法时又擅自下放死刑核准权，因为这样做是司法权侵越了立法权。全国人大常委会也不大可能在刚立法后又作出一个决定，允许最高人民法院授权，因为这样做是常委会侵越了全会的立法权。真要这么做，不如在《刑法》中就规定放开一个口子，允许授权。现在《刑法》中既然没有这样规定，常委会就无权擅开口子。所以，无论从哪个方面分析，死刑权问题似乎都是已经定论的事情。但是，迄今为止，最高人民法院仍未对原先的授权作出废止的决定，高级法院在10月1日以后对各类死刑案件的核准是否仍然有效？这是一个十分严肃的重大法律问题。全国死刑权收归中央一级审判机关，会带来最高人民法院大量增编刑事审判人员，或设立最高人民法院各大区分院来行使刑事审判权等修改《法院组织法》等问题，确实比较复杂。但从严肃执法计，这是不得不然的事，而且时间上也没有拖沓的余地。①

---

① 直到2006年12月29日，最高人民法院才发布《关于统一行使死刑案件核准权有关问题的决定》，明确废止过去依法发布的关于授权高级人民法院和解放军军事法院核准部分死刑案件的所有通知。死刑核准权自2007年1月1日起收归最高人民法院统一行使，最高人民法院新增加了三个刑事审判庭数百名法官。此时离本文发表已经过了9年。见陈永辉："死刑核准权将如期收回"，载《人民法院报》2006年12月29日。

四、《刑事诉讼法》:谁在行使立法解释权

立法是一种妥协的产物,法律是合意的表示。在《刑事诉讼法》修改过程中,很好地体现了立法的这一科学性和民主性。公安、检察、法院、司法等各大系统从各自的职能出发,都提出了一些加强自身工作权限和延长时效的意见,绝大多数被立法采纳,使这个程序法有了很好的可操作性和完备性。同时,经过上上下下的反复讨论,全国人大通过法律时,也有相当一部分意见没有被采纳。但现在又出现了一个复杂的情况,即各部门在立法时被扬弃的一些意见,各家又通过自己制定的司法解释,加了回去,导致对公民权利的侵越和法律规范的冲突。从中华人民共和国建立以来的刑事司法解释惯例看,重大的全局性的一般都是最高人民法院和最高人民检察院"两高"联合发布,像现在《刑事诉讼法》这样三家各自解释的还从未见过。现在关于刑事诉讼的解释有三种:一是最高人民法院的《关于执行〈中华人民共和国刑事诉讼法〉若干问题的解释(试行)》,计 342 条;二是最高人民检察院《人民检察院实施〈中华人民共和国刑事诉讼法〉规则(试行)》,计 414 条;三是公安部制定的《关于律师在侦查阶段参与刑事诉讼活动的规定》,计 22 条,为准司法解释性质。这些都在《刑事诉讼法》开始实施的 1997 年 1 月 1 日起,同步实施。这些解释对细化法律规定,便于具体操作,都有重要作用,但也不可避免地出现了一些由部门观念而造成的法律冲突和损害原法规定的问题。仅从现在已经暴露的侦查环节中的问题看,就出现了对嫌疑人法定权利的限制和对律师介入法定权利的限制两方面。如新《刑事诉讼法》第 96 条的规定,"犯罪嫌疑人在被侦查机关第一次讯问后,或者采取强制措施之日起,可以聘请律师为其提供法律咨询、代理申诉、控告。犯罪嫌疑人被逮捕的,聘请的律师可以为其申请取保候审。涉及国家秘密的案件,犯罪嫌疑人聘请律师,应当经侦查机关批准"。第 65 条规定:拘留嫌疑人必须在 24 小时内讯问。第 92 条规定:传唤和拘传嫌疑人不得超过 12 小时。这些法律规定有两点很清楚:一是只要不是涉及国家秘密,嫌疑人聘请律师无须批准;二是时限有明确规定。但据实施 10 个月后的调查,侦查机关批准已经成了普遍规定,不准会见律师的情况十分普遍。据一个省司法厅和律师协会的调查报告,律师会见现在有六个困难:(1)嫌疑人聘律师权利未被告知;(2)会见批准手续烦琐,要公安经办人、部门负责人、分管领导三级审核批准;(3)借口国家机密不让会见;(4)对律师会见严加限制,如只准 1 次,1 次 15 分钟;(5)所有会见均有侦查人员在场,严重影响嫌疑人如实陈述;(6)要律师列出会见提纲事先审查。有两位律师去公安局 7 次,历时

3 个月,直到案件移送检察院也没能会见到嫌疑人。① 这些问题大多数是基层公安机关、检察机关工作人员的具体操作问题,但好多问题是有上级规定,从公安部的规定到省厅一级的规定,逐步走了样。如公安部的《规定》第 5 条:“在押犯罪嫌疑人要求聘请律师的,应当提出申请,公安机关应当记录在案,并在接到申请后三日内将有关材料转交律师管理部门或者犯罪嫌疑人家属、法定代理人或者单位。”这里把《刑事诉讼法》规定的“第一次讯问后”即可请律师,延长为 3 天内送材料,到了周转环节,请好律师会见往往已五六天过去了。下级公安机关在理解执行时往往层层加码,数月会见不了律师便不足为怪了。第 17 条规定:“律师会见被监视居住的犯罪嫌疑人,应当经公安机关批准。”下面理解为监视居住的都要批准,在押的更不用说了,所以全部都要批准才给会见,根本不管法律规定的“涉及国家秘密”才要批准的规定。

问题还不在于具体执行中已经出现的问题,更在于从法理上说,一个国家的立法解释权应该由谁来行使的问题。立法解释和司法解释的权限分工,本来就比较难以划分,但一般而言,涉及公民人身权利的基本规定,以及对一个国家的基本大法的解释,是属于立法解释的范畴。如果允许司法解释,也不能这样各行其是,而应统一制定一个规范的解释,以维护法律的严肃性,也便于实际执行。各家擅自解释本身就是不严格执法的表现。

五、解决途径:立法监督要提上议事日程

我国《行政诉讼法》赋予了人民法院有限的司法审查权,即对具体行政行为,可以由法院进行司法审查确定其合法与否及效力如何。但对行政机关的制定法规法令等抽象行政行为,则没有具体的监督审查方面的法律规定。对立法解释中存在的问题和宏观上的执法不严甚至违法问题,更没有任何法律规定来制约。而仅从本文所列出的一些情况来看,可以明了宏观的法律监督已经显得何等必要。在大量制定新法律的今天,我们必须十分注重宏观上的严格执法问题。

解决的途径,除了加紧制定《立法法》、《监督法》来进行规范外,高层次的执法领导机关要在执法意识上树立法的神圣地位观念。法不是政策,可以变通和逐步执行,而是刚性的,一立出来就必须切实做到,这样才能真正在全体人民中树立法的权威,真正体现依法治国。同时,全国人大有了成立法律监督

---

① 浙江省司法厅、浙江省律师协会:“关于当前我省律师在贯彻实施‘两法’中遇到的困难和问题的调查”,载《浙江律师》1997 年第 5 期。

机构的必要性和紧迫性。在制定《监督法》的时候，应该考虑在全国人大内设立法律监督委员会或宪法法院，监督宪法和法律的实施，关注宏观上的执法不严和违法事件，对抽象的立法和行政行为进行司法审查。这样，具体违法行为和宏观上的违法行为都有了制约机制，我们建立社会主义法治国家的宏伟目标才能实现。

9. 关于依法治省的几个基本问题*

依法治省的“治”，是政治学的范畴，而不是一个法学的范畴。因此，关于依法治省的基本问题的讨论，光学者是起不了多大作用的，关键是省委和省人大的决心和基本策略如何。如果是因为中央提出了依法治国，我们也跟着讨论依法治省，很可能是人云亦云，流于形式。浙江的依法治省，基本思路是抓法律意识的培养、执法队伍的建设和现有法律的落实。具体地说，有以下几方面：

一、浙江实施“依法治省”的有利条件

提出一种治理方略，总是要同当地的人文、历史、经济、地理基础相适应。江苏提出依托上海科技兴省、上海以金融商贸立市、山西以资源交通为发展重点、深圳以外引内联迅速振兴经济，都是适应当地特点的经济战略，取得了良好的效果。我省经济战略确定为“科教兴省”，在治理模式上现在确定为“依法治省”，与经济战略是相得益彰的。我省现在提出“依法治省”，不但与中央的依法治国的要求相一致，同时，也是符合浙江经济社会发展的现状的，是一个科学的决策。第一，以经济基础论，浙江在全国已跻身“强省”之列，提前8年实现了国内生产总值比1980年翻两番的目标，1995年达3450亿元。第二，以社会发展论，据最近出版的《浙江社会发展蓝皮书》评估，我省的综合发展水平在全国30个省市中已经居

* 本文是中共浙江省委提出“依法治省”口号后，本人为浙江省法学会组织的一次研讨课题所写。写作于1992年，发表于1997年3月28日《浙江日报》理论版，中国法学会同年内参《要报》第231期转发该文报送有关领导机关。

于第8至第9位之间。第三，以地域论，我省处于沿海开放地区，法律原则和价值观念与国际惯例接轨直接而迅速。第四，以人口素质论，我省历来系文化之邦，居民平均文化素质在全国也算较高的。据1995年资料，每10万人中有大专以上毕业生1477人，高中以上8004人，初中以上28,643人，九年制义务教育面已达97%。第五，以民主与法制意识论，普法工作成效显著，全体人民法律意识明显提高，浙江历年各级的人代会上人民代表均有良好的表现，体现了权力机关对全省政治经济活动的重大干预和决策作用。第六，以法学基础论，浙江有一批著名浙江籍的法学专家在京沪各地，本省籍的青年学者也在迅速成长。因此，只要我省真正确立"依法治省"的方针，完全可以在这方面先声夺人，有所建树。

二、要廓清"依法治省"的基本含义

依法治省不是一个简单的提法和口号，是有其丰富的含义的。现在有的同志有一些简单化的甚至是模糊的认识，以为依法治省就是"严打"，就是要群众守法，就是加强政法机关的力量和权力。这些仅是依法治省的一小部分内容，其总的目标并不止这些，甚至要害还不在这里。

依法治省是相对于过去我们过分倚重和依赖政策治省而言的。"兵者，利器也"，以什么来"治"，也是一种工具论和方法论上的区别，就是说应选择"法律"，还是选择"政策"甚至"随机意志"来作为治理的主要工具。中共中央提出了"依法治国"的治国方略，全国人大八届四次会议将之写进了决议，意味着我国法制建设经过长期的努力，已经登上了一个新的高峰。江泽民同志在中央政治局法制讲座上发表的重要讲话中说："实行和坚持依法治国，就是使国家各项工作逐步走上法制化和规范化；就是广大人民群众在党的领导下，依照宪法和法律的规定，通过各种途径和形式参与管理国家，管理经济文化事业，管理社会事务。"这个讲话十分明了地指明了依法治国的基本含义。依法治省是这个大方针中的一个部分，其焦点也就在这个"法"字上。毛主席曾经说过："政策和策略是党的生命"，可见"政策"在夺取政权和巩固政权中所起的决定性作用。我们今天建设和管理国家，同样离不开政策和策略，但必须大力加强法制的作用。乱世靠战，治世靠典，这是人类历史发展的一个基本规律。

"法治论"和"人治论"是一个争论了多年的问题。"人治"是指依人的意志治国；"法治"是指依法律意志治国。其实，法也是人创制的，法的本源是建筑在一定经济基础之上的人的意志。既然都是人的意志，那么它同"人治论"

又有什么区别呢？区别有三：第一，法是多数人的意志，是立法机关根据多数票通过才产生的，人治则是少数人进行的。第二，法是事先约定的意志，先立好在那里让大家去遵守和执行，可做和不可做都事先告诉人们，不好事后变卦；人治则是在事情发生之后再由有权的管理者去裁断是非，可以灵活多变。第三，法是理性的稳定的冷静的科学的意志，反复酝酿修改才制定出来的。而人治则是飘忽不定的、情绪的、随机的，不可能不受一时一地特殊环境和情势的影响。因此，不难看出，强调法治实际上是对有权力的可能随心所欲的人的一种制约，防止其因为一时的失察和冲动，破坏了已经共同立下的规矩，以言代法，以权压法。正因为"法治"是要限制掌权者的权力的，所以人类历史从君主制到民主制、从人治到法治的路才会这样漫长。明白了"依法治国"和"依法治省"的真正含义，我们才会在具体执行中不偏离方向，才会有明确的价值取向。

三、依法治省重点在执法而不是立法

中国是法制统一的国家，不是联邦制，因此地方立法不是重点，只起一些拾遗补缺的作用。浙江的依法治省，重点在执法上，不是在立法上。南方某市提出"要建立与当地经济相适应的社会主义市场经济法律体系"，受到了全国人大有关领导的批评。因为地方立法多了，只会造成地方割据和地方主义，削弱中央权力，损害大一统的全国市场环境的形成。以地方立法的多少来考核省人大和省府法制局的工作成绩，是不妥当的。有的法律实施细则，制定权在中央各职能部门，法律明确授权，不需要地方也去搞实施细则。地方在实施中，一般只有在授权范围内决定一些单项事宜就够了。如盗窃罪，根据经济情况全国各地可以规定四百至八百为立案起点。我们只要根据浙江经济情况决定规定为八百起点就行了，而不必自己再去全部重新规定一遍。土地、工商、城建、环保、计划生育，这一类法规都有类似的情况，搞得法律重复，叠床架屋，互相冲突，并无必要。

四、以现代"法治观"制约"吏治观"

法治的实现要靠人，关键看这个人是在依法律意志行事（法治）还是按个人意志行事（人治）。官员受制于上而不制于下，是官场腐败的最主要原因。但受制于上对加强中央集权维护统一则是有利的，这是一个矛盾。唯一的制约办法，就是让群众去选择和监督官员，即在坚持党的干部要求的基础上，让群众把真正好的干部选出来，让干部受制于下。在县以下，要完全实施《选举法》规定的直接选举制,在县以上,要充分实现人民代表大会的权力,服从(而不仅仅是尊重)人民代表的选择。这是开明政治的基本要求,也是现代法治的第一要务。

五、解决依法治省的立足点问题

依法治省治什么,这是一个根本性的大问题。我们的思维定式,往往是治百姓。普法的对象是群众,普法的目的是要其守法。其实,社会的安定和发展,一种是靠强有力的控制,这是一种刚性的安定;一种是和谐的安定,即让全体人民的聪明才智充分地发挥,思想意图充分地表达,达成一种积极向上的共识。我们普法的重点,是告诉群众权利和义务,让群众明白法律不是可怕的东西,而是对自己有很大好处的保护自己的东西,让其真诚地自觉地去执行。我们现在对身边小事告诉得较多,如《消费者权益法》,大力宣传“王海”;对公民的高层次的权利则很少宣传和支持。这对树立法制的本位意识极为不利。因此,依法治省的立足点和重点,是治官员。现代政治行政权无所不在,官员对社会的主导作用非常大,有什么样的官员就有什么样的社会风气,就会有什么样的习惯,乃至决定人们的行为方式。中国历史上好多问题,就出在官僚队伍上。依法治省把全省的干部队伍教育好整顿好了,社会就有了主干,全面实现法治就有了可能。

六、在全省推进行政公开化

依法治省是一个抽象的概念,如果没有具体的内容,只会成为漂亮的口号。在全省范围内推进行政公开化,则是一个看得见摸得着,能够引起良性连锁反应的有力措施。现代法治国家有一个名言,就是政府应该像玻璃鱼缸里的金鱼,让人看上去一目了然。行政公开化是行政法治的基本原则之一,可以有力地树立公务机关为人民行政的形象,转变“治民”的官僚作风,树立公务机关的公正形象,防止刁难弄权和以权谋私。而现在行政效能低下、行政行为不公、干群关系紧张的一个重要原因,就是行政不公开,行政自由裁量权太大。同时,由于部门观念和官官相护的传统,群众在受到侵害时也得不到真正及时有效的救济,行政诉讼的全面萎缩体现了这种实质,而有不少人不是为之担忧,反而认为是好事。如果官员可以随心所欲地管理社会和百姓,那么依法治省只能是一句空话。行政公开化包含如下一些内容:(1)行政立法公开。如收过桥费过路费、禁放鞭炮、推行火葬等规章以下的地方立法行为,必须公开向群众征求意见,公布讨论后才能提交人大审议再颁行,而不能由行政部门从自己的角度出发起草后，就由政府发文件实行。(2)行政行为公开。结合《行政处罚法》的实施，政府机关的批准行为和禁止行为、处罚行为，都要有明确的章法，可批与不能批，可做与不能做，可罚与不能罚，都要事先让群众知道规矩，而不能只是“内部掌握”，甚至搞“以我为准”，以言代法。(3)开通救济渠道。群众对不当行政行为要有通畅的申诉渠道，通过行政复议和行政诉讼，保护他们的合法的权益，监督政府机关的不当行为。正像一位加拿大法官说的，如果政府可以不执行法院的判决，那么别指望人民会执行政府的政令。依法行政是依法治省的关键所在。

七、整顿法院队伍，确立法官的威望

实际上，法院是社会公平的守护神和最后的标杆，是社会矛盾的最后的均衡器，是一个社会的公平所系。只有法院是保持超脱、独立和公正，依法治省才是有保障的。否则，只能是人治而不会有法治。法院是国家司法的关键，法院严格依法办案了，尊崇法律至上了，就会迫使检察、公安、律师都严格规范起来，群众对司法的景仰和崇拜才能够建立起来，整个社会就会尊崇法治，依法治省、依法治国就会实现。法官和律师是否受人尊重，是否有崇高的威望，是一个社会法治程度的标尺。而这个威望和地位，不光是国家赋予的，更重要的是靠一大批优秀的人才，长久地在社会上积累起来的。而按“法官”的标准，我们现有的队伍是良莠不齐的，无论是业务水平还是职业素养，有相当一部分人并不称职。一是不敢独立秉公办案；二是司法腐败。没有一支高水平的恪守职业道德的法官队伍，我们立了那么多的法就会成为绣花枕头。我们要搞依法治省，一方面要大大提高法院和法官的地位，使之能起最终的公平裁断的“一锤定音”的作用；另一方面要真正下决心整顿法院队伍，使之无愧于这一崇高的地位。

八、把法律交给人民

提高全民的法律意识，是依法治省的重要途径，同时又是依法治省的重要标志。浙江是一个具有深厚文化传统的省份，同时浙江又有深厚的宗法势力等不合于现代社会标准的意识形态。人民总体上是安分和善良的，不具有攻击性。但为了伸张正义和排解不平，有时又有相当的反抗性。宗族械斗就是这种精神的反映。对于这样的基础，最大限度地把法律交给群众，对促进依法治省会有事半功倍的效果。普法有一个互相激发的问题。要通过大量的活的判例和行政实例，让人民知道今天的法律不再是远离他们的“王者之法”，而是保护他们的，他们自己也可合法使用的有力的护身符，不但可以保护自己的人身权、财产权，还可以保护自己的政治权利和民主权利。十一届三中全会以后我们党有一个重要的治国思想，就是最大限度地调动人民群众的积极性。这个积极性不但包括经济利益的追求，同时包括对国家重大事务和政治行为的参与，人大制度的完善和选举制度的不断深入，就是这些精神的具体表现。提高全省人民的主人翁意识和参政议政意识，是依法治省的必备条件。只有这样，依法治省才会有深厚的土壤，全社会依法办事的风气才能形成。那种只想让群众知道义务而不告知其权利的意图，是封建愚民统治思想的余毒，“民可使由之，不可使知之”，与我们共产党人的宗旨应该是格格不入的。

依法治省还有许多具体的措施，但主要应解决的是宏观的定向和大的举措，同时还取决于决策机关的决心和实际意图。真正能实现依法治省，将对浙江社会的长久安定以及经济的持续稳定增长，产生根本性的影响。

10. 论市场经济环境下执法工作观念更新*

《中共中央关于建立社会主义市场经济体制若干问题的决定》(以下简称《决定》)50条,总结了我国改革开放15年的经验的精华,是十四大报告关于建立社会主义市场经济体制的具体化,在维护公有制经济占主体地位的前提下,对我国经济基础和生产关系的若干领域,作了突破性的构想和设定,用理性的、可控制性的、稳定的步伐实现了理论和实践上的重大突破。构建了市场经济体制的比较完备的蓝图,对照前苏联和东欧"休克疗法"带来的严重后果,我们深刻地感受到我们党的成熟和决策的正确。面对这样一个全新的经济环境,我们法律体系中许多建立在原计划经济、单一公有制经济基础上的法律法规规定,已与党中央的决策及社会现实不相适应,但又不可能在短期内完成法律的立、改、废,因此冲突必将发生。而这种冲突,对于执法机关来说,又是无法回避的,必须对每一个遇到的问题作出及时的、明确的评判和裁断。这种裁断,将对经济基础产生推动、引导抑或阻碍、破坏等各种不同的作用,带来不同的后果。建立和完善适应市场经济的

---

* 写作此文时我在北京大学法律系高级法官班学习。本文在《上海法制报》"法学理论版"1994年1月10日和1月24日连载发表,原题为《市场经济环境下执法工作若干问题思考》,是中共十四届三中全会作出《中共中央关于建立社会主义市场经济体制若干问题的决定》后思考执法观念更新较早的一篇文章。最早提出了"合法持有的各种所有制财产神圣不可侵犯"的观念。文中指出的一些问题如国资流失问题、刑法调控功能要约束问题、私有财产权保护问题、效率与公平问题,此后的十多年中果然发生了。证明了此文的预见是正确的。

法律体系,执法工作是十分重要的一环,一方面它可以为完善立法提出许多新情况新问题,提供新经验;另一方面又直接体现法律体系的效能实现。因此,重视研究市场经济环境下的执法问题,已是一件十分紧迫的任务。对照《决定》提出的50条内容,以下六方面的重大问题亟待研究:

一、关于国有资产的法律保护问题

《决定》第二部分"转换国有企业经营机制,建立现代企业制度"第4条提出:"企业拥有包括国家在内的出资者承担资产保值、增值的责任。"第8条:"对国有资产实行国家统一所有、政府分级监管、企业自主经营的体制","加强中央和省、自治区、直辖市两级政府专门国有资产管理的机构,根据需要可派出监事会,对企业进行监督,确保国有资产权益不受侵犯"。而在司法实践中,我们发现,这种企业代管、监控体制漏洞极大。一般省市级国有资产管理局是从财政厅局分离出来的下属二级局,权力不大、人力不足、专业水平不高,根本不可能对一个省市内的数万家国有企业进行有效的监管。不像资本主义国家的绝大多数企业,资方利益由董事会、监事会随时监控,利益也更直接。另外,占我国所有制体制中很大比例的集体资产,由谁来监管,也是一个大漏洞。因此,处于小团体利益和企业集体进行的假公济私行为、私分国有资产、小金库、将利润转为福利、低价拍卖、低价折股分配公房,甚至无偿分配资产的现象实际上已大量存在。《决定》实施过程中如果对这个问题不引起足够的重视,将会使国有资产流失的问题更趋严重。在司法实践中,对这种法人犯罪性质的案件,制裁是软弱无力的,往往被认为是"出于公心的违法",对主要责任人多是行政处分了事,最多也仅作3年徒刑以下的轻微刑事追究。长此下去,国有资产以及我国40年计划经济为代价而累计的国家控制的财力,将会被大量蚕食。"一化三改造"获取的成果、全国人民数十年创下的家底,会短期内被大量侵吞,最终损害全体人民的利益。对照前苏东转轨时期国有资产被一些"新贵"分割中饱私囊的教训,我们应当采取以下措施:

1. 加强国有资产的官方控制机构。用职工代表大会控制国有资产是不现实的,因为企业职工有可能成为这种流失的受益者。

2. 加强国有资产保护立法。如创立《国有资产管理法》,对产权主体、收益、责权利关系、监督、审计、法律责任、监控程序作出明确的规定。

3. 加强对法人犯罪的制裁。总的趋势是要修改司法解释,加重法律责任,使企业负责人在法律之门前望而却步,成为国有资产的监管者而非侵占者。

4. 追究监管渎职行为。监管者与国家利益没有直接利益关系，因此很有可能导致监管不力、敷衍了事、不负责任。必须通过立法和执法，加重这些管理人员的权利、义务和责任，防止玩忽职守、以权谋私，与企业法人沆瀣一气共同分肥。

二、对各种经济成分的平等保护问题

资本主义法制原则是“私有财产神圣不可侵犯”，我国社会主义法制原则是“公共财产神圣不可侵犯”（见1982年《宪法》）。1988年《宪法》修正案明确：“允许私营经济在法律范围内存在和发展。”十四届三中全会《决定》第4条进一步提出：“鼓励个体、私营、外资经济发展”，“公有制在国民经济中占主体地位，有的地方、有的产业可以有所差别”（认识这一点是我党社会主义理论的重大突破，如近年对温州经济模式姓资姓社的争论，即源于此），“国家要为各种所有制经济平等参与市场竞争创造条件，对各类企业一视同仁”。因此，笔者认为我们现在应该提出这样的口号：“合法持有的各种所有制财产神圣不可侵犯。”市场竞争必须要有一个公平的环境、共同的规则，同在一个起跑线。而现在司法实践上，这种保护并不是平等的。共有财产是强保护、私有财产是弱保护。像公有制企业、经济组织的财产被职工侵吞挪用，即构成贪污罪、挪用公款罪。而私营企业的财产被职工侵吞挪用，按刑法理论上主体、客体条件都不具备，只能用民法去调整，其法律后果也仅是返还财产。① 这种反差加上历史上对私有经济过分恐惧，导致我国现在“红帽子企业”大量存在，呈现一种失真的所有制结构。这种状况与《决定》提出的“平等保护”理论是不相称的，也不利于现阶段我国经济的发展。因此，必须进一步重视私营经济的保护，才有利于市场竞争百舸争流的局面。

三、民商法、行政法与刑法的调控功能问题

我们过去强调法制，首先想到的就是刑法。对社会的管理和调控手段，也特别重视刑法的作用。因此，“严打斗争”和“专项斗争”一直作为近年政法机关首选的手段和首要的任务。在建立社会主义市场经济体制的环境下，我们当然要毫不放松地用刑罚手段来维护治安，但必须以全新的观念，高度重视民法、商法、行政法在管理国家、调控社会矛盾、规范发展方向、引导经济发展的作用。也就是说，要大力强化民法、商法、行政法的立法和执法工作。有些过

① 后来，1997年《刑法》设立了职务侵占罪和挪用资金罪，对民营企业财产也进行刑法保护。

去用刑法包揽的法律关系,可通过民商法、行政法去调整,改变刑法包揽过多的状况。在有些领域,刑法要适当"退缩",只对危害国家安全、侵犯公民人身财产权、影响社会治安的严重刑事犯罪适用。《决定》第44条提出:"加快经济立法,进一步完善民商法律、刑事法律。"刑法的完善,主要是经济刑法部分。像投机倒把罪的主体研究,内容类型要缩小;[①]诈骗罪的量刑应加重;法人犯罪要加强惩处;不正当竞争行为要以刑法为最后制裁手段等。打击经济犯罪中罪与非罪的界限,也必须按照新的观念,来进行全面的界定,增加透明度,使经营人士明了可预见的后果。而民商法方面的新内容包括:房地产、期货、股票证券、金融、知识产权、反垄断、反不正当竞争、公司法、控股规范;行政法方面包括对企业经营自主权的保护、行政程序法、行政处罚法、国家赔偿法、公务员法;经济法方面包括产权明晰、连带责任的分割、企业破产、拍卖等。这些平等主体之间及行政管理关系之间形成的各类矛盾纠纷,都会随着市场经济的勃兴而大量产生,必须依赖民商法、行政法进行稳妥的调整,刑法在处理这些问题上应尽量少用,是一种不得已而为之的最后手段。

四、关于对行政行为进行法律监督的度的问题

现在有一种比较流行的说法,即"市场经济就是法制经济",这句话反映了市场经济一大特征,但如果将之绝对化,则是片面的。市场经济要大力发挥法制手段的调控功能,但并不排斥行政手段的得力的管理和调控。在许多情况下,行政管理的功能还亟待强化。在市场经济的环境下,行政管理的范围、方式、手段确有改进的必要,要改革计划经济体制下管得过多、统得过死,对经济活动不按客观规律而强迫命令的做法。管理方式也要规范化、法制化、透明化、程序化,防止随心所欲和滥用职权,对政府行政行为的法律监督也必须强化。但并不意味着行政功能的萎缩,机构改革、精简也不是削弱行政功能,微观上放开、还权给企业、打破权力对市场的垄断和干预、清除地方壁垒,更好地发展经济。改革之后,政府要改变自己原先经济活动的组织者指挥的角色,改革直接操纵企业人事任免、物资调配、资金分配的方式,也就是说从直接的经济活动中退出来,只保留:(1)许可批准权,即进入市场运行主体的把关;(2)宏观调控权,即通过税收、金融、政策对宏观经济运行进行调控;(3)检查监督权,即工商、环保、卫生、药品等对市场主体的监督;(4)处罚权,即对违反市场运行规则的主体进行制裁的权力。政府机关从计划经济时代的经济活动

① 1997年《刑法》取消了投机倒把罪。

的直接组织者、实施者，转变为市场经济的共同规则、公共秩序的维护者。有的原来由“主管机关”、“上级机关”按行政命令调整的经济关系，由法律手段去公平地调节。法律对政府行为的监督制约也要加强。一方面靠行政法规的完善来达到有法可依，另一方面靠政府机关严格自律依法办事，再一方面就是当政府行为出现不当时，要通过行政诉讼等手段交付司法监督。司法机关既要严格执法监督政府行为，创造公平平等的经济环境，又要支持依法行政，帮助强化行政权力，进行有效的管理。因此，要准确把握好这个度，不可片面强调哪一面。

五、对社会公正的理解和维护问题

维护公平、正义是法律的天职。要建设具有中国特色的社会主义，建立富强、民主、文明的国家，法律的这个功能要进一步发挥。社会主义的精髓之一、邓小平的南方谈话、中共十四大报告，都有一个重要的基点，即防止出现两极分化，最终消灭剥削，实现共同富裕。如果我们忘了这一点，那么社会主义就会成为一个标签，与几代革命先辈的奋斗宗旨格格不入。社会公正是一个历史的概念，在不同的经济基础、伦理观念上可以有不同的理解。如计划经济单一公有制基础上，我们把绝对平均主义、大锅饭、静态的低水平平衡视为公正；而现在则将多劳多得、竞争、优胜劣汰、一定程度上的收入拉开差距视为公正。我们在市场经济环境下提出社会公正这个命题，对执法界来说具有特别重要的意义。有人提出代价论，即市场经济的发展要以牺牲一定的社会公正为代价。过去我们将市场经济视为洪水猛兽，视资本主义为一切罪恶之源，即所谓“弱肉强食”、“大鱼吃小鱼”，而今天则要防止将之视为万能的良药，忽略其固有的负面效应和消极后果。《决定》第 4 条明确了“按资分配”的合法性。懂得政治经济学的人都明白，这是通向一个未知领域的关键之门。资本收益将会产生食利阶层及不劳而获者；竞争、企业破产、人事制度改革、私营经济的发展，都会无可避免地产生一定程度的两极分化，而且我们也明确允许这种一定程度的分化，即“让一部分人先富起来”，只是对分化的度进行控制。而这种分化势必产生一定程度的不公正。如有的乡镇企业股份化时，厂长及其亲属占有 100% 的股权，而他们收购企业的资金，又是利用这个企业的资产抵押向国家银行贷款得来的。通过这样的“改制魔术”，企业职工多年的剩余价值实际上被剥夺占有了。另如最近深圳葵涌镇一家港商独资的玩具厂大火，81 名打工妹丧生，其中 79 名系少女，最小的 15 岁，也就是说系童工。据披露，这家企业对工人的囚禁式管理和草菅人命，与 20 世纪 20 年代夏衍的《包身工》所述的嗜血成性的资本家毫无二致。如果我们的法律不去制裁这种行为,那还谈什么社会主义?还谈什么司法公正?更值得注意的是,由于执法机关权钱交易在一定程度上存在,“新贵横行乡里、百姓告状无门”的现象已经较普遍的出现。个别执法机关的腐败现象使黑社会势力得以滋生,本应制约社会不公正的机关,由于执法不公,反而加剧了这种不公正。这个问题必须引起我们的高度重视,因为这可能成为未来我国全局性的社会安定的最大隐患。党的十四大报告指出,发展社会主义市场经济必须“兼顾公平与效率”,国家在制定政策进行调控时,既要考虑经济的发展,又要考虑是否公平的道德因素。《决定》也对个人收入的调节及社会保障制度给予了高度的重视。因此,执法工作要比以往任何时候更重视维护社会公正,给弱者以强有力的司法保护和救济,实现社会主义的价值观。执法人员要理解法的本质、呼唤良知、作社会主义的守护者。把市场经济的消极性因素降低到最低程度,这样才符合共产党人的奋斗宗旨和社会主义制度的本质。要考虑劳工保护立法,因为现有企业法规中对于工人权益的保护,无法及于私营企业及外资企业的员工,随着这部分救济成分的增长,许多职工权益被侵犯问题已经出现,我们必须正视这一现实。

六、关于立法滞后和法官自由裁量调节的问题

在经济环境发生重大变化、改革节奏日益加快,并已涉及生产关系某些内容的情况下,法律的“老化”周期缩短,法律的滞后性问题不断出现。特别是一些涉及经济活动的法律法规,往往立法不久就出现了修改的动议。在经济刑法领域,1992 年在全国法学界爆发了对“能人犯罪”的重大争论,大家对“功臣还是罪犯”各抒己见。全国法院相继判处了一些“能人”无罪案件,与社会上要求反腐败的思潮形成冲突。这些争论至今余波未息(如最高人民法院最近对厉复兴案发回重审)。对这些无罪判决,企业经济界一片叫好,认为是法院解放思想促进市场经济发展的具体表现,而检察机关及部分法学界人士则忧心忡忡,认为有“法外施恩”之嫌。这种冲突不是因为浅层次的群众痛恨的“关系网”干扰,也不是分工造成的“门户之见”,完全是一种法律思想、法律观念的冲突,法律的滞后性和经济基础的能动性的冲突。这场争论的一个成果便是最高人民法院于 1992 年 6 月在四川绵阳会议上提出了著名的经济犯罪“罪与非罪”的“八个区分”。在司法实践上,“投机倒把”已经不再是打击的重点,有的地区已经很少判处。在判处的一些“投机倒把”案件,也不是原先概念上的“物资”的投机倒把,而是淫秽书画、商标假冒、假烟假酒等类意义上

的“投机倒把”。贪污受贿是现在反腐败的重点，但由于市场环境的复杂、主体的多元化、经纪人、中介人行为的出现、回扣佣金的存在、高额赠与的出现、第二职业、有偿技术服务的存在，标准也变得难以把握。如按原有法律，许多行为都应该按照刑法追究，但现实情况是，这样做显然会阻碍和破坏市场经济的发展。《决定》第 45 条提出：“要适时修改和废止与建立社会主义市场经济体制不相适应的法律法规。”但这个任务不是很快就能完成的，而且新法也有个“老化”的问题。这就使执法依据经常处在一种不稳定的状态之中，给执法工作增加难度。如果机械执法、死扣条文，就有可能对经济基础起阻碍破坏作用。

解决这个矛盾，要从以下几个方面入手：(1)立法要有前瞻性，适度超前，起指引引导作用；(2)在法律幅度内考虑政策导向及实际环境；(3)以法官自由裁量来缓解这种冲突，通过判例来弥补这种冲突造成的缺陷。当然这种自由裁量不是随心所欲，要在已有的法律原则指导下，基于对法律和经济发展的深刻理解，与建立市场经济的发展趋势相吻合。这自然要求法官有较高的法律涵养和对法律与经济关系的深刻认识。对有些把握不准的案例，允许缓办、无罪推定、允许试验等比较宽松的手段来处理，多采用民商法和行政法手段而少用刑法手段去调节。正确处理好政策与法律、法律与现实的关系，把握好执法工作的基点。

十四届三中全会的《决定》对我国社会主义运动理论及经济建设的影响，将是历史性的，将把我国经济带向一个更为活跃的历史阶段。它给执法工作带来了更深层次的复杂的课题。而这些问题又是无法回避的，必须及时作出评判解释，而不管这种解释和评判是否成熟。这需要法学界和执法部门一切从实际出发，以更大的勇气进行深入的思考和探索。

11. 走向法治

——近年来中国法院改革运作状态*

中国的改革已经触及几乎所有的领域。

经济领域的改革，自1978年农村试行联产承包责任制，到1992年确立社会主义市场经济的发展模式，其中尽管经历了许多的曲折和争论，其发展的速度和取得的巨大成就，已为海内外舆论所公认。惟其政治领域的改革，由于各种复杂因素的影响及海外一些带有偏见的宣传，以及我们自身对这方面动态有意无意的回避，还未被系统地整理和认知，有的甚至被故意视而不见。毋庸讳言，今日中国的改革在总格局上，确实存在经济领域领先而政治领域相对滞后的情况，但从中国的国情和过去的历史分析，中国近年在政治领域同样存在许多的进展和收获。经济基础的变革有如涌动的春潮，已为上层建筑领域掀起层层涟漪。上层建筑领域的变革和调整，反过来又从正负两个方面制约着经济基础。如果我们不实事求是地看到中国近年来在政治变革方面取得的进展，就无法理

---

* 本文完成于1993年4月26日，8月我考取北大高级法官班，在校作了三次修改，发表于北京大学《中外法学》1994年第4期和《中国法律》（香港出版）1994年创刊号，有删节。本次出版按原稿增订。1990年，我曾经借调到最高人民法院研究室参加起草《全国法院十年规划和五年发展纲要》，对全国法院的情况有了比较全面的了解。中国法院的改革此时已经有了相当的进展，大的方面的基本思路已经形成，本文体现了该时间段中国法院的现状实况。此后的改革，一直在这些问题上探索或者说徘徊。涉及深层次的一些问题比如司法独立和法官选任，此时已有端倪，但还没有作为一个重点提出。本文对当时情况，在宏观上作了大致的梳理。文中所引数据及言论，均引自公开出版的《法院年鉴》及《法院工作报告》。

解经济领域能如此充满生机和活力地向前发展。法律是上层建筑中最直接地刚性地反作用于经济基础的重要因素,法院是执行国家法律的重要审判机关。在政治体制改革的背景下对近年来中国法院的改革发展状况进行一些分析,可以发现在执法工作指导思想、法律政策、工作重点、审判方式、内部体制、法官培养、国际司法协作和交流等方面也都有了许多的变革与发展。有些变革甚至是历史性的。从法院改革的一个侧面,可以看出我国在实现依法治国道路上所作的不懈努力,一个法治的时代正在到来。

一、工作职能转变:法院不再是单纯的专政机关

新中国成立以来,人民法院曾长期被认为仅仅是无产阶级专政(其后称人民民主专政)的工具。刑事审判被视为法院主要的工作,被置于突出的地位。20 世纪 60 年代彭真就明确说过:"政法机关最重要的、最根本的任务,还是处理敌我矛盾,对人民的敌人进行专政。""当前及今后一个相当长的历史时期,三个机关(指公检法)的主要任务是专政,是处理敌我矛盾。"[①]毛泽东主席和其他领导同志也有大量关于阶级斗争的论述。政法工作的首要任务就是对人民的敌人进行专政。在人民政权初创时期,巩固政权、稳定社会是首要的任务。在计划经济模式和中央政权强有力的控制下,行政职能包揽了大部分的法律职能,民法、商法规范变得无足轻重。在行政权覆盖一切的情况下,"调解"被赋予了神奇的力量,婚姻、继承、债务、房产等古已有之的法律关系,都可以用"处理人民内部矛盾"的方式即调解的方式来解决。因此,刑事审判被视为法院的主要工作。"文化大革命"砸烂公检法,"左"的思潮泛滥,恢复后的法院也强调以专政为主要职能。1980 年,全国法院一审收案的情况是:刑事 19.78 万件、民事 56.56 万件、经济案件仅 0.38 万件、行政案件阙如。比重分别为:刑事 25.8%、民事 73.7%、经济 0.5%。[②] 但自改革开放以来,人民法院的这种工作格局发生了根本性的变化。在继续毫不动摇地坚持人民民主专政的同时,法院通过大力发展经济审判、民事审判、行政审判、交通运输海事海商审判,大大拓展了调节各种平等主体的法律关系,参与社会管理的职能。正如最高人民法院院长任建新在 1988 年《法院工作报告》中提出的"全面开展审判工作,充分发挥审判机关的职能作用,为建立社会主义商品经济新秩序

---

① 彭真:"在全国政法工作会议上的讲话纪要"(1962 年 11 月),载彭真:《论新中国的政法工作》,第 132 页。

② 见《法院年鉴》1988 年卷,统计数据栏。

服务”，法院不但要严厉打击各类犯罪，“而且要依法保护人民的民主权利和其他合法权益，调节经济关系”。1992 年，他的提法又进了一步：“政法部门要把调节经济关系的职能摆上重要位置，确立打击犯罪和调节经济并重的方针。”[①]全国法院审判案件的比例发生了重大变化。刑事案件比例逐年下降（绝对数仍上升），经济和其他案件比例大幅度上升。1993 年全国收案 330 万件，刑事 40 万件、民事 208 万件、经济 89 万件、行政 2.7 万件，刑事只占 9% 不到，民经占了绝大多数。法院克服了就案办案、关门办案的旧作风，由封闭型向开放型发展，主动为社会经济发展提供服务，执法活动更加活跃。这些举措体现了法院参与社会管理功能的拓展，法院已不再是一个单纯的刑事审判机关。

二、刑事政策：不单纯依赖“严打”这一手

中华法系强调“德主刑辅”，教化重于刑罚。但历代司法实践则不乏严刑峻法。新中国成立后，强调“惩办与宽大相结合”，但刑事政策则偏于重刑主义，死刑的长期坚持和适用面在国际社会均属严厉。由于“文化大革命”法禁松弛造成了全国性的治安混乱，“治乱世用重典”的观念重占主导地位。自 1983 年以来，我国一直坚持对刑事犯罪采取严厉惩处的方针，以致“严打”成了家喻户晓的名词。严打的积极作用已被实践所证明，并为中国的改革开放赢得了一个较好的环境。

但是，实事求是地进行一下量化分析，在我们处刑数和量刑力度不断强化的同时，严重刑事犯罪却仍然在以惊人的速度增长着，一些恶性犯罪反而有增无减。再简单化地经验主义靠“打”这一手显然是不够的。犯罪学界开始转而寻求更为全面的犯罪对策。法院系统作为直接判定被告有罪、无罪、罪轻、罪重的审判机关，最早开始对“严打”的效果进行反思。在具体定罪量刑上较早地注意了实事求是和执法标准的稳定性。1988 年 5 月，最高人民法院在上海首次召开“全国法院审理未成年人刑事案件座谈会”，1991 年作出了审理这类案件的司法解释。推出针对少年犯罪的以教育感化为特征的特别审判制度。力图在定罪量刑上严格依法办事，做到客观公正。同时，对防范、矫正、转化罪犯给予了充分关注。最高人民法院分管全国刑事审判的副院长林准在这个会上说：“我们的刑罚原则不是惩办主义、为惩罚而惩罚，惩罚的目的在某种意义上是为了教育。”“只有这样，才能预防和减少犯罪，巩固严打成果，法

---

① 任建新：《在全国政法工作会议上的讲话》，1992 年 12 月 24 日。

院收案有可能减少,避免和防止恶性循环。”1988 年 11 月,最高人民法院在北京召开首次全国法院减刑假释座谈会。会议透露:1985 年到 1988 年上半年,全国法院共减刑、假释罪犯 50 多万人次。最高人民法院副院长祝铭山在会上阐明重要意义时说:第一,减刑假释是我国刑罚的目的所决定的。我国刑罚的目的,就是对犯罪分子进行惩罚和改造,并威慑社会上的不稳定分子。教育群众积极同犯罪作斗争。第二,正确适用减刑假释对促进罪犯改造有用。第三,可以体现人道主义,对可以改好的罪犯进行教育感化,减少社会矛盾,对社会有好处。1991 年,中央政法委召开了全国社会治安综合治理会议,中央发出了《关于加强社会治安综合治理的决定》,提出在有条件的地方可以适当多判一些缓刑。同年 3 月,全国人大常委会作出同样决定,指出:“社会治安综合治理必须坚持打击和防范并举、治标和治本兼顾、重在治本的方针。”[①]最高人民法院随后向全国法院布置,有条件的地方可以适当多判一些缓刑的精神也适用于假释。[②] 1992 年 11 月,最高人民法院在浙江召开 12 省市减刑假释座谈会,统计显现全国法院假释罪犯逐年上升,1989 年占押犯总数的 1. 1%;1991 年占 1. 62%;多的省份已占在押犯的 5. 59%(河南)。依法假释的方针被实践证明是成功的。浙江省调查,假释犯重新犯罪率为 0. 35%,缓刑犯重犯率为 0. 88%,远低于该省劳改、劳教释放者的重新犯罪率(6. 67%和 9. 26%)。在严打的同时,全国各地法院会同其他政法机关连续多次地开展了发布通告敦促罪犯投案自首活动,分化瓦解了一大批罪犯,挽救了大批失足者。浙江省 1986 年的“反盗窃敦促活动”,有 3 万多违法犯罪人员自首。1992 年,全国绝大多数省市法院对严打初期的一些定罪处刑不当的案件进行了复查纠正,贯彻了实事求是、严格执法的精神。

三、服务市场经济:对打击经济犯罪观念的反思和清理

经济刑法是对经济基础反作用最为直接的法律部门。允许什么,限制什么,制裁什么,将直接对经济运行产生影响。在大割“资本主义尾巴”的时候,后来被人们称作“专业户”、“重点户”的个体农民就是刑法打击的重点对象。在计划经济模式下,后来我们称为的“长途运销户”、经纪人、中间商就是“打击投机倒把办公室”的主要目标。经过十几年改革成果的积累,中共十四大终于明确要建立社会主义市场经济体制。在全国市场经济蓬勃兴起的环境的

---

① 最高人民法院编:《司法文件选编》总第 231 期。

② 祝铭山:《在第二次全国法院减刑假释座谈会上的讲话》。

影响下，全国法院在打击经济犯罪问题上观念也产生了深刻的变化。在计划经济体制下作为打击重点的投机倒把行为，现已不再作为重点，所判处的也多系假冒伪劣犯罪，与原先倒卖物资原料的犯罪已经不甚相同。贪污受贿随着反腐败斗争呼声的高涨，当前正成为重点，但对罪与非罪的界限的划分现在正日益成为难点。市场经济环境下公职人员犯罪增加需要严惩，但市场经济环境下经济行为的复杂多样又使法律界限很难掌握。法院、检察院近年来的执法活动经常与经济部门发生观念上的碰撞。1992 年，邓小平南方谈话提出了“三个有利于”①的指导思想，对法院审理经济犯罪案件产生了重大影响。1992 年 6 月，全国法院审理经济犯罪案件工作会议在四川绵阳市召开，最高人民法院副院长林准在会上提出了著名的八个区分：②一、严格区分由于企业规定措施失误导致企业负责人多分多占，与企业领导利用职权侵吞公款肥私的界限；二、严格区分企业经营供销人员用不正当手段获取其本应得的报酬，与贪污犯罪的界限；三、严格区分企业承包经营者采用不正当手段获取其应得的承包租赁报酬，与贪污企业公有财产的界限；四、严格区分企业必要的应酬开支与个人挪用、侵吞、挥霍公款的界限；五、严格区分为获取业务及合法利益而支付回扣、手续费，与为谋取不当利益向人行贿的界限；六、严格区分取得回扣、手续费，向单位申报后获得奖励，与损害本单位利益肥私的界限；七、严格区分科技人员受单位委托从事技术劳务，只是在报酬取得方式上不甚合理，与贪污受贿的界限；八、严格区分科技人员在不损害本单位利益情况下兼职取酬、技术劳务取酬，与利用本单位关键技术和审批权力进行索贿受贿的界限。这次会议前后，全国各地法院相继判处了一批企业、科技人员无罪案，在社会上引起很大反响。③ 虽然这八个区分在法律概念上还不甚严密，有些观点现在实践中又有了更多的突破，但法院当时在执法观念上的这种修正，对促进市

① 1992 年初，中国经济、政治界出现了一些否定改革的思潮。改革开放和现代化建设处于一个历史发展的关键时刻。1 月 18 日至 2 月 21 日，邓小平视察武昌、深圳、珠海、上海等地，沿途发表了重要讲话。这些讲话后被收入《邓小平文选》（第 3 卷）。通常人们把这些讲话称作“南方谈话”。邓小平说，判断改革开放的标准，应该主要看是否有利于发展社会主义社会生产力，是否有利于增强社会主义国家的综合国力，是否有利于提高人民的生活水平。后被简称为“三个有利于”。

② 见《人民法院报》1992 年 7 月报道。

③ 其时，中国的国有企业改革尚未大规模启动，民营经济还没有获得今天这样的法律地位，有许多实质民营、没有一分国家集体投入的企业，仍以挂靠国企、集体的名义进行经营，即所谓的“红帽子”企业。这些企业在竞争中，出现了负责人动用公司资产进行各种经营开支、从而按犯罪被追究的大量案例。为了防止这种刑法观念损害自由市场经济的运营，最高人民法院在法律界限不明的情况下以内部开会更新思想观念的方式，给经济运营松绑。于是有了林准副院长的这个讲话。

场经济的发展，起了重大作用。身兼中央政法委书记的最高人民法院院长任建新说："我国要在九十年代初步形成与社会主义市场经济相适应的法律体系，我国立法机关将陆续制定一批新法律，一些与市场经济体制不完全适应的法律也将及时修改补充。"①可以预见，握有司法解释权的最高人民法院，将对我国刑法中经济犯罪方面的条文，如主体、客体、犯罪构成要件作出新的解释，立法机关对有的犯罪如投机倒把罪的若干条文可能会干脆废止。② 就法律的稳定性而言，这样的变革是迅捷的。这是我国法院在改革开放环境下充满活力和敏锐意识的表现。与此同时，法学界也对"回扣"、"佣金"、经纪人行为等有争议的领域展开了热烈的讨论。从1992年开始，全国关于经济犯罪的罪与非罪界限的争议渐趋平息，1994年加大了打击腐败的力度，主要对象为国家官员，对经济领域的各种交易已持慎重方针。法院的这些实践，为刑法学界重新修订经济刑法提供了依据和经验。③

四、经济审判大发展：开创法律干预经济活动的全新天地

中华法系刑民合一，民法依附于刑法，商法则更不发达。我国法院的经济审判是我国改革开放的直接产物，始于1979年，标志是最高人民法院开始设立了经济审判庭。到1984年全国各级法院全部设立。同年召开了第一次经济审判工作会议。1980年，全国经济案件收案还只有3875件，仅占全部案件的0.5%，1986年第一次超过刑事案件收案数，达32万余件，1993年猛增到89万余件，诉讼标的达705亿元。审判中涉及的门类有购销合同、建设工程、加工承揽、仓储、借贷、保险、农村承包、企业租赁、补偿贸易、信托、居间、专利、商标、票据、运输、联营、涉外涉港澳台等七十余种。到1992年，全国沿海和长江水域还设立了9个海事法院，专门从事海事海商案件审判。经济审判的开创和发展，在中国是历史性的，它改变了我国民商法一直不甚发达的状况，为国家经济建设发挥了重要作用，调整了生产和流通环节的众多经济关系，维护了经济秩序，使大量沉滞资本重新投入流通，保护了国家、法人、公民的合法权益，直接促进了我国经济的健康发展。我国法律对经济活动的干预，从来没有像这段时期那样广泛和深入。经济审判的发展反过来推动了经济立法，在深入研究国情、认真汲取外国经验的基础上，符合我国现阶段国情的经济法规体

---

① 任建新：《在第十六次全国法院工作会议结束时的讲话》，1992年12月。

② 1997年《刑法》修改时，果然废止了投机倒把罪名。

③ 到2008年，全国人大已经相继通过了六个刑法修正案对刑法进行完善，其中许多涉及经济犯罪。

系正在形成，对我国经济走向世界、按国际惯例办事、促进对外开放，都具有重要作用。由于经济审判的发展，还使我国法院体制上的弊端日益暴露，地方保护主义成了全国法院久治不克的顽症，严重影响了市场经济模式所迫切需要的公正裁判，从而引发了立法机关和法学界对变革法院体制的关注，直接推动了法院体制改革的进程和《法官法》的立法。

五、行政审判从无到有：司法权首次对行政权进行监督制约

新中国成立四十多年来，司法权实际上受制于行政权。人民法院在人事、财政、生活保障等方面由行政管理，“公检法”在传统观念中一直被视为政府的职能部门，“依法独立审判”难以保障。中共十三大正式把政治体制改革提上议事日程，“一府两院”相提并论的提法开始多起来，而这也还是理论上的。第一次把人民法院与人民政府的关系阐述得比较清晰明白的，是任建新在澳大利亚法律200周年大会上的演讲《中华人民共和国法院与政府的关系》，“人民法院和人民政府是在人民代表大会及其常务委员会统一监督下执行不同职能的两个平行的国家机关系统”。至于相互间的关系，他详细阐述道：“第一，法院依照法律规定独立行使审判权，不受行政机关干涉；第二，法院独立行使审判权所依据的法律，既包括宪法、法律，也包括国务院根据宪法和法律制定的行政法规；第三，法院通过审理行政案件，既保护公民、法人的合法权益，也支持政府依法行使行政权”。1990年10月1日，《行政诉讼法》开始实施，人民法院不但是与政府平行的机关，而且开始了对行政权行使评判、监督、制约的职能。尽管这一立法实施起来还困难重重，但在建立法院和政府的新型关系上的意义却非同寻常。早在该法实施前，法院已开始按《民事诉讼法》的规定受理行政案件，1987年全国收案5240件，次年升为8573件，1992年猛增至27,125件，比1987年增5.2倍。在审结的27,116件案件中，对政府机关的行政决定，判决维持占28%，判决撤销占19%，判决变更占1.77%，裁定驳回起诉占7.8%，当事人自行撤诉占37.8%。从这些数据可以看出，我国行政审判总的趋势是健康的，起到了对不当行政行为和滥用职权的制约作用。据浙江省某劳教场统计，开展行政诉讼后，该场收押人员比以前少了一半，原因是公安机关决定批准劳教比以前更为慎重，轻微违法者非经司法审判不再直接劳教。对公民、法人合法权益的保障，是行政审判的一大功绩。到目前为止，我国行政审判已涉及大多数行政管理领域，除公安、土地、工商管理等大门类外，还有环保、卫生、渔政、计量、物价、海关、民政、审计、税务、技术监督、计划生育、文化管理等几十种案件类型。由于行政审判，法院的地位和声望提高

了。但由于法院的体制尚无根本改变，行政部门仍管辖着法院的人、财、物，因此行政审判又遇到了许多困难，出现了一些无法解脱的怪圈。1993 年，全国法院收案出现回落，到年底勉强与上年持平。但是由于行政诉讼的实践，我国的行政法学领域开始出现了活跃的局面，行政立法、行政执法领域都有了长足的进展。

六、市民法的回归:知识产权、人身权益保护得到重视

近年来开始的我国法院对知识产权、人身权的保护，是我国法制日趋完备的重要标志，也同国家开放融入世界市场、法制更加注重对人身私权利的保护密切相关。

新中国成立后公有制经济占绝对地位，公民个人的财产权和人身权在集体主义光芒的照耀下很大程度上被忽略了。民法领域，最受青睐的只有婚姻法。除此而外，法院审判门类中还有一些债务和房产案件。考虑到我国法制建设急需，以及民法典产生的条件还不成熟，我国民事立法采取了单行法先行的方式。如婚姻法、经济合同法、商标法、专利法、继承法等。改革开放以后，1986 年全国人大通过了《民法通则》，对公民各项合法权益的保护开始严密起来。但此时知识产权的保护仍然是空白，人身权、名誉权、肖像权等领域也立法阙如。1987 年，法院执行《民法通则》，开始了知识产权和人身权保护方面的新篇章。著作权、专利权、商标权、发现权、发明权等知识产权方面的案件，以及姓名权、肖像权、名誉权、荣誉权等人身权案件都逐年增加。1988 年，法院受理知识产权案件 341 件，人身权案件 2434 件。到 1993 年已分别达到 2777 件和 4760 件，分别增长了 8 倍和近 2 倍。

人身权案件的“诉讼热”引起了社会各界的关注。1988 年，最高人民法院在天津召开华北五省市名誉权、姓名权、著作权案件审判工作座谈会，首次对这方面出现的大量新问题进行研讨，对审判工作起了较及时的指导作用。1992 年，人身权方面的诉讼成了一个热点，出现了“名人官司热”和“告记者热”。法学界、新闻界、文艺界、娱乐界一时众说纷纭。虽然这种“热”有矫枉过正、新闻炒作、新闻立法阙如等不正常因素，但总的原因还是在于我国法制日益健全、公民自我保护意识的增强。

在知识产权保护方面，专利、商标纠纷案件审判近年有了长足的发展。1985 年，专利法实施后，最高人民法院下发了《关于开展专利审判工作的几个问题的通知》等 3 个司法解释性的文件，使具体执法有章可循。商标诉讼发展迅猛，出现了一些影响广泛的判例。这些审判为维护企业法人的合法权益、

维护正当竞争、促进市场经济良性循环起了重要作用。1992 年 10 月，我国加入《保护工业产权巴黎公约》及《保护文学艺术作品伯尔尼公约》，把知识产权保护推向国际领域，按国际惯例办事，进一步促进了我国的对外开放以及同国际间的科技文化交流。

七、公开审判：审判方式改革方兴未艾

从革命战争年代到新中国成立之后，“马锡五审判方式”[①]被视为人民民主政权审判方式的一种创举，一直受到推崇，成了人民司法工作的一大特色。但是，马锡五审判方式相对于法制日趋健全的法治国家而言，也存在许多的缺陷，那就是审判程序很不严密，审判方式随意性大，过于注重调解使许多案件久拖不决，座谈式审案不易于树立法制权威，过于注重法官调查使法院形同侦查机关。近年来，我国法院在继续汲取其便民服务的精华的同时，无论从法理上还是从实践上，都对马锡五审判方式进行了反思，对审判方式进行了不断的改革和创新，随着刑事、民事、行政诉讼三个程序法的实施，一整套严密的审判制度正在形成。在实施这三个程序法和借鉴海外诉讼制度的交互作用下，审判方式改革目前正在全国法院不断深化。主要有以下几个方面：

1. 诉讼制度趋向完善，全面实现公开审判，努力减少书面审比例。任建新在 1988 年第十四次全国法院工作会议上说：“长期以来，在法院审判工作中，存在重实体轻程序现象，对公开审判的重要意义认识不足。有少数一审案件、相当一部分民事和经济案件，以及大多数二审、再审案件，依照法律规定应当公开审理的，没有公开审理。有的公开审理了，也常常流于形式。”为此他要求：“除法律有规定者外，一审案件要做到一律公开审理；二审案件要尽可能地公开审理，再审案件也要创造条件公开审理。”[②]这次会议后，全国法院开始把公开审理作为严肃执法的重点问题。同年 4 月，最高人民法院发出《关于公开审理再审案件的通知》。经过 4 年努力，1992 年，全国法院做到了一审案件全部公开审理，部分影响大、社会关注的二审案件、再审案件也公开开庭。

---

① 马锡五（1898～1962 年），陕西志丹人。1930 年参加革命，40 年代任陕甘宁边区高等法院陇东分庭庭长，陕甘宁边区高等法院院长。新中国建立后，任最高人民法院副院长。在兼任陕甘宁边区高等法院陇东分庭庭长时，经常携案卷下乡，深入群众，调查研究，巡回审理，就地办案；实行审判和调解相结合，反对主观主义的审判作风，坚持法律原则，忠于事实真相。由于他执法严正，刚直不阿，深受人民群众欢迎。他的审判方式被称为“马锡五审判方式”，曾在解放区推广。1944 年 3 月 13 日发表在《解放日报》头版的一篇社论“马锡五同志的审判方式”，对中国婚姻法的影响以及法律文化上的影响都非常深远。

② 见 1988 年《法院年鉴》：领导讲话。

在基层人民法庭,适用普通程序审理的案件也大量上升,改变了原先调解式的、独任审判案件为主的现象。

2. 刑事审判试行公诉人举证,加强控辩双方的责任和权利。《刑事诉讼法》实施12年来,我国刑事审判中审判人员承担了大多数读证举证的责任,公诉人只承担公诉和质证的责任。这实际上是职权主义审判的影响,是对检控权的一种割裂,也导致了审判中的混乱。公诉人要求法庭读证据,反而在指挥法庭。有时律师的证据也要法官宣读。1992年,四川省乐山、雅安两个中级法院在全国法院中率先试行公诉人举证。认为:"将审判人员举证和裁判,改为由公诉人举证、审判人员裁判,这不只是形式上的改变,而是更好地体现了刑诉法的精神。"经过试点,办案质量明显提高,法官更为超脱,开庭真正成了刑事诉讼的重心,检察官更能负责,辩护律师权利也能够得到保障。全国许多法院争相改革,公诉人举证成了一个改革热点。1992年全国法院第十六次工作会议上,最高人民法院提出了改革和完善刑事案件庭审方式,强调作为定案依据的证据,要依法当庭质证,证人应出庭作证。法院变纠问式为抗辩式,法官"坐堂问案",居中主持审判,理顺了诉、辩、审各方关系。

3. 民事、经济案件强调当事人举证责任。为了防止"先入为主",法官不再事先到处取证调查。同时改变"当事人动嘴、法官跑腿、律师阅卷办案"的不正常方式。这主要是原"马锡五审判方式"中法官审判的特点,包揽过多。20世纪90年代后,最高人民法院对中国香港、英美法国家的审判方式进行了大量考察,先从理论上提出了当事人举证的基本方向。其后在沿海开放省份先进行试验,到1992年,民事、经济案件的当事人举证责任制度已经在全国法院不同程度地实现。法官把主要精力放在审查证据上,逐步从调查取证中解脱出来。"田头办案"变成了"坐堂问案",提倡的和批评的刚好颠倒了过来。没有人再说这是官僚主义了。"法官在法庭上主要是听取双方当事人的举证和辩论,判断、审查、运用证据,认定事实,以正确适用法律。这既有利于加快办案速度,也有利于提高办案质量。"①

4. 加强合议庭权力,纠正内部请示过多、先定后审的不正常做法。合议庭无权决定案件判决,是我国法院长期存在的一个问题。主持审判的办案人员,往往无权决定案件的判决结果;而未参加审判的庭长、审判委员、院长往往起决定作用。审判委员会讨论案件过多,以致完全包办代替了合议庭的作用。死刑案件、几乎所有的重大案件,都是事先的内部集体讨论,有的还是向上级

① 任建新:《在全国法院第十六次工作会议上的讲话》,1992年12月。

请示后公开进行宣判的。"审的不判、判的不审"成了普遍现象,导致开庭完全成了形式,合议庭办案责任性不强,案件质量受影响。一旦出了错案,也无法追究到真正的责任者。20 世纪 90 年代以来,全国法院要求审与判合一,纠正请示过多、先定后审的不正常做法,推行"主审法官负责制"。

5. 试行"一步到庭"审判方式。从 1991 年开始,有的法院参照国外诉讼制度,开始了省略原先的法官事先进行调查才组织审判的方式,将案件直接交付合议庭审判。1993 年全国好多法院已经进行借鉴推广,以防止法官先入为主。这种方式真正确立了庭审的权威,诉辩双方的意见直接在法庭上交锋,加强了诉辩审三方的责任心,庭审更具实质意义;同时也提高了办案效率,使案件能够在法定期间审结。

6. 诉讼文书制作作了重大改进。新中国建立以来,我国法院的判决裁定文书都失之简略,没有说理和对证据的评判,都是一些"事实清楚、证据确凿、情节恶劣、应予严惩"之类的套话。不利于被告认罪服法,不利于发现审判中的问题,增加了涉法上访。1992 年 6 月,最高人民法院制定并在全国实施《诉讼文书样式》,对诉讼文书进行重大改革。《刑事判决书》进行了 12 个方面的改进,如控辩双方观点和法庭的评析、证据的认定意见等。一份判决书在手,即可非常明晰地了解案情、证据及法院判决理由和法律依据,不像过去笼统说"事实清楚、证据确凿、程序合法"。对民事、行政判决等诉讼文书也作了改进。这些改革将使我国法院审判活动更加规范化,许多探索成果已经对《刑事诉讼法》的修改产生了直接影响。

八、错案追究制:加强对法官的监督制约

封建旧法"官无悔判"。受此影响,我们有的执法机关也长期坚持这种错误观念,"抓你是对的,放你也是对的","当时判你是对的,现在形势变了放你也是可以的",执法者个人的过失和错误被遮掩得毫厘不露,一切由党和政府、政策形势、"政法机关集体"担了责任。这种文牍主义和麻木不仁对我国的法制建设和人身权益保护起了极坏的影响。可以说"谬种流传,误人匪浅"。进入 20 世纪 90 年代,出于法院正规化建设和加强社会主义人权司法保障的需要,我国法院自发地自下而上地开始了对法官试行错案追究的尝试。这一制度的思想基础是法院内部对社会主义人权保护意识的增强和对历来错案的严重危害性的深刻认识,而其形式基础则是近年来全国法院普遍推行的内部考核"岗位责任制"。1992 年 4 月,吉林市中级人民法院率先在全市两级法院中试行这一制度,随后浙江、福建、上海、黑龙江等全国许多法院都相继建

立了“错案追究制”，对审判人员在审理各类案件及法医鉴定、执行人员执行中，由于主观因素造成错误并造成后果的，依例进行不同方式的追究。值得一提的是，这一制度本是中华法系的优秀遗产之一，现在得以重新施行，是对源远流长的中华法系的一种延续和重构。从西周到清代，我国刑狱上的错案追究制，一向是律有明文，从未断绝。西周穆王时代的《尚书·吕刑》中说：“五过之疵，其罪惟均。”即规定法官有杖权弄法、私报恩冤、暗中牵制、敲诈勒索、贪赃枉法等“五过”者，要与罪犯同罪。《唐律·断狱》“官司出入人罪”条规定：“若官司入人罪者，若入全罪，以全罪论。从轻入重，以所剩论；刑名易者，从笞入杖，以杖入流，亦以所剩论。从笞杖入徒流、以徒流入死罪，亦以全罪论。其出者，各如之。”慈禧太后是个祸国殃民的君主，但她搞起错案追究来却干脆利索，制造杨乃武小白菜冤案的浙江巡抚发配去了黑龙江，余杭知县下了大狱。因此我们现在重提这一制度，是有长远的历史渊源和深厚的群众心理基础的。浙江某基层法院已有一位办了错案的法官被追究，降级降薪。经过许多法院的试行，错案追究制已取得积极效果：一是办案质量明显提高；二是执行诉讼法程序更加严密；三是法官钻研业务的风气大增，良性竞争机制形成；四是人情案、关系案得到有力制约。从我国法院现在的执法质量状况看，对法官办案进行必要的制约无疑是必要的。① 但这项制度目前还停留在自下而上的自发探索阶段，最高人民法院还没有正式首肯，能否真正坚持尚待观察。

九、七八九工程：法院内部大规模培养合格法官

由于新中国没有严格的法官选任条件的历史原因，中国法官素质不高，首先表现在文化素质偏低。1988 年 5 月，最高人民法院在 1985 年提出“四六八规划”的基础上，提出了全国法院干部文化结构的“七八九规划”。即到 1995 年，全国法院干警大专以上文化结构要达到：全体干警的 70%、审判人员的 80%、院长副院长的 90%。② 为实现这一目标，1985 年最高人民法院在国家教委的支持下，创办了全国法院干部业余法律大学，开设了国家承认学历的大

---

① 对于法官错案追究，法学界此后持相反观点的不在少数，认为为了树立法院的权威，司法审判的确定力应尽量保障，不宜专门形成制度。有的引用美国辛普森案的判例来证明。佘祥林、聂树斌冤案对法官的追究，都不事张扬，淡化处理，没有引起连锁反应。另外一个原因，是我国法院定罪机制存在的问题，内部权力决定，审的不判、判的不审，导致责任主体不明，又往往涉及内幕权力人物。因此，近年来中国法院的错案追究制的施行基本陷于停顿。

② 最高人民法院副院长项华：《关于实行法律审判专业证书制度的说明》，1988 年 5 月 12 日。

专班，设置18门大学基础课和法律专业课程，每门均须经全国统一的严格考试方可通过。1988年5月，又在该校内设置"专业证书班"，面向年龄偏高、未能考入业大的在职审判人员，以提高其法律专业水平。这作为一种过度措施，既发挥现有法官队伍的作用，又提高总体审案水平，无疑是一个好措施。同年9月，最高人民法院和国家教委联合创办中国高级法官培训中心，内设进修部和培训部，在北京大学、中国人民大学每年开设两个高级法官班，学员毕业后取得高级法官任职资格。经过6年努力，到1991年"业大"已培养合格大专生5.1万余人、专业证书生2万余人，10倍于同期分配给法院系统的全日制法律院校毕业生。现在该校尚有2万余名学员在读。预计到1995年，全国法院大专以上文化程度干部可达16.5万，实现70%的目标，法院已成为国家公、检、法、司等政法机关中平均文化素质最高的系统。与此同时，中国高级法官培训中心已培养近600名取得高级法官任职资格的学员，并培养了一批法学硕士，还公派了一些出国留学生，有的已考取博士研究生。"七八九工程"是针对中国法官队伍现状，迫于提高队伍素质的现实需要，国家法律系、法学院毕业生不及所需，法院在职人员亦无法一步到位精简的环境下，在法院内部开展的大规模在职教育的壮举。此举改变了我国法官队伍文化、业务素质偏低、法律专业知识不系统，偏重于凭经验办案的落后状况，为近年法院繁重的审判任务的完成、严肃执法的进展、执法水平的提高提供了保障。1994年与公务员制度相应，全国法院首次采取公开考试招收干部，试图从入口环节就把好素质关。但是，由于法院用人机制不畅、法官无须资格、待遇过低等一系列问题的存在，当前法院同时也存在法律专业素养不足、人心不稳、人才流失、人才浪费等诸多问题，不如已经开始大步改革的律师行业显得富有生机和活力，以致已有论者认为现在中国法官的总体素质已不如律师，亟须在用人机制上加快改革步伐。

十、法官试行系统管理：为依法独立审判理顺外部环境

中国法官管理体制属地方管理，上下级法院之间只有审判监督关系而无领导关系。由于法院的人、财、物、日常工作、家属子女、生活福利样样受制于地方，对依法独立审判极为不利。各项审判活动受外在因素影响很大。近年成为全国法院执法一大难题的"地方保护主义"，就是这种体制弊端的集中表现，行政审判步履维艰的根本原因也在这里。近年来，无论是法院内部还是法学界，都从理顺外部环境的角度，提出法官应该实施系统管理，首先在人事、财政经费上从地方相对分离出来，以保障法官公正地执行国家法律，不受地方势

力影响。

1988 年 11 月，中共中央组织部和最高人民法院决定，在黑龙江、浙江、福建、内蒙古四省区实行法院干部由系统管理为主的试点，下发了《关于开展地方各级人民法院干部管理体制改革试点工作的通知》。1989 年，四个试点区分别选择法院进行了试点，以黑龙江进展最快，很快在全省试行。具体办法是：下属两级法院的正副院长，由地方管理为主，改为上级法院管理为主；庭长、审判员由本院管理为主。任免、职级确定、人事档案管理也相应改变。这一改革，实现了管人和管事相结合，有利于合理地发现和使用人才，保持法院专业人才的稳定，有利于保障法院依法独立行使审判权。1990 年，最高人民法院要求四省区抓紧试点，总结经验，有条件的地方要逐步推广。①

为保障法官依法独立办案，建立正规化高素质的法官队伍，最高人民法院历时七年研究起草了《法官法》草案，1994 年正式报请全国人大审议，年内可望通过。该草案共 17 章 83 条，对法官的职责、权利义务、资格、任免、回避、法衔、考核、培训、奖惩、工资保险福利、辞职辞退、退休、管理都作了详尽周密的规定。法官的分配、调动、管理都由上一级或本级法官委员会负责。这是对现行法官管理制度的重大改革。但是，法院的这一良苦用心要让人们接受，还有一个过程，在立法机关第一读审议时，就有不少人民代表对诸如法官自行管理、设立法官委员会、法官任命必须先取得法官资格、法官待遇适当从优等条文很有意见，其实这些恰恰是当前法院改革必须坚持的几点精华，如果没有这一些，《法官法》的作用便将大打折扣。1993 年，最高人民法院为取得经验，已在上海、哈尔滨、海南全省进行"法官法"试点，对在职审判人员进行了资格考试。《法官法》一旦通过，将对保证我国法官素质、保障依法独立审判产生重大影响。

十一、打开窗口面向世界：对外司法交流和协作全面展开

改革开放之前，我国法院和外国法院交往很少，1983 年后，这方面的活动日益增多。1988 年，我国已同 60 多个国家和地区的法院建立了交往与接触，地域遍及东欧西欧、东南亚、南北美洲、澳大利亚、非洲，并同国际法院、欧共体法院、最高行政法院国际协会、联合国预防青少年犯罪组织、国际律师协会、联合国世界知识产权组织、国际刑法学会、国际少年与家庭法庭法官协会、"通过法律维护世界和平中心"等国际法律组织建立了联系。全国法院每年组织

① 任建新："在第十五次全国法院工作会议上的报告"，载《法院年鉴》1990 年。

十来个团对外进行访问交流，同时接纳数十个外国和国际法律团体的来访。最高人民法院还代表我国并以我国为主组织了世界法律大会。这些交流增进了国际法学界对中国法院现状和中国法律的了解，促进了外方来华投资、开发与经济合作，也使我国法院了解了许多当代国际法院的最新信息，有力地推动了我国的立法和司法实践。在立法上，我国制定了80余部涉外经济法律和行政法规，涉及中外合资合作、技术引进、海陆石油开发、涉外税收、海关、进出口商检、涉外仲裁诉讼等法律规范。参加了50余个与法院审判工作有关的国际条约和协定，如《联合国国际货物买卖合同公约》、《保护工业产权巴黎公约》、《关于承认及执行外国仲裁裁决公约》等。1988年最高人民法院下发《关于执行中外司法协助协定的通知》，全面开展国际间的司法协助工作。法院审理的涉外经济、民事、海事海商、行政案件不断增多。1993年，全国法院审结涉外、涉港澳台案件1311件，比上年增39.6%。案件主要类型为购销合同、信贷合同、经济损害赔偿纠纷等，赔偿纠纷又主要集中在专利商标侵权方面，体现了我国对国际知识产权保护的加强。随着对外贸易的发展，涉外交通运输纠纷案件也增加了，主要集中在海事海商方面。随着关税贸易总协定谈判的进展，我国一旦加入，这方面的审判工作还将加速扩张。

近年来我国大举立法，人民法院是使这些法律意志得以在社会现实中实施的重要的国家审判机关。人民法院的改革，是我国政治体制改革和民主与法制建设的重要组成部分，是国家走向法治的重要一环。近几年是我国法院改革发展的极为重要的时期，是改革开放的大背景造就了法院的这些成就，而这些成就又反过来促进、保障了我国的改革开放，同时为新中国的法制史写下了具有划时代意义的一页。这几年法院的改革，具有以下几方面的特征：

1. 这些改革是历史性的，法院功能的拓展与整个国家的法制建设进程紧密相连，促进了几千年文化孕育起来的中华法系的再生和重构，是具有中国特色的社会主义法律体系的开创与完善。我国近年法制制度的发展和改革，有很大的向外借鉴的成分。特别是在商法、行政法、知识产权法、程序法方面尤为明显。但这些移植也不是生搬硬套的，是同中国现阶段的经济改革和政治潮流发展相一致的。

2. 近年来我国法院的改革，外来的动力甚于内在的动力，是国家改革开放的大势推动了法院的改革。如经济审判、行政审判、海事海商审判，都是先有了社会需求，先有了立法，法院才仓促上阵的。同经济发展情况比，是相对被动的、滞后的。这给法院带来了一系列的困难，如审判人才不足、法理准备不够、法官观念跟不上形势、积案上升、执行不力、地方保护主义泛滥、法官队伍腐败问题严重等问题也相继出现。

3. 近年我国的改革是自下而上、自上而下大合唱式的，东南沿海省份起了排头兵的作用。全国法院的改革事先并无明确的目标和思路。各省市相对活跃，特别是沿海开放地区的法院，在审判工作为经济建设中心服务的观念上、审判方式改革上、对港澳地区法律的借鉴上、对外交流影响上，都在全国起了领先的作用。最高人民法院及时发现和总结了这些好的经验，研究了这些改革举措，认真分析、仔细选择，根据中共的方针政策和总原则，向全国推开。

4. 近年我国法院的改革，是与世界法律潮流趋同的，是使我国法律与国际社会接轨的最快的时期。无论是刑法、刑事诉讼法中的人权保护观念，还是经济法、行政法、物权法、商法、诉讼程序法，我国的法律越来越趋同于国际法律潮流。

5. 近年来我国法院的改革，呈现一个明晰的趋势，就是法院的地位、权力、作用都在日益加强，中国法院的黄金时代正在到来。正如中共十四大报告中所述，市场经济某种程度上说就是法制经济。在市场经济环境下，行政控制、计划控制的功能相对淡化，公民和经济组织之间将建立一种平等的经济关系，原来由行政权力协调、指令调节的矛盾关系，都将移交法院去依法裁断。法院无论从职能、权力、作用上都更加重要，地位也必将上升。这种趋势，对确立共产党领导下的人民代表大会制和"一府两院"制度、加强依法治国、一切按法律规章办事，是有利的。最终对中国的政治框架必将产生积极影响，为中国的长治久安增添了一份稳定力量，可以保障今后较长时间内中国政治的稳定和经济的稳步繁荣。

12.《法官法》第十七条商榷*

——质疑《法官法》、《检察官法》规定律师回避制度

全国人大常委会和最高人民法院正在着手修订《法官法》。全国人大代表在关于修改该法的议案中,建议删除《法官法》第17条第2款关于"法官从人民法院离任后,不得担任原任职法院办理案件的诉讼代理人和辩护人"的规定。而见诸报端的最高人民法院的一种意见是:在当前司法状况下,《法官法》作出如此规定,对于加强职业纪律约束,维护司法公正具有十分重要的现实意义。称对代表们提出的意见,将在修改过程中研究论证。可见,最高人民法院仍然倾向于保留这一条款,并没有真正理解这一法条立法上的严重歧视性缺陷和立法技术上的缺陷。

《法官法》是1995年2月第八届全国人大常委会第十二次会议通过,同年7月1日起施行的。2001年6月进行了一次修正。修正时增加的该法的第17条第2款规定:"法官从人民法院离任后,不得担任原任职法院办理案件的诉讼代理人或者辩护人。"而第1款已经规定了离任法官在2年内不得以律师身份在任何法院出庭。与此相类,《检察官法》也规定:"检察官从人民检察院离任后,不得担任原任职检察院办理案件的诉讼代理人或者辩护人。"从法官、检察官管理角度出发,用工整的法言法语表达出来的这两个"第2款",说白

---

* 本文写作于2002年4月30日,曾在《上海法制报》以"律师回避与矫枉过正"通讯体文章发表,2007年全国人大内司委披露了该条修改的动议,我将该文修改完善后,以本文题在2007年2月25日中国律师网上发表,引起了中国法院网、新浪网多家主流网站的转载和律师、法官的热烈争论。

了就是：对从事过法院、检察院神圣岗位，转而从事合法执业的部分律师，不管有没有过错，有没有违法，是不是符合三大诉讼法规定的回避条件，从此打入另册，对本院案件“终身禁入”。

这一立法出台后，严重损害了《律师法》规定的律师平等竞争的执业环境，损害了一批优秀执业律师（全国法官、检察官的转岗出现了一批非常优秀的律师）的合法权益（由于这个立法而成了“非法”权益）。全国好多曾在法院、检察院工作过的律师没有任何过错，而被纷纷要求回避，其社会声望和客户声誉受到严重影响，好像天生是搞关系的、低人一等的。有的曾在高级法院、中级法院工作的人只好退出当地法律服务市场，有的基层法院转岗律师不得不离家别子转到外地执业，因为当地只有一个法院，“禁入”意味着失业。

应当承认，这个法条当时的立法本意是好的，是有针对性的。其时，中国律师业刚刚复兴，律师人才严重短缺，司法部还实施“特邀律师”制度，个别退休法官和在法院表现不好的调离人员，利用原有人脉进行不正当揽案，利用关系网赚钱，违规办案，腐蚀法官队伍，造成了律师界、当事人、法院的一致批评。律师界有意见是因为这些人不正当地抢了饭碗；当事人有意见是因为这些人影响了司法公正；法院有意见则是因为两条：一是担心法官分赃和人情影响；二是“下海法官当律师暴富”严重影响法官队伍稳定。因此，当时最高人民法院起草的《法官法》中的这一条款，在全国人大非常一致地得到通过。因为一片负面的声音，当时有法官经历的正式律师极少，立法时几乎听不到不同声音，在人大中没有人注意到这有什么不公平。

但想不到，这个法条出台后不久，立即引起了律师界包括法官队伍的严重的批判声浪，《中国律师》杂志曾经连续发表大量文章批评这一歧视性条款，最典型的批评是二条：一是《法官法》种了别人的田，管了《律师法》应该管的律师事务；二是“法官感冒，律师吃药”，有权的人要无权的人回避，违背基本的回避制度法理。其实，这一本来动机良好的法条，由于思维的片面性和情绪化立法，用人治手段治理法律制度性问题，隐含的问题和不公，远不止这些。详列如次：

第一，违背基本的回避制度法理。回避是指有司法权和行政执法权、裁决权的主体，因为某种可能影响公正的人际关系的影响，而退出裁决权力圈。其基本特征是有权者回避，无权者申请回避。《法官法》第 17 条则完全颠倒了这一基本法理，为了保证有权的法官不被干扰，要无权的律师进行回避。“法官感冒，律师吃药，州官放火，百姓担责”，为了法官的公正要一部分合法律师付出代价，这是找错了责任主体。

第二,侵犯律师的平等执业权利,是严重侵犯平等劳动权利的歧视行为。律师是一种社会职业,没有工资保障,其谋生的基本方式是到法院出庭和处理各种法律事务。其执业的主要活动场所,或者称作谋生环境,是法院。《律师法》规定了律师的平等执业和平等竞争权利。对某一类人用法律的名义对某一市场终身禁入,是完全破坏公平竞争的市场经济规则的。现在"证券律师"等专业准入已经取消,就是为了实现律师业的平等竞争。原先立法针对的退休法官进行公民代理,只是极少的一部分,取消特邀律师后已经基本绝迹,对已经调出法院同法院毫无隶属关系的专业律师,采取这种劳动歧视立法,严格地说是违宪的。

第三,违背专门法律调整范围特定的立法原则。《法官法》调整了应当由《律师法》调整的社会现象。事后立法的《律师法》并没有采纳《法官法》中的这些极端规定。《法官法》的一些立法人士称,我们没有去管律师,我们是对离任法官进行"延伸管理",退休法官我们就是可以管的。这种观点是错误的。司法部已经取消"特邀律师"制度,退休法官公民代理已经极少,正常调动的法官转岗后,同原法院已经没有任何隶属关系,也没有任何福利待遇,已经同法院无关。在中国,律师的行为规则有《律师法》和律师协会《执业规范》管理,不是法院管理范围。"不让进门"是一种人治特征的霸气,延伸管理无关人群则是越权行为。

第四,"性恶论"思维损害法院队伍形象。《法官法》第 17 条这样立法的基本判断是:(1)所有法院出去的律师,都是人格低下专靠拉关系打官司的,所以不要理由、不要过错就立法规定这类律师全部回避,采取的是全部否定式;(2)所有的在职法官都是能被买通的,都是会搞人情关系案的,因此必须采取立法隔离才有可能防止他们做徇情枉法的事。这两个前提,两种判断,都是法院在运用立法的形式,进行自我否定,自毁形象。说明对自己队伍的基本素质是信不过的。因为不管在任的,还是曾经干过离任的,都是不可靠的。

第五,立法技术上外延模糊不具备可操作性。这一立法在各类人际关系上,只限制了"同事"关系。其实,在法官和律师关系中,更紧密的往往是金钱关系、权力关系、裙带关系、同学关系、师生关系、战友关系、亲友关系。立法隔离人际关系是无法穷尽的。

第六,与国家司法考试"法律共同体"观念相违背。我国已经开始了法官、检察官、律师的同一资格准入制度。将来,从律师中选法官是必然趋势。法官、检察官出来当律师,也非常正常。三个职业和法学院教授自由流动,是必然趋势。有人说西方只有律师向法官流的,没有法官向律师流的。这是不了解国情的乱对比。西方走的是法官精英化和法官终身制道路，法官并不多。而我国有20多名元法官和助理法官，律师只有12万名，法官向律师业流动没有什么不正常，而且可以腾出位子选拔有经验的优秀律师去当法官。我们现在阻碍流动的，主要是观念问题。对律师当法官的直接阻碍，一是一种酸葡萄心理：你赚够钱了再来当法官，没门。二是对律师总体评价的不信任，认为当过律师的人就会有这样那样的问题。职业分工和尽职为当事人服务被一些人视为为牟利丧失正义。这种人才融合的阻隔、门户之见，导致我们的一些法官轻视律师的劳动，不会为当事人和被告换位思考，职权主义审判的色彩非常浓厚。

第七，违背新中国司法制度的发展背景。新中国司法制度中，司法部系统在“文革”后恢复时，是从法院分流一部分干部出去成立的。后来在司法行政机关内部成立了法律顾问处，这就是中国律师事务所的雏形。再后来这批分流干部彻底改制，脱离公职成了律师。这些人在全国不在少数，年纪在五六十岁的老一辈国有改制律师好多是这种经历。虽然有的年纪大了已经退出律师行业，但仍有一批老律师在第一线执业。这些人离开法院都已经二十多年了，按《法官法》第17条第2款，他们也得回避。有的从县法院到司法局再到律师所，一辈子就在一个县里工作，不准在本地法院办案就等于叫他失业。《法官法》起草该条时，对这种情况明显缺乏必要的调查研究。

第八，靠阻断道路来挽留人才的基本思路是落后保守的。毋庸讳言，《法官法》第17条出台的一个重要原因是阻止法院人才流失。你出去了，在你生存的最主要的地方的法院不能当律师，确实吓住了原先想下海的一些法官。现在随着公务员的连续加薪和机关福利，除了特别成功的律师，按平均收入计，法院的待遇只是略低于律师业，但成本开支律师则大大超过法官。因此实际平均生活质量中国法官并不比律师差，而社会名望和社会地位，法官远高于律师。近四五年来，沿海发达地区法官已经没有流失现象。再用这种立法来实现法官管理的目的，已经没有必要。

在保持法官和律师的正常关系上，司法部、全国律协、最高人民法院历年相继出台了一系列限制措施，防止律师和法官勾结损害司法公正的现象发生。1996年5月通过的《律师法》第36条，规定曾任法官、检察官的律师，2年内不得担任代理人和辩护人。同年10月全国律协通过《律师职业道德和执业纪律规范》，其第18条规定，律师不得同法官进行私下交易；第19条规定，律师不得向当事人宣传自己同司法人员的关系，也不得利用这种关系。1997年，时任司法部长的肖扬发出50号部令，颁布《律师违法行为处罚办法》，规定法官、检察官离任后2年内,以律师身份担任代理人、辩护人的,要受警告、停业处罚。这些都限于“两年内”回避,即第17条第1款的规定。防止“余权型”内外勾结的权钱交易,这是比较合理的规定。1998年,有的地方发出《关于加强法官廉政执法和律师规范执业的若干规定》,将回避扩大到“在任何期间都不得担任其在法院任职时参与审理过的案件的诉讼代理人或辩护人”。这应该是正确的。但2001年,《法官法》和《检察官法》进行修改,最高人民法院将不得代理原“自己办理的案件”扩大为不得代理“原任职法院办理的案件”,把回避条款极端化地扩大为“本单位终身禁入”,这完全是一种矫枉过正,以致出现了严重的立法失误。因此,全国人大代表总结近年的律师界的意见和研究成果,提议废止《法官法》第17条第2款,是必要而得当的。该款废止后,对第1款回避2年的规定,应当予以保留。对“余权型”的律师法官关系进行一定的制约,仍然是十分必要的。我们期望这次《法官法》修改能够让法律回归理性,解决这个问题。

附:

最高人民法院拟修改《中华人民共和国法官法》

文章来源:法制网　2007-01-29

结合《人民法院组织法》的修订工作,最高人民法院正在着手研究对《法官法》的修改。这是记者近日从全国人大内务司法委员会了解到的。

全国人大代表在关于修改该法的议案中提出,这一法律在法官任职资格取得、考核、工资福利、权益保障、等级管理等方面存在立法上的缺陷和实践中的偏失。同时,法官队伍管理行政化等问题的存在,影响了审判工作的正常开展。因此,建议修订《法官法》。另外,建议删除《法官法》第17条第2款关于“法官从人民法院离任后,不得担任原任职法院办理案件的诉讼代理人和辩护人”的规定。

最高人民法院认为,《法官法》于2001年已作过部分修改,从维护法律的稳定性和权威性出发,目前可对代表在议案中提出的问题进行深入的调查研究。对于删除《法官法》第17条第2款的建议,最高人民法院提出,在当前司法状况下,《法官法》作出如此规定,对于加强职业纪律约束,维护司法公正,具有十分重要的现实意义。最高人民法院正在研究对《法官法》的修改,对代表们提出的意见,将在修改过程中研究论证。

据了解，全国人大常委会执法检查组今年刚刚对《法官法》实施情况进行了执法检查。检查组认为，《法官法》中要求“由国家另行规定”或由有关部门制定的配套规定有些仍未出台，是影响《法官法》全面贯彻实施的因素之一。

全国人大内司委建议，最高人民法院加强与有关部门的协调沟通，按照法律的要求，尽快研究制定关于《法官法》全面实施的配套规定，并将落实情况报告全国人大常委会。（吴坤）

13. 法院机构优化设置问题探讨*

——以高级人民法院为研究视角

新中国成立四十年来,特别是十一届三中全会以来,随着我国法制化程度的提高,人民法院的队伍日益扩大,功能日趋健全,所担负的稳固政权、打击犯罪、促进经济增长、解决行政争议、保护人民利益的任务越来越重,发挥的作用越来越大。如何科学、合理地设置好法院机构,划分好职能,处理好力量对比,减少扯皮内耗,提高工作效率,促进依法办事,成了一个既有长远意义,又有现实意义的重要课题。虽然《人民法院组织法》对设置、机构、分工有一个总体的规定,但对具体部门的配置则没有也不可能详细规定。而且,这几年形势发展很快,像行政审判、告诉申诉、执行工作等,当时还无法预测,《人民法院组织法》规定的上下级法院的审判监督关系,实际上也已大大突破,加重了领导的职能。而几十年来,对法院机构设置问题的研究很少展开,基本上限于应急型的以行政措施去作决定,以致现在全国各法院内部机构的设置和职能分工,异彩纷呈,很不统一。横向之间、上下之间互不连贯,机构合并增设频繁,给工作带来许多不便,也影响了总体效益的发挥。今年初在全国法院院长会议上,任建新院长首次提出了提高人民法院的科学管理水平问题。而要搞好科学管

* 1988 年 4 月,我从省委调到高级法院工作,担任院长秘书兼办公室副主任,受命研究省法院的内部机构改革方案问题。在调研的基础上形成了研究成果。总体方案基本上被高级人民法院党组采纳并实施。本文先在中国法学会内刊《法学研究动态》1991 年第 4 期上发表,后在国务院办公厅《中国行政管理》1994 年第 3 期公开发表。

理、机构的优化设置是一个首当其冲的大问题。本文试图从高级人民法院的机构设置问题入手，对法院机构设置的原则、审判部门、综合行政部门、后勤事务部门、法警问题、书记员问题、法医问题等方面作一探讨。

一、法院机构设置应注意的几个原则

机构设置要有明确的目标和原则。对法院来说，除了《人民法院组织法》规定的总原则之外，还应从以下几方面来考虑：

1. 注意层次性。即各级法院应根据其工作职能的不同，对机构设置力量配备作出相应的变化，如研究室的配备，上下各级法院就要各不相同，基层法院可以不设，中级法院可与办公室合并，设立较强的研究科。如告诉申诉、信访部门，管刑事再审、减刑假释的部门，上下各级法院也应各有侧重。政工机构、司法行政管理机构、事务后勤机构也要根据担负的任务多少，合理配置。

2. 因地制宜从实际出发。如设立机构核定编制问题，我们过去光考虑按人口比例来确定，有较大的片面性。实际上至少要考虑如下一些因素：(1)所辖人口多少；(2)经济发达程度；(3)历年来刑事经济案件状况；(4)所辖地域面积；(5)历年来收结案情况；(6)发展趋势。这样兼顾各个因素，综合考虑，得出合理的定编基数才能符合工作需要。在机构上也同样，山区要设森林庭，平原无森林则不必；经济发达地区经济庭人员要适当多些，反之则不必；地广人稀的地区要设置巡回法庭，人烟稠密交通发达的地区则不必；甚至可以将几个人民法庭撤并，形成“大法庭”。

3. 功能与任务相适应。有些由于形势的发展必须增加的才增加，可以合并承担的就不增加。如现在上下级法院之间的领导关系日益紧密，不再限于《人民法院组织法》中规定的审判监督关系，因此上级法院的政工人事机构就得相应加强。行政审判是新类型的工作，且有特殊性无法合并到其他部门，因此也必须增加。而纪检与监察、培训教育与业余大学等，虽各有侧重，因功能任务上类似，就应合并承担。

4. 统筹兼顾力求精简。机构设置要根据科学、合理的原则，总结以往经验，在不影响总体效能的前提下力求精简。机构和体制要有利于干警心情舒畅地工作，有利于人才脱颖而出，有利于调动全体工作人员的积极性，有利于科学决策，有利于严格执法提高审判质量。要从这些目标出发，去设置机构、分配权力、明确职能。

5. 相对独立。我国不能搞三权分立，司法工作要置于党委的领导和各级人民代表大会的监督之下。但同时，人民法院又被《宪法》赋予了依法独立行使审判权，在执法实践中，它也有相对独立性，即不应再像过去那样，把人民法院视为行政机关的一个职能部门。它不是政府的一个厅局，而是一个相对独立的系统，即“一府两院”在人大的监督下各自行使自己的权力。

二、法院机构设置的总体构想

现代科学管理理论认为：在详细了解一个工作如何完成并如何分解成一个个基本要素的基础上，对劳动进行适当的组织，就能提高效率。管理也是生产力。法院也一样，对法院的机构设置及职能分工进行合理的组织，具有十分重要的意义。

法院的机构设置，如前所述，要根据不同层次来进行。先就高级人民法院而言，其机构设置，有两个主要的特点必须考虑：一是功能已大大拓展，指导下级法院、进行横向联系的任务已大大加重，不仅仅是审判业务上的监督关系。这一基点使我们有别于制定《人民法院组织法》时的思路，“法院就是审判”的观念已不适应现实。二是最高人民法院将大部分死刑核准权下放，以及刑事案件大量上升的现实，使我们必须把高级法院看作一个第一线的办案部门，有的省法院审判委员会一年要讨论各种重大疑难案件上千件。因此必须将省级法院区别于省级其他部门，例如，承担治安重任的公安厅，要省厅直接办理的大案，一年中是屈指可数的。

（一）关于力量配比

今天的高级法院，指导和办案的任务都加重了。指导的力量和自身办案的力量如何配备才算合理？这是机构设置中首先要考虑的问题。我们姑且把办案中有指导、指导中有办案等枝节因素忽略不论，先将刑、民、经等审判部门作为办案力量，将办公室、研究室、司法行政处等作为指导力量，考察一下现状：

	黑龙江	江苏	广东	山东	湖北	江西	浙江
总人数（人）	333	288	361	292	320	218	263
审判庭人数（人）	183（55%）	157（55%）	168（47%）	164（56%）	172（54%）	99（45%）	133（51%）
行政部门人数（人）	150（45%）	131（45%）	193（53%）	128（44%）	148（46%）	119（55%）	130（49%）

说明：本表中“审判庭”是指：院长，刑事、民事、经济、行政、告诉申诉、执行等业务庭；“行政部门”是指：办公室、研究室、人事处、机关党群纪检、司法行政、法医、法警、事务管理等部门。

经笔者对江苏、浙江、江西、山东、湖北、广东、黑龙江七省1989年人员配置的数据分析，大致情况是各占50%，且审判部门稍多一些。其中审判人员比例最高的是山东（56%），最低的是江西（45%）。这种比例，是多年的自我调节形成的，体现了实际的需要，因此，有一定的科学性。作为高级法院，办案力量和行政管理后勤力量各占一半，是基本合理的。中级法院由于指导的任务相对轻些，且大量普通案件的终审、重大案件的一审在中院，力量的配备则应侧重办案，一般以6:4甚至更倾斜一些为妥。基层法院很少有指导任务，主要是与相关部门的协调、机关的自我服务、对调解组织的指导等，因此应最大限度加强办案一线。综合部门，要少机构多功能，不能要求其与上级对口。据浙江省的实践，许多基层法院下派在法庭办案的干警即占一半以上，连同机关各审判庭，一般的70%～80%的力量在办案一线。

（二）关于总体构想

按照各占50%的比例设置机构，高级人民法院的机构设置怎样才算较为可行呢？总的思路应该是精兵简政，防止官多兵少，闲职过多；科学分工，防止交叉扯皮；明确职责，防止有事无人管；能统则统，防止以邻为壑，有人无事做。

根据对一些省市高级法院机构现状的考察，笔者对高级法院机构设置作了一个大致的构想。

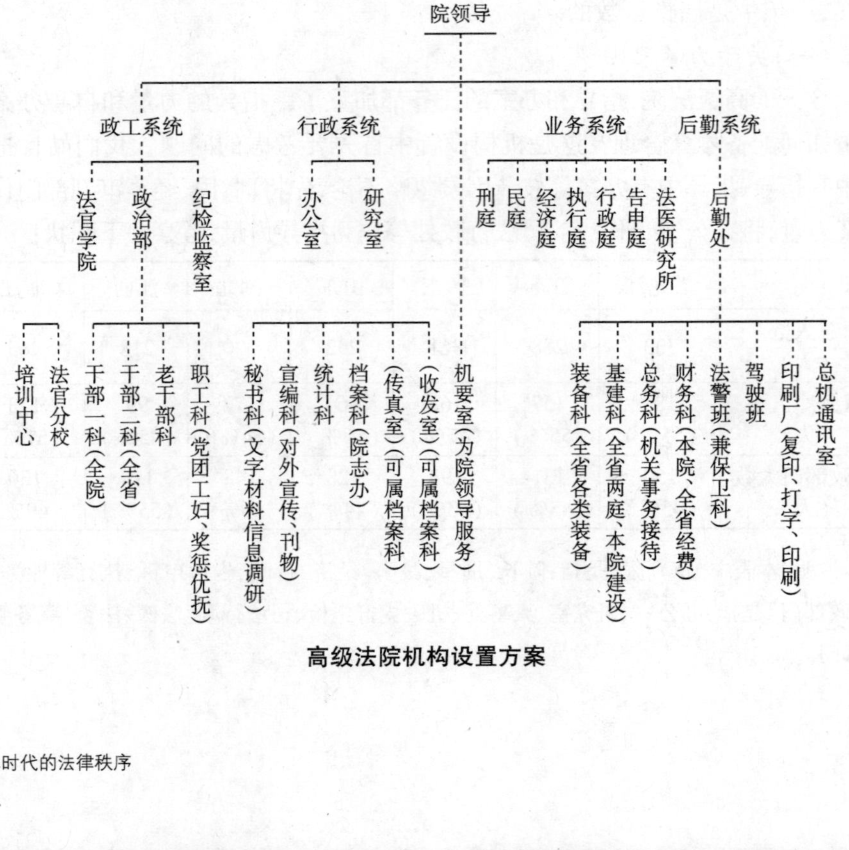

高级法院机构设置方案

这个方案把高级法院分成审判业务、行政管理、政工、后勤四大系统，其设置理由及具体职能，下面几部分将详细分析。必须说明的是，此表仅表达机构的设置，对其职级的高低并未予以考虑。如纪检组、政治部一般要高于处级。为防止扯皮互不协调，办公室主任的实际职级应配得高一些，一般应是党组成员或由副院长兼任，以能起秘书长的作用，起到协助院领导协调好全院工作的综合中枢作用。

（三）关于运行规则

为使法院各机构能有条不紊地运行，提高工作效率，必须按“封闭原理”来赋予各机构以不同的功能。封闭原理是指一个系统内的管理手段必须构成一个连续封闭的回路才能有效，诚如《领导科学基础》一书所述，“不封闭的管理等于不成回路的输电线，线再粗也输不出电”。笔者以为，就法院而言，要建立两个封闭式的管理系统。一个是审判监督系统，一个是行政管理系统。两个系统均发源于决策机构，同时亦反馈回决策机构。

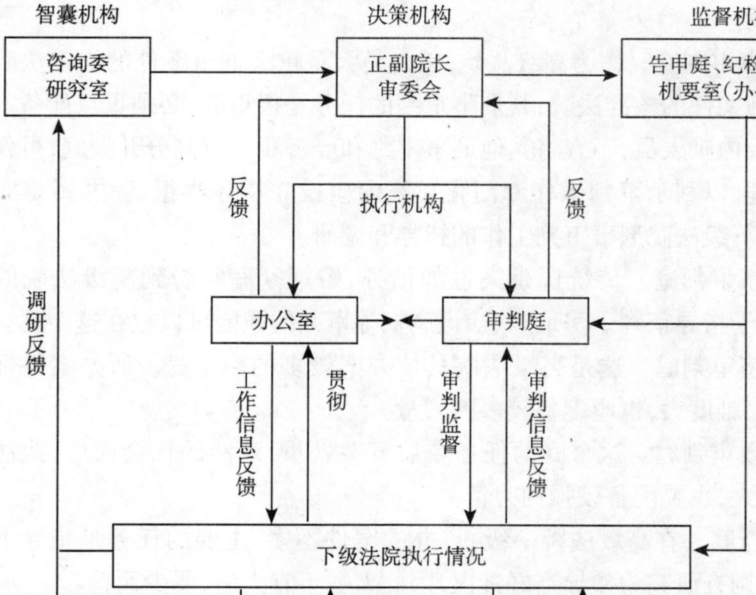

高级法院封闭式管理简图

需要指出的是，当前法院管理的现状是：审判监督系统监督较好，反馈薄弱；而行政管理系统则布置贯彻较好，监督执行及反馈均较差，两个系统都不同程度地处于不封闭状态。再加上法院干部的块块管理，按系统论的观念组织运行存在许多困难。这是影响当前法院工作效力的一个主要因素。

三、关于审判部门的设置

审判部门的设置,《人民法院组织法》已有明确的规定,并无多少研究的余地。但从当前法院的现状来看,刑二庭、刑三庭、告申庭、民二庭等机构的增设,也存在职能不一、互相交叉、力量分散、互相扯皮等问题。

刑事审判庭和民事审判庭是历史最久的法院的骨干庭。随着社会经济的发展,从民庭中分离出了经济审判庭。《行政诉讼法》实施后,又设立了行政审判庭。为了加强法院的执行工作,又设立了执行庭。为了将群众信访、告诉申诉纳入法制轨道依法处理,又设立了告诉申诉庭。有的高级法院还设立刑二庭负责审判监督和减刑假释,设立刑三庭专门负责审理经济犯罪案件。

从工作实践看,随着法院审判职能的全面发挥,增设专门审判机构是必须的。但总的原则也要能简则简,不可过滥。且从其实际功能看,力量配置上也要各有不同。

1. 刑事审判庭。作为高级法院,因为是大量重大刑事案件的终审法院及大部分死刑案件的核准法院,其刑事审判的任务是很重的,必须重点配备。为减少庭长及内勤人员,不宜将其他刑事审判和经济犯罪审判分开设庭,可作为专业组处理,以利于审判工作专门化。庭内应设立指导小组,除办疑难案件外,侧重对下级法院刑事审判工作的指导和调研。

2. 民事审判庭。传统民事案件如债务、婚姻家庭纠纷到高级法院的不多,主要在于指导审判。房地产、知识产权等审判的职能可以放在这个庭。

3. 经济审判庭。这是高级法院具体办案较多的一个庭。所办案件标的大、地域广、难度大,也应配备较多的力量。

4. 行政审判庭。这个庭的任务今后日益繁重,牵涉的社会面广,执法要求高、难度大,也要配备较强的力量。

5. 执行庭。在高级法院一级,自办的案件不多,主要的任务是指导下级法院,开展调查研究为领导当好参谋,因此人数不宜太多,要少而精。

6. 告诉申诉庭。这是一个年轻的、职能上争论较多的业务庭。把告诉申诉纳入法制轨道的思路无疑是对的,省级法院的告诉申诉部门,从层次职能来分也具有特殊的重要性。但几年的实践表明,这个部门与管刑事监督的刑二庭、自办复查的民庭、经济庭都扯皮得很厉害,审查立案和具体复查分开的思路,被实践证明弊端较多,而且往往事倍功半。比较好的解决办法是:赋予告申庭审查立案、复查判决的统一的权力,把刑二庭减刑假释的职能也并入,刑、民、经所有应复查的案件均由其负责，一竿子到底。另外，在庭内设一个信访接待室，进行初步的接待筛选，处理一些非讼事件。

四、关于行政管理系统的设置

（一）对法院行政管理工作要有个再认识

要研究行政管理系统的位置，首先要对这一系统的作用有一个新的认识。

众所周知，法院的“审判中心论”的观念是根深蒂固的，至今仍占有统治地位。我们简略地追溯一下其形成的原因。历史上，中华法系重刑轻民、政刑合一，执法依附于行政，法院的地位一直不如行政。同时，中华法系刑事诉讼发达，民法、商法不允许孕育。解放以后，曾长期坚持以阶级斗争为纲，把法院单纯看作一个专政工具，由此逐渐形成了单纯业务观点，审判工作是压倒一切的。体现在执法实践上，就是重刑轻民；体现在内部，就是刑事审判部门重于民经审判部门，审判部门高于其他部门。这一点在《人民法院组织法》中体现得最明白不过了。审判工作就代表着法院的全部工作，审判部门、审判人员规定得详尽明确，对行政管理、政工、后勤部门的设置、任务、重要性基本上未规定。立法上的这种倾斜，也导致了数十年来人民法院的纯业务观念，关门办案、不问政治经济，不关心社会全局，审判部门地位很高，而行政管理综合部门、后勤部门一直得不到重视，只是本级法院的内部服务性机构，被动应付，陈陈相因，人心不稳，机构变动频繁，提高管理水平根本无暇顾及。

十一届三中全会以后，法院的职能有了很大的拓展，民事、经济案件大幅度上升，法院参与社会管理、调节社会关系、促进经济发展的功能日益发挥。《行政诉讼法》实施后，法院对政府行政管理行为要进行司法审查和裁断，分权制约。法院再也不是一个单纯的专政机关，而是参与社会管理、解决社会矛盾的一个重要部门。其对外活动、社会活动的能力需要大大加强，办公室、研究室等综合管理部门的作用日益重要。

同时，法院过去只强调审级监督关系，而非上下领导关系，“条条”意识不强，领导管理和业务指导开展不足，导致办公室等中枢综合部门的地位不显要，降为给本院服务的后勤部门，也影响了行政管理水平。其实，法院的“条条”管理是一个大趋势，也符合实际状况。

如最高人民法院院长向人大报告工作，必须代表全国法院，对全国各级法院的举措，向人大负责。某县法院执法中出问题，省法院的报告就要受到人大代表质询，对之负责。按责权利相结合的原则，要负责就必须有权管理。因此，法院的领导关系要加强、系统意识要加强，上下之间、横向之间的联系交流十分必要。

因此，要从新的观念、新的高度来认识法院的行政管理工作。办公室等行政管理部门是一个重要的工作部门，是一个法院的神经中枢，是院领导班子的参谋助手，是协调和促进全院工作，增强法院活动能力的重要部门。在我国司法部系统划出法院、不再管法院的后勤行政工作的情况下，法院行政管理的功能必须要有一个充分的发育，应将其置于与审判工作同等重要的地位，在高、中级法院，尤其如此。“审判中心论”不打破，提高法院科学管理水平就不可能实现。

(二)关于行政管理系统的设置

行政管理系统的设置，要按“办公室要办公、研究室要研究、后勤处管后勤”的思路，按系统论的封闭原理来进行。

这个系统如何合理设置，是全国法院面临的一个亟待解决的问题。有一个小例子。在今年1月召开的全国法院电视作品评比会上了解到，各省市自治区高级法院的宣传科的所属部门真是异彩纷呈，有的放在办公室、有的在研究室、有的在政治部、有的在司法行政处、有的在技术处、有的在事务处。由此可见，各省法院机构职能是多么的不同。最高人民法院与各省市法院，各省市法院与各中级法院的机构职能也极不相同，给工作部署、上下联系、情况反馈都带来极大的不便，有的文件不知如何确定受文单位，有的文件互寄差错后职能部门看不到误事。研究和确定一个主体一致的机构设置及职能方案，确已刻不容缓。

1. 办公室。应把办公室建设为一级法院的行政管理中枢。其职责是当好院领导的参谋助手，贯彻执行法院大会或院长办公会确定的各项工作任务，负责情报信息的综合反馈，为领导决策和追踪决策服务，起草各类文件报告公文；编发《法院工作简报》（对下）、《法院信息通报》（对下）、《法院情况反映》（向上）、《法院情况专报》（本院领导）；组织对外宣传、编发法院刊物；进行司法统计分析；全省档案管理及院志编写，向下级法院组建信息员、宣传员、统计员三支队伍网络加强联系。为便于了解领导意图及及时反馈意见，为院长服务的机要室也要放在办公室。为担负上述重要职能，办公室主任应由党组成员或副院长兼任。在“封闭回路”中，办公室既是执行机构，又是督促机构。

2. 宣传科。宣传科放在哪里，将直接影响到其功能的发挥。如放在政治部，就会成为一个直属工作为主的科，会议报道、会场布置、节日装饰、音响布置、先进事迹宣传。“法院审判”之类的刊物放在研究室，也会使其成为一个纯内部的业务刊物，起不了宣传作用。按最高人民法院宣传工作座谈会上几位院长的讲话意图，法院宣传绝非限于好人好事，也不是为了内部指导。其宣传的主要目的，是扩大法院影响，让社会各界全面了解法院，提高知名度和司法透明度。即便要宣传好人好事，也要通过加强与新闻界的联系，通过大量的如实全面反映法院的工作含蓄地表现出来，而不能把新闻单位视作自己的工具，实用主义地硬要人为你宣传。因此，法院宣传机构与办公室密不可分，放在政治部、研究室都是不合适的。另外，办公室能随时掌握全省反馈的信息，能及时了解掌握新闻来源，因此，新闻发言人也应设在办公室。

3. 研究室。研究室要研究。高级法院的研究室主要有两大职能：一是权限内的司法解释和答复请示；二是长远期大容量的调查研究。研究室应定期（如每季度）向院领导提供本省法院工作中的真实情况，将决策贯彻情况如实向院领导反映。要经常开展深入的调查研究。法院如果设有咨询委员会，也应将之建设成为一个智囊机构，不能成为老同志的职称待遇福利机构。研究室可担负咨询委的办事机构的职能，共同为院领导决策当好参谋。工作报告的起草、短期的情况反馈综合、材料编发，都不应承担，可划归办公室。也就是说，要明确研究室是智囊部门而非执行部门。

五、关于后勤保障系统的设置

后勤系统设置的思路是要名实相符、合并机构、减少环节，明确职责。

现在法院后勤系统主要有三个部门，即司法行政处、办公室和事务管理处。比较普遍的现象是办公室不办公，管本院后勤事务，司法行政处管理全省的后勤装备及“两庭”建设。有不多的省市把办公室里的后勤事务一块分出来，另外成立机关事务管理处。上述体制扯皮严重，人浮于事，弊端甚多。如财务管理要两个机构、两个会计、两个出纳；基建要两三个机构，本院基建科、房产科及全省法庭建设科；行政、服装要两个部门管，机关行政科将服装等从司法行政处装备科领来，再发给干警，本院内人为地增加了环节。甚至出现了灯泡坏了行政科管、天花板坏了房产科管，那么电灯吊架坏了谁管这样的笑话。

笔者认为，高级法院的后勤保障系统，应合并为一个机构，名称就直截了当地叫后勤处。司法行政处的称呼，是一个历史的产物，几经变迁，已名不副实。司法行政的含义，本应指审判以外的所有法院工作，如行政管理、法官资格考任、人员培训、后勤装备、对外联络等，但我国的司法行政系统的功能从来就没有完全发育过，司法部系统另立后，法院司法行政处实际仅剩下后勤保障功能。因此，更改名称是符合实际情况的，同时，也有利于把本院机关事务也名正言顺地管起来。

合并以后的后勤处，其功能和权力相应扩大，一个口子，可大大减少扯皮和内耗。其职能为：全省（含水院）的服装枪弹交通装备的配置、发放、管理，全省的两庭建设和其他基建的图纸会审、项目、建设指导，全省的经费管理、监督及本院的财务收支；本院的机关事务、福利、食堂、幼儿园、印刷厂；总机通讯技术室，法警管理及机关保卫，值班，驾驶班管理及本院车辆的装备、调度等。办公室不再管任何后勤事务，也不另设事务管理处。节余人力，充实审判第一线。

大多数高级法院有自己的印刷厂，人员属工人编制。对印刷厂的管理，可以实行企业化，厂长负责制，将保证法院业务印刷等内容订入岗位责任制，其余生产经营及财务管理权限放给厂长，后勤处负责监督和审计。

六、关于政工培训系统的设置

政工培训系统的功能，主要是合理地调配管理好法院的机构和干警队伍，努力创造人才脱颖而出的良好环境，为法院培养大批合格的审判干警和管理人员，按行为科学的原理，通过正确合理的奖惩任免，充分调动干警的工作积极性，为审判工作和其他工作服务。

法院的政工培训系统主要有三部分：纪检监察室、政治部、培训中心。

纪检组、监察室负责监督全省各级法院党的方针政策、政令的贯彻落实，以及全体干警的党纪、政纪执行情况。要把这个部门建设成法院“闭回路”中的一个监督机构，不能将其功能局限于查处几位违纪干部。在一个法院内，纪检、监察不应再分立，人力也不宜过多，因为真正要查处某事某人，决策者还是党组及院长办公会议。从管理科学来说，内部的监督制约机构搞得十分庞大，并不是好事，那说明这个系统已是问题成山了。

政治部可设立四个科。干部一科管本院干部，干部二科管全省领导班子建设；老干部科负责老干部的工作、学习及福利；直属工作科包容机关党委、团委、工会、妇女组织的日常工作事宜及奖惩优抚工作。组织教育科可以不设，并入培训中心一并负责。设立干部二科，是基于最高人民法院已在黑龙江、浙江等四省开始干部直管试点。在未进行干部直管的高级法院，这个科可以不设，任务归一科承担。政治部下属的这些科，也可叫作“处”，按副处级待遇。培训中心包括业余大学与法官培训中心、干部组织教育等多项内容。法院的自我培训、在职教育在各机关中独树一帜，有自己的特色，因此可以包容所有的组织教育及业务培训。其任务是为法院造就政治业务素质较高的专门人才,逐步为将来法官资格培训及考检晋升打下基础。

七、关于书记员问题

《人民法院组织法》第 40 条规定:“各级人民法院设书记员,担任审判庭的记录工作并办理有关审判的其他事项。”但对书记员的职级待遇、权利未作任何规定。

在执法实践中,各级法院的书记员问题是一个问题很多但长期未引起重视的问题。我国法院的书记员只负责审判和合议记录、庭审事务、司法文书的填写传递等,义务多而权利小,但对整个审判活动所担负的责任则很重,记录是否准确、全面,各种手续是否严格依法及时办理,不但将直接影响审判程序的合法性,而且会直接影响实体判决的质量。由于我国尚无明确的法官考检晋升制度,书记员和审判员之间并无严格的不可跨越的台阶,法院一个行政任命就可成为助审员。同时,现在法院办案力量紧张,书记员主办案件已不鲜见,也使审判人员与书记员在实际工作中好像已无明确区别。由于“审判中心论”,由于审判人员的职级高,如高级法院任命审判员即为副处级,助审员为副处或正科级,而书记员最高到正科级。因此法院“人才”的流向往往是书记员——助审员——审判员——庭长。这种体制导致了书记员队伍长期不稳、素质不高、青黄不接,许多法院头重脚轻,审判员多书记员少,严重地影响了审判工作。

一个法院的编制有限,书记员向审判行列升迁,必然导致书记员缺乏。有时为了保证书记员的基本力量,不任命助审员,就会产生压制人才、挫伤书记员积极性的现象,使书记员感到前途无望。长此下去,弊端会日益明显。

笔者的意见是,书记员应该有一个自成体系的职级序列。书记员由于富有实绩或经验,可以在书记员岗位上获得晋升,副科级、正科级、副处级直至处级,以利队伍的稳定和专业化,提高专业水平。书记员也可以转入审判行列,但必须进行严格的考核。这样做的前提,是审判人员的产生和管理法规化,如按《法官法》、《审判员条例》进行资格考评。对从其他系统进入审判队伍的,也严格控制。新进法院的,必须先从书记员岗位干起,经过锻炼,适合进行审判工作的,经考评任命为助审员,不适合参与审判但书记员工作称职出色的,可在本岗位上晋升。只有这样,才能从根本上解决书记员问题。

八、关于法警问题

《人民法院组织法》对法警问题只规定了一句:“各级法院设司法警察若

干人。”对其职责权利及如何使用管理亦无明文规定。最高人民法院有一些如何管理使用法警的临时规定,但各地在实践中仍很混乱。有的法警兼驾驶员,有的法警代理书记员,有的法警放在执行庭当执行员,有的在综合部门作其他工作人员使用。除了发装、享受法警工资及临时值庭外,与法院其他人员无甚区别。有的法院死刑由法警执行,但大多数法院另由武装警察执行。只有黑龙江省等法院对法警进行集中管理使用。由于法警在法院内只作为一种附属力量存在,并无专业化管理,其晋升趋向也大多是转入书记员、审判员行列,因此也存在人心不稳、专业素质差、管理混乱等问题。

要加强和改进法警队伍的管理,有两种方案可供选择。第一种是将法警从法院划出,并入武装警察序列,采用义务兵役制,由武警和法院双重领导,类似于边防、消防武警由公安部代管。这个方案有利于法警的专业化管理及按警衔晋升,提高素质,保证做好法警的本职工作,还可以解决本地法警不愿意执行本地罪犯死刑的问题。第二种方案是在法院系统内部建立法警序列。最高人民法院设立法警总队,各高级法院设法警支队,各中院设法警中队,参照武警的条例规定,进行管理和训练,法警长期固定,晋升奖惩按武警衔职及条例。这样有利于稳定队伍,加强管理,提高素质,防止法警被挪用,也有利于法警树立事业心和责任心,把本职工作做好。

九、关于法医问题

《人民法院组织法》规定:“地方各级人民法院设法医。”对其功能、职责、管理方式亦无规定。作为省级法院法医机构,其职能有两方面:一是进行各类司法鉴定为准确办案服务;二是指导全省法医系统的队伍装备建设及人员培训,贯彻有关专业会议精神。法医队伍现在面临的主要问题,是它依附于法院的审判工作,技术职称的评定,专业水平的提高十分困难。不像医疗专业机构那样有一套明确的制度。

笔者认为,各级法院可不设法医处,可成立相对独立的学术性的法医研究所。体制相当于律师事务所,其权威性不以机构高低论,而以其鉴定水平及权威性论。对每个法医,按专业水平,每年组织一次统一考核,按技术职称晋升。法医力量盈余的,可向社会开展鉴定业务,收入用于改善法医装备及人员福利。每年由省法院开一次各研究所负责人例会,贯彻有关精神,提出工作要求。研究所自身则可不定期开展横向的学术研讨。这种体制,将大大提高法医队伍的活力和水平,使法医的事业心增强,技术职称也能及时解决。

对法院的机构设置问题进行研究,不但有紧迫的现实意义,对我国法院的正规化、规范化建设，也将有长远的意义。本文提出的一些设想，还仅是初步的、思路性的，且主要研究对象为高级法院，对其他各级法院未详细论及。机构调整是一件十分复杂的事，对具体法院来说，又是一件十分敏感的事，因此，真正要付诸实施，还有待于全面的研究试行，但应该从现在开始就有所动作。现在各地法院都在做这方面的探讨，机构撤并增设和调整频繁，不但没有从根本上解决问题，还导致人心不稳，工作短期行为化，效果适得其反。因此很需要提高到理论的全面的高度去进行研讨，提出一个全国一致的切实可行的方案。

14. “议员”四题

——读《美国宪法》随感*

近读《美国宪法》，对照我国当前法制建设的一些情况，拉杂有些想法，记录下来，求教于大家。

美国自1787年，即独立后第12年，从弗吉尼亚州的华盛顿主持制定了第一部《美国宪法》后，一直没有重新制宪，二百多年的历史中，到1964年为止，只针对具体条文制定了24条修正案。美国社会政治的大体稳定和经济的迅速发展，不能不说与这样一部符合其国情的宪法有关。在阅读时，还有一个突出的感受就是这部宪法的具体条文的针对性和法律确定性。试举几例以为于我们有借鉴意义的谈点感想。

一、关于议员的义务

《美国宪法》第1条第5款规定：“每院（参、众两院）议员过半数即构成议事之法定人数，不足法定人数时延期开会，并得依照各该议院所规定之程序与罚则，强制缺席之议员出席。”“参众两院得各自制定本院议事规则，惩罚本院议员扰乱程序之行为，并经三分之二本院议员同意，得开除议员。”就是说，议员一经成为议员，他就有参政议政的义务，代表选民说话，否则将被强制出席、受到相应的处罚，直至开除出国会。这是一个很重要的观念。但对照我们现在人民代表大会

---

* 本文写作于1989年4月27日，发表于上海《民主与法制》杂志同年第5期。其时我在浙江省高级法院工作。文中所引《美国宪法》条文，见“台湾”政治大学李子欣编著、正中书局印行的《美国宪法》。译者为龙卷飞，见《美国全史》，增补校正者为李子欣。

上的一些事情，就显得有些不足。今年4月在浙江省某县的一次人代会上，为了本县的行政归属问题，绝大多数代表在通过一府两院的工作报告时罢会，致使大会延迟。代表们认为是行使了自己的权利。其实他们忘记了作为代表，他们有必须到会的义务。因为人民是选你议政的。有不同意见，尽可以在会上去投你的反对票。在西北某省，曾发生一起为一刑事案件的处理而许多人民代表罢会的事件，也与这种谬误如出一辙。当时新闻界对此还作了肯定性的报道。严格地说，这是一种对选民的渎职行为，尽管其动机是出于匡扶正义。之所以出现这类谬误，除了对人民代表的权利义务认识模糊外，还因为我国《宪法》和《人民代表大会组织法》里并无此类确定性的规范。最近七届人大二次会议通过的《全国人大议事规则》中，对此有些原则性的规定，但远非确定性的。第一章第4条规定："全国人民代表大会会议有三分之二以上的代表出席，始得举行。"第16条规定："全国人民代表大会举行会议的时候，全国人民代表大会代表应当出席；因病或者其他特殊原因不能出席的，必须请假。"这样的规定，约束力是建筑在代表的自觉性上，而非确定性上的。"应当出席"，那么如果不出席怎么办？"因病"和"其他特殊原因"，也是大有文章可做的。疾病自然除外，而多病体弱无力参加一年一度的人代会的，自然就不应让其再当代表参与议政。"其他特殊原因"，最高权力机关的年会，应该是重于其他任何事情的，轻易请假也说不过去。重要的是，要真正认识人民代表不是名誉职位，也不是光荣称号，而是负有议政义务和选民重托的特殊职位。国家应该从法律上明确限定这一条，制定相应规则强制人民代表到会履行职责。这才是真正的国家利益、人民利益高于一切。

二、关于议员的司法特权

《美国宪法》第1条第6款规定："参议员和众议员，除犯叛国罪、重罪及破坏治安罪外，在出席各该院会议时，及往返各法院路途，有免逮捕之特权。两院议员在院内发表之任何演说或辩论，在任何地点不受质问。"从这条法律里我们可以看出，《美国宪法》是国会高于一切，而不是议员高于一切。司法特权是给予国会的，而不是给予议员的。议员的"免受逮捕之特权"，只限于他参加国会议政时、往返于国会参加会议之途中。也就是说，给议员以特权只是为了保证国会正常运转，让议员无拘束地参与议政。议员的言论不受责询，也仅限于"在院内发表之演说和辩论"。因此，议员在其他场合、其他环境里发表政见和演说，是不受特权保护的，平时也不享有免遭逮捕之特权。保障国会权益而不保护议员利益，是符合"法律面前人人平等"的原则的。而我国

《宪法》中，这个概念并未搞清。人民代表被作为一种特殊人物，享有司法特权。我国《宪法》第74条："全国人民代表大会代表，非经全国人民代表大会主席团许可，在全国人民代表大会闭会期间非经全国人大常委会许可，不受逮捕或者刑事审判。"这就是说，只要人民代表的资格存续，人民代表将一直可以享受司法特权。也许有人认为，我们与美国不同，是人民当家作主的国家，所以人民代表应当有更多的权利，其实这是一种错误的理解。人民的群体利益，与人民代表的个人权益不可等同，这样做实际上在人民中造成了一个特权阶层，恰恰脱离了人民，违背了人民利益。也许有人还会说，我国人民代表大会是"议行合一"的权力机构，给予代表以特权是为了便于他们执行监督法律实施的职责。这也是无法自圆其说的。人代会的权力在于它的群体意识，即民主集中制后的集体决议，单个的代表并无什么特别的权力，投票表决惟其重要，就是基于此。多数票的意志，才被认为是最高权力机关的意志。单个人民代表在休会期间，其执行法律的权力和效能，是不如部长、省长、县长等行政首脑的，如果代表要司法特权保护，那么这些行政首长怎么办？而且，在实际执行中，我们还发现这条法律有时保护的并非是作为人民代表的权益。

有一个县公安局长，他同时是市、县两级人民代表。在处理一个刑事案件中，他同意将一个取保候审期间试图袭人而被群众扭送到公安机关的罪犯再次保释，终于酿成其杀死一人、重伤一人的惨剧。当地检察机关和省检察院都认为这位局长构成玩忽职守罪，要逮捕交付审判。但当地公安机关反映到人大，理由是该同志系工作失误，但平时工作负责，表现出色，行政处理就行了。市、县两级人大按《地方各级人民代表大会组织法》之规定，将检察机关的提请逮捕的议案提交人大常委会表决，结果否决了县检察院的要求逮捕动议案。该局长也就未被交付司法程序审理。在这个事例中，对该局长这样处理是否妥当不是本文要讨论的，这里只想就人民代表的司法特权问题进行探讨。很显然，这位局长是在行使行政权力而非人民代表权力时涉嫌触犯刑律的。因为他是两级人民代表，结果两级人大都为他的行政行为而非作为人民代表的行为而参与了保护。这里最明显地体现了我国这条法律的不完善性：是把保护人民代表放在第一位的，而不是把保护人民代表大会的程序和政治权力放在第一位。因为事件并非发生在例会期间，他也不是在行使代表的职责之时。这条法律，在此例中实际上损害了检察机关由宪法赋予的依法独立行使检察权的原则，使我国产生了一批特殊公民。由于我国政治体制和党风、社会风气上还存在一些不足，这类事件将来必将增多。这是值得注意的。

三、关于议员责任

《美国宪法》是很强调议员的个人责任的，有些法案，就是以提出动议的议员命名。《美国宪法》第 1 条第 7 款对被总统否决退还复议的法案，有如下规定：“遇有上述情形时，两院均以赞成或反对为表决；而赞成或反对该法案之议员的姓名，应由两院分别记入本院议事记录。”被总统打回的法案，《美国宪法》不但规定了议员不准投弃权票，而且对表决还要记名备案。这也是强化议员议政责任的一个具体措施。当法案遇到总统否决打回的特殊情况时，要求每个议员旗帜鲜明，明确表明立场。既然议员享有会间的司法特权，就应无所顾忌地发表政见，并不要怕被记录在案。而我国的《宪法》和人大组织法、议事规则中，无论对人事任免还是法案、议案都是规定无记名投票和举手表决。即便在人大常委会之内，也没有表决记名并备案的做法。在我们的几次人代会上，投弃权票的代表也多得令人吃惊。真正要使人大成为名副其实的最高权力机关，并担当起立法、监督一府两院依法行政和依法司法的重任，只有大大提高每个人民代表的单个素质，从而提高群体素质。否则，只会使行政和司法无所适从，或者让政党、行政、司法超越了人大的职权，损害法治。要做到这一点，只有让人民代表这个位子不是那么轻易好坐的，要通过法律，规定人民代表的议政责任。

四、关于议员的产生

《美国宪法》第 1 条第 2 款规定：“凡年龄未满二十五岁，或取得美国公民资格未满七年，或于某州当选而非该州居民之一者，皆不得任为参议员。”1868 年通过的第 14 条宪法修正案第 2 款规定：“各州所出之众议员人数，应按各该州之人口多寡。人口除不被课税之印第安人外，应包括该州之居民总数。”1870 年第 15 条修正案第 1 款规定：“美国政府或任何一州政府不得因种族、肤色或以前曾为奴隶，而否认或剥夺美国公民应有之选举权。”1924 年通过的第 19 条宪法修正案又规定：“美国公民之选举权，不得因性别关系由美国或任何州否认或剥夺之。”从这些发展过程看，美国公民的政治权利，是在不断的社会发展和冲突斗争中趋于平等的。开始印第安人因为不用承担给国家纳税的义务，因此也没有政治权利。随着时代的进步，不同社会群体的要求和斗争，各民族、种族、性别的人都开始有了平等的选举权。这里有一个可资我们借鉴的原则就是：议员得是当选地的州的居民才有资格当选。这是加强选民与议员之间联系的一项重要措施，也便于选民对议员的监督。这条规定的重要性在于它是必然的，而非或然的。要当选必须是本州居民，否则不能当选。我们现在人民与代表之间有很大的疏远感，许多群众并不知道本地的人民代表是谁，有的代表自己也不清楚是代表哪个选区当选的。有一个省的干部，选省人代会代表时，先是放在省级机关选区所在地选，没有当选。但开人代会时他仍是代表，原来是又放到他家乡的市去选，被授意后“保证”选上了。这样的代表自然没有选民信任可言。如果有属地选举的法律规定，这种现象就可避免。

我国与美国国情不同，如人口流动大，没有像美国那样的议员薪俸制，但我们可以针对自己的国情制定出有效的解决办法。如适当提高政治中心地区的代表比例等。《美国宪法》第 23 条修正案即规定：联邦政府所在地在选举人的产生上有“犹如州之地位”，以选举总统副总统。

他山之石，可以攻玉。我写下这些杂感，并无崇洋抑己、厚彼薄此之意。新中国《宪法》是 1954 年开始的，真正重视法治而大张立法之议，更是 1978 年中共十一届三中全会后的事。人民代表大会的权威，正日益被张扬树立，非往日可等闲视之。如果光强调把权力交与人大，而不完善人大制度，提高人大代表素质，将会直接影响我国政治生活、经济生活、法制建设及社会发展。由于我们一直强调我国是人民当家作主的国家，在我国的宪法和法律中，带有明显的“代表保护主义”倾向，代表的权利规定得较多，而且是具体的和确定的，而代表的义务和责任，则规定得较少，大多是抽象的、原则的。这种现象的原因，是基于一种认识上的误解，即把“人民代表”等同于“人民”。人民的权益中的确包含了代表的权益，但个体的代表和作为集体的代表乃至代表的人民，这三者的权益是不同的概念。有时太照顾了代表的权益，则会损害国家的政治秩序和国家权益，从而损害选民的权益。另外，人民代表的产生过程，是人民主权落实的关键所在，是人民对国家机关监督权的关键所在。我国这方面的路还很长。美国已有二百年的宪法史，从他们的法律中吸取一些有用的东西，这对我们的法制建设也许是有益的。

15. 论人大对政府行为的监督*

我国目前对政府行为的制约，主要有两个渠道：一是司法审查制度。即1990年《行政诉讼法》实施开始的对政府行为的合法性审查，不合法的将被法院裁判无效或者变更；但这仅限于针对特定人特定事的具体行政行为。二是国家权力机关的监督。即对抽象行政行为及大量法院无权或无法制约的行为，实行审查和监督。作为国家权力机关的人大实际上没有有效地行使这方面的权力。在培育和发展社会主义市场经济的条件下，发挥人大对政府行为的制约作用，已显得非常重要。

一、市场经济环境下政府行为的特征

现在有一种比较流行的说法，即"市场经济就是法制经济"。作为一种特征表述，这句话有其合理性。市场经济要大力加强法制的作用，但并不排斥强有力的行政干预，即行政管理的功能不但不能削弱，有些方面还要强化。特别是在两种体制转轨时期，如物价、重大经济行为、重大社会事件的紧急处置，非强有力的行政控制不行。但是，行政管理又确实面临着必须退出某些领域，还权给经济主体的问题。那么，哪些权力是要退出，哪些权力又是要强化的呢？下面试对此作些阐述。

政府行为要退出的领域包括：(1)对经济主体经济行为的直接干预。即要把经营自主权还给(而不是下放)企业经

* 本文写作于1994年3月，发表于1994年第3期上海《政治与法律》。

济组织。中共十四届三中全会通过的《关于建立社会主义市场经济体制若干问题的决定》(下称《决定》)第4条指出:要建立现代企业制度,企业产权、经济权明晰,依法自主经营、自负盈亏。全国性行业总公司要改为控股公司。“政府不直接干预企业的生产经营活动。”这就要求让企业经济组织独立地进入市场,自行决定经济行为,政府不能随意干涉企业的自主权。(2)企业经济组织的用人权。《决定》指出,企业法人资格独立,资产所有者(如董事会)享有“选择管理者的权利”,政府不能任意指派、更换、撤销企业管理人员,也不能任意指令安插职工,或宣布解散企业使职工失业。这些行为只有依法律规定进行。(3)企业经济组织的财权、物权。《决定》指出:“企业拥有包括国家在内的出资者投资形成的全部法人财产权。”政府不得随意平调、兼并、分解、抽取、摊派企业的财产。(4)物资的控制权。除涉及国计民生的重要资源,对一些完全可以按市场规律调节的物资,应按经济规律办事,不搞权力垄断,使经济主体在市场面前平等。(5)商品的专营控制和市场划分权。除少数确有必要者外,专营、专卖等垄断行为必须取消,市场壁垒必须打通,为建立平等、统一、自由的市场体系创造条件。许多政府行为,要从指令强制,改为指导性行为和契约(政府合同)行为。

需要强化的政府行为,主要是规范市场经济、税收及治安行为。包括:(1)行政立法。为市场经济运行确定规范,使经济主体的行为规范化。(2)行政执法。即使大量行政法的规定在实际生活中实现,规范市场主体的各类行为。(3)入口把关(行政许可)。即在审查、批准颁发各种营业执照、许可证照、法人团体资格时,要严格把关,使进入市场运行体系的行为主体的素质得到保证。(4)检查监督。入口许可审查,并不能保证行为主体都按规则行动,还必须加强检查监督。(5)行政处罚。对不按规则运行的行为人进行行政制裁,有时采取行政强制执行,以保障良好的市场经济秩序。(6)宏观调控。通过金融、国家控制的物资、政策、税收手段,规范市场运行方向,达到最佳速度和效益。(7)税收。(8)社会治安。分清了当前政府行为的主要特征,明确约束什么提倡什么,人大对其监督就有了一些可循的标准。

二、人大监督政府行为的基本原则

我国人大是“议行合一”的机关,既有立法权,又有执行监督权。立法机关对政府行为的监督权,比司法机关要广泛得多,既包括对具体行政行为的监督,也包括对抽象行政行为的监督。人大对政府行为监督的原则,某种程度上也就是行政机关行为时应遵循的准则。

1. 行政职权法定原则。政府行为必须依法,有法律依据。无法定职权而作为或不作为,即是违法。这是对当前政府行为中无章法行为、滥用职权行为的最重要的制约。

2. 自己不可以为自己设定权力。这是现代法治观念的重要原则,源自英国的"自然公正原则"。现在我国行政行为中普遍存在政府自定规章、文件,为自己设定权力,为相对人设定义务,毫无制约。有的甚至凭口头设定就可收费罚款。

3. 自己不可以为自己免除责任。即"任何人都不应成为自己案件的法官"。实现的途径即是权力机关和司法机关的审查监督。这与《决定》提出建立违法追究制、赔偿制是一致的。

4. 越权无效原则。市场经济要求政府行为规范化、各司其职、管理程序清晰。如果各家机关交叉插手、乱管一气,就会使市场经济主体无所适从,影响市场运行。现在有一个热门说法叫"齐抓共管",殊不知齐抓共管行为有些就是越权的违法行为。如公安局去管营业执照,就插手了工商行政权,是违法行为。

5. 行政立法权有限原则。我国立法权划分上采取"有限分权"方式。中央和省级人大、大城市人大有立法权,立法机关和行政机关(省政府以上)都有立法权,省政府一级主要是规章立法。政府行政立法分职权立法(宪法、组织法规定有权)和授权立法(人大特许和单项法中指定)。行政立法必须与国家法律、法规、上层次的规章不相抵触,否则无效;立法权有来源,否则无效;授权立法的客体以授权范围为限,否则无效。行政立法在当今国际社会有扩大化趋势,这与现代社会需要法律调整的社会关系范围日益广泛、日益专业化、瞬息多变,而又要讲求效率有关。但我国行政立法仍存在授权过宽现象,人大应重视对此加以限制。如有些限制人身自由等有关公民基本宪法权利的立法,必须由国家基本法来规定,只有人大才有权创立,政府无权。这个问题亟须引起注意,有的乡规民约也有这方面内容,显然是违法的。

6. 行政立法依程序原则。立法是一种合意行为而非单方行为。立法必须征求相关人意见,特别是被设定义务限制了权利的相关人的意见。立法程序科学化包括:(1)行政立法草案必须提前公布,并附立法说明。(2)必须听取相对人意见,如西方立法将"听证制度"作为法定程序,没有这个程序法规不得通过,听证内容向全社会公开。(3)向公民公布对立法修改的处理结果,是采纳了还是否定了。(4)公布通过的法规规章。这一条不能忽视,即公民对法规的"应知权"。我们有的处理规定由行政机关"内部掌握",并列为"保密内容”,这是错误的。法律法规是要公民遵守的规范,必须全部公开,否则即是违法行为。

7. 行政行为公开原则。无论是侵益性行政行为,还是授益性行为,政府机关均要实行公开原则。侵益性的尤其要强调这一条。如行政机关要处罚一个主体,除法律另有规定外,必须告知相对人权利,听取其陈述、辩明、质同、主张,然后作出决定。还要告知相对人不服可以求得何种司法救济。

8. 自由裁量权有限原则。行政机关在依法行政时,一般具有法定的自由裁量权力。但如无限制地行使这个权力,也会造成对相对人的额外侵害。在处罚时,要遵循“处罚法定原则”,包括:(1)处罚机关必须是法定有权机关;(2)被罚行为必须是法律法规规章预先规定应予处罚的;(3)处罚程序必须合法。“一事不再罚”,“重罚吸收轻罚原则”,即不可交叉重复处罚,当两个机关都对同一行为有处罚权时,应合并进行,选择一项重罚为之。“处罚设定权和执行权相分离原则”,即同一行政机关不可既享有处罚设定权,又享有处罚权,如西方国家交通警只开罚单不收钱,不能自罚自执。

9. 公益优于私权原则。有时政府行为会面临公权力和私权利的冲突。公权力是公共利益的代表者,应该优先予以考虑。如计划生育中的对某个个人权益的保护和对“国策”的保护有时会发生冲突;建高速公路拆民房也会面临这个问题。一般以公益优先,政府这样作为就应支持。当然这个行为必须在总体上是合法的。

上述的九个原则,有些是近似的,但为了明确鉴别行政行为,这样分解有其实用价值。我们过去一讲人大对政府行为的监督,马上想到廉政、检查违法乱纪,这是一种狭隘的思维方式。人大对政府行为的监督,其范围要广得多,而且很重要的方面是对其立法、制定文件等抽象行政行为的监督。现在行政法规中强调政府如何顺利开展工作得多,对相对人权益保护考虑少;授益性的程序搞得繁复艰难,侵益性的行为则简单而无制约。这种现象只有人大才有权力去制约,因为法院无权审查抽象行政行为。

三、人大对政府行为监督的方式

当前我国各级人大对政府行为的监督,主要存在三个问题:一是虚。即限于每年一次审议政府工作报告,好多是事后的认可,对财政、计划、预算及重大事件也只从总体上审议一下。二是琐碎。这是另一个极端。有的地方人大通过专门部门甚至委员或代表个人,对政府职权范围内的事件的处理进行干预,侵犯了行政权。三是监督缺乏章法,没有严密的程序规范,随意性大。因此人大监督从内容到方式都要进行改进。人大对政府行为监督主要有以下几种方式：

1. 审议工作报告。这是现在最常见的监督方式，每次人代会审议《政府工作报告》是主要的内容。但这种审议有几点要注意：(1)要变虚为实，即不是泛泛而谈，要深入政府重大行为的内容，对预算、计划执行情况、施政承诺的实现等情况，实实在在地审议。(2)要变“学”为“审”。人代会不是培训学习会，对政府报告，代表的责任是代表人民进行审查，而不是“学习领会”。这要求人民代表有良好的参政素质和政治修养。有的人民代表只会表态政府报告如何如何好，深受鼓舞，回去要认真贯彻。这是一种失职行为。即把自己等同于政府执行官员，人代会好像在开政府工作会议。(3)审议内容要扩充。不仅限于政府的一个总报告，代表有权通过法定程序就某一方面的重大问题，要求政府机关作重点报告。如当前物价问题、调控措施、外贸策略、重大工程、治安对策等，政府必须进行详尽的报告和说明。

2. 颁布法律法规进行制约。这是人大对政府行为进行规范制约的重要监督手段。十四届三中全会《决定》指出：“改革决策要和立法决策紧密结合，加快立法步伐，为社会主义市场经济提供法律规范。”立法不单是为了制约经济主体和老百姓，更是为了制约政府，使政府行为有章可循，有明确的行为规范和是非标准。无法定授权或超法律作为的，都将是违法行为。立法机关和司法机关可以对之进行审查并撤销。“有法可依”是依法治国的前提和条件，可以大大减少政府机关的随心所欲行为，确保依法行政。

3. 撤销行政决定。包括对政府行为进行违宪审查。我国没有宪法法院，对违宪行为的审查和撤销，权力在人大。在当前现实生活中，违宪现象是存在的。如在行政部门中设立专业法庭、执行室，即违反了《宪法》规定的审判权只由法院独立行使的原则；晚婚年龄作为一项政策提倡是可以的，但如作为一项强制性处理规定，则违反了《婚姻法》的结婚年龄和婚姻自主权的法律规定，也违反了《宪法》的公民人身自由权利的规定。《宪法》规定：全国人大行使宪法实施的监督权；全国人大常委会有权撤销国务院制定的同宪法、法律相抵触的行政法规、决定和命令；地方各级人大在本行政区域内，保证宪法、法律、行政法规的施行；县以上人大常委会有权撤销本级政府的不适当的决定和命令。人大撤销行政决定包括两大类：一类是抽象行政行为，即同法律、法规相抵触的规章、文件、普遍适用的决定命令。这是重点，只有人大可行使，但也是现在最被忽视的弱点。但政府抽象行为违法被人大撤销的却极为少见。第二类是具体行政行为，即政府机关对特定人特定事的处理决定，如违反法律和公正，人大也有权干预监督。

4. 罢免政府官员。我国行政机关实行首长负责制，对有违法失职行为的行政官员实行罢免，是人大对政府行为监督的重要手段。《宪法》和人大组织法都规定政府主要官员由人大任免。当人大对政府行为的监督无法实现时，可以对有违法行为的主要责任人实行罢免。罢免必须遵循如下规则：被提起罢免者确有违法或者应罢免事由存在，并且查证属实；允许被罢免者陈述和辩驳，充分表达意见；依法定程序进行；依法定程序通过。

5. 特定事件调查委员会。依《宪法》第70、71条规定，全国人大常委会可根据需要设立专门委员会和特定问题调查委员会，并根据调查报告作出决议。调查委员会进行调查时，一切有关的国家机关、社会团体、公民都有义务向其提供必要的材料，依《宪法》第104条的原则，地方人大也有这个权力。这些"特定事件"，一般指社会影响广泛的重大事件及倾向性事件。如大兴安岭火灾、今年民航连续八次被劫机、深圳港资企业致丽玩具厂81名女工因火灾致死等，都应引发特别调查程序的提起，但这方面非常薄弱。

6. 质询。按照宪法和法律规定，各级人大的人民代表，在人大开会期间，有权对同级政府及所属各工作部门就某项问题提出质询。经一定程序，有关机关必须在会议上负责作出答复和说明。如答复不能令大多数代表满意，还可能引起其他程序的产生。质询应注意层次和确属重大问题，现在有的质询层次过低、事项无多大实质意义。因此，大会主席团对质询的提起要适当把关，代表要提高参政素质。

7. 提案。对政府的某项工作不力的，人大有权提出提案，经一定程序，督促政府作为。

8. 执法检查。这是当前人大监督政府行为最为常用的方式。但也存在一些问题。一是执法检查往往流于形式；二是检查的内容往往过于琐碎。执法检查应达到两个目标：一是形成一个总体评估报告。二是选择有代表性的若干件重大事例一抓到底，直至撤销法规、规章、文件；罢免官员；形成决议；使政府机关确有震动，收到实效。

市场经济环境需要政府行为法制化、规范化、公开化。无论是经济主体运行还是政府的行为，都要有一个明确遵循的规则，即依法办事。而当前政府行为紊乱的现象不容忽视，政府与管理对象的矛盾冲突有加剧的趋势，大量人民内部矛盾需要合法合理地去解决，否则会酿成不可估量的损失，这方面已有不少例子。因此，对政府行为的监督必须加强，尽量用和缓的、理性的方式解决矛盾。人大对政府行为的监督是其他任何监督都无法取代的，我们必须重新认识和大力发挥这一功能，这是符合我国国体的本质和宪法原则的。

16. 论市场经济体制下的政府行为*

市场经济体制向经济界、企业界提出了一系列新的课题。同时对政府行为也提出了许多新的要求。有意识地研究市场经济环境下政府行为的特征和模式,及时在实践中进行调整,不但能保持上层建筑的生机和活力,同时也是建立社会主义市场经济体制的重要一环,可以反过来促进市场经济体制的迅速形成。所以,中共中央《关于建立社会主义市场经济体制若干问题的决定》(下文均称"决定")把转变政府职能、调整工作重心作为一项重大举措来规定。市场经济需要什么样的政府行为?提出和探究这个问题,现在已是一个富有实际意义的事了。

一、市场经济就是法制经济需要全面理解

中共十四大之后,市场经济就是法制经济成了一个响亮的口号,被经济界、法学界、领导层普遍接受。从市场经济下强调经济关系主体平等、更注重运用法律手段来调整等特征,这个口号是正确的,甚至可以说是创造性的。提出这个口号对整个市场经济发展阶段,都有重要意义。但是,也有一些同志对这个口号产生片面的误解,以为市场经济下法律功能强化、行政功能势必退化,许多政府管理的内容可以推给市场,有了矛盾去法院解决。加上政府机构改革、部委撤并,这种想法似乎成了天经地义的事实。市场经济的确需要大力加强法制的调控作用,但并不排斥强有力的行政管理。特别是现在

* 本文发表于《浙江日报》1994 年 2 月 8 日理论版。

经济体制变革转轨时期,尤其需要得力的政府管理。世界上市场经济发达的国家,其行政权对社会的干预不是减弱而是呈现扩展的趋势。我国现阶段尤其离不开强有力的政府控制。如最近部分地区出现的粮价非正常上涨,带动其他商品物价上扬,国务院迅速采取措施,动用专列调运粮食,国营粮店限价供应,马上平抑了这股涨势;另如中央银行对信贷的控制、国务院对股市的政策,无不起了重大作用。因此,一来,市场经济就是法制经济,并不排除政策性的行政行为的强有力的共同运作;二来,市场经济下的政府行为就是一种调整的态势,不是总体上退缩,而是有的领域退出,有的领域反而强化;三来,市场经济就是法制经济还包括政府行为的法制化、依法行政,减少随意性和人治因素,增强法制的特征,依行政法行政。

二、市场经济环境下政府行为的特征

市场经济环境下的政府行为与传统上的政府行为有什么不同?哪些领域要退缩,哪些领域应该加强?

政府行为应该退缩的领域主要是那些直接指令、干预经济组织内部事务的方面,改变过去无所不管、无所不在的状况。主要有:(1)对经济主体经济行为的直接干预。即是中央“决定”指出的把经营自主权还给(而不是下放)企业经济组织、农民个人及农村经济组织。让经济主体独立的进入市场,自己决定经济行为,政府不要颐指气使,任意干涉。(2)经济组织的用人权。中央“决定”指出:企业法人资格独立,企业有“选择管理者的权利”。政府不能任意指派、更换、撤销企业管理人员,也不能任意安插、调动职工。(3)经济组织的财权、物权。“决定”指出:企业拥有包括国家在内的出资者投资形成的全部法人财产权。政府不得随意平调、摊派、抽取,更不能随意兼并、分解。(4)物资的计划调配权。除涉及国计民生的重要资源,对绝大部分物资都要放给市场去调节,取消价格双轨制,不搞权力垄断,经济主体在市场面前一律平等。(5)商品专营及市场划分权。除极少数确有必要者外,商品的专营、专卖等垄断行为必须取消,靠权力保障的行业独家经营要取消,市场壁垒要打通,为建立统一、平等、自由的市场创造条件。(6)大量政府行为,要从指令强制,变更为指导性行为和契约(政府合同)的行为。

需要强化的政府行为,主要是规范市场经济、税收、宏观调控及治安行为。包括:(1)行政立法。即为市场经济运行确定规范,使政府行为有章可循。(2)行政执法。使大量行政法规在实际生活中实现,规范市场主体的各类行为。(3)入口把关(行政许可)。即严格审查、批准颁发各种营业执照、许可证、法人资格，使进入市场体系运行的主体具有基本的素质。(4)检查监督。对运行中的经济主体随时进行规范，依法进行活动。(5)行政处罚。对不按规则运行的经济主体进行制裁，运用行政强制手段规范其行为。(6)宏观调控。即中央"决定"第17条，通过政策、财税、金融、投资等手段保持物价稳定，供求平衡，收支平衡，实现最佳速度和效益。(7)抓好税收，保障国家财力。(8)控制人口。(9)环境生态。(10)重大基本建设项目的决策论证和投资。(11)管理国有资产和重要公共事业。(12)整治好社会治安，维护安定。(13)社会保障救济。针对这些职能的调整，政府机关从机构、人力、工作重心、工作计划等方面，也要逐步进行调整。

三、运用民商法行政法手段管理社会

市场经济不但要求政府行为职能转变，而且要求行为方式的转变。这种转变包括：一是变"样样包揽"为分类指导；二是变强迫命令为指导调控和行政合同制约；三是变长官意志为依法管理；四是重新认识和理解正确处理人民内部矛盾的含义，用新的手段去调节内部矛盾。

过去我们讲依法治国，首先想到的就是刑法，社会不安定了，就组织严打。在市场经济条件下，我们的思路要开阔一些，依法治国的"法"，不但包括刑法，还包括民法、商法、行政法，后者甚至更重要些，因为对政治经济将产生直接作用，同时还是搞好社会治安的治本之策。刑法只能治标，即出现犯罪事后去打击。处理当前的一些社会矛盾，要重温毛泽东同志正确处理人民内部矛盾的教导。而且，对处理人民内部矛盾的手段，要有新的理解。即不但要继续发扬重在教育、疏导、调解的方法，还要大力发育运用民法、商法、行政法的手段去平等地、依法地解决问题。对市场的管理、宏观的调控、政府意图的贯彻，要多从法律渠道上想办法，以达到规范化、明确化，有个共同的标准。不能采取长官意志、压服的办法。群众有不同意见甚至不满，可以平等协商，或引起行政诉讼，让法律来最后裁断，形成结果后大家执行。像温州等地发生的选桥址、三轮车收费等造成的群众事件，用这种方法就比较容易消除矛盾，合理合法，使群众心服口服。

四、政府行为要公开化法制化

市场经济要求有一个大家都知道的共同的行为规则，这就要求政府行为必须大大加强透明度。市场经济健全的国家，政府行为都要求达到最大限度的公开。美国有"阳光下的政府法"，日本近年在美国等国的压力下，经济政策、重大决策的公开化已大大提高，并立法予以保障。要公民遵守的事项，要公民承担的义务，必须先公诸社会征求意见。未经公开的义务、处罚，不得临时向公民适用。我们现在大量存在的“内部掌握”的办事规则、审批标准、处罚条件、处罚幅度，必须向社会公开，否则即不准施行。政府行为还必须按现代行政法制的原则，确立一些基本准则。主要包括：第一，行政机关不能自己给自己设定权力，自己不能免除自己的责任，自己不可担任自己的法官。那种政府自己立一个收费、处罚项目，自己实施、自己执行的方式现在是常见的，“三乱”之所以久禁不绝，原因即在于此。第二，行政职能法定、越权无效、行政立法权有限原则。有些重大事项，政府无权立法，只能由人大权力机关制定。第三，立法程序、办事程序、处罚程序都必须依法进行，必须告知其享有的申诉权、陈述权、期限，听取其陈述、申辩、质问、主张，可起诉法院的，还要告知诉权。政府的管理行为必须依法进行，没有法律的，参照类似法律；没有类似法律的，按法律原则。规章、地方法规、自定的政策，都不得同宪法、法律、上一层次的法规相抵触。政府行为还要稳定，不可出尔反尔，不可乱用职权。只有这样，一个公开、公平、统一的市场运行规则才不致被破坏损害。

五、防止权钱交易保持政府行为公正

市场经济具有两面性。过去我们过分夸大了其消极面，极“左”地将之划归资本主义的特有模式，但今天则要防止将之视为一朵完美无缺的鲜花，视为包治百病的良药。市场经济带来的唯利是图、不择手段竞争、食利手段、贫富差距、拜金主义，并不是一夜之间都消失了。某种程度而言，市场经济确实会以牺牲一些社会公正作为代价，如优胜劣汰带来的弱者的困境；资本利润带来的不劳而获；为富不仁者的巧取豪夺；权钱交易等。政府行为要特别注意这一点。如果政府行为是公正的，就可以减缓和抵消大部分消极因素影响。但如果权钱交易产生，则应该维持社会公正的机关可能反过来加剧这种不公正，使人民丧失信心，政府威信下降、效能降低，最后只好强迫命令，造成恶性循环。因此，保持政府机构的廉明公正，也是市场经济环境下政府行为要特别关注的重要课题。

17. 论公路“三乱”现象的法律控制*

公路上的乱设卡、乱收费、乱罚款现在已经成了一个全国性的大问题。国务院为此开了电话会议，中央电视台作过重点报道，安徽省委主要领导还亲自微服私访进行治理，但这个问题从总体上说并未能解决。总结分析一下这些治理措施，都未能离开“行政手段整治”的思路。其结果是整治成果难以巩固，治一下好一阵，风头一过依然故我，有的地方甚至变本加厉愈演愈烈。整治一种全局性的社会问题，必须要追根寻源，对症下药，方能奏效。笔者认为，治理公路“三乱”需要一种全新的思维方式，即不但要靠行政的手段，更重要的要靠法律的手段来进行治理。而这个“法律治理”的对象不是普通公民等行政管理相对人，而是行政机关自身。治理内容包括两个方面：一是规范行政立法行为，具体地说就是行政规章和规章以下文件的制定程序；二是规范行政执法行为，就是政府机关的行政行为必须严格依法办事，有严格的章程，不可随心所欲。

一、公路“三乱”现象出现的原因

公路“三乱”的根本原因何在？不管我们有没有意识到、承认不承认，其根本原因就在于政府行为紊乱，行政执法无序。这个问题只要我们用实事求是的眼光去略作分析就可明了。全国范围的“行路难”是在特定的市场经济初始阶段，政

* 本文写作于1995年3月5日，发表于1995年第7期《改革月报》杂志。上海《报刊文摘》头版重点推荐转载。

府行为尚缺乏规范造成的。

“若要富，先修路。”近年来随着经济形势的发展，我国的交通基础设施建设有了长足的发展。各地采取“预期投资、事后收费、以路养路”的方式大力修桥筑路凿洞，确实解决了急需发展交通又苦于资金紧缺的矛盾，尤其在东南沿海省份，这一基建模式已被广泛采用，几乎各省、市、县都在搞。因此，公路收费在理论上是正确的，只要管理得法，这种基建模式是符合我国现阶段国情，应该提倡推广的。

但是，由于各地聚财的需要和地方主义的影响，这种以路养路的方式正在变味，逐渐演变成了一种新的乱收费的保护伞，实际上已经造成了全局性的“行路难”，不但严重影响了市场经济所迫切需要的“货畅其流”和人为地加剧了交通堵塞，还造成了不少地方司机罢运闹事等社会不安定事件。严重的地方还发展成层层仿效，县乡镇关卡林立，农民在村前挖坑铺板收费的怪事。笔者最近出差调查，在浙江本省和江苏、上海跑了十多天，乘坐的都是本单位的车子，亲身见闻，尤感这个问题的严重性。行程中共被拦路收费三十余次，少则 3 元，多则 8 元，还有好几次是因车上挂了警灯免收放行的。一般群众的大货车负担之重可见一斑。上海地区有不少收费站还加收“保险费”，出上海枫泾到嘉兴的出口处，还被收了 8 元费用。

造成这种局面的原因除了经济利益的驱动外，行政机关收费权的设定不受制约是关键所在。各地割地为王，说收就收，收多长时间可以不受限制，收费状况可以不受审计，用途可以不向社会公开，成本和收益可以长期不进行核算。有的政府部门甚至错误地认为，政府收费是为了公益，收多长时间都可以不受限制。再说国道线上关卡林立，本地不收别地在收，不收当地财政反而吃亏，为了本地利益乐得收下去。钱塘江大桥是解放前造的，位于国道线上，从 1987 年开始收费已收了七八年，当时说是为了造钱江二桥，现在二桥已通车两年多，老桥收费依然如故。温州瓯江大桥是 1985 年通车的，当年收费，至今已有十个年头，大桥投资早已收回，但收费依然，票价反而涨了 1 倍多。① 收费标准也非常混乱，有的高速公路几十公里只收 3 元，有的二级公路几公里也收 5 元。各地各吹各的号，各唱各的调，一切由当地政府发个文件说了算。这个问题现在不但没有引起政府部门应有的注意，各地还乐此不疲作为经验竞相仿效。因此，公路“三乱”的真正原因是地方政府的利益驱动和地方主义。虽然有的“三乱”确无政府批准自己乱来，但其总根源则是政府带头任意设卡

---

① 这都是当时文章发表时的情况，现在这两桥都已经停止收费。

的示范作用。

二、治理公路“三乱”的措施

(一)公路收费设定权的控制

要治理公路“三乱”,必须加强对政府行为的法律控制。首先是收费设定权的控制,这属于行政立法权的范畴。

现在全国人大有关部门正在加紧起草《立法法》和《行政处罚法》,在这两个法律草案中,对行政立法权的分工都有明确的规定,总的原则是立法权和执法权要有分工,行政执法机关自己不可为自己设定权力,立法权和行政权要分开;行政立法要征求利益相关人的意见;行政立法要加强透明度,让群众参与讨论,立法程序要严格控制。对涉及《宪法》规定的公民基本的人身权和财产权的法律法规,必须由权力机关即全国和省市两级人大行使立法权;规章以下的规范性文件一般不得有全局性的罚款和收费的设定权。这些都是国际上通行的“行政法治”的一些基本原则。

按照这些原则,公路收费的设定权应该进行如下的控制:

1. 按公路的管辖权和收费的相对人范围,并按设定行政处分权必须征求利益相关人意见的行政法治原则,在主要交通干线上设卡收费必须经相应的人大常委会作为专项议案讨论通过,方可实施。收费方案应事先公诸社会,征求运输公司、司机及其他相关人的意见。根据我国的国情,征求意见的范围不可能太广,人民代表是人民意见的代言人,因此人代会审议专项收费议案就可以达到这一目的。

2. 确定分级审批的原则。在国道线上设卡收费要由全国人大常委会或者授权国务院职能部门审批,因为设卡虽在一省一市,但其收费对象却是全国性的,国道的所有权也是国家的,不能允许“地方割据”。同样,在省内主干线上设卡收费要由省人大常委会专项议案审批,或者授权省政府审批。为了防止授权过宽造成滥设关卡,省以下的各级政府不能授予收费设定权,即使当地集资建成的道路,也不得自行决定收费。

3. 确立论证调查和审计公告制度。对所有报请审批征收过桥费、过洞费、过路费的申请,批准设定的机关必须进行调查论证。内容包括应否收费、工程造价、收费标准、收费预定时限、收费用途等,在审议通过时向与会人员报告。在批准收费之后,对其收支状况,每年年终要由主管机关或审计机关进行审计,并向全社会登报公告,让缴费人了解,让人民群众监督。

4. 实行收益核算、定期取消收费制度。对各投资修桥建路的投资者,按谁投资谁受益的原则，应事先订立合同，允许其在收回成本之后，赚取一定的利润。一旦这些预期的效益全部收回，即应取消关卡，投入社会，免费通行。无论是政府投资的，还是合作或者个人投资的，都不能无限期收费。

通过这些措施，就可以管住公路“三乱”的源头，也可以有力地制约地方主义和本位主义，防止阳奉阴违各行其是。

（二）解决公路“三乱”问题的执行措施

规范了公路收费的设定权，并不是就万事大吉了。现在我们已习惯于“为解决某一问题就立一个什么法”，其实这至多只解决了问题的一半。更重要的是使法律规定在现实中得以实现。

要真正治理全国范围的公路“三乱”问题，必须要中央下决心，全国统一行动。第一，要确定一个清理的最后期限，留出数月的报批期间，全国所有的公路设卡都要按批准权限报批，经审查不应收费的，或实际投资和利润均已收回的，立即撤销收费，拆除关卡，免费通行。第二，严格管理监督，查处乱设卡乱收费行为。对不经中央和省两级批准擅自设卡收费的，责令立即取消，并处以严厉处罚。对决定收费的行政主管，追究个人的行政责任。第三，加强舆论监督和群众监督，对群众投诉，上级政府要及时反应，取信于民，及时查处后公之于众。第四，加强内部监督，主要是要防止政府机关内部的不正之风，在成本核算、实际收支审计中弄虚作假，搞上有政策下有对策，延长收费时间。第五，严厉整顿公路治安，对那些政府行为以外的设卡敲诈、车匪路霸行为要严厉打击，清洁路况。在公路上设卡收费的交通监理力量应反过来成为维护公路畅通的队伍。只要把政府行为这一块规范好了，其他的“三乱”就会迎刃而解。

这些工作，各省市碍于地方利益不会单独采取行动。即使采取了效果也不一定好，因此必须由全国人大和国务院才可能办到。最好的办法是全国人大常委会对这个问题专门作出决定，规范这方面的行为，一旦这样做了，可以马上见效。公路“三乱”行为看似小事，实际上不但直接影响市场经济的运行，而且是一个关系到党群关系、影响到社会安定的全局性问题。在我们刚开始市场经济实践的粗放阶段，越早对这种现象进行规范越有利。全国人大以前的决定大多偏重于刑法领域，在市场经济环境下，对民商法、行政法领域的一些全局性问题及时作出一些决定，将会直接推动我国市场经济的进一步发展。

附：

对收取过桥费、过洞费、过路费进行依法管理的建议①

全国人大法工委：

“若要富，先修路。”近年来随着经济形势的发展，我国的交通基础设施建设有了长足的发展。各地采取“预期投资、事后收费、以路养路”的方式大力修桥筑路，确实解决了急需发展交通又苦于资金紧缺的矛盾，尤其在东南沿海省份，这一基建模式已被广泛采用，几乎各省、市、县都在搞。

但是，由于各地聚财的需要和地方主义的影响，这种以路养路的方式正在变味，逐渐演变成了一种新的乱收费的保护伞，实际上已经造成了全局性的“行路难”，不但严重影响了市场经济所迫切需要的“货畅其流”和人为地加剧了交通堵塞，还造成了不少地方司机罢运闹事等社会不安定事件。严重的地方还发展成层层仿效，县乡镇关卡林立，农民在村前挖坑铺板收费的怪事。我最近和同事为调查经济犯罪缓刑问题在浙江本省四个地区内跑了10天，为考察少年刑事审判又去江苏上海跑了10天，乘坐的都是本单位的车子，亲身见闻，尤感这个问题的严重性。20天行程中被拦路收费30余次，少则3元，多则8元，还有好几次是因车上挂了警灯免收放行的。政法机关的小车尚且如此，一般群众的大货车负担之重可见一斑。上海地区有不少收费站还加收“保险费”，出上海枫泾到嘉兴的出口处，还被收了8元费用。

造成这种局面的原因除了经济利益的驱动外，行政机关收费权的设定不受制约是关键所在。各地割地为王，说收就收，收多长时间可以不受限制，收费状况可以不受审计，用途可以不向社会公开，成本和收益可以长期不进行核算。有的人甚至错误地认为政府收费是为了公益，收多长时间都可以不受限制。再说国道线上关卡林立，我不收别地在收，不收反而吃亏，为了当地利益乐得收下去。杭州钱塘江大桥是解放前造的，位于国道线上，从1987年开始收费已收了七八年，当时说是为了造钱江二桥，现在二桥已通车两年多，老桥收费依然如故。温州瓯江大桥是1985年通车的，当年收费，至今已有10个年

① 定期取消收费公路的问题，涉及中央和地方的利益分割和部门权益、投资回收等复杂问题，本人在1995年即向立法机关提出了建议。2009年1月，国家借燃油税政策出台之际，宣布取消二级公路以下的收费通行。同本文的建议相比已经过去了14年，本文的一些意见仍然没有过期，故作附录备考。

头，大桥投资早已收回，但收费依然，票价反而涨了一倍多。收费标准也非常混乱，有的高速公路几十公里只收3元，有的二级公路几公里也收5元。各地各吹各的号，各唱各的调，一切由当地政府发个文件说了算。

这个问题现在不但没有引起政府部门应有的注意，各地还乐此不疲作为经验竞相仿效。我认为，以路养路的方式是符合我国现阶段国情的，应该提倡，但对收费必须按行政法治的原则，进行依法管理。具体建议如下：

1. 按设定行政处分权必须征求利益相关人意见的行政法治原则，在主要交通干线上设卡收费必须经相应的人大常委会作为专项议案讨论通过，方可实施。收费方案应事先公诸社会，征求运输公司、司机及其他相关人的意见。

2. 确定分级审批的原则。在国道线上设卡收费要由全国人大或者国务院职能部门审批，因为卡虽在一省一市，但其收费对象却是全国性的，国道的所有权也是国家的，不能允许“地方割据”。同样，省内主干线要由省政府审批，不能由各市、县自行其是。

3. 确立审计公告制度。对所有过桥费、过洞费、过路费的收支状况，每年年终要由审计机关进行审计，并向全社会登报公告，让缴费人了解，让人民群众监督。

4. 实行收益核算、定期取消收费制度。对各投资修桥建路的投资者，按谁投资谁受益的原则，应事先订立合同，允许其在收回成本之后，赚取一定的利润。一旦这些全部收回，即应取消关卡，投入社会，免费通行。无论是政府投资的，还是合作或者个人投资的，都不能无限期收费。

5. 严格管理监督，查处乱设卡乱收费行为。对不经批准擅自设卡收费的，责令立即取消，并处以严厉处罚。

这步工作，各省市碍于地方利益不会单独采取行动，即使采取了效果也不一定好，因此必须由全国人大和国务院才可能办到。建议人大常委会对这个问题专门作出决定，规范这方面的行为，一旦这样做了，可以马上见效。全国人大以前的决定大多偏重于刑法领域，在市场经济环境下，对民商法、行政法领域的一些全局性问题及时作出一些决定，将会直接推动我国市场经济的进一步发展。以上浅见，仅供参考。

浙江省高级人民法院研究室
陈有西
1995年3月5日

18. 诉权、行政权、司法权*

——对一宗特殊反诉案的实证分析

诉权是国家法律赋予涉讼当事人的法定权利，其范畴属于私权利。行政权和司法权是国家权力的重要组成部分，属于公权利。在一般情况下，诉权只同司法权发生联系，产生冲突，同行政权一般不会产生直接的冲突。但在特殊情况下，诉权和行政权也会产生直接的联系，如行政争议中的行政终局管辖的案件和民事争议中被司法解释排除法院管辖的特殊案件。有时候，诉权、行政权、司法权这三者还互相纠缠在一起，直接影响到法院程序审查和实体权利判决，因此不但有理论探讨上的必要，同时具有实践指导上的意义。本文介绍的是一件十分罕见的涉及这三种权利的特殊的房产纠纷案，现采用实证分析的方法进行一些探讨。

一、案例背景

徐某解放前系旧政权县政府田粮处的职员。1951 年土地改革时，建德县人民政府对徐家的地产和房产进行了确权登记。其中对徐家坐落在梅城镇西门街南侧的房屋，颁发了 4540、4541、4542 号土地房屋所有证。确认这些房产为徐家

---

* 本文发表于最高人民法院《法律适用》2000 年第 5 期，其时，我已经辞去公职，身份是一名普通的律师。案例是我亲自代理的发生在杭州市建德县的一个行政诉讼案。最终仍然未能保住原告的权益。案例故事和案件代理词我将在其他的文集中如实收录。一个小案例可以折射中国行政诉讼对民权保护的现状。在网上搜索，此文被转载的地方也许是我的论文中最多的。可见这个案例引起了行政法和诉讼法学者的共同的兴趣。

的私产。由于阶级成分划分时徐被划为“历史反革命”，徐在土地改革和合作化改造的过程中次次受冲击。

1956 年，徐写了《申请书》要求加入农业生产合作社，将果园、山地、坟地作为生产资料入社。同时，在参加革命的女儿的动员下，为表示“靠拢政府”，在《申请书》中同时表示要将西门街的 3 楼 3 间共 263.35 平方米房屋，赠送给人民政府。原文说：“另外，我为了得到政府的宽大处理，将坐落在西门街新建楼屋一座，计 3 间，左首一间约 6 尺宽的人行道例外，赠给政府，来摆脱剥削，从劳动中来改造自己，争取做一个自食其力者。是否？特具申请赐予批复。此上西湖农业生产合作社并请转呈人民政府。”但“西湖合作社”（相当于现在的村委会）将他的地和山作入社处理后，没有将房产转报上级政府，擅自占为社里使用，因此政府一直没有批复同意接受捐赠，也没有办理房产转移手续。徐某一直持有土改所得的“房屋土地权证”。

按 1956 年 6 月 30 日毛泽东主席令公布的《高级农业生产合作社示范章程》第 13 条和第 16 条规定，入社的农民必须把私有土地和耕畜、大型农具等生产资料入社，房屋等生活资料则没有要求入社。① 因此，徐某的房产是不可能作为生产资料入社的。

徐某迟迟等不来政府的接收房产的手续，村合作社则从 1956 年开始直接代收房租。徐不服，但碍于“四类分子”的身份，他不敢多言。1957 年，他心有不甘地叫女婿向《浙江日报》写信反映，信被转办到梅城镇公所。以后数年，徐被村里作为“反攻倒算”的典型。他和女婿一起连年被批斗。“文化大革命”期间，农业社（生产队）将该房屋的六尺宽的人行道阻塞，徐一家出入都不便。1972 年，徐的另外 535.13 平方米房屋又被社会主义改造，发给了一次性“固一租金”，丧失了所有权。一直到“文革”结束，徐不敢喊冤，房产也便被社里一直占用。

20 世纪 80 年代初，党和政府平反了大量冤假错案。1983 年，徐写信给西湖村要求发还房产，村里不允。1986 年，徐长子以华侨身份从国外致信中央政府要求落实政策。徐本人直接上访和找各级政府不下百次。1987 年，县委统战部到梅城镇、西湖村、县公安局查档和调查，查明了全部情况，形成了处理意见文件，认为：“按华侨政策，将房子还给徐某。”但此意见没有落实，没有结果。1997 年，徐的海外关系和顽强不息的上访起了作用。建德市政府根据侨办和市房地产管理处的《关于要求落实徐某房产政策的请示》，发出了“建政

① 1956 年 6 月 30 日《中华人民共和国主席令》第 13、16 条。

办(97)4 号”文件《关于落实侨眷徐某房产政策协调外会议纪要》。纪要决定:一、徐的房产,应按中办国办[84]44 号《关于加快落实华侨私房政策的意见》、[87]7 号《关于落实华侨私房政策的补充意见》、中央《关于处理党团员及其他社会人士捐献财物问题的规定》,以及最高人民法院《关于贯彻执行民事政策法律若干问题的意见》精神,抓紧落实。二、1951 年三份房产证记载的产权,仍归徐某所有。三、西湖村委会已经收取的历年租金,本着尊重历史的原则,不退还给徐,1997 年 1 月 1 日起,使用权由徐收回。四、做好双方说服工作平稳解决。1997 年 3 月 4 日,建德市房产处给徐某重新颁发了 029494 号房产证,将全部房产再次确权为徐的私产。

西湖村的干部对此不服,一再向市里反映,市里又开始复查这一问题,1998 年 5 月 6 日,建德市政府信访办、法制办、统战部等有关人士找徐某一家谈话。告诉徐原先的处理决定要撤销,房子他当年已经入社,必须归村里集体所有。5 月 30 日,92 岁的徐某并发高血压和心脏病去世。6 月 22 日,建德市人民政府正式发出建政法[1998]131 号《关于对徐某房产问题重新处理的决定》,撤销了市府办公室的[97]4 号文,其“现查明”中认定的事实为:“1956 年农业合作化时期,徐某申请加入西湖高级社时,将坐落在梅城西门街 8 号的出租房屋作为生产资料入社,徐入社以来,该房屋一直由西湖合作社经租管理。1972 年原建德县进行城镇私有出租房屋社会主义改造时,徐的房屋被纳入私房改造。1983 年落实政策时,经建德县人民政府第 000024 号落实城镇私有出租房社会主义改造批准书批准,徐房出租房面积 535. 13 平方米,应纳入改造 535. 13 平方米,发给固定租金 850. 32 元。同时,确定留给自住房 280. 75 平方米,改造后,徐已领取全部固定租金。”据此,文件决定:“1997 年 1 月对徐某的房产处理在认定事实和适用政策上有误,应予纠正。重新处理如下:一、撤销 029494 号《房屋所有权证》;二、梅城镇西门街 8 号计建筑面积 263. 35 平方米房屋归西湖村集体所有;维持原建德县政府落字 000024 号批准书。”这份处理有一个重要的事实变化了,即没有认定徐向政府赠房的行为,而是认定其将房产也“作为生产资料入社”了。认定的证据,是一些村干部的证言,而没有任何当初将房产入社的原始资料和登记档案。

徐某有继承权的子女向杭州市人民政府依法提出了行政复议。杭州市政府的《复议决定书》的“本机关认为”中说:徐的 263 平方米出租房是作为生产资料入社的。徐称该房系赠给政府,后被西湖村占用,证据不足,不予认定,因此,决定维持建德市人民政府的决定书。并按《行政复议条例》的规定,在复议决定书中告知:“申请人如不服本复议决定,可以在收到复议决定书之日起

15日内向人民法院起诉。”

二、两种诉讼

徐的直系亲属向杭州市中级法院提出行政诉讼，告建德市政府1998年的具体行政行为侵犯其已经落实政策取回的合法房产权益。1998年10月6日，杭州市中级人民法院对此案裁定“不予受理”。《裁定书》说：“本院认为，建德市人民政府作出《关于对徐某房产问题重新处理的决定》属行政机关作出落实私房政策，它所解决的是《行政诉讼法》实施前历史遗留问题。徐某等对此处理决定不服，应向有关行政机关申请解决。”徐某一家不服上诉，其上诉状认为：一审法院的理解是错误的。到1997年再次确权发到房产证，徐的落实政策的历史遗留问题已经全部解决。县政府的侵权行为即再次剥夺房产权的行为发生在1998年6月，完全是适用《行政诉讼法》的时期。市政府的复议书已经指明了可以向法院提起行政诉讼。法院不予受理这样的具体行政行为的侵权纠纷，是不妥的。但原告上诉后，浙江省高级法院于12月裁定：维持一审不予受理的决定。

法院放弃对本案的司法审查权，依据的是一条司法解释，即最高人民法院1992年《关于房地产案件受理问题的通知》。其第3条规定：“凡不符合民事诉讼法、行政诉讼法有关起诉条件的属于历史遗留的落实政策性质的房地产纠纷，均不属于人民法院主管工作的范围，当事人为此而提起的诉讼，人民法院应依法不予受理或驳回起诉，可告知其找有关部门申请解决。”①这一司法解释，以历史遗留问题为由，将一些历史纠纷摒弃于法院大门之外，由行政机关去解决，完全放弃了对这一时段行政行为合法性的司法审查权。

由于徐氏家人在1997年落实政策发到房产证后已经搬入居住，重新处理后徐的子女仍住在该房中。诉讼发生后社会上了解了真相，普遍同情徐家而认为政府行为不当，徐家按法院判决仍在申诉“找政府申请解决”，因此，当地政府在行政执行中采取了比较慎重的态度。1999年4月，梅城镇西湖村向建德市人民法院提出民事起诉，以行政确权为依据称徐氏家人侵占房产，要求判令搬出。5月，建德法院审查后予以立案。徐家于公开开庭时当场提出反诉，要求法院首先确认房产权属，保护自己合法房地产权益。同时要求确认开庭前已经申请的追加其他有继承权的子女为必要共同诉讼第三人同时参加

---

① 1992年11月25日，《最高人民法院关于房地产案件受理问题的通知》（法发[1992]第38号）第3条。

诉讼。

合议庭当即休庭合议后，作出口头裁定，不受理反诉，也不同意追加第三人。笔者作为徐家的诉讼代理人当即要求复议，并提出要书面裁定，以向上级法院上诉。法院当即休庭，数天后作出书面《民事裁定书》送达反诉人，其“本院认为”说：“该房产产权纠纷是历史遗留的落实政策性质的房地产纠纷，不属于人民法院受理民事诉讼范围，反诉人可以向有关机关申请解决”，因此，对反诉“本院不予受理”。

徐的代理人即向杭州市中级法院提出程序性上诉。上诉理由为：一、反诉是被告的法定权利，剥夺是违法的，《民事诉讼法》第 52 条规定：“被告可以承认或者反驳诉讼请求。有权提出反诉。”在法律规定和最高人民法院的所有司法解释中，都没有同此法律规定相对立的不受理反诉的特别规定。二、本反诉同本诉之间，系同一法律事实、同一法律关系、同一当事人之间的房产权属争议，完全符合反诉的条件。如果反诉属于历史遗留问题“应向有关机关申请解决”，那么本诉也是同样性质，应该同样对待。三、原告的房产侵权之诉，基础是确权。这是无法回避的。没有确权也就无所谓侵权，没有一个侵权诉讼是可以不审理权利归属的。因此在本案中，确权是基础，侵权是派生。只有确定了房产的归属，才可能查明到底是谁在侵谁的权。四、行政确权如果是终局的，不可诉的，那么本案法院不应受理原告的起诉，应要求其请行政直接强制执行，连法院执行庭都不应该管。法院在行政审判中只进行了程序审理，即裁定不受理徐的行政起诉，意味着法院完全放弃了司法审查的权利。现在民庭又受理了村委会的起诉，意味着法院对这一房产争议又恢复了司法审判权，行政决定已经是非终局的，那么徐理所当然地恢复了要求司法救济的权利，当然可以提出反诉。五、诉权是一种程序性权利。反诉是否有理，只有在实体审理之后才能作出判断，判决支持或者驳回诉讼请求。只要是同一法律事实同一诉讼标的同样的当事人之间的争议，形式审查符合法律规定，反诉就必须受理。现在民庭光受理原告的侵权之诉，不受理被告的确权反诉，等于在已经确认房产权是村里的这一基础上进行审理。这种诉权保护的不平等，将直接导致实体判决的不公平，等于还没有审就判决被告输了。六、行政判决中都明确告知：“可以向有关行政机关申请解决。”这样，被告申请行政救济的权利总算还在。如果现在民庭受理以后作出侵权判决，那么司法权已经确认了行政决定的效力，被告连向行政机关申请重新解决的权利也将丧失，因为行政机关可以推说法院都判了，你们还申请什么？结果徐家要求行政救济和司法救济的两个权利都将完全丧失，在诉权上就使实体权利全部输了。这是直接违背司法公正的原则的。七、从时间上看,1997 年建德市政府已经落实政策完毕,将房产还给了徐家,1998 年作出的决定把房产裁定给村里,是《行政诉讼法》实施之后的新的行政侵权行为,徐告到法院,法院以落实政策问题为名不管。1999 年村委会告到法院,法院就管了。这是自相矛盾又显失公平的。因为既然 1998 年的房产争议要行政终局裁决,1998 年的争议行为也应由行政去解决,法院都不要管;如果要管 1999 年的行为,那么对 1998 年的行为也要管,也应该受理。因为早在 1990 年 10 月《行政诉讼法》就已实施了。要么都算落实政策行为,要么都不算,应该一视同仁。

三、几种观点

相对于本案,从行政诉讼到民事诉讼,尽管法院作出的裁定基本上是一致的,但却存在几种不同观点。

第一种观点认为,只要涉及历史遗留的落实政策问题,不管行政机关作出了多少次行政决定,甚至出尔反尔"翻烧饼",法院都可以一概不干预,即在这一领域完全放弃司法干预。不管是权利义务的确定(裁定),还是权利义务的实现(执行),都由行政机关去负责,不受次数、时间的限制。

第二种观点认为,房产确权属于落实政策问题,应由政府机关负责。房产侵权属于现在发生的民事纠纷,可以由法院管辖审理。建德法院即持这种认识。

第三种观点认为,房产确权是审理房产侵权的基础,不审确权就无法审侵权。把确权交给行政权,把侵权交给司法权,这种分裂在法理上和实践上都是行不通的,司法权成了行政权的依附,势必损害司法公正和司法权威。

第四种观点认为,本案解决历史遗留问题,在 1997 年的落实政策将房产再次发证给徐某一家,徐家从村委会手中拿回房产并入住管理时,已经完成。1998 年市政府再次作出处理决定,是发生在《行政诉讼法》实施后的新的行政确权行为,应该不属于落实政策范围,而是新的具体行政行为,法院应该按行政诉讼的受案范围受理。在民事反诉中,理所当然地要受理进行审理,由司法权来最终认定房产权属。就像公安交通事故赔偿决定,当事人一旦不服诉至法院,行政决定自然无效,可以由法院直接另行判决赔偿。

笔者认为,最高人民法院的法发(1992)38 号《关于房地产案件受理问题的通知》等相关司法解释,将法律明确规定应当属于法院管辖的民事财产权益争议,通过司法解释推出不管,是不妥当的。这是政策治国时代遗留下来的权宜之计,在当时情况下是必要的,但在现在依法治国的环境下,这条司法解释应当废止。“落实政策”,是特定历史条件下解决历史旧账的一种灵活的方法,有很强的适应性和实用性;但其标准不稳定,带有浓重的政治色彩和人治色彩,程序上很不严密,没有双方抗辩,救济方式封闭而没有时效限制,已经不适应法制已经基本健全的当前的中国国情。今后应该按统一的法制标准来处理,对任何公民的任何合法权益,不管是历史遗留的还是现在发生的,都要实行平等的司法保护,经过公正公开的司法审判后确定。行政权在民事权益领域不应再享有终裁权。

四、实证分析

在上述案例中,诉权受到了两方的挑战。行政权的程序性缺陷和依据政策的多变性缺陷,和司法权的立法性缺陷和执法阶段衰减,都有可能严重威胁诉权的独立性和完整性,进而直接损害行政的公正性和司法的权威性。威廉·韦德说:“权利依赖救济。法律史上随着某种救济从一种判例推广适用于另一类判例,从救济制度中提取的法律规则比比皆是。”①本案实例证明,如不能保护完整的诉权,就不可能有完整的行政权的公正和完整的司法权的公正。在司法实践中,诉权这种私权利,相对于强大的行政权和司法权这种公权利,往往显得苍白无力,往往在发生对抗时,私权利先受损。其最终结果则是损害法制健全社会所要追求的自然公正的法治精义。

(一)行政权司法权的分野对诉权的影响

行政权和司法权的分工,是人类国家制度发展的成功经验。两种权力的各司其职和互相制衡,使行政的效能得以实现,使社会公正得以保障。为了控制行政权的膨胀和滥用,法制发展现状强调司法权对行政权的控制和干预;为了不损害行政权的独立性和效能,法制发展现状同样十分注意防范司法权对行政权的直接侵越。《行政诉讼法》规定的司法变更权有限原则就是这一精神的体现。诉权是依附于司法权的。没有司法审判,就没有诉;没有审判权,就没有诉权,在当前我国法制现状中,由于司法权和行政权的分野而影响诉权的,主要有三个领域:一是法律规定的行政终局行为,如专利复审和商标评审。这是由其专业性特征和时效需要决定的。国际上也多采用这一方式。同时,这两个委员会的组成和审理方式,已经具备了准司法程序,即有了双方抗辩权和合议裁决制。还有就是《行政复议法》规定的行政裁决终局行为。二是行政权的政策性规定被司法权接受,如落实政策行为和实践中很难诉的计划生

---

① [英]威廉·韦德:《行政法》,中国大百科全书出版社1997年版,第233页。

育工作侵权。一般由司法权自己作出司法解释和文件性规定，将这一部分民事纠纷让权给行政权去最后决定。这是由于历史遗留问题是在法制极不健全或法制被严重破坏的时候造成的，无法按现在的法律规定恢复原状，于是由行政权去灵活救济。同时，不可否认的是司法权想推卸这部分繁杂的不好处理的工作。三是基层综合治理措施中，片面强调“一般纠纷不出村、一般案件不出乡”[①]的限制诉权行为。从正面来评价，这是为了严密社会治安网络，调动一切积极因素，把问题解决在基层和始发阶段，稳定社会。但如果不注意诉权保护的重要意义，就会严重影响法律所要保护的私权，让行政权作最终裁判，法制社会的由法律和司法来裁断最后是非的重要原则，就会受到损害。

（二）司法解释缺陷对诉权的影响

我国已经有了三部诉讼法。从法律制度上看，已经有了十分完备的保护诉权的制度。从法律效力的适用规则和立法权限上看，司法解释只能在立法权已经确定的法律规定范围内进行一些操作性的规定，或阐释法律本身中已有但尚不明晰的具体内容。不能对已有法律进行变更性解释，如扩大解释和限制解释。但实际上，由于我国原先立法遵循的是“宜粗不宜细”的精神，以致司法解释承担了它本不应该承担的艰巨任务，否则有些法律根本无法操作。三部诉讼法是立得比较完备周详的法律，但同样需要有数倍于原法条的司法解释相配套才能真正实施。《刑事诉讼法》有最高人民法院的246条，最高人民检察院的109条，后来又有六部委的48条。《民事诉讼法》最高人民法院解释有320条；《行政诉讼法》解释有98条。个别事项的解释则更多了。最高人民法院1992年法发38号文件《关于房地产案件受理问题的通知》，是一个法院内部的工作指导文件，还不是司法解释。主要讲了三个问题，一是解决了房地产案由讼争房地产所生地法院民庭管辖，明确了同经济庭的分工；二是房地产行政确权和行政处罚，由行政庭审理，明确了行政庭的分工；三就是涉及本文案例的“房地产落实政策和历史遗留问题”、“不受理或驳回”的规定，“可告知其找有关部门申请解决”。这个文件的前两点，都是法院权限范围内的分工，没有超出法律规定。但第三点则以内部通知的形式，处理了一个重大的诉权问题，同《民事诉讼法》和《行政诉讼法》的规定是不一致的。当时最高人民法院制定司法解释的程序不严密，没有专门的解释公告，但这并不影响这个内部通知性质的文件在全国法院审判中对外适用的效力。全国法院实际上都照此执行。这一文件中的一小点规定，对大量的历史房地产纠纷产生了举

① 诞生于浙江诸暨枫桥乡的“枫桥经验”主要特征就在此。

足轻重的影响。同时,也同最高人民法院另一个司法解释“审理房地产案件一般以土改确权为准”产生了冲突。因为有的行政机关处理这一问题并不遵循最高人民法院的这一规定(本文案例即是),而最高人民法院规定司法权又不审查这类案件,因此,这一解释精神就无法得到最后的保障。司法解释实际上限制和收回了法律已经赋予公民的诉权。鉴于其有违法律原则和实践中出现的问题,这一《通知》实在有进行清理、终止执行或废止的必要。

(三)法官理解力判断力对诉权的影响

针对本案,还有一个法官理解力的问题。即如何划定“历史遗留问题”和“新的民事权益纠纷”的界限。由于法院现在办案严重超负荷,许多法院在收案中即想减负,能推则推,执行最高人民法院解释往往不是从法律本义上出发,而是从自己实际工作出发,一些本该受理的案件于是出现了“告状难”。本案中,建德县的一次确权行为、一次变更所有权的行为,都发生在《行政诉讼法》实施后的1997年和1998年。1997年的行政行为是授权性的,经过复查确认,把村里1956年以个人入社名义占据的、1972年以落实私房改造的名义占据的房产确权给了徐家,徐家当然不会有意见,这时“落实政策”的问题已经解决。1998年的行政行为是限权性的,把徐家已经获得的房产再次剥夺。这时候的侵权行为完全不是“历史遗留问题”,是现时发生的直接侵权性的具体行政行为,不属于最高人民法院司法解释限定排除范围。因为原告诉的是1998年这次的剥夺权利的行为,而不是针对1956年的合作社侵权行为。因此,不是“不符合”而是完全符合法定的起诉条件。从诉权理论和民法侵权行为理论来说,其针对这一侵权要求法律救济,只能发生在侵权行为发生之后,而不可能在前。杭州市政府《复议决定书》给予向法院起诉权这一权利是对的,而法院剥夺起诉权利则是不妥当的。从《民事诉讼法》第2条“被告有权提起反诉”的法律规定来看,法院对本案的反诉是必须受理的。如果理解为行政诉讼不行,民事反诉也不行,那么将把最高人民法院的司法解释置于直接对抗《民事诉讼法》明确法条的地位,这在理论上和实践上都是十分有害的。我国现在还没有抽象行为违宪违法的审查机制,但在实践中必须主动防止。

政府是代表国家的,法院也是代表国家的。行政权和司法权,既互相制约,又紧密联系。而诉权,由于其所处的地位相对低得多,需要司法权的主动保护。通过这样一个小案例详细剖析,笔者期望引起大家的关注和重视。

19. 计划经济转型时期的司法裁量*

——一宗烟草物价行政大案的启示

当我们带着新鲜、迷茫、希望、激动的心情等待“行政诉讼”闯入我们的社会生活时，大多数人——政府、组织、公民、法院中的许多人，也许并不十分了解它究竟将会给我们带来什么，对中国的政治、经济生活和法制建设产生何种影响。尽管许多理论著述和宣传文章对其重要意义、目的、作用都有较详尽的阐述，但大多是抽象的、努力方向性的。它的实际性的效用，只有在它真正开始干预社会生活时才会日益显示出来，其中的一些发人深思的问题也逐步被发现。《行政诉讼法》已经试行了一段时间了，选择一些典型案件进行一些剖析也许会给我们以更多的启示。这里，发生在浙江省的一宗巨额烟草物价行政处罚案件，正好可以作为一个有一定代表性的例子。本来通过各种协调、缓冲、搪塞、拖延就可掩盖的一些行政工作中的矛盾和错位，现在通过法庭这个聚焦点开始进行正面冲撞并向社会曝光了。

一、“烟”案的来龙去脉

1989 年 10 月 9 日，《人民日报》发表了新华社记者的一则报道：浙江省台州烟草分公司严重违反国家价格政策和法规，采取按国家定价开发票、按黑市价格收货款的手法提高烟

---

* 本文写作于 1991 年 2 月，发表于最高人民法院《人民司法》1991 年第 5 期。其时我在浙江省高级法院工作。原题为《烟案启示录》。本次出版按原稿增补。

价，仅二年多时间，就向购货单位收取卷烟提价款168.4万余元。其中直接收取现金72.7万元，给国家造成经济损失82万多元。同年7月，在国家统一调价前几天，突击虚销“宁波”牌香烟2850条，到时候却按提价后的价格向购方收款，非法牟利1.4万元。这个公司还有擅自降价、以物易物、私分非法所得等行为。在国家物价部门对该公司进行检查时，该公司先是不配合、不提供账册凭证等进行对抗，其后又无视检查部门“不准转移提价款”的通知，突击退款24万余元，并在日期上弄虚作假。

此报道一出，在浙江特别是台州地区引起了很大的反响。物价部门认为《人民日报》伸张了正义，支持了严肃执法；烟草部门则认为此报道以偏概全，只代表了物价部门的意见，没有把香烟销售中的实际困难反映出来，抬价销售实际上是搭配销售，是随行就市，不得已而为之。如按报上说的，香烟经营就没法开展了。

事情还得从头说起。1988年，浙江省物价局台州地区物价检查所在接到群众举报后，从9月12日开始对台州烟草分公司执行卷烟价格的情况进行了立案检查，发现了上述问题，认为该公司违反国家价格政策、法规的问题十分严重，于1989年1月5日作出了没收该公司非法所得76万元，罚款10万元，并对公司具体负责人各处罚款300元的处罚决定。台州烟草分公司不服，于同月12日向浙江省物价检查所申请复议。省物价检查所于7月17日作出复议决定，要求变更决定。省物价检查所经过6个月的复议，于7月17日作出裁决：没收非法所得90万元（追加原处罚时不应该减的14万元），其余处罚均维持。台州烟草分公司感到处罚不公，公司濒临破产，遂向台州地区中级人民法院提起行政诉讼。

二、违法经营数额巨大

台州地区物价检查所1989年1月5日《关于台州烟草分公司严重违反价格法规案件的处理决定》及浙江省物价检查所7月17日《复议决定》认定的情节十分严重。主要内容为：

1. 价外收款，提高卷烟批发价格。台州烟草分公司在批发卷烟时，采取开票按国家牌价，实际结算按市场价，另外收取抬高的差价款，不给收据，以“预收货款”科目入账。自1987年4月至1988年9月，共收提价款168万余元，其中直接收取现金的达43.2%。同时，该公司对部分乙、丙和丁级烟削价批发，削价损失计82万余元。

2. 1988年7月28日国家提高香烟价格时，该公司提前4天先开空头发票,虚销宁波牌卷烟2850条,截留国家调价收入1.4万余元。

3. 通过公司下属的劳动服务公司转批发皇冠、楚北、醒宝牌香烟1.5万余条,非法获利9000余元。还用以卷烟向外单位串换白糖高价倒卖等获利1.7万余元。

4. 在物价所检查时,隐瞒事实,转移资金,突击退款,抵制检查。

物价部门的处罚决定认为:卷烟是国家定价商品,《烟草专卖条例》(已废止)第15条规定:"卷烟价格由烟草总公司统一制定。未经制定部门批准,不得擅自变动,也不得变相提价或降价。"国烟专[1986]29号文件规定:"销售卷烟一律要严格执行国家规定的价格,明码标价,不得擅自提价出售或降价竞销。"台州烟草分公司无视国家价格政策,利用卷烟市场供求矛盾突出,牌价和市价悬殊之机,运用专卖地位垄断性提价,牟取巨额非法收入,损害了消费者利益,扰乱了市场,构成重大价格违法案,故作出处理:(1)擅自提价168万元、削价万元均属违法经营,考虑到实际情况允许削价损失部分冲抵,对非法所得部分85万余元予以没收;(2)鉴于其违法性质及态度,决定罚款10万元;(3)对劳动服务公司倒卖卷烟等其他违法收入4.1万元予以没收;(4)对公司经理等两名责任人各罚款300元。

9月15日,浙江省物价局《物价情况》发出《台州烟草分公司执法犯法》的通报,《人民日报》10月9日将此案见诸报端后,浙江省人大常委会发函督促有关司法机关严查此案。

三、确有不得已而为之的理由

台州烟草分公司同时收到没收罚款、行政查处、舆论抨击的三方夹攻,形若四面楚歌,企业濒临破产。在承认自己有违法行为的同时,他们也深感委屈和不平,于7月27日向台州地区中级人民法院递交了行政诉状,要求依法撤销两级物价部门的处罚决定,赔偿由于他们查账停业给企业经营造成的巨大损失。

台州烟草分公司认为,物价部门的指控和处理决定是错误的,他们不存在"提价"和"变相削价"问题,也没有与此相关的"非法收入"。

该公司实际上是一个行政性的公司,与台州地区烟草专卖局两块牌子一个班子。成立于1986年12月,负责台州各县市计划内卷烟的调拨分配和临海市八个区的批发供应。货源来自省烟草公司的计划调拨。由于卷烟生产受原辅材料的制约,名优高档卷烟的紧缺,社会消费观念又都追求名优卷烟,致使滞销的低档烟无人问津,约占70%。因此,卷烟的搭配销售,从生产、经营的起始环节即已发生。浙江省烟草公司在向下属公司计划调拨时，也采取好坏搭配、组合调拨的方式。但是，市场消费走向不以人的意志为转移，这些搭配下去的低档香烟，在零售环节就再也搭不出去，只好削价销售。在浙江省当时的市场上，“新安江”牌香烟批发每条2.42元，给零售点只能卖0.60元一条；精装光荣牌香烟，批发价4.55元一条，零售只有2.90元一条；连进价6元一条的精装宁波牌香烟，市场上也只能卖5元一条。市场情况必然反馈到批发环节，处在省公司的“计划调拨”和零售点的“市场经济”两面夹攻中的台州烟草分公司，蒙受着承担巨款损失的风险。如1988年6月1日，黄岩县路桥商店向“台烟”批列“精宁波”香烟12,500条，账面价格（即国家牌价）6元/条，实际结算按5.10元/条，一笔就要亏损7.5万元。

为了挽回这种损失，烟草公司只有两个法子：一是也实行搭配供应，这样顾客买一包好烟必须搭一包差烟，但社会上反映强烈，难以实行。二是随行就市，优烟优价，差烟差价；有赚有亏，互相补平。这符合市场规律，但物价政策不允许。香烟是专卖的，价格是严格控制的。这两条路都走不通，烟草中转、批发部门只好想出了一个不得已的对策：在账面上体现组合供应，但实际上打乱牌价，分别按实际价格分开计算，好烟差烟盈亏额冲抵，余额留账。台州烟草分公司采取的就是这种方式。他们把优质烟抬高价格卖出，以国家牌价入账，抬价款以“预收款”入账，待供应差烟出现亏损时再从中冲抵补回亏损。当然，烟草公司垄断着烟草市场，真正的亏本生意是不做的。抬价部分多抬些，削价部分少削些，从中捞回的“利润”，相当可观。台州烟草分公司被查出的“提价款168万余元”，“削价损失82万余元”即是这样来的。

对于这种做法，烟草公司辩解说：“这是为适应市场经营不得已而为之。在实行卷烟组合供应时，因生产、调运的不均衡，销售上有明显的大起大落的淡旺季特点，再加上公司受仓库、资金的限制，往往出现组合品种不齐全。为防止一些供销社、集体商业只拿好烟、不拿差烟的情况发生，于是实行带有保证金性质的预收款这种结算方式，在供应滞销烟时，按国家牌价结算，预收货款多退少补结清。”表面上，“保证金”好像是另外收取的，以保证差烟到时也能拿去，实际上，这“保证金”是按好烟的抬价部分结算收取的，是“抬价款”，而账面上项目为“预收款”。

四、营私舞弊的渊薮

如果仅是一种观念的冲撞、部门之间政策的自相矛盾，所引起的社会反响也许尚不会如此引人注目。由于烟草分公司有了这大笔的“预收款”，又有垄断一切烟草的专卖权,一些人的贪欲和私心就膨胀起来。

通过这宗巨额物价行政案的公开审理,台州烟草分公司的一些内幕也被公之于世,这不能不说是一个额外"收获"。

挪用"预收款"营私。台州烟草分公司下设一个"劳动服务公司",人员都是兼职的,经理即台州烟草分公司批发部负责人。他们利用这个"服务公司"的账户隐藏预收款达64万余元,转手为自己谋私。1988年4月9日挪用"预收款"16万余元在服务公司流通使用;挪用10万元存入建设银行,作为职工建房集资款;将9万多元以个人存折存入银行。

为了公司本身的利益,将大量台州地区的计划卷烟销往外地,有的供给无照经营者,加剧了当地卷烟的供求矛盾。如1988年1月8日将杭州牌、西湖牌1350条供给杭州市半山区一供销社以串换钢材,计划外多拨给椒江市烟草公司宁波牌、古松牌97箱,价值15万余元,以串换建材。

以烟换糖高价倒卖,提价款集体私分。1988年6月,由服务公司出面,用计划内卷烟向江苏省溧阳县糖烟酒公司换购平价白糖12吨,在当地高价倒卖,获取非法所得17,184元,不入账集体私分。

台州烟草分公司还将楚北牌、皇冠牌、醒宝牌等31,000余条香烟以批发价供给自己的"服务公司",由其以零售价批量转手倒卖,非法获利9142元。其他还有未经批准,擅自用打击走私的罚没款14万元购买旧车一辆;冒领工资私分等。

五、两难的法院

1989年10月27日,台州地区中级人民法院开庭审理这起浙江省首例物价行政大案。因旁听的人太多,不得不将开庭地点从审判庭移到地委的一个大会场内,但后排过道上仍被挤得水泄不通。这宗"官告官"的案子,在"民风好讼"的台州引起了前所未有的震荡。

上午8时,台州地区中级人民法院副院长李岳保以审判长的身份,宣布开庭。合议庭一开始就抓住了烟草分公司的多收款项是"抬价款"还是"预收保证金"来进行调查,因为这是是否违反物价政策的要害所在。法庭经调查和宣读证据,查明购烟单位并不将此作为"暂付款"做账,而是先打借条给出纳,待香烟卖后再还现金给出纳。也就是说这笔"预收款"已从烟民头上收回了。

调查中还查明,在物价所1988年9月12日立案查处后,台州烟草分公司匆忙突击退款30余万元,因此该公司认为盈亏相抵只有盈50.57万元。物价所则认为突击退款是在物价部门责令不准转移资金的情况下进行的,故非法所得仍应认定为82万余元。

被告物价所认为：台州烟草分公司无论是抬价行为，还是削价行为，都是违法行为，抬价一分是违法，削价一分也是违法。之所以允许削价损失在抬价收入没收款中冲抵，是体现实事求是原则，考虑到原告的承受能力。

在法庭辩论中，原告方律师认为：浙江省物价所的复议决定是错误的。卷烟市场产销矛盾突出，原告搞组合供应无可非议。购销合同也可以是口头的，只要双方意思表示一致。原告虽有移用预收款的问题，但这只是违反了财务纪律。复议决定因此定性不准，处罚不当，要求法庭保护原告合法权益。

被告方反驳说：烟草是专卖产品，生产、销售、牌价等都是国家规定的，必须严格执行。原告作为国家烟草专卖管理机构，严重违反价格政策，违法经营总金额高达250多万元，其行为使国家和消费者利益受损，理应受到制裁。而且，原告用预收货款的表面现象，掩盖了其抬价销售的实质，违反价格法规在前，为了掩饰这个违法行为而采取的手段又违反了财政法规，都应受到处罚。原告违法经营数额巨大，预收款中43.2%是现金，账目混乱，客户中有97%直接或间接地把这笔款摊入成本，层层加码，将抬价损失转嫁到消费者头上，说这与己无关是站不住脚的。说"以前也这样做，别人也这样做"也是站不住脚的。以前的违法不能抵消现在的违法，他人的违法不能为自己违法开脱。

原告在陈述中还提到：由于物价部门的长期审查，账目被冻结，低档烟大量压库无法处理，又要被罚款、没收85万元，加上银根收紧，资金短缺，企业面临倒闭，国家利益严重受损，要求法庭考察实际情况，秉公处理。

由于案情复杂，合议庭未能当庭宣判。

认真地听取了全案审理过程的群众，也纷纷议论开了。有的说物价部门合法不合理，有的说烟草公司合理不合法，也有的说现在的事情弄不清楚，也有的说烟草公司利用香烟大捞油水赚黑钱，怪不得香烟黑市价格那么高。

法院也遇到了难题：撇开那些枝蔓不论，本案的实质就在于是支持物价所严肃执法，还是支持烟草公司适应市场情况的灵活经营方式。通过审判已明了，抬价销售、削价销售是肯定了，但削价、抬价就不对吗？市场规律就严峻地摆在那边，如果按物价局的说法，"不准抬一分，不准降一分"，那么香烟经营只有死路一条，怎么判？支持谁？此案不单涉及浙江省，也涉及全国的烟草经营，影响面大，政策性强，法院怎么判都有点难。

1989年12月5日，台州地区中级人民法院终于公开宣判：一、维持浙江省物价所复议决定中关于没收台州烟草分公司其他价格违法所得41,463.76元、罚款10万元和两负责人各罚款300元的处罚部分；二、对复议决定中收缴的858,818.94元,变更为505,714.03元。上述第二项变更的原因,是考虑减少了烟草分公司在查处期间已经退还客户的30多万元。

对此判决,原、被告双方都表示不服,向浙江省高级人民法院提出了上诉。社会上则反映纷纭:有认为判决合理合法的;有认为只好如此的;有的则认为法院在做"和事佬","各打四十大板"。

在浙江省高级人民法院二审期间,又出了一个戏剧性的插曲:浙江省人民政府于1990年6月2日转发了《关于改进卷烟供货方式、拉开质量差价、搞活经营意见的通知》,其中规定:"省内外产全部卷烟在批发环节取消硬性搭配,实行选购。""批发价格实行浮动,拉开质量差价;零售价格按有利于平抑市价的原则由企业自定。""各地烟草公司及其委托批发单位可在规定的中心价和浮动幅度内,制定当地的卷烟批发价格。"这样一来,台州烟草分公司的行为是否违法就成了问题。但是,物价所执法依据的是当时的烟草价格政策,处罚也没有错。二审法院又陷入了两难的境地。①

六、"烟"案给我们的启示

这起"烟"案所折射出的内涵非常丰富,对我们重新认识行政审判的难点和执法走向,甚至对认识我国计划经济体制和市场经济调节的矛盾冲撞,都有深刻的意义,可以引发我们深层的思考。

第一,"烟"案的实质,是我国计划经济模式中的若干部分,已经不能适应当前自由市场经济的情况,违反了与市场调节相结合的客观经济规律。经过十多年的改革开放,我国的社会主义商品经济已有了充分的孕育和发展,"按客观经济规律办事",已成了深入人心的观念。平心而论,台州烟草分公司的抬高好烟价格、自动降低差烟价格销售的行为,只要不"以烟谋私",抬价牟利,只是进行互补,那么这种做法是符合市场调节要求的,应该允许,不应处罚。但物价监督部门严格执行国家物价政策和《烟草专卖条例》,对违反价格的单位和个人进行处罚,也是应该的,否则就是失职。问题出在,烟草专卖的若干规定具体执行起来就产生了矛盾。因此,法院的判决,说到底已超出了对物价所的具体行政行为是否合法进行审查,实际上已经涉及了是支持符合客观经济规律的行为,充分发挥市场调节的作用,还是支持已不怎么适应经济发展而严格执行价格法规的具体行政行为,这样一个带有根本性的严肃课题。

第二,我们再来考察一下行政诉讼给人民法院带来了什么。现在论者已

① 1990年4月2日,浙江省高级法院二审终审,维持了一审判决。

较多地注意到我国的法院地位不高，人事、财政都受制于地方，法规不配套，审判力量不足、素质不高等，开展这项审判困难重重。但还没有注意到这样一个事实，即许多行政管理环节中存在的矛盾，本来是通过行政这架机器自我调节的，现在却要通过行政审判来予以解决，使法院陷于被动的境地。本案所体现出的市场体系与计划体系的冲突，上层建筑和经济基础的冲突，以及传统与现实、合理与合法、规章与现实的冲突，就是明显的例证。这种问题，本来通过行政机关的不断的协调即可解决，现在，要在法庭上进行判决，法院则会左右为难。“烟”案判决的难产，不是偶然的。笔者这样说，并不是不主张用行政诉讼来解决争端，而是说人民法院要充分认识行政诉讼的特殊性和难点，在当前的条件下要合理合法地审理好每一个行政案，确是不那么容易的。

第三，让我们再来考察一下各种“专卖”的利弊。“专卖”是我国社会主义的有计划的商品经济的一种重要的控制方式。用得好，可以保证国家重要商品有序地流通，保护国家税收和广大消费者的利益，但如果用得不好，或被居心不良者掌握了这种权力，那就会产生行业垄断和无竞争经营，造成恶劣的经营作风，成为“官倒”和谋私的工具。台州烟草分公司的抬价、削价行为即便是可以谅解的，但其利用“专卖”的权力为小团体谋私的行为却足以引起人们的警惕。杜绝这些弊端，一靠教育来增强“专卖”队伍的素质，二靠行政和法制的监督制约，而是否该考虑放松一点“专卖”，像浙江省政府的放开烟价未必不是一个好办法。浙江某市在 1988 年放开烟价，结果国营商业增收几百万元，黑市香烟价格反而下降，苦的只是中间环节的烟贩子。有些国家的廉政措施之一，就是把政府机关可放弃的权力全部放到社会去自我调节，使公职人员少了许多借以谋私的权力，这是很有启发性的。

第四，行政规章的灵活性和执法的稳定性的矛盾如何解决。根据《行政诉讼法》的规定，法院审理行政诉讼案件应当依照法律、法规并参照有关规章，对行政机关的具体行政行为的合法性进行审查。但法律是刚性的、相对稳定的；行政规章灵活性则要大得多，这就给执法带来了难处。像本案中，浙江省政府的文件下发之前，台州烟草分公司的行为显然是违法的，但文件下发后，其行为则是允许的。另外，浙江省政府的文件是符合浙江烟草市场的客观情况的，但其内容则是与国家《烟草专卖条例》相冲突的，全国性规章的效力当然优于地方规章，法院执法不能置《烟草专卖条例》于不顾，那么法院如何协调客观存在的这些矛盾？

第五，是政企合一的体制问题。我国现在省以下的烟草专卖局和烟草公司，基本上是两块牌子一套班子。烟草专卖局作为行政机关，它负有安排、调拨、管理、监督烟草的生产、经营、流通、价格、市场的责任，而且拥有“专卖”的优越的权力。而烟草公司则是一个以营利为目的的企业法人，应按市场经济规律参与经营，自负盈亏，独立核算。现在这种合而为一的体制，使政企不分，职责不明，企业凭借专卖权力搞垄断经营，机关为了本公司的利益不可能公正地行使行政权力。这样一来，行政机关不为国家利益、消费者利益着想，甚至自己也参与违法活动，弊端大矣。

第六，此案也让我们看到了开展行政诉讼的深远意义。本文反映的围绕本案的各种社会反响思考，如果没有行政诉讼，就不会发生。通过公开审判，群众了解了烟草市场的真相，了解了物价部门的工作，强化了法制观念。台州地区①在《行政诉讼法》实施后，行政案件收案数占浙江省首位，不能不说与此案的广泛影响有关。② 对于法院来说，这样的大案多办几个，不但会积累宝贵的经验，还会培养出新一代称职的行政审判法官，使法院在我国今后的社会生活和政治生活中发挥更大的作用。

---

① 其时台州为地区建制行政区划，国务院于1994年8月22日以国函[1994]86号文件批复台州撤地建市。

② 2007年间，台州中级法院又在全国最早推出了行政审判“异地管辖”试点，得到浙江省高级法院和最高人民法院的肯定和推广。

20. 合理性优先，还是合法性优先？*

——对一宗工商罚没行政案件判决的剖析

在行政执法和行政诉讼中，行政机关和人民法院在作出行政决定和行政判决时，经常会遇到一些合理不合法、合法不合理的难题，处于两难境地。在强调严格执法的今天，这个问题又是无法回避、无法调和的。今年，《行政处罚法》开始实施，行政机关的具体行政行为更要规范化，这个问题更有进行明确讨论的必要。发生在浙江省台州市的一宗工商处罚行政诉讼案，为这个问题提供了一个十分典型的案例，工商机关和人民法院的观点截然对立，其焦点就是合理性优先还是合法性优先的问题，同时涉及对行政行为中的一事再罚的理解问题。本文试图作一详细剖析供行政法学界的同行参考。

一、简介案情

1995年5月18日，浙江省台州市所属的仙居工商局，查获台州市温岭华联贸易公司14辆以国产车“建设雅马哈”名义开销售发票的、从广州买来的进口走私日产雅马哈摩托车。因其提供不出国务院文件规定的《没收走私汽车摩托车证明书》，和公安部规定的每辆罚没车在国内流通必须要“一车一证”的证件，以及真实的符合商品名称的购车发票，在给当事人近六个月补证机会、当事人仍无法提供的情况下，台州市工

* 本文发表于《行政法学研究》1997年第3期，是对一件行政诉讼法律适用问题的个案剖析。对司法权审查行政权的界限进行了初步探讨。从中可以了解一项法律原则在微观适用上的两难境地，对如何制定法律和司法解释具有研究标本的意义。

商局于1995年11月9日作出了没收这批违法流通的摩托车的行政处罚决定。其处罚决定书认定的理由为："本局认为：温岭市华联贸易公司经销日本产雅马哈XV 250二轮摩托车，不能提供《货物进口证明书》或《没收走私汽车摩托车证明书》等相关单证，属违法行为"，故依国家工商局17号令的规定予以没收。被处罚人不服，于12月5日提请复议，浙江省工商行政管理局经过慎重研究复议，维持原处罚决定。其维持理由为："本局认为华联贸易公司购买无合法手续进口摩托车的行为，已违反了我国进口商品管理的规定，属违法行为。"被处罚人仍不服，于1996年2月27日起诉到台州市下属的临海市人民法院，法院于6月21日作出判决，撤销了台州市工商局的处罚决定，其判决理由原文如下："本院认为，原告在处罚前向被告提供了处罚决定书、缉私部门将没收车辆交有关单位销售的证明及没收车辆号码单证明等相关证据。虽然上述证据形式上及缉私部门将没收车辆交有关单位（非国家指定销售部门）销售之行为与国家关于加强进口汽车牌证管理规范性文件不相符合，但其内容能够证明本案扣押的14辆摩托车系缉私部门已经作出没收处罚并交有关单位销售的车辆。被告适用《工商行政管理机关对走私贩私行为处罚的暂行规定》的有关规定，对原告以走私贩私行为进行处罚于法不符，根据《行政诉讼法》第54条第2项第2目之规定，判决如下："撤销台州市工商局(95)6号处罚决定。"其主要观点是广州方已经处罚过这批走私车，按一事不再罚的行政处罚原则，浙江工商机关不能对其再行处罚。台州市工商局不服，上诉于台州市中级人民法院，提出了七条上诉理由：(1)一审判决违背了行政诉讼"合法性审查"的基本原则，对被处罚人的一系列违法经销走私车行为视而不见，让严格执法的行政机关承担了败诉责任。(2)本案行政处罚决定没有违背一事不再罚的行政处罚原则。广州公安局处罚的是广州走私人的走私行为，浙江工商机关处罚的是浙江经销者的不合法流通走私物品的行为。(3)被上诉人的行政违法是明确的"违法"，而不是一审判决认为的"形式上不相符合"。因为经销走私车的手续国家法令已有明确规定，并有法定格式，任何单位无权违反，否则就是违法。(4)上诉人的行政处罚决定有明确有效的法律依据。说本案处罚于法不符完全不符合事实。处罚引用的法规是《对走私贩私行为处罚的暂行规定》，且引用其中法条的定性很清楚，并没有说被处罚人走私，而是认定其经销走私车没有合法手续。定性完全正确。(5)上诉人的行政处罚是在查明被上诉人的违法事实、证据充分的基础上作出的。(6)行政处罚的合法性只相对于查获时的事实，处罚决定作出后的补证不能改变行政处罚的效力和合法性。(7)被处罚人的证据漏洞百出，缺乏关联性，不能证明在浙江没收的这批车同广州处罚过的车是同一批摩托车。台州市中级法院对上诉人提出的7条抗辩理由未能采纳,以与一审基本相同的理由驳回上诉维持原判,其“本院认为”说:“温岭市华联贸易公司购买的进口摩托车原系广州五金交电采购供应站走私车辆,已经过广州市公安局依法没收之后再交由广州五金交电采购供应站收购销售之事实清楚。该销售单位不是国家定点销售部门,由广州市公安局十一处出具的没收走私摩托车证明不符合国家规定没收证明书的特定形式要求,均属缉私部门查处走私行为不规范所致,但以此确定该公司向广州五金交电采购供应站购买该批摩托车之行为,属走私贩私行为缺乏法律依据。台州市工商局的行政处罚属适用法律错误,应予撤销。原审判决正确。”1996年10月底判决书下达,判决生效进执行程序。台州市工商局和浙江省工商局认为法院判决完全是错误的,台州市工商局向浙江省高级人民法院提出了申诉,要求按审判监督程序再审本案;浙江省工商局鉴于此案将对工商管理走私物品流通产生全局性的判例影响,向浙江省高级法院、台州市中级法院发出了要求暂缓执行该案的紧急公函,并按照省政府分管领导的意见,将此案报请有关领导机关协调研究。行政执法机关和司法机关对此案的处理形成了截然不同的观点,而按《行政诉讼法》的规定,如果不提起再审,法院的判决将成为决定性的最终权力,强制执行发还没收的摩托车将不可避免。

二、本案焦点

无论工商执法机关和被处罚者在诉讼中提出多少有关事实情节的不同陈述和互不相同的观点,本案的基本分歧还是十分清楚的。由于法院两审都持撤销行政决定的态度,因此某种程度上被处罚人反而隐而不见,主要的分歧变成了行政执法者和司法机关即法院的分歧。为便于讨论问题,这里列出分歧的几个焦点问题:

第一,行政执法以合理性优先还是合法性优先。影响本案判决的深层次原因,实际上是法官的一种情感判断,即这批走私物品是已经处罚过的,被处罚人是花了钱买的这批货,再次没收说不过去。在这种情感判断下,对工商执法行为的合法性审查,对被处罚人的违法性行为的审查都被忽略了。

第二,台州市工商局的处罚行为是否构成“一事再罚”。如果确是“再罚”,就违反了行政处罚的基本原则;如果不构成“再罚”,其行为就是应该支持的。法院的判决理由就是“广州公安局已经处罚过的摩托车”,因此不能再罚。

第三，被处罚人的行为是“形式上不规范”还是实体上的“不合法”。法院认为被处罚者提供的单证仅是不符合法定形式，内容上可以认定是处罚过的车；工商机关则明确认为不仅仅是形式上的不符合问题，而是直接违反国家法令的问题。

第四，对广州市公安局的不合法行为应由谁来承担后果责任。法院认为被处罚人的不合法行为的原因“均属缉私部门查处走私行为不规范所致”，言下之意被处罚人无过错，因此要台州市工商局承担败诉责任。台州市工商局和浙江省工商局则认为，他们是在执行全国统一的国家法律法规，只对被查处的处罚对象的行为进行审查，是违法的就必须处罚。同时，被处罚人明知此车没有法定合法手续，而采取开假发票的形式进行购买运销，存在直接的违法行为。

三、本案事实

以事实为依据是所有审判活动的基本准则，为有利于正确分析本案，下面将工商机关和人民法院查明的事实和有关证据作一如实的介绍。

1. 关于发票。1995 年 5 月 18 日查获时温岭华联公司提供的发票为：品名为“建设雅马哈 XV 250 摩托车”14 辆，总价为 5014 万人民币，销售人为“广州五金交电采购供应站”。建设雅马哈是国产车。5 月 23 日经浙江省商检局检验，结论为这批暂扣车实为日本产雅马哈 XV 250 二轮摩托车，非国产。

2. 广州市公安局处罚决定书。1995 年 8 月 23 日温岭华联公司向工商局提交了广州市公安局穗公法案〔1994〕126 号《处罚决定书》复印件，被处罚人是广州五金交电采购供应站，处罚事由是以海关伪报方式走私，处罚决定为“没收 336 辆 250C 型雅马哈摩托车，缴纳国库”。

3. 关于没收证明书。温岭公司从广州五金交化公司获得后向台州工商局补交的《广州市公安局证明》，落款和盖章均是“广州市公安局十一处”，时间是 1994 年 8 月 20 日。内容为：“我局于 1994 年 8 月 3 日，以穗公法案〔1994〕126 号文没收处理的进口雅马哈 XV 250（外包装及发动机侧盖为 125CC 标志）摩托车数量 336 辆，已全部交由广州五金交电采购供应站收购销售。”此证明让走私人自己销售走私物，以罚代没，不符合法规规定走私车必须由国家指定销售商销售的规定。同时与温岭华联公司被查获车的型号不一致。最重要的，这种证明书已有明确规定由公安部、国家海关、国家工商局三家共同制定全国统一的《没收走私车摩托车证明书》样式，明令不准各地公安、海关、工商机关自行制作。因此，公安局内部十一处无权代表公安局对外行使证明力。

4. 关于广东的指定销售商。公安部、海关总署、国家工商局《关于贯彻实施〈国务院办公厅关于加强进口汽车牌证管理的通知〉有关问题的通知》(公发1993 第7 号,1993 年3 月18 日发布)附件一“没收走私车销售部门名单”中指定广东省的销售商是两家:广东省汽车工业贸易总公司和汕头经济特区机电设备公司。

5. 关于“一车一证”。被处罚人事后补交的一车一证“证明”,是广州市公安局十一处出具的自行打印在“广州市公安局用笺”上的《证明》,上有手填的车号。经台州工商局1995 年6 月21 日赴广东查证,从销售人广州五金交电采购供应站处取得了编号为002 的空白《证明》原件复印存卷,并由被提取人签字证明。其中车号可以由被处罚人即销售人自行填写。而恰恰是这张空白的002 号,事后被填上了053421 的车号,由被处罚人温岭华联公司交到了台州市工商局。而按公安部等三家的文件规定,罚没车的一车一证格式是全国统一印发的,不能自行制作。车号也要由处罚单位填好后,连车一起交指定销售单位销售,不得让销售人填写,更不能由走私人自己填写,以免置换作假。

6. 关于处罚时间。本案1995 年5 月18 日查获,5 月23 日鉴定为走私进口车,要被查获人提供合法销售证明而无法提供。6 月20 日赴广东查证。8 月23 日被查获人提供了广州市公安局的处罚决定书、该局十一处的证明和一车一证证明,均不符合法定要求。9 月8 日台州工商局发出《限期提供有关证明通知书》,要被查获人于9 月15 日前提供合法销售证明,当事人没有提供。11 月9 日台州市工商局作出了处罚决定。处罚机关给了当事人五 个多月的补证时间。国家工商局〔1995〕第263 号文件规定给予当事人补交“两证”的期限为15 天。

四、相关法律

对于走私物品的流通规则,我国尚无法律的规定,主要是一些行政法规和规章、规范性文件。就本案而言,主要有以下一些可以适用的法规和规范性文件规定,列出供分析。

1. 国家工商局〔1993〕17 号《工商行政管理机关对走私贩私行为处罚的暂行规定》:“在查处走私贩私活动中,应严格查验其有关手续或者证明。其中,汽车、摩托车应具备《货物进口证明书》,或者《没收走私汽车摩托车证明书》和缉私没收车辆定点销售单位发票。对不具备上述手续或者证明的,区分情节,予以处罚:对经销的,没收物品,没收销货款。可并处物品等值

10% ~20% 的罚款。”(1993 年 12 月 11 日发布)

2. 公安部、海关总署、国家工商局公发〔1993〕第 97 号《关于贯彻实施国务院办公厅关于加强进口汽车牌证管理的通知》:“公安、海关和工商机关要认真查处走私汽车摩托车案件,对查获的走私车辆和无进口证明的车辆要一律没收,办理没收手续,并签发全国统一的《没收走私汽车摩托车证明书》。没收的车辆必须送到中国进口汽车贸易中心统一销售,没收证明书随车交给销售部门。”“《货物进口证明》、《没收走私汽车、摩托车证明书》和销售部门发票,要一车一证,公安交通管理部门办理牌证手续后存入车辆档案。”“自本通知发文之日起,各地区、各部门自行规定的对走私进口车辆的处理及挂发牌证的办法一律停止执行。”并指定了上文所述广东两家销售单位在内的“销售单位名单”。(1993 年 9 月 18 日发文)

3. 国务院办公厅国办发〔1993〕55 号文《关于加强进口汽车牌证管理的通知》:“海关、公安、工商行政管理部门对查获的走私汽车和无进口证明的汽车应一律没收,不得罚款放行。没收的汽车交国家指定的部门销售。”“没收证明、销售部门的销售发票应一车一证。”并授权公安部等三家制定具体实施办法。

4. 公安部、海关总署、国家工商局公通字〔1995〕20 号《关于启用新版〈没收走私汽车摩托车证明书〉的通知》:“自 1995 年 1 月 1 日起,启用新版《没收走私汽车摩托车证明书》,旧式《证明书》一律作废。”“公安部交通管理局、海关总署调查局、国家工商局公平交易局对上报的材料核准后,签发新版《证明书》,一车一证。新版证明书由公安部、海关总署和国家工商行政管理局联合制定,统一印制、发放。各地公安、海关、工商行政管理部门,一律不得自行印制和越权签发。”“新版证明书采用货币防伪技术制作,证内有一些五角星暗记和一个用紫光灯可分辨的天安门图形,证件编号在紫光灯下有荧光反射。”(1995 年 3 月 1 日发文)

五、法律评析

通过以上介绍的事实和法规法令的对照,我们已经可以比较清楚地知悉本案的是非曲直,台州市工商行政管理局和浙江省工商管理局是在严格依国家法令办事。法院判决这样的行政行为违法,予以撤销,显然是不妥当的。本文的目的不是为一个案件而论是非,而且司法权向来是一种最终的权力,如果此案提不起再审,这个案件也就这样了,学者并不能左右其判决。但从行政法学研究的角度,我们对为什么会产生这样判决的法律上的一些原因(其他原因不在本文讨论范围），很有必要进行一些探讨。

（一）关于我国对走私行政管理的方式

为打击近年来越来越猖獗的走私汽车摩托车行为，我国通过刑法和行政法两个手段进行严厉的制约。刑法上规定了走私罪的具体类型，加大打击力度。而大量的正常管理处罚则依靠行政法手段来进行。行政管理分三个阶段，即走私前的警戒堵源（立法、宣传教育、案例警戒）、走私中处罚，以及处罚后对走私物品流通的管理。上文引述的大量政府法令，都是从处罚后对走私物品加强管理，防止其再违法流通而作出的。因此处罚后的流通管理是我国打击走私，制约走私现象的重要手段。并不是只要没收过一次，就可以随便买卖流通了。对于违法流通的，国家法令也明确规定要再行没收。台州市工商局正是按照这些法令的规定，对本案的摩托车处罚没收的。如果依照本案法院的判决，走私物品只要经过一次罚没，谁都可以不按国家规定的手续进行买卖流通了。这等于否定了国家对走私货物第三阶段的管理权，对罚没过的就放任自流了。尤其是本案的行政执法并没有错，而作出这样的判决，对行政权的侵越和行政效能的损害就特别值得注意。

（二）关于对一事不再罚的法律理解

行政法上的"一事不再罚"原则，是指对同一主体的同一性质的同一个违法行为不能给予两次以上的行政处罚。因此其法律特征是主体（处罚对象）的同一、被处罚行为的同一、行为违法性的同一、违反的法律规范的同一（当然也有的触犯数法的同一行为也只选重者一次罚之）。而不是处罚标的物的同一。在本案中，是构不成一事再罚的。因为：第一，处罚对象不同。广州公安局处罚的是广州五金交电采购供应站，浙江处罚的是温岭市华联贸易公司。第二，处罚性质不同。广州的处罚是因为走私；浙江的处罚是因为违法流通。第三，处罚的原因和理由不同。广州的处罚是因为被处罚者"采取向海关伪报的方式走私"，浙江的处罚是因为被处罚者"经销日本产摩托车不能提供《没收走私汽车摩托车证明书》等相关单证"。第四，适用的法律不同。广州公安局适用的是国家关于打击走私的没收规定，浙江适用的是国家关于管理走私物品流通的法令。两案仅有的共同点只有一个，就是法院认为这些摩托车是处罚过的，也就是处罚标的物是相同的（这也是按法院的认定而言。因为广州公安局交给走私人自填的打印的空白一车一证，并不能证明这批车就是广州处罚过的车，走私者完全可以偷梁换柱乱填一气）。而处罚物品的相同在行政法上是绝对不能构成一事再罚的。因此判决书将"这批车已经由缉私部门作过没收处罚"作为撤销行政处罚的主要原因，是误解了一事不再罚的法理本义。

(三)关于对广州市公安局出具的违法书证的审查

本案的被处罚人曾经说,本案处罚是“政府感冒要百姓吃药”。言下之意是广州市公安局的行为违法是政府的责任,要处罚他不应该。这话看似有理,也被法院接受(中级法院判决书:“均属缉私部门查处走私行为不规范所致”),但其论点是站不住脚的。且不论购买走私物同时用假品名发票可以看出是明知的共同串通的行为,就是广州的政府机关感冒要浙江的政府机关吃药也是不行的,因为浙江的行政机关是在执行全国统一的国家法令,完全合法。如果确由于广州政府机关的违法行为造成了使当事人的摩托车被没收的后果,那他应该向广州的政府机关提出国家赔偿诉讼,而不能让严格执法的浙江政府机关代人受过承担败诉后果。

同时,按照行政诉讼合法性审查的原则,浙江法院在本案中确实无权审查广州市公安局的行政行为是否合法。但是,从证据学的角度,当事人提交的广州市公安局和其十一处出具的书证,却是本案法院必须进行合法性审查的证据。证据审查的第一要件就是合法,不合法的证据不能作为定案证据。从行政执法角度而言,合法性审查也是必须做到的。浙江省工商机关就是因为审查了广州市公安局出具的书证,认定其违反公安部、海关、国家工商局的法令规定,才认定其无效,才对摩托车处以没收的处罚。

在行政诉讼中,对涉及他案中行政机关的违法行为,法院不能直接审查其行为,但可以审查其作为证据的合法性这一观点,本人认为应确立为一个重要的原则,以此维护国家法制的统一,防止和稀泥和执法不严的现象蔓延。在实施《行政处罚法》时,这一点尤其重要。这也是本案有讨论价值的原因之一。

(四)关于被处罚事由仅是“形式上不规范”还是实质上违法

两级法院判决台州市工商局败诉,其很重要的理由是被处罚人提供的《没收走私汽车摩托车证明书》、无定点销售发票、自填的“一车一证”仅是在形式上“不符合特定形式的要求”。这里将国务院、公安部等三家的规定仅仅理解为是一种“特定形式”的规定,而不是法令,当事人违反了是可以由法院姑息原谅的。这显然是一种错误理解。行政执法必须“依法”,对于浙江的工商机关而言,只能按国务院、国家工商局、海关、公安部的一系列法令规定办事,对在国内流通的经过走私罚没的车辆,严格查明是否有全国统一的《罚没证明书》和公安部统一发的“一车一证”,而无权视而不问,对违法流通的行为不加处罚。因为温岭华联公司的行为是明显违法的,绝不仅仅是“形式上的不合特定要求”。行政权是权力也是义务,违法不究是失职,在理论上说法院也可以判不作为的工商机关承担法律责任,这样工商机关将处于两难的境地。

(五)关于本案行政处罚适用法律是否准确问题

两级法院的判决都是以适用法律不当为由撤销行政处罚决定。适用法律为何不当?法院认为:因为工商局适用的是《工商行政管理机关对走私贩私行为处罚的暂行规定》,而被处罚人的行为不是走私,所以适用法律不当。如一审判决所言“对原告以走私贩私行为进行处罚于法不符”。这一认定如果不加深究,是很容易被人认为是正确的。其实法院在这样认定时犯了逻辑上的偷换概念的错误。因为台州和浙江两级工商局根本没有以走私为由对被处罚人进行处罚,而是因为其“经销日本产摩托车而不能提供合法单证,属违法行为”,才进行处罚。定性是非常准确的。而这一规定写在上述《暂行规定》的第1条第1款(见上文“相关法律”一节),在这一法规中,既规定了对走私行为的处罚,同时规定了对违法经销走私罚没车行为的处罚,处罚后果都是没收。这个法规的重点恰恰是“走私第三阶段”即罚后流通阶段的管理。由于对走私罚没的汽车摩托车的管理就规定在这个法规里,两级工商局只能适用这一法规规定而别无选择,因此适用法律完全是正确的。法规的题目不同于定性,处罚定性是由具体的处罚决定书明确认定的。

(六)合理性优先还是合法性优先

《行政诉讼法》明确规定,法院审理行政案件只对行政行为进行合法性审查,而不是合理性审查。而合法性审查是有明确的标准的,即对照现有的法律法规。只有当法律阙如或有含糊时,才允许法官进行自由裁量。本案可以适用的法规非常明确,且上下一致,法院只能按这些规定办而不能自己作任意理解和解释。法规规定要有“两证”方可合法销售,就必须这样做到,而不能姑息看社会上“一般如何处理”。特别是当行政机关在依法执法时,更要严格依法来分析,而不能认为这仅是“形式上的问题”。由于我国现在打私中存在大量“以罚代没”、“罚款放行”的执法不严行为,浙江两级工商机关严格执法的做法是难能可贵的。如果这样的行政行为都要被法院撤销,那么工商机关对违法流通行为只有放任不管了。本案的判决将直接起到判例的示范作用,严重影响工商机关严格依法管理,起到一个很差的社会效果。

平心而论,本案有一个合法性和合理性的冲突问题。即对本案被处罚人来说,确实花了钱才购到这批摩托车,没收这批车从情理上说有点过头。说实在的,也正是这一点,左右了法官的情感判断,才出现了这种否定行政机关严格依法行政的不可思议的判决。但国务院法令和公安部、海关、工商局等的规章为严格管理走私物品的流通,又只作了没收这一种处罚方式。作为行政管理机关,只有适用法律的权利,而不能去变通处理。合理性原则只能建筑在合法性基础上,首先是要合法,然后才去考虑合理性。作为法院,审理行政案件的原则也应如此。而不能先从合理性出发,而置合法性于不顾,使严格依法行政的政府机关承担败诉责任。合理性的问题,只有在依法裁决后、在案外以其他的方式妥善解决。

综上分析,笔者认为台州两级法院对本案的判决是有失误的。本案应败诉的不应是台州市工商行政管理局,而应是被处罚人温岭华联公司。因为其一,经销国家有特定要求手续的走私罚没车而没有法定的单证,构成违法,可以处罚;其二,其手续没有的原因不完全像其所说的是"政府感冒百姓吃药"都是广州市公安局的错,而是自己明知的串通进行的违法买卖行为。至于其遭到的损失,如果确实无辜,则应该向广州市公安局提起国家赔偿诉讼,广州市公安局应对其违法处理走私车的违法行为给当事人造成的损失承担国家赔偿责任。因为国务院和公安部、海关、工商局三机关 1993 年就发文禁止自制罚没证、车证,指定了销售点,广州市公安局作为一个执法机关,到 1994 年 8 月还在违反,自搞一套,是造成本案纠纷的始作俑者。真正该"吃药"的是广州市公安局,而不应是台州市工商局。

21. 逗号,还是分号?

——兼谈国务院部委的法律规范解释权*

发生在浙江省富阳县的一件以公安局为被告的治安处罚案件,最终以浙江省人民检察院的抗诉意见被浙江省高级人民法院采纳,公安机关胜诉而告终。此案现已生效,并以全国首例行政抗诉成功的案例载入我国年轻的行政诉讼史册。诚然法院的判决是依法作出的权威结论,但此案审理中涉及一个较有普遍意义的司法解释权问题,却是对完善司法制度的一个重要信号,其意义绝不在案件本身之下。

一、起因:一块石头

这起行政抗诉案,由于检察机关介入而轰动一时。其实,这个案件本身是很小的,本不该有这么大的效应。

富阳县怀抱风景秀丽的富春江,江边有个乡叫里山乡,入江有条溪叫“礁湾里溪”,溪两边各有一村,红光村和强烈村。这两个村名都有点怪．似乎历史上就预示着这两个村庄有朝一日会名噪四方。

1990 年 8 月,富阳县下了一场暴雨,山洪暴发,洪水冲垮了礁湾里溪两岸的石坎,两岸的石坎分属两个村。8 月底,两村乘洪水甫歇,分别在自己一方垒石修坎。8 月 30 日,红光村村委主任夏小松得知强烈村村民在靠近红光村一侧的溪滩

---

* 本文发表于国务院办公厅主办的《中国行政管理》1994 年第 8 期。详细背景文章发表于上海《法苑》杂志 1992 年第 6 期。题目为《堤石激起的轩然大波——我国一起罕见的行政抗诉案件之思索》。本次出版按两文综合,因此文风不是严谨的法学论文格式,只图讲清论点。

上撬起了一块重约250公斤的石头,准备抬走。他即赶去制止。由于对方人多,夏小松被推拉到水里,石头被抬走砌在对方村的石坎上。中午,夏小松不甘心,趁对方回家吃饭。即叫来三个村民将石头抬回自己一侧。午饭后,夏小松在溪边路上遇到了强烈村的治保主任夏启元,夏启元提出要他将石头抬回。夏小松拒绝。因己方人少,他即赶回村里,到村广播室打开扩音机喊:"凡在村的社员,都到黄家田公路边上去,如强烈村要强抬石头,我们不肯歇的,这口气一定要出的。"在他喊话时,石头已被强烈村抬走。广播后,红光村有一百多人赶到,两村双方已有数百人陆续汇集到溪边。

在事态紧张关头,里山乡乡长董正新等乡干部迅速赶到现场,并召集两村干部做阻止工作,要求双方将各自村民领回,避免事态扩大。同时,为平息事态,乡干部提出:"这块石头双方都不能用,抬到乡里来。"强烈村一方同意,但夏小松一方坚持这块石头是红光村的,并说:"现在不是为一块石头问题,而是我们的面子问题。"拒不接受乡里的调处意见。随后,红光村一方仗着人多,强行将石头抬回自己一侧。为此,两村村民互相推打,掷石头,致多人受伤。后天下暴雨,村民自动散去。

8月30日晚,大源区委、里山乡政府、公安派出所召集两村干部调处纠纷。区委宣布三条意见:一、这是一起不该发生的事件,希望两村干部吸取教训,保持克制、忍让,绝不能再发生类似事件;二、石头争执应由乡政府划好界线,未经乡政府同意,纠纷地段不得擅自动工,防止事态扩大;三、"8·30"事件由派出所及时查处。

9月1日中午,夏小松等红光村干部商量后,分头通知村民再去争议地段抬石头,夏又动用了广播喊话要村民去做义务工。结果两村村民又一次形成对峙状况。里山乡干部赶到现场阻止,要夏叫回村民,遭拒绝。乡干部马上在溪中划界,但遭红光村村民夏乃申等人阻挠,测量皮尺被拉断,乡公安员被拉倒,测量标志被拔掉,双方又互扔石头和扭打,致多人受伤。

二、公安局成了被告

"8·30"和"9·1"两次村民冲突事件发生后,富阳县公安局将红光村村民夏乃申拘留了7天,并于1990年9月13日作出(1990)第877号《治安管理处罚裁决书》,依照《治安管理处罚条例》第19条第5项之规定,以夏小松煽动闹事为由,给予治安拘留12天处罚。夏小松不服.向杭州市公安局提出申诉。杭州市公安局经复查,于9月27日作出第96号《治安管理处罚申诉裁决书》,维持富阳县公安局前裁决。夏小松仍不服,以"公安机关认定我煽动闹事证据不足，处罚显失公平”为由，于10月20日向富阳县人民法院起诉，要求撤销富阳县公安局的裁决。

三、两级法院判决相左

案件就这样到了法院。

富阳县人民法院审理后认为：原告身为村委主任，在本村和他村发生争议时，理应通过合法途径解决，但其为出口气而不计后果。明知自己在村广播上喊话的行为，可能导致两村村民斗殴，且在两村对峙争石情况下拒绝乡领导劝解，坚持抬回石头，放任斗殴结果发生，其行为是煽动闹事，违反了《治安管理处罚条例》的有关规定。对被告作出的处罚事实清楚，适用法律正确，程序合法。并于12月7日作出判决：维持富阳县公安局对夏小松的治安行政处罚。夏小松败诉。

夏小松对此判决不服。以“认定事实有出入”等为由，向杭州市中级人民法院提出上诉。

杭州市中级人民法院对此案进行了认真的审理。认为：上诉人夏小松在两村发生纠纷过程中，身为村负责人，不经正常途径解决同题，意气用事，客观上助长了村民的对立情绪，其行为是错误的，但综观全案，强烈村一方在此纷争中亦有一定责任。夏小松没有编造谣言、欺骗、迷惑群众、煽动不明真相的群众闹事的故意，其行为尚未构成《治安管理处罚条倒》第19条第5项规定的法定要件，公安机关适用法律错误，原审法院维持公安裁定的判决不当。1991年3月5日，杭州市中级人民法院作出（1991）杭法行上字第3号行政判决，撤销富阳法院判决和富阳县公安局裁决。夏小松胜诉。

四、检察机关介入此案

杭州市中级人民法院的终审判决激起了轩然大波。

公安机关等多方反映此案判决不当，引起了浙江省高级人民法院对此案的关注。富阳县公安局在上级公安机关的支持下，不服终审判决，以此判决与事实、法律不符，社会效果极差，不利于稳定和社会治安综合治理等为由请求检察院对此案进行抗诉。

浙江省人民检察院经对该案审查后，认为终审判决确有不当，于1991年8月6日就此案向浙江省高级人民法院提出抗诉，认为富阳县法院、富阳县公安局对“8·30”事件中夏小松“煽动闹事”事实的认定没有错误，县公安局对夏作出行政拘留12天的处罚并无不当，应予维持。其理由为：（1）夏小松确有煽动闹事的故意和行为。(2)富阳县法院、公安局适用的法律并无不当。从法理上说,《治安管理处罚条例》第19条第5项规定的“造谣惑众,煽动闹事”的治安违法行为,从立法本意、规范结构的实际情况看,是两种可以并存也可以单独适用的违法方式(这里已经出现了本案的焦点,后述)。浙江省高级人民法院收到抗诉书后,鉴于本案的情况,于1991年8月9日作出行政裁定,决定对该案有关人员予以提审,并迅速组成合议庭,到富阳县当地对此案进行了公开审理。

五、本案的焦点所在

一个拘留12天的小小案件,为什么会引起涉及公、检、法、政府机关的这样多次的反复,而法院内部意见也会如此大相径庭?实事求是地说,不是关系网干扰,也不是执法水平问题,关键在于对《治安管理处罚条例》第19条法规的法理理解上的分歧。

讲到法理,有些从事件本身看很清楚的事,一弄到法理上去分析,往往会糊涂起来,越弄越复杂。尤其是对不搞法学研究的人来说,什么构成要件、主观方面、客观方面、立法本意、规范结构,会弄得无所适从。但办案必须要有法理分析,有时还得有文字学、考据学,甚至标点符号知识。

《治安管理处罚条例》第19条第5项规定:“有下列扰乱公共秩序行为之一,尚不够刑事处罚的,处15日以下拘留、200元以下罚款或者警告……(五)造谣惑众,煽动闹事的……”“造谣惑众”和“煽动闹事”之间,是一个逗号,不是顿号,也不是分号,更不是句号。《辞海》中有解释:“逗号,表示一句话中间的停顿。”按现代汉语规范,逗号表示一句话没有说完,必须与下半句连起来理解,意思才算完整。“造谣惑众”,是指为了达到某种不良目的而捏造消息,迷惑群众。“煽动闹事”,是指鼓动别人去做坏事,危害社会秩序的安定。这八个字是连起来,才构成本罪(违法),还是各自都可以构成本罪?也就是:中间的符号应理解为逗号,还是理解为分号?

杭州市中级人民法院认为:这是逗号,应连起来理解,夏小松没有编造谎言、欺骗迷惑群众,没有煽动不明真相的群众闹事的故意,因此构不成本条的违法;浙江省检察院认为夏小松虽然没有“造谣惑众”,但确实已经“煽动闹事”,因此已构成本条的违法。他们的理解实际上是“分号”。这个观点,也代表了富阳县法院、公安局、杭州市公安局的观点。

逗号还是分号,本案的焦点就是如此简单。当然还有“社会效果”等因素,这就不是法理探讨的范畴了。

六、公安部的司法解释

浙江省法院系统1991年受理行政案件1560余件，其中42%是告公安的。浙江省公安厅专门成立了法制处，有力地加强了公安系统的依法办事观念。富阳一案发生后，省公安厅也作为一个新类型的治安行政案件，慎重研究，加强指导，投入了不少精力。对“第19条”的法理理解问题，省公安厅早在四、五月间即向公安部发出了《关于“造谣惑众、煽动闹事”中指一种行为还是两种行为的请示》，公安部于1991年5月20日作出（1991）57号专门批复，作了明确解释。也正是由于这个批复，坚定了省检察院的抗诉决心，于8月6日提起了抗诉。

公安部的批复如下：《治安管理处罚条例》第19条第5项规定的“造谣惑众，煽动闹事”，是指两种扰乱公共秩序的行为，二者既相互联系又有所不同，前者指以制造谣言的手段蛊惑人心，造成群众思想混乱，从而影响社会秩序的安定。后者则是指各种方式、手段挑逗、鼓吹、唆使群众闹事，直接危害社会秩序的安定。在前一种行为中，行为人可能以煽动闹事为目的；在后一种行为中，行为人可能兼有造谣惑众的情节。在这两种情况下，两种行为均可合并裁决处罚，但不能以此认为没有煽动闹事目的的造谣惑众或者不具备造谣惑众情节的煽动闹事不构成违反治安管理的行为，不适用《治安管理处罚条例》第19条的规定。

简要地理解这段话，就是：光有“煽动闹事”一节，也可以构成本条的违法，可以处罚。公安部的这个批复，具有司法解释的效力，是有权威性的，将被普遍适用。

10月12日，浙江省高级人民法院派出合议庭到富阳县青少年宫公开开庭审理这宗行政抗诉案，旁听席上座无虚席。浙江省检察院派出检察员出庭，夏小松、富阳公安局局长、双方委托代理人到庭参加诉讼。省法院经审理后认为：夏小松具有煽动闹事的故意和行为；其行为属于《治安管理处罚条例》第19条第5项所规定违反治安管理行为，应当受到处罚。依据是公安部的批复，经审查属于有权解释，法庭应予采信。于是当庭判决：撤销杭州市中级人民法院的终审判决，维持富阳县法院的一审判决。

公安部的解释，实际上成了本案判决的主要依据。

七、问题何在

文章做到这里，似乎已经结束。其实不然。本文真正想提出的问题，还在后面。以下的文字,已经超出了对本案的介绍和本身评论。无论是法院的判决,还是公安部的批复内容,都已是权威的结论。笔者也认为这个案子这样判决,无论从事件的本来面目、法理本义、社会效果看,都是成功的。

想提出的问题在于:公安机关作为被告,却对可以左右判决的法规条文握有解释权。

从法律理论上说,被告可以作出有利于自身的解释,这无疑是一个极大的漏洞。值得注意的是,这种混淆在我国行政法规中比比皆是。几乎所有的系统性法规,解释权都在国务院、各部委及省政府、各厅局。如 1992 年的《进出口关税条例》第 41 条:"本条例由中华人民共和国海关总署负责解释。"《森林防火条例》第 36 条:"本条例由国务院林业主管部门负责解释。"《城乡个体工商户管理暂行条例》第 27 条:"本条例由国家工商行政管理局负责解释;实施细则由国家工商行政管理局制定。"1987 年的《耕地占用税暂行条例》第 15 条:"本条例由财政部负责解释。"而这些法规,按照最高人民法院法(研)复(1986)31 号文件规定:"人民法院在依法审理民事、经济纠纷案件制作法律文书时,对……国务院制定的行政法规,均可引用。省、直辖市人民代表大会及其常委会制定的与宪法、法律、行政法规不相抵触的地方性法规……也可引用。"就本案而言,《治安管理处罚条例》本来是没有规定公安部的解释权的,但 1981 年 6 月 10 日通过的《全国人大常委会关于加强法律解释工作的决议》第 3 条规定:"不属于审判和检察工作中的其他法律、法令如何具体应用问题,由国务院及主管部门进行解释。"根据这一条,国家各系统的主管部门都可以有行政法规解释权,浙江省高级人民法院就是根据这一条,认定公安部的解释为有权解释,据以定案。

有的人可能会认为,国家部委是代表国家行使权力的,要相信会依法解释,不可与具体的下属被告混为一谈。实际上这无法自圆其说。因为立法权、执法权、辩护权的划分,不是"觉悟"、"水平"所能取代的,这是一个法理原则问题。更何况现在直接以中央国家机关为被告的行政案件,也已发生多起。这样,要其自己解释诉讼中涉及的法规,也即作出具体行政行为的依据,既是两难的,也是荒唐的。在民事、经济、刑事诉讼中,国家机关对涉及的法规可以超脱地作出解释。而行政诉讼则不然,因为国家机关是被告,是诉讼一方,有利害关系,在涉及本部门本系统下属的利益时,难免会不同程度地产生本位观念、本系统观念。

八、两个题外的插曲

为证明此论并非空穴来风，试举两个最近发生的事例。

1. 国家交通部与国家卫生检疫总所为远洋船员出入境卫生检疫权即由谁发船员健康许可证的争议。近年来，我国远洋运输部门与卫生检疫部门为我国远洋船员出入国境应持有何种健康证明发生了多次争议，南京、大连、天津等地已为此多次发生行政诉讼。因为历史上交通部对远洋船员有自检发证权，卫生检疫系统则按检疫法执行，认为必须统一由它们进行检疫，统一发证，由此引发了多起检疫处罚争议。

这些争议，发生在下面，但根子在上面，而且涉及对《卫生检疫法》的理解问题。《卫生检疫法实施细则》第102条规定："国际通行交通工具上的中国籍员工，应当持有卫生检疫机关或者县级以上医院出具的健康证明。"第107条规定："国境口岸内涉外的宾馆和入境、出境交通工具上的食品、饮用水从业人员应当持有卫生检疫机关签发的健康证书。"远洋运输系统坚持第102条的规定，卫生检疫系统则坚持第107条的规定。由于双方多次发生争执，1989年9月5日，交通部、卫生部联合发出(89)交人劳字503号文件，对第102条达成一致意见，规定："部属单位的远洋船舶可持有卫生检疫所、县级以上医院……进行体检后签发的健康证明书。交通工具上的食品、饮用水从业人受的健康证书应由船公司统一组织，到所在地卫生检验所认可签发。地方船队的船员体检证问题可由船公司与当地卫生检疫所商定。"这个法规解释性文件，实际上是两部之间的协议。严格地说，同《卫生检疫法》第27条的授权"国务院卫生行政部门根据本法制定实施细则，报国务院批准后施行"的精神不一致。由此例可以看出，由国家主管机关自己对有关法规作出解释，难免会产生冲突和矛盾。

2. 能源部和地矿部为地质勘查单位资格管理权的争议。1991年9月，国家地质矿产部以部令第14号颁布《地质勘查单位资格管理办法》(以下简称《办法》)，明确规定全国所有地质勘查单位的审查和资格确认，由地矿部系统管理。不料能源部对此明确提出异议，认为：该部下属煤炭石油、核工业资源勘探队伍，其资格的审查与确认理应由主管部门进行，再由地矿部门重新审定资格实无必要。同时还认为，地矿部的《办法》与建设部的《工程勘察和工程设计单位资格管理办法》有矛盾，因此无法执行。地矿部也毫不让步，明确表示14号部令，非经国务院改变撤销，任何部门作出改变或者撤销其他部门的命令、指示、规章的做法都是违宪的、无效的。这个管辖权的纠纷至今不知下文。如果能源部系统拒不执行《办法》,地矿部系统依此《办法》作出具体处罚行为告到法院的话,法院如任由两家各作解释,就会无所适从。

上述2例已可看出,如果行政主管机关各吹各的号,各唱各的调,对行政法律规范都可以作出有权解释,叫人民法院在审理行政案件时如何判案?可见,由主管机关解释行政法规,在行政诉讼中是一个极大的弊端。

九、如何解决

从富阳县一块石头发端的行政案件,带给我们的信号是:在行政诉讼中,让作为被告的行政主管部门对引用的法规作终局解释是不妥的,这实际上混淆了立法权、司法权、辩护权的界限,让被告行使了立法权、司法权,是对人民法院审判权的一种侵占。在执法实践中,这样的体例也会使司法工作陷入混乱,使人民法院唯政府机关的意志是从。他作出解释,你依解释再作出判决。这在大量的税务行政案中,尤其明显。

全国人大常委会应设立法律法规监督解释委员会,对行政立法进行审查协调,监督纠正相冲突的条文,在行政诉讼中对某一法律法规发生歧义理解或争议时,由其作出终局解释,人民法院只采信这种解释。解释的初级意见,仍可由政府主管机关提供。这样既可保障人大的立法权,又可界定司法权、辩护权的界限,防止政府法规互相打架的现象发生。当然,全国人大常委会1981年6月通过的《关于加强法律解释工作的决议》第3条的规定,也应相应作出修改。

22. 四十年前没收的宝玉该归谁*

——论私有财产权保护和历史旧案的司法审查

公民财产权，是一个国家公民基本权利保护的重要内容。《美国宪法》明示：私有财产神圣不可侵犯。中国现行《宪法》明示：公有财产神圣不可侵犯。改革开放以来，中国逐步加强了公民私有财产权的保护。经过几次宪法修正案和《物权法》的立法和实施，中国宪法现在实行的实际上已经是“保护一切合法财产”的原则，但是司法实践中仍然倾向于对公有财产强保护，对私有财产弱保护。政治取向影响了中国司法中的平等财产权保护问题。

新中国的公有制原始积累，是通过革命胜利后的国家对旧政权财产的接收、对专政对象财产的没收、对合法公民财产的“自愿入社”、“一化三改造”等方式进行聚集，并得到确立和实现的。在不同的历史时期，曾经对各种私有财产权进行国有化和公有化。一种是对旧政权国家财政基础的接收；一种是以革命方式对地主资本家财产的直接没收；一种是以社会主义改造名义对富裕阶层财产进行征收；一种是以自愿捐赠方式动员社会公众奉献。如革命胜利初期，将土地分给了农民个人，实行“耕者有其田”，然后很快以“入社自愿，退社自由”的政策动员，把农民的土地、房产和其他生产资料自愿

---

* 本文是本人亲自办理的一个比较典型的民事侵权案例评释。2006 年 2 月 7 日，浙江嘉兴市中级人民法院受理了嘉善县李喜平诉该县博物馆、县工商局返还重达三斤多的贵重白玉案。但一、二审原告均败诉。由于本案涉及的公民在非正常历史年代被侵财产权通过司法索回的事例，呈现了中国公民财产权保护的司法实况，具有标本式意义，故将此文收入文集。

“入社”归为集体，然后“退社自由”被虚化，国家通过“人民公社化”，以立法的方式直接将土地规定为国有和集体所有财产。再一种就是历次政治运动，如“四清”、“文革”、“打击投机倒把”、“割资本主义尾巴”中进行的抄家和没收。由于新中国前三十年依政策治国，用行政手段进行的这种对公民财产权的重新处置和剥夺，并没有给公民以法律上的救济。十一届三中全会后，中国以“落实政策”的名义，对公民的房产、动产如字画、祖传私人物品等进行了一些清理发还，但土地国有化已经成为法定事实，大量的其他财产权也已经被混同为国家财产和集体财产，无法发还公民。只有极少数的案例，由于很少见的原因，产生了法律上的索回权和诉权，但这种权利并没有得到中国司法权的有力的支持。本文的案例，就是这样的一个小小的标本，可以诠释中国私有财产权保护的一种普遍状况。

一、宝玉案缘起

1964 年 8 月 22 日，浙江嘉善县李喜平之父李加良（已于 2005 年 4 月去世），在收破烂时从民间购得一块“福如东海”玉石（俗称玉山子，重约 1.5 公斤），拿到上海去卖。途中被当时的嘉善县魏塘镇市场管理委员会查获，并以涉嫌投机倒把为由对宝玉进行扣押，但一直没有作出行政处罚决定，也没有发还本人。魏塘镇市场管理委员会对其制作了查扣清单、谈话笔录，并要李加良写了检讨书。当时还查明该白玉确为李加良从凤桐公社鑫鑫生产队黄有根处用合法债权置换购买所得。同年 10 月 6 日，该市场管理委员会负责人郑玉根在处理单上批示：“逾期待了解后处理。”此玉以后就再没有进行处理，该私人合法财物一直被查扣部门占有。魏塘镇市场管理委员会后来隶属于新成立的嘉善县工商局。

1984 年至 1985 年间，嘉善县查抄财物清退办公室落实“文化大革命”错误抄家财产，将部分查抄物清退给其他被抄户，但对李加良的这块白玉没有清退。管委会于 1986 年将剩余无主认领的查抄财物交与嘉善县博物馆或图书馆保管，其中从原告之父李加良处没收的“玉山子”移交给县文化馆保管。

2002 年，李加良偶然发现在嘉善县博物馆中展出的“玉山子”即当年被没收的白玉。其展出说明中也明示了来源：“清代初期（文物），1974 年在凤桐公社出土，县工商局移交。”只是将发现时间迟标了 10 年。经当时查扣此玉件的魏塘市场管理委员会朱锦文对照片进行辨认，确认该玉即为 1964 年他从李加良手中查获的白玉，交给了管委会主任郑玉根。经律师找到该玉的原所有人黄有根辨认，也确认该玉即是其抵债卖给收破烂的李加良的。

李加良于2005年4月去世,临终遗言要求儿子一定要索回该合法自有的白玉。根据其儿子自己的估算,在2006年该玉已值上百万元。而政府有关机构认为至多20多万元。

2005年5月23日,李喜平向嘉善县工商局提出要求认领“玉山子”的申请。但工商局以历史问题时过境迁为由,答复不返还。李又于2005年8月31日向县政府提出发还申请,县政府通过县工商局和县府办以同样理由答复不予返还和不予受理,并告知可以向上级工商局申请复议。2005年10月28日,嘉兴市工商局作出答复,查明了本案李加良“玉山子”在1964年被嘉善行政执法机关查扣的基本事实属实,否定了嘉善各相关部门“时过境迁不予受理”的理由。但以此玉到底是否属于李加良所有的归属存在争议的实体理由,不支持原告权属主张,并告知可以向浙江省工商局申请复核。李依此申请后,浙江省工商行政管理局于2006年1月6日作出正式答复,维持两级工商局的答复意见。至此,李申请行政救济的所有渠道都已经走完,不得不通过司法途径提起诉讼。

二、宝玉有“主”

嘉兴市中院2006年2月受理了李喜平诉该县博物馆、县工商局返还宝玉案。原告李喜平以继承权代位起诉,他是已经去世的、生前发誓要讨回“宝物”的李加良(又名李嘉良)之子。

(一)庭上激辩

在公开庭审中,原告对宝玉提出权利主张,要求被告依法返还。其依据是:(1)关于所有权归属。认领“玉山子”事宜虽时间久远,但事实清楚,环环相扣,证据充分,足以证明现存于第一被告馆藏展览的“玉山子”即为原告之父李加良所有。(2)关于诉讼时效。原告所有权受到侵害的时间应当自第二被告明确答复不予返还“玉山子”,并经过合法复核程序确认行政权不会返还财物之时开始计算,即2005年7月18日嘉善县工商局正式出具《关于李喜平申请事项的答复》和浙江省工商局2006年1月6日确认此答复生效时开始计算,此时原告确知自己的民事权利已经被侵犯。故本案的诉讼时效应从2006年1月6日开始计算的2年内。(3)关于适用法律。1964年市场管理委员会在查扣“玉山子”后,仅在处理材料上签署意见“逾期待了解后处理”,并未出具正式的行政处罚决定书。行政查扣只是行政强制措施,属于未终局行为,查扣一直延续了42年,程序已经严重违法。该玉没有被处罚没收,因此所有权并没有转归国家,仍属原告所有。

法庭上，第一被告博物馆把“有合法来源、受委托保管”作为主要的抗辩理由。其在答辩中说：“答辩人收藏和保管该白玉是在履行法定的职责。”

嘉善工商局对该玉的权属提出异议，理由是原告之父李加良当年的口供，承认该玉不是自己的。而原告反对说，在法纪废弛的“文革”时期，李加良一直被批斗，非常害怕，不敢承认玉是他的，这样的口供是不能作证据用的。工商局的另一个理由，是按照当时的政策规定李加良买这块玉不合法，理应由国家没收，“查扣”是“事实上的没收”。

但李的律师认为两被告的答辩理由均不能成立。博物馆不是善意第三人，而是不当得利的他人合法财产的占有人，其性质从受委托保管人变成了永远的权利所有者。而保管委托人工商局的物权来源是没有合法依据的。第一被告代为保管行政机关待处理物品，主观上确实没有过错。但是，这不能成为他们不花一分钱就长期占有公民合法财产，甚至成为所有人的理由。因为代为保管行为并不能改变物权的主权属性，真正的物权权利人随时有权要求返还。

本案的性质究竟是民事还是行政案件也成了双方争执的一个焦点。被告辩称本案是行政案件，而原告认为被告目的是想把本案引向政府行为，为非法占有他人合法财产的民事主体逃避法律责任制造借口。原告律师认为，本案中目前仍占有原告财产的被告博物馆，是一个民事主体，没有任何行政职能。第二被告工商局进入本案是因为要查清民事侵权的前因后果，其地位相当于没有独立请求权的第三人，是到案协助法庭查明真相。因此，从本案的实质指向看，是民事侵权之诉无疑。被告早在20多年前就已经将“玉山子”交付没有合法权利的第一被告持有，并不是基于生效的行政行为而为，而是对他人财产的乱处分行为，是一种民事法律行为。而被告所作的信访答复，并没有作出行政处罚决定没收该玉，也不是可诉行政行为。

（二）提起上诉

2006年5月18日，嘉兴中级人民法院民事庭对“宝玉案”进行一审宣判，法院认定“宝玉属于李加良证据不足”，“工商局将查获的玉山子交给嘉善县查抄文物图书清理组处理，只是对玉山子的一种处理方法”，对工商局的起诉，不属于民事诉讼调整范畴，博物馆没有事实和法律依据需返还“玉山子”。据此，法院一审驳回原告要博物馆返还宝玉的诉讼请求，驳回对县工商局的起诉。

对于嘉兴中院的一审判决，原告当即表示要上诉。一审法院认为工商局不是民事被告，驳回起诉。但又认为博物馆是根据工商局的要求保管，是合法行为。这恰恰证明博物馆民事侵权的前提是由于工商局的没有法律依据的违法侵权查扣。因此,一审法院的判决理由是站不住脚的。随后,浙江省高级人民法院经过二审,维持了原判。李喜平终于未能取回这块应当属于他的宝玉。这个案件体现了当前中国司法对公民基本财产权的保护,并没有摆脱非正常年代公权优先的思维。

法院能够受理并审理42年前发生的本案,并确认诉权和时效,至少已经体现了中国已经有法可依,法院已经介入对一些历史问题的合理审查。中国的法制环境确实在进步。本案涉及继承权、代位权,涉及法律和政策、历史问题和现实法律冲突、诉讼时效、行政行为和民事行为、文物保护和公民收藏权等众多法律问题,对于现行司法如何直面历史问题、如何公平保护公民合法财产,都有重要的探索价值。任何国家,保护公民财产权的有力武器,都是法律。但由于我国有过土改、反右、"文革"等特定的历史时期,处理公民财产权主要是靠政策、靠权力,政府说了算,没有相应地给公民救济权和法律权利。在非正常的年代,公检法被砸烂,司法是失效的。很多以公权力出面的对公民基本权利的剥夺,留下了大量的遗留问题。有的时过境迁,没有办法了。但本案是一个特例,因为一个行政处理一直拖了42年没有结论。这个"死案"能够激活,是在分析了大量法律要件后才成功的。中国终于走向了有法可依的时代,中央已经明确要依法治国,建设法治国家。这不是口号,法律是活的,要靠法院的司法活动、活的案例,让人民知道中国已经真正有法可依、依法办事,以实际案例检验和证明我们国家法治的进步和文明。但是很遗憾,本案整个扎实的法律审理过程,顶不过一个既定的政策。开庭成了一个过场戏。在公民财产权同公权强制剥夺权进行说理和进行司法抗衡时,民权依然很无奈地输了。宪法原则和司法习惯对具体个案的影响,不言而喻。

附:

答中央电视台记者问

按:嘉兴中级法院一审判决"宝玉案"后,各界对本案折射出的法律问题非常感兴趣,也很关心本案的下步走向。原告律师陈有西接受中央电视台《今日说法》和《嘉兴日报》记者的书面采访,谈了相关的法律问题。中央电视台和《嘉兴日报》都作了重点报道。

采访人：中央电视台 记者

《嘉兴日报》记者

被采访人：中华全国律师协会宪法与人权委员会副主任、

京衡律师事务所主任 高级律师 陈有西

时间：中央电视台“今日说法”2006年6月5日播出本案

问：返还白玉“玉山子”一案，嘉兴中院现已一审判决。我们对本案极其关注，现特列如下采访提要，盼望能得到原告代理律师回应，谢谢！

一、从法院一审判决来看，黄有根缺席，对原告似有不利，下一步二审，原告方会否请黄有根出庭作证？

陈有西：法院对一审证据的认定方式是有问题的。黄有根不出庭，但有其亲笔证言和1964年当时的调查证明。如果当时即查明是黄有根的玉，则被查扣处分人就不可能会涉及李加良。同时，现有的证据链可以印证玉是从李加良处查获的，查处经办人已经当庭作证，已经可以认定。法院作出这样的证据认定，是另有原因。二审是否申请新的证人出庭，我们会视情况决定。

问：二、一审判决认为“凭现有证据，尚不足认定李加良对玉山子享有所有权”，原告对此如何评价？下一步会否提出新的证据？

陈有西：现有证据已经足以认定原告对该玉的所有权。被告工商局在一系列复查答复和递交给法院的答辩状中，已经承认了本玉的权利人是李加良，只是认为有权没收，或者说已过时效可以不还。只是现在经过法院审理，知道这些理由已经无法成立，才由其律师找出这么一个根本违背事实的理由。法院居然采纳。这不是实事求是的审判方法，因为连嘉善的普通群众和干部都会作出真相的判断。法院开庭很扎实，证人已经出庭，其实已经完全查明了真相，即玉是从李加良处查获的。由于原告本人已经去世，要原告作证是不可能的。但当时的经办人大多还活着，真相是不难查明的。

问：三、法院认定“工商局将查获的玉山子交给嘉善县查抄文物图书清理组处理，只是对玉山子的一种处理方法”，原告对此怎样评价？原告是否仍坚持“是工商局行政行为的延续”？

陈有西：本案物权现在被民事主体博物馆占有，很清楚属于民事侵权案件，只能打民事官司。被告工商局没有作出终局行政行为，而是把非法占有的玉非法地交给了博物馆去持有，因此是民事侵权的前置环节，很清楚是民事侵权的共同行为人。没有它的侵权，博物馆不可能侵权。光告博物馆，他不会输，他会说是政府交他管的，是合法的。因此，必须把共同侵权人工商局一起告。工商局当年的处理方法是违法的、没有作出没收结论的。因此我们将其列为民事共同被告是完全符合民法的侵权理论的。政府也可以成为民事被告,告政府的并不都是行政官司。像政府造办公楼拖欠工程款,他当被告就是民事被告。本案一开始是行政行为,由于工商局没有完成行政行为就把公民财产非法转让他人持有,就是民事上的共同侵权行为。

问:四、法院认定对工商局的起诉,不属于民事诉讼调整范畴,那么,在上诉中,原告是否将对工商局提起行政诉讼?

陈有西:鉴于以上的理由,本案很清楚是民事案件,把工商局列为民事侵权的共同被告没有错。我们不会去起诉行政官司。因为,当时我国没有《行政诉讼法》,这种行为按政策办。而我国有法后,被告现在并没有作出新的行政行为。因此我们不能用现在的法律去告他们,而且行政诉讼时效早已经超过。信访答复不是一种影响公民实体权利的行政行为。而民事侵权,自知道权利被侵害之日起2年内都可以告。本案从浙江省工商局信访最后答复的2006年1月,原告已经确知被告不会归还该玉,确切知道物权被损害。从该日起2年,原告都有诉权。因此嘉兴中级人民法院受理这件42年前的案件是合法的。

问:五、一审法院认定,博物馆没有事实和法律依据需返还玉山子。上诉中,原告是否仍将博物馆列为被告?为什么?

陈有西:公民的合法财产受国家法律保护,任何人不得侵犯。这是我国宪法和民法明确规定的。博物馆没有任何理由可以莫名其妙地占有这一珍贵的民间财产,这很清楚属于无因占有他人财产。如果工商局当年没收了这一财产,依政策交给他们管理,那么它是有合法依据的。但现在工商局根本没有任何合法的行为,此物从未被没收过,只是"逾期待处"。"待处"的42年中,无论政府还是博物馆,都只是"暂管"。"暂管"到现在,我国已经有了严格保护公民财产权的法律,法院审理本案,就要按现在的法律确定权利,返还被非法占有的公民合法财产。因此,此案博物馆毫无疑问是被告。

问:六、有无其他希望补充说明的?

陈有西:任何国家,保护公民财产权的有力武器,都是法律。但由于我国有过土改、反右、"文革"等特定的历史时期,处理公民财产权大量的是靠政策,靠权力。政府说了算,没有相应地给公民救济权和法律权利。在非正常年代,公检法被砸烂,司法是失效的。很多以公权力出面的对公民基本权利的剥夺,留下了大量的遗留问题。有的时过境迁,没有办法了。本案是一个特例,因为有一个行政处理一直拖了42年没有结论的问题。所以这个"死案"能够打活，是我们分析了大量法律要件后才成功的。中国终于走向了有法可依的时代，中央已经明确要依法治国，建设法治国家。这不是口号。法律是活的，要靠法院的司法活动、活的案例，让人民知道中国是真正的有法可依、依法办事了。本案本来是人民法院树立法制权威、以法制的眼光正视历史问题、审查非正常年代对公民权利的非法侵犯的极好案例，但很遗憾我们的法院还没有这样的勇气。之所以作出这样的判决，并不是真正在证据上有什么问题，而是法院不愿意或者说不敢介入这历史领域的老账。但不管如何，法院还是保护了原告的诉权和继承权，保护了时效利益。我们已经把一个“死案打活”，下一步我们一定要争取把“活案打赢”，以实际案例检验和证明我们中国法制的进步和文明。

23. 论行政诉讼中的法律规范冲突及其冲突规范*

在当前行政诉讼实践中,法律规范互相冲突的现象经常发生,成了困扰行政诉讼顺利开展的一个重要原因。科学地妥善地解决这种冲突已经不是一个理论问题,而且是一个十分迫切的现实问题。法律规范冲突的解决,主要是通过两个手段:一是实体法方式,即通过法规修订和编纂,使法律规范的冲突消失;二是冲突法方式,即通过确立一些共同的冲突规范,在遇到法律规范相冲突的情况时,法官按照这些规则,选择适用相适应的法律规范。这两种方式我们现在都在使用,但还远未达到系统地有意识地进行解决的程度。本文想着重对这个问题进行一些粗浅的探讨。

一、行政诉讼中常见的规范冲突表现

规范冲突和冲突规范是两个不同的概念,前者是指法律规范之间互相发生冲突;后者则是指处理协调相冲突的法律规范所适用的法律原则和法律规定。行政法律规范冲突的含义是指不同的立法主体所制定的有效的行政法律规范,相对于同一社会关系规定了不同的处理方式,适用后会产生不同的法律后果。其冲突的根源在于立法,而表现则在适用环节。构成行政法律规范冲突的要件是:(1)调整某一社会关系的

* 本文是我在北京大学法律系高级法官班的结业论文,完成于1994年5月,发表于1994年第4期《行政法学研究》。论文得到指导老师姜明安教授的精心指点和批改。

行政法律规范出自不同的法律形式，如此一法律与彼一法规、此一法规和彼一规章、此一规章与彼一规章。相应法律文件可能是不同的行政立法主体制定的，也可能是同一立法主体制定的。(2)不同的行政法律规范对同一社会关系的调整所作的规定不一致。(3)适用不同的行政法律规范会产生不同的结果。(4)这些相冲突的行政法律规范都是有效而可以适用的。

(一)行政法律规范冲突类型

从现有的考察情况看，我国当前行政法律规范相冲突的种类很繁杂，法律层次越低，冲突现象越多。初步归类一下，主要有以下几种：

1. 行政法规与法律互相冲突。如《草原法》规定："禁止在荒漠草原和沙化地区砍挖药材。"而两年后国务院制定发布的《野生药材资源保护管理条例》则规定："采猎二、三级保护野生药材物种的，不得在禁止采猎区、采猎期内进行采猎。"未对《草原法》规定的植被禁采区作出规定。一些不法分子就钻空子大肆采挖这些地区的药材，而当行政机关进行管理时即发生了法律适用上的争议。又如《国境卫生检疫法》及其"实施细则"规定，"由国务院卫生行政部门负责解释"。1989年交通部和卫生部503号文件《关于贯彻落实〈中华人民共和国国境卫生检疫法实施细则〉的通知》规定：部属单位远洋船员可持有卫生检疫所、县以上医院或海员医院、远洋医院、综合门诊部及海港医院进行体检后签发的健康证明书进出口岸。1991年卫生部2号文《关于对〈国境卫生检疫法实施细则〉有关条款的解释》则改变了这一规定：对远洋船员中的食品、饮用水从业人员，规定必须持有卫生检疫机关签发的健康证明书。其他机关签发的无效。这是由法律授权行政主管机关对法律规范进行解释，而解释的行政文件却派生出歧义的例子。此种冲突曾引起交通部和卫生部旷日持久的"检疫权诉讼"，国务院有关部门多次协调亦未能妥善解决。

2. 地方法规、规章与法律互相冲突。如《渔业法》规定中并无没收渔船的处罚，而某省制定的行政规章中就有这个内容；《统计法》中并无对直接责任人科处罚款及吊销相对人执照的处罚规定，但浙江省人大常委会制定的地方性法规《浙江省统计工作监督管理条例》第16条规定："可对有关领导人员或直接责任人员处以五十元以上五百元以下罚款，对单位处以五百元以上三千元以下罚款。个体工商户有前项违法行为，情节较重的，处以一百元以上一千元以下罚款；情节严重的，并给予暂停营业或吊销营业执照的处罚。"《商标法》和《商标法实施细则》对侵犯他人商标专用权的行为，规定可处以"责令停止侵权、封存收缴标识、赔偿损失、可并处罚款，以及对直接责任人追究刑事责任"，但国家经委、轻工部、商业部、国家工商局(1985)440号文件第5条则规定:“擅自出卖带有他人注册商标的废次标识的单位或个人,除赔偿被害人损失外,其余非法所得全部没收,并处以与非法所得等值的罚款。”新增了没收非法所得的种类。

3. 地方自治条例与法律互相冲突。如本章所附案例五,内蒙古呼和浩特市制定的《呼和浩特市废旧金属管理暂行规定》以“为有利于地方工业发展和有利于高效利用废旧金属资源”为由,规定本地废旧金属无准运证不得出境,当地公安机关据此对河南五农民交换购得的废金属处以没收。而国家有关打击投机倒把的法律及国务院《关于加强再生资源回收利用管理工作的通知》却并无此类规定。

4. 规章与法律互相冲突。《民法通则》第119条规定:侵害公民身体造成伤害的,应当赔偿医疗费、因误工减少的收入、残废者生活补助费等费用;造成死亡的,并应当支付丧葬费、死者生前抚养的人必要的生活费等费用。而国务院《医疗事故鉴定处理办法》及卫生部、各省市制定的《医疗事故鉴定处理办法实施细则》的赔偿范围都限制在直接损失上,对受害人家人抚养费、残废者生活补助等没有规定。有的具体处理办法只对事故确定一级、二级、三级标准,确定一个绝对数金额标准,一次赔几千元钱了事,对被害人的实际损失不予全面考虑。另外,这类细则解释对侵权行为的范围、种类规定也比《民法通则》要少。例如对医疗事故的处理,《处理办法》规定处理和赔偿视事故后果而定,严重的才处理。而《民法通则》规定只要构成侵害并有后果产生的,即应受理和处理。

5. 司法解释与法律发生冲突。最高人民法院法发(1992)3号《关于审理专利纠纷案件若干问题的解答》第6条规定:关于对专利管理机关的处理决定不服应向何地法院起诉问题:根据最高人民法院关于专利案件的管辖规定,如果作出处理决定的专利管理机关所在地的中级人民法院对专利案件有管辖权,当事人不服处理决定的,可以向专利管理机关所在地的中级人民法院起诉;如果作出处理决定的专利管理机关所在地的中级人民法院对专利案件无管辖权,当事人不服处理决定的,可以向专利管理机关所属省、自治区、直辖市人民政府所在地的中级人民法院起诉。有关人民法院应当作为行政案件受理。但《行政诉讼法》第14条第1项明确规定:只有“确认发明专利权的案件,由中级人民法院作一审管辖”。上述解答将所有不服专利管理机关处理决定的行政案件都划归中级人民法院作一审,与这一法律规定明显不一致,也不符合《行政诉讼法》关于专利案件管辖规定的立法原意。确认发明专利的案件应由中级人民法院作一审,但对专利申请、专利实用新型和外观设计权属争议、专利侵权处理不服的行政案件，应按《行政诉讼法》第 13 条，由基层法院管辖，或依据第 17 条由最初行为地和复议变更地法院管辖。在无特殊管辖理由的情况下，行政案件均应由最初作出具体行政行为的行政机关所在地的基层人民法院管辖。这是一个法律解释与源法律发生歧义的例子。

6. 规章以下文件与法律冲突。这类现象也多有存在，如一些地方政府出于地方保护主义而制定的一些壁垒政策，有不少是违反国家法律的。

7. 规章与法规冲突。如国务院《关于开展和保障社会主义竞争的暂行规定》中规定："不准封锁市场，不得禁止外地商品在本地区本部门销售。"但有的市为了保护当地产业，制定规范性文件不准外地啤酒进入本地销售，或不准外地企业来当地收购蚕茧等紧俏物资。

8. 地方性法规与国务院及有关部委的规范性文件冲突。地方性法规虽是法规，但层级较低；国务院文件虽然层级较高，但它不是法规，发生冲突时适用哪一个，也是一个难以把握的问题。

9. 法律与相关国际条约冲突。这个问题目前尚不突出，但随着对外开放的深入，国外组织、个人来华日益增多，行政争议不可避免，从而此种冲突也将在行政诉讼中逐渐显现。

10. 法律、法规、规章本身互相发生冲突。这种相同级别法律规范之间的冲突是当前执法工作中遇到的最难处理的难题，因为无法运用一般冲突法规范去进行调整，往往需要报请制定机关的共同上级机关进行协调处理。

(二)行政法律规范冲突内容

行政法律规范在冲突内容方面，主要有以下几类：

1. 权利内容的设定互相冲突。在行政法律规范中，这种冲突体现为：越是低层次的法律规范，对相对人的权利限制越多，而对行政主体设定的权力却趋大。

2. 处分内容的设定互相冲突。往往是低层次的法律规范扩充了行政机关的处分权力和处罚条款，这种冲突是当前行政诉讼中出现法律适用争议的重要根源。

3. 义务内容的设定互相冲突。由于法律实施细则、解释、行政法规一般对源法律都进行了补充和细化，因此有关行政主体和相对人的义务的内容一般都呈现增多趋势，尤其对相对人设定的义务更多一些。

4. 内涵外延范围发生变化。有的法律实施细则和法律解释与源法律规定的范围概念不一致，有的扩大了，有的则缩小了。

5. 程序设定上互相冲突。如最高人民法院《关于审理专利纠纷案件若干问题的解答》规定所有专利行政案件由有管辖权的中级人民法院(即省会所在地中级法院)一审,而《行政诉讼法》第 14 条第 1 项则明确规定,只有确认发明专利权的案件,才由中级人民法院作一审。对其他诸如外观设计、专利侵权纠纷案件并未规定。按该法第 13 条、第 17 条的规定,无特殊管辖的案件,应由基层法院作一审。

(三)行政法律规范冲突形式

行政法律规范在冲突形式上也各不相同,为便于理解,可以分成以下几种:

1. 层级冲突。即相同级别法律规范或不同层次法律规范之间的冲突,如法规与法律、规章与法规、法规与法规、法律与法律之间的各种冲突。

2. 法域冲突。也称区际冲突,即由于法域不同造成的冲突。如省与省、地区与地区、自治区与省市之间的法律冲突。

3. 时际冲突。即由于法律的溯及力、新法与旧法,未明文废止的法与新颁布的法之间的冲突。

4. 特别冲突。即特别法法律规范与普通法法律规范之间的冲突。有的按特别法优于普通法的冲突法原则处理,但当普通法效力高于特别法时,亦会产生争议。

5. 涉外冲突。当行政管理行为及于在华的外国组织和个人时,就会发生此类问题。

二、行政法律规范冲突产生的原因

按照《行政诉讼法》的规定,人民法院审理行政案件,以法律和行政法规、地方性法规为依据,并要参照国务院部委和省市政府制定的规章,由于适用和参照的法律规范的广泛性导致了法律规范冲突的可能性。研究探讨行政法律规范冲突发生的原因,有助于我们对症下药处理好这一问题。

(一)立法主体的广泛性

行政法规由于要调整广泛的随时变化的各种社会关系,实现政府机关行政管理的功能,因此其特征也不同于刑事法规和民事法规,立法主体呈现多样性。由于我国在行政立法上还远未达到科学有序的境界,行政法制还不健全,因此行政立法的权限没有明确界定,授权过泛,这个问题就显得尤为突出。按现有法律授权规定,我国现在有权制定行政法律规范的主体有:全国人大、全国人大常委会、国务院、国务院各部委、省级人大、省人大常委会、省政府、自治区人大及其政府、国务院批准的较大城市的人大和政府、特区人大和政府。立法主体相当广泛。这种立法体系对加强行政管理,及时处理政务是有好处的,但从长远观点看则不利于加强政府系统的整体效能,不利于形成全国一致的依法办事的共同规则。由于没有对这众多主体的立法权限进行明确划分,没有对其立法内容和范围进行明确界定,互相之间又缺乏信息交流和现代化的资料检索,大家各立其法各行其是,各自所立的法律规范之间内容重复、冲突的问题就难以避免。

(二)立法地域的差异性

我国疆域辽阔,沿海与内地、北方和南方、平原与山区、自然经济为主的省份和现代工业型经济为主的省份、边境地区和内陆地区、汉族地区和少数民族地区,在政治、经济、文化、历史、风俗习惯上各有差异,社会经济发展情况很不平衡。1997年以后,我国香港地区已回归祖国,"一国两制"的治国方针和港澳与内地在经济社会各个领域的融合,都会不可避免地产生法域上的互相冲突。各地立法机关和政府机关制定的法律、法规和规章,以及更低一层次的规范性文件都会不可避免地带有其特定性或地方性。如果将现在已经比较突出的"地方保护主义"因素加进去,法律规范冲突问题就更为严重。由于地方法律规范的地方性和现实法律行为的跨区域性,在适用这些法律规范时就不可避免地会发生冲突。

(三)部门立法的本位性

在现在人民法院的审判实践中,已经发现一些由各行政主管部门制定的行政法律规范带有相当浓厚的本位主义倾向,这在一些规定权力和权利的法律规范中体现得特别明显。现在国务院各部委制定的规章中相互冲突的内容大量地体现在这一领域。如交通部和卫生部关于远洋船员出境卫生检疫权的争议、交通部和能源部关于地质勘查单位资格授予权的争议、建设银行和城建管理机关关于工程造价鉴定权的争议、土地管理行政主管机关和交通管理机关关于公路两侧20米以内土地管理权的争议等。而对一些规定职责义务内容的法律规范中,本位主义倾向则呈现缩略和限制,对一些应该承担的职责推出不管。

(四)立法程序不够完备

行政法规规章既然是法的组成部分,其制定程序就应该有法定的要求。而我们现在一些法规规章的制定仍然与起草发布行政文件差不多。按照现代行政法制原则,制定行政法律规范应该遵循必要的程序,如规划、起草、调查和听取意见、协调和协商、审查和审议、公布和备案等。特别是事先的协调和审查,是减少行政法律规范冲突的重要环节。还有那些对相对人设定义务和禁止性行为的法律规范，必须进行必要的“听证”或广泛征求相对人的意见方可颁布施行。而我们现在的许多法规、规章，往往是行政机关在相对封闭的情况下单方制定的，在思维定式上从有利于管理、有利于本地、有利于本系统本行业出发比较多，而为相对人考虑、统筹兼顾比较少，对相关法律法规的类似规定的研究注意也不多。由于立法程序上的种种不足，制定出来的法律规范互相冲突便不可避免。有的法规、规章制定公布时，没有及时宣布将旧的相冲突法规废除，出现双法并行的情况，有些比较隐晦的冲突内容就不易被人发现，到了行政机关适用处理具体情况时就暴露出来。

（五）决策随意性和政策性因素的影响

由于有些法规和规章中的政策性内容和某些仅出于一时一地考虑而作出的规定，有时也会导致法律规范的冲突，这在一些法律没有作出明确规定，各自都由低层次的规范性文件调整的领域里比较明显。有的地方政府为了加强当地的某一项工作或集中解决某一个突出问题，有时会故意违反法定的规范和原则而作出某种与高层级法律规范相抵触的规定，而当地行政机关在形势的影响及行政权力的干预下，对之往往会予以适用。有时连当地人民法院也会受此影响。这种法律冲突的产生是人为的，但在实际执法工作中又是不容忽视的。

由于上述五个方面原因的存在，行政法律规范相冲突的现象现在不可避免，今后也还会长时期存在，从而使研究冲突规范成为行政诉讼法学中一个必不可少的重要课题。

三、行政诉讼中的冲突规范

冲突规范一词源于国际私法，本来是指规定某种涉外民事法律关系应适用何国法律的规范。因此也有的译为法律选择适用规范。其特征是只对何种法律关系在何种情况下应适用何种法律作出规定，而对法律关系调整的具体权利义务内容不作规定。在现在大多数行政法教科书中，一般不认为我国已建立了完整的冲突规范体系，而只是把一些零散的冲突规范表述为“选择适用冲突规范”。即由人民法院在审判中遇到法律冲突时，对相冲突的法律条文进行选择适用。在当前行政诉讼中所指的冲突规范，即是指处理法律规范冲突所适用的法律原则和法律规定。我国目前虽无完整的冲突规范体系，但还是有不少法律规定及法律原则可供适用。在审判实践中，也有一些处理惯例。

（一）我国现有处理规范冲突的法律规定

1. 宪法规定

第5条：国家维护社会主义法制的统一和尊严。一切法律、行政法规和地方性法规都不得同宪法相抵触。

第89条:国务院行使下列职权:根据宪法和法律,规定行政措施,制定行政法规,发布决定和命令;改变或者撤销各部各委员会发布的不适当的命令、指示和规章;改变或者撤销地方各级国家行政机关的不适当的决定和命令…… 第99条:地方各级人民代表大会在本行政区域内,保证宪法、法律、行政法规的遵守和执行。依照法律规定的权限,通过和发布决议。

第100条:省、直辖市的人民代表大会和它们的常务委员会,在不同宪法、法律、行政法规相抵触的前提下,可以制定地方性法规,报全国人民代表大会常务委员会备案。

第108条:县级以上的地方各级人民政府领导所属各工作部门和下级人民政府的工作,有权改变或者撤销所属各工作部门和下级人民政府的不适当的决定。

宪法的上述规定,表明了我国法制的高度统一性原则。它要求我国法律自上而下的统一,国家统一制定和实施的法律在国家主权范围内对各地区、各部门和全体公民都具有普遍的约束力,包括立法、行政、司法各个环节都要统一,不允许各立其法各行其是自搞一套。各种法律法规如同《宪法》和高一层级的法律法规相抵触,即无效。

2. 组织法的规定

《地方各级人民代表大会和地方各级人民政府组织法》第7条规定:各省、市、自治区人大,省会市、国务院特别批准的较大市的人大,根据本行政区域的具体情况和实际需要,“在不同宪法、法律、行政法规相抵触的前提下”,可以制定颁布地方性法规。并要保证宪法、法律、行政法规在本行政区域的实施。该法第四章对各级政府制定法规规章的权限做了规定。

《国务院组织法》重申了《宪法》第89条的授权,并对各部委制定规章、发布命令、指示的权限做了规定。

《行政法规制定程序暂行条例》第4条规定:制定的行政法规必须“符合宪法和法律”。第3条规定:“行政法规的名称为条例、规定和办法。对某一方面的行政工作作比较全面、系统的规定,称条例,对某一方面的工作作部分的规定,称规定;对某一项行政工作作比较具体的规定,称办法。”

3.《行政诉讼法》的规定

第52条:人民法院审理行政案件,以法律和行政法规、地方性法规为依据。地方性法规适用于本行政区域内发生的行政案件。人民法院审理民族自治地方的行政案件,并以该民族自治地方的自治条例和单行条例为依据。

第53条：人民法院审理行政案件，参照国务院部、委根据法律和国务院的行政法规、决定、命令制定、发布的规章以及省、市、自治区直辖市和省、自治区的人民政府所在地的市和经国务院批准的较大的市的人民政府根据法律和国务院的行政法规制定、发布的规章。人民法院认为地方人民政府制定、发布的规章与国务院部委制定发布的规章不一致的，以及国务院部委制定的规章之间不一致的，由最高人民法院送请国务院作出解释或者裁决。

《关于贯彻〈行政诉讼法〉若干问题的意见》第70条规定："人民法院作出判决或者裁定需要参照规章时，应当写明'根据〈行政诉讼法〉第五十三条，参照××规章(条、款、项)的规定。"

《关于公安机关贯彻实施〈行政诉讼法〉若干问题的通知》规定：各地公安机关在清理法规中清理出来的地方规范性文件，属于本级人民政府制定的公安方面的行政措施，或公安机关自己根据法律、法规和公安部的规章，以及本级政府的行政措施而制定的具体行政管理措施，凡与法律法规和规章不相抵触的，应继续执行。需要完善的，应进一步加以完善。对过时或与法律、法规相抵触，或超越法定权限的应按照有关规定的秩序予以废止。

4. 立法解释的规定

十一届三中全会以后，为了重构和恢复在"文革"期间搞乱了的国家法律基础，1979年全国人大常委会通过了《关于中华人民共和国建国以来制定的法律、法令效力问题的决议》，该决议规定："从1949年10月1日中华人民共和国建立以来，前中央人民政府制定、批准的法律、法令；从1954年9月20日第一届全国人民代表大会第一次会议制定中华人民共和国宪法以来，全国人民代表大会和全国人民代表大会常务委员会制定、批准的法律、法令，除了同第五届全国人民代表大会制定的宪法、法律和第五届全国人民代表大会常务委员会制定、批准的法令相抵触的以外，继续有效。"这一立法解释不但明确了1979年以前法律法规的效力，同时明确了新法优于旧法的原则。

1981年6月10日，五届全国人大常委会第十九次会议通过了《关于加强法律解释工作的决议》，对法律解释权限作了明确的分工和限定。规定法律法令本身解释权在全国人大常委会，具体应用法律法令的解释权在最高人民法院、最高人民检察院和国务院；地方性法规条文的解释权在地方人大常委会及地方政府。

1985年4月10日，六届人大三次会议通过决议，授权国务院"对于有关经济体制改革和对外开放方面的问题，必要时可以根据宪法，在同有关法律和全国人民代表大会及其常委会的有关决定的基本原则不相抵触的前提下，制定暂行的规定或者条例”。

5. 司法解释的规定

在具体应用法律规范中如何正确理解法律法规效力问题，最高人民法院也有不少具体解释。1985 年 7 月，最高人民法院下发通知明确最高人民法院公报的效力，规定“《中华人民共和国最高人民法院公报》是我院公开的正式的文件，我院发出的内部文件凡是与公报不一致的，均以公报为准”。

1986 年 10 月最高人民法院《关于人民法院制作的法律文书应如何引用法律规范性文件的批复》规定，法院制作法律文书时，对全国人大及其常委会、国务院制定发布的法律、法规、行政规章均可引用；省级人大及其常委会、民族自治地方人大及其常委会制定的地方行政法规，只要不与宪法、法律、行政法规相抵触，也可引用；国务院部委的规章及最高人民法院的司法解释可参照执行，但不正式引用。

1987 年 3 月，最高人民法院还发文明确地方各级法院不得制定司法解释性质的文件。

(二)处理法律规范冲突的有关法理原则

在一些国家，如加拿大，一般采用国际私法中的冲突法原则来处理各省之间的行政法律规范相冲突的问题。在我国，法律冲突的情况集中体现在行政法领域，有时也沿用国际私法中的一些原则来处理。

1. 冲突法一般理论

讲冲突法一般都要涉及国际私法的冲突规范理论。在国际私法中，冲突规范(conflict rules)又称法律选择规范(choice of law rules)、法律适用规范(rules of application of law)。它的结构包括两部分：“范围”和“系属”，也有的称为“范围”和“准据法”。范围即指这一冲突规范可以调整的法律关系的范围，即在哪一种情况下可适用；系属和准据法即指指明这类法律关系应予适用的法律体系，即适用国内法还是适用外国法。如“侵权行为的损害赔偿，适用侵权行为地法律”中，前半句即“范围”，后半句即系“准据法”。范围又称“指定原因”和“连接对象”，把“范围”和“准据法”指定连接起来，准据法是通过连结点的指引来确定的。

在国际私法冲突规范中，一般有以下几种类型：(1)属人法。此有两种：本国法和国籍国法；住所地法。如继承法冲突时多采用这一原则。(2)法人国籍法。用来指明是否法人，属何国法人，应适用何国法律规范去界定。(3)物之所在地法。一般多适用于不动产法律规范相冲突之时。(4)合同当事人选择的法律。这一原则适用于民事合同法律范围，由当事人自行约定适用何地法律。(5)行为完成地法。这主要适用于作为型的民事经济法律规范相冲突的时候,包括合同缔结地、证书登记地、债之履行地等。(6)卖方国家的法。适用于一些外贸法规。(7)侵权行为地法。对因不法行为引起的债多适用这一原则。(8)与侵权行为联系最密切的法律。(9)法院地法。这是民事诉讼中的一个重要规范。即在适用法律时依照法院地的法律来进行裁判。由于国际私法目的是为了调节国与国之间的法律冲突问题,因此其调节范围均限于法域冲突,不存在调节级别冲突问题,这一点与国内行政法是不同的;又因为它主要是为了调整民事方面的法律关系,因此多及于民法范畴而没有行政法的内容。但是,它的一些冲突法原则,对行政法影响很大,在调整行政法律规范法域冲突问题上,有重要的参照价值。

2. 行政冲突规范法理原则

在调整我国行政法律规范的冲突时,一般遵循以下一些原则:

(1)法域冲突规范的一般原则

法域(law district,legal unit)是指适用独特法律制度的特定范围。它具有两个特点:一是法域具有独特的法律制度。这种法律制度涉及各个法律部门。二是它具有特定的范围。这个范围可能是空间范围,又可能是成员范围,还可能是时间范围。法域在国际私法范畴,可以是国与国之间的;在复合法域国家,可以是州与州之间或加盟共和国之间的;在多种社会制度国家,可以是不同地区之间的,如 1997 年之后我国的"一国两制"模式中内地与香港即系不同的法域地区。在行政法范畴,则会产生于有权制定行政法律规范的各个行政区域之间的冲突。法域冲突是行政法律规范冲突中最常见、最基本的冲突,表现多种多样,处理原则也有所不同。其中最常适用的原则有:

①地域范围原则。即在处理涉及本地区的社会经济秩序、市政管理等方面的关系时,适用本地区的行政法律规范。这有利于因地制宜有针对性地正确解决问题,保证行政权的有效行使。我国幅员辽阔,各地情况千差万别,此一地的规定不一定适合于彼一地,按照这一原则可以较好地解决这类问题。

②当事人户籍或居所地原则。涉及公民、法人、其他组织的人身权、法人资格确认等法律关系,一般应当适用行为主体户籍所在地、长期居住地、法人设立登记地的行政法律规范。

③与具体行为最紧密相关地原则。在商贸交易、交通运输等跨地区进行的法律行为方面,仅采用地域范围原则已无法解决,因此一般就适用主要行为发生地的行政法律规范。行政行为与民事行为不同,行政管理权不因行为双方当事人的约定而改变,因此国际私法中的当事人选择地原则在行政冲突法

中不能适用。

④执法主体所在地原则。即在有关执法或法律适用程序方面，要适用行政管理机关及行为处理机关所在地的行政法律规范，或者法院所在地的法律规范。行政机关所在地和人民法院所在地在大多数情况下是一致的，但有时也有特殊情况，如公安机关实施收容审查等限制人身权利的强制措施，原告所在地人民法院也可以管辖，就会产生行政行为地和法院所在地不一致的情况。在这样的情况下，一般仍要以行政机关所在地法律规范为依据，因为行政诉讼是对政府机关具体行政行为是否合法进行审查。一般说，人身强制措施法律规范发生冲突的情况是不大发生的，因为我国这方面的立法权集中在全国人大及其常委会，或者国务院，地方立法机关不可自行其是另搞一套。

(2)层级冲突规范的一般原则

对于层级冲突问题，一般认为很好解决，即将行政权的效力等级原则引入行政法律规范冲突领域，当两个不同层级的行政法律规范发生冲突时，优先适用高等级的规范。事实上，只要稍加分析，我们就可发现问题并非如此简单。第一，当高等级的法律规范是低等级的法律形式（如国务院的规范性的文件）而低等级的法律规范反而是高等级的法律形式（如地方人大制定的地方性法规）时，应该适用规范性文件还是适用地方法规？第二，地方政府规章和国务院部委规章对于某一法律关系的不同规定，是出于各自管理范围和业务管理的需要，在一定情况下，地方规章可能更适合当地行政管理特点的需要；而另一种情况下，部委规章可能更适合行业专业管理的需要。我们通常在说的“条块矛盾”，即在于此。不加分析地轻易肯定这一个否定那一个，对加强行政效能和依法行政，都不一定有利。但是，既要兼顾这一点，又要保持全国法制的统一，这个矛盾又该如何解决呢？我们现在采取的是具体情况具体处理，即“报请裁决”。《行政诉讼法》第53条第2款规定，当这类法律规范发生冲突时，由最高人民法院送请国务院作出解释或者裁决。但正如有的学者已经指出的那样，这种报请裁决制度也存在一些弊端。例如，只能解决诉讼中已发生的冲突，而无法解决现实行政法律规范中已存在的冲突；只能解决具体个案，而无法解决普遍问题；诉讼中报请裁决使法院诉讼期限变得无法保证；有冲突都集中到国务院去解释会使国务院职能部门疲于奔命，使地方立法机关的责任心减弱。[①] 因此，在确定层级冲突规范时，考虑应全面一些，一般有如下一些原则：①在总原则上，高层级行政法律规范优于低层级法律规范。这一

---

① 应松年等：《行政行为法》，人民出版社1993年版，第222页。

原则有以下几层含义:a. 在法律形式上,高等级法律形式优于低等级法律形式,如法律优于法规、法规优于规章、规章优于规范性文件。b. 在法律渊源效力层次上,立法主体级别高的优于级别低的,如全国的优于地方的、人大的优于国务院的、国务院的优于省市政府的。c. 在有高层级法律规范授权的情况下,低层级法律规范如果在法律形式上高于高层级法律规范,也可以优于高层级法律规范。如有授权的特区人大制定的法规,如果与国务院部委的规章相冲突,也可以优先适用地方法规。d. 在没有法律授权、不同法律形式之间的行政法律规范发生冲突时,高级别又高等级的法律形式自然优于低级别又低等级的法律形式,但当出现立法级别和法律形式倒置的时候,则要适用别的冲突规则,而不受此原则调整。②区别不同的调整对象原则。在省市一级的法规和规章与国务院部委一级的规章之间发生冲突时,应针对调整对象的不同而具体情况具体处理。凡涉及行业管理、专业性比较强的行政法律关系,或者具有宏观调控性质需要全国统一的事项,应适用国务院部委的规章,而对那些区域性较强、主要属于地方性事务,可以因地制宜解决而又不会造成损害法制统一后果的事项,则应选择适用地方性规章。③区别行政职责权限原则。即在上下级制定的规章发生冲突时,不一定机械地按上级优于下级的原则处理,而是针对具体行政行为应该属于哪一级政府职责权限之内为出发点来分别确定。如属于应由上一级政府统一管理或涉及其他区域政府所辖范围事项的,应适用上级政府的规章;纯属下级政府管辖范围和权限内的事项,适用当地规章后又不致造成损害法制统一后果的,则可以允许适用下级政府的规章,以切近实际情况,达到合法性和合理性的统一。

(3)时际冲突规范的一般原则

时际冲突规范,是指不同时期制定的行政法律规范互相冲突,但又都是有效的情况下,应适用何种法律规范的一般原则。总的原则是:新法优于旧法,应优先适用新法的法律规范。在新法产生时,对旧法一般有这样几种处理方式:一是在法条或立法说明中明确宣布旧法失效;二是宣布旧法部分失效,如规定“此前发布的法规规章与本法不一致的,以本法为准”;三是由于疏忽或立法技术缺陷,对旧法效力未作规定。这时就需要依照法理原则对之进行一般处理。有时,新法与旧法所调整的法律关系范围并非完全相同,因此在新法施行时旧法并不完全失效,而是新旧法同时并存。有时,一个法律关系从产生到消灭,是跨旧法新法时际的。在新法生效之前,这一法律事件已经发生,而在新法生效之时,尚未依旧法调整完毕,这时也会发生适用何法调整的问题。对于第一种情况,新法对某种法律关系未规定调整规则的,可适用旧法处理,新法旧法均有规定的,通常可适用新法处理。对于第二种情况,则要从有利于行政管理相对人的倾向进行处理,一般原则是:①授权型规范,应适用从新原则。即新法设定而旧法未设定的,依新法;旧法已有设定而新法阙如的,亦依新法。但由于行政机关原因拖延处理,在新法生效后,依新法将导致相对人依旧法时本可获得的权益丧失的,应依旧法。②义务型规范,应依相对人应当履行该项义务的时限界限而定。该义务本应在新法生效之前履行而当事人未履行的,适用旧法。新法生效之后才发生义务责任的,依新法。③禁止性规范,应适用有利于相对人的原则。如剥夺和限制相对人权利的规范,在行为发生时,依旧法该行为未被作为违法行为禁止,而新法则作了禁止,视为违法,则应适用旧法不予追究。但该行为发生时依旧法视为违法,而新法已删除这一规定,则应适用新法而不再认为违法。同样,旧法罚重、新法罚轻,适用新法;旧法罚轻、新法罚重,适用旧法。④程序性规范,涉及当事人诉讼权利的,适用从新兼有利于当事人的原则。如旧法设定诉权,新法未规定诉权,依旧法;旧法未设定,新法中有的,适用新法。以保护当事人的诉讼权利。

(4)性质冲突规范一般原则

性质冲突规范是指不同属性的行政法律规范在处理同一法律关系时互有冲突,应如何进行选择适用的规范。主要有两类:一是特别法规范和普通法规范冲突问题;二是专项法规范和一般法规范冲突问题。在特别法规范和普通法规范发生冲突时,人民法院在审判活动中应遵循特别法优于普通法的原则,优先适用特别法的规定。但是这一原则的前提是这两个法律规范都是同一效力等级的,如果这个普通法是高一层次的法律,则仍要按等级冲突规范来适用,即适用高层次的普通法。对于低层次的与普通法相冲突的“特别法”,可以视之为越权规定,自然无效。专项法规范与一般法规范的冲突,是指直接调整相应部门相应事项的法律规范和非直接调整该部门该事项的法律规范之间的冲突。在这种情况下,在同等级的法律规范中一般要适用专项法,这是从有利于行政行为的针对性特征出发的。在工作性质上看,优先适用该行为主管机关制定的法律规范;从地域上看,优先适用本行政辖区的法律规范。但在适用这一原则时,要注意不得违背国家法制统一的总原则,不得与高层次的法律法规相抵触,以免受地方保护主义的影响,对法律各取所需自行其是。在处理法律规范冲突时,还可以参照我国民法的规定及国际私法的一般规则。如对不动产处分的审查,要优先适用不动产所在地的行政法律规范;对一些相对人作为行为,要优先适用行为地规范;对行政机关主动干预行为,要适用行政机关所在地规范;对相对人人身权利限制行为,可以适用原告住所地的法律规范。

四、法院审判实践中对规范冲突的处理

除了建构一些行政法律冲突规范，我们还要着重研究在具体执法时法官应该如何操作的问题。我国不是判例法国家，法官在执法活动中只有执行法律的权力而无创制法的权力。在行政诉讼中，实行法官司法审查权有限原则。即在审查较低层次的法律规范中，对那些与高层次法律规范相冲突的规范采取“不执行”或“拒绝执行”的方式，但并不能“撤销”和“废除”某一法律规范。如果说法官享有一定创制法权力的话，那么只有最高人民法院通过司法解释享有一定的具有这一性质的权力，但这也仅系阐述法律本义及限于一些程序性的规定。因此在我国的司法审查中，处理冲突规范主要的是方法论问题而非法理学问题，只要充分理解成文的法律条文和明了冲突法规范，一般说就可以较好地解决。但是，由于我国现在行政立法的粗糙和冲突法规范的薄弱，审判实践中法官有时会在实际的法律规范冲突面前感到困惑，因此，很有必要探索一些具有操作性的规则。

（一）诉讼中对法律规范冲突的审查和确认

从审判实践中发现，行政法律规范冲突的情况绝大多数是在行政诉讼过程中通过抗诘发现的。一方面，在行政法律规范制定时，一般立法者也都经过论证和平衡，明显冲突的条文在那个环节即可消除，只有那些不十分明显的隐蔽的冲突含义被规定进法律条文，因此非到互相抗诘难以发现；另一方面，因为法院只限于审查具体行政行为，许多实际存在的行政法律规范冲突问题，由于未涉具体案件而未能被全部发现。从这个角度，我们也可看出行政诉讼对统一我国法制所起的重大作用。

冲突规范的发现现在主要有四个渠道：法官审查行政行为时发现；法院合议庭、审委会讨论案件时发现；律师在寻找辩护依据时发现；学者在研究中发现。当法官在审理案件中初步发现几个行政法律规范可能发生歧义和冲突时，首先应该研究这些规范是否真的具有冲突。因为有的法律规范貌似冲突实质上并不冲突，有的扩大解释本有法律授权。其次应审查有无现成的法律条文可以明确解决这种冲突，相冲突的法律规范是否都是有效的。这个“有效”与否又要从三方面去审查：在制定主体上，是否越权；在制定程序上，是否违法；在法律时效上，是否已经失效或已被废止。

当初步认定法律规范确有冲突后，要按前文所述的冲突规范构成要件进行鉴别确定。第一，可调整同一行政法律关系的行政法律规范出自不同的法

律形式;这些规范可能是不同主体制定的,也可能是同一主体制定的;第二,不同的行政法律规范对同一行政法律关系的调整所作的规定不一致;第三,适用这些不同的法律规范会产生不同的法律后果;第四,这些不同的规范又都是同时有效的。如果经审查符合这几个要件,就可以确认是相冲突的行政法律规范,就要考虑按处理冲突规范的程序进行处理。即对权限范围内的,自行选择适用;对有明确冲突的规范可以参照的,按冲突规范处理;对无法明确解决的,依程序报请解释和裁决。

(二)法官裁量权范围内的取舍处理

在行政诉讼实践中,如果遇到法律规范冲突都报请有权解释机关裁决,既可能延误诉讼时效,同时也不利于发挥法官的主观能动性。因此在某些情况下,法官应在裁量权范围内自行选择适用。法官在作出选择前,应注意以下几个方面:一是尽量找到所有相关法规,包括不同历史时期、不同法律部门的各种法律规范;二是分析其效力等级,时效先后,是特别法还是普通法,是专门法还是一般法;三是了解其法律渊源,看有无特别授权。如果经过这些审查,已明确只有一种法律规范才可有效适用,就可自行决定适用这一法律规范。如果发现有若干种法律规范可同时适用,则要依冲突规范选择适用。如果按冲突规范可解决这个问题,则可自行决定适用,而不必再行请示。在进行这种审查时,还可以参考最高人民法院公报发布的判例,如明确相同或相似,就可参照判决而不必再行请示,如有不当,可由上级法院按审级监督程序进行纠正。

(三)规范冲突的报请裁决程序

当在审判工作中发生法律规范冲突又无法运用冲突法一般原则处理时,就要报请有权机关进行裁决或作出明确的解释。《行政诉讼法》第 53 条第 2 款规定:“人民法院认为地方人民政府制定、发布的规章与部、委制定、发布的规章不一致的,以及国务院部、委制定、发布的规章之间不一致的,由最高人民法院送请国务院作出解释或者裁决。”除了这里列出的规章之间不一致外,法律实施细则、法律解释等各种法律规范互相冲突的,都要适用这一法律规定。如果这些法律规范是由最高人民法院作出的,可以逐级报请最高人民法院作出明确解释。如果这些法律规范是由行政立法机关作出的,应当逐级呈报最高人民法院由其送请全国人大常委会作出解释或者裁决;对国务院部委作出的行政法规的细则和解释之间出现不一致的,也可以由最高人民法院送请国务院作出解释或裁决。这里需要明确的是,报请程序必须逐级进行,有的法院在报请裁决时越过最高人民法院直接向国务院或有关部委请示或发函要求解释,这是违反程序的。报请裁决、解释期间,人民法院可以暂时中止案件的诉讼,待有明确的结论后,再恢复诉讼。人民法院在报请裁决和解释时,一般应叙明冲突之要点及由此而产生的法律后果,在可能的情况下,应提出倾向性的理解意见或解决的建议。如果是针对行政立法机关所制定的法律规范,还可以在报请解释时指明冲突之要点和司法建议,供行政机关解释时参考。

(四)适用冲突规范时的法理阐释和综合平衡

最高人民法院1992年对司法文书作了重大改进,要求判决书理由部分要说理充分、论证有据。人民法院内部审结报告也要求对每一个案件的判决理由表述清楚,论证有据。因此,法官在判案时,特别是按权限自行选择适用法律规范、未经报请解释的判决依据,必须在判决理由中对为何适用此一规范而不适用另一法律规范的理由表述论证清楚。如有几种相冲突的法律规范,对其冲突要点、互相之间的层级关系、调整范围、时效、按何种冲突法原则而适用这一法律规范,均要予以说明。当然在审结报告中可以表述详尽一些,在判决书中则不能过于琐碎。在适用法律冲突规范时还要注意综合平衡,如涉及濒危植物保护问题,涉及林业、环保、工商法规;捕捉珍稀动物属于非法捕捞行为、破坏野生动物资源行为还是已构成捕杀濒危野生动物罪。这种分析不但要从案情实际出发,还要认真理解各个法律规范的法理含义,参照最高人民法院的正式判例,尽量准确适用。

五、对规范冲突问题的若干思考及建议

前文我们对法律规范发生冲突时人民法院应如何处理作了全面探讨。但如何从立法角度改进工作,努力消除法律规范互相冲突的问题,也亟待研究。前面我们已经指出,解决法律规范冲突有两大途径:实体法途径和冲突法途径。冲突法途径前文已作了重点探讨,下面再从实体法途径探讨有关对策。

(一)法典编纂亟须提上日程

法典编纂是立法活动的一部分。在行政法领域,法典编纂是从实体法途径解决法律规范相冲突问题的重要手段。行政法律规范浩如烟海,全部集中编纂形成一个行政法典几乎是不可能的,世界上迄今为止也还没有一个国家有这样的实践。而且我国目前正处于重建行政法体系的大变革时期,法律的立改废周期非常短,因此搞全面的法典编纂是不可能的。但是,并不是说在这方面我们只能毫无作为。根据现在的条件,可以以专业管理分野,分系统对行政法典进行编纂,如土地方面的、环保方面的、卫生方面的、城建方面的、工商方面的、治安管理方面的等。可将所有这一门类的行政法律规范,包括宪法、基本法、行政法规、部委规章、地方法规、地方政府规章、规范性文件编纂在一

起，对相冲突的条文进行衔接修订，由全国人大以公告形式颁布，行政执法和法院审判活动一概以此为准。这样就可大大减少冲突现象。法典编纂有两个必备条件：立法权力渊源及雄厚的研究冲突法的力量。因此这项工作必须由官方组织进行，由全国人大或国务院设立专门的法典编纂委员会，长年从事这项工作，而现在这件事尚未提上日程。

（二）抓紧法规清理废除旧的行政法律规范

我国正处在重大改革和立法“高产”时期，建国四十多年来制定的大量行政法律法规许多已不再适用今天的社会实际，而且有许多已经制定了新的规范。由于立法的匆忙，有的旧法律规范来不及予以清理。国务院近年来已清理公布废止了一批，但这项工作的后续任务还很重。应该再抓紧这项工作，以便更大程度上减少法律规范冲突现象。

（三）将冲突法规范法律化

除了将现有的行政法律规范分部门进行编纂，还要将现有的冲突规范从学理解释变为成文的法律规定。因为许多法律规范是互相交叉的，部门的编纂并不能完全解决冲突问题。我们现在已有不少法律界已达成共识的且较稳定的冲突规范，如前文分析的若干基本原则。但这多数还是学理解释，随意性大，权威性不强。如果能以立法的形式将这些原则明确固定下来，对解决法律规范冲突就十分有用。其内容一般应包括：管辖权的确定、适用前提、适用方式、适用原则、约定条款等。这种法律一开始可以不叫《行政冲突法》，而以“行政法律规范冲突选择适用规则”的形式制定，等试行一段时间成熟后，再制定完整的冲突法。

（四）法官裁量与法官素质

处理冲突规范需要法官具有主观能动性。诚如前文剖析的，将行政法律规范的司法解释权交由国务院各部委自行行使，不但会造成诉讼时效的拖沓，而且会造成立法权、行政权、司法权、辩护权的混淆。因此解决的途径首先是缩小解释权范围，由全国人大或国务院归口一个部门进行解释，其次便是加强法官解释。即在对冲突条文的选择适用上，给予法院特别是最高人民法院以较大的裁量权，由法官自行决定应该适用何种条文。这样做就有点法官创制法的味道，要求法官必须有高深的法律涵养，能把握法律的真谛，作出准确的权威的解释。与此相类，判例的作用也要加强。

（五）充分发挥人大的立法监督职能

我国没有宪法法院审查法律法规的违宪和冲突问题。这方面的法律监督职能由人大负责。为此，人大常委会除了应行使冲突解释权外，还应大力加强立法解释,主动地完善法律规范,消除法律歧义,协调解决法律冲突。国家《立法法》应抓紧制定出台,对立法体系、立法权限、立法程序、论证程序、备案程序、公布程序都应明确作出规定。

(六)司法审查权展望

我国人民法院只享有有限的司法审查权,只能对行政机关的具体行政行为进行司法审查。对抽象行政行为无权审查,对法律法规只有执行权而无审查权,对相冲突的法律规范只有选择适用权而无撤销权。而人民代表大会及其常委会现在则将主要精力集中在立法上,没有承担起司法审查的职能,连一些必须进行的立法解释,现在也交由法制工作委员会在进行,如从1988年以来连续作出的《全国人大常委会法制工作委员会关于如何理解和执行法律若干问题的解答》,实际上起着立法解释的作用,而人大法工委仅是人大的一个办事机构,法律并没有授权其可以解释法律。因此这种解释的效力是大可商榷的。因此,从我国法制建设的前景看,扩大人民法院的司法审查权不但是可能的,而且是必要的。从国际法律发展潮流看,判例法和成文法正在交互补充,大陆法系和英美法系正在互相吸收长处,我们这样一个大国,适当加强判例在执法工作中的作用,是应该的,这有利于能动地适应社会变化的需要,防止立法机构压力过重,防止经常修改法律,也有利于发挥法官的主观能动性以及他们长期从事法律工作的经验、知识和技能。因此,可以考虑授予最高人民法院部分审查抽象行政行为的权力(包括违宪审查),使之一方面有权撤销与宪法法律相抵触的低层次的法律法规,另一方面可以确立一些判例,供全国法院参照。如果这样,我国行政法律规范冲突问题就较易于得到解决,从而更有利于健全和完善我国社会主义民主和法制。

本文主要参考文献

①姜明安:《行政诉讼法学》,北京大学出版社1993年版。
②罗豪才、应松年主编:《行政法学》,中国政法大学出版社1989年版。
③应松年主编:《行政行为法》,人民出版社1993年版。
④黄进:《区际冲突法研究》,学林出版社1991年版。
⑤[苏]隆茨等著:《国际私法》,吴云琪等译,法律出版社1986年版。
⑥罗豪才主编:《中国司法审查制度》,北京大学出版社1993年版。
⑦马怀德、张泽想:"行政冲突规范探讨",载《行政法学研究》1993年第2期。

二

刑 法 篇

24. 影响中国治安的三大宏观因素*

——改革开放环境对社会治安的影响及其对策探讨

在当前的犯罪学研究中，几乎无一例外地要触及改革、开放、搞活经济的社会环境对社会治安的影响。确实，作为上层建筑的一个重要方面的政法工作，面对我国八年来的广泛而深入的经济体制改革，已经受到了前所未有的冲击，许多新情况新问题出现了，而由于我们对犯罪学的超前研究还比较薄弱，政法工作更多的是依赖于经验型的决策和对策，政法工作的某些方面还来不及作出符合环境变化的弥补和变革，我们在对付社会犯罪的问题上相对地处于被动的地位，表现在具体现象上，那就是犯罪率逐年上升，而破案率却逐步下降，在预防犯罪和遏制犯罪方面，也缺乏全面的、稳定的、有效的对策。

我国的社会治安正在面临一个前所未有的新阶段。从国际环境看，我们正处在工业社会和科技社会两股潮流的共同影响下。如果借用西方学者阿尔温·托夫勒的说法，那就是处于第二次浪潮和第三次浪潮的共同冲击之下。这种影响随着对外开放而变得更加直接和迅猛。在国内，我国正在开始一场历史性的深刻的产业结构大调整，就广大农村而言，仿佛处在西方工业革命的前期阶段。其最大的特征，便是占全国

---

* 本文写作于1986年，已过去20多年了。系首次公开发表。那时本人从省公安厅调至省委担任政法委员会领导秘书，其时本人的研究重点尚在犯罪学领域，根据平时思考写了这篇治安对策论文，获中国法学会优秀论文奖，并被吸收为中国法学会个人会员。文中的一些观点，现在看来已失之肤浅和偏“左”。但资料性尚有价值。

人口80%的农民中的一大部分人,开始脱离土地,迅速地转移到第二产业(农村工业的城镇工业)、第三产业(各种服务业和流通领域)。在这一巨大变革中,西方发达国家和社会主义国家在工业化过程中曾经遇到过的一些治安问题,都会不同程度地以我国独特的方式逐步呈现出来。在社会心理上,我们正在逐步打破与静态社会相适应的"温良恭俭让"的传统心态,提倡、鼓励竞争和变革。在社会财富分配问题上,我们开始检讨长期的平均主义对滞缓我国经济发展的极大影响,允许社会成员的收入拉大差距,以调动积极性。在犯罪手段上,我国目前尚处在智能犯罪的幼稚阶段、现代暴力犯罪的渗入阶段,由于工业化社会的发展和国际社会的影响,将迅速成熟和发展起来。在意识形态方面,借助于空前发达的信息传播工具和对外开放的渠道,国际社会的各种思潮会迅速地对我国产生影响,引发多元思维和探索精神。所有这些因素,都迫使我们的犯罪对策学研究不能再限于狭隘地域观念和一事一议型的短期实用主义方法。而应把它置于历史的和国际范围的宏观因素中去加以考察,从中理出规律性的东西,给宏观决策和超前决策提供借鉴。

在前述的诸多因素中,可以简洁地归纳为当前制约我国治安的三大宏观因素,那就是:改革;开放;改革开放的环境在我国公众中的心理效应。探讨这三大宏观因素,并不能把制约我国治安的所有原因都包括在内,因为社会犯罪是历史现象,犯罪原因有共性因素。但在当前,抓住了这三大宏观因素,就是抓住了主要矛盾,能基本解释当前治安的主要现象和特点,也能够为犯罪对策研究提供主要的依据。

一、改革对我国社会治安的影响

以经济体制改革为中心的一系列改革,已经给我国国民经济的发展带来蓬勃的生机,国家生活的许多方面呈现了前所未有的活力,广大人民群众特别是农民和企业工人开始得到了很大的实惠,这一成功更坚定了我们进一步深化改革的信心。经济体制改革的成功给搞好社会治安创造了一些有利的因素,如通过经济手段优化精神文明环境;解决"文革"后期带来的严重社会就业问题;增加用于社会治安方面的经费和设施装备;有较大的余地发展社会保障和福利事业;由于乡村工业化和城镇第三产业、个体就业的发展,能较好地安置劳改劳教回籍人员就业以进行教育感化等。但是,改革也给社会治安工作带来了许多前所未有的新问题。在和平环境下,当一个较稳定的社会形态向更进一步的社会形态变革时,它势必会使原来的管理出现漏洞,会给社会道德文化带来冲击,使社会犯罪得以滋生。另外,犯罪学的研究也表明,从总趋势上看,科技越进步、工业越发达、经济越高涨,犯罪增长的速度也就越快。只有当变革告一段落,社会结构趋向合理稳定,管理体制有效地运行,社会自我调节的能力增强之时,犯罪才有可能再被有效地控制住。从我们当前的社会实践看,我国八年改革对社会治安的影响是广泛而深刻的。下面,我们分几个方面来详细探讨这个问题。

(一)我国保持长时期低犯罪率的几大原因

要探讨八年改革给我国社会治安带来的效应,我们需要简略地分析一下我国为什么能在建国三十多年来一直保持世界少有的低犯罪率。根据资料,我国目前的犯罪率占总人口的万分比是5.2。这个比例由于统计上的原因,可能比实际数要少一些,但不会相差太大。在世界几个西方国家中:美国万分比是503,英国为729,法国为650,日本为176,我国香港地区为157、我国台湾地区为33。在社会主义制度国家中,南斯拉夫119,波兰102,民主德国71.5,罗马尼亚68。我们这样一个人口众多的大国为什么能保持较长时间的低犯罪率?这主要有如下几大原因:一是我国是一个文明古国,优良的民族传统和悠久的儒家文化影响下的伦理道德,从积极、消极的两方面给今日社会以影响,国民心理崇尚克制、谦让,不提倡竞争,习惯于服从权威和法律。在义利观上较重"义"而轻"利",能安贫守真以求和谐、求秩序、求安宁。即如孔子所云:"不义而富且贵,于我如浮云。"这样的静态心理结构对抑制社会犯罪有很大的作用。二是新中国成立之后,国家政治和行政管理虽有十年动乱等一些干扰,政治一体化、政策一贯性仍占主导地位,意识形态大体一致,不像一些西方国家多元政治、政出多门,人心在总体上一直是较平稳的。三是严密的户口管理制度。我国的户籍管理制度,其渊源可追溯到秦朝的商鞅变法时期。《商君书·垦令》明文规定:"使民无得擅徙",实行什伍联坐制度,采用强制手段把农民束缚在土地上,不准农民自由迁徙。使"亡者无厮匿,迁徙者无所容"。一两千年的封建社会,基本上沿袭了这种控制方式,一直到中华民国时期的保甲制度。这个律例一开始是为了加强地主阶级对农民的剥削,但在控制社会稳定治安上却有不可估量的作用。新中国成立后,农村人民公社化也把数亿农民以集体的形式同土地紧密联系在一起。城镇的"一化三改造"①把绝大部分就业者组织到国营、集体就业的群体状态中。这种状况成了强化治安管理的有力支柱。四是社会公有制的形式、低差额工资制度和农村的集体

① 中国共产党在1953年提出了"一化三改造"为核心内容的过渡时期总路线。即逐步实现社会主义工业化,改造农业、改造手工业、改造资本主义工商业。

分配制度使社会成员的财富占有量大体均衡。五是严格的枪支管理制度。民间不拥有枪支。六是1978年以前的门户闭锁政策和地缘政治学上的原因,使我国仍未成为国际舞台上的主要热点,"古老而神秘的东方大国",对外交流少,境外渗入少,使我国很少受世界工业革命阶段犯罪浪潮的侵袭。考察了这几方面的原因,我们就会更清楚地看出八年改革对我国社会治安将会产生哪些影响。

(二)经济高涨、商品经济活跃导致犯罪增多

研究八年改革时期的治安状况,可以分为两个阶段,那就是以1983年的"严打"斗争作为分界线。从统计数字上看,普通刑事案件在严打之后下降的幅度是很大的,当然这里面有因为提高了盗窃案件的立案标准,许多轻微的罪案未入统计的因素。从1978年开始,刑事案件的勾画曲线大致是:从1978年到1982年上升的势头很猛,1983年"严打"后有一个垂直跌落,1984年、1985年低水平保持,1986年、1987年又开始持续回升。但是,重特大案件却没有这个分界线,连续八年都在保持持续高涨的态势,即使在1983年"严打"时期也是稍降一下立即回升。如图:

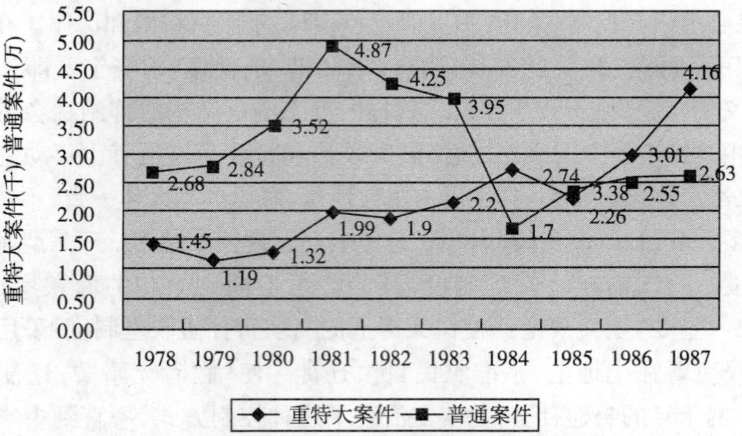

浙江省八年改革时期刑事案件发案情况曲线图

从浙江省的统计图表分析,1982年刑事发案就开始回降,这里很重要的一个原因,是我省根据本地案件猛增的实际,在1982年就率先在温州等市地开展了严打斗争。所以,如果没有"严打"这个重大措施,这八年改革期间刑事案件的上升趋势是很猛烈的,即便有了"严打"的遏制,在总体上仍未能制止住案件上升的势头。如果没有1984年的提高盗窃案件立案标准,"严打"后案件统计数反映的回升趋势会更大些。

这里,改革对社会治安的冲击充分地体现出来了。由于经济高涨,社会财

富增加了,社会成员的货币持有量、家庭财产增多了,使得犯罪分子很容易作案得手。由于商品经济的发展、货币流通增加,携现款外出经营的人员大量增多,也促使了社会犯罪。20 世纪 80 年代初以来,原先各大城市中危害严重的扒窃犯罪逐步减少,但同时拎包大案却大幅度上升。这很有力地说明了经济发展与犯罪类型变化的关系。同时,农村的乡镇企业和家庭工业的大量出现,“两户一体”①的产生,以及其他的一系列新情况,都向我们的社会治安工作提出了挑战,犯罪的性质渐趋严重,而新的犯罪类型也出现了。

(三)人口流动带来的一系列问题

严密的户口管理制度和恒定的人口分布,曾经是我国低犯罪率的重要支柱,以排查人口为特征的“人海战术”,是我们公安刑事侦查的重要手段。而这一切,今天正在面临着严重的挑战。十一届三中全会以后,我国即开始逐步进行农村第一步改革,其主要特征便是多种形式的家庭联产承包责任制,原来以集体生产的形式把全体农民死捆在有限的土地上的“左”的做法,很快被冲破了。土地容纳不了过剩的农村劳力,农民身上的束缚一旦打开,立即就活起来了。开始是“离土不离乡”,马上就发展到“离土又离乡”,先是各种分散的手工劳动外出务工,然后是有组织的建筑队、施工队。随着农村第二步改革,商品经济大发展,以工副业为开端的乡村工业发展,产生了大量的农民工人。经营业也上来了,产生全国跑的供销经营大军。由于迅速致富和现代意识的促动,过去从未有过的农村旅游大军也出现了。对于城市和集镇,不仅要承受这突然而来的流动人口大军,自己又面临着经济体制改革带来的各种社会成员的流通。据各市的粗略统计,北京市今年旺季每天逗留市区的流动人口超过 100 万人,上海 50 多万人,广州 1985 年调查约 50 万人,与市区固定人口之比为6:1。杭州市 1985 年统计,仅国内通过交通工具到杭州的旅客就达 1548 万人次。据深圳边检站统计,1985 年罗湖口岸入境游客达 1780 万人。由于计划外粮食市场的开放,那些自理口粮和靠吃自由市场粮食的城镇暂住人口大量出现了,户口管理的难度空前地增大了。人口的大流动带来了以下几个问题:

一是治安行政管理的难度增大了。派出所无法知晓自己户口簿上的人口现在何方,也无法弄清在自己地域内的人员都来自哪里。

二是流窜犯罪增加了。据浙江省公安厅统计,1987 年 1~9 月抓获的流

---

① 20 世纪 80 年代流行的一个农村改革的术语。即农村专业户、重点户和经济联合体,简称“两户一体”。

窜犯比上年同期增长了45%。

三是城镇的旅店服务业猛增。有些简陋的居民住宅和公路边的小店也开起了旅店,伴随着这一行业的盗窃、抢劫、色情犯罪增多。

四是流动途中人财物被侵害的案件增多。据《人民公安报》报道,由于许多经营人员携带巨额现金外出,1985年1至10月,全国24.9%以上现金失窃案发生在流动途中。还有许多外出人员被谋杀、抢劫、强奸。

五是破案难度增大。美国纽约华人警官莫虎介绍说:纽约市有250万流动人口,1984年有1600人被罪犯杀害,但有一半以上查不出姓名、来历。我国情况同美国有很大的不同,但侦破流动人口的罪案难度也在增大。犯罪地域的流动性和广泛性使犯罪线索不易发现,调查取证难度增加,追缉罪犯耗时费力。由此还带来了警力不足和经费不足等同题。

六是拐卖妇女问题和异地通婚带来的治安问题开始出现。一些人贩子以旅游、招工、找对象等为名诱骗妇女进行跨省贩卖。由于人口的流通和交往,内地与沿海省份、经济落后和经济较发达地区的远距离异地通婚开始出现。由于大都伴有贩卖性质,导致重婚、早婚、家庭纠纷、摧残妇女及非正常死亡。据浙江省嘉兴、湖州两市统计,两市共有来自云南、四川、贵州等19个省市自治区的外来妇女6400多人。

七是交通事故剧增。由于空前的人口流动,铁路、公路、航运等交通运输业不胜重负。尤其是公路运输,由于车辆剧增,昼夜运行,因事故引起的人员伤亡和财产损失大幅度上升。公安部1987年7月召开的江、浙、沪、闽、皖等11个省市交通事故汇报会的统计表明,1987年上半年这11个省市的交通事故发生51,000余起,比上年同期上升33%;死人9300多名,上升30%;伤人33,000多名,上升25%;财产损失达5200多万元,上升65%。

(四)集体经济核算方式解体带来农村宗法势力复活

农业合作化、人民公社化之后,三十多年来我们实行了"三级所有、队为基础"的集体经济核算方式。农民的劳动以工分的形式储存入生产队,年终再造方案结算分红。在这种经济核算基础上,农民的群体意识增强了。由于"以粮为纲"等政策的影响,年终农民分红所得主要也是以实物支付的形式兑现,现金找补实际上只占不大一部分。在这样的环境下,一些人口多、劳力少的农户,依赖集体经济的力量得以保证温饱和度过天灾人祸。另外,生产资料、土地、水利设施、山林资源等都以生产队、大队所有的形式存在,因此农民户与户之间、人与人之间的一些利益之争很大程度上被避免了。这种经济核算方式尽管有很多好处,但它是以"大锅饭"的形式维持的,其致命的弱点便是极大地束缚了农民的生产积极性。因此,农村改革的第一步就向这种方式开了刀,而且成了农村改革取得成功的主要原因。从分组承包到家庭承包,生产队、大队集体经济核算方式名存实亡了。

1983 年前后,全国又进行了农村"政社分设"改革,撤销了人民公社这种政、经合一的体制,改设了乡、镇政府,人民公社作为一种集体经济形式也不存在了(尽管乡、村两级都保留有诸如收取管理费、乡村企业上交款、公有山林等收入,但农民不再在这些经济中参与分配)。

从社会治安角度来考察,这种变革又带来了什么呢?首先,一种维系农民之间群体意识的有力支柱不复存在了;其次,由于包产到户和生产资料如土地、山林、水利设施等分散使用,农民个体之间的利益之争增加了。在这两种因素的共同作用下,农村的宗法势力迅速地复活了。

农民遇到天灾人祸,再没有集体经济为他承担风险;农民之间有了利益和治安纠纷,也不能再像过去那样得到有力的排解和弥补。同时,由于当前农村的法制建设还很不健全,农民现在有了困难,有了纠纷,首先是找兄弟、亲族、亲戚,原先以集体经济为基础的群体意识,现在被以血缘关系为基础的群体意识所替代。这种意识表现在行动上,就是大修祖坟、联宗祭祖、修宗谱的现象在农村逐步复活;专业户、联合体大多以亲族的方式缀合;乡村企业"家族厂"的现象占相当比例;封建迷信和宗教势力开始又在农村蔓延。由于通婚意味着家族间经济条件和社会势力的选择,买卖婚姻和包办婚姻这种陋俗在农村也变得更加顽强难禁了。

宗法势力复活给我们社会治安工作带来了许多不利因素。

一是宗族械斗和家族纠纷增多。1987 年清明前后,浙江省各地发生了十多起因山林坟地纠纷而引起的械斗,有的造成了严重的死人、流血事件。

二是房基、房产、土地、山林、水源等纠纷增多。每年夏季双抢季节,都因土地耕作、争抢水源等纠纷发生不少打死人命事件,而且往往造成这一家族与那一家族之间集体报复"砸破庙",使事态进一步扩大。

三是包办婚姻和买卖婚姻导致婚恋纠纷增加。有的矛盾激化导致凶杀和自杀。封建迷信复活,联宗祭祖等往往伴随着大规模的迷信活动。人情风和婚丧喜事大操大办的风气也兴盛起来。

四是宗法势力复活给行政管理和执法工作带来干扰。有的宗法观念强烈的农民法盲,公然与政府和执法机关对抗,讲亲不讲理,讲族不讲法。有的为纠纷小事纠集亲族围攻乡政府,有的公然聚集家族成员从执法人员手中劫走罪犯帮助其出逃。

（五）收入差距拉大导致财产型犯罪增多

社会犯罪与社会成员财产占有差距成正比。当社会成员收入大体均衡时，财产犯罪不会很激烈，人与人之间贫富差距越大，财产型的犯罪则会越多。当某些人的财富占有量几倍几十倍于另一些人时，他便成了一些生活贫困又居心不良的不法分子的侵害目标。即所谓“树大招风”、“贫寒起盗心”。我国八年改革，打破了分配上的平均主义，允许一部分人先富起来，社会成员的收入在绝对值都大幅度增加的基础上，相对的收入差距则大大地扩大了，这种现象在农村改革中表现得最为明显。在城市和集镇，一些率先进行家庭经营、承包经营、从事物资流通环节经营和服务业的人中出现了大批首富。以浙江省为例，全省居民人均收入，1986 年比 1978 年增长了 2.6 倍。但另一方面，尚有 3.1% 的农户人均收入处于不到 200 元的贫困状态；在大多数社会成员年平均收入未超过千元人民币的环境里，出现了一批万元户、几十万元户，甚至上百万元的巨富。在温州当地调查，一些街道工业负责人承认自己的存款在 30 万以上。在人与人收入拉开差距的同时，地域之间收入差距也扩大了。沿海先富于内地，南方开放地区先富于其他未开放地区。

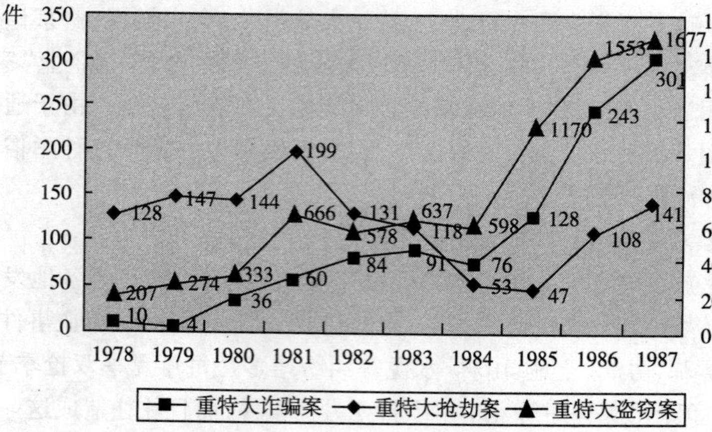

图：浙江省八年改革时期刑事案件发案情况曲线图

在这个因素的影响下，盗窃案占刑事犯罪案件的比例越来越高，发案数成倍增长。谋财害命、抢劫和因抢劫杀人、诈骗等犯罪都增加了。浙江省 1987 年 1～9 月发生的重特大案件中，盗窃案占 60%，而 1978 年时仅占 14.2%，1986 年盗窃大案比 1978 年增长了 7.5 倍，成了大案持续上升的主要因素。以侵占财物为目的的诈骗犯罪则更为惊人，上升了 4.3 倍。抢劫这种明目张胆的犯罪，由于“严打”的震慑，1984 年跌至波谷，比 1983 年下降了一半多，但到 1987 年，又比 1984 年上升 2.6 倍，超过了严打前的发案数。

从全国的统计分析看，情况也大致相类。据公安部统计，1986 年与 1985 年相比，全国千元以上盗窃大案上升 21.8%，万元以上特大盗窃案上升 26.6%；全国千元以上诈骗案上升 27.7%，抢劫案上升 37.8%。在查处的治安案件中，盗窃财物的达 27 万多起，上升 10%。诚然，与财产有关的犯罪增多的因素还有很多，但贫富差距拉大是一个不容忽视的原因。从数据上是如此，从具体案例上看也是这样。针对农村中专业户、重点户和城镇里的先富户的犯罪增加了，有的专业户被杀害、绑架勒索，敲诈财物的恐吓信也在各地出现。山西太原市 1985 年来一个多月时间里发生杀害、恐吓专业户案件 6 起，其中有一家 8 口全部被杀焚尸，未及捡走的三千多元现金，撒满一地。另一宗是劳教解除人员伙同 7 人对专业户挨户勒索，扬言杀人。1985 年 1 月，温州市一侨眷一家 6 口全部被 2 名罪犯杀害，17 件金银首饰和 7600 元存折被抢走。还有一些地方的专业户子女被绑架，勒索不成被杀害。西方犯罪学家认为，财产犯罪是城市犯罪的主要形式，财产方面的犯罪率，城镇高于农村。其原因是由于在城镇接近财务的机会更多，而且贫苦的市民每日都把他们的生活标准与富裕的市民比较。对于我国的现阶段来说，工业化和商品经济的冲击使传统的生活方式发生了动摇，当代的城市生活提高了社会和个人的愿望，极大地刺激了人们的消费欲望，而这种欲望与经济收入无法平衡，这种状况进一步促进了犯罪率的上升。不劳而获的寄生消费欲望上升了，赌博在一些地方蔓延，由此又造成一些人和家庭的破灭和绝望，引发自杀、盗窃、抢劫、杀人等犯罪。

（六）变革阶段带来的经济犯罪高涨

改革使上层管理体制的某些环节发生错位，许多管理上的漏洞出现了。放权与搞活使有自主权的经济单元大量增多。物资管理、价格体制改革情况复杂多变，措施不配套。以承包、租赁等形式出现的所有权和经营权的分离逐步推广，但代表全民、集体所有权一方利益的法人代表尚无明确有效的职责机构，承包人与被承包方的责任、义务不平等。这些因素使以侵害公有财产为主要特征的经济犯罪有了滋生的土壤和得逞的机会。由于在理论问题上对现在改革时期经济活动的一些是非问题尚难完全澄清，区分改革的失误和乘改革之机进行违法犯罪的界线仍十分含混，使我们对一些经济犯罪惩治也变得十分困难。

近年来经济犯罪的增长是有目共睹的事实。由于打击经济犯罪受政策性因素的影响较大，故单纯从立案数字看有时并不能说明问题。如浙江省 1987 年 1～6 月的立案数比上年同期下降 47%，8 月初省委召开全省打经办召集人和检察系统会议之后,8 月份立案数一下子比 7 月份增长了 63%,其中大要案上升了 89%,而且发现了一些几万几十万的贪污受贿大案。当前的经济犯罪主要有以下几个特点:

第一,乘承包工厂、商店之机钻合同不完善的空子,定奖不定赔,进行贪污盗窃,垮了承包企业肥了自己。

第二,某些经济部门和企业负责人利用各种手段截留国家税利、私分贪污。有的化大公为小公私分,构成“集体犯罪”。

第三,一些经济部门乘松绑之机,钻价格双轨制体制上的空子,兴办各种有名无实的空头公司,套购国家紧俏物资,违反物价政策转手倒卖,索取回扣,贪污私分抬价所得的非法收入。

第四,某些国家机关工作人员,以搞活流通为名,以权力做交易,收受贿赂或伙同倒卖、入股分利。如有些税务人员、工商人员以给一些乡镇企业、家庭企业非法减免税收、减免罚款等为代价,捞取巨额贿赂。

第五,一些不法分子以代购紧俏原料、推销积压产品、联系海外投资等为名,利用假合同骗取集体单位和个人的钱财,得手后逃之夭夭。

第六,一些不法分子乘改革搞活之机伪造证件票券进行诈骗牟利,1986 年,全国这类违法犯罪活动比 1985 年上升了 54.1%。还有一些罪犯乘搞活经济之机,销售假劣药品、假酒、假桐油等诈取钱财,危害人身安全。这些经济犯罪案件由于手段隐蔽、环节复杂,同时也由于现在改革中“业务费”、“活动费”的合法化,关系网的互相包庇,使得惩处越来越难。

(七)多种因素影响下的公职人员犯罪

联合国预防犯罪委员会主席曼纽尔在分析国际犯罪总趋势时认为,公职人员的犯罪今后将会增加。其原因是国家对许多社会活动越来越多地进行干预,从而引起了官僚机构的膨胀。由于缺乏监督和控制,一些现代科学技术被公职人员用于犯罪。而许多西方国家掌握的公职人员犯罪数字低得失真,体现了对这类犯罪的无可奈何和容忍的态度。他是从超工业化社会对犯罪的影响而言的,我们的国家制度和发展阶段与西方不同,但机构膨胀、管理职能复杂化的现象是一致的。从改革开放的背景来考察我国当前的公职人员犯罪,有如下一些制约因素:

第一,整党的效果问题。我们的国家干部大多数是党员,党员的素质好坏直接影响到公职人员犯罪的多少。正如中央领导同志指出的,我们四年整党并未完全解决官僚主义和不正之风问题,这使得公职人员犯罪活动未被遏制。

第二,公职人员收入偏低。由于政治体制改革比经济体制改革迟了好多年，干部队伍的庞大使国家无法拿出更多的财力，提高干部的薪金，还因为工资制度上的全国“一刀切”现象（地区差的比例很小），因此在一些改革已见成效的经济发达地区，干部的相对贫困化趋势日益明显。浙江省统计局1985年调查，从1978年到1985年，无论从工资增长速度、工资水平、工资在各类行业中的位次，国家机关工作人员都低于企业、事业单位职工。从1984年开始，干部的工资收入开始低于全省职工平均数。这还不包括农村商品经济发展中其他人员实际收入的不可统计因素。1987年工资改革后情况有所缓和，但仍未改变这种总的格局。从理论上说，国家公职人员收入应该略高于社会成员的平均收入。在此基础上，辅之以对公职人员违法犯罪的严厉惩处，将会有利于保持他们的廉洁和公正办事。但是，由于我们干部队伍的庞大和政治体制改革的复杂性，国家公职人员的低薪状况还会维持一个较长的时间。在商品经济活跃、物价上涨、消费膨胀的环境里，一些国家公职人员中的意志薄弱者经不住物质利益的引诱，就运用手中掌握的人、财、物、权力去获取非法利益，走上犯罪道路。以城镇建房为例，现在在一些县城集镇等有宅基地可审批的地方，干部建房异常普遍。由于地价、建材上涨，现在没有3万~5万人民币无法建成。这里有些人来源于搞商品经济所得，有的系积蓄借贷而来，但有相当一部分仅靠工资收入的干部是根本无力建房的，因此其资金来源往往是非法的，有的受贿，有的挪用贪污，有的则用权力换取廉价材料和人力。

第三，制约监督是否有力。公职人员犯罪还与我们行政管理系统是否健全有效有关。改革中出现的漏洞使握有权力的公职人员犯罪容易化；行政管理不成熟，使犯罪分子心存侥幸以身试法；监管部门工作缺乏有效运行机制或因督察机构过多造成的扯皮拖沓，使得对公职人员犯罪的打击不能迅速有力；关系网使得对公职人员执法不能严格依法办事，使其免受追究或用“党政纪处分”来避重就轻。

第四，界限较难分清。“搞活经济、保护能人”等一些借口使得一些真正的罪犯逍遥法外。这些都从反面促使了公职人员犯罪的增多。这些罪犯歪曲党和国家的方针政策，从而起反面示范作用，使社会风气受到危害。

（八）伴随社会工业化带来的枪支犯罪

在当今社会，枪支犯罪是个全球性的问题。根据资料，1985年，英国伦敦发生持枪犯罪1500起，但只有1/7的罪犯被追捕归案。美国1983年的杀人案中，63%用的是枪支。西方国家民间拥有大量的枪支，获取枪支非常便利。我国从新中国建国开始，对枪支就进行了严格的管理，对制约暴力犯罪上升起到了非常重要的作用。

社会民间枪支来源于四个途径：一是政策法令允许；二是国际犯罪集团偷运贩卖；三是民间制造；四是向拥有枪械的军、警、政部门偷盗或抢劫。对于我国，上述一、二两类影响不大，因此，今后较长时间内仍不会出现大量枪支被民间拥有的情况。

但是，随着改革开放形势的发展，社会工业技术力量的进步，我国民间枪支将会逐步增加，小规模、小范围的持枪犯罪将会成为今后暴力犯罪的重要内容。1986 年第一季度，全国向公安部专报的盗抢枪支及持枪进行其他犯罪活动的大案 120 起，比 1985 年同期上升 26.3%。1986 年，全国发生持枪杀人案 190 起，持枪抢劫、强奸 60 起，抢枪、盗抢案 215 起。枪支案件增多，在当前是由于以下原因：

第一，历年的枪支被盗积案使流散社会的枪支逐步增多。浙江省 1980 年到 1987 年共有 20 起盗枪案未破，失散手枪、冲锋枪、步枪 20 枝，手榴弹 7 枚，子弹 1390 发，成为社会隐患。

第二，驻军、政法部门及银行、政府部门的枪支被盗被抢直接用于犯罪。这类性质严重的大案在全国已发生不少。

第三，武警、驻军、政法部门等配枪部门的内部人员因矛盾激化或者其他原因持枪犯罪，危及内部和社会。

第四，乡镇工业中机械制造业发展，掌握车床、图纸技术的人员增多，一些不法分子为作案或牟利，开始私造土枪和仿制短枪。浙江富阳、天台、丽水等地均有发现。

另外，随着对外开放和国际敌对势力、恐怖主义犯罪的渗入，枪支犯罪也会增多。

同枪支犯罪相类似的还有爆炸物品犯罪，我国这方面的管理比枪支管理要弱，如生产民用爆炸物品的工厂较普遍、各种施工队伍拥有爆炸物品等。而这种犯罪对社会的危害甚至超过枪支。1986 年，浙江省发生爆炸案件 47 起，其中大案 26 起。某县电影院爆炸案一次死 8 人，伤 22 人。

（九）商品经济环境下的治安事件

由于商品经济环境带来的社会活动的活跃，需要用行政、法律手段去调节的人际关系和社会行为增多了。借贷关系引起的纠纷、商品交换中引起的争斗、合同纠纷、房地产纠纷、"人口公害"带来的日常碰撞争吵、口角引起的流血斗殴都增多了；由于市场和公共娱乐场所、招待所、车站、码头人员的增多，使治保工作日趋繁重；各种大型的喜庆活动、群众体育活动、展销会订货会增多，保卫工作任务也加重了；商品经济的发展使更多的人改变了固定的工作休

息时间，城镇夜生活丰富多彩，交通线日夜繁忙，农村改变了日出而作日落而息的劳动方式，治安工作的时间也大大延长了。

（十）政策性因素带来的治安问题

改革与旧的管理体制、旧的传统观念发生冲突，一些政策性因素带来的治安问题也出现了。利改税的改革，使偷漏税的矛盾尖锐化；价格体系的改革，使社会心理躁动，如化肥农药涨价、粮站供销社在收购粮、棉、茶及其他农副产品时压级压价，都会引起农民抗粮或哄抢化肥；商品经济、市场经济与我们国家经营部门的官商作风发生冲突引起闹事。劳动制度改革和工资改革与“大锅饭”平均主义的体制和观念发生冲突，导致工人罢工和怠工。浙江省1986年因劳动用工改革、发放奖金、工资调整等原因，共发生罢工、怠工事件17起，少则数十人，多则百余人，有的长达四五天。劳动制度改革还会带来社会就业问题。浙江省1985年国营、集体企业开除、辞退、解除合同的职工达7528人，湖州市调查，上述人员未能重新就业而违法犯罪的，占24.7%。两劳回籍人员就业也遇到困难，据浙江省劳改局典型调查，两劳回籍人员中得不到安置的，有73.3%重新违法犯罪。湖北省武汉市1987年上半年检察院批准逮捕的案犯中，两劳回籍人员占15.3%。计划生育政策与中国农民的传统落后观念发生冲突，有时就会发生行凶、闹事及非正常死亡。

以上几大方面，大体显示了改革对我国当前社会治安的广泛而深刻的影响。

二、对外开放对我国社会治安产生的效应

研究对外开放对我国治安的影响，必须把我国的治安放到世界犯罪趋势的背景上去考察。由于我国较长一个历史时期的闭锁，现代科学技术的相对落后，80%以上是农业人口等原因，伴随西方社会工业化和经济高涨而来的犯罪浪潮，对我国影响极小。相对于西方发达国家来说，除了一些传统型的犯罪，我国现阶段的犯罪特别是暴力犯罪，还处在幼稚阶段。当然，随着社会生活和社会活动的现代化，犯罪手段的现代化也将是不可避免的，但这会有一个演化的过程，使得我们的犯罪对策和治安管理机构能逐步适应。现在，对外开放把这一演化过程突然缩短了，使我们一下子面临整个国际犯罪浪潮的直接影响。这个“时间差”的消失，使得我国近年的一些犯罪类型和犯罪手段产生飞跃，使我们有点措手不及。

对外开放的环境将会从五方面对我国的治安产生影响，分别是：(1)西方现代犯罪手段的传入；(2)境外敌对势力和黑社会犯罪的渗入；(3)走私犯罪

出现;(4)涉外经济、治安、刑事案件出现;(5)西方各种社会思潮对我国的传统伦理观念产生冲击,使国内犯罪增加。

(一)西方现代犯罪手段的传入

1. 传播的途径

经济上的开放带来了文化的开放。毋庸讳言,西方犯罪方式的传入主要是因为新闻文化媒介的引发和引导。纽约市警官威廉·奥德姆介绍美国犯罪率高的三大原因,第一个就是“色情和暴力宣传充斥美国的电影、电视、报纸杂志”。台湾《警学丛刊》载文分析“宣传媒介的误导”认为:犯罪行为是学习来的,如果电影、报纸毫无保留地报道暴力犯罪事实,播放很多暴力动作的节目,就会导致:(1)过分详细地报道犯罪过程,能无形中使犯罪分子学到犯罪技术;(2)每天不停地报道犯罪,会使人觉得犯罪是习以为常的;(3)青少年无知,对犯罪感到新鲜刺激,过多报道会导致青少年暴力犯罪流行;(4)新闻裁断,可能会使司法机关成为被嘲弄的对象,威信受损。

对我国治安影响最大的,目前主要有两种文化媒介:色情暴力录像和大量打着普法旗号的诲淫诲盗的末流刊物。其次,西方电影中的一些场景动作,电视台报纸报道一些国际重大犯罪和恐怖活动,出版界出版一些警学、间谍学、生理学、心理学专著及西方惊险畅销小说,都会给社会治安带来一些副作用。

我国对新闻出版、意识形态的管理是较严格的,但是也存在立法不完备、制度不健全、界限不确定、管理水平低的状况。表现在实践上,就出现了一些问题。如录像业管理,近年来广播电视部门即明显的存在“禁淫不禁暴、扫黄不扫黑”的现象,“只管床头不管拳头”,导致港台暴力庸俗、英雄美人录像片充斥街头娱乐场所。实际上暴力片对治安的危害甚于淫秽片。在出版管理上,对高层次的意识形态社科书籍管得很严,对大众通俗读物则有失控现象。有的查禁人员水平低下,再加无章可循,把一些有价值的专著和名著也禁了,如心理学名著《第二性——女人》、生理学专著《性知识手册》、谢尔顿的畅销小说《假如活到明天》等。只要牵涉到“女人”、“性”等字眼,就划入查禁之列,体现了我们在监督管理上的混乱程度。而对那些名目繁多的以“普及法制知识”为名的小报刊物,随时在传授和诱导犯罪,却畅行无阻,屡查屡兴,有的还是文联机关和政法部门主办的。因此,不该管的管了,该管的却没有管好。由于群体化的文化传播工具,使得所有影视书报内容要么向成人和青少年儿童一起开放,要么全部禁绝。由于在禁与放的问题上界限不明,莫衷一是,各种文化媒介中挟带的诱发犯罪因素,今后较长时期内仍将存在。

2. 智能犯罪

受文化传播媒介的诱导，智能犯罪比例增高了。这使罪犯容易得手，而给我们破案增添了难度。在当前我国的犯罪中，这一类犯罪包括：(1)恐吓信和绑架敲诈；(2)麻醉抢劫和强奸；(3)隐匿指纹足迹和破坏现场，蒙面作案；(4)动用现代科技工具和手段作案；(5)银行业中的假支票和窃取电汇密码诈骗；(6)电报诈骗；(7)药物谋杀；(8)隐名埋姓大范围流窜作案；(9)分尸和焚尸灭迹。这些手段，在我国传统犯罪中是不多见或基本没有的。而在西方发达国家却是常见的，在一些引进的影视片及书报上也司空见惯。计算机犯罪在西方已成为一个严重问题，在国内还会有一个过程。但也是必将出现的。

3. 暴力犯罪

对国际恐怖主义的报道和介绍，对《加里森敢死队》、《第一滴血》、《教父》等电影、书籍的引进，不但会传播犯罪技术，还会引发犯罪。这类影响包括：(1)劫机劫船。这在我国已多起发生，影响最恶劣的即为卓长仁等罪犯劫民航飞机得逞。(2)爆炸。开始由向特定目标加害转向向社会无辜者犯罪。(3)持枪杀人。越来越多的智能罪犯把盗抢枪支作为实施犯罪的第一步，一得手往往造成严重后果。(4)驾车撞人。西方电影中用交通工具作案的方式直接给穷凶极恶的罪犯以启发，在广场和街道上驾车杀人。(5)群斗群殴。开放以来，暴力犯罪无论从性质和数量上都提高了。团伙犯罪受国际恐怖主义组织作案方式的影响，国内一些死硬罪犯结成的团伙开始出现。1987 年 10 月上海、浙江一起判处四名罪犯死刑的团伙案，就是一伙盗窃、抢枪、抢劫并预谋制造更大事件的罪犯。还有新闻界广泛报道过的二王、二张盗枪杀人流窜团伙。受港台影视书刊中江湖义气、英雄美人意识的影响，青少年中“七太保”、“九条龙”、“四公主”之类的行会性团伙也出现了，并从事盗窃、群殴、流氓、淫乱犯罪。

4. 依附于新行业的犯罪

随着对外开放和经济发展，一些新兴行业出现并发展，随之给治安工作带来了新课题。出租汽车行业我国原是空白，开放以来骤然猛增。温州市 1987 年初还只有个体经营的出租车 20 辆，三个月中猛增到 750 辆。杭州市 1987 年 5 月份已有 55 家出租汽车公司，共有车辆 655 辆。伴随着这一行业的抢劫出租汽车司机的犯罪，最早是在广东、北京、南京出现，1987 年 2 月，杭州市发生了第一宗抢劫出租车司机的案件，1 ~ 5 月，杭州、温州两市即发生了 20 起，来势迅猛。这类犯罪由南到北蔓延，在开放地区率先出现的方式，最能说明对外开放对我们治安工作的直接影响。另外，近来珠宝首饰行业相继出现了，一些金店和首饰柜台马上成了罪犯作案的有诱惑力的目标。西方犯罪学家认为，金银珠宝业是最危险的行业，因为它具备了罪犯需要的三大条件：价值巨大；便于藏匿；销赃容易。因此，在西方，珠宝业犯罪历来是很突出的。近年我国也开始发生，如杭州的国营商店首饰柜价值二万余元的金镯子被盗案。另外，针对银行业的犯罪这几年也大幅度上升。从1980年到1984年，全国各银行共发生盗窃、抢劫、诈骗案件302起，损失达710余万元，被杀死74人，杀伤66人。这类犯罪往往社会影响很大，严重影响人民群众的安全感。

（二）境外敌对势力和黑社会犯罪的渗入

随着对外开放和国内外人员交往的增多，在一些边境开放地区和国家重要部位，境外敌对势力与国内罪犯相勾结进行危害国家和人民安全的犯罪。有的敌特分子内外勾结进行情报渗透，窃取政治、经济、军事情报，有的境外势力阴谋对我进行行动破坏，国际恐怖活动和黑社会犯罪也开始对南方开放地区和南部边境地区进行渗透。在我国政局稳定国力强盛的情况下，国际反华势力的颠覆破坏活动还体现在煽动民族主义情绪和进行宗教渗透，像1987年国庆前后的拉萨骚乱问题，就是因为反动势力互相呼应制造动乱的一个例子。还有的外国势力利用宗教进行民族离间，反对党和政府的领导。

（三）走私和贩毒犯罪出现

在南部沿海地区，1981年、1982年期间兴起了一股走私犯罪浪潮，经过制定法规和查处打击，迅速被压了下去，但远未绝迹。一些开放地区的违法犯罪分子与港澳台的不法商贩相勾结，以来料加工、对台贸易为名，或通过海上偷渡，仍在进行这类犯罪活动。浙江省打私部门统计，1986年全省共查获走私贩私案件4048起，比1985年增加76.3%，走私进口的主要为汽车、家电、化纤品、手表、打火机、淫秽物品；出口的则为黄金、白银及珍珠、贵重药材、文物、鳗苗、石斑鱼等。走私又引发了两大治安问题：一是走私进来流入社会的淫秽录像和书报、扑克等引发流氓犯罪；二是文物走私带起了内地的盗掘珍贵文物犯罪。由于我们国内不存在文物市场，文物的价值无法在民间实现，因此历来文物未成为侵害目标。而近年来由于海外走私和文物贩子的出现，不但出现了盗窃故宫珍贵文物和秦陵兵马俑等特大案件，内地的哄抢发掘文物、盗挖古墓葬等也蔓延成风，以致我们不得不采取严厉的措施去惩办制止。随着开放，一些国际贩毒团伙也蠢蠢欲动，想利用我国打通渠道开辟贩毒新路线。从1981年到1986年，我国公安机关和海关共缉获过境贩运的鸦片233公斤、海洛因92公斤，海关破获了20多起过境贩毒案件，43名外国籍贩毒分子被捕判刑。1987年侦破的云南贩毒大案，就是毒品“金三角”的贩毒团伙的一次尝试。

1986 年,全国私种罂粟吸食毒品的治安案件,比上年上升了 47.8%。而这些,都是我们开放前没有的或极少发生的。

(四)涉外经济、治安、刑事案件增多

在对外开放搞活经济过程中,海外投资、合资办企业、引进设备、国际贸易等涉外经济活动增多了,有的不法外商乘机利用我们的漏洞进行诈骗。经济交往中的债务、索赔、合同纠纷也大量增多。涉外交往纠纷、外国留学生的纠纷闹事、外国专家、教师、旅游者的人身财物被侵害的治安、刑事案件也会随着开放而日益增长。这些案件对我国立法、司法、治安工作都带来了新课题。

(五)卖淫等丑恶现象复活

卖淫的复活是直接受开放的影响而来的。对物质的贪欲、"性解放"思潮的冲击、境外人员的增多,使近几年来的卖淫活动由南向北逐步蔓延,而且呈逐年增长之势。1986 年全国查获的卖淫奸宿数据比 1985 年上升 54.1%。随着卖淫的增多,性病重新成了一个严重的问题,据广州市 1987 年 7 月对 660 名暗娼、嫖客进行检查发现,42.5% 的人患有一种以上性病。

三、改革开放环境下的社会心理对治安的冲击

社会结构变化给道德文化带来的冲击,是社会犯罪的重要原因之一。工业进步和经济发展,使社会繁荣,人口向城镇集中,生活方式发生变化,人与人之间的关系变得更为复杂。传统的社会道德和价值观念失去了原有的标准,社会机能和家庭在旧时代所呈现的控制功能也削弱了。

应该指出,我国人民群众心理上的变化,并不是从改革开放以来才开始的。社会的道德文化心理观念是一个历史演变的过程。从五四运动、新中国成立到文化大革命,我国传统思想观念的道德文化已经经历了多次大的冲击。但是,八年改革开放带来的历史性、世界性的影响,确实是巨大的。第一,世界新技术革命的浪潮和我国近代的相对落后,使知识界、思想界开始检讨我们中华民族传统文化的得与失。像柏杨、李敖的《传统下的独白》、《丑陋的中国人》,就体现了这种思索的激进的反传统观点,这种观点在我们内地的思想文化领域也不是没有代表性的。通过思想文化界有影响的人物的传导,又给普通群众特别是青年的心理产生影响。第二,随着对外开放打开了思想文化的窗户,各种西方社会现代流行的观点和思潮,开始给我们古老的文化以影响。如"时间就是生命、效率就是金钱"、"宁要歪才不要庸才"一类的观点的输入就说明了这一点。第三,还有一个不容忽视的重要因素,那就是我们当前一方面出现许多反传统的思想观念,另一方面几千年的封建余毒又非常顽固地发

挥着作用。在改革开放的环境下，有的故态复萌，有的与现代某些意识结合产生变种，重新给当今伦理道德观念以影响。这一因素给社会治安的影响，有时还超过了前两个因素。

王润生等著的《中国伦理生活的大趋向》一书体现了根植于当前我国现实的有创见的思考。他们认为，十一届三中全会以来，我国的伦理道德生活发生了四方面的深刻变化：一是价值选择的重心从重平等和谐、轻生产力发展，向重实利、重效率、重发展的“重利轻义”型观念转变；二是传统的社会本位主义观念受到挑战，人的自我意识开始觉醒、个人本位主义被强调，集体主义思想有了新的内涵；三是理想的道德人格从“君子型”的重协调向“强者型”的重进取转变；四是道德判断的自主意识增强，从“人云亦云”向独立的“良心评判”、“理性思考”过渡。这些观点，可能还不被传统理论所接受，但这确是近年伦理道德发展的总趋势。改革和开放使我国社会生活的基本准则和人们行为规范的某些方面发生了变化，对社会治安产生了广泛的影响。

（一）传统伦理道德的淡化

从五四运动对西方思想的引进，到新中国成立，马克思主义占领中国思想舞台，再到“文化大革命”的痛定思痛，统治中国历史数千年的儒家伦理道德观念日趋淡化了。孔子及其后世思想继承者在政治上的“克己复礼”维护统治观念、“君臣父子”正名观念、以“德”“礼”治国观念、“畏天命、畏大人、畏圣人之言”的天命观念、伦理道德上的“仁义礼智信”观念和“妇德”观念，都不再在当今社会占主导地位了，虽然在广大中国人民特别是贫困落后闭塞的农村地区，这种传统观念仍有它相当的生命力，但一大块空白地带是让出了。但是，新的共产主义的理想道德体系尚未完全建立，还无法填补这一块留出的空白。道德和法律是社会治安的两条有力支柱，现在道德力量的衰弱已无法完全担当起它的使命。

廉耻和贞操观的淡化是近年遍及城乡的一个普遍现象。如果不分好坏地把所有原因都罗列出来，有如下一些：现代社会的就业方式和开放交往使男女之间有了更多的了解接触机会；性早熟与晚婚政策、住房困难等因素的矛盾；避孕药具的出现和广泛推广应用；淫秽录像制品和出版物的毒害；“性解放”观念的侵袭。据医疗部门的统计表明，当前到医院做人工流产手术的妇女中，未婚女子占一半左右。我们以往常简单化地把这归罪于西方“性解放”浪潮的危害，其实除此因素外，还有内在的上述许多因素。据卫生部门专家调查分析，中国青年的性成熟平均比20世纪50年代提前二岁左右。而结婚年龄却向后推延了，这造成了当代青年生理和心理上的不平衡。“性成熟”到“成家立业”这一过程中的“不安定期”大大延长了。当一对婚龄青年已到了恋爱成熟期，而单位则以提倡晚婚、限制分房、限制婚假等措施不让他们成为合法夫妻时，他们的“偷食禁果”，发生婚前性行为就变得十分正常了。过去，男女关系上不敢越轨还有一个重要的制约因素，那就是害怕怀孕带来的一系列后果。而现在生理知识的普及和避孕工具的极易到手，使这一心理防线几乎不存在。西方的性开放不但有它伦理观念因素，还表明了现代科技对人体生理、心理的影响，这个事实我们同样不应忽视。当一个居民区、一个村庄里未婚先孕、人工流产已经不再是受人谴责的新闻时，青年人的廉耻感和道德防线也便大大地衰落了。开放带来的淫秽物品蔓延，似懂非懂的“性解放”观念，给性早熟而思想仍很幼稚的青少年的心理以极大的冲击，青少年中的早恋和轻率性行为增多了，而这影响了他们今后的整个人生道路。这一切，给社会治安带来了隐患。这主要表现在如下方面：

第一，流氓犯罪和性犯罪增多。青少年流氓淫乱团伙不断产生。如浙江某县某镇的淫乱活动牵涉男女青少年122人。青年“不安定期”的延长，还给那些人格品性不良的玩弄异性者以良好的机会。强奸和强奸杀人案件增多。全国1984年强奸案件立案占全部刑事大案的45.3%，1986年强奸案比1979年上升了三倍多。强奸幼女案件近年上升也很猛，有的幼女年仅四五岁。教师强奸中小学生的案件突出。这些都说明了道德的沦丧。卖淫犯罪上升也与这一因素直接有关，调查表明，绝大多数卖淫妇女都是因轻率上当失身后才逐步堕落的。

第二，婚恋纠纷增多。成家之前的漫长的“不安定期”使男女青年之间互相选择的余地增大、次数增多，性行为上的轻率加强了双方的责任关系。这两者的交互作用使青年择偶过程中的矛盾增多，矛盾性质加重。因婚恋纠纷引起的治安事件、刑事案件都增多了。据浙江省司法厅调查，杀人案中因矛盾激化引起的占50%以上，而这类矛盾中大多数属婚恋纠纷引起。这个调查比例还未涉及婚恋纠纷中一方或双方都自杀的公安未立案的“非正常死亡”案件。

第三，不稳定型家庭的产生，家庭矛盾增多。婚前性行为导致家庭生活的隐患，伦理观念的淡薄使家庭成员之间义务关系疏远。社会本位主义和以压抑个性感情求社会和谐安宁的观念受到挑战，以婚姻感情作为基础，离婚、再婚率提高，“第三者”插足事件增多。

（二）平均和谐的静态心理向崇尚竞争的动态心理转变

改革给建筑在自给自足的自然经济和产品经济基础之上的静态心理以极大的冲击。伴随着商品经济、市场经济而来的竞争观念，使人们的许多价值观念改变了。“温良恭俭让”的道德观念，在优胜劣汰的竞争中不再被奉为圣条。“枪打出头鸟”、“出头椽子先烂”的训诫逐渐被人们舍弃，党和国家的政策也允许收入拉开差距，“让一部分人先富起来”。在指导思想上，我们也从“消极反馈”向“积极反馈”转化，过去一直强调静态的、稳定的进程，什么都强调计划和有条不紊，现在则不再抑制变化而是促进变化，不是维护恒定，而是向恒定挑战，甚至推翻稳定以求发展。在这样的环境下，过去那种靠扼杀个性、抑制人的个体利益而求得社会平衡的观念逐步发生了变异。这给发展社会生产力带来了很大的好处，但对社会治安则带来了许多新问题，人际关系更复杂了，生存竞争变激烈了，各种新的矛盾产生了。

（三）个人本位主义和自主意识的增强

随着社会竞争的被推崇，西方各种有关“人本主义”的思想被介绍到我国，近几年来个人本位主义的意识变得浓厚了。人们的自我意识开始觉醒，个人利益获得了合法地位，人们开始强调个人在社会当中的权利以及社会对个人的责任。这对思想领域来说是一大进步。伦理学上的“个人本位主义”与自私自利不是一回事，但在这概念中包含着这一因素。这种心理趋势和党风不正、社会风气不好的现象相互影响，使一些人的极端个人主义欲望膨胀，对社会风气失去信心，自己也参与搞损人利己的勾当，社会责任感和义务感丧失，“人不为己天诛地灭”的自私意识被强化。同时，竞争也使人的自立意识增强了。这种自私、自立意识使社会成员之间的冲突增加，发展到极端就会导致犯罪。由于个人主义恶性膨胀而造成的恶性案件，在当前已经不少。

（四）封建意识与现代科技相结合的暴力犯罪

开放的国体与顽固的封建余毒的冲突，也在社会治安上体现出来。在我们实际生活中，封建主义遗留下来的自私、狭隘、保守、对人身和财物的占有欲、嫉妒心理、复仇心理还非常普遍。这种心理与现代科技相结合，成了当前暴力犯罪中的一种奇特的类型。农村中的婚事波折引起的爆炸杀人、打砸事件、城市中的“不成恋人便成仇人”的杀人，一些因私仇、嫉妒引起的持枪杀人，都说明了这一现象。有的制造火车爆炸事件、驾车杀人的罪犯，之所以要向社会报复，仅仅是因为失恋或受人嘲笑。有的罪犯认为，“不能白死”，“死也要拉几个垫底的”，“不能流芳百世，也要遗臭万年”。有个罪犯被抓获后交代说：“我要像二王一样大干一场，让全国都知道我。”这种心理一旦找到一种思想基础作为依托，就会结成帮会，转变为恐怖主义行为。

（五）竞争社会和人口膨胀背景下的心理骚动

人口猛增和人口流动、人与人之间的各种竞争、交通混乱和噪声污染，使人们的生存心态非常紧张，精神异常，脾气坏得一触即发。这种现象在人口拥挤的城市和集镇较为突出。车站售票窗前、菜场柜台前、街头的自行车队伍中、电影院门口等经常发生的争吵斗殴事件可以说明这一点。这种现象使人们的心理承受能力变差，稍有不如意就会产生对他人和社会不满，特别是当发生物价上涨等较大范围的牵制因素时，反应就会更加激烈。对外开放使我们看到了与外国的差距，世界性的政治、经济、文化、生活的竞争使我国的社会心理处于一种焦虑和奋发的状态。由于认识的差异就有可能产生激进观念、冒险主义、民族主义、排外思想及崇洋思想等各种情绪。当国家决策机构制定一些适度的政策或对外交往中出现失误时，就可能与这些心理发生冲突，引起政治事件，如学生运动、工人罢工怠工及示威。

（六）变革时代的人际关系淡化问题

新闻机关近年不断披露一些见死不救见义不为的令人痛心的现象，有个学生在上百人围观下活活淹死，有的罪犯光天化日下杀人无一人去追捕，甚至不去报案。近年来，公安机关在破案调查法庭需要证人时，都不像20世纪50年代那样能得到群众的广泛支持。这些事实说明，当前我国的人际关系大大地淡化了，人们明哲保身，不愿承担社会义务，不愿“多管闲事”。造成这种现象的原因是多方面的，一是因为我们几十年来思想宣传教育不成功，假大空、不贴心、不入脑，把压抑人的棱角、个性的行为当做培养集体主义观念，结果自“我”消失，“你”和“他”也消失了，正像《中国伦理生活的大趋向》中所说的：社会本位主义走向了他的反面，把基于自我感觉的社会同情心都消灭得干干净净了。二是一些农村生活方式向城市生活方式转移；楼群住宅区居民的单家独处不相往来；电视、广播的普及取代了群体化的传播工具，人的面对面交往减少；农村改革使群体意识疏远，各家各户谋生存。西方犯罪学家德尔卡洛姆认为，社会向城市化方向发展时，人们离开了传统的、固定的家庭生活，进入非人情关系、变化无常的城市生活，从而使“小的集体”向“大的社会”转变，使社会发生错乱，个人的行为失常，人际关系淡化，同时引发犯罪。三是因为近年的商品经济发展使“拜金主义”意识抬头，“有钱能使鬼推磨”的同时就是“无钱见死也不救”，社会正义感和良心变成了赤裸裸的金钱关系。四是因为人们对党风不正和社会风气不好不满，以冷漠来向社会进行报复。“我帮人家，谁又来帮我”这四个因素使人际关系日益松散和疏远。由此我们也可知道，仅靠宣传教育来呼唤人的良知的觉醒，并不会收到太大的成效。在这种环境下，制约犯罪的社会力量和道德力量均被削弱了，侦破、惩治犯罪的难度也增大了。我们公安工作的一个有力法宝——群众路线，其效能开始受到了影响。像联合国预防犯罪委员会主席曼纽尔说的:“在超工业化社会中,传统的社会价值被人抛弃,而新的社会价值观又没有出现,在人与人的关系中丧失了人性和道德标准。”因此,在刑事侦查中,警方将更依赖于用科技手段破案。

(七)封建宗法意识和现代民主意识的混合

在广大农村,一方面群众的落后的封建宗法意识仍然很有市场,另一方面又受我们宣传教育的影响,知道“人民是国家主人”,“干部是人民的勤务员”,“法律保护人民”等大的概念。在这种情况下,封建愚民政策统治下百姓的畏官畏法心理消除了,一些不法分子以此为借口为自己的无政府主义、个人主义行为辩护,有的利用家族势力假冒“民意”公开与政府和政法机关对抗。围攻殴打执行公务的政法干警,无理取闹派出所和交通岗亭、大规模地哄抢承包果园和鱼塘,聚众抢夺枪支、绑架囚禁公安干警和国家公务人员等,近年来越来越多,成了一个棘手的问题。这是我国的民主化进程同公民的法制观念、法律意识不能吻合的一个例证。

四、对策探讨

改革开放是大势所趋,党的十三大以后,各个领域的改革步子将进一步加快,十三大的报告对我国今后的发展勾画了宏伟的蓝图。改革不但对我们的社会主义建设,而且对中国的历史都将带来深远的影响。改革的实践已经给国家生活和人民生活带来了翻天覆地的变化。作为政法部门,当然不能因为改革开放搞活给社会治安带来了许多新问题,就对这一历史性的变革产生怀疑,而应该通过本系统的努力工作,保护、支持、促进改革开放的顺利进行。

今后五到十年内,影响我国治安的三大宏观因素本质上不会有大的改变,只会在形式上、数量上出现某些新的变异。因此,以此作为对策的主要依据,基本上是可靠的。从长远观点看,整个治安形势好不好,犯罪能否最终被控制在适度的范围内,首先要看政治是否安定,经济是否繁荣,这是基础。改革的最后成功将会给社会治安带来一个良好的背景,我们应该有这个信心。改革第一阶段,许多社会关系需要调整、价格物资体系需要理顺,人的心理有一个适应过程,社会的静态平衡被打破,因此治安问题会突出一些。随着以后各种关系的重新合理调节,建设速度加快,社会财富增大,相对稳定的社会结构重新形成,社会治安将会平稳一些。但是,由于三大宏观因素的作用,社会形态发生了不同于20世纪50年代的重大变化,犯罪要想降回那时的水平已不可能,任何理想主义经验主义的指标都无济于事。实事求是地评估形势,对正确决策、增强信心都有好处。在整个社会因素无可变更的情况下,我们整个政法工作部门效能如何就成了控制社会治安状况的有力杠杆。我们需要加强调查研究,探讨出符合实际的对策,积极有效地开展工作。

(一)继续贯彻严厉惩治社会犯罪的方针

惩处是亘古不变的对付犯罪的主要手段。中国古代法学经典中提出,"刑新国用轻典、刑平国用中典、刑乱国用重典"。表明了要依据每一时期的社会情况确定刑罚标准的思想。新中国成立以后在执法指导思想上,我们是有过曲折的。像"文革"砸烂公检法、使司法机构瘫痪,而在"文革"结束到1983年前这一较长的时期内,我们对混乱社会治安状况仍然不敢正视,空喊形势大好,对罪犯不敢严惩。阶级斗争的观点不提之后,对社会犯罪的惩治也放松了。结果一些罪犯胆子,越来越大肆无忌惮地进行犯罪活动,流氓斗殴、白日抢劫等明目张胆的犯罪也司空见惯,出现了好人怕坏人、女工不敢上夜班、公安干警不敢穿警服的不正常现象。1983年党中央和全国人大决定开展进行"严打"斗争后,全国的刑事犯罪气焰立即被压了下去,发案率立即下降。这一实践说明,刑罚标准对我国当前治安进行制约的弹性指数仍然很大,"严打"是制约当前治安的重要手段。因此,在我们的指导思想和制定的法律政策上,仍要坚持严厉惩处犯罪的方针,不可放松。同时,还要注意政策的一贯性,避免因政策的波动导致治安的波动,避免因问题的长期积蓄而不得不再采取非正常的措施。"严打"的方针主要还不是体现在公安工作上,而是在法院在判决上,而最稳定有效的方法,自然是立法标准上的从严。诚然,"严打"也并不能解决所有问题,因为有些激情型的铤而走险的犯罪,并不受此制约。"民不畏死,奈何以死畏之",有些走了极端的罪犯甘愿冒死犯罪,就无法用法律去对他进行震慑。"严打"中下降最多的是明目张胆危害社会的犯罪,而其他案件和大案则下降效果不明显,有的回升势头很快。犯罪受各种因素影响,老的犯罪打掉后,新的也会再生,1984年全国刑事案犯中,初犯占65.2%。因此,不能指望光靠几次集中斗争就把问题全部解决。但是,只要我们坚持一个稳定的严厉惩处犯罪的方针,社会犯罪的非正常状况就将被有力地抑制住。

(二)加强整个政法工作系统的效能

"严打"的政策必须有部门去执行,"严打"的威力体现在整个治安工作系统是否灵敏有效。一支强有力的警察队伍和一个健全灵敏的政法系统永远是遏制社会犯罪的有力武器。

改革开放的环境给我们公安、检察、法院、司法、劳改、安全、综合治理部门提出了一系列新课题。除了一些常规性的加强这些部门工作职能的做法以外,还应该针对当前特点加强某些方面的工作。公安是社会治安的第一线,也是首要的力量，其职能主要有两条：迅速发现罪犯并将其逮捕归案；严密治安管理减少犯罪。从这两条出发，当前公安工作主要应加强以下几个方面：

1. 运用现代科学技术以提高破案率

针对人口流动和人际关系淡化带来的破案难度增大问题，要逐步减轻对人口排查、群众检举等方式的依赖，用现代警察科学技术中的各种有效手段去弥补这种逐渐失去的优势。法医科学、计算机科学、跟踪系统、交通工具、先进防暴武器等一切国际警务领域行之有效的对付犯罪的方法，都应尽量地吸收进来。当然这需要国家财力的支持。

2. 加强横向协作对付流动犯罪

公安工作系统的一致性是我们的一大优势。像美国各州市警察与联邦调查局之间无隶属关系，只有一些情报合作，因此在人员结构、技术装备、工作方法上都自成体系，各自为战，给流动犯罪以许多可乘之机。针对我国当前人口大流动、流窜犯罪猛增的情况，要进一步发挥我们的优势，加强各省市县之间的横向联系，树立总体治安的观念，协同对付犯罪。针对境外反动势力和黑社会犯罪渗入、涉及经济刑事案件增多的情况，还要加强与国际刑警组织和各国警察机构联系合作，互相支持对付国际犯罪。

3. 组织特警队对付暴力犯罪和流窜犯罪

根据我国的国情，一些小型而危害极大的暴力、智能犯罪，其手段远远超前于大量的普通犯罪。因此需要一支经过专门严格训练、装备远优于普通警察的特种刑警队伍来专门对付这一类犯罪。调动数千人围歼一两个歹徒、向全国发通缉令悬赏追缉“二王”的做法，不能有效地对付犯罪，反而会让人认为我们工作的低效率，使犯罪分子激发冒险心理。应该组织小股精干的特警队追踪对付这类犯罪，需要帮助时再请发现地的警力参与。

4. 加强信息系统提高快速反应能力

犯罪分子运用现代科技手段的机会与警察部门相等。人口的流动和交通工具的发达，使我们公安机关对犯罪的快速反应能力显得特别重要。除了公安机关内部要通过提高效率、运用现代通讯工具等加速信息反馈和传递速度外，还应创造条件吸收社会公众的信息，如城市的报警电话网络。要大力发展无线电话系统，使社会面上的警力能统一调度协同工作。

5. 调整警力配置发掘潜在效能

警力的配置有两个可比标准，一是与总人口的比例；二是与本地犯罪率之比。我们习惯于用前者来说明警力情况，这不全面。现在，我们的警力配置比例是很低的，改革开放以后的治安形势使我们普遍感到警力不足。在国家财力有限不可能大量增加警力的情况下，要着眼于调整不合理配置来发掘现有警力的效能。要研究西方各国警察机构的配置状况，吸收他们的长处，要按政治体制改革的总方针改革我们的体制中的不合理因素。在当前，总的趋向是要精简上层，充实基层，加强治安第一线的力量。同时，用物质的精神的手段，努力调动公安干警的工作责任心和积极性，这方面的潜力是相当大的。在加强公安系统工作效能的同时，检察、法院、司法部门的工作也必须从队伍素质、健全社会主义民主与法制等方面去大力加强。目前我国司法工作人员占总人口的比例还是很低的，中央已经决定要不断调整加强。数量上的保证无疑是很重要的，但执法人员的素质和责任心更重要。要通过教育培训和奖惩措施，努力培养司法人员的公正和廉洁，关心人民群众的疾苦，严格依法办事、实事求是、秉公执法。要消除司法系统内部的“以权压法、以言代法”现象，改变人民群众告状无门的状况，通过法律手段及时调整公民之间的矛盾关系，消除社会矛盾。同时，通过灵活有效的司法活动，严厉惩处社会犯罪，以震慑、遏制犯罪活动。司法部门要培养一支强大的律师队伍，从维护公民权益的角度与政法机关相制约，健全社会主义民主与法制。劳改部门要努力提高犯人改造质量，减少累犯率。

（三）严密社会防范体系

在改革搞活的环境里，加强群众性犯罪预防工作更显得必要。要通过宣传教育和行政手段加强社会防范体系。

1. 通过宣传提高群众的警惕性

要通过适当的渠道把犯罪的实际情况告诉群众，以提高群众自治、自防、自救的能力和警惕性。把本地的犯罪趋向、特点、手段、主要侵害对象进行适当宣传，使群众进行自觉的、有针对性的防范。

2. 重建良好的人际关系

有意识地组织集体活动，通过社会主义精神文明教育和各种机构的工作使人与人之间的互相关心、互相支持的良好关系得以重建。通过舆论工具谴责自私行为，褒扬乐于助人的勇敢行为，激发人的同情心、正义感和社会责任感。通过对党内错误和社会不良行为的严厉查处，树立广大群众的向心力和信心。对于公安机关来说，要通过有效地打击犯罪和为人民群众提供帮助，大力加强警民关系，使公安工作建筑在群众支持的基础上。

3. 运用行政手段加强防范工作

社会治安是全社会的事，要让各个行政部门了解，预防犯罪不单是政法部门的事，自己也是其中的一部分力量。推广“抓系统、系统抓”的经验，通过各个部门的主动工作形成预防犯罪的严密网络，进行社会治安综合治理。在城镇，要把治安承包指数纳入企业、厂长负责制的指标，各级党政部门也要把它作为一项重要工作去抓。在农村，要在农业生产责任制基础上，推行治安承包责任制，以便经费、人力能从制度上得到保证，补还集体经济核算时的大队调解组织的职能。对那些因防范不严、制度未落实而导致罪犯作案得逞的，要通过行政手段进行处罚。

4. 加强户口管理和枪支管理

颁发身份证的方法会有效地弥补人口大流动带来的户口管理的漏洞，因此要尽快全面推行和付诸使用。对身份证的制作和功能设置等要随时代的发展进步改进。常规的户口管理仍要加强，要特别注意临时户口、流动人口、因计划生育等因素造成的“黑户口”人员的管理。运用现代技术建立计算机指纹档案、罪犯要素档案。通过教育，建立责任制和查处失职，加强军队和内部单位的枪支弹药和爆炸物品管理。通过派出所、乡公安员、各种治保组织、治安积极分子等，随时了解社会的不安定因素和犯罪苗头，加强治安管理，尽快排解矛盾，减少社会犯罪。

（四）疏通对话渠道宣泄不满情绪

人的心理平衡的打破或心理的压抑，对社会治安影响极大。在第三个宏观因素中我们已经分析竞争社会和人口膨胀给人们心理上带来的骚动。从一些闹事事件和许多突发性的重大暴力犯罪中，我们稍加分析就会发现那种因长久的压抑得不到宣泄，而后突然暴发的巨大破坏力。我国历来不重视这方面的心理预防，社会对话渠道很不畅通。我们的信息传递系统很差，只有直线的、自上而下的信息传递系统，领导往往从决策需要主观要求下面收集信息，群众意见上不去。这种现象使下情不能上达，群众的一些建议和不满情绪得不到理解和宣泄，领导也因情况不明无法作出有针对性的排解措施，有时群众就会通过一些过激的行为表现出来。因此，宣泄社会上存在的各种不满情绪和积郁心理，应该作为预防、减少犯罪的一项重要措施正视。

1. 开通各种对话渠道

要大力推进社会主义民主，允许健康的多种形式的个性发挥。党政部门要与群众对话，上级部门要与下级部门对话，老师要与学生对话，长辈要与子女对话，以这些途径消除隔阂，加深互相理解，了解各种心理以及时导正。新闻舆论渠道要反映群众的呼声，使下情上达。同时，要使国情、政情让广大人民群众了解，增加政治的“透明度”。以便让人民群众更多地了解党和国家的决策依据，统一思想，更好地去执行。

2. 支持心理咨询等行业的发展

把社会心理咨询引入社会治安工作,在我国还是空白,而在西方工业发达国家已很普遍。我们要改变只医治精神病患者的做法,要提倡医疗卫生部门和心理研究工作者开办各种心理咨询医疗,使各种心理反常的、孤独苦闷的、妒忌的、失恋的、积郁成疾的、暴躁的人都能得到适度的排解,启发他本人去克服各种不良心态。这对我们这个趋向竞争、工业化兴起、人口膨胀的社会来说,是必须要兴起的一种行业,将会对搞好社会治安起到独特的作用。

3. 重视群众来信来访工作

《中国青年报》1987 年 9 月披露的一项社会调查表明,我国 100 个公民中,约有 20 名向党政领导机关和报社写过一信反映他们遇到的问题。当调查“某项政策严重影响了你的利益你将怎办办”时,选择方式最多的是“向有关政策部门反映”,其次是“通过党组织向上反映”,再次是“向报社反映”。“发牢骚”、“忍了”及其他选择排列其后。而选择“罢工”、“怠工”、“游行”的仅占 1% ~2% 。这说明,我国公民的遵纪守法观念是很强的,但主人公的责任感也大大增强了,他们绝大多数想通过正当渠道向上反映自己的愿望和要求。而他们的大多数要求在来信来访中就表达出来了,只有正当要求不被理睬,忍无可忍时才会采取过激的行为。这就要求我们必须十分重视群众来信来访工作,让群众的正常要求尽可能得到满足,宣泄各种矛盾,防止激化和铤而走险。从来信来访中,还可以发现各种不安定因素和犯罪苗头,能使我们及早地采取措施去预防和制止。

(五)通过“实践型”的普法加强人的法制观念

普及法律常识教育,增强人们的法制观念,对减少社会犯罪很有帮助。十一届三中全会以来,我们党和国家十分重视法制建设,近年来又在全国范围内开展普及法律知识教育,已经取得了很大的成效。我们现在采取的“授课型”的普法方式,对城市和经济发达地区、对有相当文化程度的干部职工是有效的。但是,对大量的文化落后、居住分散、经济贫困的农村地区,这种普法方式并没有收到大的效果。在这些地方,“实践型”的普法方式更为有效。就是说当群众切身利益需要法律调整时,我们的司法机关不推不诿,积极地介入,以实际行动进行“普法”。在群众“打官司”时给以教育,是最有效也最能扩大影响的方式。在这项活动中,律师起着独特的作用。公判大会和法制教育展览也是好形式。司法机关在具体办案时,要严格依法律政策办事,树立法律的尊严和严肃性,使人民群众信法、懂法、守法。一宗公正的有影响的判决,有时超过一大堆法制教育课和报告会。

（六）合理有效地进行新闻文化管理

新闻文化等传播媒介对人的心理影响很大，非法出版物、淫秽书刊和录像、营业性舞厅的一些不良风气、台球麻将等娱乐工具被用做赌博工具等，对社会治安构成了直接的危害。因此，要十分重视新闻文化传播媒介和文化娱乐场所的管理，杜绝精神毒品，让健康有益的文化产品占领精神文明阵地。同时，要提高管理水平和鉴别能力，做到合理地、适度地管理，不能因为加强文化管理而让文化专制主义死灰复燃，禁锢人们的思想，影响改革开放的进程。

（七）从整顿党风入手整治社会风气

社会风气的好坏与社会犯罪的多少直接相关，这不仅因为有些不良风气本身就是违法犯罪，还因为这种风气对人们心理的毒害和社会正气的损害。执政党的党风不但是关系到本身生死存亡的大问题，也是制约社会治安能否好转的大问题。在一个贪污腐败受贿成风的政治环境下，是不可能公正执法、有力地打击犯罪活动的，更无法把社会风气引上健康向上的轨道。因此，我们对党员干部犯罪一定要采取严厉的措施，从整顿党风入手，打击公职人员犯罪，实事求是地抓出成效来。不论牵涉到谁，法律面前一定要人人平等；触犯法律就严格依法办事，谁包庇开脱就追究谁的责任。党风整治好了，搞好社会风气就有了坚强的主心骨，群众就有了信心，犯罪活动就会得到了有力的遏制。

（八）要从社会整体效益重新反思晚婚政策

晚婚作为我国计划生育工作的一条措施，已经推行多年。尽管新颁布的《婚姻法》已经规定了法定婚龄，但在城镇尤其是机关企业部门往往通过行政手段和物质手段使青年推迟婚龄。其实，只要严格执行一对夫妻只生一个孩子，适龄结婚并不会对人口增长带来太大的冲击，况且，早婚者也可以晚育。仅从计划生育角度一味强调晚婚，是不适宜的，也是不符合我国人口生理发展水平的。从国际范围比较，我国的法定婚龄已经是偏迟的。因此，在具体执行上，应让适龄青年适时结婚，缩短性成熟到有合法配偶这段"不安定期"，这样可以大大减少婚前性行为、婚前怀孕及婚恋纠纷，减少由此引起的治安事件和刑事案件，减少激情型犯罪，使青少年犯罪率降低。

（九）发展社会保障弥补劳动制度改革带来的就业问题

劳动人事制度改革的不断深化，势必使一些人从就业队伍中分离出来，再次待业人员将增多。同时，两劳回籍人员的安置也不像以前那样容易。由于过去的"大锅饭"体制，我国社会救济、保险、福利机构等社会保障业很不发达，国家用于这方面的开支也不多。今后，要发展这些行业以缓解改革带来的新矛盾，使失业人员的生存能有低标准的保障，不致对社会治安带来新的冲击。

(十)加强犯罪对策的超前研究

我们的犯罪预测学和对策学研究还相当薄弱，许多省一级政法机关的研究室基本上在行使秘书室和办公室的职能，真正在搞理论研究的不多。许多分析材料还仅是初级的、实用型的、经验型的。这使犯罪学研究失去了最结合实践、最富有经验、最有发言权的一支力量。而一些大专院校、研究机构的专家们又缺少大量来自实践的第一手材料，只好大都聚集在应用法学的研究上面。这种现象需要我们从指导思想上去加以改变，去组织和协调。大力加强犯罪对策的超前研究，以利于有条不紊地开展工作，及早采取防范措施，牢牢掌握社会治安工作的主动权。

(十一)改革方案要全面考虑稳步出台

国家在推行改革和实施重大的改革步骤时，要大力加强前期研究，使改革方案尽可能配套施行，即所谓“走一步、看一步”、“摸着石子过河”。避免因决策失误造成社会心理和社会状态的大的波动。在每一个重大方案出台前，要通过舆论宣传强化社会的心理准备，尽量减少对社会治安的冲击。政策的早期评估研究，还可使治安部门及早做好防范措施预备，弥补可能出现的失控和漏洞。作为政法部门来说，工作上还需要有一个预见性，如对台湾开放大陆探亲问题，可能会带来哪些民事、刑事上的问题，就应早作调研，使工作有条不紊。

结语

本文试图通过分解分析的方法，从制约我国当前社会治安的三大宏观因素入手，对当前的诸多社会犯罪根源进行分析，以期较为客观地把握社会治安变动的脉搏，有针对性地提出对策措施。我国正处在一个前所未遇的变革时代，历史上的农业大国正在向国家工业化、产业结构大调整的方向，向城市化、集镇化的方向急速迈进，世界新技术革命和东西方文化的交汇又给我们古老的文化以冲击，我们必须从历史的、国际地域的观念来审度我们的治安现状以及发展的趋势。

联合国教科文组织认为：“社会发展是一个统一的、互相作用的过程。这一过程要求并促进社会、政治、文化和经济等各个领域发生具有深远影响的变化。它绝不是向着某些预定的模式和标准而稳步平静地直线型发展。它像典型的激流，常常是一种明显不过的混乱的和痛苦的过程。”在我们当前的改革时代，这种激烈的效应显得更为突出，在评估我们治安趋势的问题上，任何经验主义、理想主义的设想，都是不切实际的。有时，由于现实越出了原来的构想，还会导致急躁情绪、厌战情绪、冒进思想和悲观主义。

从总体上看，商品经济的发展在一定的历史时期内，必然要带来犯罪的高涨（当然，也不排除个别地区由于调控得力，或其他原因可能会下降）。恩格斯在《英国工人阶级状况》中曾证明工业化初期社会犯罪的高速增长。他断言，在资本主义制度下，伴随着工业化和城市化而来的经济制度、生活环境的变异导致了人们的堕落并使犯罪高涨。在我们社会主义制度条件下，商品经济时代的到来，对社会治安的影响同样是不可低估的。从本文的分析我们可以看出，引发治安波动的不安定因素大大地增多了，试图要求我们的治安状况（不仅仅是发案状况）完全恢复到五六十年代的标准是不可能的，要求犯罪率逐步下降更是不现实的。我们不能机械地看待社会犯罪率的上升。植物生长旺盛了，病虫害也就增多了；经济发展了，社会犯罪也会增高一些。这些都是正常的。只要能把社会犯罪控制在人们能够承受的范围内，就是成功的。当然，商品经济发展仅是犯罪增多的原因之一，但不是犯罪根源，原因不等于根源。我们作出这个客观的分析，并不是归咎于发展商品经济，从而反对发展商品经济；而是要从客观事实出发，研究它的变化规律与制约关系，作出有效的应变对策，使政法工作能适应新形势，保护和促进经济体制改革和政治体制改革。为此，我们必须树立对社会治安实施“动态控制”的观念，不能希图社会背景回复到“鸡犬之声相闻，老死不相往来”的静态的封闭的状况中去，而应该正视现实，承认现实，发挥政法工作系统的主观能动性，“以动制动”，这有利于从指导思想上掌握主动权，及时有效地实施调控。动态治安的观念，大致包括“协动”，即全社会各系统协同动作，对社会治安形成综合治理网络；“能动”，即思想上的主观能动性，加强调研、预测、早期对策；“主动”，即战略上的主动出击、积极治理；“机动”，即战役上的灵活多变，不强求全国、全省一致行动，而强调针对当地治安状况，及时应变，有什么问题解决什么问题，改变反应迟缓（如个别省区对拐卖妇女儿童问题长期熟视无睹）、尾大不掉、互相掣肘的现象。本文探讨的十一个方面的对策，就是基于这样一个思路。

随着改革的深入和完善，社会生活的各个方面重新得到合理调整，新的健全的社会控制系统（包括伦理观念、意识形态）的形成，社会主义两个文明建设的逐步成功，同时，还由于我们党的正确领导和政法部门、其他部门的主观努力，对策的有力，人民群众的支持，我们将来完全有可能把社会犯罪控制在一个适度的范围内，社会主义制度的优越性在治安领域将会日益显现出来。对此我们应该完全有信心。实事求是全面地看待问题，积极主动而又满怀信心地去设法解决。这就是我们当前应取的态度。

25. 论黑社会犯罪的存在基础及防治策略*

黑社会犯罪,作为一种从犯罪特征上来分类的犯罪,在各国都不同程度地存在。我国犯罪学界将其称之为“带黑社会性质的犯罪”。其实,作为一种犯罪分类,同时也为了更确切地表达这种犯罪的本质特征,将其直接称呼为黑社会犯罪并没有什么不当,因为“黑”社会是同我们整个健康的社会格格不入的,是我们要努力消除的。鉴于此,本文为行文方便仍这样直接称呼。

一、黑社会犯罪的定义及基本特征

黑社会犯罪的定义,目前在我国尚没有一致公认的标准。最新出版的一本犯罪学专著将之归纳为:“黑社会犯罪集团是指由各种社会职业的亡命之徒多层次化地有序组成的一种完备的犯罪组织。”①笔者认为,黑社会犯罪是指有组织、有明确目的、有较定型的犯罪手段的性质恶劣的集团型犯罪。其犯罪特征是:(1)反社会性。它反社会不是以公开的颠覆政府、谋求公开的统治权力为目的,而是为了在一定地域范围

---

* 本文发表于1996年8月第4期《公安学刊》,是国内最早研究黑社会犯罪的犯罪学论文之一,当时即引起中国人民公安大学等国内一些犯罪学者的关注。“黑社会犯罪”作为一种提法,以及最早对其作出的定义和特征的描述,基本上得到学界认可。如后来2000年12月4日出台的《最高人民法院关于审理黑社会性质组织犯罪的案件具体应用法律若干问题的解释》中规定的组织性、经济性、暴力性,以及“保护伞概念”,在本文中都已经明确提出。

① 曹子丹主编:《中国犯罪原因研究综述》,中国政法大学出版社1993年版,第346页。

内、一定行业内获得实际操纵权力。这一点使之有别于以颠覆政府夺取政权为目的的反革命犯罪。(2)经济目的性。这种犯罪首先追求的是小团体的经济利益,有时也会发展到对一定地域的实际统治权,但获得这一权力的目的仍是为了获得利益范围。一旦这个组织不再限于经济目的转而追求政治权力,那么其性质就转化为反革命集团犯罪了。(3)组织性。这种犯罪都有一定的组织,有的还有严密的等级和严格的行会性质的制度。(4)隐蔽性。黑社会犯罪不同于公开的流氓团伙犯罪,其高层主谋一般隐藏很深,甚至完全以正面形象在社会上出现,其绝大多数活动都是经过巧妙伪装隐蔽进行的。(5)稳定性。黑社会犯罪能以"社会"称之,是因为这种犯罪组织的核心成员一般都非常稳定,长期形成一种利益集团,三五年甚至数十年不变。(6)控制性。这种犯罪一般特别强调其控制功能,各个方面都能"摆平",不但对其内部成员如此,还特别重视权力交换,从司法机关和政府机关中找代理人和合伙人。(7)智能加暴力性。以暴力震慑作为后盾是黑社会犯罪的一大特征。特别在其形成初期,为了"抢山头"形成割据势力,暴力特征尤其明显。同时,这种犯罪又都是智力因素很强的犯罪,一般不经深思熟虑不轻易动手。一旦形成稳定的势力,其犯罪的智力成分会逐步上升,暴力因素会逐步减少。从这七个基本特征出发,我们可以轻易地鉴别这种特殊类型犯罪同其他各种犯罪如反革命集团、一般流氓团伙、反动会道门势力、农村宗族械斗等的不同,从而准确定性处罚。

二、当前我国黑社会势力的四种类型

(一)第一种类型:境外黑社会势力的渗入

这种类型的黑社会主要局限于广东、云南、海南等沿海开放地区和边境贸易和交往活跃地区。犯罪种类主要涉及抢劫、绑架、贩卖枪支军火、贩毒、拐卖妇女、诱骗国际劳工、走私。这些黑社会势力往往以海外为基地,或派人以旅游等名义到内地作案,或与境内犯罪相勾结合伙作案,得手后潜逃境外。由于我国刑法的严厉惩戒作用,这股势力渗入的速度还不是很快。但值得注意的是,云南边境涉枪涉毒的黑社会势力渗入速度近年正在加快,已祸及全国,香港地区的文物走私团伙也没有从根本上减少,引发了内地的盗掘文物风。

(二)第二种类型:"严打"余孽形成的恶势力

这种类型的黑社会,即所谓"青海帮"、"三进宫"、"山上下来的"等没有改造好的劳改劳教释放人员。由于这些人员有一起改造的经历和了解过程,之间又有共同的价值观和人生观,因此,这些势力极易形成团伙力量。同时,由于犯罪和被惩处，这些人在社会上的生存基础比一般人更差，反过来促进了他们同社会的游离和对抗。因此，这股力量成了我国近年来黑社会势力萌生的主要因素，也是危害最严重的因素。

（三）第三种类型：自发形成的地方恶势力

这种类型的黑社会即所谓的“第二派出所”、“第二法庭”。这种地方恶势力在官方治安力量薄弱的农村落后地区最易形成。在这些地方，维护社会正常秩序的派出所、法庭、基层政权往往因为各种原因而效能低下，形成了权力真空或者正不祛邪的状态，群众有难无处求告，地方恶势力趁机而入，成了比官方机构更有实效和影响力的一种势力，成了名副其实的土恶霸和太上皇。群众开始时同其斗争，但得不到官方的支持，反而遭到更多的迫害，转而拜倒在这些恶势力脚下，忍气吞声。像近年曝光的海南的王英汉和河南的“几只虎”等，就是这种势力的典型。

（四）第四种类型：侠义性质的地方自发组织

这种势力在开始阶段并不能纳入黑社会范畴，但具有向黑社会势力发展的惯性。如果引导不好或处理不当，就会走向反面，成为真正的黑社会势力。必须指出，这种势力一开始可能代表的是社会的正义力量，同整个社会的正价值取向往往是一致的。当一些地方贪污腐败横行时，他们的许多行为是符合道德的，是“罗宾汉”式的人物，他们扶持弱者，伸张正义，同掌握实权的一些基层政权中的腐败分子较劲，对抗“权贵”。而一些腐败变质分子则利用自己掌握的权力，对上级夸大事态，上纲上线，并以种种手段对这种力量进行迫害和打击，迫使其朝对抗政府的方向发展，并日渐成为真正的反社会力量。当然，不管这种势力开始的性质和动机如何，由于其所处的地位是游离于社会政治秩序之外的，是一种天然的与现有政治框架相背离的力量，因此发展的归宿都会成为反社会的。再加上这些力量极易被社会渣滓操纵和利用，发展成黑社会势力的命运也便无法摆脱。

三、当前黑社会犯罪的社会根源

（一）社会变革时期社会控制上的衰减和错位

总体上说，新中国成立以来我国的社会控制是稳定而成功的。稳定的因素主要得力于党的领导、户口制度、土地制度和以集体经济为依托的基层政权的控制。农村改革和城市改革使人对土地的依附以及以土地为基础的户口的依附变得无足轻重，人口的大流动开始产生。经济的多元化使基层政权的权威和控制力都比计划经济时代大为减弱，人口的流动和基层政权控制的衰减使社会管理出现了脱节,反社会的控制势力就乘虚而入。这种现象对农村黑社会势力、沿海和边境地区黑社会势力的滋生产生了直接的影响。从对各次“严打”中查获的横行乡里三五年的这类犯罪团伙的分析中,都能找到基层政权软弱涣散这一根源。

(二)部分政法队伍丧失效能或效能低下

黑社会犯罪组织性、稳定性、长期性的特点决定了该类犯罪如果没有较长的酝酿发展时间是形成不了的。在这一过程中,如果一方治安机构是负责的、高效的,那么这种组织在其一开始就会被发现,在第一次或开始几次犯罪时就会被铲除。正由于政法机关丧失效能或效能低下,在他们开始作案时没有进行有力的追究,最终养虎为患。

(三)部分政法队伍和官员腐败,“警黑勾结”

如果说政法机关效能低下会促使黑社会滋生,那么政法队伍和地方官员的腐败则会直接产生和助长黑社会犯罪。香港廉政公署揭露的警黑勾结的贪污案最典型地揭示了这一点。其他一些西方国家的扫毒、反黑行动也有充分的例证。需要指出的是,这个问题在我国已经是一个不容忽视的事实。尽管我们政法队伍的主流和绝大多数是好的,但腐败现象已经不同程度地影响到了公检法司等执法机关。有的地方恶势力横行乡里能长达七八年,就是由于当地的治安力量早就成了他们的保护伞的缘故。

(四)某些地方保护主义的庇护

地方保护主义同黑社会犯罪似乎风马牛不相及,其实有深刻的关系。一是这种破坏法制统一的力量会使司法权力对某地的犯罪行为无能为力。如河北某地的“骗子城”、温州某地的“骗子县”,骗子们与当地有关银行、派出所、交通管理机关、邮局、铁路、信用社等乡村机构相勾结,形成了一张神通广大的网,豢养走卒,采取恐吓、敲诈、绑架、伤害甚至凶杀等手段非法敛聚财富,为害一方。当政法机关采取行动时,他们面对的是一张以“保护当地经济”为幌子的强大的关系网。二是这种不讲法制公正的势力反过来使黑社会势力的存在成为一种社会需要。上海有一私人企业被江苏某县两个企业借去贷款四十余万元,为催讨借款,这家私人企业还花去诉讼费五六万,但法院判决后三年多没有执行,更没有要回一分钱。这位私营业主愤愤地说:“还不如当时就去找黑社会,钱早拿回来了!”这不仅仅是激愤之言,而是客观事实。

(五)不良文化传媒的诱导

一些反映行会、封建帮会、个人英雄主义、恩怨相报的警匪片、武侠片,近十年来大量进入我国的音像制品市场和家庭电视,文艺书刊中也大量充斥反映黑社会内容的东西。这些作品不乏娱乐价值,但从两个方面诱发了黑社会犯罪:(1)对青少年直接起诱导作用。不良文化以这些黑道人物为主线,进行大量宣传描写,不加针砭,使许多青少年误以这些人物为英雄,追求他们那种冒险、操纵、义气、权术、金钱、美女等,从而使青少年在人生观上发生偏差,甚至进行模仿。(2)在犯罪方法上给黑社会人员以教唆。其中的纠合方式、组织形式、犯罪工具、犯罪手段、控制手段,使国内这类犯罪很快接近"国际一流"水平。特别是在农村落后地区,封建宗法势力和行会传统本来就有很长的渊源影响,缺少的只是现代犯罪手段的学习,这些不良文化正好起到了这两方面的综合作用。

(六)海外犯罪势力的渗入

我国境内的黑社会犯罪,比起其他犯罪来,受海外犯罪势力的影响更多些。第一,表现在人员的渗入和培植上。沿海边境地区的黑社会犯罪大多都与境外势力相关。第二,表现在枪支毒品犯罪上。我国境内的枪支和毒品绝大多数来自境外。第三,表现在走私犯罪中。文物走私、物资走私好多是境外黑道人物组织内外勾结进行的。由于我国基本没有开放文物市场,如果没有境外文物市场的引诱,国内盗掘文物和走私文物犯罪就不会形成气候。近年的毒品犯罪则完全是境外黑势力引发的。第四,表现在有组织的国际诈骗中。我国司法机关现已发现一些精心策划的国际骗局是海外黑势力操纵进行的。

四、我国制约黑社会犯罪的有利条件

黑社会犯罪在我国还是一个个别性的局部现象,而且永远不可能达到像有些国家那样影响大局、操纵政权的程度。这是因为我国有许多独特的对付这类犯罪的有利条件。

(一)我国有坚强的政治保障

首先有中国共产党的领导,这种领导是坚强有力的、统一的。这一点不同于有的国家政党纷争,黑社会势力从中渔利,找到自己的依托。同时,我国是一个充满生机的处于上升时期的国家,政法机关在总体上是强有力的,主流是好的。个别地方的腐败和无能是可以整顿好的。

(二)我国的法律特征适合于同这类犯罪作斗争

我国是一个法制统一的国家,政法各部门可以随时动员起来,上下左右一致地开展行动,在共同对付犯罪这一点上互相之间掣肘很少。在现阶段,刑事政策上实行重刑主义,在许多犯罪类型中保留死刑,律师在刑事辩护中介入不深,无罪推定原则的通用还未完全贯彻;证人到庭作证还不多,法官自由心证在刑事审判中普遍采用，因此摧毁黑社会犯罪能做到干脆利索，像有些国家黑社会罪犯在律师辩护下被无罪开释、罪犯在狱中遥控指挥作案的现象极少发生。

（三）枪支管理严格，户口迁徙制度严密

对枪支实行严格管理是我国治安的一大保障。可以设想，1983 年前后被严厉打击的用刀棍器械进行械斗的“流氓团伙”，一旦可以自由获得枪支，都有可能产生质的飞跃成为黑社会帮会。在第一次“严打”中，仅浙江省就摧毁了这样的团伙 4743 个，共 23, 000 余人。① 可以想象这些团伙一旦羽毛丰满，会对社会带来什么样的危害。由于我国严格的枪支管理制度，犯罪团伙一般难以形成同政法机关长久抗衡的固定力量。同时，我国严密的户口管理制度和对人口迁徙所作的种种限制，姑且不论其对经济发展和公民权利方面的负面影响，从治安角度而言是很有好处的。在这样的户口制度下，只要基层政权和治安组织不瘫痪，黑社会形成地下独立王国是困难的。

（四）交通通讯条件和银行结算制度相对落后

现代性质的黑社会犯罪，某种程度上是依托高科技和现代都市生活方式而生存的。这类犯罪对交通手段、通讯手段、信息处理手段、银行结算手段都有相当的依赖性。没有这些，要组织起大规模的、长期谋划的犯罪，并在作案后迅速逃脱，或进行“洗钱”转移，都是困难的。我国现阶段这些手段对黑社会犯罪的发展无疑是很大的制约，尤其是银行的保密系数不可能大到对任何来路不明的钱都不问不闻的程度。

（五）能被犯罪势力利用的经济力量还没有大到可以同政府抗衡的程度

任何组织要想长期存在并高效地运转，必须有强大的经济实力。黑社会组织要想建立起自己的“帝国”并长期左右一方，必须有能同地方政府部门相抗衡的经济实力、组织机构，网罗帮凶、购置装备、向有关人员行贿进行收买、策划协同性的犯罪行动、雇请高明的法律人员开脱自己的罪责、营建不为人知的犯罪基地，都要花费巨资。而现阶段我国有组织的犯罪团伙还没有这样的经济实力，这既与我国长期的公有制经济基础有关，也同连续不断地开展“严打”斗争有关。

（六）没有可资黑社会利用的民族矛盾

我国是一个团结统一的多民族国家，历史上没有形成对立的民族心理。因此没有像一些热点地区国家那样，产生以政治集团为背景的黑势力。我国

---

① 周长康主编：《中国现阶段犯罪问题研究》（浙江省分卷），公安大学出版社，第 45 页。

现阶段的黑社会组织第一指向是经济性的，即为了小团伙而非法敛聚财富，第二个指向是势力控制，包括女色、械斗等。这些指向都是低层次的，没有稳定的理念支撑，因此也比较容易摧毁，不留后患。

（七）人心思安的心理因素使黑社会组织陷于孤立

在我国，经济建设成了全体人民达成共识的主要目标，人心思安，黑社会势力在任何方面都是万人痛恨的，因此是孤立的。这一背景使这种犯罪只能猖獗于一时，而不能长久肆虐。

总之，黑社会势力在我国根本上丧失了存在的社会基础，因此是必然可以被战胜的。

五、对黑社会犯罪的防治策略

虽然有上述这么多的社会有利条件，但我们绝不能高枕无忧，在一些地方，黑社会势力已经不是“狼来了”的寓言。而且，如果不采取有力的对策，并不能排除这种犯罪在个别地方严重泛滥的可能。因此，我们在研究犯罪对策时，不能忽略这种新出现的特殊类型的严重犯罪。

（一）抓好队伍，提高技能，惩治内部腐败

在一个高度统一、法制健全的国家里，只要政法队伍是廉洁和富有效能的，黑社会犯罪就不可能在一个地方长久存在。凡是黑社会势力滋生的地方，都是因为那里的社会控制功能出了问题，首先是政法队伍出了问题，这是一个必然的规律。因此，作为管理机关，首先要敢于正视这类问题，敢于惩治内部的问题，不能搞部门保护主义，层层捂盖子。一旦查获内外勾结的犯罪，应毫无保留地依法处理。同时，国家要逐步解决政法机关基层干警待遇过低问题，增强免疫力。要加强教育的力度和社会制约的力度，真正落实治安责任制，让社会对这支队伍进行监督。对付黑社会犯罪，成败的关键就在于这一点，其他的手段都没有这一条重要。

（二）抓好枪支管理、通讯管理、文化市场管理

涉枪犯罪在我国一直非常重视，已经有了丰富的对策经验。通讯信息市场的管理和文化市场的管理，随着我国市场经济的发展和科学技术的进步，以及各个系统的部门观念的差异，正成为一个难点。从这些年的实际情况看，作为治安机构，唯一可取的方式就是有意识地介入这些领域，提高自己的装备和技能、知识，比犯罪集团更早更有效地利用这些现代化的成果，去对付这些新传入的犯罪。

（三）设立专门机构对付黑社会犯罪

针对黑社会犯罪有组织性、稳定性、高智能性的特点，公安机关要有精干的高素质的专门队伍来对付。这些人不但要懂得刑事侦查的一般知识，还要及早地学习当地社会的各项前沿知识。如信息高速公路、银行结算知识、电脑犯罪知识、通讯网络知识等。人员要相对固定，去专门追踪一些特定对象。

（四）加强对境外黑社会势力渗入的防范

在边境地区和沿海地区，要加强地区合作，加强隐蔽战线的工作，及时发现境外黑社会势力的渗入，及时依法予以惩处，对走私枪支、文物、贩毒的境内外犯罪分子，要坚决、及时地判处，不留后患，

（五）加强对黑社会犯罪的专门研究

黑社会犯罪是恶性犯罪的一种类型，又是一种伴随现代各项发展成就而来的新型犯罪，我们都还缺少对付这类犯罪的经验。已有的分析也还停留在现象和数据上。对这种犯罪的形成原因、特点、心理、结构、新的犯罪方法的发展、与政治和经济的关系、与历史传统的关系、与境外犯罪的联系、定性的标准、刑法惩处的力度，都值得研究。只有主动地了解和研究这种犯罪，我们才能应付自如，牢牢掌握治安主动权。

26. 组织卖淫罪死刑存废之我见*

——对汪红英案改判的几点法律思考

泰国南部有个风景秀丽的海滨小城名叫芭堤亚，是越战的时候美国太平洋舰队水兵的一个驻地。从此，这个城市的著名除了其迷人的旖旎风光之外，还因为其合法化的性文化产业的发达。杭州作为一个国际著名的旅游名城，一直以风光迷人、社会风气良好而名闻遐迩。不知是有意还是巧合，位于杭州市中心繁华地段的一家娱乐公司，也冠之以"芭堤亚"之名。

1998 年 4 月，杭州警方在扫黄中对此娱乐城的桑拿中心进行重点清查，芭堤亚容留三陪女卖淫的事件案发。总经理杨某潜逃，警方抓获了桑拿中心领班汪红英等四名涉案女性。案经浙江省杭州市检察院提起公诉，杭州市中级人民法院经不公开审理，于 1998 年 12 月 30 日作出判决，判处汪红英死刑，剥夺政治权利终身；余某无期徒刑，剥夺政治权利终身；温

---

* 本文发表于最高人民检察院《中国刑事法杂志》2000 年第 4 期。本次出版按原稿增补。其时我在浙江财经学院任教，主持法律系工作。汪案是当时浙江省影响很大的一个案件。杭州中级法院一审判汪死刑后，社会反响很大，引起了我的思考和研究。该案二审期间，我连续在 1999 年 2 月的《民主与法制时画报》等刊发表了《汪红英该不该判死刑?》、《对汪红英死刑案的几点法律思考》等文，引起了很大反响，对该案二审改判死缓起了重要作用。《中国死刑观察》转发了《终审判决汪红英罪不当死》，本文关于对卖淫罪这种"风化犯罪"不宜采取死刑量刑的观点，引起了司法界的关注和反思，此事件后，全国该类死刑已经严格控制，如北京 2000 年 6 月 9 日判决的"北辰花园别墅女大学生组织卖淫案"，在不足 3 个月的时间里，组织卖淫达 600 余人次，营利 80 余万，主犯刘某亦只判死缓。此后，全国已经再没有见到此类案件判死刑的报道。

某有期徒刑6年；陆某有期徒刑5年。案经全国新闻媒体报道后，在社会上激起了强烈的反响。出人意料的是，几乎所有笔者听到的反映，不论是法学专家，还是普通群众，以及机关干部、娱乐业从业人员，都一致认为对汪红英的量刑过重。还没有听到一例说汪红英该杀的。汪红英等被告向浙江省高级人民法院提起上诉。对照新《刑法》，组织卖淫罪确实保留了死刑，对照《起诉书》中指控的犯罪情节，汪等又确实可以够得上"情节特别严重"，那么为什么法院的判决同社会的认同会有这样大的差距？汪红英到底该不该被判死刑？从法律上说，这自然由二审法院认真把关审判后决定。但针对现在法院的开放程度和最高人民法院领导明确表示可以对审判活动进行及时的舆论评论的精神，我们想对此案进行一些法律文化学上的思考，从司法而溯及立法，以期通过这个个别的案例，让我们共同来进行一些深层的思考，使现有的法律更加成熟和理性一些。

汪红英被一审法院判处死刑，其理由是"本院认为，被告人汪红英以招募、引诱、容留等手段控制多名按摩小姐从事多次卖淫活动，其行为已构成组织卖淫罪，且情节特别严重"。从我们听到的群众舆论和法学界有关人士的看法，则普遍认为对其量刑过重。分析一下这些看法的原因，主要是三点：一是汪红英的行为够不够得上"情节特别严重"？二是即使特别严重，这样的罪犯是否必须判处其死刑？三是现在像这样的现象很多，是不是公安局都去抓来判刑？第一个问题，实际上是一个事实认定问题，即什么样的标准才算得上是"组织卖淫情节特别严重"；第二个问题，可以从法律文化角度进行一些深层的思考，可以追溯到立法的价值判断问题；第三问题，提到了一个司法平衡的问题。所有的法律原则，都是有深厚的现实基础蕴涵其中的。法学的研究，从实例出发也许更能发人深省。下面，我想分层次对这些问题进行一些剖析。

一、关于"组织卖淫罪"的历史发展

新中国曾经以消除娼妓现象，根除卖淫而自豪。但是从20世纪80年代中期起，娼妓现象开始死灰复燃。有的人将其归咎于改革开放，有的人将其归咎于世风日下，有的人则能比较平静地看待这一社会现象，认为是有其深层的社会、经济、时代环境的原因的。

在中国法律传统中和现在的西方国家，对组织卖淫者处死刑是极少见的。我国1979年的《刑法》，没有组织卖淫罪的规定。对强迫卖淫罪规定的最高刑也只是10年徒刑，对引诱容留卖淫的最高刑为5年以上有期徒刑。1991年1月，全国人大常委会作出了《关于严禁卖淫嫖娼的决定》，第一次对组织卖淫罪规定了死刑。原文为:“组织他人卖淫的,处十年以上有期徒刑或者无期徒刑,并处1万元以下罚金或者没收财产;情节特别严重的,处死刑,并处没收财产。”在法学界看来,增加死刑的规定,应该是一个国家最重要的立法,应该是全国人大全会立法,而不应是常委会的立法权范围。但从1983年严打开始,实际上所有的专项决定增加的死刑条款,都是常委会立法而不是全会立法,以致中国出现了大量的新的死刑条款。有的立法由于考虑不周,出现了一些畸重现象,如《惩治捕杀珍贵濒危野生动物的规定》,对捕杀动物者也要以命相抵,把人和动物相提并论,可以适用投机倒把罪判死刑。四川就判了好几个捕杀熊猫者死刑。在新《刑法》修改时,去除了这一死刑,改为10年以上徒刑。但组织卖淫罪的死刑则在新《刑法》中得以保留。

1997年3月的新《刑法》第358条,对组织卖淫罪作了三个层次的量刑表述,第一层次,组织他人卖淫的,判5~10年有期徒刑;第二层次,情节严重的,判10年有期徒刑甚至无期徒刑;第三层次,情节特别严重的,判无期徒刑或者死刑。从立法本意看,已经注意到了对组织卖淫罪的死刑要从严掌握,不到罪大恶极的不能判到顶。按最高人民法院1992年对原人大常委会《决定》所作的司法解释,“情节特别严重”,主要是指“组织他人卖淫的首要分子情节特别严重的;组织他人卖淫手段特别恶劣的;对被组织卖淫者造成特别严重后果的;组织多人多次卖淫具有极大的社会危害性的,等等”。从上述法律规定和司法解释看,一审判汪死刑是适用了司法解释中的最后的“组织多人多次卖淫具有极大社会危害性”这一条。

二、严惩性犯罪的中国历史文化心理基础

从法律文化学和中国法制史的传统看,中国历史上对于性犯罪有一个从宽到严的过程。无论中国还是外国,都有社会学者研究认为娼妓制度曾经是一夫一妻制度的一种补充。从秦汉魏晋到唐宋,封建皇帝不用说了,官商士人的纳妾行为和娼妓行业的公开一直是互相补充,官方不但允许,甚至鼓励,从白居易到苏东坡,官伎伴政一直是公开化的,也为当时社会所接受,还留下了一些典故让后人乐道。像成都的一代才女薛涛,还留下了“薛涛笺”的故事。明末的金陵名妓李香君,还留下了《桃花扇》的佳话。直到元明以降,中国儒学的变种“程朱理学”开始流行并占统治地位,“穷天理,去人欲”,对人性的压抑伴随着封建伦理秩序的建立,对妇女地位的压制伴随着对非法性行为的遣责,越来越严厉。贞节牌坊、《烈女传》和青楼妓馆并存,是那个时代妇女命运的缩影。但对有权有钱的男性的性放纵的权利,从来没有真正控制起来。直

到民国时期，军阀士商的纳妾行为也一直存在，娼妓现象从未中断。1949 年新中国的成立，成了一个历史的转折点，公开化的纳妾行为和娼妓现象被彻底取缔，改造妓女成了解放初期新政权执政以来的一大成就。其伦理基础是新的婚姻道德观和平民革命的公平观（不允许官商士绅三妻四妾），深层基础是被几百年的“程朱理学”伦常观念熏陶出来的大多数中国人的意识观念。视性为丑恶，“万恶淫为首”。中国不准有娼妓成了官方和平民非常一致的共识。妓女为人所不齿，开妓院的就该杀头。这种社会意识和政策取向，从正面看给了我们一个清明洁净的社会，从消极面看导致了矫枉过正，变种的“男女授受不亲”、视正常交往为罪恶，也在当代中国出现了，“文化大革命”期间男女的交往，出现了极不正常的社会标准。其极端则是“样板戏”里的男女，非鳏即寡，文艺作品不准言男女之情只有阶级之情，社会服装非灰即黄，男女恋爱视为小资产阶级情调。直到中国走上改革开放的道路，虽然社会心理已经发生了巨大的变化，社会的宽容度大大增加，但在性问题的看法上，尽管年轻一代和一些社会前沿产业的人已经在飞速嬗变着，但在占统治地位的主流群体的潜意识中并没有发生大的变化。这种主流意识体现在国家立法上，就是同当今世界法制现状相去甚远的严厉制裁性犯罪的法律的出台。中国 1991 年出现对组织卖淫者处死刑的法律，不是因为此时人的思想突然趋向保守，而是与此前的中国现状和中国社会意识相吻合的，与新政权建国之初要禁绝娼妓现象的观念是一脉相承的。新中国前四十年中，社会现状中没有娼妓，同人的观念相一致，20 世纪 80 年代后社会卖淫现象越来越严重，同社会的容忍程度产生剧烈的冲突，因此这样的法律才会在 90 年代出现。因此，中国在这个问题上的立法意识，同中国传统文化是有直接的传承关系的。汪红英案按律该杀，绝大多数社会舆论则认为不该杀，就直接体现了立法意志同社会认知的冲突，体现了传统文化和社会现实的冲突。

三、西方国家对此类性犯罪的量刑标准

法律是统治者意志的产物，又是物质的，是建立在一定的经济基础和社会意识形态之上的。同时，法律又是时代的，任何法律在当今社会又是可以放到世界法律背景中去观照审视的。中国已经参加了多个国际人权方面的公约，这就使得中国的法律更有放到世界背景中去审视的必要。

西方国家对组织卖淫、协助组织卖淫、强迫卖淫、介绍卖淫、容留卖淫的定罪和量刑，没有我国新《刑法》规定的那样具体，量刑也不如我国严厉，对组织卖淫者，一般处 6 年以下有期徒刑。

原联邦德国《刑法》第180条对组织卖淫者处3年及5年以下徒刑并处罚金:“以下列方式之一经营营利性娼馆者,处三年以下自由刑或并科罚金:1. 利用在其中工作的人的人身或经济的不独立性而对其进行控制者;2. 除供给住所、宿处或场所或其他一般相关之便利以外,尚以其他之方法协助他人卖淫并给其便利者;3. 将房屋、宿处或场所提供给18岁以下之人从事卖淫的营业者;4. 提供卖淫场所给予他人,以鼓励其卖淫或利用其卖淫者。”对利诱他人卖淫和唆使出国卖淫的罪加一等:“营利性游说他人从事卖淫,或唆使他人出国卖淫,处5年以下自由刑并科罚金。”对引诱21岁以下的人卖淫再加一等:“利诱或协助21岁以下之人从事或继续卖淫者,处6月以上10年以下自由刑。”对控制妓女自淫之外又介绍其卖淫的国内所谓的“皮条客”,他们量刑上也相同:“意图维持与卖淫之人之个别特定关系而有下列行为之一者,处6月以上5年以下自由刑:1. 剥削他人卖淫之所得者;2. 以营利为目的,监视他人卖淫之业务,规定其卖淫处所、时间、范围及其他条件或采取防止其放弃卖淫之措施者。”从上可知,只要不是组织未完全成年人卖淫,组织卖淫的最高量刑是5年自由刑。对强迫卖淫未见规定,但其第177条“强奸罪”中,有“胁迫妇女与自己或者第三人为婚外之性交行为,处2年以上自由刑”的规定。联邦德国自由刑的最高限是15年。因此,联邦德国对组织卖淫罪和强迫卖淫罪都没有死刑。

《瑞士刑法》第199条规定:“以媒介奸淫为常业,尤其是经营妓院者,处5年以下重惩役或6个月以上轻惩役。前项行为人媒介未成年人奸淫者,处10年以下重惩役。”第201条规定,靠剥削卖淫者维持其生计之全部或一部者,或为营利保护娼妓营业者,处5年以下重役或6个月以上轻役。对拐卖妇女儿童从事卖淫业,或“以招募、绑架或利诱为手段者”,即相当于我国的“强迫卖淫罪”的,处5年以下重惩役。可见,瑞士对此类犯罪处刑最高为5年,为保护未成年人特别规定也仅10年。相反,对一些我国尚未列入追究的行为,他们则规定了刑罚。如对为卖淫而滋扰同室居住者和邻人(即所谓妓女拉客),出租房屋者容忍他人卖淫,向他人公开表示嫖娼机会(即如宾馆骚扰电话),公告、陈列、投寄避孕和防治性病广告和宣传品的,都构成“妨碍风俗之罪”,可以处以拘役和罚金。

《西班牙刑法典》对此类犯罪最高处刑为6年徒刑及25,000西币以下的罚金。如“在西班牙境内境外包庇妓女或招募娼妓(组织卖淫罪)”、“使用欺骗、暴力、威胁、滥用权威,或其他强迫方法迫使年满23岁之妇女满足他人的可耻欲望;违背本人意志扣留妇女为娼妓(强迫卖淫罪)”等,均处短期徒刑之最高等(6 年)及5000 到25,000 西币的罚金。介绍未满 23 岁的妇女卖淫,处短期徒刑的中等到最高等刑。治安官员犯上述罪,加处完全剥夺权利(6 年,公职权及选举权等)。

《意大利刑法》第531 条“教唆和帮助卖淫罪”类似于我国法律中的组织卖淫罪,包括经营妓院、出租房屋开妓院、宾馆舞厅公共娱乐场所允许卖淫、用文书及其他方法引诱卖淫、诱拐他人从事卖淫、在卖淫集团内工作和协助这类组织,均处2 年以上6 年以下徒刑,并处100,000 以上4,000,000 以下里拉的罚金。对强迫、诈欺他人进行卖淫的,法定加倍处刑。

从这些国家的刑法规定可以看出,无论是组织卖淫还是强迫卖淫,法定刑中都没有死刑的规定。而且量刑均介于重罪和轻罪之间。即使按重罪处刑,一般亦在6 年,最高到12 年。对未成年人的犯罪最高可到15 年。我们过去以偏见的眼光认为资本主义制度允许娼妓现象,其立法同这种社会制度相适应。现在我们打开国门可以看出,西方国家对卖淫犯罪也是惩处的,只是从其人文传统和法制传统出发,对这类犯罪规定了比较符合实际的惩处标准,而且都规定了罚金刑。这是符合实际的,因为卖淫作为一种特殊的交易,组织者和强迫者都是以营利为目的的。同时,他们的法院还有查封妓院的权力,对出租房屋的人也同样追究,体现了一种治本的精神。

四、汪红英是否够上“情节特别严重”

作为汪红英的辩护律师,要想保住汪红英的命,可能只能在这一点上做文章。因为我国是成文法国家,法官只要是在依法适用法律,在量刑杠子内判决就是正确的。假如汪红英确实从事实上被证明是“情节特别严重”,那么一审法院的判决就是对的。只要法律没有修改,本文的其他法学观点的分析,并不能影响法院的依法量刑。

从法院的判决看,三个量刑层次中,都是往顶上靠的。在最高的第三层次,又在选择项中选了最严厉的死刑。那么从法院认定的现有事实看,汪红英是否够得上“情节特别严重”呢?在法律规定的情节特别严重的量刑“无期”或者“死刑”中,是否必须选择“死刑”呢?

从法院认定的表面上看,汪红英控制按摩小姐10 余人,卖淫114 次,非法获利(此处表述不当,应是卖淫女得赃)62,950 元,自己从卖淫女处得赃2700 元,是可以认定为“多人多次”、“具有极大的社会危害性”。但仔细分析一下,这些认定又是有问题的。第一,汪不是这个桑拿中心的老板,这些卖淫女也并不是她去主动组织来的。真正的主要组织者已经潜逃没有归案;法院判决书也明确载明“在总经理杨某的指使下，分别采用招募、引诱、容留等手段”，主次责任已经十分清楚。第二，她只是一个领班，桑拿房的获利主要不是归她所有；任领班时间也只有两个多月。第三，这些卖淫女都是自己愿意的，并获取了主要的非法收入。第四，汪获利只有2700元，相当于她这个职业的一个月左右的工资，其主动组织他人卖淫的动机不强，犯罪故意不明显。从这些情节和事实看，将卖淫女的114次卖淫行为都认定到她一个人的“组织”上，显然是与事实不符的。一审辩护人认为她只能构成“协助组织她人卖淫罪”（最高刑10年），应该是客观的。但一审法院却没有采纳。

五、个案量刑应该充分考虑社会现实因素

毋庸讳言，对于卖淫这种社会现象，我们的社会已经形成了非常对立的两种观念。在所有的公开舆论载体上，反映的是坚决禁绝的声音。但相当一部分人，包括有些负有相当责任的有权人士，对这个问题已经实际上采取了一种宽容的看法。有的还将之作为促进当地经济发展的一个措施。在个别黄祸猖獗的地方，甚至是口头上反对实际上放任。不承认这一现实，就无以解释这几年遍及全国的城镇的“KTV三陪现象”、“桑拿按摩现象”、“发廊洗脚屋现象”，也无法解释国家为何要花这么大的力气去扫黄，无法解释会有这么多的干部涉黄丑闻在报上曝光。值得深思的是，恰恰是在我们对色情行业采取严刑峻法的20世纪90年代，即1991年全国人大常委会决定确立“组织卖淫罪”、“强迫卖淫罪”的死刑以来，也是黄祸越来越烈的时期。法律的严厉并没有收到人们预期的效果。

群众舆论普遍认为对汪红英量刑过重，就是基于将这样的一个社会环境作为参照物。因为人们对社会现实是了解的。笔者在研究新《刑法》的经济犯罪如此众多的罪名时，就深为可能因“法不责众”将造成的“法律衰减”问题担心。“杀一儆百”是在社会非常时期使用的统治方法，对一个理性的、和平平稳的社会不应使用，因为这只会让人感到法律的滑稽和不公平、不平衡，对建立人们长期的行为规范和营造长治久安的社会环境不利。

六、组织卖淫罪的最高量刑应该低于强迫卖淫罪

在当前的关于性犯罪的定罪中，一共有7个罪名：组织卖淫罪、强迫卖淫罪、协助组织卖淫罪、引诱容留介绍卖淫罪、引诱幼女卖淫罪、传播性病罪、嫖宿幼女罪。在修改《刑法》讨论时，曾经有学者提出要增加卖淫罪、嫖娼罪。立法时没有采纳，没有设立。

让我们以阶梯式结构来分析一下这几个罪的量刑。为方便比较,我们只看最高刑:

组织卖淫罪,死刑;

强迫卖淫罪,死刑;

协助组织卖淫罪,10年以下有期徒刑;

引诱、容留、介绍卖淫罪,5年以上有期徒刑;

引诱幼女卖淫罪,5年以上有期徒刑;

嫖宿幼女罪,5年以上有期徒刑;

卖淫,无罪;嫖娼,无罪;均按治安违法处罚。

我们分析一下这个阶梯结构,应该说基本上是合理的。但将组织卖淫罪和强迫卖淫罪作为同一档次量刑,则明显不当。为什么这样说呢?

强迫卖淫罪相当于强奸犯罪,是直接违背妇女意志、侵犯妇女人身权利的,是一种"人权犯罪";组织卖淫罪则完全不同,卖淫女是完全自愿的,侵害的是一种社会风气,是一种"风化犯罪"。强迫妇女卖淫直接摧残妇女人身健康和人格尊严,必须严厉打击,应该保留死刑;组织妇女卖淫的危害性相对较轻,损害的是社会风气,但不违背妇女意志,也不损害妇女健康,不必要用生命刑来惩戒,可以设定最高刑为无期徒刑。卖淫既然不设定为一种犯罪,一点刑都不用判,对组织其卖淫的一下子拉到死刑,这在立法观念上是完全矛盾而缺乏衔接的。对这三个刑种的比较,我们可以清楚地看出对组织卖淫罪的量刑规定是偏重的。

为什么会这样呢?这是与参与立法者的思想认识分不开的,同多年传统形成的法律文化思想分不开的。在现在好多参与立法的专家和老同志观念上,"开妓院的"就应该杀头,这样才能保持良好的社会风气。有的立法者对社会现实并不了解,对社会的急速变化并不了解,对法律在应用环节遇到的尴尬并不了解。因此,要法学界和立法者接受废除组织卖淫罪的死刑,这条路还会很漫长。可行的途径是在司法环节严格解释"情节特别严重",来限制死刑的实际适用。

对于执法者来说,一个法律已经立出来了,不论其合理与否,是必须执行的,只能在情节认定上审慎把关。对于法学研究而言,则不受此限,相反可以通过新出现的典型案例,对现有的立法进行活生生的反思。这就是我们讨论汪红英案的意义所在。至于汪红英的上诉能否被采纳,那只有看她的辩护人的努力和二审法院的依法审判了。

附:杭州“芭堤亚”案追踪报道

终审判决汪红英罪不当死

中国死刑观察,http://www. chinamonitor. org,原载《民主与法制画报》

轰动全国的杭州“芭堤亚”桑拿中心领班汪红英,因组织卖淫被法院一审判处死刑,曾引起媒体极大的关注和法律界的热烈讨论,详见本报 1999 年 2 月 26 日《汪红英该不该判死刑》一文报道。汪是否罪该当死,本案的终审判决已经给出了一个公正的回答。

1999 年岁末,浙江省高级人民法院下达了对杭州“芭堤亚”桑拿中心组织卖淫案的终审判决,以组织卖淫罪,改判汪红英死刑,缓期两年执行。

判决后的汪红英接受了家属的探视,记者当天傍晚赶到汪红英的家中采访。暮色黄昏中,在离清末红顶商人胡雪岩故居几十步的小弄里,有几幢 50 年代的简易楼房,汪红英婆家在最靠里面的底楼,这使他们在 30 多平方米的主房间以外,还能依靠底层搭建出简陋的厨房和一个类似客厅的过道。

汪红英已读小学四年级的女儿亮亮(化名),正伏在过道上的一张方凳上用铅笔抄写生字,慢慢暗下来的光线,从没有盖顶的过道上方撒落在她的横格练习本上,每个字都写得很端正,没有写出格子。汪红英的婆婆在厨房一角的餐桌上,摆放晚餐的碗筷。从表面看,这个傍晚她家和任何邻家没有多大不同,但这一天全城的报纸都以显著的版面和醒目的标题,刊登了汪红英改判死缓的消息。这对此前曾抱有“较大幅度减刑”期望的家人来说,仍是个沉重的消息。

不知是否感觉到了什么,1999 年 10 月 29 日汪红英在杭州看守所七狱写出了一封信。在这张限每月一次注明“通讯内容以索取生活必需品为限”的家信中,除了要求送进一些“红肠、蚌壳油、美加净护肤霜、方便面”以外,汪红英第一次主动提出了和丈夫的婚姻问题,“只要女儿和你幸福,你有事向我提出,我都会同意的”。她希望要一张丈夫和女儿的合照。读这些信和交谈时,与年初汪红英一审被判死刑时记者来她家不同的是,家人已经不大忌讳当着小孩的面,谈她的母亲了。亮亮说,她的成绩在班里排了 10 多名,“人家回家都有人教作业,哪个教我啊”。

汪红英的丈夫闷闷地抽烟,这是一个显得英俊文静的青年,至少记者感觉是这样,一切都是他母亲在处理。大约是在十年前,从小没有父母的汪红英在结婚前一年,就住进了他家,而在去“芭堤亚”以前,汪已经带着自己的随身用品搬出了这里，住进自己的姐姐家，但经常回来看望女儿和婆婆，包括后来，还骑十多分钟自行车赶过来看看。

二审律师是汪的丈夫提议并坚持要请的，这要花不小的一笔钱，他认为总算夫妻一场，何况是救一条命。二审未决前的旷日持久的等待中，他曾期望早些判下来，妻子在死囚牢里可以少待几天。他说迟早要"走向"离婚的，这和他母亲的表示一致。终审判决下达后的一天，他和母亲一起买了东西去探监，亮亮上课未能去。汪着米黄色毛衣剪短发，看上去气色还好。汪对改判词中，称她受到"芭堤亚"老板杨某的"授权"和"控制"小姐卖淫感到不服气和委屈。在当天见委托律师时她也说了相同的话。

汪红英的二姐在1999年12月10日收到中院送达的给家属的判决书后，注意到省高院签发落款日期是10月20日，她不明白为何近两个月才"下达"。

汪红英1965年3月21日生于杭州，9岁时父亲去世，母亲改嫁。那年她成了一个没人要的孩子，差点被人送到孤儿院去。幸好大姐得知消息后赶来抱走了她。第二年，二姐去临安农村插队，将汪红英带到了乡下。4年之后，随着二姐抽调返城，汪红英也一同回到了杭州。

回城后的汪红英断断续续只读过两年小学课程。18岁那年，汪红英到杭州罐头厂干了一年临时工；第二年，她进入幸福丝织厂当上了一名挡车工；6年后辞职。

辞职后的汪红英一直在一商厦卖箱包皮鞋，生意时好时坏。1998年初，对正常工作或做生意已不感兴趣的汪红英决定换一种活法，来到"芭堤亚"做按摩女工。家人感到很意外和无奈，此前已与其分居的丈夫也无意干涉。

汪与婆婆的感情一直很好，9岁的亮亮在她不知道妈妈被抓判了死刑时，给妈妈的信中写道："妈妈，我很想你，你早点回来，我一定好好读书……"女儿还把自己省下来的7元钱悄悄地夹在了信中。

一审未判决前，汪在忏悔中也没有意识到自己犯下了死罪。她在给丈夫的信中写道："我非常想念你和女儿，还有你妈。我俩过去的事就让它过去吧，一切重新开始……叫你妈把我的东西放好，衣柜里面的东西不用晒，一切等我判下来再说。""亮亮，你要好好读书，听奶奶爸爸的话，等妈妈回家，你要拿出好成绩给妈妈看……"

汪红英婆婆说，有一天，曾与汪未判决时关在同一监舍的人，带来了汪的口信，说汪在里面非常非常想念女儿。婆婆按来人所说，在一日特定时间，带着汪的女儿来到位于杭州城郊一座山脚下的看守所附近，爬到可以远远俯视狱中的一个山坡上，她看到了媳妇出来晒被子，并看到她躲进一半身子在招手。她有力地把孙女抱起来，指点孙女看妈妈，孙女哇哇地哭叫起妈妈来。

时间追溯到1998年1月27日。在杭州市最繁华的商业街延安路上，无业青年汪红英跨进了毗邻西湖的“芭堤亚”娱乐城，当时已33岁的她开始从事按摩小姐的职业。她万万没有想到，从那天起，仅仅只用了66天时间，就在不知不觉中踏上了一条不归路。

汪红英在桑拿中心干了不到一个月便被提升为领班。汪非常兴奋，告诉亲朋说自己当“经理”了，还印制了名片到处分发。女儿所在小学老师就收到过，这也使得汪一出事，该校老师马上将其和“名片”对上了号，使心痛孙女的汪的婆婆感到无密可保。

在汪自以为找到了一个称心职业的同时，该处的非法活动就已被公安部门掌握。通过近四个月的侦查取证工作，芭堤亚桑拿中心招募、引诱、容留按摩小姐卖淫的犯罪事实渐渐浮出水面。

每当夜色降临，“芭堤亚”便开始了一笔笔肮脏的交易。这里的按摩小姐几乎一半是本地人，年龄最大的30多岁，最小的仅20岁。在名为按摩实为卖淫的“服务”中，随地为客人提供“全套服务”。这些按摩小姐为了多挣“小费”有客必接，有的一天卖淫数次。据专案组人员说，有的卖淫女已猖獗到了为客人做按摩服务时，动辄强拉硬扯，行为极端无耻，令一些未见过“世面”的客人四处逃窜。“芭堤亚”苦心经营，形成了一个相对固定的“消费圈”。来者多为常客，他们可以“潇洒”地签单。

“芭堤亚”当时共有15个包厢，经常客满。一些客人常常坐在大厅里“排队”，等候按摩小姐的“服务”。而汪红英和另一领班余星华的工作，就是领着按摩小姐依次序让客人挑选，直到满意为止。

1998年4月1日晚8时30分，杭州市治安行动队30名民警在处长带领下，分成三个行动小组，对“芭堤亚”进行清查。至次日凌晨2时，抓获正在卖淫嫖娼者两对，涉案人员26名，并在地毯下、小姐工具箱中搜出大量避孕套、BB油和小费单等。更令人瞠目的是，在总台的抽屉里，还有一本记载着1月份以来光顾“芭堤亚”的常客的名单、电话和传呼号码的登记簿。其后，根据这些线索，共查证先后在该场所卖淫的小姐34名、嫖客85名。在查获的嫖娼人员中不乏国家机关工作人员、党员干部。汪红英在这次清查行动中被刑事拘留。其后，杭州市检察院以汪红英、余星华组织卖淫罪向杭州市中级人民法院提起公诉。

1999年1月20日，新《刑法》实施以来，杭州市首起因组织卖淫被判死刑的案件在中院刑庭宣判。

杭州市中级人民法院认为,经庭审查明,1998年1月27日至4月1日间,被告人汪红英、余星华在杭州"芭堤亚"娱乐公司总经理杨(在逃)的指使下,采用招募、引诱、容留等手段,在杭州"芭堤亚"娱乐有限公司桑拿中心控制多名按摩小姐从事卖淫活动。其中,被告人汪红英控制十余人先后分别与数十名嫖客在本市"芭堤亚"桑拿中心、太平洋大酒店卖淫114次,非法获利人民币62,950元,被告汪红英从卖淫女处得赃计人民币2700元,其行为已构成组织卖淫罪,且情节特别严重,据此,依照《刑法》有关规定,以组织卖淫罪判处死刑,剥夺政治权利终身。

听到审判长的这一宣判,汪红英和她的家人都万万没有想到,汪当即瘫倒在受审席上。

卖淫、嫖娼,本是社会毒瘤,为全社会所深恶痛绝。然而,针对杭州市中院判处组织卖淫的领班汪红英死刑,一些媒体及社会舆论却提出了反思性的讨论,委婉地提出了汪红英"该不该杀"的问题。《新刑法定罪量刑指南》一书作者陈有西,在1999年2月26日《民主与法制画报》中随即发表了一篇题为《汪红英该不该判死刑》的署名文章。

浙江昆仑律师事务所主任吕思源担任了汪红英二审律师。他认为一审判决定罪不当、量刑畸重。

就定罪不当问题,吕律师认为,人命关天,自古通理。此案中起组织作用的是"芭堤亚"的经理杨军明在逃,汪红英只是为其打工的小小打工妹"领班"。杭州芭堤亚娱乐公司于1995年底成立以来,杨军明就是总经理,且于1997年9月起,杨承包并全部负责"芭堤亚"四个场所,他是本案犯罪活动的组织者、领导者。杨明知"不准异性按摩",而大搞异性按摩,为卖淫活动提供了便利,并采用"试钟"手段,身体力行传授、引诱、促使按摩女卖淫。汪无权决定超越经营范围。

"芭堤亚"招募按摩女,是向"芭堤亚""应招",汪红英等是招募工作的"经办人",不是"招募人",招募人是杨,押金也交到杨手里。

吕律师认为,汪红英在"芭堤亚"组织卖淫案中,没有采取限制按摩女人身自由等手段,不存在"控制"按摩女卖淫的问题。事实上按摩女流动性很大,即使扣75%的小费未发,也有不少说走就走了,按摩女是有双腿的"大活人",且事实说明,按摩女不是被控制而不愿意的,都是主动、乐意从事卖淫的。有的小姐不但在"芭堤亚"卖淫,还同时跑到宾馆去偷偷"卖"。

根据汪红英犯罪事实,只能认定汪犯有"协助组织卖淫罪",而该罪量刑幅度为“处5年以上10年以下有期徒刑”。尽管有卖淫女供认，汪有“介绍卖淫”行为，假定属实，数罪并罚，最高刑期当在有期徒刑20年以内。

1997年3月修改后的新《刑法》第358条，对组织卖淫罪规定了三个量刑幅度：够上组织卖淫罪的最少判5年至10年；“对情节严重的”量刑幅度是10年到无期徒刑；“情节特别严重的”判无期徒刑或死刑。吕律师认为从立法本意看，该罪的死刑要从严掌握，不到罪大恶极不判到顶。

浙江省高级人民法院审理查明，原判认定汪红英、余星华组织卖淫的事实，有卖淫女汪某等人的证言、同案人的供述、公安机关的现场照片、卖淫女及嫖客照片等证据证实。案内证据充分证明“芭堤亚”总经理杨授权汪、余管理桑拿中心，汪、余有招募、容留按摩女的决定权，多名卖淫女证明汪、余引诱、指使其卖淫，两被告亦有供认在案。因此，汪、余及其辩护人对原判认定事实及定罪的异议不能成立，不予采纳。

浙江省高院刑庭副庭长徐志明告诉记者，此案件属共同犯罪的案件，目前在共同犯罪中还有主要案犯杨尚在逃，鉴于汪红英在组织卖淫的共同犯罪中的地位、作用等具体情节，汪红英并没有达到判处死刑立即执行的地步。原判对其他被告定罪正确、量刑适当，审判程序合法，唯对汪红英量刑不当，应予改判。

27. 论经济合同违约与经济诈骗犯罪的界限*

《刑事诉讼法》修改后，原来基本上由检察机关立案侦查的经济犯罪，有很大一部分已经划归公安机关立案侦查。虽然在与检察机关的具体分工上（如对非国家工作人员的侵占受贿犯罪应由谁管辖问题），在内部尚有争议，但对于诈骗犯罪由公安机关管辖，已经有了定论。① 在这一领域，公安同法院的分歧反而超过检察院，其原因，是在于当前社会经济现象的复杂性，应该适用民法调整的经济合同纠纷，同应该适用刑法调整的经济诈骗，往往很难分清。现在舆论较多地关注了“公安机关违法插手经济纠纷”的问题，也确实有不少案例的批评是对的。但以我本人分析，现在真正严重的问题不是公安对经济纠纷插手过多，而是有大量以经济纠纷面目出现的诈骗犯罪，没有真正立案侦查，使一大批钻法律空子的诈骗犯罪分子逃避了法律的制裁，严重地破坏了市场经济的秩序。而由于我国法人制度的不完善性，一些罪犯以法人破产避债、个人卷款金蝉脱壳的事例已经不胜枚举，法院的判决对付这样的人显得苍白无力。官司胜了，但执行不了，判决书往往形同废纸。因为对于有限公司，责任只及于注册资本，而不会及于个人财产，而对于衰亡企业的财务审计，我国还没有明确有效的办法，破产清算也往往流于形式，转移资产对于那些早有

---

* 本文写作于1997年12月，参加1997年“浙江跨世纪犯罪对策研讨会”并获奖。

① 最高人民检察院《实施〈中华人民共和国刑事诉讼法〉规则（试行）》第二章“管辖”部分。

预谋者易如反掌。因此,对于那些有预谋的侵财犯罪,用民事法律手段是无法奏效的,必须要以刑事犯罪的惩治措施,才能有效地达到治理的目的。但是,当前公安队伍中专门侦查经济犯罪的机构还刚刚建立,力量还比较薄弱,对民商法律的了解还不深,侦查新型犯罪的经验还不足。导致对许多应该立案的检举和投诉,不敢立案,放纵了犯罪;另一方面,对于一些确属经济纠纷的案件,由于地方利益和人情关系的影响,缺乏严格的法律把关,不该管的也去管了,导致执法失误,有的还造成了严重的后果。

诈骗现象是非常复杂的。现在除了有传统的货款诈骗、定金诈骗、货物诈骗、连环购销诈骗、货运置换诈骗外,还出现了提单诈骗、票据诈骗、信用证诈骗、信用卡诈骗、贷款诈骗、保险诈骗、非法集资诈骗、担保诈骗等,有的骗子骗术很巧妙,往往都披着"合同违约"等合法的外衣。这就导致在现实执法中存在不少的"模糊界域",罪与非罪非常难以区分。当公安机关立案捕人时,利用合同诈骗的嫌疑人总可以找出一些理由来,指责公安机关是在"违法插手经济纠纷"。有的嫌疑人在被拘后,会主动退赃。有的公安机关执法指导思想不端正,不是以打击犯罪为目的,而是以为报案人追回损失为目的,往往在赃款拿到后就放人,法律手续也不办,使一件本来合法的刑事侦查活动,变成了"非法绑架",导致在行政诉讼中败诉。无论从维护公安机关形象,还是从严厉打击经济犯罪角度看,提高侦查经济诈骗的经侦人员的法律水平都是当务之急。

一、经济合同与经济诈骗

经济合同,是指法人和其他经济组织或者个人,为了实现一定的经济目的,互相间订立的明确各自权利义务关系的协议。合同主体必须是具备主体资格的;合同意思表示必须是真实的;合同必须是等价有偿、平等互利、协商一致的;合同契约必须履行,如果违反就构成违约。合同违约又分主观故意违约和客观因素违约,客观因素违约又分不可抗力违约和意外情况违约。一个国家合同的履行率高不高,可以一定程度上体现市场经济的成熟程度,体现其商业环境是否良好。

经济诈骗,是指经济商贸活动中的利用经济合同和其他手段的诈骗。他同我们1979年制定原《刑法》中确立的"诈骗"已经不完全一样。那时立法针对的是一般个人的骗取他人财物的行为。经济诈骗是我国商品经济逐步发展,经济活动活跃,处理的财产越来越大,契约行为增多后的产物。但法律概念基本上相同。刑法中的"诈骗罪"是指:以非法占有为目的,用虚构事实或者隐瞒真相的欺骗方法，骗取数额较大的公私财物的行为。而新《刑法》增加的“合同诈骗罪”，同此规定原则上一致，只是加了“在签订、履行合同过程中”，特定的五种情况下，以非法占有为目的，骗取对方当事人财物，数额较大的，即构成诈骗罪。

按照犯罪构成理论，构成诈骗犯罪的要件是：(1)在主观方面，诈骗犯罪是直接故意行为，以非法占有公私财物为目的。(2)在主体上，诈骗罪的主体是一般主体，即有民事行为能力的自然人和单位组织都可以是诈骗罪的主体，都可以追究刑事责任。关于单位犯罪，新《刑法》第266条“诈骗罪”中没有规定，但在第224条“合同诈骗罪”、第192条“集资诈骗罪”、第194条“票据诈骗罪”、第195条“信用证诈骗罪”、第198条“保险诈骗罪”中有规定。因此单位诈骗只是针对特定的几种行为，一般诈骗的主体只能是个人犯罪。(3)在客观方面，表现为使用骗术，如冒充身份、伪造证件、伪造公章和合同、伪造单据和有价凭证、用虚构事实和隐瞒真相的欺骗方法，使财物的所有人、管理人产生错觉，信以为真，表面上同意而实质上是出于上当受骗将公私财物交付给犯罪人。“使用欺骗方法”，是本罪区别于盗窃、抢劫、贪污等犯罪的主要特征。(4)在侵害的客体上，诈骗侵害的是他人合法的公私财物的所有权，侵犯的对象限于国家、集体、他人的财物，而不是其他非法的利益。

构成诈骗罪还有一个重要的标准，是犯罪数额。因为《刑法》规定，“诈骗公私财物，数额较大的”，才构成犯罪。这个数额，《刑法》里无法规定，一直是由司法解释规定明确。按最高人民法院1996年12月24日《关于审理诈骗案件具体应用法律的若干问题的解释》(以下简称《解释》)，我国现阶段关于诈骗的起刑点，也即公安机关应当立案的数额起点，是诈骗2000元。这比“两高”1985年定的500元已经大大提高。这个档次的量刑，是3年以下有期徒刑、拘役或者管制，并处或者单处罚金。“数额巨大”的标准，是3万元以上，量刑是3～10年；“特别巨大”的标准是20万元，量刑在10年以上到无期徒刑。诈骗10万元，但有集团首犯、惯犯、赃款挥霍无法返还等9种情形的，属情节特别严重，按“特别巨大”一档判刑。按《解释》，单位犯罪的起刑点是诈骗5万元至10万元以上。[①] 这些诈骗数额，以行为人实际骗取到的数额来定，合同标的数可以作为量刑情节来考虑。

---

① 2001年4月18日，最高人民检察院、公安部发布《关于经济犯罪案件追诉标准的规定》，本罪的追诉起点又作了提高，个人诈骗5千元到2万元、单位诈骗5万元到20万元，应予追诉。

二、区分经济合同违约和经济诈骗的规定

对于经济合同和经济诈骗的区分,办案时有三个鉴别的手段。第一个手段,就是按照《刑法》的规定,按其犯罪构成去分析。如果符合《刑法》规定的诈骗罪构成要件,就可以定诈骗罪。第二个手段,是最高人民法院和最高人民检察院的具体司法解释。这些司法解释一般都有较强的可操作性。第三个手段,就是学理上的分析,根据研究和办案经验,根据对有关判例的比较分析,由具体经办人认真作出判断。

新《刑法》对诈骗已经根据其侵害对象的不同和手段的不同,进行了立法上的分类区别。传统意义上的“诈骗罪”,仍归在“侵犯财产罪”一章中,而经营行为中的诈骗,则归为“破坏社会主义市场经济秩序罪”中,其中归入“金融诈骗”一节的有集资诈骗罪、贷款诈骗罪、票据诈骗罪、信用证诈骗罪、信用卡诈骗罪、证券诈骗罪、保险诈骗罪;归入“扰乱市场经济秩序”一节的有合同诈骗罪。

《刑法》第 224 条的“合同诈骗罪”,对诈骗的具体情形有明确规定:“一、以虚构的单位或者冒用他人的名义签订合同的;二、以伪造、编造、作废的票据或者其他虚假的产权证明作担保的;三、没有实际履行能力,以先履行小额合同或者部分履行合同的方法,诱骗对方当事人继续签订和履行合同的;四、收受对方当事人给付的货物、货款、预付款或者担保财产后逃匿的;五、以其他方法骗取对方当事人财物的。”这些明确的《刑法》规定,是我们办案中可以直接掌握的标准。

“两高”对于诈骗问题,有两个权威的司法解释。一个是 1985 年两家合发的《关于当前办理经济犯罪案件中具体应用法律的若干问题的解答(试行)》,另一个是 1996 年最高人民法院发布的《关于审理诈骗案件具体应用法律的若干问题的解释》。这两个司法解释同新《刑法》规定的总原则是基本一致的,只是更注重其主观犯意,即“是否明知无法履行”。新《刑法》通过后,“两高”还没有就此问题发过新的司法解释。① 其中第一个《解答》中“关于以签订经济合同的方法骗取财物的,应认定诈骗罪还是按经济合同纠纷处理的问题”中说:

1. 个人明知自己并无履行合同的实际能力或担保,以骗取财物为目的,

---

① 本文发表后,1998 年 4 月 21 日,最高人民法院又发布了《关于在审理经济纠纷案件中涉及经济犯罪嫌疑若干问题的规定》,对单位犯罪、数罪分立、损失追偿、追诉时效、民刑衔接等做了规定。

采取欺诈手段与其他单位、经济组织或个人签订合同，骗取财物数额较大的，应以诈骗罪追究刑事责任。个人有部分履行合同能力或担保，虽经过努力，但由于某些原因造成不能完全履行合同的，应按经济合同纠纷处理。（个人诈骗）

2. 国营单位或集体经济组织，不具备履行合同的能力，而其主管人员和直接责任人员以骗取财物为目的，采取欺诈手段同其他单位或个人签订合同，骗取财物数额较大，给对方造成严重经济损失的，应按诈骗罪追究其主管人员和直接责任人员的刑事责任。如果经对方索取，已将所骗财物归还的，可以从宽处理。（单位犯罪）

3. 国营单位或集体经济组织，有部分履行合同能力，但其主管人员或者直接责任人员用夸大履约能力的方法，取得对方信任与其签订合同，合同生效后，虽为履行合同作了积极努力但本能完全履行合同的，应按经济合同纠纷处理。（单位合同诈欺行为）

1996年的《解释》，比《解答》要具体得多，操作性也更强更准确些。共列举了六种行为是“利用经济合同进行诈骗”。分别是：

1. 明知没有履行合同的能力或者有效的担保，采取下列欺骗手段与他人签订合同骗取财物数额较大并造成较大损失的：(1)虚构主体；(2)冒用他人名义；(3)使用伪造、变造或者无效的单据、介绍信、印章或者其他证明文件的；(4)隐瞒真相，使用明知不能兑现的票据或者其他结算凭证作为合同履行担保的；(5)隐瞒真相，使用明知不符合担保条件的抵押物、债权文书等作为合同履行担保的；(6)使用其他欺骗手段使对方交付款物的。

2. 合同签订后携带对方当事人交付的货物、货款、预付款或者定金、保证金等合同履行的财产逃跑的。

3. 挥霍对方当事人交付的货物、货款、预付款或者定金、保证金等担保合同履行的财产，致使上述款物无法返还的。

4. 使用对方当事人交付的上述财产，进行违法犯罪活动，致使上述款物无法返还的。

5. 隐匿合同货物、货款、预付金或者定金、保证金等担保合同履行的财产，拒不返还的。

6. 合同签订后，以支付部分货款，开始履行合同为诱饵，骗取全部货物后，在合同规定的期限内或者双方另行约定的付款期限内，无正当理由拒不支付其余货款的。

三、鉴别合同纠纷和经济诈骗的方法

由于经济行为的复杂性和诈骗行为的多样性，对于现在花样翻新层出不穷的诈骗犯罪而言，法律要完全列举周全几乎是不可能的。因此，执法人员在办案时，要发挥主观能动性，正确把握法律原则，具体案情具体分析。

按照《刑法》的规定和“两高”的司法解释，区分合同纠纷和经济诈骗，一般来说可以从以下几方面来分析鉴别：

1. 从其主观意图上看。无论多么复杂的经济行为，都是有一个主观意图在操纵。经济诈骗与合同纠纷的明显区别之一，是主观上就想以欺骗手法非法占有他人的财物。而合同纠纷则是从来没有占有的故意，只是想通过交易行为赚取合理的利差。在经济行为中，不外乎四种：一是一开始就想骗取财物；二是始终想真实履行合同；三是在履行合同中出现意外，由本想履行转变为骗取财物；四是本想诈骗，由于被害人采取果断的措施，在法律的威慑下最终履行合同变为合同纠纷。合同违约是善意的想履行而无法履行，是违背违约者的主观愿望的；而诈骗则是恶意的本来就不想履行的，其违约同其主观愿望本来就是一致的。违约是属于主观的判断出现失误，而诈骗则是蓄谋已久的故意行为。

2. 从其实际行为上看。这是区分诈骗和合同纠纷的重要手段。行为是主观愿望的外在特征，“骗取”总是有一定的手法的。新《刑法》比较偏重于从这一特征上去区分。上文列举的《刑法》规定的5种情形、司法解释规定的10来种情形，是我们正确认定诈骗行为的重要标准。现在常见的假公章、假身份、假仓库、假货物、假单据、假支票、假车皮、假合同、以小钓大、设置违约陷阱吃没别人定金、设置连环“托儿”脱手劣货骗取货款、骗取货物后隐藏或跳楼价抛售后卷款逃走，都是可以看出诈骗的特征的。有的谎称已经汇款发货，有的始终躲避不见，有的根本没有去组织货源。事实上，被骗的当事人往往在财物出手不久就会发现自己上当了。但由于骗子往往是蓄谋已久精心策划的，被害人报案往往得不到理解和及时处理，时过境迁当事人又去催讨和补签弥补合同，使骗案又回到“合同纠纷”的表象上来，使案情更加复杂化而更难以下决心处理。

3. 从已经发生的事实上看。这也是区分合同违约和蓄意诈骗的重要标志。如合同实际上已经不可能履行、合同货物根本没有组织、预付货款早已被挥霍或抵债、工厂和店铺早已关闭、货物已经被半价甩卖、货款实际上已经无法追回、诈骗人实际没有任何补救履行合同的措施等。

4. 从已经造成的或者可以预见的后果来看。看被害人的实际损失有多少,可以明了是否达到立案标准。看其作为合同继续履行有无实际可能;看对嫌疑人采取立案拘捕措施是否符合法律,会带来何种后果。有的狡猾的罪犯会采取部分履行的手法,尽量找借口往合同违约上靠。这时要看其未履行部分是大部还是小部分,总额有多少,是正常的违约还是故意制造借口,是否有合理解决的诚意,提出的条件是否合乎常规。

在正确区分合同纠纷和诈骗的时候,还有一个难点是如何辨别刑事诈骗行为和民事诈欺行为。诈欺是一方故意使对方陷入错误为目的的行为,是一个民事法律行为中的法律术语。诈欺的解决途径,是按《民法通则》中的"一方受欺诈而为的、有重大误解的、非真实意思表示的民事法律行为无效"的原则,按行为无效来处理的。这两种行为的区分,现在还没有明确的标准。一般而言,一是看程度;二是看后果。程度问题,比较好理解,严重的诈欺就会发展为诈骗。后果问题,主要看财产状况能否恢复原状。按民法规定,民事行为被认定无效后,财产要恢复到行为之前的状态,有过错的一方还要承担赔偿损失的责任。如果财产是可以以原物或种类物恢复的,即过错人有能力恢复受害人财产的,则发案后一般可以以民事诈欺处理;但如果财产均被挥霍移用或完全侵占灭失,说明过错人的主观恶性很大,本来就是想故意非法占有,那就可以以诈骗处理。比如"夸大自己履行能力",从而使对方达成同自己的交易合同,而后又无法履行的行为,就是有这样两种可能。① 一种是为了增强对方的信任从而能达成交易,目的是想做成买卖赚取合理利润,一种则是为了非法占有他人的财物。夸大的合同行为是想履行的,违约是力不从心;诈骗则是不真实的、虚假的,不准备或根本无法履行的。夸大是在适度的范围内,诈骗则往往是无中生有。夸大者事后总是千方百计为履行合同创造条件,而诈骗则根本没有这方面的行动。对于民事诈欺行为,应该由当事人直接向法院提出经济合同违约诉讼;对于诈骗行为,公安机关应该及时立案取证,查封赃款,追捕嫌疑人,进行坚决打击。

合同违约和故意诈骗的界限问题,是一个很有实践意义的、比较难以辨别的法律难题。随着公安机关案例的积累和经验的丰富,会逐步明确起来。这样,我国利用经济合同进行诈骗犯罪的行为就会受到有力的制裁,市场经济秩序就会进一步好转。

---

① "利用经济合同进行诈骗犯罪的几个问题",载《法学研究动态》(总第188期)。

28. 国际信用证欺诈研究*

信用证是银行有条件保证付款的证书，是国际贸易中最常见的一种结算支付手段。根据银行在履行给付时所需要的条件，可将信用证分为现金信用证和跟单信用证两种。使用现金信用证时，银行在受款人证明其资格后即支付款项，而使用跟单信用证时，则只有在受款人交付了规定的单据、经银行审核符合信用证中规定的条款后，银行才有给付的义务。由于现金信用证在实践中已近绝迹，故本文所谓信用证，仅指跟单信用证。

依照信用证结算方式，买方（即进口商、开证申请人）须先把货款交存开证银行，由开证行向受益人指定的议付银行开出信用证，并由议付银行转知卖方（即出口商、受益人），待卖方按合同和信用证规定的条款发货并向议付行交付装运提单后，银行再代买方付款。信用证方式的产生，很大程度上是为了防止异地、异国间贸易中存在的欺诈行为，而作为依赖银行信用进行的一种国际贸易活动，事实证明，信用证方式不足以消除欺诈行为的所有成因，也不是防止经贸活动中欺诈行为的唯一手段，且容易出现利用信用证方式本身进行欺诈的现象。自20世纪初开始使用新式信用证以来，信用证欺诈案件层出不穷即为明证。随着我国涉外经贸活动的日益活跃，信用证欺诈问题也日益突出，有的已造成巨大的损失。认真

---

* 本文是我在社科院法学所主持进行的“国际信用证欺诈”课题研究的阶段性成果，与陈柳裕合作写成，1996年第12期浙江省社会科学院学术刊物《学习与思考》部分发表，中国人民大学书报资料中心《刑事法学》1997年第3期全文转载。本次出版对论文做了增加和补正。

研究信用证欺诈的各项法律问题，是摆在法学工作者面前的紧迫任务。

一、信用证欺诈的分类

研究信用证欺诈的分类，有助于加深对信用证欺诈的研究。信用证欺诈可依不同的分类标准进行分类。

（一）按诈骗主体的不同，信用证欺诈的分类

1. 申请人欺诈

申请人诈骗是指行骗人扮演开证申请人的角色，用伪造的假冒信用证或“软条款”信用证，行骗通知行、收到信用证的出口国银行和受益人的信用证欺诈。此种欺诈的欺骗性在于使出口商，即受益人及其开户银行，相信诈骗者的开证申请人的合法身份和交易的真实性，从而非法获取货物。

2. 申请人伙同开证行欺诈

申请人伙同开证行欺诈是指行骗人以开证申请人身份，与开证行（往往是银行经办人同申请人，但其行为系职务行为）相勾结，制造信用证条款障碍，行骗通知行和受益人，或申请人与开证行经办人员相勾结，以假合同骗取信用证项下款项的信用证欺诈。区别于前述申请人欺诈，由于有开证行的参与，此种欺诈中的受害人往往对诈骗犯的合法身份事先无法查明。故在实践中，没有开证行参与的信用证欺诈，更多地表现为假冒信用证欺诈；而有开证行参与的信用证欺诈，则往往表现为“软条款”信用证欺诈，诈骗得手后寻借口拒付货款。

3. 受益人欺诈

受益人欺诈是指行骗人以受益人或第二受益人身份，用假单或假货，行骗开证行、通知行、申请人的信用证欺诈。这种诈骗往往出现交付的信用证项下货物物无所值，甚至根本性虚假。有的构成合同诈骗，开证只是合同诈骗的一种手法。

4. 申请人伙同受益人欺诈

申请人伙同受益人欺诈是指申请人与受益人相勾结，以实际无购销关系的“空”信用证，行骗通知行的信用证欺诈，即所谓“两头控制”的诈骗。这类诈骗是国内常发的类型。手法是国内公司自己在境外注册自己控制的公司，作为销方受益人，国内公司作为购方付款人，用假仓单进行虚假交易，目的是利用兑付宽延期进行短期融资套回资金，或者骗取代开证人的资金。由于按照信用证方式，信用证不依附于买卖合同而独立存在，只要求合同票据的表面相符，银行在审单时强调的是信用证与基础贸易相分离的书面形式上的认证，

只要求申请开证人审单后同意承兑，故这种欺诈的隐蔽性较强。这种“两头控制”的欺诈极易得逞。由于申请人请他人“代开证”行为的存在，申请人和受益人合谋诈骗代开证人的案例已经大量发生。

5. 申请人诈骗代开证人

由申请人支付首期30%或者上下的开证保证金，并向代开证人支付3%~5%手续费代理费，骗取代开人开出100%的信用证。由于资金链断裂或者手续费、汇率损失，最终申请人无力支付信用证项下货款，代开人就会蒙受重大损失。有的申请人利用转口贸易，将提单多次重复使用，骗取多家代开人和银行的开证。有的申请人骗取代开人信任，以代理报关名义持有仓单，直接占有而不向代开人付款，逃避代开人对仓单物权的约束。有的申请人利用自己控制仓储公司的便利，将货物存在自己的仓库，不经持单人同意直接进行盗卖。[①] 这些诈骗有的直接构成合同诈骗罪，信用证各个环节只是其一个手段。

（二）按诈骗方式的不同，信用证欺诈的分类

1. 假冒信用证欺诈

假冒信用证是指缺乏信用证的必备条件而表现出自身虚假的信用证。表现为电报开具信用证无密押、开证行不存在、无必备条款等形式。用假冒信用证进行欺诈，手段虽拙劣，但仍时有所见。

2. “软条款”信用证欺诈

“软条款”信用证又称“陷阱”信用证。是指开证人具有单方面随时解除付款责任的主动权的信用证。实际上是一种变相的可撤销信用证。这种主动权往往体现于以下几种条款：(1)规定暂不生效，如载上“本证暂不生效，待出口许可证签发后生效，或待货样经开证人确认后再通知信用证生效”字样；(2)规定船公司、船名、装船日期、目的港、起运港、验货人项目等，需待开证人以修改书形式通知受益人；(3)规定品质证书须由开证人出具，或须由开证行核实，或与开证行存档的鉴样相符等。

3. 伪造合同单据的信用证欺诈

伪造合同单据的信用证欺诈是信用证受益人在货物根本不存在的情况下，以伪造的单据迫使开证行因形式上单证相符而无条件付款的信用证欺诈。

---

① 2008年7月天津中盛粮油公司利用自己控制仓储公司的便利，盗卖众多客户的棕榈油，涉及诈骗金额高达10多亿元。主犯王某8月被抓获，其控制的在浙江宁波等地的开证申请公司、担保公司、支付保证金的公司等有四五家。有的报关仓单被其直接持有或者无单直接盗卖。

这种欺诈是典型的利用信用证“独立抽象性原则”而为的欺诈。

4. 伪造合同的信用证欺诈

伪造合同的信用证欺诈是指开证申请人的目的不是进口货物，而是为了曲线融资，开证人和受益人实际是同一公司的两地分公司，以小额保证金骗取全额货款，或坑害代开证人而自己受益。

（三）按手段的不同，信用证欺诈的分类

1. 伪造、变造信用证或者附随的单据、文件的信用证欺诈；

2. 利用虚假信用证欺诈，包括：使用伪造、变造的信用证或附随的单据、文件进行欺诈；使用作废的信用证进行欺诈；骗取信用证进行欺诈；以其他方法进行信用证欺诈。

二、信用证欺诈的标的

信用证欺诈的标的，依信用证欺诈的种类不同而不同。

假冒信用证欺诈的标的主要是两类。第一类，开证人想骗取的是信用证受益人的货物。如果事先约定受益人预付质保金、履约金等，则开证人诈骗的标的还可能是这些预付金。第二类，受益人想骗取的是信用证项下的款项，发给远低于合同价值的货物，或根本不发货，或发给“洋垃圾”。

“软条款”信用证欺诈的标的也是开证人骗取受益人的货物以及各种预付金。

伪造单据信用证欺诈的标的，主要是受益人骗取信用证项下货款，即以（假）单骗证，从而得到证下款项，而不是以（假）证骗单，从而得到单下货物。

申请人与受益人相勾结，以“空”信用证行骗通知行的目的，往往是骗取通知行的打包贷款。实际上是以不存在的交易为理由，骗取由正常程序申请不到的银行放款。

三、信用证欺诈的认定

结合各国实践，我们认为，信用证欺诈的认定须从主客观条件是否具备进行分析。那么，到底什么是信用证欺诈呢？顾名思义，信用证欺诈就是指利用信用证支付方式的欺诈，它是单证欺诈的一种形式，广义上属于国际贸易欺诈。但是这样一种宽泛的定义，尚不足以准确地揭示信用证欺诈的本质特征。实际上，由于国际商会《跟单信用证统一惯例》（UCP500）未涉及单据欺诈问题，所以尽管国际上早已打破信用证的独立抽象性的国际惯例和判例，开创了信用证欺诈例外原则，并普遍为各国立法和司法实践所接受和采用，但各国对信用证欺诈的认定标准，尚难形成完全一致标准。

结合各国实践，笔者认为，信用证欺诈的认定须从主客观条件是否具备入手，只要下述主客观条件同时具备，便可认定为信用证欺诈：

（一）主观方面必须具有欺诈的故意

有下列情形之一，即可认为具备欺诈故意：

1. 有足够的证据证明卖方故意不装运，不交付单证项下的部分或全部货物；

2. 在买方或其他有关方提出异议后卖方不立即采取实质上的补救措施；

3. 申请开证人在对方货已装运后，故意恶意地寻找单证的“不符点”，拒付货款；

4. 开证人和受益人为同一人，在开证得逞后故意“抛弃”保证金，不发货或不付款赎单。①

（二）在客观方面表现的情形

1. 卖方提供的是伪造的单证；

2. 卖方完全不交付单证项下的货物；

3. 卖方部分交付了单证所代表的货物，但所付的仅仅是次要的货物，或者所交付的这部分货物令买方无法实现普遍公认的购货目的；

4. 卖方所交付的货物虽有一定的价值，但远低于合同价值，达不到单证所代表的货物价值的50%；

5. 卖方倒签提单日期，以达到信用证与提单“表面相符”，实际装船期超过合同指定日期。

现就上述信用证欺诈的认定标准说明如下：

1. 卖方提供的单证是伪造的单证，以及卖方完全不交付单证项下的货物这两种情形，是各国公认的信用证欺诈行为。

2. 卖方部分交付了单证所代表的货物，但所交付的仅仅是次要的货物，

---

① 这是近年高发的信用证诈骗犯罪的主要类型，即所谓的“循环信用证融资”。一些国内企业资金链断裂，从国内银行贷不到款，就采取用少量保证金委托银行开证，或者请有实力的公司代开证，在境外议付银行套现信用证项下资金，伪造信用证项下装运提单实际不交付进口货物。在境外套现后将资金再汇入国内归还银行开证资金。再用少量保证金开出新的一单信用证。如此“以后补前”，占用流动资金，利用这种时间差起到实际贷款的效果。由于这种循环开证每一次都会产生银行费用、代开证费用、汇率损失，因此到最后都会导致崩盘而无法归还，导致银行和代开证人的巨大风险和损失，构成实际上的信用证诈骗。因此，信用证融资往往从借款始，以诈骗终，许多外贸企业深陷其中。浙江宁波、杭州此类案件被判刑的已经很多。而全国闻名的牟其中信用证诈骗案亦属此情形，牟被判无期徒刑。

或者所交付的这部分货物令买方无法实现普遍公认的购货目的的情形是否构成信用证的欺诈,学界有争议。

3. 卖方所交付的货物虽有一定的价值,但达不到单证所代表货物的50%,这一标准是一个大致的标准,其含义为证明不值一审。系针对卖方交付了与单证所记载的货物名称相符的货物的情况下,学界有人坚持只有在这批货物毫无价值才可认定为信用证欺诈而设。确立这一标准的意义在于,以信用证为支付方式的国际贸易中,有以下情形:单证上所记载的是全新的轮船,而支付的却是旧船。此时,因交付的货物名称相同,以不完全交货为标准,无疑不构成信用证欺诈,而若须以所交付货物"毫无价值"为标准,则会因旧船实际上不可能毫无价值(至少拆了可作废铁使用)而判为不构成信用证欺诈。

四、信用证"独立抽象性原则"的欺诈除外

信用证制度中有所谓"欺诈除外"原则,此原则与信用证交易的最基本原则——独立抽象性原则,互为条件地依存于信用证业务的统一体中。前已述及,信用证的这种与买卖契约独立而抽象分离的特征,即所谓信用证的独立抽象性原则。即无论合同的履行情况如何,不影响信用证的结算。而所谓信用证的"欺诈除外"原则,是指在信用证交易中的"欺诈行为"不能受到独立抽象性原则的保护。

信用证的巨大生命力来源于所具有的独立抽象性以及由此而来的银行独立超然的地位,这也正是信用证得以存在和发展的原因所在。信用证一旦同意承兑,银行必须无条件付款。买卖双方尽可以去打合同官司,而与银行无涉。但这种商业安排的绝对刚性同时也引发了信用支付方式的内在缺陷,因为根据《跟单信用证统一惯例》,银行的责任是很轻的,只要单证相符就付款,不管单据是否真实。换而言之,即使银行明知单据是假的也必须付款,并有权向开证申请人索赔。恰恰这一条为一些恶意欺诈的行为人大开方便之门。但这种规定与各国法律普遍规定的诚实信用原则不相符合,同时也无法适应国际贸易中欺诈行为愈演愈烈的现实。因而各国法律和判例在实践中都对其进行修正,其结果即为"欺诈除外"原则的产生。

依各国司法实践,"欺诈除外"原则至少应包括以下内容:

1. 如果受益人在提交单据及装运方面犯有欺诈,开证行在付款之前得知这一情况,则有权拒付,并应在合理的时限内立即通知议付行;

2. 受益人的欺诈必须已为银行或开证申请人所确认成立,而不能仅仅是声明欺诈;

3. 如果善意的票据持有人在不知所附单据是伪造的或是诈骗性的情况下,买入信用证项下的单据,而且已经要求支付,那么即使存在诈骗的事实,信用证契约也必须按其所载条件履行;

4. 在远期信用证前提下,只要受益人欺诈已被确认,即使已经承兑,在议付银行贴现前,开证人仍可申请法院止付信用证。

信用证"欺诈除外"原则,最先由1941年美国法院审理斯特思诉亨利施罗德银行案件时确定。该案卖方以垃圾充当鬃毛交易,买方验货后,请求法院即令开证银行停付。法院判决认为:"本案并不是买方和卖方之间有违反商品质量保证的纠纷。必须认定,卖方故意不装运买方所订购的货物,存在欺诈行为。鉴于此,在提交单据付款前,银行已经注意到买方的欺诈时,就不能将银行信用证的义务独立这一原则,用来保障肆无忌惮的卖方。"后来,该案被广泛援引,1976年纽约上诉法院在联合银行诉剑桥运动器材公司的上诉案判决上,不仅重新确立了这一原则,而且扩大了认定欺诈行为,并确认:遇此种情形,买方既可申请法院命令银行拒付,也可以申请法院命令卖方不得提款。

英国法院的态度与美国基本相同,如1985年的Department Stores诉Finance Bank案中对第三批货物的判决中载明,若欺诈已发生且卖方知情,法院也会发布禁令。时至今日,尽管国际商会《跟单信用证统一惯例》未涉及单据欺诈问题,信用证"欺诈除外"原则见诸成文国内法也仅《美国统一商法典》(第5-114条第2款第1项)一部。但各国法院援引冲突法普遍规定的"公共秩序保留原则"和各国内法通用的"诚实信用原则",一般均承认开证申请人可以向法院申请禁令,冻结信用证项下的货款,以维护买方的正当利益。这一做法已呈主导潮流。我国最高人民法院1989年6月印发的《全国沿海地区涉外、涉港澳经济审判工作座谈会纪要》也首次有条件地肯定法院采取冻结信用证这一财产保全措施。该纪要规定:"根据国际国内的实践经验,如有充分证据证明卖方是利用签订合同进行欺诈,且中国银行在合理时间内尚未对外付款的,人民法院可根据买方的请示,冻结信用证项下货款。在远期信用证情况下,如果中国银行已承兑了汇票,中国银行在信用证上责任已变成票据上无条件付款责任,人民法院就不应该加以冻结。"最高人民法院的上述规定,同成为国际惯例的信用证欺诈除外原则是一致的。

顺便提及,关于信用证交易及信用证欺诈除外原则,我国国内法尚无明文规定,时值《合同法》酝酿出台,笔者在此建议在《合同法》中对此加以明确规定;此外,鉴于当前实际,还应通过立法或司法解释途径,对冻结信用证保全措施的适用条件作出若干限制规定。

五、信用证欺诈的刑法问题

我国民商法虽未对信用证欺诈作明文规定，但对信用证欺诈的刑事责任问题，却明文规定于1995年6月30日全国人大常委会通过的《关于惩治破坏金融秩序犯罪的决定》（以下简称《决定》），依该《决定》第13条，使用伪造、变造的信用证或者附随的单据文件、使用作废的信用证、骗取信用证，或者以其他方法进行信用证诈骗活动的，构成信用证诈骗罪。关于该罪，有以下几点值得探讨：

1. 关于罪名称谓问题。关于本罪之罪名，从目前的学术界各种称谓来看，较为混乱，有称信用证欺诈者，有称信用证诈欺者，也有称信用证诈骗者。我们认为应定信用证诈骗为好。其一，民法中有欺诈之称，若刑法中亦定信用证欺诈，易造成混淆；其二，诈骗是我国刑法的一个特有术语，故对《决定》第13条规定的犯罪还是称信用证诈骗为好。

2.《决定》根据实际情况，对利用信用证进行诈骗的犯罪作了具体规定，主要有两个方面：其一是伪造、变造信用证或者附随的单据、文件的犯罪；其二是利用信用证进行诈骗的犯罪包括：使用伪造、变造或者附随的单据、文件的；使用作废的信用证的；骗取信用证的；以其他方式进行信用证诈骗活动的。这里，对第一类、第二类前三种的信用证诈骗行为，认定上较为容易，例如，把变造信用证理解为是指行为人在真实信用证的基础上，采取涂改、剪贴、挖补等方法改变原信用证的内容和主要条款，使其成为虚假的信用证的行为；以及把使用作废的信用证理解为使用过期的、无效的信用证，或使用明知是经他人涂改的信用证等情况，当无疑义。问题在于“以其他方法进行信用证诈骗活动”的情形应如何理解，它是否包括利用“软条款”信用证进行诈骗？对此，确需深入探讨。区别于伪造、变造信用证或随附的单据文件的信用证诈骗在客观上符合“虚构事实，掩盖真相”的含义，利用“软条款”，它通过在开立信用证时，故意制造一些隐蔽性的条款，而这些条款实际上赋予了开证人或开证行单方面的主动权，从而使信用证随时因开证行或开证申请人单方面的行为而解除，从而达到骗取财物的目的。换句话说，“软条款”不是就过去或现在某种事实的虚假陈述，而是希望受益人在将来无法执行该条款而陷于被动的一种意思表示。这种意思表示建立在对未来事件的某种预见基础之上，故这种意思表示不符合公认的诈骗罪观念。事实上，就“软条款”信用证的制作而言，不论行为人的陈述表现为对过去事实的叙述，还是对将来事实的预见、表示、希望，都是为了掩盖自己主观上意图使对方陷于错误认识而主动交付财产这一事实。而且，对方被骗的结果与行为人的先行行为之间具有直接的因果关系。所谓先行行为，就包括行为人制作“软条款”的行为。这种先行行为虽然与某种预见有关，但已不仅仅是预见本身。未来危害结果的发生正是这种先行行为的延伸。因此，对未来事件虚假的意思表示也符合诈骗罪的概念。当然，这有待于我国法院以司法解释或判例形式加以确认。

3.《决定》规定的信用证诈骗是指以非法占有为目的，使用伪造、变造的信用证或者附随的单据文件、使用作废的信用证、骗取信用证或者以其他方式进行信用证诈骗活动的行为。论其性质为结果犯。即本罪之认定，不仅要求具有《决定》规定的一定的犯罪行为，而且要求这种行为必须造成一定的犯罪结果（非法占有）；如果没有“非法占有”这一犯罪结果，则只能以信用证诈骗未遂论处。正是由于《决定》规定对信用证诈骗罪的构成要件要求较高，证据证明要求严格，故不利于惩治那些极为隐蔽的信用证诈骗犯罪。同时，由于信用证诈骗一般涉及国外的主体和行为，查证困难；在法律适用上也受冲突法调整，故实践上因信用证诈骗而被追究刑事责任的尚极少见。信用证诈骗中的刑法问题尚为一个有待研究的全新领域。

29. 论刑事证人保护*

证据是诉讼的基础。离开了证据，法院的审判就无法进行。因此，保护证人权利，保证证人能够客观真实地向法庭作证，是当前审判方式改革的一个重要内容，也是公正审判的基本保障。

但在当前的刑事审判、民事审判、行政审判中，证人权利被侵犯的现象还经常在发生，有的证人被利害相关人威胁，有的证人被侦查机关拘留后以审讯的方式取证，有的证人在当庭作证后随即被抓。

《刑事诉讼法》第49条规定："人民法院、人民检察院和公安机关应当保障证人及其近亲属的安全。对证人及其亲属进行威胁、侮辱、殴打或者打击报复，构成犯罪的，依法追究刑事责任；尚不够刑事处罚的，依法给予治安管理处罚。"因此，司法机关负有保护证人的责任。而事实上，个别司法机关工作人员自己反过来在伤害证人。各种原因综合作用的结果，便是现在法庭上都是读书面的证人证言，而极少有证人当庭作证。而书面作证，同一个证人，公安检察取的证言，同律师取的往往截然相反。是律师在引导伪证，还是侦查人员在违法逼取假证？事情往往不是那么简单。

一、不能用控制证人的方式来取证

我一直赞同这样的观点，即不能用控制证人的方式来取

---

* 本文原是一篇记者访谈，发表于浙江法制报"证人证言五人谈"。参加者有浙江省人民检察院的王祺国、浙江省高级人民法院的叶向阳诸君。本文是我的发言部分，题目为本次出版所加。

证。因为这样的取证会使证言失真，丧失其客观性。应当让证人在一个比较宽松的环境下，把事实真相讲出来。侦查人员不能像对待罪犯一样对待证人，不能带着先入为主的观念去对待证人，不能以有罪推定的观念去对待证人。比如说检察机关侦查受贿案，嫌疑人供称有人送钱，而送的人说没有送过。大多数情况下，是送钱的人为了逃避行贿罪和包庇受贿者而不作真实陈述。但也有一些确实是没有送过，嫌疑人由于被逼供诱供作了假供，而这个证人可能确实是无辜的。但我们的侦查人员往往相信行贿事实，判断是证人不老实所以不作证。于是把他抓起来，有的罪名是行贿，有的罪名是伪证，对证人进行逼供诱供，长期关押，最终证明确实是冤枉的。因此，要把证人和犯罪嫌疑人严格区分开来，不能对证人实施高压政策，令我满意就放过你，不按我的要求作证就是不老实，这样取得的证言会导致错案。不能用胁迫证人、控制证人的方式来取证。

二、任意抓证人的现象应该纠正

《刑事诉讼法》第 97 条，对证人作证的场所有明确的规定，即证人的住所、单位。“必要的时候”，可以通知证人到检察院和公安机关提供证言。什么叫“必要的时候”？这需要司法人员善意的理解法律。因为这是一个没有界限的抽象含义，法律又不可能完全明确界定。最高人民法院副院长刘家琛的解释是，如为了国家秘密和案情秘密（如涉及当事人的隐私不能让邻居知晓）、保证证人的安全，防止其单位和亲属的干扰等。因此，绝大多数的证人证言应当在其家中和单位进行取证。通知其到政法机关作证的，其身份也是证人，是来去自由的，地点应在办公室或者会议室、接待室，而不能在审讯室和地下室，也不能几天几夜不让其回家，变相拘留。有的侦查机关在办案中，以“监视居住”的名义关押证人，这同样是违法的。因为《刑事诉讼法》第51 条明确规定，监视居住是在自己“居住”的住处里被监视，由当地公安派出所执行监视，不能把人抓起来。只有对流窜犯和在当地没有住处的，又无法证明有可以拘留的罪行的，才可以在指定场所“监居”。对在当地有住所的人是不能另行指定场所监视居住的，更不能关在审讯室和留置室。

三、法院要平等对待控方证据和辩方证据

律师没有侦查权、搜查权、传唤权、调取证据权、抓人权。而同律师相抗衡的公安、检察机关都有这些权。中国律师也没有申请法官调查令的权利。因此，要中国律师担当起真正的“抗辩制审判”中的平等一方的重任，是不可能

的。在伪证问题上，律师因为引导伪证被抓被判，在全国已经相当多了；而公安检察向法庭提供刑讯逼供而来的伪证，还没有一例被追究的。即使被查明，只要没有达到刑讯逼供罪，都不会受到追究。

有的法院要求律师，向法庭提供证据必须在开庭5天之前，否则证据无效。我在一个中级人民法院就遇到过这种情形，这个案件从通知开庭到正式开庭只有7天。这是明显错误和不公平的。因为最高人民法院的庭审规则，并不能同全国人大的《刑事诉讼法》相冲突。法院自己无权扩大解释证据无效的规则，你可以要求别人这样做，但别人不遵守你的规则，只要不违法，你都不能以此认定证据无效。《刑事诉讼法》明确规定开庭时律师有当庭提供证据的权利，可以传新的证人作证。现场供证都是可以的，为什么要5天之前？

在证人证言的分析上，法庭也要确立一个观念，即公安检察机关的审讯笔录，也是要放在平等的地位上进行当庭质证审查的。理论上的说法，在实践中往往得不到贯彻，法庭比较注重于相信公安检察机关的审讯笔录，而不大相信律师的取证。

四、刑讯逼供流行的真正根源在法院

违法证据排除，是刑事诉讼法的一个重要原则。但是，侦查机关的违法证据被律师指出并得到确认后，仍然被法院采信的非常普遍。比如受贿犯罪的口供和行贿人的证言，律师以客观证据能够证明没有贿款来源，没有赃款去向，行贿时间和地点错误等足以推翻指控的事实，但法庭往往靠口供笔录、自白书、审讯录像认定为受贿行贿事实存在。大量的事实证明，这些虚假口供、自白书和录像，在刑讯逼供和诱供骗供的条件下，是完全可以形成一致的，连细节都可以完全吻合起来。录像往往是已经搞服帖了嫌疑人和证人，再给他洗脸更衣，抽烟喝茶再录的，根本不是原始状态的东西。多年的刑事诉讼实践告诉我们，中国以口供定案的审判模式，一直以来助长了刑讯逼供行为。如果法庭真正重事实不轻信口供，对违法证据坚决进行排除，就能够真正减少刑讯逼供。因此，中国刑事诉讼中刑讯逼供久禁不止，根源是在法院、在法庭。是法院轻信逼供口供的做法，直接助长了前一环节的刑讯逼供。如果开庭质证证实有逼供，法庭就进行证据无效裁决，我国的刑讯逼供会大大减少。

在刑事证据上，中国的法庭由于专政观念的传统，一般认为，侦查人员是为国家行使公权力，是法定可信的。律师是赚人家钱的私权利的代言人，拿钱总要为人家说话，因此其取证和陈述可信性差。侦查机关把人抓起来，审了几个月、半年，你律师只有几周、半个月，不可能比国家机关更能发现真相。因此对侦查机关取证上的违法之处，也重视实体公正而忽视程序正义，认为即使有逼供现象，真相还是可以采信的。名噪一时的沈阳刘涌案，二审从死刑改死缓，口供证据取证的违法性，是高级法院改判原因之一。二审法院认定了口供有刑讯获取的事实，但仍然羞羞答答地在判决中写"不能从根本上排除在侦查过程中存在逼供情况"，"不能排除有违反刑事诉讼法的现象存在"。结果最高人民法院提审，还是判处了刘的死刑，对刑讯一节干脆回避了。① 这就导致违法取证的现象得不到司法权的制约，而长期存在。律师的辩护权受到歧视，得不到应有的尊重。所以，法院应该平等地、理性地对待国家侦查机关取得的证言和律师取得的证言。在我办理的一个案件中，法官很好地处理了这个问题。对检方有罪证据和律师无罪证据都存疑，第一次带检察和律师三方一起取证，被取保候审的证人当着检察人员的面不敢说真话。第二次法院让检察、律师全部回避，法官单独取证，所谓的"行贿人"说了真话，法院查明了真相，否定了检察院的行贿 8 万元的有罪指控，采纳了律师的证据。

五、要努力提高当庭作证的比例

证人证言和其他的物证、书证不同。物证、书证是事先固定的，具有很强的客观性。而证人证言则是事后的陈述，有更大的主观性，容易受各种因素的影响，是复杂多变的。检察院、公安机关找的证人，他是一种说法；当事人、律师去找他，他可能是另一种说法。法官的责任就是，通过审理、对质和自己对证据的分析判断，把接近真相的法律事实审出来，在此基础上确定法律责任。影响证人证言的因素很多，如是哪一方先找他的、人情关系、恐惧心理、表白自己的心理、推却责任的心理、后顾之虑，都会影响其证言的真实性。因此证人证言往往是飘忽不定的。律师是有倾向性的，他的目的是被告无罪和罪轻；检

---

① 刘涌二审被改判死缓的一个重要理由是"不能从根本上排除公安机关在侦查过程中存在刑讯逼供情况"，一审法庭辩论的证据证明以及 8 名曾经看管过刘涌的武警战士的证词，证明刘涌曾经被刑讯逼供，看不到任何足以推翻这些证词的证据。公安局让刘涌签字的无刑讯逼供声明，因为它本身是在侦查阶段作出的，本身就可能是刑讯逼供的结果，因此没有任何证明力。在这样的背景下，最高人民法院对这部分的结论为："原二审判决定罪准确，但认定'不能从根本上排除公安机关在侦查过程中存在刑讯逼供情况'，与再审庭审质证查明的事实不符。"但具体的质证过程和质证内容，否定的依据没有交代。判决书罗列的刘涌 31 项被控罪行中，认定 24 项"刘涌在侦查阶段的供述与上述证据相符，可相互印证"。2003 年 12 月 22 日，最高人民法院法官组成的合议庭在锦州市中级人民法院开庭宣判，刘随即被注射执行死刑。在无法排除刑讯的情况下，公安机关侦查获得的口供，如何作为其他证据的印证？因此，刘涌案中最核心的刑讯逼供问题在最高人民法院的判决书中没有得出最基本的论证性和质证性的否定结论。因此有学者指出，它所产生的后果只能是对刑讯逼供行为的鼓励。

察院、公安局的取证也是有倾向性的，他的目的是证明被告有罪和罪重。虽然《刑事诉讼法》要求侦查机关要平等收集被告有罪和无罪的证据，实际上这几乎是不可能的。因为无罪他就不会起诉了，不会到法庭来交锋。因此，真正要查明真相，证人当庭对质是唯一的方法。真正的证人证言，应该是当庭陈述。在特定条件下为控方作证和为辩方作证，往往都会失真。当庭作证是一个重要环节。通过当庭发问，法官、公诉人、律师都在场，都可以问，证人没有被关、被打、被抓的恐惧感，作证就会客观真实得多。我国现在审判中，最大的问题是绝大多数刑事证人都不出庭作证，这样就导致为了证人的说法和含义，法庭上检察和律师公说公有理、婆说婆有理，莫衷一是。而中国的刑事证人不出庭的主要原因，不是报酬问题，不是当事人威胁问题，而主要是来自于公权力的威胁。因为以审讯方式获取的证言，都是对控方有利的证言，书面证言法院能够认可，公安检察绝不会让证人到庭进行质证。因此，不要被"证人觉悟低"、"没有报酬"、"怕被害人报复"等虚假的因素掩盖了真正的原因。当前对中国刑事证人的主要威胁，本自于公权力。在行贿受贿审判中几乎百分之百的原因在这里。

六、伪证罪检察无权管辖

从降低诉讼成本的角度而言，在侦查主罪时发现其他罪名，由原侦查机关并案侦查，是有道理的。因此，全国人大法工委等"六部委"的《关于刑事诉讼法实施中若干问题的规定》第 6 条在明确公安、检察严格分工的同时，作了可以附带管辖的规定。但这种"附带"是有条件的：一是要出于正当的目的，二是犯罪构成应基本相近。如侦查贪污罪，发现了职务侵占罪；追查受贿罪，发现了行贿罪；侦查挪用公款罪，发现了挪用资金罪。但有一点，检察在侦查犯罪中，不能因为证人不按其意思作证，就以伪证罪立案抓人，自己拘留，自己审讯，自己批捕，自己办理取保候审放人，自己收取几万元几十万元"保证金"，这是明显违法的。因为《刑事诉讼法》第 51 条规定：取保候审、监视居住由公安机关执行。同时，伪证罪是一种妨碍诉讼程序的犯罪，同检察机关侦查职务犯罪的职能完全不相关。检察抓证人的目的，不是真正要追究伪证，而是为了突破案件，要证人为自己的观点提供证据，担任"污点证人"。有的检察机关以审讯笔录代替证人证言，取证地点也在羁押室或审讯室，有的证人被威胁不准见律师，有的证人为检察作证后被取保候审，避到外地，从此不上法庭，也不敢见律师。这就严重损害了诉讼程序，妨碍了律师的辩护权。因为调查取证权是辩护权的重要组成部分，律师见不到证人，就无法查明真相，也组织不起抗辩的材料。这种程序权利完全被控方一方主宰了,这对控辩式审判是一种严重的损害。诉讼不但要保护公权利,即国家机器发现犯罪打击犯罪的权利;同时也要保护私权利,即被告的人权。法律规定任何被告,哪怕是杀人犯,也有获得公正的辩护的权利。而让控方可以自行侦查伪证罪,则证人就会被其完全控制,帮助进行有罪指控,冤案的产生就会不可避免。

以上是我对刑事证人证言问题的几点浅见,在我们起草《刑事证据规则》的时候,应当注意这样的一些问题。

30. 娱乐的激情与法律的理性

——关于足坛反黑的若干法律界定*

从去年10月中旬在电视上看到中国足协主席阎世铎《治乱世要用重典》的治理足球环境的宣言，到今年10月16日中国足协公布对今年甲B五个球队的《处罚决定》；随后吉利集团宣布退出中国足坛，并以名誉侵权为由在广州起诉中国足协；浙江绿城在杭州推波助澜揭出人们传闻已久的足坛贿金内幕，并引出了受贿裁判的主动退赃；浙江体育局长以官方身份支持揭黑，一场本来属于球迷和娱记圈的局域事件和新闻，现在已经成了法律界人士，甚至政治媒体和立法人士、司法人士都开始卷入讨论的大事件。整个事件的演变，使企业和企业家得到了知名度、记者得到了素材、球迷得到了宣泄、球员得到了身价、裁判得到了黑而有道的良心、中国足协得到了造势。得分最高的是企业和企业人士，失分最多的是裁判和管理足球秩序的机构，忙得最欢最累的是娱乐记者，掏腰包花时间最多的是媒体受众。但是，不要把这一事件光看做一场炒作，这是媒体和行业反复互动推进黑幕调查和法制进步的经典案例。虽然发生在娱乐业，但是对中国的影响将是巨大的，也为我们传统的封闭式反腐败工作提供了另一种

---

* 本文写作于2002年1月2日。其时，中国足球在连年低迷连亚洲都不能出线之后，曝出了足球裁判受贿吹“黑哨”的丑闻。资助足球俱乐部的浙江两家企业“绿城”和“吉利”担当了揭黑幕人的角色，主动曝光他们向裁判行贿。有一个裁判主动退钱，全国媒体一片大哗。《浙江法制报》在西湖边“湖畔居”茶室组织了法学界的专题研讨会，两企业的董事长都参加了这次讨论，我作了一个重点发言。随后，《浙江法制报》和2002年第4期《民主与法制》杂志发表了本文。

很好的范式。说明我们的舆论已经具备了这样的理性和能力。

我不喜欢足球,因此我关注这场讨论纯粹是从法律的角度和社会动态的角度。我已经认真地研究了《足球报》的法律顾问黄松良律师、吉利集团的法律顾问楼韬律师、浙江省检察院的沈雪中处长、中国政法大学诉讼法专家杨秀清教授等法律界人士在媒体上公开发表的观点,也分析了记者和体育界人士的主张,觉得这场争论所暴出的问题真有“如入山阴道中令人目不暇接”之感,因此也想说些看法供大家商讨。

一、第一个问题:足协有处罚权吗

这个问题是我看阎世铎的电视讲话中突然冒出来的。当时他引经据典,声言要“乱世用重典”严厉处罚玩假球的球队和俱乐部。此后并有“严刑伤及无辜”等说法,连“刑”字都用上了。处罚权有广义和狭义之分,广义的可以包括刑事处罚、行政处罚和行规处罚,狭义的特指行政处罚。我们国家已经有了《立法法》和《行政处罚法》,行政处罚权只有国家行政机关和行政机关依法授权的主体才能享有。而处罚的规则,也要由《立法法》规定的人大和其他行政主体才可以制定。处罚分为行为罚(如停业整顿)、财产罚、人身罚、申诫罚(如警告)。对于财产罚(如罚款),《行政处罚法》第14条明确规定,只有省以上人大和规章制定主体以上的行政机关才能制定。对于人身罚(如拘留),《行政处罚法》第9条规定只有国家法律有权设定。社会团体既无权制定有财产罚内容的处罚规则,也无权行使处罚权。因为法定的处罚权是以国家强制力作为后盾的,而足协如果没有得到国家体育总局的授权,那只是一个行业协会性质的社会团体,他可以在同业公认(如入会时要承认章程中的义务)的前提下,规定一些行业的规则,在规则约定的范围内进行“处罚”。这种处罚的依据,不是国家的强制力,而是行业内部的约定俗成。最重的、最后手段的处分,也只是取消其会籍。这同《工会法》一样。有一位人士问我,有一个下属企业拖欠数百万的工会费不上缴,工会可不可以到法院起诉?我认为不行。因为这不是债权关系,而是对章程义务的违反,只能以剥夺章程中的权利直至取消其会员资格来制约。这同足协的道理是一样的。现在足协风波中的大量报道,对这些概念并没有搞清,把所有的“处罚”包括刑罚、行政罚、行规罚都混为一谈了。由此来指责中国足协,来指责中国法制不够健全,这是因为没有完全搞明白法律概念。据网上报道,足协处罚吉利足球俱乐部11万元,吉利没有交,就体现了这个问题。因为足协这个罚款是违法的,没有罚款的依据,也没有罚款的权力。吉利可以不交,不是因为其自称的“交了不等于承认了吗”，而是因为在法律上这属于乱罚款。吉利不交，足协也没有办法，也不可能申请法院强制执行。同时，仔细研究了足协10月16日公布的《关于对四川绵阳浙江绿城等五个俱乐部足球队处理的决定》，则是非常规范的，都是对参赛资格、转会资格、注册资格、降级、停赛等行为罚，没有任何财产内容。这是符合协会章程的行规手段的处罚，是合法的。所以，足协负责人的激情讲话，同最后的规范处罚是不同的，我们要注意其区别。

二、第二个问题：两种介入，两种诉权

现在许多媒体记者、律师、体育官员都在呼吁“司法介入”足球反腐败的问题，倾向性的意见是“介入论”占上风。这涉及可不可以介入，谁启动介入，以什么依据介入，用什么方式介入，介入以后如何办等一系列的问题。中国足协成了各方关注的两头受气的对象。而司法机关则隔岸观火，除了个别人士谈了一些学术上的看法外，基本保持沉默。

法制社会，任何社会矛盾、任何调整失衡的社会秩序，解决的最后手段都是法律。从这一点说，法律不能对足球腐败视而不见的观点无疑是正确的。法律不应该存在盲区。但介入的具体途径，则也需要廓清。

介入有两种途径，一种是民事诉讼，一种是刑事侦查。对于启动程序，也有两种，一种是民事起诉权，另一种是刑事上的举报权。

民事上的介入，实际上已经启动，那就是吉利足球俱乐部以侵害名誉权为由起诉了中国足协，把足协当成为一个平等法律关系中的事业法人。你散布于我不利的不实新闻材料，损害了我的事业法人声誉，我就可以告你。广州天河法院已经确认了其诉权，受理了本案。其实民事上的介入还有合同争议、财产争议、处罚结果的仲裁（因为不将足协确定为行政主体和行政授权主体，就不可能当行政被告，不服只有按行规去申请仲裁）。这个主动权一般主体广泛享有。司法是被动的，民有告，官要理，只要符合起诉条件，法院都会受理。

问题是中国足协已经于12月31日向法院提出的管辖异议有没有道理。他们引用的《国际足联章程》第59条规定：“国家协会、俱乐部或俱乐部会员不得将与国际足联或其他协会、俱乐部或俱乐部会员间的争议诉诸法庭，应将争议提交经各方同意指定的仲裁机构。”《亚洲足球联合会章程》第5条也作出了类似的规定。他们还引用《体育法》第33条的规定，“在竞技体育活动中发生纠纷、由体育仲裁机构负责调解、仲裁”。还有最高人民法院于1998年7月14日颁布的《最高人民法院关于审理名誉权案件若干问题的解释》第4条的规定，“国家机关、社会团体、企事业单位等部门对其管理的人员作出的结

论或者处理决定，当事人以其侵害名誉权向人民法院提起诉讼的，人民法院不予受理”。《中国足球协会章程》第3条规定：“中国足球协会是唯一的，全国足球专项体育社会团体法人。”

足协的异议理由，要而言之有两条：一是足协同吉利是内部管理关系，法院不能管辖；二是足协的处罚自身有终裁权，不许司法介入。这些争议的焦点，是将吉利看做独立的事业法人，还是足协的内部机构；是将对吉利的名誉损害，看做内部处罚，还是民事侵权；足协这种国际性的社会团体的章程约定，能不能将中国的司法管辖权排除在外。这个问题超出了法院司法解释权的范畴，已经涉及立法权。

刑事上的介入比民事还要复杂得多。这取决于：相关人的举报和司法机关的审查认可。前者属于私权利，后者属于公权利。同时，还涉及法律是否已经规定了对被举报行为进行刑罚调整。

因此，指责中国足协打黑不力是没有道理的。等待和要求足协启动举报程序，本身就是找错了地方。因为举报犯罪是任何公民和法人的权利，而且应当在犯罪行为发生地举报。足协有行业规范的调查权和有限的行规处分权，对涉及犯罪的问题没有处分权。因为如果涉及犯罪，不需要通过它审查是否准许司法机关调查。如果有犯罪材料故意不移送，反而是符合《刑法》的“包庇罪”规定的（针对个人而言）。介入调查和介入处理是两个不同的范畴，一旦涉及刑法，侦查主体和对证据的要求都要严格得多。

而司法机关的介入，是有主动权力的。监控犯罪、打击犯罪属于公权利，司法机关在没有举报的情况下发现线索，也可以主动立案侦查。其审查的依据是两方面，其一，基本犯罪事实是否存在，有无基本的证据；其二，是不是已经属于国家刑法要追究的范围。

三、第三个问题：足球裁判能否构成受贿罪主体

这是现在“介入”呼声中大家最关心的一个问题。尽管记者都已经以“受贿”直称一些“黑哨”裁判的行为，但在法律上，这种说法并不能得到有力的回应。原因就在于，我国的刑法对于职务犯罪的惩罚指向，是国家公职人员的贪渎行为，其他行业中的贪渎行为，没有经过立法规定和司法解释的确认，并不能任意以“受贿”来追究。争议的焦点，是足协属于什么性质的机构，足协聘请和指定的裁判，算不算“国家工作人员”和“受委托从事公务的人员”。

《刑法》第385条规定的“受贿罪”主体，包括：（1）明确的国家工作人员，即占国家干部编制有公务管理权的人；（2）拟定的国家工作人员，即国有公

司、企事业、团体中从事公务的人员;(3)委派的公务人员,即国有公司、事业团体委派到非国有单位从事公务的人员;(4)其他依照法律从事公务的人员。

相类似的,还有《刑法》第163条规定的"公司企业人员受贿罪",即前述以外的在公司中的其他管理人员,如不属国家工作人员的董事、监事、经理、会计及其他行政人员,利用职务上的便利索取或收受他人财物和回扣,为他人谋取利益的,可以构成本罪。

毫无疑问,黑哨裁判是在利用手中的权力进行牟利,是一种权钱交易行为。问题是他们的权力,是不是一种国家管理性质的公权力,是有争议的。这涉及对整个足球行业的界定。我们迄今为止的观念,体育属于国家提倡的健身娱乐行业(在中国,说娱乐业更确切些,因为足球的普及大多是观众的普及),对管理这个行业的协会行为,我们本质上没有将其看做是一种国家管理权,而是看做一种娱乐业规则和自律权。中国足协和国家体育局足球管理中心是两块牌子一班人马,足协官员利用权力直接受贿,按受贿罪追究没有问题;但对不在其编制中的临时约请和指定的裁判(尤其是外籍裁判),其身份性质是很难界定的。能不能将其视做"受委托从事公务的人员"?是一种委托管理关系还是一种聘用劳务关系?足球的现场裁判行为算不算公务?北京大学陈兴良教授从"罪刑法定"的基本原则出发,明确认为他们不能构成受贿罪主体。而有的法律实务人士主张按一般经济犯罪的判断方法,用足协活动的投资性质,即有没有国家投入来界定可否定罪,这有点失之机械。主要的区分,是更深层次的分野,即足球规则的管理权,能否上升为国家管理权来理解。另一个也是高层次的区分,即司法权和行业自律权的合理分工问题。是不是所有问题都只有用国家刑法调整这一条路?欧洲议会1988年制定的《企业事业单位违法的责任》建议指引,规定了警告、禁止、罚金、撤换、关闭、赔偿、谴责等15种方式,只有在认为"对社会的重要性和防止进一步违法"有必要时,才可以考虑刑事责任和刑事惩罚。因此,在没有明确法律解释之前,黑哨裁判暂时还只能受舆论法庭和道德法庭的裁判,以及足协按行业纪律所进行的处罚。

四、第四个问题:商业投入还是行贿犯罪?

尽管绿城集团负责人宋卫平和吉利集团负责人李书福都声言不惜牺牲自己也要揭露足坛黑幕,但企业家都是精明的。有的表态,是他们三思而后行的结果。不要以为他们是一时冲动。因为他们明白,以现有的规则,他们的收买裁判和球员的行为,算不上刑法上的行贿。揭露一下,对自己不会有太多的损失，至多是惹恼中国足协而已。正因为如此，他们才敢声明坚决不透露退赃四万的裁判的真实姓名。因为如果真正是行贿受贿，这就是一种包庇罪行为。

足球，不单在中国，早就是一种商业行为了。因为球员可以买卖（所谓高价转会），已经成为一种行规。他们已经商品化为一个企业的符号。企业养肥了足球，足球带红了企业，这是周瑜黄盖，愿打愿挨。所有企业，投向足球的钱，都是有去无回的，回报只在于企业知名度和商誉上的好处。既然球员可买，裁判为什么不能买？这对于把足球当商业运作的企业家来说，并没有不可逾越的鸿沟。于是"假球"的孪生兄弟自然是"黑哨"。企业从正路玩上了野路，从被动变成了主动，最后玩不转了，赔了夫人又折兵，索性从反面造势，当起了打假英雄。然后又说自己原先参与的勾当都是被逼良为娼的。我们这样指明，不是指责勇于揭黑的企业家，而是要提醒法律界人士，要认清足球腐败同官场腐败毕竟是性质不同的，要看透其中的商业化气息。

行贿罪是指为了获取某种正当的和不正当的利益，向有管理权的主体以财物收买施加影响的行为。从表现特征来看，俱乐部的行为可以符合这种犯罪的特征。但行贿是和受贿相对的，裁判构不成受贿，他们也构不成行贿。从总体上说，他们为赢某一场球或升级的投入，与其说其是一种行贿，不如说是一种商业投入，同买一个高价球员基本相似。当然，其不同点是对体育道德和公平竞争环境的破坏，对全体球迷的欺骗和愚弄。但当大家在总体上都将其当做一种娱乐和游戏，就可以接受得多。司法机关对这次事件保持距离和沉默，冷静地进行研究，是中国司法成熟和理性的表现。

五、第五个问题：司法不介入是不是表明我国法制不健全

中国近十几年的立法之多，是中国历史和世界历史中少有的。但现在仍然经常听到这样的议论：动不动都以法制不健全来分析中国问题的症结。

分类而治，是社会管理的基本方法。法制不是万能的。我国经济刑法的严密和罪名的众多，已经是各国少有的了。1997 年之后，我国经济犯罪被判处的罪犯比例，在飞快地上升。对于贿赂犯罪，最高人民法院、最高人民检察院所作出过的司法解释，远多于其他犯罪。仅在 2000 年一年中，4 月，全国人大常委会对《刑法》第 93 条作出立法扩大解释，规定农村村民委员会管理人员，可以按国家工作人员追究受贿罪刑事责任；7 月，最高人民法院又扩大解释，离退休人员在职时约定，退休后受贿可以按受贿追究责任。

我国的各级人大组成人员受贿，是当然的按"国家工作人员"来追究的。而美国等国家并不完全这样。美国联邦众议院有职业道德委员会，每年调查

20个案件,内容涉及滥用权力、滥用经费、受贿、性混乱等,大多数并不启动司法程序。道德委员会有终裁权。司法机关发现犯罪,也不要经过议会批准,有独立的侦查权。议员在受审和侦查时,只要尚未判决和被议会除名,都可以行使权利。美国还有一个近乎公开的议会"院外活动集团",目的就是影响议员作出对自己阵营有利的决策,每年活动经费数千万美元,美国法律并没有将之当做犯罪。我国中科院两院士的涉及道德和经济问题的除名,也是团体内部行为,连社会都没有公布。因此,我们的思维方式不能动不动都想到刑法,以为只有刑法才是最后解决问题的手段。就像经济犯罪不一定都要用死刑来遏制,可以多用财产刑来惩处。

六、第六个问题:一个预言:立法解释或司法解释可能启动

阎世铎有一句话说得很对,多行不义必自毙。现代足球相对于中国而言,总体上属于外来文化(我不同意高俅玩球发明足球之类的国粹说法)。中国人已经等得有点心焦,结果等来了一个"成绩最差、赚钱最多、内幕最黑"的大众性娱乐业。球迷失望,俱乐部失望,企业家失望。但又没有一种运动能将现代信息传媒利用得这么好,能把这么多受众高效率地调动起来,因此又不得不玩。这就使好多人窝了一肚子的火。有的人把足球当做自己生活中最重要的东西,因此对足球的激情转化为对黑幕的痛恨,以为天真的塌了。其实今日中国足球只是大量值得关注的问题中的一个小问题,新闻的过分热衷把其影响过度膨胀了。这种情绪影响到新闻,进而影响到法律,如果法律不保持理性和冷静,就难免矫枉过正。

但是这种关注和争论是有好处的,是民意、新闻、司法互动推进中国开放和进步的一个好的练习。这次争论可能会有实质性的收获,即对于公共事业中的管理人员和有管理权、裁决权的从业人员,全国人大和最高人民法院最终可能真的会催生出一个立法解释或者司法解释,比照"国家工作人员"扩大"受贿罪"的适格主体。[①] 如果这样,裁判确实就不是那么好当了。中国足球的环境,应当会清净许多。

---

① 2002年2月25日,最高人民检察院发出通知:要求依法严肃处理足球"黑哨"腐败问题。认为根据目前我国足球行业管理体制现状和《体育法》等有关规定,对于足球裁判的受贿行为,可以依照《刑法》第163条的规定,以公司、企业人员受贿罪依法批捕、提起公诉;对于需要作出司法解释的,最高人民检察院将会同有关部门及时作出司法解释;对于需要作出立法解释的,将提请全国人大常委会作出立法解释。

31. 税制刑法与中国税制的重构*

[**内容提要**]税制刑法,是指国家为保护税收安全,在行政处罚之外用刑罚制度保障税收的刑事法律规范,包括刑法典中的规定和人大《决定》等特别刑法的规定。刑罚的标准应当是稳定的。而税制刑法,由于税种、税源、税率的受政策影响的不确定性,和税收减免、地方差别、所有制差别、国民待遇差别、惩罚性关税和普通关税的区别,以及核税权的随意性,导致我国税制刑法的"罪与非罪"、"罪轻和罪重"具有大量的可变因素,导致全国性的定罪量刑的混乱。更由于税制刑法是以"死刑"为最高刑来制约的,因此杀与不杀的界限所体现出来的社会公平问题,量刑平衡问题,尤其令人关注。税务犯罪特别是增值税发票犯罪,在我国有死刑适用过多现象。由于税额直接影响定罪数额和量刑轻重,我国司法把核定税额征收权(往往就是法院量刑中必须采纳的税损数额)交由很低层级的税务局,导致了低级税务机关实际上代行了国家刑事司法权。我国学者研究税制,多从行政法角度研究。从有利于公权和国家权利来研究,税制立法和执法向国家利益"一边倒"的现象极其严重。税权,也大都成了行政权。但为保障税法的实施,又多用司法权的刑罚的手段。因此,从刑法角度研究中国税制,具有特别重要的意义。

税法,是一个国家最重要的基本法律。不惟是因为它涉及国家机器运行的财政来源,即所谓国脉所系,还因为他是平衡公共权利和私人财产权利的连结点。国家向企业和个人的口袋里掏多少钱才是合理的,这是一个大问题。税负高低,体

---

* 本文发表于2007年6月第3期浙江警察学院学报《公安学刊》,中国人民大学书报资料中心《刑事法学》杂志2007年第10期作为头稿全文选载。本次出版作了个别修订。

现了一个国家和政权的治国方针和人民的地位，体现了政治文明的程度，即历史上所谓的是轻徭薄赋的良治，还是横征暴敛的暴政。因此，税法实际上是涉及一个国家能否长治久安的最重要的基本法之一。

在我们国家现行税制中，关键点有三个：一是由谁确定税种和人民的税负，即税制立法；二是由谁进行征收和保障征收成功，即税务行政执法；三是税收出现问题时由谁来保障其强制实施，即税制刑法。

税制刑法在我国现在有 12 个罪名（见《刑法》第三章第六节“危害税收征管罪”）。由于有的罪名是选择性罪名，因此一个罪名又可以分解出几个单独罪名，实际上我国税制刑法的罪名有近 20 个。[①] 这些罪名又可分为两大类，即税务犯罪和发票犯罪。侵犯的客体有两个，一个是国家的财政收入，另一个是国家的税务管理秩序。一个是针对税源流失的刑罚措施，即偷税、逃税、骗税；一个是针对税务管理秩序的犯罪，即抗税和乱开各种税务发票。对犯罪者而言，危害税务管理秩序是手段，犯罪的最终目的还是逃税避税少交和不交国家赋税。对于国家而言，最终目的也在保障财产权，打击秩序性犯罪的目的，还是为了保障国税财产权不流失。因此，我们研究税制法律的着眼点，是国家的税制财产。关注这一点非常重要，因为我们近十几年的立法和最高人民法院的解释，已经出现了偏差，把重点放在发票犯罪的表现形式和手段上，而不是根据最后的税收损失来量刑。为了维护税制秩序的目的，其定罪量刑标准实际上已经拉到与保护国税财产不流失一样高，导致了大量的量刑偏差。

本文采取的研究方法，同传统方法不同。不是从税务行政执法着手，而是从最后的判刑的环节追溯到司法、行政执法、税务立法。从笔者作为一个律师亲自办理过的大量税务犯罪案件中，发现判决中的问题，再审视法院审判中为什么出现问题，再追溯发现法院司法解释中的问题，再追溯到税务立法的问题。这对于充分关注我国税务行政执法的税法界而言，也许是一个可参考的视角。

一、从增值税发票犯罪说起

1994 年重大改革举措之一的税制改革，其核心内容就是建立以增值税为主体的流转税制度。增值税发票形式的确立，是实行新税制的一大成果。税法专家和设定这种征收方式的行政官员对这一方法是高度肯定的。这种方式对增加国家财政收入、在面上减少税收的流失、简化征收方式、便于监管，具有

---

① 熊选国：《新编刑法罪名适用指南》，人民法院出版社 2002 年版，第 6 页。

很大的优越性。也正由于如此，很少有人对这种征税方式提出异议，也很少有人批评和质疑其消极的一面。

但是一个不容争议的事实是，这种征收方式大大节约了犯罪成本，减少了犯罪的难度，为偷税、骗税犯罪大开了方便之门，数十亿元上百亿元的虚开案件不断出现，大大扩张了税收犯罪的危害性。从而迫使我国司法机关不得不加强刑罚遏制的成本，税务犯罪的无期徒刑和死刑的量刑大大增加了。可以毫不避讳地说，增值税发票的施行，无论从犯罪学和刑罚学角度审视，还是从司法角度审视，都是失败的。直接的后果是导致大量国家税收被骗，数十亿元的虚开发票骗税和伪造发票犯罪等特大犯罪在全国不断出现，[①]被判处死刑的税务罪犯出现了历史性的增长。仅从大量增加的税案的死刑实际判决看，就可以证明这一点。

我国是法律明确保留死刑的国家。但死刑的具体数据不公开，因此本文中也无法进行公开引用，国内所有研究税制刑法的文献中也不可能涉及。但从全国媒体的大量个案报道中，我们已经完全可以感觉到增值税发票犯罪已经是我国经济刑法中判处死刑最多的刑种之一。而在实行增值税发票之前，涉税死刑是极少的。从 1949 年到 1995 年 10 月全国人大《关于惩治虚开、伪造和非法出售增值税专用发票犯罪的决定》（以下简称《决定》）出台前，我国涉税犯罪没有死刑。[②] 1979 年《刑法》规定涉税犯罪最高量刑是 3 年，1992 年人大决定最高处刑是 7 年。[③] 1995 年的人大《决定》在新中国刑法中第一次出现了针对虚开增值税发票犯罪的死刑，而我国以设立增值税为主要特征的新税制改革就是 1994 年进行的。可以说，一项税制改革直接影响了中国历史上的一种新的死刑制度的产生。这是改革设计者所始料不及的。

我国原来的侵财型犯罪中，盗窃是判处死刑最多的刑种，经济发达地区的死刑标准是盗窃达到 4 万元人民币。1997 年修改《刑法》，我国废除了普通盗窃的死刑，只保留特定的盗窃银行金库和珍贵文物两种死刑，这一修改使我国侵财刑死刑大幅度下降，符合国际上减少死刑的轻刑化趋势。但税制刑法却

---

① “2005 年涉税犯罪特点及分析”，载《法制日报》2006 年 1 月 2 日。2005 年 1 月到 10 月，全国公安机关共立涉税犯罪案件 9481 起，涉案总金额 110.5 亿元，涉案价税金额在 1 亿元以上的案件达 37 起。利用增值税专用发票和各种可抵扣税款发票进行的虚开犯罪是涉税犯罪的主要方式。共立该类案件 6180 件，占全部涉税犯罪案件的 65.2%，涉案总金额达 48.84 亿元，占总金额的 44%。

② 魏东等主编：《税收征管犯罪认定与侦查》，群众出版社 2001 年版，第 6～13 页。

③ 参见 1979 年《刑法》第 121 条规定的涉税犯罪最高量刑为 3 年；1992 年 9 月 4 日全国人大常委会《关于惩治偷税、抗税犯罪的补充规定》最高量刑为 7 年。1995 年 10 月全国人大《关于惩治虚开、伪造和非法出售增值税专用发票犯罪的决定》出台，将虚开发票涉税犯罪最高量刑一下子提高到死刑。

逆潮流而动,一跃成为侵财刑案件中新增死刑最为严重的一种犯罪。

问题的严重性还在于,增值税发票犯罪越来越体现出行政对司法的干预,以及政策性定罪量刑而不是司法官量刑的迹象。量刑的标准随着犯罪的日益严重体现了前后不一的现象。而且,死刑的适用并没有遏制住这类犯罪高速增长的势头。①

全国最早因增值税被判死刑的是浙江台州的陈二头,时间是1994年10月。当时《刑法》没有修改,虚开发票罪的罪名还没有确立,陈是以“投机倒把罪”判处死刑的。他为广东企业虚开24份浙江省增值税专用发票,累计销售金额达1.4亿元,按票面销售额的2‰收“手续费”非法获利29万余元。可能造成2523万元国家税款流失。但其中14份发票计金额9577万元,可向当地税务机关申报抵扣税款1628万元,因案发而抵扣未逞。因此造成的税收实际损失是895万元,其本人获利是29万余元。最高人民法院核准了陈的死刑。② 因此,从一开始,我国司法机关对这种犯罪的惩处,主要就是按“行为犯”而不是“结果犯”在进行量刑。这种审判思路实际上主宰了十多年的中国税务犯罪审判。

但是,陈案的严厉判决并没有真正遏制住增值税发票犯罪。1998年,中国暴出数额更为惊人的三大税案——金华税案、恩威税案和南宫税案。其中金华税案被称为新中国第一大税案。金华和台州是浙江相邻的两个地区,相距不到3小时车程。金华税案的“罪迹”也是从1994年税改之后开始的。从1994年5月到1997年4月,金华共有218家企业参与虚开增值税专用发票的犯罪活动,受票单位分布在全国30个省级行政区,共虚开增值税发票65,536份,价税合计63.1亿元,造成国家税收损失7.5亿元。抓获犯罪嫌疑人89个。如果按陈二头案的量刑标准,金华税案够判死刑的应该有二十来个被告。但此时全国同类案已经很多,法不责众,量刑标准一下子大大降温,仅判了胡银锋等一两个主犯死刑。金华税案充分暴露了这种犯罪的简便性:其中一个罪犯吴跃东,从1996年6月至案发,他共骗购专用发票52本,采用各种非法手段,在半年多时间里共虚开价税合计1.1亿元,造成国家税收损失1508万元,案件涉及25个省、自治区、直辖市的228个县。此外,由他文化不高的妻子单独虚开的价税合计就达7000万元,造成国家税收损失1014万元。

---

① 中国新闻网2002年4月5日报道引用公安部经济犯罪侦查局的官员披露的数据:2001年全国公安经侦部门共立危害税收征管犯罪案件14,449起,同比增长24.8%;涉案金额达256亿元人民币,同比上升10.3%;破案13,000余起,同比增长28.7%,为国家挽回经济损失66亿多元人民币。

② “以身试法法不容——全国第一大税案警示录”,载《人民日报》1998年11月6日。

2003 年,北京市最大的虚开增值税专用发票案宣判。主犯陈学军等从2000 年 3 月至 12 月,不到一年的时间,倒卖虚开增值税发票近 4 亿元,被判处死刑。案犯并没有多少税务犯罪的知识,一个曾做过包工头,另一个也只是税务局的普通工作人员,他们犯下大案的时候,都还不到 30 岁。①

全国近年来涉及数十亿元的此类犯罪,还有很多。只要实事求是地加以分析,我们不难发现上述指出的问题是具有普遍性的。但学者多从犯罪者的劣根性去研究为什么此类犯罪愈演愈烈,②而很少从税制模式是否完善、社会犯罪预防成本是否过高的立法角度去思考。

二、合法不合理:虚开乱开混为一谈

税制刑法,保护的客体主要是税收财产权。但我国税法和刑法以及最高人民法院的司法解释,将实质上的虚开(导致国家税收确实被偷)和形式上的虚开(有实际交易应当抵进项成本税,但发票的主体、时间、数量、金额不符,国家税收没有损失)混为一谈,③也导致许多司法判决失衡。这个问题并没有引起税务机关和各级法院的必要重视。

为讲清该问题,引起税制理论学者和立法界的重视,我这里举几个笔者办理的真实案件为例。

浙江某公司虚开发票案。这个企业是收购动物杂骨、猪毛等粉碎粗加工成"硫酸软骨素"出口的收旧利废的私人小企业。两年半中总销售近 2 亿元,按同类行业利润 10% 计算,有 2000 万元利润,应纳增值税为 350 余万元。但至案发,该企业实际已经纳税 660 多万元。即使加上营业税等,该企业纳税也已经远远超过标准(因为本案事由认定虚开后先进行了行政罚税)。而税务局、公安局和检察机关指控这家只有 40 多工人小企业的偷税额高达 2993 万元。中级人民法

---

① "京城最大虚开增值税专用发票案主犯陈学军伏法",载《北京日报》2005 年 10 月 26 日。

② 张守文:"'第一税案'与财税法之补缺",载北大法律信息网,http://article.chinalawinfo.com/article/user/article_display.asp?ArticleID22823。

③ 关于"虚开"的概念,最高人民法院关于适用《全国人民代表大会常务委员会关于惩治虚开、伪造和非法出售增值税专用发票犯罪的决定》的若干问题的解释第 1 条规定:具有下列行为之一的,属于"虚开增值税专用发票":(1)没有货物购销或者没有提供或接受应税劳务而为他人、为自己、让他人为自己、介绍他人开具增值税专用发票;(2)有货物购销或者提供或接受了应税劳务但为他人、为自己、让他人为自己、介绍他人开具数量或者金额不实的增值税专用发票;(3)进行了实际经营活动,但让他人为自己代开增值税专用发票。但目前办案中,有的侦查、起诉机关根据第(2)项中的"数量或者金额不实"这一规定,把形式上的虚开同实质性的逃税的虚开混为一谈,只要发票的时间、对象、主体、数量、金额一件不符,即认定为构成虚开发票,就可以定性。

院、高级人民法院2003年终审判决居然按此指控认定，判其法人代表王某10年徒刑并处单位罚金。只要稍有常识的税务人员和刑法专家学者，都可以看出这个案件的问题：按17%增值税额，司法机关认定的税额3500多万元倒推回去，是增值了2亿元。这是把2亿元的销售额全部作为一家企业的利润计算了。也就是说，这个企业是没有一分原料和生产成本的。这可能吗？但这样荒唐的判决，恰恰又是完全符合我国现在在执行的税制刑法的规定的。

问题的根源在于，我国《刑法》和最高人民法院的司法解释，把实质上虚开和形式上虚开是混为一谈的。增值税，按国家《增值税条例》的规定，是指企业"销项收入"扣除"进项成本"之后的增值部分，按照13% ~17%的比例缴税。即100元原料经过加工后变成了110元，增值部分的10元才是应缴税17%的部分，并不是110元为基数来缴纳，必须扣除100元部分。而我国现在司法机关实际执行的刑法解释是，进项发票不管你交易是否真实存在，只要日期不符、主体不符、金额不符、价格不符，都一律认定为虚开，不得抵扣。公安机关、检察机关、法院的刑事办案人员，都是这样认识的。而涉案公司是向千家万户及捡破烂的人收购狗骨、猪骨、羊骨、鸡毛等废物的。他们根本没有进项发票可以提供。税务局提供给该公司少量农副产品收购发票，份数有限，对于一家一户收来的废骨头、烂鸡毛，额小量大，无法几十斤几百斤真实地开。企业于是就把好多投售者合并在一起开具，收集了一批无关人的身份证用于开票。因此，主体不对、日期不对、具体每笔数量不对，但收购付款却是完全真实的，收购成本现金支付了1.8亿元是真实付出的。而且按照律师的委托对进项成本进行了审计证实，但该案全部作为"虚开犯罪"处理。因此就出现了2亿元销售全算成增值利润的怪事。而且，这不是坐而论道的学理探讨，是真正把人判了10年刑投入劳改的已经发生的事实。

另一案是浙江台州某公司案。这个公司是生产圣诞节礼品等工艺品的出口企业。其原料是"三边"废旧木料和玉米须等竹木杂物。这些原料来源于农副产品，也没有发票。他们于是就从装潢材料市场以给回扣的方式获得三夹板等增值税发票，用于自己充抵进项税。其收购成本是真实的，但发票是虚假的。当地同行业进行这样"操作"的企业达到上百家。当地政府和税务局开始则默许这种做法，只作罚税处理。2004年被上级税务机关监督，两年后旧案重提抓了不少人。指控的虚开额也非常大。好多嫌疑人按数额都够10年以上。通过律师对实质性虚开和形式上虚开的辩护，检察、法院接受了律师意见，在单位判罚金的基础上对五名被告都判了缓刑。

以犯罪构成的认识方法，仅从刑法的字面理解，上述观点是可以理解的。

因为《刑法》第205条规定的"虚开发票罪"确实是行为犯，只要有"虚开"的情节，就可以确定为犯罪。但从实质上理解，刑法确定这一罪名的基本指向，是保护国家的税收，是属于保护国家财产不流失的目的。要确定这一罪名，"没有货物购销"而"代开假开虚开"是一个关键性的要件。因为对有真实的购销，只是在发票使用上混乱，张冠李戴不相符，导致"虚开"的，由于实质上没有偷逃国家税收，因此不构成刑法意义上的"虚开"，只构成违反发票管理上的"乱开"，应受《发票管理办法》的行政处罚，而不能受《刑法》的追究。形式上的虚开不同于实质上偷逃税款的虚开，不能以犯罪论处。

三、核税权：行政裁量制约司法审判

税务犯罪的法院的定罪量刑，是根据涉税金额。金额大小既可以影响罪与非罪的界限，又直接影响法院量刑的轻重。而好多学者没有注意到的是，我国刑法中的这个关键权力，实际是由行政权在掌握，而不是司法权在掌握。

所有的刑事犯罪，对鉴定性的证据，应该是由客观中立的中介机构和技术专业人士进行的。而唯独税额的鉴定，我国是由有行政处罚权的税务机关即"税务局"和"海关"进行"核税认定"的。这些机关往往把行政查处和客观鉴定混为一谈，把行政机关处罚行政违法打击犯罪的倾向性，带入中立的鉴定，这方面也出现了大量的问题。但最高人民法院的司法解释，明确地、排他性地把这个权给了税务机关，充分体现了中国司法和行政过于混同的弊端。

笔者办理的一个真实的走私案，是厦门远华税案中牵扯出来的。某中级人民法院一审《判决书》认定：1996年12月到1997年12月，被告在一年中分16次共购买厦门特贸公司的走私羊毛1258余吨，价值4855余万元，逃税2660万元。这实际上是一个内贸买私案而不是走私案，由于有证据证明被告明知可能走私而仍然要货，法院仍认定其共同走私成立。这个案件定量的一个重要证据，是海关核定的《核定走私案件偷逃税额表》。起诉书引述说："经海关关税处核定，被告单位合计偷逃税款2660万元。"这个2660万元如何来的？是海关对上一环节走私进口人的"惩罚性关税核定"，被沿用到国内交易的买受人身上。本证据核定的时间为"1999年12月15日"，表面上符合"按查获时关税计算"的最高人民法院司法解释。[①] 但海关办案机关认定该案共

---

① 最高人民法院《关于审理走私刑事案件具体应用法律若干问题的解释》(法释〔2000〕30号)第6条规定："走私货物、物品所偷逃的应缴税额，应当以走私行为案发时所适用的税则、税率、汇率和海关审定的完税价格计算，并以海关出具的证明为准。"

同走私是1996～1999年，法院已查明不是共同走私，时间实际只是1年，到1997年12月即结束。在1997年这个时间中，律师举证上海海关同种羊毛的关税为3%，按厦门被告交代厦门此时的正常关税是1%，而这份海关“核定表”核定的关税竟高达42%。原因是按行政处罚的“惩罚性关税”在核定，其间相差竟达39%～41%。厦门被告回答检察院的问题时说：“我认为关税税率42%不合理。42%的税率是未建交国家进口羊毛的关税，而我公司进口的羊毛是从澳大利亚、新西兰进口的，关税率应为13%或15%。再说，正常情况下海关按1%或3%征收的。”在同一个国家，同一时间段，同一种商品，确定关税差距如此之大，如此随意，又是由没有鉴定资格的海关行政人员自己理解核定的，但这样的核定却直接被用作法院量刑和判罚金的依据。由于行政权的绩效观和有些系统实际存在的罚缴款返回的中国财政体制现状，这样的核定显然是很难保持客观中立的。有些本来可以行政处罚结案的案件，这样核出的数据就必须判刑；有些可以处10年以下徒刑的，这样一来只有判无期甚至到死刑。

同时，这个案件海关和法院犯的一个共同错误是，把进关的走私人，同国内的买私人混为一谈，对国内贸易也按42%的惩罚性关税进行了核定。等于同一批羊毛，罚了两个42%关税。这等于将购买盗窃赃物者和盗窃犯按同等标准论处，把盗窃罪和销赃罪两个罪名合并了。

行政处罚是行政权对违法相对人的惩罚。而鉴定则是中介机构按照客观公平原则对客观事实进行审查证明。这两者主体的职能是不一样的。由于最高人民法院的司法解释明确把鉴定权力交给了海关，而海关自己又是办案机关，这就导致查案主体和鉴定主体同一，既是运动员又是裁判员，使鉴定的公正性受到严重影响。

还有一个实际案例，是一个国有公司由他人出土地自己出钱联合建房，分给职工作为住宅和本公司办公。房产没有任何销售。但案发时当地税务局核定该公司偷税。这同法院、检察院、税务局行政机关建办公大楼和住宅一样，根本没有纳税的做法，因为这不是经营性房产。福利分房不同于商品房开发，根本无法认定其偷税。而且由于没有销售，也无法核定税额，也无法确定他最后纳税应是什么时间。但当地税务局在没有任何提醒和催告的情况下，“提前核定”其偷税数10万元，法院将被告法人代表判刑5年。

这些案例说明了我国税制刑法在司法解释环节中出现的严重问题，司法的权威性和恒定性都受到极大的影响，但都没有引起我们足够的重视。其原因就是，税制的国家优先观念掩盖了税制的全民契约性原则。在中国个人所得税要求主动申报、加强征收的今天,[①]这样一种司法运作的危险将可能降临到每一个纳税义务人。

四、税惠政策:生杀予夺行政权说了算

我国税制刑法还有一个根本性的问题是:行政权的随意性和刑法的刚性的矛盾。对国家行政权可以随时决定征与不征、征多与征少的情况下,[②]我们对违反者的惩戒却是以死刑、无期徒刑等高刑罚手段在保障行政权意志下实施的。

我国的税权已经放到了县一级。引进外资、开发区招商、行业性减免,县一级税务局都在掌握。一个企业和个人的行为,算不算偷税,可不可以免交税、缓交税、不交税,地方官员就有权决定。而《刑法》是全国人大立法。对县一级行政官员可以随心所欲处分的意志,我们却在用国家刑法在保障实施。这个问题长期存在,而鲜有人质疑和批评。所以,我国行政诉讼制度实施了二十多年,税务机关很少当被告。不是税务机关行政执法质量高,而是因为其裁量权过大,且税法界限不明,企业和公民违法的概率太大。纳税人没有保护自身的明确标准,因此没有人敢去告税务机关。而且,由于税务机关握有解释具体税法的权力和标准,一般诉讼也不会输。

我国在全国范围内开征和不征二手房税的政策出台,可以清楚地证明我国税制权力是行政权在掌握而不是人大在掌握。2004 年,某市曾经实行和取消二手房转让增值部分要缴 20% 个人所得税的事件,就极具典型性。近几年,该市楼市涨幅始终在全国名列前茅,政府为阻止炒房行为、过滤楼市泡沫,对二手房交易征 20% 的个人所得税,二手房市场一下陷入萧条。半年后政府又宣布取消征收该税种,二手房市又红火起来。很显然,这个税的开征和取消,是一个省会城市一级的税务局在决定。[③] 但 2006 年,国家税务总局作为国务院下属的局,没有报告人大通过就宣布在全国范围开征二手房增值税。

2005 年中秋期间,广州、西安、重庆、北京等地还暴出了一个“月饼税”的问题。中秋前夕不少单位都向员工发放一定数量的月饼、礼券或是饼票,广州

---

① 国家税务总局从 2007 年 1 月起按《个人所得税法》要求年收入 12 万元以上的纳税义务人主动申报。见国家税务总局《个人所得税自行纳税申报办法(试行)》2006 年 11 月 8 日发布。

② 如 2005 年个别城市单独开征二手房交易税而其他省市不征;有的地方单独开征“中秋月饼税”;有的县、乡镇一级的开发区也自行决定招商引资的税惠政策,都可以证明我国税制决定权是由行政权掌握且控制级别极低。

③ “有违初衷房价不降反升　杭州暂停二手房交易个税”,载新闻网 2004 年 9 月 2 日。

市地税局提醒纳税人，这些收入虽然以实物或有价证券形式发放，按照税法规定也应计入工资薪金扣缴个人所得税。税务部门表示："从法律上讲，单位给职工发月饼的确要缴纳个人所得税。"①

这些新闻，折射出一个长期被人们忽略，并被我国税务机关习以为常的大问题，即我国向人民征税的决定权，到底属于谁？是税务局，财政部，国务院，还是全国人大？如果法律没有征收的规定，税务局能否擅自开征一种税种？如果法律有明确规定，税务局有没有权力免除不征？不征是不是构成行政不作为？税制的征与不征的具体解释权，到底属于谁？各个地方的税务部门，有没有权力这样随意地对直接影响公民财产权的国家法律，进行自行解释和自行决定执行还是不执行？

《个人所得税法》第2条规定：财产转让所得，应纳个人所得税；第6条规定：应纳税所得额的计算：财产转让所得，以转让财产的收入额减除财产原值和合理费用后的余额，为应纳税所得额。按此规定，有的地方政府要开征的规定无疑是有法律依据的。这就带来一个问题：其他不征收的省市是否违法？是否属于行政不作为？如果说还没有税务总局的文件可以不收，那么文件大还是法律大？"月饼税"的问题也同样，开征的理由同样是充足的。《个人所得税法实施细则》第10条规定：个人取得的应纳税所得，包括现金、实物和有价证券，所得为实物的，应当按照取得的凭证上所注明的价格计算应纳税所得额；无凭证的实物或凭证上所注明的价格明显偏低的，由主管税务机关参照当地的市场价格核定应纳税所得额。但是，在《个人所得税法》关于"免纳个人所得税"的共10项所得中，第四项为"福利费、抚恤金、救济金"。因此，又有人提出，单位给职工发月饼是很正常的集体福利，与个人所得税无关。而北京地税局相关负责人又解释说，国家税务总局早在1998年出台的国税发(1998)155号文件，明确规定了三种收入不属于免税的福利费范围，其中包括"从福利费和工会经营费中支付给本单位职工的人人有份的补贴或补助"。显然发放月饼属于上述规定的范畴。② 这些悲喜剧明确地显示了中国税制的现状：税务官员有权随时解释国家的税制，随时有权开征和不征一种税。尽管国家法律有明确规定，税务官可以不去执行。而到他想到要执行的时候，国家就要用刑法手段去保障其意志的落实。对行政权在随机规定的征税，我们用最重的国家刑法作为后盾，最重的税务犯罪可以判死刑、判无期。因此，一个

---

① "南京'月饼税'实在难以搞懂"，载浙江在线新闻网站2005年9月6日。

② "北京市地税局提醒：单位发月饼应扣缴员工个税"，载《京华时报》2005年9月6日。

涉税罪犯要不要抓,在我国很多情况下不是由公安局说了算,而是税务局说了算,因为税制法律和行政法规都规定,刑事追诉的移送权在税务局手里;一个涉税罪犯要判多重的刑,有时也不是法院说了算,而是税务局说了算。因为税额是由税务局行政查税决定的。免税审批、查税方法、罚税比例、偷税数额的核定,都是由税务官说了算。

五、我国税收法律体系存在的主要问题和现实后果

我国的税收法治建设经过长期努力,尤其是经过1994年的税制改革,应该说取得了重大的成果,保障了国民经济的协调发展,保障了国家机器的有效运转。国家财政出现了良性运行的局面。在制定税收法律、法规方面也取得了显著的成绩。但由于历史的原因,我国的税收法律体系存在的缺陷和不足是明显的,主要表现在以下几个方面:

(一)对税制权的本质认识不清

我们一直把税权理解为行政权的组成部分,以为只要行政权单方同意即可以决定。对税权是社会契约权力、是人民和政府协商一致的权力这一点,认识非常淡薄。直接的法学基础意识就是统治者立法、行政权立法。人大权力失控,人大对税法的执行权很少干预。

税法,在所有国家都是最重要的基本法。因为是国家从公民口袋里拿钱。封建社会,皇粮国税,是皇权说了算,不用征求百姓的意见。皇帝有时不敢征太多的税,是为了轻徭薄赋体现"良治",同时为了安定社会百姓不造反。否则他征多重的税都可以,没有人去管他。现代文明和法制的国家,税法权力不是政府的,而是国会的,像我国就是人大的。因为政府有无限度地增加税收的欲望和惯性,因为政府的运行主要靠税。人大是人民代表组成的,要向人民征多重的税,必须要经过人民的同意,让人民代表来代表人民审议某一种税该不该增加。因此,税制权力在我国,属于人大权力,没有人大的通过,是不能增加和实施一种新税的。但我国长期以来不是这样做的。新中国成立50多年来,我们一直是行政权在管税。以致我们的政府官员和税务干部,都理所当然地把税收立制权理解为自己的应有权力。

(二)税制法律等级过低

宪法中关于税收的内容较少,只规定了"中华人民共和国公民有依照法律纳税的义务",对税收设定权没有明确的宪法性规定。《立法法》规定了税制立法属于国家权力,但并没有违法审查机制。财政部、国家税务总局长期越权立法、立规而没有受到制约,也没有审查启动机制。因为我国立法审查机制

阙如，全国人大法工委只是工作机构，而没有被法律赋予审查权和废止权；而司法审查更无法干预，因为抽象行政行为不受行政诉讼审查。我国授权立法失控，没有对立法权限、立法程序、立法原则以及纳税人权利与义务的明确规定。《立法法》通过后，这个法律规定在税法领域并没有落实，执法检查也是空白。到目前为止，通过法律形式规定的税法，只有《个人所得税法》、《农业税条例》和刚通过的把内外资企业“两税合并”的《企业所得税法》等，税制标准法、开征法方面，都是由非法律层面的行政命令在进行。对人民强制性的《税收征管法》倒是通过人大先立出来了。大量的税制立法，我国是行政权在掌握，授权立法、行政机关立法成了主体。税收法律文件大多数是通过授权立法的形式由国务院制定的，立法的层次低、权威性差。行政权有的确还不是国务院在掌握，而是财政部和国家税务总局在规定，省市一级的税务局在规定。这些行政主体发个文件就可以决定某种税开征和停征。我国现行的税收法律法规都是一些单行的税收法律文件，尚没有一部对一般的和共同的税收问题作出统一规定的《税收基本法》，一些最基本和最重要的问题没有得到法律上的认可，如税法的定义、目的、基本原则、构成要素、税收立法权、税收执法权、税收执行权、征税的人大审批权、税制违法后果的界限，都没有得到有效的规定和说明。同国家基本《刑法》对接的，是大量支离破碎的税制方面的个性规章和文件。

（三）税收法律体系不完整，税种杂乱，废改频繁，随意性大

各种税的税种、税率、何时开始实施都由行政机关说了算。税收的法规汇编洋洋上千万言，一个省可以汇编出十几本。各年度都有新说法，连专业税务人员都搞不清该如何执行。税收程序法方面的规定不足，且缺乏统一性规范。对税收征管程序、税务代理、纳税人权利等或没有规定，或规定得不够明确和详尽，缺乏可操作性。由此造成在实际征管中，税务机关往往具有很大的自由裁决权，不利于依法治税的实施。

（四）税制复杂、操作性差、透明度差

由于行政权立法都是靠文件和政策性规定，没有法律的公布程序和稳定性，大量的税收规定都是税务机关内部掌握。在税收行政执法中，对纳税人的权利保护和纳税人的纳税信息知悉权、税收法律法规知情权往往得不到重视。税法宣传往往重形式而轻效果，重义务轻权利，没有起到应有作用，造成我国的税法的透明度差，纳税人对税法的了解和掌握程度不够。导致纳税人无所适从，导致税务人员的权力“寻租”现象。

（五）税制不合理不公平

国家经常牺牲税法的稳定性和公平性来换取经济的一时一地的发展。用税收的随意性来鼓励外商企业和一些市场区域的形成，对其他企业就形成了一种不公平不正当的竞争。[①] 各地区为吸引外资竞相制定了一些税收优惠政策和减免税的“土政策”，不仅使税务部门很难掌握当地的税源情况，而且也破坏了税法的严肃性和统一性，妨碍了税法的透明度。这种税制的差别性在刑法上，就同法域的同一性产生了尖锐的矛盾，导致各地执法标准的不均衡，刑罚追究标准不统一。有的地方政府为了吸引当地经济活力就故意放纵税务违法行为。而这种各地的不公平不稳定，又是用刑法作为最后手段在进行维持。

（六）与 WTO 协议不协调

目前，我国某些税收法律法规，不符合市场经济条件下对税收法律的要求，不符合 WTO 协议下关于税收的最惠国待遇原则和国民待遇原则。如在我国边贸进口管理中的税收是按照国别区别对待的，即对不同的国家给予不同的税收优惠，这是不符合税收的最惠国待遇的。税收行政执法也将面临严峻挑战。税收行政执法中不透明、简单粗放、随意性大、规范性差、效率低下、不公平状况，都将充分暴露。WTO 协议要求所有成员国政府制定的与贸易有关的政策都必须公开透明，要求各成员国通过在报刊上刊登、设立查询点等方式，将有关管理对外贸易的各项法律、法规、行政规章、司法判决等迅速加以公布，使其他成员国政府和贸易经营者加以熟悉；随时随地向 WTO 各成员国互通与贸易有关的各项税收政策和信息，如提高税率、费率，必须提前公布，否则不得实施。

上述所列的我国税制中出现的六个方面的问题，是长期存在的。导致税制的单向权力倾向明显，造成明显的行政强权税收；税权被滥用，长期得不到制约；税收随意性大，大量国税和地方税收在人情关系影响下被流失，被当做权力“寻租”的工具，损害了国家肥了个人；税制的刑罚代价惨重，杀了一些本来不会犯到死罪的人，一定程度上影响了党和国家机关的执政形象。税制已经到了非彻底改革不可的地步。中国人大和政府对此都已经引起足够的重视，并已经在努力改革。像《企业所得税法》的两税并轨，就是经过人大的充分论证后进行立法改进的。

---

① 2007 年 3 月全国人大通过的《企业所得税法》，对内资、外资企业执行同一税率，很好地贯彻了市场经济的税负公平原则。

六、完善我国税制体系的几点思考

从税制刑法角度出发,我们已经可以看到,我国的税制不是像有的学者和税务官员认为的那样,已经十分完善,而是长期以来问题很多的领域。税权是人民财产权的重要方面。一个税制混乱的国家,是不可能真正保护人民的财产权的。税法,是调整公权利和私权利最敏感的领域,也是最容易剥夺公民财产权的领域,我们必须高度关注。

(一)树立人民权利观念,上收立税权

必须改变长期由行政权控制税权的做法。向人民征税的权力,必须由全国人大掌握。每一个税收法案、每一个增加的税种、每一个改变的税率,每一个新开征的税则,都要经过人大审议通过。人大授权国务院制定的税法,必须经过人大事后追认通过,时间应不得超过1年。要明确国家税务局没有立税和加税的权力,只有指导执行权。对税制的解释权,应当限于国务院和国家税务总局,地方政府没有随意理解和决定执行与否的权力。市县级税务机关都可以解释税法的做法,必须坚决禁止。中国是法制统一的国家,不是联邦制,各省没有税制立法的权力。

(二)提高税法地位,清理简化税收法规

首先,现代法治国家强调宪法具有至高无上的权威,所有法律都不得与宪法相违背,因此,税收法律也必须以宪法中有关税收的规定为依据制定,整个税收法律体系必须以宪法为最终法律渊源,受到宪法的统摄。根据法治原则的要求,一个国家税收的原则性规定,如税收立法权限、立法程序、立法原则、纳税人的基本权利义务等,必须由宪法或宪法性文件作出明确规定,作为制定其他税收法律的最高依据和法律渊源。

其次,加快《税收基本法》的立法进程。对主要税种、税率、同国民经济相适应的税负比例、征收原则、方法、法律责任、税收用途和预算管理等重大原则问题进行全面的规定,由全国人大立法通过。对于税收的一些共同性问题,如税收的立法、执法和司法;税务机关的设置及行政执法程序;纳税人具体的权利与义务;税务部门与其他部门的关系等,可以在《税收基本法》中作出进一步明确规定,以《税收基本法》为母法,再相应地制定各种税收实体法和程序法。

最后,对现有所有税收条例和行政规章、政策性文件进行全面清理编纂,废止大量已经过时的互相矛盾、互相重叠的文件性规定,清理后公开公布执行。法规、规章只能作为法律的补充,不得同上层级的法律规定相抵触。

(三)税制刑法的解释权要适当集中

针对现在行政权实际上严重代行了司法权的现状,可以考虑进行两点改革:一是所有可能影响和涉及定罪量刑的税法解释权,必须由国家税务局和最高人民法院共同发文公布进行解释;二是取消各地税务局行政权核定犯罪税额的做法,改由税务师事务所客观核定犯罪税额。这可以大大加强税务犯罪判断中的客观性和公正性,还可以防止税务机关的行政强权和权力"寻租"现象。因为每个企业家对刑罚后果的恐惧和税务机关裁量权的巨大两者相结合,已经产生了很多的企、税勾结的税务腐败案。在立案与不立案,罚税解决还是移送公安追究这些环节上,税务局的权力太大了。特别对那些可以判处无期和死刑的案件,在查税环节补税罚税消化不移送,对企业家而言是违法成本最低的。一些地方政府为了保护当地纳税大户,也会要求税务机关以这种方式网开一面。而一旦由于某种需要整掉这家企业和这个企业家,政府又可以要求新账老账一起算,完全可以一击致命。因为税法查税强调可以回溯既往。笔者辩护过的许多案件,被告原都有税务查处已结的结论,有的已经过去两三年,但一旦因其他事由决定刑事追诉,就全部"回头看",算作犯罪情节和数额。这个被告就有了天文数字的税务犯罪额,一判就是10年以上有期徒刑。其实有些发票犯罪问题、避税措施一直是当地税务局同意和默许的,而一旦追究全部责任就是当事人的,这严重损害了国家法律的稳定性和公正性。法律成了有权人可以任意把玩的工具。

(四)把实际税收损失作为量刑的主要参照因素

这涉及《刑法》的修改和"高法高检"一系列税制刑法司法解释的修改。我国《刑法》立法中的失误是,过于夸大税制中行为犯的危害性,只要有行为,就视同有结果一样严厉打击,以此杜绝和吓阻税务犯罪。发展到极端,就把违反《发票管理办法》中的行政违法行为,同虚开发票偷税的犯罪行为,互相完全混淆了。而《发票管理办法》的最重处罚,是罚税和吊销营业执照,刑罚最重则是死刑。现在全国税务、公安、检察、法院的通行做法,是看数额。数额大就移送判刑,数额小就行政处罚。而忽略了实质上的虚开导致国家税收流失,同形式上的虚开国家税收不流失,这个本质问题的区分。因此,《刑法》和最高人民法院的司法解释都要修改,应以是否实际损害国家税收为主要的量刑参照系,对发票违法行为,一般按《发票管理办法》行政处罚,或处以轻刑。这样一来,可以减少大量的税收和发票犯罪的失当判决,体现刑罚作为最后手段的功能。

(五)考虑废止增值税发票、研究其他征税办法

这是一个可能会引起极大争议的想法。但从办案实践和研究大量案例出发,从1995年人大《决定》出台后我国税制刑法所付出的沉重代价出发,笔者还是主张废止我国的增值税发票征税的方法。这实际上是一种方法选择。这10年的刑事审判实践告诉我们,代价实在太大了。这个代价不是仅指被追究死刑的罪犯,更是指大量流失的国家税收。诚如最高人民法院权威学者指出的,有的罪犯"一张桌子、一本发票就挂牌营业",把虚开发票当做迅速致富的捷径。① 增值税发票的弊端,如前已述,一是大大方便了犯罪方法。一般文化不高的人都可以干,办个小公司就可以干,一个人一支笔就可以干。对于印刷技术普及的今天,印发票比印人民币方便多了。二是具有极强的诱惑力。对于企业竞争失败者特别有吸引力,因为这时他们已经会用生命来赌博,选择这种方法非常方便可以大笔揽钱。三是这种犯罪的后果可以是无穷大的。这10年中,从几百万元开始,到几千万元、几亿元、几十亿元、上百亿元,半年一年就可以完成这样的犯罪。地域可以涉及全国。我国这类犯罪的发展速度已经证明了其无穷的危害性。四是代价太大。以前企业主经济犯罪,只要不杀人和投机倒把,没有杀头的。现在因此罪判死刑的企业主已经十分常见。以前税务局干部犯罪还没有见死刑的,现在经不住诱惑内外勾结共谋犯罪被判死刑的也已经很多。虽然我们可以说他们罪有应得,但从犯罪学角度看,这些人的死完全是我们设立了这种不科学的征税方法造成的。五是造成了大量的国家税款被骗。没有增值税票以前的税务犯罪,最多是国家收不回税。现在这种方法,使一些根本没有产生任何社会财富的企业和个人,可以轻易骗取国家税收暴富。可以这么说,我们共产党执政50多年来,还没有一个行政措施导致了这么严重的社会后果。我们完全可以用更好更科学的方法来保障国家税收,完全可以不要这个已经被大量实践证明有害的征税方法。②

(六)应考虑税务犯罪废除死刑

这个提法也是会引起争论的。大家觉得,税收犯罪在我国正进入高发期,

---

① 周道鸾、张军:《刑法罪名精释》,人民法院出版社1998年版,第355页。

② 值得高兴的是,2008年9月的一篇报道体现了国家税务总局内部也出现了这样的思维,开始思考"以票抵税"的征收方法带来的严重问题。文章透露国税总局提供的数据:2008年1至7月,各地税务、公安机关共查处制售假发票和非法代开发票案件2840件,查获假发票1574万份,捣毁印制假发票的窝点288个;税务机关共查处违法受票企业9779户,查实接受虚开、非法代开发票48,880份,追缴税款达3.33亿元。指出我国"以票抵税"存在严重漏洞。在一些西方国家,发票不是证明企业经营活动的唯一凭证。见"'以票抵税'存漏洞 假发票猖獗凸显税收法制漏洞",载《法制日报》2008年9月11日。

应当严刑峻法，怎么还要去提废除死刑？其实这一提法是有科学依据的。一是近代社会的国际轻刑化浪潮，主张减少和废除死刑，对财产型犯罪不适用死刑是国际惯例。二是财产型犯罪不同于杀人抢劫强奸等侵害人身权利犯罪，财产型犯罪用财产刑、自由刑制约是正常的，可以剥夺其自由和全部财产，没有必要用生命刑。国际法学界有一句话，以国家法律的名义杀人也是杀人，虽然是有正义的动机。三是我国和世界的司法实践证明，实施死刑并没有阻遏该类犯罪的作用。我国实施税务犯罪死刑最多的这10年，也恰恰是涉税犯罪最为猖獗的时期，而且是越演越烈的时期。实际上，我们想用严刑峻法遏制税务犯罪的目的并没有达到。越打越烈、越烈越打，只是恶性循环，也证明了我们的思维是简单化的。一种犯罪的制约，我们有很多的方法，不要对严刑峻法寄太大的希望。采用重刑主义治税，不如用更科学的办法征税。

作为本文的结尾，我想说个有些离题的故事。笔者去年赴北欧五国瑞典、芬兰、挪威、丹麦、冰岛考察。这些国家的社会制度，同我们社会主义理想中的一些制度有异曲同工之妙。他们的一个最大的特点，是高税收、高福利。子女出生，即有每月3千克朗的生活补贴；中学以上，有5千克朗；退休以后，有每月5到6千克朗的养老金。读书、工伤、医疗、养老、失业，国家都包了，个人都不用有什么担心。所以北欧人都生活得很悠闲，也很有修养。但他们每一个人在工作年龄期间，其个人所得的一半，要拿来向国家交税。这个税收比例是我们国家一些“提税论者”经常拿来作为依据的。这么高的税负，他们的税务犯罪是怎样的呢？极少。至少没有为了税务犯罪被判死刑的。这么高的税为什么没有人去偷逃违法，让全社会接受而长期执行？光用法制观念和他们的国民素质来解释，是不够完整的。原因是他们的税制是全民立法的，大家同意的，所有税制都是国会审议的，任意加税人民就会集会请愿；他们的税是透明公平的，达官和小贩都要交，是没有特殊公民的；他们的税务财政的去向是取之于民用之于民的，数十年数百年每一个有国籍的人无分贵贱老幼都是享受到的。这样的税制具有很强的人民性和人道性，这样的税制是有深厚的人民基础的。这样的税制不会养出奸商来，这样的税制也不会产生腐败的税官。在我们的税制完善和税制改革中，认真研究欧洲成功的征税、用税办法，是很有必要的。

32. 法官裁量与中国刑罚体系的完善*

【提要】刑罚权，是立法权的重要内容，又直接影响一个国家的刑罚制度和人权制度。江苏省高级人民法院最近公布施行了刑事审判中的《量刑指导规则》，引起了司法界和法学界的争论。确定量刑标准，属于立法权和司法解释权，应属最高人民法院行使。但中国地方法院一直享有具体案件的裁量权和具体标准的适用权，江苏的做法只是将其规范化成文化而已。中国刑事审判特别是经济犯罪审判，长期存在各地、各时间段量刑轻重混乱的情况。本文全面分析了江苏做法的可取与不可取，以及刑罚与物价、地域、历史、政策、形势、民心、法官素质等诸因素的关系。指出出现这样的问题主要是最高人民法院指导全国刑事审判的失范造成的，提出了包括放宽刑法中的量刑标准、减少死刑在内的一系列措施。

一、质疑由来已久

中国刑罚标准的争议，是伴随着严厉打击官员贪渎犯罪（如贪污受贿）和经济犯罪（如走私诈骗税务犯罪）一起，越来越引起法学界和司法界的关注的。在过去，我国刑罚对付的主要是杀人、放火、抢劫、强奸等传统的“严重刑事犯罪”，这个标准比较好把握。汉朝刘邦“约法三章”就有“杀人偿命，伤人抵罪”的标准。在计划经济时代，我国可能判死刑的主要经济犯罪，一是投机倒把，把好多行为都包括在内了；二是盗窃犯罪，死刑标准掌握在盗窃 3 万元到 4 万元，发达地区盗到 4 万元，可以考虑判处死刑。

---

* 本文发表于 2005 年第 3 期《公安学刊（浙江公安高等专科学校学报）》，6 月 20 日出版。

1997年修改《刑法》,去除了普通盗窃的死刑刑种(保留盗金库盗文物的死刑)。由于盗窃是过去死刑的重头,这一修改大量减少了死刑的实际适用。但同时,全国人大为适应商品经济的发展和市场秩序规制的需要,不断出台了打击经济犯罪的许多"决议"和"补充规定","经济刑法"在中国大行其道,而在刑罚观念上,继承了对传统恶性犯罪的打击思路,对侵害财产的经济犯罪确定了大量的死刑,1997年就被保留进新《刑法》中。目前我国《刑法》保留死刑共涉及70个罪名。其中"破坏社会主义市场经济秩序罪"共17个罪名,占死刑罪名总数的24.3%,居首位,超过"侵犯公民人身权利罪"(共6个死刑罪名,占死刑罪名总数的8.6%);"贪污贿赂罪"共2个罪名有死刑,占总数的2.9%。

由于对侵财型犯罪规定了如此多的死刑而不是最高刑到"终身监禁"(无期徒刑),我国刑罚标准的差距一下子变得突出起来。因为生命刑同自由刑毕竟有质的不同。既然有死刑,你判了贪污受贿几十万元的(过去很多)、几百万元的死刑(胡长清,2001年),而很多贪渎几千万的人只判无期,就说不过去。中国经济犯罪量刑的错位,越来越无法向国人交代。当然,判十年以上到无期徒刑之间的全国的不一致,就几乎俯拾皆是了。

中国是单一制国家,法律各省统一。以中国之大,当前量刑之乱,加上信息时代媒体之发达,信息传播之快,比较之方便,研讨之互动,中国法院自然成了众矢之的。其后果是申诉不断、民怨不断、学者质疑不断,法院缺乏权威性,已经成了中国刑罚现状的一大景观。

二、江苏做法的可取与不可取

今年5月,作为单一制国家的省级法院,江苏省高级人民法院在《立法法》已经实施数年之时,出台了刑罚解释性质的《量刑指导规则》。报道称这是我国法院系统首次正式发布有关量刑方面的系统指导性法律文件。据该院称,发布这一规则的目的,是使法官的量刑步骤和量刑方法有一个统一的标准,达到"不同时期、不同法院、不同法官对案件事实基本相同的被告人,作出的量刑结果保持基本平衡,实现量刑在空间和时间上的均衡"。这一做法引起了学术界和司法界的广泛争议。

江苏做法的好处,是开始解决早就必须解决的全国法院对各类犯罪特别是经济犯罪量刑混乱的现状。谁可以判缓刑,谁应当判十年以上,谁应当判无期,谁应当判死刑,我国实际上一直是由具体的法官在决定,没有像江苏这样形成"规则"公布媒介,以致大家以为这是新鲜事。由于我国不是判例法国家,各地法院一直有权在刑法框架幅度内自行其是。最高人民法院把绝大多数案件的终审权甚至除经济犯罪之外的死刑权都给了各省高级人民法院掌握,最高人民法院又没有及时的《判例通报》之类的平衡对照(最高人民法院刑庭《刑事审判参考》周期长案例少,起不了示范作用),中国的量刑混乱只有事后通过媒体的报道和质疑才能被发现。某种程度上说,各地法官和公众是在同一时间内接受着同样的信息反馈。其实,何止是全国不平衡不统一,就是一省之内,大量的无期徒刑以下的刑事案件,是中级人民法院在审结;特别是缓刑的标准,大多数是县级法院自行在掌握。江苏高院总结全省审判经验和判例,对若干量刑要素进行分解规定,是非常必要的,可以比较好地保障刑罚的平衡和司法的公平,还可以制约省内法官的自由裁量权,一定程度上减少权钱交易和司法腐败。

说江苏是我国法院系统首次正式发布有关量刑方面的系统指导性法律文件,是不确切的。各省法院历来有最高人民法院授权下的数额标准的确定权,如原来的盗窃罪死刑的量刑标准,就是规定3万元到4万元,经济发达程度不同的省,可以自行决定适用哪个杠子。缓刑标准、立案标准,也往往各省自定。只是这一切,都没有像江苏这样系统性地形成文字,搞成一个像模像样的"量刑规则"。具体判案的解释权和自由裁量权,中国的法官一直就是有的,而且还大得很。有的名为合议审判,实为独任审判;有的地方书记员也在审死刑大案,裁量权没有写成这样的"规则"向社会公开,谁也不会知道。

但是,从《立法法》的角度看,江苏无疑没有进行刑法司法解释的权力,这是全国人大的立法解释权和高检高法"两高"的司法解释权范畴。中国不是美国,各省没有刑事立法权和终裁权。因此,江苏做法从大处说,是一种立法权的侵越。各省都搞一套规则,自然会损害全国法制的统一。良法还好,一旦出现劣法,就会出现地方主义和法域冲突。比如经济审判如果让各省自已解释,光是管辖权就会出大问题。因此,良好的动机、良好的实用性,并不能掩盖总体上的可能产生的消极后果。也就是基于此,各省法院对如此长时间的量刑混乱,都按兵不动。

三、与量刑有关的因素

(一)物价与量刑标准

仔细研究一下量刑的微观上的问题,是非常复杂的。比如物价,同刑法似乎是毫不相关的。也从来没有刑法学家去研究物价和量刑的关系,但审判第一线的法官就会时刻感受到。量刑标准实际上是动态的。我们比较法院量刑是否合适，应考虑时间因素和地域因素。

1952年2月10日，经毛泽东主席批准，时任天津市负责人的刘青山因贪污旧币1.84亿元、张子善因贪污1.94亿元，被公审后枪决。旧币万元即现在1元。他们两人的死刑是不到2万元的贪污。

七八年前，我国沿海发达地区，10万元判10年以上，20万元判无期，40万~50万元就有判死刑。现在，全国法院只把住了"10万元10年"这一个杠子，没有投案自首等从轻情节的，至少要判10年。基本的标准是：贪污受贿1万元判1年，10万元判10年，多1万元加1年。

2000年，胡长清贪污受贿500多万元，被判处死刑。时间相近的红塔集团董事长案，几千万元没有判死刑。深圳海关关长赵某受贿900多万元，判无期徒刑。2004年，号称"安徽第一贪"的尹西才被判死缓（贪污人民币570余万元，违法所得人民币127万余元，财产来源不明1901万余元）。贵州省委书记终审认定违法所得677万元，赃款全部追回，被判无期。法院认定其儿媳违法所得500万元，全部追回，判15年。量刑明显放宽了，死刑已经提高到几千万元的被告。如全国人大副委员长成克杰（4109万元），河北省经贸副厅长李友灿（4744万元，一审死刑）。现在暴露出来的贪渎案的数额越来越成为天文数字，刑法上根本就不可能有与之对应的刑期。

在长三角、珠三角、北京等地房产已经到每平方米上万元的环境下，干部一套百平米的房产即已是"百万富翁"，对10万元即要判刑10年，显然是量刑过高的。温州的百姓，千万身家的相当普遍，他们对官员拿10万元就要判10年，都感到滑稽和不可思议。问题还在于，10万元的"底线"划定了，而无期、死刑的底线根本没有办法划。100万元100年？1000万元1000年？还是定500万元为死刑杠子？没有办法定。《刑法》规定，个人贪污、受贿数额在10万元以上的，处10年以上有期徒刑或者无期徒刑，情节特别严重的，处死刑。而在现实中，贪污、受贿数额从10万元到几千万元都在这一量刑幅度内，贪污10万元的10年，贪污2000万元的也只有无期。什么样的情况属于"情节特别严重"，可判无期徒刑、死缓或死刑呢？法官不知道，全国人大也没有给出标准。死活之间，法官说了算。中国的法官权力够大的。

物价的变化是一个大因素，但即使物价上升了1000倍，同刘青山、张子善比，千字号的还能不杀吗？中国的量刑混乱，百姓的意见并不在刑期上，而在于死刑上。因为我们刑法规定了那么多的经济犯罪死刑，人们就有权利质疑法院为什么不用。

（二）地域与量刑标准

中国东西部经济的差异，是清楚的。我国刑法中考虑地域因素的，主要有经济发达程度因素和民族习惯因素（如性犯罪）。其实在同一个省，落后地区和城市资源集中地区经济条件也是有天壤之别的。原来，对盗窃罪的立案标准，也即起刑点，内地和沿海就是不同的。中国之大，人口之多，全国一个标准，显然会导致执法脱离现实。从这个角度看，允许各省市在最高人民法院确定的范围幅度内自定标准，是必要的。实际上也是这么做的。但对于贪渎案件，由于国家干部的收入全国基本持平，发生巨贪的地方一般都在城市发达地区，各省反而没有太明显的必要去进行区分。但内地的法官和沿海开放地区的法官，由于对市场经济的认可程度不同，自身经济环境不同，对事件性质的看法往往大相径庭。有些在沿海地区法官看来习以为常的情节，在内地可能就会认为是严重的犯罪。这种认识和差别心态，可能会导致相类案件的完全不同的判决。

（三）民心与量刑标准

"民愤极大"一直是我们新中国司法量刑的一个重要参考因素，经常写进判决书。从法律上讲，依民愤判案，实际上就是"罪刑不法定"。但我们的法官量刑时，"后果严重"的一个参照要素，即是民愤大不大。

中国经济犯罪的打击，是同反腐败的大背景紧紧联系在一起的。群众痛恨贪官，社会整体舆论要求严惩。因此，判得越重，往往社会上越赞成。重刑主义在现在的环境下得到肯定，重判罪犯的法官往往得到褒扬。对重刑主义之下可能造成的误判和错判，则没有太多人会去注意。有罪推定现在还很有市场。特别是对刑讯逼供形成的口供的姑息和采信，是一个大问题。有的法官并不能忠于事实和法律，严格依法办案。而对于罪犯本人和罪犯家属，则会根据案例的报道，同其他比自己更严重的犯罪事实比较，认为自己判重了，不公平，更加会不服改造。涉法上访这样多，同法院量刑混乱、判案不平衡有直接关系。而律师作为完全了解案情的法律专业人士，也会有比别人更直接的感受。

现在的法官往往会受到来自领导机关、检察机关、社会舆论的很大影响，对罪犯施行重判。但另外，现在法院又受到无所不在的社会关系网、人情网的影响，在裁量权范围内对被告进行从轻处刑。死与不死之间，无期与15年之间，10年以上以下之间，有很多的"裁量"名堂。这两个因素的交互作用，使浮出社会的生效判决五花八门，有的畸轻有的畸重，老百姓于是就会更不明白。

（四）政策与量刑标准

全国第一个增值税犯罪被判死刑的浙江台州的陈二头，虚开额只有1000多万元就判了死刑执行了。前几年浙江金华的团伙虚开增值税发票额达60多亿元，好多上亿元的都没有判死刑。杭州芭堤雅夜总会的领班汪某并非主犯，协助组织卖淫所得仅2000多元，1999年被法院以组织卖淫罪判了死缓刑。此后不久北京别墅里一天营业额80多万元的组织卖淫主犯，只判了十多年。这是我国刑法受“形势”影响进行量刑的非常突出的案例。一开始严惩，到后来更严重的更大的出来了，法不责众，只好降格。

中国法官受政策和形势影响进行判案的现象，是人所共知的事实。最典型的是20世纪80年代初期的“严打”量刑。法律的标准，同样的法官在不同的时期都可以不一样。其原因，一是往往把法律当做处理棘手问题的权宜之计和工具；二是依法独立审判的宪法原则没有落实；三是听上级招呼的法官总是有好的结果，而抗命保持独立办案的人可能连法官也当不成；四是集体负责成了错案责任的最好的避风港；五是法律的宽疏留给了法官很大的迎合形势和政策需要的空间。

（五）法官素质与量刑裁量

量刑上出现的混乱，还不全是法律规则的问题，很大程度上还有法官素质问题和法官水平问题。法律不是数学，不像一加一等于二这样简单，无法真正量化到可以电脑量刑。最完备的刑法，也离不开法官的主观能动性。刑法是生硬的、保持稳定的，犯罪是生动的、变化复杂的。法律赋予法官充分的自由裁量权，就是让法官根据各不相同的案情来定罪量刑。法官量刑不但要看数额标准，还要看主观恶性、犯罪后果、有无投案自首、有无检举立功、有无主动退赃、有无追回损失、是否累犯屡教不改，缓刑还要看有没有落实社会帮教的条件。这些都是比较抽象的而无法量化的。因此，细化量刑标准是一个好措施，但并不是万能的。最后确定的还是得靠具体的办案法官。法官要以公平公正之心执行法律，要善意地理解和执行法律。

影响法院公正裁量的个人因素，主要是法官的守法公正之心和法律水平两个方面。守法公正，就能做到合理量刑，最大限度地实现法律公平正义的宗旨。业务精通，就能平理若衡，照物如镜，反复研究，参照判例，使案件经得起审查和检验。但我们现在的刑事案件质量，确实差强人意。这从审判监督环节和大量的涉法上访中可以发现。有些错案，仅从判决书就能看出来，但就是纠正不了。有的是法官办案中受到了各种不良因素的影响；有的是办案草率，没有尽职审案；有的是水平问题，明显出现证据规则、法律适用和定性量刑上的失误。如一个基层法院不理律师的一再辩护提醒,对1997年前的行为按新《刑法》判某证券公司罚金1000万元,二审改为按人大决定判罚50万元。甚至有的法官的情绪和工作环境都会影响案件的最终结果。由于好多地方法庭合议制形同虚设,基本上主办法官说了算,产生错案的机制积习难改。有的法官甚至明知错判而斗气下判:"我就这样判你又能怎么样?"而一旦他作出了决定,盖上了法院的大印,就代表了一级法院,要改变他就难了。这个法院就会以群体的声誉来保护他的错判不被颠覆,甚至出现"为掩盖一个错误而制造更多的错误"。

四、岂止是刑法标准

其实,我国法院自由裁量权之大,判案标准之乱,又岂止是刑法方面。经济纠纷、行政审判、民事审判中法官的自由裁量权更大。法院内部的人都清楚,刑法的裁量,实际上还是法院做得最好最规范的一块。只是"反贪风暴"成了全民关注的问题,法院的刑事审判中的问题才会引起大家如此多的注意和质疑。其他领域讲不清的问题实际上更多。

经济审判是我国法律标准最难以统一的领域。这是同民商法律关系的复杂性和中国采用的法系标准的兼容性相关的。不用说其他的复杂的问题,仅是"欠债还钱"这种中华法系中十分清楚的法律原则,我们现在就有"诉讼时效"、"管辖法院"、"举证责任"、"上诉期限"、"债权转让"、"告知义务"等一系列的复杂的现代程序法的概念。由此还可以引出"担保责任"、"抵押有效无效"、"担保告知义务"、"担保性质和担保时效"等一系列的问题。而这些普通百姓是无法搞明白的。法官如果心术不正,律师如果要钻空子,要搞"黑"一个案件易如反掌。因此,有的案件一审和二审结果完全相反,但居然都是对的,都能找到法律依据和司法解释的依据。一审、二审法院互相不服气,二审说一审水平差,一审说二审乱改判,无非你有权。即便是最高人民法院的有些司法解释,也同一个问题反复解释,自相矛盾,标准混乱。如机动车的车主是否要承担连带责任,最高人民法院就有多次不同的解释和答复。还有一些审判会议纪要,根本不公开,法院内部就照办执行。这种信息的不对称进一步加强了法官的自由裁量权。有权的就是对的,有权的就是法律水平高的。有些资深律师案件办多了,都已经搞不清哪个案件是有把握胜诉的。只好不研究法律而去探具体承办法官的"底子",去迎合讨好法官。法院于是又说律师拉人下水腐蚀法官。

行政审判也同样。有一个案件原告告政府不作为不发房产证,法院却按政府违法作为来审，只判政府某一道程序违法，而不直接判令政府发证。群众于是再申请，政府再找个借口发一张通知不发证，群众只好再告这张通知。每一个环节一审二审都要半年，政府打印一张通知半天够了，百姓却陪不起。行政审判司法救济的功能完全被架空，成了司法游戏。这是明显的违反“告什么审什么”的诉讼法基本原则的，直接侵犯了原告的诉权，一审二审法院居然说他们这样做是合法的。“法”在他的手中，他解释了就是法，什么法理原则他根本不用管。

五、最高人民法院的失范

《量刑指导规则》既然指导的是量刑，那它就是刑法司法解释。作为单一制的成文法国家，这样的职能要一个省的法院来行使，体现了最高人民法院的失范。因为这说明了两方面的问题：一是执法实践中早就有这样的迫切需求；二是有权机关在长时间内没有进行这项工作。于是一个省的法院只好来填补这个空白。

如前所述，省以下的法院，一直有具体案件的裁量权，而没有制定可以长期反复适用的量刑规则的权力。根据《立法法》、《全国人大常委会关于加强法律解释工作的决议》及《人民法院组织法》、《人民检察院组织法》的规定，刑法司法解释只能由“两高”制定并公开发布施行，其他任何机关都无权制定和发布。

其实，最高人民法院多年来已经制定了大量的刑事司法解释，只是都限于一罪一释，一题一释、一案一答的层次，没有进行《量刑指导规则》这样全局性的量刑意见解释。这可能也是因为两方面的难度，一是时间上，中国的经济快速发展，经济总量和物价因素变化太快，你今年作了解释，可能明年就会出现脱离现实的问题。正所谓规则越细越会出现问题。二是地域上，沿海和内地，东部和西部，是一省一标准，还是一个大区一个标准，还有西部地区、少数民族地区，要制定一个全国通用的量刑指导规则也确非易事。

最高人民法院解释也不是保证不出失误。即便是一罪一释的司法解释，在执行中也已经出现了一些问题。比如走私案件的关税核定，最高人民法院解释明确授权给海关鉴定，而不是中介机构鉴定。而海关是行政处罚单位，普通关税和惩罚性关税有时相差十多倍。海关为了增加罚没额和体现自己打击走私的成绩，鉴定根本不能保持中立和客观。“远华案”中就出现了就高不就低的“惩罚性鉴定”的问题，偷税额同实际情况大相径庭。而法院和律师都没有办法，因为最高人民法院的解释已经确定了海关的这个权力。还有“非法经营 IP 国际电话”和“违反烟草专卖”的非法经营罪的司法解释，都出现了违法越权解释，超出《刑法》和其他法律规定增加了定罪范围，下级法院只有执行而导致明显的错判。

一个省要制定这样全局性的量刑规则，应当向最高人民法院提出建议，由最高人民法院及时研究，作出司法解释，在实践中应用。否则，在小的方面解决了实用问题，在大的方面则损害了法律的严肃性。

六、我国刑罚体系的完善

（一）刑罚后果重构是出路之一

地方法院无权解释，最高人民法院一时还无法解释，经济犯罪领域的量刑标准的均衡问题，解决的出路在哪里？这又回到了我国的刑事立法的完善问题。

1. 提高量刑数额标准

即从“1 万元 1 年”的惯例提高到“5 万元 1 年”。《刑法》第 383 条规定贪污 10 万元以上判 10 年，5 万元到 10 万元判 5 年以上。“1 万元 1 年”的说法就是这样来的。1997 年《刑法》修改时，10 万元人民币还是个大数，8 年过去，这个标准显然已经不能均衡其危害程度。因为白领和公务员年薪已经有 5 万～8 万元，国有大公司高管年薪已达 50 万～100 万元，1 万元 1 年显然是过严的量刑标准。刑法规定了底线，但又没有规定死刑线。我国刑法有期徒刑最高为 15 年，15 万元就够了。往上，只有判无期。放宽一点，50 万元无期。那么几百万元、几千万元怎么办？只有杀，不杀就只有判无期。这就像开车，高速公路上空空荡荡，信马由缰，乡间公路却堵得要命。量刑基本上都在 10 年上下拥挤着。大贪不能都杀，否则死刑太多；而不杀判无期，又便宜了大贪。50 万元的和 2000 万元的一样。所以官员要么不贪，一贪就穷凶极恶、不计后果。

如果把 1 万元 1 年改为 3 万元 1 年，甚至 5 万元 1 年，就可以体现打击重点、教育大片的目的。因为刑罚的吓阻功能，是以少为贵，法不责众。动不动就 10 年以上，反而觉得中国的犯罪很平常，官员稍一犯事就是 10 年以上，根本体现不了区别对待、各个击破、挽救大多数的作用。

2. 废除贪渎案件的死刑

这会遭到一些反腐人士和“严惩派”的极力反对，但却是中国经济刑法的必然出路。脱产型的犯罪没有必要用生命刑来制约，因为财产犯罪同伤害人身权的杀人抢劫强奸犯罪毕竟不同。财产犯罪用财产刑和自由刑、没收、终身监禁来惩罚,他没有能力犯罪了,也没法享受了,已经可以达到目的。或者严格控制死刑的范围,比如设为1000万元,损失500万元无法追回,就要判死刑,以下的都是无期。这就会为罪犯设一个界限,这把刀事先明晃晃地悬着,不致贪得无厌,把命也赌掉。这会不会放纵罪犯?不会。我们不要重刑主义。一个人判三年五年,判无期,也已经被社会所否定,他的生存机遇已经很差,不要一定杀之而后快。慎用死刑是世界潮流,以国家法律的名义杀人也是杀人。

3. 修改中国有期徒刑高限

我国目前不数罪并罚的最高有期徒刑,是15年。我国刑法理论对有的国家设定累加刑到几十年几百年感到不好理解,现在看,刑罚设定中完全有这个必要。如果我国把有期徒刑的最高刑设定为50年甚至80年,就可以对贪渎犯罪越千万元的人,既做到不杀,又可以让其付出被终身监禁的成本。达到不滥用死刑又实现严惩的刑罚效果。因为现在我国的司法实践中,判处死缓和无期的罪犯,服刑2年后不犯新罪,都改为有期徒刑20年到18年,按至少服刑一半才可假释或减刑出狱的实际惯例,有的改造好的罪犯和通过非正常手段神通广大的罪犯,往往服刑8年到10年都可以出狱。实际上除了杀,判无期并不能对应和遏制数千万元的贪污受贿的犯罪成本。如果改为1000万元以上判50年,2000万元以上判80年,他再减刑也基本上要服刑终身。这就把贪污几十万元的同贪污几千万元的罪过区别开了,可以有效地起到罚当其罪的效果。

4. 不在成文《刑法》中设数额标准

还有一个办法,《刑法》中不直接设数额标准,让司法解释去进行这项工作。在成文《刑法》中设量刑数额杠子,实践证明是失败的,因为法律的刚性跟不上经济发展的变数。1997年《刑法》增加数额杠子,当时的目的是为了限制法官裁量权。不想10年不到,经济大发展,物价大涨,新经济行为大增,亿万资产的运行已经司空见惯。刑法适用中已经出了这么大的问题。因此,以后可以考虑还是用“构成犯罪的”、“情节严重的”、“情节特别严重的”来抽象地表述。具体的标准,让最高人民法院去制定《量刑指导规则》,根据社会经济发展及时修正,如三五年发布一次。《刑法》就不用经常去改,可以保持稳定。

(二)设置司法解释审查机制

司法解释越权、司法解释违法、无权者释法、越权者释法、非司法机关释法,现在已经全部出现了。司法解释,是一种立法行为。立法行为,本是立法机关的权力,而这一块现在是司法机关在运用。

立法机关的失误,有全体人民代表的动议和监督制度。下级立法机关的失误,有上级备案和监督撤销制度。行政机关的失误,有行政诉讼的司法审查机制。司法审判的失误,有审判监督制度。而司法解释的失误,现在没有审查机制。只有法院自己做自己的医生。自己不改,谁也没有办法。没有启动的原告,没有程序,没有法官。法院既是运动员,又是裁判员。虽然没有人会怀疑法院制定司法解释的公正性和正义性,但立法技术和立法经验上可能存在的不足,无法保证司法解释都是正确的。

我们准备修改《行政诉讼法》,政府的抽象行政行为,也将被纳入司法审查。那么法院的抽象行为,谁去审查它?像江苏高院的这次解释行为,有谁能够制约它审查它?

设定司法解释的审查机制,实际上早就有这个必要了。因为各省法院一直在进行一些指导性的解答,有的都编了好几本汇编。下级法院的,要由最高人民法院审查;最高人民法院的,应由全国人大审查。因为《刑事诉讼法》就出现了"两高一部"自行解释的现象,最后不得不由全国人大法工委来协调发布一个规则。人大的审查,可以和"违宪审查机制"一并进行。

(三)编制全国量刑通报

中国不是判例法国家,但不等于不要判例。量刑的全国平衡,必须依靠判例;社会对法院判案公平性的参照系,也是判例。法的"公平",主要体现在案件判决结果的公平。而"公平"与否,是比较的产物。

四川省高级人民法院推行案例指导制度,10 月 8 日向全省法院发布第三期典型案例通报,对罪与非罪、量刑标准进行示范,避免同案不同判。有关人士指出,此举有助于维护法制统一、提高司法效率、促进司法公正,但这毕竟只是一省之举。

最高人民法院有必要编制《全国量刑通报》一类的刊物,向全国法院、律师界和社会公众公开。分别罪名,区别类型,区别地区,按月发布,要保证一定的案例数量。进行及时的指导。这不同于《最高人民法院公报》,公报都选大案名案,量少,时效差,类别少,起不了量刑指导作用。

量刑通报的指导不同于直接的领导和审判监督,下级法院没有硬性执行的义务,但可以对同一时期同一类型的案件互相起借鉴参考作用。由于其公开发行,检察官和律师也会主动为法官选择提供最类似案例,并申述理由,为法官量刑提供多角度的参考意见。这可以弥补《量刑指导规则》动态和主观认知上的不足。

（四）法官判案释理必须加强

法官判案释理，实际上是中华法系的一大特色。《古代判词选》无不文情并茂，释理如镜，百年传颂。判例法的英美法系国家，法官通过判例中的释法，创制了好多延续数百年的法律原则，成为后世判案的"成文法"。实际上，判案释法最能体现法官的水平，也最难。因为他把法官为什么这样判，分析是否高超和贴近法理，是否公正无私，全部公开了。专横粗暴的法律，无须说理。以理服人的司法，必须说理。云南高院的"红塔集团董事长"案，在当时情况下这样量刑有放纵之嫌，但其判决说理非常到位，使所有法学专家看了都认为判决结果合理合法，经得起检验。我们过去刑事判决都用套话，"事实清楚、证据确凿、程序合法"，所有的内幕都被粗暴地掩盖了。你觉得他判得不对头，但无法知道他哪里出了问题。对刑案量刑上的质疑，好多就是这样造成的。因为以一般百姓的认知水平，他只能按犯罪数额一个参照系来进行比较，他不知道还是其他的很多量刑情节，以致造成了"司法不公"的误解。如果释法判案成为一种风气，法官的良莠立现，精英法官会慢慢形成，他们的判案就能在社会上树立权威，不会动不动就有那么多人去质疑和抨击。

（五）法官独立制约政策性判案

法官独立，在我国曾经走过弯路。凡是强调这一点的，都没有好下场。以致中国选法官的标准，不是刚正不阿，而是强调服从和听话。"慎独"的人，不是得不到重用，就是被排挤出法官队伍。久而久之，这种劣化选择之下的法官，就不可能会舍生取义。我国《宪法》确立了法院独立审判的基本原则，党中央强调依法治国、依宪治国以来，法官独立的呼声又高涨起来。法官只忠于事实和法律，不屈从于任何权势。但要做到这一点，在中国还任重道远。而法官独立，又要求法官具备较高的素质。不但要求业务精通、为人正派，还要有独特的不为世风所动的修养。要保证这样的人能够在中国法官队伍中大量出现，得到重用，掌握审判权，又不是一朝一夕的事，又有赖于中国的司法改革，有赖于司法环境的改善。说白了，法官独立不是法院自已能够做到的。

从法官裁量权出发，我们可以探索到立法、司法、刑罚体系的完善，以及法官素质和司法改革。一种社会现象，背后总是有许多的因素在制约着、影响着。我们的责任，不只是揭露问题，还要试图解决问题。尽管这条路可能很长，尽管这可能不是你我力所能及。

33. 新《刑法》实施后要注意的若干法律问题*

全国人大修订通过的新《刑法》已经于今年10月1日实施。对此前发生的犯罪行为目前尚未或正在审判的，将依“从旧兼从轻”的溯及力原则审判，而对于此后发生的犯罪行为，将一律依新《刑法》定罪量刑。由于新《刑法》比原《刑法》增加了260条法律条文，新罪名大量增加，尤其是管理市场经济秩序方面的法律条文增加了许多，过去没有规定为犯罪，或者仅是作为违纪或行政违法进行处理的行为，现在已经明确规定为犯罪，故对于所有从事经济行为的机关、银行、企事业单位的负责人和工作人员而言，了解这部法律，规范自己的行为已经成了一件十分紧迫的任务。法律不能“不教而诛”，但已经有了法律规定，如果不去了解学习而触犯了，那就是自己的责任了。因此，有必要对若干亟须注意的问题作些介绍。

一、企业性质和工作人员身份需要正名

中共十五大提出了各种所有制经济要共同发展互相补

* 本文写作于1997年10月25日，发表于同月29日的《浙江日报》法制经纬版。浙江日报加编者按：新《刑法》已经实施近一个月，全省执法机关和人民群众正在深入学习、贯彻这部非常重要的基本法。由于《刑法》条文众多、专业性强，一般公众要完全理解和掌握这部法律会有一个过程。为此本报除开辟一些专栏以案说法使群众理解外，还约请一些法学专家学者进行专论介绍。本期我们约请省社会科学院法学研究所副研究员、《新刑法定罪量刑指南》一书的主编陈有西同志，对贯彻实施新《刑法》急需注意的若干问题进行介绍，这些问题都有相当的针对性和实践性，相信会对读者有所裨益。

充，法律要给予平等的保护。但在《刑法》规定中，对各种所有制经济的保护力度是不一样的。对于国有资产和集体财产，刑法采取的是强保护，对于个人合伙和私营经济，保护的力度要相对弱一些。最重要的是在三个罪名的不同量刑标准上。如贪污罪比侵占罪重，受贿罪比公司企业人员受贿罪重，挪用公款罪比挪用资金罪重。贪污罪最高刑为死刑，侵占罪最高刑为15年徒刑；受贿最高刑为死刑，公司受贿最高刑为15年；挪用公款罪最高刑是无期徒刑，挪用资金罪最高刑是10年徒刑。同样的犯罪金额，这两类罪的量刑要相差五年至八年。而侦查审判这些案件的主要标准，一是犯罪人的身份；二是企业的性质；三是被侵害的客体，如是公款还是私款。特别是犯罪人的身份这一特征，往往是关键的，如《刑法》第272条规定，国有公司工作人员犯挪用资金罪的，要依挪用公款罪判刑。《刑法》第93条对"国家工作人员"作了广泛的解释，不仅限于在国家权力机关、行政机关的工作人员，对国有公司、国有企业、事业、团体中从事公务或派到其他性质单位从事公务的人，都要以国家工作人员论。这一点，对于我们刑事司法实践，会产生重大影响。

浙江存在大量的"红帽子企业"，即实际上是个人合伙或私营创办的企业，在工商登记时都注册为"全民"和"集体"，而检察院、法院在执法时，一般以工商登记为准来认定企业性质。在一旦发生内部财产侵占行为时，才在法庭上拼命证明是私营的，不能按国有集体财产来判，但这时往往已经来不及了。还有负责人和工作人员的身份问题，在没有出问题时，都想往国家干部编制上靠，一旦出现犯罪，再千方百计想辩成非国家工作人员，从而得到轻处。在现在新《刑法》实施之际，许多企业、事业、团体、其他单位，在这个问题上应该未雨绸缪，正确确定自己单位的性质，如果不符的，要通过企业变更登记和转制，还其本来面目；对工作人员的身份，也要明确界定。这样，一旦出现刑事案件，就可以比较准确的定性，以免出现重罪轻判。

二、企业注册资本必须真实

自从全国人大常委会通过了惩处公司犯罪的决定，虚假注册、抽逃资本金的行为已经确定为犯罪。但真正因此罪名而判处厂长经理的，还没有听说过。新《刑法》吸收了这个决定的精神，增加了"虚报注册资本罪"和"虚假出资、抽逃出资罪"。从现在全国经济审判中发现的问题看，现在涉讼企业的注册资本货真价实到位的，只有很少一部分，造成了空壳公司现象和"三角债"现象。在10月1日以后，这样的公司的法定代表人和注册经办人都可以判刑。真正严格执行起来，要追究的当不在少数。虚报注册资本罪，对负责人和经办人可判3年以下有期徒刑，对单位可判罚金；虚假出资、抽逃出资的，可判5年以下有期徒刑，并对单位处罚金。与此相应，新《刑法》对银行帮助企业作假的，规定了“违法出具资信证明罪”，银行工作人员违法出具资信证明，造成较大损失的，要判5年以下徒刑，造成重大损失的，要判5年至15年徒刑。对会计审计事务所，规定了“提供虚假中介证明文件罪”，会计师、审计师如果为他人假验资，情节严重的，要判5年以下徒刑和罚金，有索贿受礼的，要判10年以下徒刑。通过这样严格的刑法规定，国家将把住市场主体的“入门关”，使企业能够“名实相符”，增强信誉和合同履行率。因此，企业法定代表人不要把公司注册当儿戏，如果继续操持空壳公司，一旦被追究将会后悔莫及。

三、增值税发票管理要慎之又慎

实行增值税发票制度是我国税制改革的一个重要举措。这是一个“高压线”，是不可触犯的。因为有票面17%的抵扣额，虚开假开增值税票等于在国库里盗窃。国家为了保护国家税收，惩处是相当严厉的。全国第一个因虚开增值税发票而被判死刑的，就发生在浙江台州。但好多企业家对这个问题了解过少，有个别人甚至错误地将此作为一个非法致富的捷径，当做发财的机会。全国包括浙江已经发生了许多起数额惊人的虚开和非法买卖增值税票犯罪案件。

新《刑法》为了加强税制管理，关于税收方面的犯罪规定了十个罪名。增值税票犯罪的罪名有四个。其中有两种可判死刑：(1)“虚开增值税发票、其他专用发票罪”，数额特别巨大，情节特别严重，造成特别重大损失的。按最高人民法院的司法解释，现在这个标准的杠子是：“特别巨大”为实际抵扣税款100万元以上；“特别重大损失”指使国家税收损失50万元以上无法追回的。(2)“伪造及出售伪造的增值税专用发票罪”，数量特别巨大(现司法解释标准为发票500份以上、面额250万元以上)，情节特别严重(如违法所得5万元以上)的。一种可判无期徒刑，即“非法出售增值税发票罪”，数量达到500份以上、面额达到250万元以上的。另一种是“非法购买真、假增值税发票罪”，最高可以判5年徒刑。因此，新《刑法》实施后，凡有增值税发票的企业经营单位，对其管理要十分严格，不能稀里糊涂地去触犯，更不可心存侥幸以此去非法牟利。

四、银行金融从业人员要规范执业行为

新《刑法》对银行工作人员和证券信托行业从业人员的行为加强了制约，

增加了许多新罪名。对银行人员的如“非法放贷罪”、“向关系人放贷罪”、“用客户资金非法拆借罪”、“违法出具信用证、保函、票据、存单、资信证明罪”、“违法承兑、付款、保证罪”等。如有的银行职员将客户的资金不入账私自转借;有的将客户的委托保管存单擅自为自己亲友贷款进行质押;有的明知自己的亲友没有还贷能力仍出于人情滥放贷款,均可处5年以下或5年以上15年以下有期徒刑。对证券信托从业人员的如“高利转贷罪”、“伪造、转让金融经营许可证罪”、“伪造金融票证罪”、“伪造股票债券罪”、“内幕交易罪”、“非法发行股票债券罪”、“编造传播证券虚假信息罪”、“诱骗他人买卖证券罪”、“操纵证券交易价格罪”等。如有一家期货公司到杭州非法开设业务部,未经批准就诱骗客户到其席位交易,结果全部采取与客户对赌的不入市假交易,利用自己掌握信息和客户保证金的便利,先是允许客户大额度透支,然后通过不通知客户擅自强制“平仓”,鲸吞了客户的数百万保证金。这就是明显的“诱骗他人买卖证券罪”,可以判处10年以下有期徒刑,并处20万元以下罚金。对于那些没有资格而非法经营金融业务的,也规定了许多新罪名,如“非法吸收存款罪”、“集资诈骗罪”、“贷款诈骗罪”、“证券诈骗罪”、“保险诈骗罪”、“伪造货币罪”等,有的(如集资诈骗)最高可判死刑。金融证券犯罪是我国原来的《刑法》没有明确规定的,因此好多人都不大了解,这么多新罪名都需要认真了解,以规范自己的行为,治理好金融秩序,否则后果是非常严重的。

五、国有企业的负责人要加强自我保护

新《刑法》有一个重要的修改,就是增加了“单位犯罪”的规定,也称“法人犯罪”。这个问题在立法修改时有争论,有人认为单位不像自然人,无法判刑,单位犯罪都是人在起作用,只要惩处自然人就行了。现《刑法》根据我国现在单位性质的犯罪已经大量出现的事实,确定了“单位犯罪”概念。在处罚上,对单位只处财产刑,即罚金和没收,而对单位负责人和直接责任人,可以按自然人判刑。这样一来,对于一些“老总”,自然增加了风险。因为有些以前的观念中,被认为“为小团体谋利益,虽不合法但情有可原”的行为,现在就不会受到迁就,将依法判刑。而单位的法定代表人,在一旦单位犯罪被认定时,是无法推脱责任的。如“单位行贿罪”,往往是为了单位的利益去向有权的个人和部门行贿,但现在对主管人和责任人最高可以判10年以下徒刑(商业行贿罪)和无期徒刑(行贿罪)。还有一些新罪名是过去没有的,如“签订、履行合同失职罪”,国有企业的主管人员由于严重不负责任被骗,导致重大损失的,可判7年以下有期徒刑。“为亲友牟取商业利益罪”,国有公司工作人员

将本单位的赢利业务交给亲友经营、用明显高价向亲友企业进货、明显低价向亲友销货、将亲友积压的不合格的产品收购等，造成国家利益损失的，可判7年以下有期徒刑。还有“非法竞业罪”，自己当着国营企业的负责人，又私自开公司经营同自己单位相同的业务，可判3年以下（获利数额巨大的）或7年以下（获利特别巨大）有期徒刑。还有低价出售国有资产造成国家特别巨大损失的，也可判7年以下徒刑。从这些法律规定可以看出，我国管理市场经济秩序不但是用行政法的手段，更严厉的是用刑法手段。作为一个企业的负责人，了解这些法律规定是非常必要的。

六、行政执法和司法人员要严守法律加强自律

新《刑法》从依法治国的需要出发，对所有国家行政机关、司法机关的工作人员依法执行公务，也提出了更为严格的要求。原来1979年的《刑法》“渎职罪”只有“玩忽职守”和“徇私舞弊”等几个，把贪污贿赂罪也加在里面。新《刑法》把贪污贿赂专门规定了一章9个罪名，分解了玩忽职守罪。“渎职罪”一共有31个罪名，可见，对行政机关、司法机关的行为大大加强了制约的力度。新增的罪名有：“滥用职权罪”、“枉法裁判罪”、“私放在押人员罪”、“玩忽职守致在押人脱逃罪”、“非法减刑假释罪”、“不移交刑事案件罪”、“征税舞弊罪”、“滥用土地管理职权罪”、“放纵走私罪”、“商检失职罪”、“伪造商检结果罪”、“检疫失职罪”、“放纵制假售假犯罪行为罪”、“不解救被拐妇女儿童罪”、“招干招生舞弊罪”等。量刑均在7年以下有期徒刑。新《刑法》和《刑事诉讼法》还规定，过去由检察机关侦查的许多经济犯罪案件，将由公安机关侦查，检察机关主管公职人员犯罪案件。新《刑法》的大量新型犯罪，主要侦查任务将落在公安机关头上。而公安机关在侦办经济犯罪案件中，还缺乏专门人才和专业经验，因此严格执法的任务就更加艰巨。对人民法院、检察院、监狱管理机关也同样，新《刑法》都提出了更加严格的要求。因此，所有执法机关要正人先正己，努力提高自身的执法素质，带头执行好新《刑法》。

新《刑法》的内容非常丰富，本文阐述的仅是当前急需注意的几个法律问题。刑法不同于民法、商法、行政法，它对社会和人身权利的作用是非常刚性而直接的。无论是国家干部还是一般公民，对于国家已经立的法律，必须尽快地了解它、适应它，发挥其教育作用和警戒作用，避免真正触犯而被惩戒，这样才是一部法律适用所达到的最好境界。

34. 进一步完善我国人权的司法保障制度

——北京大学高级法官班座谈研讨“错案追究制”侧记*

最高人民法院院长任建新在最近向八届人民代表大会所作的报告中指出:“1993 年,我国人民法院更加重视通过民事审判、行政审判等司法手段,保护公民、法人的合法权益,依法处理了大量涉及人身权利和财产权利的案件。我国人权的司法保障有了新的发展。”自从 1991 年国务院《中国人权状况》白皮书发表后,我国法律界思想界开始正面探讨我国人权保护的长期实践,摈弃了长期以来我国人权理论上的虚无主义态度,明确认为人权问题绝不是西方资产阶级的专利,我们社会主义制度同样重视人权。只是对人权概念的阐释理解不同。因为“人民权力”观念不但是我们党奋斗的基本目标,而且已经写入了《宪法》。虽然“人民权力”和“人权”在法律理论上不是一回事,但人民权力的国体能最大限度地保障人

---

* 本文写作于 1994 年 4 月。其时国内司法界兴起了对司法错案责任追究的讨论,对司法机关应否实行错案追究各方争议很大。《人民法院报》1993 年 5 月发表了我写的长篇通讯《九十年代,中国法官加强自律》一文(得全国法制新闻评选二等奖,在人民大会堂由任建新院长授奖),对近年来中国法院探索法院内部的错案追究制作了全面报道,在社会上引起了普遍反响。《人民日报》记者苏宁来北京大学,约请高级法官班学员进行了一次研讨。我作为高法班学习委员组织了这次研讨会,并应约整理了本文。《人民日报》1994 年 4 月 26 日以《法院错判该当如何》为题作了摘要报道。虽然中国的错案追究现在事实上基本停滞,但本文的探讨现在看来仍然有重要价值,因此仍然收入本书。本次按存稿原文出版。

权。随着《国家赔偿法》的呼之欲出，对国家公职人员因为行为不当造成相对人合法权益受损应如何承担责任问题，也越来越引起了法律思想界和社会各界的关注。《人民法院报》去年11月曾发表《九十年代，中国法官加强自律》一文，对近年来我国法院探索法院内部的错案追究制作了全面报道，在社会上引起了普遍的反响。全国法院推行这一制度的势头方兴未艾。最近，《人民日报》记者约请在北京大学高级法官班进修的部分学员专门就此进行了座谈研讨，提出了许多值得思考的问题，现将主要内容整理发表，以引起法院系统和社会各界的进一步思考。

一、积极审慎地推行错案追究制

座谈会首先就要否推行错案追究制进行了热烈讨论。对于这个问题，法院内部存在各种不同的看法。有人认为，在当今社会，无论是大陆法系国家还是英美法系国家，真正对法官责任进行追究的还不多见。日本有《法官弹劾法》，但真正提起弹劾的很少见。为了保障法官的独立审判权和威望，以保持社会有一个比较稳定的最终裁判，各国都不主张对法官追责过多，真正触犯刑律，由普通法院按刑事法典追究。但大多数人认为，鉴于我国目前的执法状况，错案追究制是有必要的，否则无以切实保障公民的人身权益。错案追究制要推行，是因为我国现在执法工作中确有错案存在。四川省高级人民法院行政庭长龚初宏认为，错案的原因多种多样。一是执法人员的责任心问题；二是执法人员受腐蚀枉法办案问题；三是政治因素造成，像“文革”期间的大量冤假错案；四是形势因素造成，出于形势的需要采取非常措施。上海市中级人民法院审判员吴政权认为，法院办案依赖审判法官的主观判断力，人总会犯错误，一辈子正确做不到。我们的一贯政策是有错必纠，那么对制造错误的人“有错必究”也就是自然的，如果不这样，就无以增强其责任心和事业心。浙江省高级人民法院一位法官认为，建立对法官的错案追究制，应从以下几方面去考虑：(1)与《国家赔偿法》相配套，国家公务人员的责任应加重；(2)市场经济环境下法院的权力和功能都在扩展，对社会的干预越来越多，法官的素质和责任都应加强；(3)从国家性质而言，我国是人民利益高于一切，应该给弱者以更多的救济，更多地防止司法权力误伤无辜；(4)从社会现状看，我国因错案给无辜者造成的侵害不容低估；(5)从我国历史看，中华法系数千年错案追究制从来没有中断过，而且对防止司法专横，整饬吏治起过良好作用；(6)从社会效果看，追究错案有利于进一步树立党和政府在人民心目中的威望，宣泄不满情绪，促进社会安定。重庆市中级人民法院审判员钱西元说：

"错案追究制实践证明是有效果的。"永川市人民法院实施这一制度后，1993年在办案数量上升40%的情况下，上诉案下降了10%，办案期限平均缩短了24天。当然还有其他原因的综合影响，但主要就是因为实施了这一制度。北京市海淀区人民法院行政庭长王振峰认为：从国家民主与法制建设的角度看，错案追究制是很有必要推行的。法院不再是单纯的"专政工具"，还要树立服务意识，办错了案当然要追究，以切实保护当事人的合法权益。

二、错案要追究，法官要有权

尽管错案追究制时下在各地搞得沸沸扬扬，但好多与会者对这一制度能否真正长久地施行心存疑虑。其中一个问题便是法官的责权利现在并不一致。湖北省高级人民法院刑庭审判员余德山认为，错案追究制是应该实行的，宪法、民法、行政诉讼法实际上早有保护公民合法权益的规定。但推行这一制度也有不少难点：一是法院与公安、检察的关系。如有个案件公安把是卡死的还是打死的原因鉴定搞错了，从而导致对两个被告量刑的失误，检察院也照样起诉了，幸亏是土葬，法院开棺验尸查明真相防止了错案。像这样的错案法院就无法追究，因此错案追究必须配套搞。二是主审法官与合议庭的关系。现在好多案件实际上是一个人主办的，但他并无决定权，合议庭其他未参加办案的却可以作决定，有时是庭长、院长作决定。三是上下级法院的关系。有些案件内部先请示，有的作出判决的法院并不同意判决意见，责任就不好分。四是法院与其他领导机关的关系。如党委、人大、政府、政法委员会，受这些领导机关意图影响的错案责任也不好分。五是保障条件问题。荆州市1400万人口11个县市，中级法院刑庭只有8人，一年办案近两百件，人员疲于奔命，保证质量就成问题。"严打"案件，往往送来几天就要求判决，难免就粗。办案经费紧张，有的疑难案件无法去现场补证，也影响质量。王振峰认为，错案追究制要与民主与法制建设、反腐倡廉、审判制度改革、法院体制改革、法官保障制度改革同步进行。现在错案追究制，一个庭出了错案首先追究庭长。但庭长并没有人事权，有的人确实无办案水平，庭长本来就不想让他办案，但庭长没有权将其免职或者调离审判工作岗位，他出了错案你照样一起负责任。另有陪审员制度问题。有的基层法院人力紧张，由一个审判员两个人民陪审员办案。现在陪审员大多数缺乏基本的法律知识，但合议表决时两票对一票，可能会左右判决，一旦出现错案，陪审员不是法院人员，不好追究。广东省潮州市中级人民法院副院长罗泳端认为，严厉的错案追究制应与法官的高待遇制相结合。现在法院的执法环境很严峻，干警太清苦。最高人民法院有"八个不准”的自律规定，大多数干警能甘守清贫勤奋工作，但难免不受环境的侵蚀，法院搞这个制度，其他部门呢？追究太严了，人留不住，因为现在法院本身已缺乏吸引力，每年有大批人员外流。吴政权认为，错案追究制确实会产生一些积极的作用，但长远看会使人民法院付出代价，这种试验会给审判人员切身利益带来损害，如果没有其他保障措施，将来会使人民法院陷于被动境地。因此，法官待遇、法官权益保障确应同时予以考虑。

三、错案追究程序需要规范化

大多数与会者认为，错案追究要掌握一个度，既要防止有错不纠、出错不究，又要防止动不动就追究，从而损害审判权的有力行使。因此，错案追究的提起需要有一套明确的规范和程序。首先是案件的来源。一般有六个渠道：一是群众反映或举报；二是当事人申诉；三是执法检查发现；四是领导机关批办或人民代表提案；五是检察院抗诉；六是确凿证据出现，如真正的杀人犯抓获。其次是错案的提起。内蒙古呼和浩特市中级人民法院民庭庭长奇牡丹介绍说，该院1993年2月向下属盟、市法院布置推行错案追究制，对错案追究的提起程序作了比较广泛的考察研究，制定了一套比较完备的制度。他们的方法是在院里设立“错案评审委员会”，审判委员会成员回避不参加，一般是各庭的副庭长。在纪检监察部门里设办公室，发现错案后，先由办公室调卷初审，然后提交评审委确定。钱西元介绍说，重庆是由审判委员会讨论决定，评定时允许本人参加申辩，有点类似于“听证”。错案的形式标准，奇牡丹说主要有两类，一是抗诉后改判的，二是申诉再审判决改判的。对二审发回重审的不追究，只追究已生效的判决和裁定。钱西元说，错案也不以上级的判决为标准，因为上级的判决不一定完全正确。王振峰也同意这一观点，并举例说明确有上级判决明显失当的，若以此追究一审法官，情理难通，但从法律上说，上级的审判监督权是法律规定的。奇牡丹说，这是一个矛盾，因为上级的判决无论对错，是生效的判决，不以此为标准就不好办。错案的内容标准，也可分两类，即故意或过失，或称恶意或善意，具体有三种：(1)刑事案件定性错误，量刑跳格或明显畸重畸轻；(2)民事、经济、行政案件事实不清、强迫调解导致错案；判决案件中诉讼请求明显遗漏，判决明显不当；(3)办案中徇私枉法、徇情枉法、与当事人有不正常交往，导致案件错误的。浙江高院法官认为，我国目前错案追究应主要针对两种情况：一是有明显的主观恶意和主观过失的，即如徇私枉法草菅人命造成的错案；二是已造成严重后果的，如错杀无辜的重大错案，要公检法层层追究，绝不姑息。对一般由于过失或不可抗力造成的后果也不十分严重的错案，则不宜追究过多，可通过民事赔偿和补偿手段对当事人的损害进行弥补。否则对法官追责过滥，法院也就不成其为法院了。

四、变集体负责制为法官责任制

错案要追究，究竟追究谁？这个问题貌似简单，其实很复杂。原因就是我国数十年强调“集体负责制”，成绩是集体的，问题也是大家的。一个错案出现了，公安、检察院、法院、上级机关、有关领导、大家都有干系，因此首先最好是不要追究，一致对外压制错案的提起；其次就是当要追究已无法避免时，大家都可推脱，你找不到一个可以罚当其罪的责任者，因为决定并非他一人作出的，结果水柱成了毛毛雨，大家一分担，轻描淡写了事。现在各地在搞的错案责任制，力图在这个方面找到一条可行之路。湖北省高级人民法院审判员姜国旺说，责任如何划分是个难点，各地都在探讨。湖北的做法是，独任审判的案件出错，审判员自己承担；合议庭审判的，审判员把好事实证据关，合议庭把好定性量刑关，审判员正确意见未被合议庭采纳，结果出错的，追究合议庭多数人责任，审判员不负责；审判委员会否定了合议庭的正确意见，结果出错的，审委会多数票人负责，合议庭一概不负责。由于主审法官基本事实未查清，有证据不汇报，或取证审证程序违法，故意带倾向性汇报导致审委会作出错误判决的，主审人负责。总的原则便是谁出错谁负责，谁的责任环节出错谁负责。非终裁的内部分歧意见不负责。吴政权认为，要做到这一点，案卷记录非常重要。我们有的法院领导怕负责任，审委会记录不附卷，另作内部文书档案保存，上级法院看不出为何这样判，责任就无法分明。有些按法院以外的意志判决的案件，也应将这些批示、意见附卷，以明责任。合议庭、审判委员会一定要严格每人审核记录和签名制度，以明确责任。姜国旺说，这对增强每个审判法官的责任心很有好处，有的分管院长如果只懂刑事不懂民事经济，就不敢乱表态。

五、错案追究的责任形式问题

自实行错案追究制后，已有一些法院对一些责任人实施了追究。这一制度在全国法院已不仅仅是一个宣传口号或备而不用的高悬之剑。除了一些涉及党员的同时按党纪处分方式而外，目前各地对错案的追究方式有：(1)经济处分。即在岗位责任制考核时对“案件质量”作为一项必考指标，出了错案取消或减少奖励。(2)行政处分。如警告、记过、开除留用、通报等。(3)档案记过。即对办了错案的法官在晋级、晋升上暂不考虑，惩戒思过。(4)调离法官队伍。各地都有一些确难胜任的法官被陆续调出。(5)剥夺审判权。对一些办了错案但后果还不是特别严重者，调离审判岗位，在法院内另行安排其他工作。(6)追究刑事责任。对于那些受贿渎职、贪赃卖法、徇私枉法而造成错案，及草菅人命造成严重后果的，依法由检察机关提起公诉，追究刑事责任。这方面的一些事例已有公开报道。同时，在《国家赔偿法》尚未出台之前，我国法院实际上已开始了对错案受害人的错案赔偿。内蒙古呼和浩特市中院对一起经济案中诉讼保全的汽车毁损事件作了赔偿；浙江金华中院对一起经济案件中查封的食品罐头过期变质作了赔偿；浙江义乌市中级人民法院对河南郑州某公安局非法插手经济纠纷、违法收审当事人作出赔偿2万余元的判决。

参加座谈的北京大学高级法官班的学员普遍认为，实行错案追究制势在必行，这是我国民主化法制化程度提高的表现，是人民司法机关切实保障公民基本权利的重要举措，是《宪法》规定的保护人民利益原则的具体化。但实施这一制度又有许多难点需要深入研究、逐步探索，逐步积累经验。考虑的层次要提高，要从我国人权的司法保障、从实施《国家赔偿法》相配套的高度去开展这项工作。必要的时候，应上升到国家立法机关来考虑这个问题，以利于全面地相配套地解决，因为错案的追究不光是法院的任务，法官待遇及其他保障条件也不是法官自身所能解决的。

三

经济法及其他篇

35. 知识产权法与竞争法的竞合*

【提要】知识产权法和竞争法，本来是属于互不相干的两个法律部门。“知识产权法”起源于对人类智慧财产权利的保护，其核心是人的创造发明，如专利权著作权；目的是保护私权和推进科技进步。而“竞争法”则源于对自由经济市场竞争规则的一种规制约定，如反垄断、反限制竞争和制止不正当竞争。目的是保护自由竞争达到物质和社会资源效益最大化。一个属于法律中的民事权利保护的范畴，一个属于经济学中的追求资源最优化配置建立公共秩序的范畴。一个起源于法学，一个起源于经济学。但在《巴黎公约》之后，发达国家为了在贸易中保护自己的知识产权，扩大了其外延，将不正当竞争也明确作为一种知识产权侵权进行制止。发展到现在，就是制止不正当竞争成了知识产权法体系中的有机组成部分。但在当前理论研究和司法实践中，这个问题没有得到深入的研究，“两张皮”的现象非常普遍，影响了司法效能和执法水平的提高。本文从两个法律部门竞合的角度，考察其渊源、区别和联系，对我国《反不正当竞争法》进行了分析，明确指出该法中的许多内容与知识产权保护无关，支持“与知识产权有关的不正当竞争”这一表达的科学性。同时从本文角度对知识产权律师代理此类案件进行了研究和探讨。

【主题词】知识产权法　竞争法　法律体系竞合　比较法　法律适用

知识产权法和竞争法，本来是属于互不相干的两个法律部门。“知识产权法”起源于对人类智慧财产权利的保护；而“竞争法”则源于对自由经济市场竞争规则的一种规制约定。

---

* 本文写作于2002年11月6日，同年参加中华全国律师协会知识产权委员会广州年会并作主题演讲。发表于《浙江法学》2004年第3期。

一个属于法律中的民事权利保护的范畴，一个属于经济学中的追求资源最优化配置、建立公共秩序的范畴。一个起源于法学，一个起源于经济学。因此，在我们研究知识产权法时，重点往往在核心意义上的知识产权，即围绕人类智慧成果的工业产权（专利权、商标权、商业秘密权、非专利技术成果权）和著作权等无形财产权，同"不正当竞争"这种经济行为本无多大关系。但《保护工业产权巴黎公约》从根本上改变了这一基本分野，把这两种完全不同类的法律范畴规定在了一起。到了 WTO 的《与贸易有关的知识产权协议》TRIPs，这种混合被进一步加强。反不正当竞争成了知识产权法要研究和执行的应有之义。现行国内的大多数教材和著作又都将制止不正当竞争作为知识产权保护的重要内容，但往往又没有给予真正知识产权法的地位加以重视和研究。对于这个似乎是纯理论的问题，大家往往认为对律师实务关系不大，因此很少去注意和研究。其实，深入探讨一下这个问题是有很大必要的，有助于我们理解为什么市场竞争规则会挤到"知识产权保护"中来。对于从事知识产权保护的司法和行政执法实践的法官、律师、行政执法人员，严格分清其基本原理是有重要的理论意义和实践意义的。

一、知识产权法的外延和竞争法的竞合

知识产权法起源于对人的创造性智慧成果的保护。竞争法则起源于规制自由竞争的市场秩序，防止过度垄断、联合限制竞争和不正当竞争。竞争法在市场经济发达的国家被称做经济宪法，可见其主要的作用是调节经济运行秩序的。竞争法更接近于经济学，而不是法学。知识产权法是从保护私权和财产权开始的，从有形的物权和债权的保护，发展到无形的知识产权的保护。知识产权与人的知识、智慧相联系。因此，与人的智力活动相联系的成果，是知识产权法保护的核心，如专利权和著作权、技术秘密权等。商标专用权之所以也成为知识产权，是经过了国际知识产权理论的发展，逐步成为国际协定规定的内容之一的。因为一开始人们也认为，商标的设立并没有多少智力成果，而只是日后通过经营而逐渐积累的商业声誉的堆积。由于发达国家为了保护自己的"工业产权"不被侵犯，在世界公约中都写进了这些内容，所以"工业产权"公认的基本内涵就是专利权和商标权。也有的学者如郑成思教授认为，商标的设计和其后的商誉积累，都有智力成果在内。制止不正当竞争成为知识产权保护中的一个部分，则是因为有许多不正当竞争行为侵犯的是知识产权法所要保护的客体，如产品的仿冒与攀附、技术秘密的窃取、商标的近似、包装的相似，这些都已经是知识产权中的工业产权保护中不可分割的内容。因

此，知识产权法只调整竞争法中的一部分不正当竞争行为，不包括其他与工业产权、知识产权无关的内容，如权力干预限制竞争、不正当削价倾销行为、联合价格行为，当然更不包括竞争法的核心问题——反垄断问题。因此，知识产权法和竞争法的竞合只是部分的竞合。知识产权法中包含了部分制止不正当竞争行为，但不能包括所有的竞争法内容。现有的教程一般从《巴黎公约》出发，将“反不正当竞争法”专列一章，同专利法、商标法一样，作为知识产权法中的一个完整部分专章表述，在专章中则将所有不正当竞争行为都写入“侵犯知识产权”，这是不甚妥当的。这是由于没有认真分析知识产权法和竞争法的关系，生搬硬套、并没有真正理解竞争法作为一门独立的“经济宪法”所致。但也有一些论著走向另一个极端，完全排除“反不正当竞争”在知识产权保护中的地位，只论述工业产权（专利权、商标权）和著作权，亦是不够全面的，同时也同《巴黎公约》、TRIPs 等国际条约、国际惯例不一致。

二、早先国际协定中制止不正当竞争与知识产权法

（一）《巴黎公约》中的特别规定

制止不正当竞争的经济规制进入知识产权法领域，其直接的原因和权威性的影响是 1884 年生效的《保护工业产权巴黎公约》。

这个公约的宗旨是，当时加入这个公约的 14 个国家组成联盟，以互相保护工业产权。这个公约对“工业产权”的理解是广义的，即包括专利、实用新型、外观设计、商标、服务标记、厂商名称、货源标记或原产地名称，以及从工业产权延伸的防止仿冒攀附等制止不正当竞争的规定。这是第一次明确把“反不正当竞争”列入了工业产权的保护。同时，规定对其“工业产权”的理解还要包括农业和采掘业，适用于一切制成品或天然产品。

这个公约对“不正当竞争”，在第 10 条之二中明确作了约定：（1）本联盟各国必须对各该国国民保证给予取缔不正当竞争的有效保护。（2）凡在工商业活动中违反诚实的惯例的竞争行为即构成不正当竞争行为。（3）特别禁止下列各项：①不论依什么方法，性质上对竞争者的营业所、商品或工商业活动造成混乱的一切行为（相当于原产地名称和商业声誉的攀附）。②在经营商业中，性质上损害竞争者的营业所、商品或工商业活动信誉的虚伪说法（即诋毁他人商业声誉）。③在经营商业中使用会使公众对商品的性质、制造方法、特点、用途或数量易于产生误解的表示或说法（包装装潢和仿冒侵权行为）。

可以看出，这个协定对“不正当竞争”的解释定义非常广泛，只要是“违反诚实的惯例的竞争行为”都可以称为“不正当竞争”，其法定条件十分抽象。

在“特别禁止”条款的列举中,也指明了几种现象:(1)对竞争对手的“造成其混乱”的行为;(2)散布虚假信息,损害竞争对手的商誉;(3)故意引人误解导致混淆的行为。这里面包含的对知识产权的保护体现在哪里呢?体现在诸如商标的混淆、贬损、误解,商誉的毁损,对专利(即制造方法)的仿冒等。《巴黎公约》的这些规定,使“制止不正当竞争”正式进入了知识产权领域。

理解上述的协议条款,要同该公约第10条之一“货源和生产者的虚伪标记”及之三“商标、厂商名称、虚伪标记、不正当竞争的救济手段和起诉权”联系起来。这条规定是为了更全面地保护该条约要保护的“工业产权”,通过制止不正当竞争,对成员国中可能被侵犯的专利权、商标权进行更为全面和完备的保护。

(二)《建立世界知识产权组织公约》中的规定

《建立世界知识产权组织公约》是1976年在斯德哥尔摩签署的,在此基础上成立了“世界知识产权组织”(WIPO)。到1997年为止,已经有161个国家成为其成员国。我国也加入了这一公约。这个公约明确规定只要申请加入这个公约,即“对本公约不得作任何保留”。

在这个公约中,规定了知识产权保护的范围除了著作权、表演权、邻接权、发明权、发现权、工业品外观设计专有权、商标权、商号标记权以外,还专门规定了“与防止不正当竞争有关的权利”以及“一切其他来自工业、科学及文学艺术领域的智力创作活动所产生的权利”。这两条规定,将制止不正当竞争也明确作为保护知识产权的重要内容。

(三)国际保护工业产权协会东京大会的划分

国际保护工业产权协会(AIPPI),1992年东京大会对知识产权的范围有一个比较科学的划分,即将知识产权分为“创作性成果权利”和“识别性标记权利”两大类。其中,“创作性成果权”包括发明专利权、集成电路权、动植物新品种权、技术秘密权、工业品外观、设计权、版权(著作权)、软件版权。“识别性标记权”包括商标权、商号权,其他与制止不正当竞争有关的识别性标记权,如原产地标志、网络的域名等。制止不正当竞争不但包括“制约识别性标志的侵权”(商标的假冒和攀附),同时“制约创作性成果的侵权”(商业秘密、技术秘密)。迄今为止,东京大会的划分给出了为什么要将“制止不正当竞争”列为知识产权保护的明晰思路,对我们区分“不正当竞争行为”中哪些同知识产权保护有关、哪些无关,具有重要的参考价值。

三、WTO《与贸易有关的知识产权协议》中关于不正当竞争的规定

世界贸易组织的《与贸易有关的知识产权协议》从贸易角度对知识产权的范围进一步作了新的划分，与以往的标准相比既有增加，又有舍弃，充分体现了“与贸易有关”这样一个特征。对与知识产权有关的不正当竞争问题，没有像前述的三个公约进行专门的表述。但有“未披露过的信息专有权”这一范围，实际上相当于反不正当竞争中的“商业秘密”的保护。其保护知识产权的范围是：(1)版权和邻接权；(2)商标权；(3)地理标志权；(4)工业品外观设计权；(5)专利权；(6)集成电路布图设计权；(7)未披露过的信息专有权。

从这些范围可以看出，同其他知识产权协议相比，这个划分“商业气息”更浓一些，与可以用来贸易的“商品”直接有关，与智慧成果的联系进一步淡化，而同商誉权、形象权、标记权更紧密一些。其中的“信息专有权”，就是保护商业秘密，这一般认为是反不正当竞争法的一部分。

四、制止不正当竞争列入知识产权法范围的法理原因

从以上的考察可以看出，知识产权法和竞争法本来属于两个法律部门，其法律调整的范围和调整的目的都是不相同的，在法律体系中的功能也各不相同。当我们从经济学的角度来谈竞争法的时候，注重的是公平、平等、自由、有序的市场经济环境，不能过度垄断，不能非法限制竞争，不能进行违法的不正当竞争。通过竞争法的规范，保障市场经济的价值规律真正起作用，达到资源的最佳配置，社会效益的最佳发挥，促进生产力的发展和社会的进步。

而当我们从知识产权保护的角度来看竞争法的时候，其所指向的是一种通过国内法和国际条约，达到对知识产权的合法独占保护，目的是为了保护私权利，而不是为了一种公共秩序和经济竞争秩序。这种私权利的保护，目的是为了进一步刺激科技开发的积极性，促进科技进步，最后促进社会生产力的发展。尽管两种指向的目的和功能不完全相同，但在反不正当竞争问题上，所要制约的不法行为则是重合的。如侵犯专利和技术秘密的行为，既会形成不正当的市场优势，破坏正常的竞争秩序，同时也是侵犯他人的知识产权的。因此两个法律指向，在调整对象上形成了竞合。又如侵犯他人知名商标权的行为，既有可能不正当地抢占他人的市场，违反市场经济的公平诚实信用，使市场信息扭曲；同时又是侵犯他人工业产权的行为，构成对他人民事权利的侵犯。如果将不正当竞争行为仅仅列入竞争法的范畴去进行调整，势必削弱知识产权保护的力度。因此，在知识产权法中专门规定制止不正当竞争问题，是十分必

要的。这样可以更全面和有力地保护知识产权。因此，知识产权法将制止不正当竞争列入保护范围，是理所当然的。

五、制止不正当竞争列入知识产权法范围的现实原因

除了法理上的竞合以外，当前贸易全球化和自由化的迅速推进，也使制止不正当竞争成了知识产权保护的重要措施，不得不日益加强其地位和作用。

1. 在全球化和贸易自由的背景下，经济的竞争最终取决于科学技术的竞争、人才的竞争。人类的智慧财产权在竞争中起到了越来越重要的作用。竞争与知识产权保护的关系越来越密切。竞争包括正当竞争和不正当竞争，不正当竞争在很多情况下会侵害他人知识产权。制止了不正当竞争，就是保护了知识产权。

2. 知识产权保护成了贸易自由化后保护各国自身权利的重要替代手段。随着 WTO 协议成员国的扩大和 TRIPs 的生效，各国之间的关税和非关税壁垒进一步打破。根据亚太经合组织（APEC）会议 1995 年大阪行动计划，发达国家和发展中国家到 2010 年和 2020 年要基本达到贸易自由化。在贸易壁垒打破之后，知识产权保护将成为国际经济、贸易和科技发展的头号重大问题。1973 年到 1979 年，东京回合关贸总协定谈判就将“反假冒商品贸易”列为重要议题。

3. 国内司法实践表明，我国工业产权和著作权之外的知识产权侵权大量存在，无法完全用专利法、商标法和著作权法全部进行有力的制约和调整。仿冒、混淆、诋毁、非专利成果侵权、商业秘密侵权、都只有用《反不正当竞争法》来进行制约。

六、《反不正当竞争法》对知识产权保护的涵盖与竞合

如何认定哪些反不正当竞争行为同“知识产权有关”，目前国内尚无明确的定论。按照国际协定的一些原则规定和列举规定，国内的学者一般都有自己的理解。有的则将我国《反不正当竞争法》中的 11 种不正当竞争行为都列为与知识产权有关。按照知识产权是一种创造性智力成果形成的无形财产权这一特征，将所有不正当竞争行为都列为与知识产权有关，显然是不妥当的。在各种国际协定中，比较能够明晰地划分这种界限的，除了“国际保护工业产权协会”1992 年东京大会的界定，即区别为“创作性成果权利”和“识别性标记权利”，制止不正当竞争侵权既包括“制约识别性标记侵权”（商标的假冒和攀附），又包括“制约创作性成果侵权”（商业秘密和技术秘密）以外，比较明晰

地表达“与知识产权有关的不正当竞争”的范围的，是1996年直接由世界知识产权组织修改制定的《反不正当竞争示范法》。因此，我们在具体论述各种与知识产权有关的不正当竞争行为时，有必要先对其界定和分类进行一些了解。

《反不正当竞争示范法》直接由世界知识产权组织制定，因此其针对性和对定义的理解非常符合从知识产权角度理解不正当竞争。这个示范法只是一个供各国参考的样本，还不是一个国际公约。它颁布于20世纪80年代初，1996年进行重新制定，使之更加全面和系统。该法将与知识产权相关的不正当竞争归纳为以下五类：

（一）对他人知识产权成果的混淆和假冒的行为

主要为商标、产品包装装潢、标识，同时扩大到能够引起混淆的其他识别性标记，如厂址、厂标、吉祥物、广告词等；对商标的保护，甚至包括尚未注册的但已经有一定无形资产投入并已经形成声誉的商标。对于侵权的认定，只要有侵权事实，而无须证明其有故意的不诚实的行为。这比我国现在的《商标法》、《反不正当竞争法》的保护力度都要大。

（二）虚假宣传误导公众的行为

在我国，对于“混淆”和“误导”一般理解为是同义语，似乎没有什么区别。在世界知识产权组织的这个示范法中，将“混淆”规定为双向的混淆，即侵权的商品和服务同被侵权的商品和服务互相攀附混同，引起消费者的误解。而“误导”则体现为对自己的商品和服务的夸大不实的宣传。如国内一些厂家对“丽音彩电”、“数码彩电”的宣传，在电视发射设施没有开始丽声传送、数码传送前，实际上并不可能有此效果，过分地宣传这一“优势”，就构成“误导”。

（三）贬损、淡化竞争对手的商业信誉和标志的行为

这种行为主要是通过对竞争对手企业形象和特有标志如商标、名称的淡化和泛化，使其不具有明显的区别性，而削弱其竞争力。我们在学习商标法的时候，有一个商标过度驰名反而丧失商标的区别价值的事例。如“味之素”原是解放前上海一家调料生产厂的商标，由于过度驰名，成了“味精”的通用名称，丧失了独特的区别性，也即丧失了这一商标的独有权利。还有如“尼龙”，原来也是商标，由于过度驰名，也成了一种商品名称。如果竞争对手采用一种巧妙的方式，故意贬损、淡化他人的商业声誉和标志，亦构成不正当竞争行为。这种现象在我国尚未出现明显的事例。

（四）贬损别人的产品和服务从而抬高自己的产品和服务的行为

这同诋毁别人的商业声誉不同，是指针对别人的产品或服务，而不是针对

商业声誉和标志的行为。如某一厂家用自办的“香烟品吸会”发布自己的香烟品位为第一,其他厂家的香烟品位为第二;某一纯净水生产厂用植物试验的方式,说自己生产的“自然水”才是最好的,其他厂家的“纯净水”都存在营养缺损问题。这种行为也被《反不正当竞争示范法》明确规定为不正当竞争。

(五)侵犯竞争对手商业秘密的行为

这种行为可以比较直观地归入“与知识产权有关”的不正当竞争。因为商业秘密,尤其是其中的技术秘密,明显地含有智力成果,是知识产权的核心内容之一。关于这一内容作为不正当竞争,《反不正当竞争示范法》和《与贸易有关的知识产权协议》的规定是基本一致的。《与贸易有关的知识产权协议》中的“未披露过的信息专有权”就是指商业秘密,一般包括经营性秘密和技术性秘密两类,其中经营性秘密是指客户名单、经营渠道和诀窍;技术性秘密是指未经披露、未申报专利、由权利人自己采取保护措施的配方、工艺等技术成果,在国际协定中一般表述为“know—how”权。

按上述《示范法》,我们大致可以界定“与知识产权有关的不正当竞争行为”的范围。在我国的《反不正当竞争法》中,“与知识产权有关的不正当竞争”主要有第5条“仿冒商标”、“仿冒包装装潢”、“冒用企业名称”、“冒用名优标记和产地”;第9条“虚假广告宣传”;第10条“侵犯商业秘密”。具体的分类有:(1)假冒他人注册商标行为;(2)仿冒他人商品的装潢、标志及产地;(3)误导公众的商业欺诈行为;(4)诋毁竞争对手行为;(5)虚假、夸大、欺诈广告行为;(6)侵犯他人工业产权和商业秘密行为。我国《反不正当竞争法》中列举的其他不正当竞争行为,并不能生硬地都理解为“与知识产权有关”。知识产权法只竞合竞争法中的一部分不正当竞争行为,不包括其他与工业产权、知识产权无关的内容,如“独占经营”、“商业贿赂”、“政府干预”、“有奖销售”、“不正当削价倾销行为”、“联合价格行为”,当然更不包括竞争法的核心问题——反垄断问题。

七、对知识产权法教学和研究的改进

考察国内现有的知识产权法教材和一些研究成果,有这样三种倾向:第一种是不重视知识产权保护中的反不正当竞争问题,从根本上不承认将反不正当竞争算入知识产权法范畴。有的教材干脆就不写这一部分,只研究著作权、专利权、商业秘密权和商标权。第二种是不加区别全盘照搬。既然国际协定中将制止不正当竞争也作为知识产权法的一个重要部分,那么就将我国的整部《反不正当竞争法》都列入知识产权法范畴,将所有不正当竞争行为都理解为“同知识产权有关”。这种做法的错误是没有了解这个法律的双重性和竞合特征，将纯粹竞争意义的法律规范也混到知识产权中来了。第三种是机械凑合，只是将知识产权部分的专利商标著作权和竞争法部分的不正当竞争合在一起，完全是“两张皮”，像两种教材装订在一起而已。授课时也基本不讲这一部分内容，导致制止不正当竞争这一重要的知识产权内容成了可有可无的东西。这种理论对司法实践和律师开展业务产生了不良的影响，在法理基础上起了一定的误导作用，使大家对知识产权保护与制止不正当竞争的内在联系缺乏深层了解。我们既要注意制止不正当竞争同真正意义上的知识产权，即工业产权和著作权等无形财产权的区别，又要防止将制止不正当竞争作为知识产权法的一个可有可无的附加，同时也要防止过分强调不正当竞争的知识产权范畴，把知识产权法和竞争法等同起来。

八、对知识产权法律实务操作的启示

讨论知识产权法中这些非常理论性和基础性的问题，对我们知识产权律师的法律实务工作会有什么意义呢？

（一）有利于我们在知识产权诉讼中加强对侵权客体和侵权对象的正确把握

《反不正当竞争法》是全国人大委托国家工商局等部门起草的，并不是知识产权局起草的。因此，整个法律是立足于市场竞争秩序的保护，而不是着眼于知识产权的保护。这个法之所以有了知识产权保护的内容和职能，完全是在事后的司法实践中，和我国加入了巴黎公约等国际协定的环境驱使下，国际知识产权法体系中才将不正当竞争列为应有之义的。因此，我国的《反不正当竞争法》执法主体中只有工商局而没有知识产权局，行政处罚权属于工商局而不属于知识产权局。这在行政职能分工上不会产生太大的矛盾。处罚的指向性也是对市场秩序造成破坏的行为，而不是针对侵犯知识产权的行为。这就有一个法律保护客体的错位问题。而对于律师而言，有时会代理行政处罚不服问题的反不正当竞争行政诉讼，有时会代理侵权双方的民事诉讼，立足点的把握就显得十分重要。即在组织起诉、答辩和代理抗辩中，你的着眼点是重在保护竞争程序，还是一方的知识产权？这一保护客体是不一样的。竞争秩序偏向于保护公权，间接保护私权；而知识产权则属于私权。因此，一般在代理行政诉讼中，重在“竞争法”问题，代理民事侵权诉讼时，又不得不重在“知识产权法”问题。如果把握不准，就会导致律师论辩思路的混乱，法官审理思路的混乱。这就是好多法院的对不正当竞争判决在说理部分不知所云的原因所在。作为律师,在代理不正当竞争案件时,必须随时兼顾这两个法律部门的竞合,才可以左右逢源,公允地把握案情是非。

(二)有利于律师保障当事人的合法民事权益

国家对侵犯公权力的行为,采取的是行政处罚方式,可以主动执法。国家对侵犯私权利的行为,采取的是民事制止侵权和赔偿损失,采取不告不理的原则。在现在《反不正当竞争法》执法中,存在大量的重行政处罚轻民事权利保护的问题,通过工商处理的案件,被不正当竞争侵害的主体往往得不到民事权利的救济和补偿。而法院审理的案件,又不存在处罚性惩罚。这就是权利保护的双重性,只罚不赔和只赔不罚问题。尽管两种指向的目的和功能不完全相同,但在反不正当竞争问题上,所要制约的不法行为则是重合的。如侵犯专利和侵犯技术秘密的行为,既会形成不正当的市场优势,破坏正常的竞争秩序,同时也是侵犯他人的知识产权的。因此两个法律指向,在调整对象上形成了竞合。在执法实践中,则产生了分裂。律师在代理这类案件时,要十分重视知识产权的保护,即采取向法院起诉的保护私权利的方式。

(三)有利于律师灵活运用法律手段把握胜诉机会

由于两个法律部门的竞合,我国对不正当竞争行为采取的是多渠道保护和救济。因此,知识产权律师在受理案件后的工作思路要慎重分析和把握。寻求行政执法,有主动性和时效性,但很难保障委托人的民事权利;选择起诉法院,能够保护委托人的权益,但存在取证困难和时效过长的问题,对于急于制止侵权的案件不甚合适。一般的做法是,通过工商查处获取侵权证据和制止侵权,再通过法院诉讼获取权利救济和侵权赔偿。法院在审理中,则要首先考虑民事权利的救济赔偿,再考虑国家为制止不正当竞争而进行的处罚执行。

36. 反不正当竞争诉讼若干疑难问题探讨*

【提要】《反不正当竞争法》实施后,各种类型的不正当竞争案件开始不断诉至法院。由于不正当竞争案件本身的复杂性、法律规范的多样性,以及法院自身还刚开始这方面的司法实践,经验积累和法律理论研究都还相对不足,在诉讼实践中已开始不断遇到一些疑难问题。随着这类案件审判的进一步开展,许多新情况新问题都会冒出来。本文围绕若干已经遇到和可能遇到的疑难问题,从竞争法学原理、不正当竞争行为的构成要件以及我国反不正当竞争立法的原旨出发,着重从工商行政执法和法院司法审判的管辖分工界限、不正当竞争之诉和消费者权益之诉如何区分、政府机关利用行政权力参与不正当竞争可否作为共同被告、专利诉讼败诉后可否再行提起不正当竞争之诉等问题,作了比较深入的探讨。不但有利于从理论上廓清一些认识界限,对工商机关和法院的具体执法实践亦有一定的指导意义。文中提出的有些问题,还有待立法机关和最高人民法院作出司法解释明确。

《反不正当竞争法》实施后,各种类型的不正当竞争案件开始不断诉至法院。由于不正当竞争案件本身的复杂性、法律规范的多样性,①以及法院自身还刚开始这方面的司法实

---

* 本文完成于1995年6月5日,是对本人专著《反不正当竞争法律适用概论》(人民法院出版社1993年出版)一书中一个章节的深入研究成果。参加在黄山召开的中国知识产权研究会年会并获奖,后发表于《知识产权》杂志1996年第4期。

① 反不正当竞争司法审判中要适用的法律依据远不止一部《反不正当竞争法》,还包括《专利法》、《商标法》、《产品质量法》、《广告法》、《消费者权益保护法》、《民法通则》等一系列法律法规,以及《民事诉讼法》等程序法,在实践中如何正确选择适用这些法律条文是法院审判中的一个难点。

践,经验积累和法律理论研究都还相对不足,在诉讼实践中已开始不断遇到一些疑难问题。随着这类案件审判的进一步开展,许多新情况新问题都会冒出来。本文围绕若干已经遇到和可能遇到的疑难问题,作一些初步的探讨,以期引起大家的关注和进一步研究。其中的有些问题,还有待立法机关和最高人民法院作出司法解释明确。

一、关于行政处罚权和法院裁判权的界限问题

我国对不正当竞争行为采取的是司法权和行政权共同制约的方式,现代法治观念强调司法权和行政权要有一定的分野,各司其职,司法权不可干预行政权,行政权不可干预司法权。《行政诉讼法》规定法院对行政行为只有有限的变更权,就是这一原则的体现。在反不正当竞争执法中,这个问题的难点是如何正确区分司法权和行政权的管辖范围。《反不正当竞争法》第 17 条、第 20 条对这个问题的规定是政府主动干预和当事人选择管辖相结合的原则,即政府机关可以主动检查处理,当事人也可以主动向法院起诉。我国的《反不正当竞争法》是一个行政法色彩很浓的法,许多法律条文是以行政处罚的角度进行规定的,但按其总则规定以及《民法通则》、《行政诉讼法》的规定,又都是可以向人民法院起诉的。国外有的反不正当竞争法律一般规定:政府负责对不正当竞争行为进行处理处罚,民事侵害赔偿部分则由法院审理裁断。我国没有作这样明确的规定。这种不明确将给法院执法带来一定的困难。如有一件商品标识仿冒不正当竞争案,经被告所在地法院调解赔偿 4000 元结案。后原告认为吃亏,又向原告所在地工商局申请对被告进行行政处罚,并责令重新赔偿经济损失。有的学者认为,工商机关对此案应该立案处理,理由是民事责任不能代替行政处罚,审判机关不能行使行政执法权。审判机关判决被告承担民事责任后,并不影响工商机关依工商法规对其再进行行政处罚,直至吊销营业执照。① 这个观点提出了以下几个问题:(1)对同一违法行为,人民法院和行政机关可否重复追究法律责任?(2)在司法确认后,行政权可否再行处理?(3)这类问题处理的程序应该怎样才是可行的?这些问题都有待司法解释作出明确的规定。在尚无明确规定之前,笔者认为应该按如下原则处理:

(一)行政处罚和司法裁定可以分工

除了依照法律明确规定的政府主动干预和当事人自主选择相结合的原则外,按照《反不正当竞争法》和国际上的一些惯例,行政机关主要负责处理违

---

① 朱军华:"对一起名称侵权案所涉及的几个问题的法律思考",载《经济法制》1994 年第 1 期。

法行为,手段包括行为罚、财产罚、能力罚。法院主要负责对民事侵权赔偿诉讼,手段主要为判决民事侵权赔偿。但必要时法院可以按《反不正当竞争法》和《民法通则》的规定,对违法者处以其他法律责任(除了吊销执照等必须由行政机关享有的权力外)。

(二)不可违反一事不再罚一事不再理的原则

这两个原则是我国民事诉讼的基本原则之一。国际私法中,由于各国出于不同的利益的需要,各国依国内法的规定,也有采取一事再理的原则行使管辖权。但也已开始注意防止一事多罚出现的司法偏私问题。欧共体 1968 年在布鲁塞尔《民商事司法管辖权和判决执行公约》第 21 条规定:"当相同的当事人向几个缔约国的法官提出具有相同标的和相同的案由的请求时,后被诉请的法官应当照顾先被诉请的法官,宣布自己无管辖权。"即在国际领域,也开始引入国内法的一事不再理的原则,以防止使当事人被重复追究法律责任而导致的司法不公。在我们反不正当竞争执法中,必须确立一事不再理一事不再罚的原则,即工商机关对某一不正当竞争行为进行综合处罚时,除了作出财产罚、行为罚等行政处罚外,应对民事赔偿问题同时作出裁决,当事人就不得再以民事案件向法院起诉。而只能按最高人民法院《关于贯彻执行行政诉讼法若干问题的意见》第 4 条的规定,"公民、法人或者其他组织对行政机关就赔偿问题所作的裁决不服的,可以向人民法院提出行政诉讼"。这里可以作为行政诉讼依据的是指行政机关作的"裁定"。如果仅是调解和仲裁,因不具备行政行为的最终确定力,就可以向法院提出民事诉讼,而不是行政诉讼。[①] 如果当事人在工商处理前直接向人民法院起诉,人民法院已经受理的,或者已经作出判决的,工商机关就不能再行处理。由法院在判决中全面考虑,适用《反不正当竞争法》的各种处罚手段一并判决。

(三)司法权应是一种最终权

对行政处罚,当事人不服可以向法院提起行政诉讼,而对法院已处理判决的案件,当事人不得对同一案由再向行政机关要求再处理。这是符合法治原则、法律规定和国际惯例的。任何国家司法权都是一种最终的裁判权,没有在司法裁判后还可以不服再向行政要求救助的。我国民事诉讼、行政诉讼法律规定也都是这一原则。在美国和英国,也都是先由联邦贸易委员会和公平交易局先对不正当竞争案件进行调查,先以行政手段进行制约,必要时才由他们

---

① 最高法院行政庭编:《行政审判实用全书》,法律出版社 1993 年版,第 489 ~ 453 页。

向司法机关提起指控。[①]

二、关于不正当竞争之诉和消费者权益之诉可否合并问题

《反不正当竞争法》是个多重保护对象的法,其保护的对象不但及于特定的竞争者,还及于消费者和整个社会的经济秩序。同一种不正当竞争行为,可能同时侵害竞争企业和消费者两方面的利益。这时候,被侵企业和消费者都有权提起诉讼,要求追究其法律责任,赔偿损失。但这两种诉的性质是不同的。一种是基于竞争而起,一种是基于财产侵权而起。这两种诉讼可否作为一个案件进行审理?《反不正当竞争法》并未明确规定,最高人民法院也还没有作出司法解释。

这个问题在国际上也是有争议的。法国学者认为,对不正当竞争之诉和商标侵权之诉,一般消费者均应享有作为原告的诉权。因为这些法律从理论上说,也保护消费大众的利益。[②] 但也有一些学者对此表示不同看法,认为消费者权益被侵面广量多且多系小事,与不正当竞争之诉合在一起显然不好处理。“倘各个人均因混淆而误买一根牙膏、一块肥皂和一卷纸片,受有区区损害而诉诸法院,则法院秩序将大乱矣。”[③]美国最高法院判例和联邦贸易委员会法对这个问题也经历了一个从不严密到严密的过程,一开始他们认为,保护有效的竞争本身就是保护消费者的利益,因为消费者在对价格和质量具有多种选择的情况下,就能以最低的价格买到最好的产品。但 1931 年最高法院的一个判例把这两者割裂了开来,认为实际上一种贸易做法虽然损害了有效的竞争,但并不能表明它实际上损害了消费者的利益。为使联邦贸易委员会有权对这两种侵权一并处理,1938 年《联邦贸易委员会法》第 5 条作了扩大规定:“对于商业中各种不公正的竞争方法和不公正和欺骗性的行为或做法,均就此宣布为非法。”[④]

依照我国现有的法律规定,笔者认为对这两种诉求,可以分开审理。理由为:(1)这两种行为虽然都属民事侵权范畴,也都由一个行为引起,但是其诉讼性质是不一样的。一个是为了达到公平地分配市场的目的,一个是为了民

---

① [英]亚格纽:《竞争法》,南京大学出版社 1992 年版;[美]霍华德:《美国反托拉斯法和贸易法规》,中国社会科学出版社 1991 年版,第 47 ~ 48 页。

② 陈曾汝明:《专利商标法选论》,台北三民书局 1977 年版,第 185、186 页。

③ 同上注。

④ [美]M. C. 霍华德:《美国反托拉斯法与贸易法规》,孙南申译,中国社会科学出版社 1991 年版,第 36 页。

事权益的恢复和补偿。(2)原告主体是不一样的,一为参与市场经营和商业服务的经营者,大多数为利益竞合的法人和单位,另一类则是自然人"消费者"。(3)我国已有了两个不同的法律对这两种行为分别进行调整,一个是《反不正当竞争法》,一个是《消费者权益保护法》,这两个法虽然功能上互有交叉,但调整的范围和界限是明了的,法律责任也有不同之处,分别调整更符合实际。(4)由于这两种法律关系并不完全相同,因此在审判实践中合并审理很难操作,各诉讼主体的法律地位不好确定,集团诉讼会使诉讼程序和时效拖长。(5)这种分别审理不违反"一事不再理"的原则。因为行为虽是同一的,但侵害了两种不同的对象的合法权益,就像一个伤害者同时打伤了两个人,自然要对这两人分别承担伤害赔偿责任。在具体操作中,一般可由同一个合议庭对这两类案件先后进行审理,便于了解熟悉案情,防止无效劳动。

三、关于政府机关参与不正当竞争能否列为共同被告问题

这是不正当竞争案件审理中一个非常难处理的问题。我们现在有许多不正当竞争案件都与政府机关的干预有关,有的表面上看是企业的不正当竞争行为,实际上是行政权力在后面起作用。如有一个县城作出规定,国营客运公司(实际亦是承包给个人经营)的中型客车可以送客进入城关市区,在市区停留上客,个体经营户的中型客车则一律不得进城区,违反者即行罚款和扣留驾驶执照。结果国营公司基本上垄断了客运业务,个体经营者无法生存。导致这两类司机矛盾激化,发生斗殴闹事。个体司机向法院起诉,法院认为把握不准不予受理。这个案例中,表面看是国营公司和个体经营户的不正当竞争,但真正的原因是县政府有关部门的行政决定和城市交警队的行政管理行为(实际上更深层的原因是行政机关工作人员的腐败和国营公司承包者私下协议分好处)。这种行为,有的学者将之称为"超经济强制经营行为"。[①] 从反不正当竞争角度来看,适格被告是国营公司,但从事情本来面目看,国营公司显然不是真正的被告,至少不是单一被告。但我国《反不正当竞争法》第30条规定,对政府机关参与不正当竞争的,只能由上级机关干预纠正,以及对责任人进行处理。这种内部行政行为性质的处理严格地说并不是法律责任,不应以法律的名义来进行规定。因为所有的法律规定,应该是有司法权保障的,这种行为司法权对之却无能为力。这无疑是一个较大的漏洞。因为即便判决国营公司

---

① 国家工商局条法司:《现代竞争法的理论与实践》,法律出版社1993年版,第248页、第287~288页。

败诉,并不能真正消除不正当竞争的根源,依行政规定他们仍可以再进行这种不正当竞争。这一规定排除了反不正当竞争诉讼中,以行政机关的参与不正当竞争行为而直接列入被告的可能性,即政府机关不可能成为不正当竞争之诉的共同被告。

但这种行为的被侵权人可以从另一个法律渠道对政府机关的行为进行起诉,将之列为被告,排除妨碍。这就是行政诉讼,这种行政诉讼和工商机关处罚了不正当竞争者,被处罚人不服而提起的行政诉讼是不同的。这种诉讼是当事人直接对行政机关的具体行政决定不服而提起的一种特殊的诉讼。像上述例子中,个体司机可以推选代表,在对国营公司提起不正当竞争之诉时,联合对作出这一具体行政行为的行政机关提起行政诉讼,要求人民法院撤销这一违反法律规定(包括违反《反不正当竞争法》的规定)的行政行为。人民法院应该依照《行政诉讼法》的规定受理。在判决撤销交警队的行政决定的同时,对政府的规章以下的规范性文件,以同法律相抵触为由判决不予适用。从这一意义上说,政府机关参与了不正当竞争,是可以列为被告进行审理的。只是这种行为一般看起来好像介于具体行为和抽象行为之间,是一种“泛主体”(管理相对人主体)的行为,法院在立案时要进行审查,只要认为这一行为对特定管理相对人的权益构成了侵犯,就可以受理,依行政诉讼渠道而非民事诉讼渠道进行审理。

四、专利诉讼败诉后可否再行提起不正当竞争之诉问题

这个命题的提出实际上包括了一系列的问题,即《反不正当竞争法》对其他专项法不能完全保护的邻接权,能否给予更广泛的特别保护?如版权与制止不正当竞争权、商标权、专利权和制止不正当竞争权,专项法的保护对象都是有明确界定的,而反不正当竞争法保护的对象,无论从主体还是外延范畴,都要广泛得多。为说明这一点,这里举个具体的例子。甲厂开发成功一种用于工业自动化控制的电器开关,已经列为国家几项重点工程的选用产品,该厂申请了专利,但权利要求书中所列内容比较粗,未作细则要求。同地乙厂见该产品销路好,即从甲厂高薪聘任技术员和供销员,对该技术次要部位作了改变,生产出了同样原理、性能和作用的开关,并将到当地来向甲厂购货的外地客商从宾馆接走,以低于甲厂价格等不正当手段将购货合同截走。甲厂向某市中级人民法院起诉,胜诉。乙厂上诉,某高级人民法院以技术发明高度不高,乙厂产品与甲厂权利要求书内容并不一致为由,判决不构成专利侵权,甲厂败诉。案件生效。对此案二审的判决是否正确这里不作讨论,仅就此案的

现有情况论,甲厂在专利诉讼败诉后,还能不能再提起不正当竞争之诉?

《专利法》保护的范围仅以专利权范围为限,具体的操作标准,则是“权利要求书”中明确列出的专利内容。因此这种保护的对象是特定的,覆盖面比较窄。而《反不正当竞争法》保护的范围则要广阔得多,不但包括经过登记的专利,还包括未登记的技术秘密和其他权利,以及经过长期营销战略商业信誉而创下的实际市场影响力和控制力。只要能证明某方的合法权利遭到了不正当竞争行为的侵害,即可以适用该法进行保护。像上述这个案例,即便乙厂不构成专利侵权,其进行不正当竞争的行为则是明显的:通过“挖墙脚”获取技术秘密;通过挖供销员和截走客户获取销售市场;通过压价竞销抢占市场。因此从不正当竞争行为的构成要件分析,这种行为完全是可以用《反不正当竞争法》调整的行为。

那么,这个案件已经过了专利诉讼,甲厂还可不可以再提起不正当竞争之诉?笔者认为,应该可以提起。因为这两个诉所包含的内容是不一样的,并不是同一个法律关系。专利之诉是为了保护专利,不正当竞争之诉是为了保护平等的市场关系以及被侵权人的合法权益。适用的法律也是不一样的,专利以《专利法》为唯一判断依据,不正当竞争则主要适用《反不正当竞争法》,再参照《专利法》、《商标法》等其他法。同时,如果不是这样,当事人的合法权益就无法得到保护,侵权人的不正当竞争行为就不会受到制约。原告由于专利之诉的败诉而同时丧失了不正当竞争之诉的诉权,这与总体上的法治原则是相违背的。国家工商局条法司编著的《现代竞争法的理论与实践》也基本持这种观点,“在知识产权保护方面已有专项立法的情况下,《反不正当竞争法》的重要意义是保护现有知识产权专项立法不能保护的成果,以及制止超出现有专项法律保护范围的不正当竞争行为,以维护市场秩序”。[①] 英国等国家也有类似的规定,当其他法律程序无法实现保护时,被侵者可以再行提起不正当竞争之诉。同样道理,对于商标权、著作权、版权等其他专项法无法实现保护时,认为自己合法权益被不正当竞争侵害的当事人可以再行提起不正当竞争之诉。

《反不正当竞争法》的法律适用中,还会出现其他一些比较难以把握的问题,随着审判门类的增加和法理探讨的深入,感性认识的加深,人民法院才会逐步积累经验正确地予以解决。本文所持的观点只能说是一家之言,有许多问题,都有待立法解释和司法解释逐步加以明确。

---

① 国家工商局条法司编:《现代竞争法的理论与实践》,法律出版社 1993 年版,第 287 ~ 288 页。

37. 论反不正当竞争执法中的行政裁决*

行政执法权主要包括行政监督检查权、行政处罚权、行政裁决权。从我国当前的反不正当竞争行政执法现状看,工商机关一般只行使了前两项权力,而对行政裁决权放弃使用。被侵权者要获得侵权赔偿,只有向人民法院起诉获得法律救济。这一现象牵涉到一些比较复杂的法律问题、执法指导思想问题和对被侵权主体权益的救济问题,因此有必要进行一些分析探讨。

一、提出这一问题的必要性

《反不正当竞争法》是一个多重保护客体的法,他保护的是三方面的权益:一是国家正常的市场经济秩序;二是被不正当竞争行为侵害的经营者的合法权益;三是消费者的合法权益。这三项功能中,核心是第二项,即被不正当竞争行为直接损害的经营者的权益。而对这些主体的权益救济的方式,除了排除妨碍(处罚惩戒、责令停止侵害),更重要的是权益的赔偿和补偿。而自从该法实施到现在,绝大多数经工商行政管理机关查处的不正当竞争行为,一般都是罚款上交国库,没有经济赔偿的裁定。国家公平交易局1996年编的《不正当竞争案例精选》中收录了全国50件处理不正当竞争的典型案

---

* 本文发表于国务院办公厅《中国行政管理》杂志1998年第2期。

例，总体执法质量都是比较好的，但没有一例行政裁决的内容。① 可见这不是一省一市的个别现象，而是涉及对法律规定本意的理解问题和行政执行领导机关的一种价值取向问题。由于只罚不裁，使执法实践同立法本意出现了错位，影响了执法效果。这一事实的存在导致了以下的问题：(1)同法律本意不符，丧失了该法的一大部分功能。(2)使被侵害者得不到合法的法律救济。由于工商处理过的案件法院一般不再受理，民事赔偿诉讼也无从提起。(3)对工商机关长久执法不利。因为不正当竞争案件主要靠行政执法，实践中处理的90%以上靠工商机关，如果当事人向工商机关举报后都得不到赔偿和补偿，势必影响其向工商机关寻求帮助的积极性。(4)不利于提高管理效率和降低管理成本。因为如按有的学者认为的那样参照有的国家的做法，由行政机关负责检查处罚，另由法院对同一案件的民事赔偿部分进行裁判，则会大大增加国家管理的精力和当事人的精力，也有违我国《反不正当竞争法》合并执法的原则规定，同时也不利于发挥行政执法机关的专业特长。

二、只罚不裁的复杂原因

笔者同许多第一线的和高层次的工商机关的执法人员探讨过这一问题，占主流的思想是认为这是一个实际存在的有待解决的问题，但目前还是只能这样办。个中的原因，有许多复杂的因素。

1. 法律规定模糊。《反不正当竞争法》第3条规定："县以上工商行政管理机关对不正当竞争行为进行监督检查"，对处罚和裁决没有规定。在第20条中规定："被侵害的经营者的合法权益受到不正当竞争行为损害的，可以向人民法院提起诉讼。"这一规定造成了一种误解，以为侵权赔偿工商机关可以不管了。由于法律规定有这些模糊界域，执法实践中就可以各取所需，导致只罚不裁现象。

2. 思维定势原因。长期以来，我们行政执法机关在运用行政检查和行政处罚权力时，都比较驾轻就熟，得心应手，在行使司法裁断性质的行政裁决权力时，就感到生疏，由此形成了一种思维定式，片面理解行政执法权，以为行政执法只要制止了违法行为并进行了处罚就行了。对不正当竞争行为，无论被侵权人有没有提出赔偿请求，一般都处罚侵权人了事，不支持请求人的要求。

3. 怕麻烦图省事。由于行政裁决涉及赔偿事实和证据的查证和质证，涉及赔偿额的计算，当事人双方意见的调解和裁定，在裁定以后，还有可能造成

① 国家工商局公平交易局：《不正当竞争案例精选》，工商出版社1996年版。

当事人因赔偿问题不服引起的双方向法院起诉，工商机关还要花精力对付诉讼，因此一般对不正当竞争的查处就限于行政处罚，对赔偿部分一推了之，要当事人自己解决或另起诉法院解决。

4. 被侵权主体被忽略或不在场。有不少不正当竞争案件被发现后，工商机关可以主动查处，不像法院受案不告不理，必须有原告，而可以在没有原告的情况下进行查处。有的不正当竞争行为，侵权是泛主体的，如“最好的”、“唯一的”之类的广告行为，侵权的对象本来就比较模糊而不特定，因此在查处中往往没有“原告”。有的案件中，虽有原告举报，一般立案后就成了工商机关和被查处对象两家的事，“原告”完全被忽略，赔偿请求也被忽略了。

5. 赔偿执行机制问题。行政执行现在正在成为一个难点，有时连代表国家权益的处罚内容都无法执行，因此对平等民事主体的赔偿内容，执行就更为不易。有的案件移送法院执行后，法院由于案件多力量少，也拒绝收案或不能及时执行，当事人向工商机关要求，造成久拖不决的问题。因此，有的工商机关干脆一开始就推出不管。

三、不正当竞争行政裁决的法律依据

行政裁决，是指行政执法机关在执法时，行使像法院一样的居中裁断的职能，对平等主体之间民事赔偿纠纷，依照事实和法律作出具有法律效力的裁定。行政裁决和行政处罚虽然在执法主体上是一样的，但执法主体的性质和调整的对象是不同的。行政处罚是国家机关同被处罚者两者之间形成的处罚与被处罚的法律关系，是不平等的、单方的行为，适用的是行政管理法律规范，法律后果是一种惩罚，罚款受益人是国家。处罚权调整的是国家公权利，因此不能由执法人员自行处置，不能调解。行政裁决是国家机关和两方当事人之间形成的三方主体的法律关系，国家机关不是权利义务的一方，而是居间的裁断人，由国家机关对平等主体之间的权利义务关系作出裁断。适用的是民事法律规范，法律后果是一种民事上的法律救济，受益人是被侵害人，可以适用民事调解。

在反不正当竞争执法中，行政机关可以不可以行使行政裁决权，在国际上并没有完全一致的做法。有的国家是侵权调查和行政处罚由公平交易委员会等行政机关行使，刑事追诉也由其提起；民事赔偿则由当事人自己向法院起诉。有的国家则可以直接由行政机关在进行侵权调查后直接作出处罚决定和赔偿裁决。我国台湾地区的“公平交易法”第 32 条还规定了损害额 3 倍以下的惩罚性赔偿，由法院裁判。

我国行政法律法规中对行政机关明确规定了行政裁决的权力。如《森林法》第34条规定:“由林业主管部门责令赔偿损失”,《渔业法》第29条规定:“由渔政主管部门责令赔偿损失并处罚款”,第25条规定:“由县以上人民政府责令赔偿”。①《治安管理处罚条例》和《交通事故处理办法》都规定公安机关有权就损害赔偿问题作出行政裁决。最高人民法院《关于贯彻执行〈行政诉讼法〉若干问题的意见》第4条规定了公民、组织对行政裁决不服的可以提起行政诉讼。因此,行政裁决权是我国行政执法中广泛享有的固有权力。

在《反不正当竞争法》中,行政裁决权没有明确规定,但全面理解法律,可以认为是享有这一权力的。《反不正当竞争法》第3条规定了“县以上工商行政管理机关对不正当竞争行为进行监督检查”,因此这个法的执行主体主要是工商局。其第20条规定:“经营者违反本法规定,给被侵害者造成损害的,应当承担损害赔偿责任。被侵害的经营者的合法权益受到不正当竞争行为损害的,可以向人民法院提起诉讼。”综合理解行政执法权的内容和这两条法律规定,并没有排除工商机关在反不正当竞争中的行政裁决权。因为:(1)行政裁决是行政机关执法的固有权力;(2)反不正当竞争执法的主体,法律规定主要为工商机关,在实践中绝大多数案件是由工商机关在处理;(3)法律规定侵权赔偿“可以”向法院起诉,而不是“应当”或者“必须”向法院起诉;(4)最相类似的《商标法》第39条和《专利法》第60条规定,侵权赔偿可以由工商机关和专利机关作出裁定,而《商标法》又是《反不正当竞争法》“法律责任”一章中明确指引适用的。因此,在反不正当竞争执法中,工商机关不但有权,而且应该就民事侵权赔偿问题作出裁定。

反不正当竞争行政裁决,适用于对不正当竞争行为主体进行行政检查和行政处罚时,被侵害者同时提出赔偿要求,而不想提起司法赔偿诉讼之时。其范围,可以适用于所有各种不正当竞争行为中造成侵害损失,被侵者提出赔偿请求的案件。工商行政裁决主要有三类:权属纠纷裁决,侵权纠纷裁决,损害赔偿纠纷裁决。反不正当竞争执法中这三种纠纷裁决都会遇到,但主要是赔偿纠纷裁决。在裁决时要遵循行政执法的基本原则,以事实为依据,以法律为准绳,查明侵权事实和损害的确凿证据,以及互相间的因果关系,依照《反不正当竞争法》第20条规定的赔偿计算方法确定赔偿。从侵权人的实际获利、被侵人的实际损失、声誉损失和间接损失、为调查侵权行为支出的费用等方面,进行综合考虑确定。在处罚和赔偿同时适用时,应该先以违法所得保障赔

---

① 《森林法》已于1998年修订,《渔业法》已于2000年、2004年修订,所引法条与现行法条不同。

偿部分，其余部分进行罚款或没收处罚。即应适用救济功能优先原则。

四、行政裁决的法律后果

行政裁决具有确定力，非依法定方式不得撤销；具有约束力，纠纷双方都必须遵守；具有执行力，即对已发生法律效力的裁定，当事人不主动履行的，可以由行政机关或者移送人民法院强制执行。

行政裁决会导致五种后果：一是生效后当事人自动履行；二是生效后被行政机关强制执行；三是被申请移送法院强制执行；四是在当事人提起行政复议后被复议机关撤销和变更；五是在当事人不服起诉后被法院依法撤销。

《反不正当竞争法》对执行问题没有作明确的规定，要按相关法律如《行政诉讼法》等的规定办理。一般来说，其程序同行政处罚的执行是基本相同的。《反不正当竞争法》第29条规定，当事人对监督检查部门作出的行政处罚不服的，可以在收到处罚决定15天内向上一级主管机关申请复议；对复议决定不服的，可以自收到复议书15天内向法院起诉，也可以直接向法院起诉。对于执行，《行政处罚法》规定当事人应在决定的期限内自觉履行，或申请法院自觉强制执行。《行政诉讼法》第66条规定："公民法人或者其他组织对具体行政行为在法定期限内不提起诉讼又不履行的，行政机关可以申请人民法院强制执行，或者依法强制执行。"

对于不服行政裁决的诉讼，人民法院将按行政案件审理，而且只有维持和撤销两种选择。最高人民法院《关于贯彻执行〈行政诉讼法〉若干问题的意见》第45条规定：人民法院对于行政机关关于赔偿问题的裁决和强制性补偿问题的裁决不服的，按行政案件受理。而按该法规定，法院对行政处罚显失公正的，才有变更权，对其他的行政行为，只有撤销和维持两种判决权，不可以对行政行为进行变更，以免侵越行政权。这些法律规定，给及时合理地处理不正当竞争赔偿问题，增加了难度。法院审判后认为工商机关赔偿裁决显属不当的，只有在撤销后，判令工商机关重作裁定。这样势必加重当事人和工商机关的讼累。为解决这一矛盾，有的学者提出，一旦当事人起诉，法院就应作为民事案件受理，而完全可以将工商机关已经作出的裁定弃置一旁，等于宣布裁定无效。[①] 这一观点一是同最高人民法院的司法解释不一致，二会损害行政执

① 罗豪才、应松年主编：《行政法学》，中国政法大学出版社1989年版，第197页。

法权，损害工商机关的裁决积极性，因此也引起了争议。[①] 有的学者认为行政裁决诉讼既不是单纯的行政诉讼，也不是单纯的民事诉讼，而是行政附带民事诉讼。两者互相依存，不可分割，行政诉讼的解决是民事诉讼解决的前提。[②]在法理上看，这种观点是对的，但在实践中，只能按最高人民法院的司法解释执行。

为解决这些法律规定的矛盾，工商机关在执法实践中有三点可以注意：第一，要在反不正当竞争执法中充分考虑行政裁决的运用，保护被侵权主体的合法权益，因为在实践中工商处理过的法院一般就不受理，当事人无法再获得法律救济；第二，可以对赔偿部分尽量进行行政调解，因为调解是当事人自己处分自己的民事权利，协议达成生效后就有执行力；第三，如果行政机关决定只处罚而不对赔偿作出裁定，那么可以在《行政处罚决定书》中写明，如不服本决定，可以在几天内向某机关提起复议申请或直接向某法院起诉；被侵害人某单位的损害赔偿请求，可以另行向某人民法院直接起诉。这样，可以防止法院因约定不明而故意推诿。当事人也有了起诉的直接依据，使法律救济得以落实。

---

① 刘忠奎："行政裁决的特点、法律适用及法律设定之我见"，载《行政审判疑难问题新论》，人民法院出版社1996年版，第370页。

② 应松年主编：《行政行为法》，人民出版社1993年版，第856页。

38. 大型企业的商标战略*

大型企业的商标战略，是知识产权战略的一部分，对于保护企业的无形资产和保持长久持续的发展，具有重要意义。大型企业由于拥有良好的企业声誉和长久的声誉积累，往往会成为其他企业攀附、仿冒、混淆的重点对象。把自己的商品和服务同其他企业区分开来，巩固自己的固有市场地盘和特定的消费群体，具有特别重要的意义。而这种区别，主要是靠企业字号和商标。成功的企业总是高度重视自己的品牌价值，有计划有步骤地进行保护。

一、商标侵权行为的危害

商标侵权行为是我们发展市场经济的大敌，它不但会扭曲市场竞争秩序，而且会对国计民生造成直接的危害。

1. 损害企业的合法权益。我国近年对假冒伪劣商品给消费者带来的危害关注较多，但对企业合法权益的损害关注不够。从国家经济建设和社会公众角度看，这个权益的保护是应该给予高度重视的。假冒商标、攀附商标、盗用商标、抢注商标、不重视商标权的保护和运用，已经给我国许多企业，经营组织造成了不可估量的损失。有的企业由此一蹶不振，有的陷入停产、倒闭、破产的困境。在发展市场经济的今天，不重视这个问题，企业就没有了“护身符”、“金护照”和占领

---

* 本文分三期发表于 1994 年 1 月 14 日、1 月 28 日、2 月 25 日的《科技日报》，题目为《反商标侵权：企业的防范与对策》。其时我在北京大学法律系高级法官班，写作《反不正当竞争法律适用概论》、《企业反侵权法律指南》等两本知识产权专著，此为附带的研究成果之一。

市场的有力武器。

2. 损害消费者的利益。假冒伪劣产品损害了亿万消费者的利益，使之买不到真正优质的商品，在经济上蒙受重大损失。浙江兰溪市一宗假种子案，使几千亩水稻近千农户颗粒无收。假劣农药、化肥使一些地区农作物大面积减少，土壤板结，肥力下降，严重坑农害农。农民说：假劣农资比天灾还厉害。在城乡消费者中，因伪劣商品受害的事例已多如牛毛，报上几乎随时可见。

3. 危及人民生命健康。假冒伪劣商品不但会给群众带来经济上的损失，还会给人身、精神上造成严重危害。有个农具厂组装假冒农用汽车，造成一连串交通事故，严重的一次死伤十余人。1992 年，山东、河南、四川、湖北发生犯罪分子用低价针剂假冒硫酸卡那霉素和小诺霉素，造成七名儿童及一名妇女死亡。1993 年黑龙江佳木斯地区发生用工业酒精伪造白酒致七人中毒死亡，六人致残。连同前几年的假茅台案，全国假酒致死人命案已有几十起。假冒劣质淋浴器致人煤气中毒，死亡的报告已有近 200 起。假冒电风扇致人触电伤亡，假冒一次性注射器致人感染加重病情的事例也屡见不鲜。

4. 破坏良性社会经济秩序的形成。假冒侵权行为严重破坏社会主义市场经济秩序，使不正当竞争行为泛滥。商德沦丧，市场价值规律被扭曲，商业竞争对资源优化配置的促进作用削弱，“李逵打不过李鬼”。由于仿冒伪造的多系名优商品，首先被侵害被毁损的都是商场上的拔尖产品，因此形成了一种商界的“劣化选择”，使商品质量不是向优质迈进，而是陷于低水平徘徊。商场环境的混乱使供销渠道不畅，真实信息被淹没，给宏观调控和微观管理都造成困难。

5. 严重败坏国际信誉，使我国商品走向国际市场困难重重。国内商品假冒伪劣的恶果，已在国际市场上充分体现。独联体市场刚被打开已被全面污染，中国货成了假冒伪劣的代名词，旅游鞋、日用品、方便面、营养饮料、工艺品的声誉江河日下。羽绒服里全是劣质鸡毛、稻草，甚至手纸。俄罗斯人专门召开中国假冒伪劣商品展示会进行曝光，哈巴罗夫斯克边疆区在电视台公开提醒公民不要购买中国货，以免上当受骗。在新西兰，Made in China 成了假冒伪劣、质次价廉商品的代名词。这些自杀性的后果都是中国不法商贩的假冒伪劣商品造成的。现在，独联体市场、东南亚商场正被日本、韩国、“台湾”商品迅速占领。外贸被韩国、“台湾”商品迅速占领。伪劣商品还败坏国家声誉，连官方营销渠道亦被玷污。外贸部门每年都发生多起外商退货、索赔事件。浙江永康拖拉机厂生产的柴油机在东南亚市场原有良好信誉，后来被福建某厂仿冒，声誉大损。我国出口的模纱和坯布在香港市场被誉为“24K

金”，但由于出口渠道混乱质量不一，声誉下降，近两年逐步被巴基斯坦同类商品挤出市场。中国文物原是外国极有吸引力的购买商品，由于假冒仿古成风，现在连国营商店允许出境的真文物也卖不出去了。浙江省某出口公司拥有“金门”（Gold Door）牌锁的外销商标专用权。经多年苦心经营及宣传，已在中东、西欧、东南亚享有盛誉。1987 年 7 月，该公司因质量原因，将一批定制的锁退还委托生产厂并同意其自行处理。但该厂仍以原商标低价销往中东地区同一市场。这批锁加工粗糙，锁环、锁面标记与锁匙标记明显不同，不但使“金门”商标声誉受损，同时因削价竞销，致使外商撤销了浙江公司三份信用证，损失 10 万美元，未履行合同两份，损失美元 19 万余美元。浙江公司起诉到我国法院，终因中东该国未加入《巴黎公约》，商标在那里不具备优先权而败诉。这种经营作风实际上损害了我国利益。商标侵权，假冒伪劣商品对我国外贸造成的损失之大，是难以估量的。不努力消除这个萧墙之祸，中国商品要全面走向世界市场是困难的。

二、防范侵权的手段及对策

对假冒伪劣商品及商标侵权行为，主要的当然是依靠政府部门、司法机关的管理和惩处，依靠良好的市场经济秩序的形成，依靠各种经营主体之间逐步建立起共同遵守的规则，去逐步消除。但对于企业、经济组织来说，树立强烈的商标意识，增强自我防范能力，是非常重要的。现在充斥社会的各种商标被假冒、被侵权现象，无不与企业自身疏于防范相关。企业经营部门要想在当代市场经济的大潮中立于不败之地，必须了解一些防范侵权的手段和对策。

（一）及时注册确立商标所有权

取得商标权，是商标权益保护的前提和基础，没有取得商标权，一切权益保护都无从谈起。这本是一个十分明显的道理，但实际上有许多企业对此并未给予足够的重视。这从现在我国平均 50 家企业才拥有一个商标的现状可以看出。有一位商标主管人员披露，我国 90% 以上的企业是“先生孩子后起名”，许多则“生了孩子好久才起名”，“等孩子满地跑了才报户口”，结果往往被别人占了先。台湾有个投资者在国内办企业，万事俱备就是不开工，原因是等商标注册。他说不注册就生产，结果会为他人作嫁衣，白辛苦，这种自防意识很值得我们借鉴。

要取得商标权，就是要及时向商标管理机关申请注册。各国商标法规定的商标权原始取得的方式不完全相同，有的按使用在先原则，有的则两者兼顾，称为混合原则。无论哪种原则，及早申请注册，对一个企业来说只有好处

没有坏处,只会赢得主动。

使用在先原则的含义是:商标只要经过实际使用,谁先使用,商标权就归谁所有,无须经过核准注册,也能获得法律的确认和保护。根据使用在先的事实,商标使用者可以禁止他人使用其商标,申请撤销他人后使用而注册的商标,在合法权益受侵害时,可采取法律手段求偿。这个原则也承认注册效力,但注册在先服从于使用在先。在世界上,采用这个方式的国家不多,如美国。而且近来在实践上已逐渐增强了注册的效力,更由于全体经营者商标意识的崛起,几乎无人光使用而不去注册,所以实际上也是注册确认为主。只是在一些历史复杂的商标诉讼案中,才在司法审判及行政仲裁中仍引用使用在先原则。

注册在先原则的含义是:不管你使用商标时间有多长,商标权只授予最先提出申请的企业和经营组织。如果一个企业不及时注册,即便使用某商标已有十几年历史,花下了血本,一旦被他人早申请注册,它都将失去该商标权。商标的使用者只有经过申请并核准注册,才能取得商标权,受法律的保护。这个原则是非常明确的界线,便于管理,更有利于建立稳定的商标秩序,因此大多数国家都采用这一原则。在国际公约和惯例中,也采用这一原则。而且由于商标权的地域性限制,注册在先原则显得尤为重要,所有企业都不得不重视这个原则和惯例。

混合原则则是前述两个方式的混合,即两种方式互有渗透。如有的国家设立注册商标考验期,给使用在先的主体以一定期限的异议请求期,超过期限而不异议的,即让申请在先者注册。还有的国家采取注册在先原则,但当两个相同商标的不同主体同日提起申请时,就准许使用在先的一家注册。《日本商标法》还对驰名商标特例保护,即使用在先而驰名的商标,一旦被他人注册,仍允许其注册使用。

我国《商标法》采用注册在先原则。当两个主体同时申请时,按使用在先原则解决。《商标法》[①]第 18 条规定:“两个或者两个以上的申请人,在同一种商品或者类似商品上,以相同或者近似的商标申请注册的,初步审定并公告申

① 由于本文写作于 1994 年,故引用的法条均按 1993 年时的《商标法》引述,现有效《商标法》应为第 29 条。我国《商标法》迄今已经经过了两次修订,经过是:1982 年 8 月 23 日第五届全国人民代表大会常务委员会第二十四次会议通过创立《商标法》,1993 年 2 月 22 日第七届全国人民代表大会常务委员会第三十次会议《关于修改〈中华人民共和国商标法〉的决定》第一次修正;2001 年 10 月 27 日第九届全国人民代表大会常务委员会第二十四次会议《关于修改〈中华人民共和国商标法〉的决定》第二次修正。

请在先的商标，驳回其他人的申请，不予公告。”第19条规定：“对初步审定的商标，自公告之日起三个月内，任何人均可以提出异议。”《商标法实施细则》第13条规定：“同一天申请注册的，各申请人应当按照商标局的通知，如期交送第一次使用该商标的日期的证明。同日使用或者均未使用的，各申请人应当进行协商；超过三十天达不成协议的，由商标局裁定。”按照这一法律规定，申请时间的先后，是决定商标权归属的一个重要依据。一个企业一旦确定了某一商品的商标，经初步检索不会构成对他人的雷同和侵权，即应及时向商标局申请注册，将申请文件按规定一次备齐报送。特别是使用在先已有一定信誉的商标，这一点就尤其重要，一旦被他人抢注将悔之莫及。由于同一天申请注册的概率很小，因此我国注册商标实际上就是按注册在先原则。由于主观上的拖延而使自己苦心树起的商标被鹊巢鸠占的惨痛教训已是屡见不鲜。如北冰洋食品公司的“维尔康”商标被他人抢注；“红梅”香烟商标由成都卷烟厂注册，云南玉溪卷烟厂付出了180万元的商标转让费，才获得该商标权。我国大陆与台湾企业在美国市场的“梅林”商标专用权争夺战，最终大陆胜诉是依照美国法律“使用在先”原则，大陆方在上海旧档案中找到了使用在先的大量证据，才争回了商标权。

需要注意的是，这个申请在先的申请日期，是以国家商标局收到申请书之日为准的，不是以申请人提出申请的日期或者核转机关（当地工商局）寄发日期为准。[①] 这是因为核转机关并不完全代表商标局，而相当于商标代理事务所，提出申请和进行核转都不能视为商标局已收到申请。因此，除了及时申请外，催请工商机关尽快核报也是十分重要的。现在我国正在逐步实施代理制，工商局与代理事务所要逐步分离，这将有利于政府与事业分开，增强责任心和委托合同关系，提高办事效率，切实保护申请人的权益。

为了实现商标申请注册一次成功，避免耽误时间及重复劳动，在提出申请时要注意以下一些问题：一是熟悉商标法规及工商机关有关文件、规定及办事规程，以便顺利办事；二是注意设计、取名时不要使用法定禁用标志和图案；三是了解、查询商标档案及《商标公告》，防止自己的申请商标与已注册同类商标相同、近似或可能引起争讼的其他事宜；四是必须备齐所有必要的文件，如申请书（有严格的填写要求）、商标图样（黑白稿及彩色样张）、商标说明、营业执照。药品商标要有省级《药品生产许可证》或《药品经营企业许可证》，烟草制品要有国家主管部门批准生产的证明，外国企业申请还需附交委托书、国

---

① 我国当时商标注册采取当地工商局核转报送制，现在已经取消，可以直接向国家商标局申请。

籍证明书、公证文书等，还要及时按章缴纳规费。这些工作，企业没有专门人才的，一般可委托律师及商标事务所代为办理，详细法律规定及手续细节，咨询核查，他们都会帮助办好。随着我国商标事业的兴起，商标事务所专业人员的业务水平、业务发展也面临着新的机遇和挑战。

商标权益保护主要是针对那些大量生产要投入市场竞争的商品，对有些商品也可以不申请注册，如一次性、临时性商品，季节性产品，未定型产品，原料无保证、生产不稳定的产品，试制试销的新产品等。有些原料虽无保证，但属于名牌的小商品，也应申请注册以树立声誉。有些产品不是市场上流通的，也可以干脆不用商标，如国家内部调拨的，生产部门内部调拨的，习惯上用厂名、简单记号的产品。有两类商品必须有商标才可销售，而且必须注册，这就是我国《商标法》法定强制注册的药品和烟草制品。经过公告注册生效的商标，企业就有了排他的独家的专用权，一旦受到侵害时，就可以运用行政的、法律的手段维护自身的权益。

（二）立足长远注册防御商标

商标不但要及时注册，还要从长远观点出发，防止可能出现的自身商标被攀附、近似侵权，这就是事先注册防御商标。

防御商标，顾名思义就是一个企业为了防御将来可能发生的商标侵权而事先进行注册的商标。防御商标有两类，一类是指事先注册一系列与自己的名牌商标近似的、影射的商标，如娃哈哈，哈哈娃，娃娃乐等，这是在同类商品范围内。也有人将这种系列商标叫作“联合商标”，其实其作用也主要为了防御，阻断别人近似攀附之路。另一类是将自己商标在不同类商品上注册，目的在于扩大自身商标的专用权，以免因别类商品滥用此商标而冲淡自己商标的信誉。如“中华”香烟是名牌，“中华”牙膏因是不同类商品，亦可注册，信誉也较好。但如果服装、塑料制品也群起注册这一商标，而且市场信誉不好，就会严重损害“中华”商标的信誉。日本“索尼”商标现在已是具有很强影响力的商标，如果别人擅自使用“索尼”食品，“索尼”服装等商标，其信誉势必减弱。另如“万家乐”商标，在家用电器门类不会再被别人注册，但如有人去作为服装、化妆品、食品注册，就难以制止。这种无偿利用别人著名商标的不道德行为，日本称为“坐蹭车”，美国称为“免费搭车”（free ride），我国习惯称“搭便车”。这种手法对著名商标会起混淆和淡化的危害，消费者会产生“同那家著名公司总有什么联系”的印象。这种行为现在可以采用反不正当竞争的手段去制止，但更有效的手段是注册防御商标。防御商标就是商标拥有者事先跨门类地进行同名注册，进行积极防御。这在有些国家是允许的，前提是这个商标已经成为驰名商标，如日本菲利浦、美国雷诺士，一家企业拥有上万个商标，主要就是防御作用，使这一领地绝对置于本公司控制之下，使别人无缘插足。美国迪斯尼公司，对米老鼠、唐老鸭、普拉脱等动画形象，到世界许多国家的音像、服装、装潢、图书、玩具门类都进行注册。日本松下电器公司是1918年由松下幸之助在大阪创立的，独家拥有五个商标，如National（民族的、国家的、大和民族），Panasonic（杜撰的英文古典词，暗示意思为“曲尽其妙”、“华声四起”）等。为了防止商标被人跨类利用，该公司National电器类商标在肥皂化妆品香料类（日本商标法实施令规定的第4类）、织编物类（第16类）、服装类（第17类）、日用品类（第19类）、装饰品类（第21类）等进行了防御注册。我国对跨商品类别的防御注册不予准许，因为《商标法》第4条规定：“企业、事业单位和个体工商业者对其生产、制造、加工、拣选或者经营的商品，需要取得商标专用权的，应当向商标局申请注册。”因而自己未生产、制造、加工、拣选、经营的商品，并不能去先行注册。[1] 但这并不等于我国就没有防御商标。同类内的联合注册，已有不少例子。即使跨门类的，有的企业也可以通过小型生产、分厂生产等象征性生产经营，而取得该类的商标注册权。如娃哈哈集团公司，不但在同类饮料上注册了“娃哈哈”、“哈娃娃”、“哈哈娃”等三个联合商标，还将5个文字商标，3个图案商标在食品、玩具、饮料、儿童用品、化妆品等共12大类进行了注册，形成了防护网。随着商标意识的崛起和商标争夺战的激化，防御商标会日益增多。谁先具备这一意识，谁就会掌握主动，坐收渔利。

（三）防止商品质量造成的商标贬值

企业之所以对假冒伪劣商品要作出强烈反应，一是因为这种行为会抢夺市场，二是因为假冒商品总是粗制滥造，短期行为，质劣价低，会给正牌产品的信誉造成严重危害。作为企业，要想确立一个商标牌子，使之强大得足以在市场上所向披靡，就要十分重视商品的质量。

我国是采取用商标手段监督质量的国家。商标本是一种符号，本身并不能保证质量。但我国通过行政监督和注册时的审查，能取得商标的商品本身就有一种可信度。同时，由于商标可以保证使用相同商标的商品是由同一家企业制造的，其技术水平、产品质量大体一致。如果消费者第一次用了满意，就会有一种记忆信号留下来，长期放心地用这一牌号的商品。这就是为什么有些化妆品、饮品、香皂、食品总会有自己一批固定消费者的原因。但是，有的

---

① 现行有效的《商标法》也规定了商标必须使用。《商标法》第44条规定：使用注册商标，有下列行为之一的，由商标局责令限期改正或者撤销其注册商标：（四）连续三年停止使用的。

企业由于产品质量下降，使具有长久信誉的商标毁于一旦的事例也非常多，这种损失也是无法估价的。如上海的“凤凰”、“永久”自行车；“牡丹”、“大前门”香烟；“上海”牌手表；“金星”彩色电视机，都曾经是国内上流的名牌，但现在由于质量下降和科技开发度低，都已经被挤出了市场。还有如“雅霜”护肤霜商标，以前曾以其独特的馨香拥有不少顾客，但由于声誉下降，产品积压，有的商店卖过期货，造成了恶性循环。因此，拥有一个好商标并非就拥有了一劳永逸的名牌和市场。老名牌如果不重视保持质量，马上会使商标贬值，最后寿终正寝。

不但质量下降会导致商标贬值，不努力创新，保持商品的领先水平，也会使一个如日中天的商标一落千丈。我国“红旗”轿车、“上海”轿车曾经是人们仰之弥高的商品，但当它从官员用车走向市场，有可能进入寻常消费群体大展宏图之时，声誉已被国际外来品牌车的浪潮湮没，本来可以换来滚滚财源的名车商标，由于未能及时进行技术更新提高质量，终于变得一文不值，使之成了“过时的”、“老牌的”、“保守的”、“落后的”甚至于“淘汰的”代名词。现在“上海”车型已停止生产，“红旗”车也基本未生产，改型“中华”后也举步维艰。而桑塔纳、标致、奥迪、切诺基等在中国毫无历史渊源，也没有任何名称上的美好联想的商标，由于大胆引进技术并逐步国产化，却后来居上，占领了中国国内市场，并开始跻身国际舞台，但这些车商标本是外国的驰名商标，如奥迪可以说也仅是外国车在中国的翻版而已。[①] 在全国首届驰名商标评选中，传统名牌“回力”球鞋、“恒大”香烟、“上海”手表、“北冰洋”汽水都未能提名，而新兴的“北极星”钟、“青岛海尔”冰箱、“霞飞”化妆品却榜上有名。除了这几个商标广告策略成功的因素外，与质量的稳定上升有很大关系。上海 20 世纪 70 年代末整顿被“文革”期间搞乱了产品质量、声誉下降的 57 个传统名牌，加强企业管理，努力提高商品质量，使声誉迅速恢复，保住了名牌，如“长城”保温瓶；“双狮”胶鞋；“三角”牌毛巾；“美加净”、“中华”、“白玉”牙膏等又有了良好的声誉。确实，珍惜商标与珍惜商品质量是相辅相成的，有好的质量才有好的声誉，好的声誉才可树起名牌商标，名牌商标又反过来从利润、荣誉感、促进管理几方面进一步使商品质量提高。

（四）避免商标多变引起的知名度中断

商标的作用在于在顾客头脑中的记忆积累，使顾客买回头货，保持稳定的

---

① 特别是从民营起步的完全民族化的“吉利”汽车近年的崛起更可以证明，在中国汽车市场国际化的背景下，民族汽车工业并非没有一点生存余地。吉利已经开始走向返销国际的市场。

消费队伍。因此,长期稳定的商标是十分重要的。商标多变,不但会使这种联系和记忆中断,这会给侵权者以可乘之机,使之仿冒,抢注得手。

国外著名商标,一般都有长久的历史。式样、文字、图形、色彩都长期保持稳定。“可口可乐”商标是1902年创下的,已有九十余年,他的劲敌“百事可乐”商标是20世纪30年代创下的,也一直保持不变。意大利“菲亚特”汽车商标创于1899年,由意大利都灵公司注册。英国唯一被许可用单个字母作为商标的“K SHOES”制鞋公司,商标注册于1875年。德国一代名车“Mercedes”(梅赛德斯)商标,是戴姆勒汽车公司与奔驰公司合并前,于1900年注册的,日本三菱汽车工业公司的“Mitsubishi”(三菱日语的英语音译)商标,则创于1886年。另如英国的“555”香烟商标,美国的“万宝路”商标,无不有长久稳定的历史。我国的“茅台”酒,“胡庆余堂”中药,“张小泉”剪刀,“景德镇”瓷器,也都有很长的历史。这些商标使这些企业的每个年代的进展,每一次荣誉,每一分知名度,每一代顾客,都逐步通过商标附加累积起来,使商标信誉日增,“无形财产”不断增值。相反,我们有的企业对商标采取的是一种短期行为,甚至掠夺性地使用,牌子倒了再换一个。解放前上海一些商人就是采用这种方式。他的指导思想就是为了逃避信誉低下的商标,短期获得市场,因此不断花样翻新。值得注意的是,现在我国有的企业也在采取这种方式,有的是为了摆脱困境重塑形象,有的则是为了借机抬高价格以获利。如国内有的烟厂,不断更换商标及香烟牌子,花样翻新一次抬价一次,其实头等烟草原料还是这一些,创了新牌占了好烟丝,原来的头牌就用二档的,二档的用三档的,结果原来的名牌烟质量迅速下降,商标贬值,眼前利润是提高了,但巨大的商标无形财产却丧失了,这种蠢事现在还有很多人干,有的还乐此不疲。看看“555”、“万宝路”、“健牌”烟的凌厉攻势,就可以知道我们有些烟厂的这些手法无异于自杀。有个地方烟厂本来已有当地名牌烟,几次倒腾,新牌树不起来,老名牌却失去了消费者,最终市场萎缩,效益全面下降。现在洋烟势头日炽,以至于国家不得不采取措施限制洋烟的进口,以保护这项高税利的民族产业。

由于商标不断更迭,企业给人的形象是支离破碎的。还由于经常有商标被搁置不用,或自然失效,使一些假冒伪劣商品冒牌而出,成了滋生这些劣质商品的一个渊薮,导致商标侵权案、假冒伪劣案不断发生,不但进一步败坏原企业的形象,还给整个市场秩序带来了不利影响。因此,企业一定要下决心选准商标,长期稳定地进行培育,使之日积月累,打开局面,创下名牌。浙江杭州余杭县红星五金厂原采用“红星”商标,由于太平凡,总是打不开知名度。1989年,该厂创出“老板”商标,生产吸排油烟机等系列产品,数年中在中央电视台、各省市电视台有规律地进行广告宣传,同时不断改进质量、提高服务,在全国迅速打开了市场,“老板”产品知名度大增,还进入了泰国、新加坡、香港等东南亚市场,产生了巨大的效益。老板集团现已有 8 个支公司,在 22 个省市、东南亚、独联体设有 36 个办事机构。有外商提出用巨资购“老板”商标,该集团公司负责人说出多少代价也不卖。因为这个商标已成了这个企业集团的根基,如果失去,那么这个公司就难以在现在的基础上生存,又得白手起家重新发展。商标的长期稳定对企业的重要性,由此可见一斑。

(五)防止商标驰名导致的商标权丧失

企业要努力创下自己商标的知名度。但是,是不是商标越驰名越好呢?并不是这样。有时商标驰名过度,又会走向反面,即由于驰名而造成商标类称化,变为通用名称,使商标专用权自然消失,大家都可使用。

商标驰名导致类称化,商标权消失,多是由于商标拥有者只重视拼命扩大知名度,而对商标保护不重视,使用不当,过分成功的广告运用,对他人著作、辞典、宣传媒介不恰当地将商标作为通称使用未及时制止造成的。这种现象在我国和外国都已经有许多例子。

说起“味精”,大家马上会想起这是一种透明结晶状的有鲜味的调味品,有各种牌号的,如“西湖牌”味精,“天厨牌”味精。很明显,这是一类商品的通称,区别的标志是各种生产厂的商标。但很少有人知道,“味精”本身原是一种企业独创的商标性质的商品专用名称。解放前的 20 世纪 20 年代,上海嘉定的著名化学工业家吴蕴初目睹日本“味之素”调味品纷纷打入中国市场(“味之素”也是一种商标而非商品名称,也面临着通称化的威胁),就产生了中国自己生产的念头,经过多次的失败和无数次的试验,历时年余终于制成了具有强烈鲜味的白色晶体,为了表示与日本“味之素”区别,他便将这种晶体取名为“味精”,在国民政府农商部商标局注了册,作为他创办的“天厨味精厂”的专用商品名称。日本“味之素”生产厂铃木商社为了独占中国市场,便向中国商标局提出异议申请,认为“味精”两字是从他们的广告词中摘取的,要求撤销注册。一时间上海商战打得火热,天厨味精厂在国内爱国人士的全力支持和声援下,奋起辩驳,最后商标局驳回了铃木商社的异议申请。随后,天厨厂的味精先后荣获美国芝加哥、费城、及西班牙、比利时的各种国际奖项,一时声誉鹊起。由于“味精”已注册,其后建立的味精生产厂只好取名为“味元”、“味宝”、“味素”等商品上市。但这个注册也留下了隐患,因为是作为商品名称注册,而非商标注册,厂名也叫“味精厂”,因此久而久之,消费者头脑中已有了习惯,难免会趋变为共用名称,再加上新旧社会的更替及战乱的影响,“味精”迅速类称化。解放后,吴蕴初应邀从国外返回,受到我国领导人接见,被国内传媒称为“味精大王”,味精这一专用名称开始在国内各个厂商共同使用,味精已没有天厨厂特有商品的区别性含义了。

Thermos(热水瓶)在英语中原是美国塞茅斯公司的驰名商标,是用来标示本公司生产的一种“真空绝缘瓶”,于 1893 年开始使用(如前述,美国商标实行“使用在先”原则而不是“注册在先”)。从 1910 年起,该公司提供的各种宣传材料中将“Thermos”作为“真空绝缘瓶”的同义词使用,使之成了家喻户晓的一种商品。该公司仍未认识到问题的严重性,反而认为这是一种可节省几百万美元的广告策略。其后数十年中,这种等同宣传一直未停止,以致其他厂也自然使用。这才引起了该公司的注意,欲采取坚决措施纠正,于 1956 年前后分别向法院起诉要求保护商标专用权,排除侵害。但法院经审理认为,“Thermos”已成为家喻户晓的通用名称,塞茅斯公司已丧失商标专用权,“Thermos”成了热水瓶的通称。现在英语词典中,“Thermos”就是热水瓶,而“Thermos bottle”(真空绝缘的瓶子)及“Thermos flask”(真空绝缘的长颈瓶)反而不太用了。

“香槟酒”在中国人印象中,与黄酒、白酒相似,是一种低度芳香型的酒类名称,所以国内曾出现过“女士香槟”,“小香槟”之类的瓶酒。殊不知这是侵犯了他人的“原产地名称”专有权的。“香槟”原是法文“champaghe”的音译,产于法国 Champache 省,是一种起泡的白葡萄酒,只有这个省生产的酒可以用这一名称。按照《保护工业产权巴黎公约》,各参加国有义务互相保护原产地名称。因此,我国在宣布加入公约不久,即于 1989 年 10 月由国家工商局发文禁止我国企业、经营组织再使用“香槟”作为自己产品的称谓。如果没有国际公约的保护,“香槟”在我国实际上已经类称化,成了通用名称。由于商标驰名而失去专有商标权的商标还有“escalator”(美国奥梯斯电梯公司生产的著名自动扶梯商标,1900 年注册)、“Cellophane”(英国赛璐玢有限公司生产的玻璃纸商标,1869 年使用,在英国仍为注册商标,在美国已成为通用名称)、Nylon(尼龙)、Vaseline(凡士林)、Aspirin(阿司匹林)等。赛璐珞(Celluloid)本是美国人约翰·韦斯利在 1865 年前后试制成的专利产品,指一种由樟脑和植物纤维素制成的热塑材料,最初对这种产品用“Celluloid”作为注册商标,但现在已通用成了这种植物纤维素衍生物制成的热塑材料的普通名称。

商标转化为通用名称会给企业造成巨大的损失,所谓“物极必反”。商标一旦成了通称,长期积累的巨额无形财产将变得大家可用,一文不值。这对那些已有了一定知名度的厂家来说,是亟须引起高度重视的。

企业如何防止自己的驰名商标通称化？这主要靠两方面：一是增强自我防护意识；二是及时制止可能导致通称化的行为。商标是否被通称化，主要取决于消费者的普遍印象，其转折点及分界线则是人民法院或商标局的判决和裁定。而这两者的决定的依据，便是消费者的公知印象。公知印象也是个不太确定的概念。如果某种商标仅在缺乏商品知识的一部分阶层人士中作为通称使用，而其他阶层明确知晓是商标的话，则仍不可以认为是通称，商标局及法院就不可剥夺其专有权，而且要判决禁止其他主体侵权共用。作为驰名商标所有人，主动防范的手段主要有：(1)在广告中随时提醒所有权。如"某某是本公司的注册商标"。(2)为驰名商标设定一个通用商品名称。如"味精"商标，如果一开始就叫"味精牌"调料，就不会被通用化。日本"味之素"公司和"仁丹"公司成功地运用这一策略，摆脱了被通称化的危险，他们为"味之素"设定的宣传用普通名称是"家用化学调料"，为"仁丹"设定的是"口含芳香药"，使这两个商标保持了单独性和独占性。(3)在广告、商标、印刷品上随时注上(注)R、"注册商标"、"某某牌"等字样，进行防护。(4)制止辞典、出版物、报纸上的误用。一旦发现将自己商标作为普通商品名在用，尤其在一些全国性影响的传媒上，则要及时提出制止。比利时、荷兰、卢森堡三国《统一商标法》规定，商标权人对辞典发行者，有要求订正的权利。(5)发现混同自己商标的企业，无论其动机是故意的还是误认为普通名称而使用的，都要及时提出警告和制止，制止不成的，要及时诉诸法律，排除侵害。如果不及时制止，一旦混同的多了，一发而不可收，就将丧失独占权。

(六)对类似商品的识别和侵害的排除

商品类似同商标类似不是一个概念。商品类似，是指两种以上的商品在某些方面由于有一定的关联，致使消费者容易混淆和误认的商品。如日本最高法院 1961 年"橘烧酒"判例，有两家企业因"橘正宗"清酒和"橘烧酒"白酒的商标类似问题发生争议，日本法院认为，虽然清酒和白酒在日本为两类商品，但清酒和白酒在同一厂家生产的实例很多，当双方都使用"橘"这一商标时，消费者可能会误解为这两种酒都是同一厂家生产，因此判决这两种商品为类似商品，相似商标不得使用。如我国按国际商品分类表，摄影用显影粉属第一类，颜料粉属第二类，洗衣粉擦鞋粉属第三类，如果允许这些商品都用一个商标注册，在理论上不构成侵权，但对一般消费者则会产生混淆。另如钢笔和圆珠笔，被单与被面，按扣与按钮，在《分类表》中都属同类不同组的商品，但消费者往往认为是一类的。所以，《商标法》不但对同类商品上使用同样商标给予禁止，还进一步规定，在"类似商品"上使用他人商标，也构成侵害商标权。

我国《商标法》第17条规定:“申请注册的商标,凡不符合本法规定或者同他人在同一种商品或者类似商品上已经注册的或者初步审定的商标相同或者近似的,由商标局驳回申请,不予公告。”《商标法实施细则》第9条规定:“申请商标注册,应当依照公布的商品分类表按类分别申请。”因此一个企业如何识别与自己产品相类似的商品,从而及时制止别人攀附自己的商标,是很重要的自我防护手段。

判断类似商品,具体的方法是比较三个要素,即“外观”、“称呼”、“观念”。也有的称为“外观”、“读音”、“含意”三要素。外观类似,就是从商品表面看是否相同或极为相似。如“太宝山”和“大宝山”,“大川”和“大卅”,“喜凤”和“喜凰”。称呼近似,就是称呼商标时发音是否相似。如“三峰”和“山峰”,“洪达”和“宏达”,“金华”火腿和“金花”火腿,“TDK”和“TTK”,“Right”(权利)和“Rite”(典礼),“古原”和“古源”。观念近似,就是指商标的含意是否相同。如“王冠”和“皇冠”,“tiget”和“虎牌”,“醴泉”和“甘泉”,“向阳”和“朝阳”等。

除了上述分类表办法及三种因素区别外,考察商品近似还有一些实践性的内容,虽无硬性的标准,但也极为有用。主要有:第一,观察主要部分,即从商品、商标主要特征去看,如美国麦当劳营业标志,是具有显著特征的红色M,有的仿冒快餐店装潢时采用同样的设计,只把中间分开成两个nn在房顶部,远远望去极易混淆,这种营业标志构成类似,被美国法院判定侵权。第二,隔离式观察。商品不一定都在一时或一地买的。在同时同地能够被区别的商品,由于异时、异地,却可能会造成“是同样商品”的错觉。因此,认定近似商标或近似商品时,不但要就近比较,还要进行不同时间不同地点的观察,看会否被误认。第三,考察市场实情。有的高技术产品,如精密仪器,购买者一般为经验丰富的专家,识别能力强,类似保护面可以窄一点;而像玩具这类商品,购买者多为儿童、家庭妇女,识别能力会差一些,容易被蒙混,类似保护面就要宽一点。一般商标知名度小,联想力弱,类似保护面可窄一些;著名商标联想作用很大,类似保护面也应扩大。第四,以大多数消费者的识别力为标准,防止商品类似,主要是为了防止消费者的误认而损害名牌商标的利益。因此,消费者的辨别力是重要的鉴别标准。

对认定是类似商品的,企业就不应允许其注册与自己商标相同及相类似的商标,已注册的要提出异议及诉诸法律将其撤销,对擅自使用的,按侵犯商标权追究。

（七）商标转让、许可、联营中的信誉保护

商标的转让，是指商标所有者将注册商标依法定手续转让给他人并由其专用，一般要收取一定的转让费。商标的许可，是指使用许可，指商标所有者通过合同的方式许可他人有偿使用或无偿使用其注册商标，其目的是为了获取许可使用费，或为了扩大生产供应市场旺销态势。商标的联营，是指商标所有人以自己的商标价值作为股份或联营投资，与他人共同生产，共同使用商标。商标的转让、许可使用、联营是商标专有权的补充，可以使出让方、受让方互受其利，因此是一种比较常见的经济契约行为。但是，这些转让使用过程中，也存在许多可能导致商标侵权的隐患，无论是出让方，还是受让方都值得引起警惕。

现在世界上对商标转让制度的规定，主要有三种形式：一是商标与企业必须一起转让，而不可割裂单独转让，如南斯拉夫。二是商标与企业信誉连同转让。既可以证明出让企业所有信誉的商号、说明书、商品式样、文据资料，受让方也可以共享，如美国。三是商标自由转让。即商标可以独立自由的转让，与企业信誉不发生必然联系。如奥地利等大陆法系国家，这些国家一般对受让方的商品质量提出要求，以保障转让商标信誉和质量不发生落差。

我国《商标法》第25条规定："转让注册商标的，转让人和受让人应当共同向商标局提出申请。受让人应当保证使用该注册商标的商品质量。转让注册商标经核准后，予以公告。"可见，我国《商标法》对商标转让，基本上是采取自由转让方式，但又附带顾及信誉转让。商标所有者可以将商标连同企业、企业信誉一同转让，也可以单独商标转让，由接受方保证商品质量，但同时，对类似商品的同样或近似商标，必须一起转让，不可割裂。对可能引起消费者误认、混淆及不良影响的转让，可以驳回转让申请。对于出让方而言，由于商标转让一旦成立，与自身已无多大关系，防范的因素少一些，但也并非毫无干系。对于受让方来说，主要是考察商标的价值及有无瑕疵，即有无转让、许可、联营的未了事宜，受让后会否带来争议或可能损害该商标的隐患。另外，还必须签订转让合同，以明确双方的权利义务，以便发生纠纷时可依法解决。

商标的使用许可与转让不同，商标所有权并不转移，双方只是通过合同的形式，使另一方获得有偿使用商标的权利。我国《商标法》规定：商标注册人可以通过签订商标使用许可合同，许可他人使用其注册商标。许可人应当监督被许可人使用其注册商标的商品质量，被许可人应当保证使用该注册商标的商品质量。商标许可使用对双方有利，许可方不但可以获取使用报酬，还可扩大企业影响；被许可方可以借其声誉迅速打开市场销路，扩大生产。这种独占的使用许可,即只许可一家可共用;也有一般使用许可,即同时许可多方共用商标。我国多采用后种方式。因此,许可使用中的商标权的保护显得十分重要。

商标联营,是指企业的联营带来的商标共用。有时候,这会给商标权带来严重的隐患,值得引起高度重视,而由于这种隐患往往是一时难以觉察的,企业就更容易发生失误。在一些中外合资企业里,我方合营商标被贬值、置换、淡化的事例屡见不鲜。“美加净”是中国名牌商标,后以1200万元折价与美国一家洗涤用品公司合资经营,合资后,外方老板再不宣传“美加净”,代之而起的是大力宣传“露美庄臣”。外商这一合营手段,等于剪灭了一个强有力的中国竞争对手,又轻易地获取了其原有的营销网。

(八)及早涉足国际舞台对抗商标抢注

商标抢注,是指国际的、国内的一些企业和商人利用商标的地域性保护原则及所有权人的疏漏,抢先将他人的有一定声誉或即将打入国际市场的商标进行注册,将商标权据为己有的一种行为。因为商标的“注册在先”原则和在一国的“使用在先” 原则,往往一被抢注,原所有人就毫无办法补救。

除了企业商标意识淡薄的原因以外,我国有的企业不大了解商标国际注册的国际公约和惯例,缺乏这方面的法律人才;有的企业决策者推行短期行为,只重视眼前创汇,未经注册就将商品急急忙忙投放国际市场,而不愿去花外汇、精力注册国际商标,省了注册费,丢了国际大市场。还因为我国现在外贸体制存在很大的弊端,企业不直接面向国际市场,被各种层次的“外贸公司”“垂帘听政”,没有直接感受到国际商界的激烈竞争,缺乏紧迫感、危机感和自我保护意识。有的几个生产厂出口权被一家外贸公司垄断,共用一个出口商标,导致出口企业对商标国际注册情况不明;有的企业被现行制度所限,缺乏自用外汇,又受种种用汇限制,缺乏国际注册的外汇经费。所有这些,体现的综合征便是商标国际注册多年来一直处于低温状态,日益被动。

那么,我国企业如何进行商标国际注册呢?这里有两方面的知识必须掌握:其一为世界各国及国际公约中的商标注册和保护规定,另外就是通过什么程序和方式申请国际注册,下面简要地对这两方面的知识进行介绍。

当前,涉及商标国际注册的国际公约主要有《保护工业产权巴黎公约》、《商标国际注册马德协定》、《商标注册条约》、《供商标注册用的商品和服务的国际分类的尼斯协定》。这些公约各有特点,对商标国际注册最重要的是《马德里协定》。由于各国国情不同,法律原则不同,法制史发展模式不同,观念不同,各国的商标法也存在许多差异。有的对国际公约的有些条款持保留态度，有的国家干脆不参加，因此想创设一个国际性机构对各国商标权进行统一保护的构想尚难以实现。但尽管如此，各国仍有一些共同的规则，特别是加入条约的国家，互相之间就有遵守条约的义务，还有一些有双方协定的国家，也对商标权进行对等的保护。但前提是必须在该国注册商标获得商标权。

《巴黎公约》主要涉及商标权的保护，但不涉及跨国注册和跨国的自然保护。它对商标权明确的原则是：(1)一个国家一个商标。即一国的商标如欲在外国得到保护，必须分别向各国申请注册，按各国法律审查后批准注册，取得商标权，这种注册完全按该国法律办理。(2)商标权互相独立。即在各国注册取得的同种商标，互相不负连带责任，在一国商标的转让、消灭，不影响其他国的该商标效力。凡加入《巴黎公约》的成员国，只要在原属国已注册的商标，就应同样接受注册并对之进行保护。

商标国际注册中最有用、最重要、企业必须了解的是1891年4月14日签订的《商标国际注册马德里协定》及1974年制定的“实施细则”。该条约规定只有《巴黎公约》参加国才可参加，工作文字限于法文，我国于1989年加入该协定，现在共有成员国28个。这个协定的最大优点是节省了向各国分别注册的麻烦和困难，一次注册可以获得所有参加国的认可。另外，国际商标注册还有一个比较重要的国际条约，即1973年6月12日在维也纳签订的《商标注册条约》，对《马德里协定》作了一些改进，如可以不经国内注册而直接进行国际注册，没有5年“不稳定期”，可采用英语等，但参加国还很少，我国未参加。

我国企业现在申请商标国际注册，有以下途径：对是《马德里条约》成员国范围的，可通过国家商标局申请，这是最便捷省事又具有可靠性的渠道。对不是该条约范围内的国家，可以通过如下渠道去进行申请：(1)委托中国国际贸易促进会商标代理处代理；(2)委托国家商标局批准的中国商标事务所等代理机构代理；(3)直接委托被申请国可靠的商标代理事务所或代理律师办理。

(九)及时续注商标防止商标权逾期失效

商标权是有时间限制的，[①]一旦超过一定期限又不进行延续注册，该商标权就将丧失。我国《商标法》规定一次注册有效期为10年，期满后，如想继续持有该商标的，应当在期满前6个月内申请续展注册，每次续展注册的有效期为10年。6个月中未能提起的，可给予6个月的宽展期，宽展期满后提出申

---

① 现行《商标法》第23条：注册商标的有效期为十年，自核准注册之日起计算。

请的，即注销该商标，1 年内任何人不能再申请该商标，[①]此后别人就可以毫无阻碍地将此商标注册为己有。《马德里协定》有效期限为 20 年，企业可以一次申请，也可为先少交注册费而分为二个 10 年。但 20 年后必须申请续展。只要进行了及时续展，商标权实际上可无限期拥有，这是与专利权保护期有限不同的。

商标续展时注册内容必须与原注册内容完全一致，不可有任何变动。国际注册的续展期为期满 1 年内，超过的还可宽展半年。需要注意的是，续展必须缴纳续展费，否则视为未申请续展。交费至迟于期满之日止。宽展期交纳的，加收 50% 附加费，费用与首次注册时相同。

一般来说，商标注册期满时，主管机关会通知企业进行续展注册，但企业自身首先要有这个意识，防止工作疏漏造成的未进行续展，补救起来就非常困难。另外，按我国《商标法》规定，注册商标连续 3 年不用的，别人可以申请，商标局可以撤销该注册商标，由别人注册。这主要是为了制约商标的垄断行为。这也是企业应予注意的。

（十）重视服务商标的注册保护和运用

服务商标，习惯上也称服务标志，对于我国而言还是一个新兴起的概念。它是指提供服务的经营者，为将自己提供的服务与别的单位提供的服务相区别，而设定使用的特定标志。如西北航空公司的服务标志是敦煌飞天图案，工商银行的服务标志是古钱币。

我国《商标法》原来对服务商标没有规定保护。1993 年 2 月 22 日全国人大七届三十次会议通过了《商标法（修正案）》，增设了“服务商标”条款，对使用对象作了限定，并给予服务商标和商品商标以相同的法律保护。《商标法实施细则》第 2 条第 2 款规定：“本实施细则有关商品商标的规定，适用于服务商标。”1993 年 7 月 1 日，国家商标局开始受理服务商标注册，钓鱼台国宾馆、美国麦当劳快餐店等首批进行了注册申请。服务商标是服务业日益发达，竞争日趋激烈的产物。在我国历史上，很久以前就有一些“老字号”的店家、铺子、酒家，但那时商品经济不发达，人口流动性不大，一个店铺闻名，与其固定的地理位置相连，如杭州的“楼外楼”饭店、嘉兴的“五芳斋”粽子店、北京的“六必居”酱菜铺，很难被仿冒，顾客也明白此王五非彼王五，无错认之虑。而现在服务业、旅游业发达，连锁店服务产生，一家著名服务业往往有众多分

---

① 现行《商标法》第 32 条：注册商标被撤销的或者期满不再续展的，自撤销或者注销之日起一年内，商标局对与该商标相同或者近似的商标注册申请，不予核准。

号,有的分部遍布全球,如美国的麦当劳快餐店;有的服务业如交通、邮电本身就是流动性很强的,故仿冒、攀附、侵权就经常发生,顾客也极易误认,用特定的标志将自己的服务与别人的服务严格地、明显地区别开来,不让人共享,就显得十分重要。1946 年,美国首先在"兰姆法"中作了保护标记的规定,现在全球已有 100 多个国家通过立法对服务标记专用权作出规定。《巴黎公约》及《尼斯协定》都增加了服务商标的保护和分类。

《尼斯协定》即《商标注册用商品和服务国际分类表》,其第 35 ~ 42 类将服务行业共分 8 类,主要内容有:一是信息服务行业,如广告通信商业代理;二是货币保险服务业,如银行保险公司证券事务所;三是物资租赁服务业,如信托、典当、租赁公司;四是物资运输行业,如搬运、邮递;五是客运行业,如律师事务所、会计事务所、设计院;六是材料处理,如染服装,汽车防冲击装置的镀锡处理;七是教育娱乐业,如学校,影剧院;八是其他公用服务业,如酒店、美容、修理、建筑服务业。

虽然服务商标与商品商标有相通之处,如都是用文字、图形组成的特定标志;功能都是为了区别;都是一种无形财产;都受《商标法》的保护。但这两方者仍有明显的区别:首先,它表达的内容不同,不是表示"商品"而是表示"服务"。如飞机上的紫荆花图案并不表示这架飞机的商标,而是表示它属于南方航空公司在为你提供服务。其次,商品大多数直接附在商品上,而服务标志一般通过服务场所显示,如商场、宾馆、影院的标志;或附在服务上,如服务员的胸章、服饰、餐巾餐具上的标志等。最后,宣传渠道不同。商品商标随着商品走向千家万户,本身可以"流动宣传",而服务商标的宣传只有依靠广告等传播媒体和固定场所的服务。

服务商标的侵权现象在我国是非常普遍的,因为在计划经济及国家通管的情况下,服务业如民航、邮电、铁路、银行都是国有的,独此一家别无分店,没有什么竞争,也无所谓区别,因此本身就没有什么经济意义上的服务标志保护,别人仿冒也不会去重视。因此共用、模仿、类似司空见惯,如"白天鹅宾馆"、"友谊饭店" 等类似标识时常可见。

服务商标的保护随着第三产业的兴起,已显得越来越重要。据资料,近年国际贸易额中,已有 22% 以上是服务业贸易。我国服务业近年来有空前的发展,一些老字号、著名商场、宾馆、航空公司的传统标式正日益受到威胁。由于当前国营的、集体的、私营的、合伙的、个人的服务业遍地兴起,让都想创一个叫得响的字号,因此"正宗大战"纷起,附攀现象迭现,名店名号总有一大群孪生兄弟,因此及时注册服务商标已显得十分迫切。我国商标局在 1993 年 10

月1日以后，对申请注册的服务商标采用"申请在先"原则进行审查。有的老字号商家如不及时注册，很可能会被别人抢先夺走固有的标志，造成无可挽回的损失。因此，对于所有服务行业，及时设定、注册自己的服务商标，以此保护自身的合法权益不被他人侵害，是个没有多少选择余地的当务之急。

(十一)广开信息渠道及时发现侵权行为

当今社会信息传递速度快，市场范围广，伪造仿冒技术水平高，商品流动性大，违法行为人手法多变，往往团伙行动，因此对企业及时发现假冒侵权行为造成了很大的困难，往往等到发现，已经时过境迁，违法者的侵害目的已经得逞，已经给企业的商标权益造成了很大的损失。因此，及时发现侵害行为，已是一个非常重要的环节。

在广阔的国际国内市场上，如何及时地去掌握各种动态，广开信息渠道，增强自身的敏感性？首先，从国家职能部门讲，工商局负有监督查处侵害商标权益行为的责任，一旦发现假冒、伪造、类似、侵权共用等行为，可以及时地进行查处。这种查处，一般会促使被侵权主体作出相应的反应。其次，因为消费者的检举控告而发现。这也是侵害行为被发现的重要渠道。有的消费者因买到不好的商品而投书工商局、报刊电台，对原商标持有企业进行批评，往往从中可以使企业发现自己的商标被侵权假冒。这就要求企业牢固树立信誉观念及服务意识，及时地对顾客投诉进行调查，及时作出反应。再次，广泛建立信息反馈网，主动搜集信息。许多著名企业在全国乃至国际上有自己的分公司、经营部，这些都是有利的信息渠道，不应将其光看作推销机构，还应赋予其售后服务及用户调查的职责。又次，随时注意查阅国家商标局的"商标初审公告"及对马德里协定国申请我国注册的"国际商标"公告，以及各种媒体的广告，如发现与自己已拥有的商标相同、近似、同音、同形，足以引起误认混淆的，要立即向商标局提出异议申请，制止其注册生效。这项工作一般应培训专门人员随时注意审阅。最后，鼓励、奖励社会公众检举、投诉。监控范围，一般应重点放在产品投放的市场和广告覆盖面所及的地域。对国际侵权，则应委托自己的代理机构及代理律师进行监控。

(十二)使用防伪技术对抗伪造假冒商标

为了自己的商标标识不被人轻易假冒，企业要适当提高自己商标印制的技术高度。选择信誉好、印刷质量高、管理严密、印刷品不会流失社会的印刷厂进行印制。这种商标要完全仿造，会有一定难度，也易于鉴别。印刷商标次品、存品的流失也必须十分注意，上海就曾发生食品厂把"上海"、"白兔"糖果纸卖给河南焦作一个糖果厂，使之轻易冒用的事件，废品收购站将收购来的次品“牡丹”、“凤凰”、“飞马”香烟包装纸卖给安徽省社队手工卷烟厂，使之仿冒销售的事例。

拥有商标特别是拥有著名商标的大型企业，平时加强对商标的管理十分重要。除了建立健全的制度外，还必须有专人负责这项工作，资料档案的保存也必须专列商标部分。商标管理制度包括：第一，管理机构和人员。公司高管要有人分管，要有专门分管部门，并落实专人。这个具体工作人员不但要有认真负责的工作精神，还要有商标、知识产权方面的知识和法律知识。同时要有敏锐的识别能力和信息观念。第二，商标印刷制度。印制商标必须到工商局开具印制证明，印刷厂家要选择信誉技术较好的，并相对固定，各个环节的工作人员要有责任感。第三，商标保管使用制度。商标的入库、领用、废旧、残次标识的销毁，都要有明确的规定，防止商标被成批盗卖冒用。第四，外用商标的商品质量监督。对外加工，许可共用商标的企业的商品，要落实专门部门和人员经常进行质量监督，防止粗制滥造损毁商标信誉。第五，商标档案制度。企业在获取商标及持有商标的一系列过程中，如注册、转让、续展、领土延伸、广告、使用、许可、变更注册等一系列活动中，会形成大量的文字音像档案。这些材料对于企业来说，有时会变得十分珍贵。如上海与台湾在美国的“梅林”罐头商标争夺战中，因为美国法律对商标保护采用“使用在先原则”，因此如何证明谁最先在国际市场和美国市场上使用“梅林”商标，成了胜诉与否的关键。上海公司依靠梅林厂老职工提供的线索，从该厂解放前的几百箱档案资料中，从上海图书馆 20 世纪 30 年代的报刊上，从上海档案馆等保存档案中查阅到许多重要的第一手资料，证明“梅林”商标自 1933 年 9 月即在国内使用，1934 年即进入美国市场，而台湾厂是 1949 年 4 月才使用，1950 年 9 月首次用于美国市场。结果美国专利局驳回了台湾厂的申请，批准上海公司“梅林”商标在美注册。

商标档案主要包括以下一些内容：第一，使用最早的商标资料及图样、日期、广告宣传资料；第二，每一批印刷样品；第三，注册申请书副本、标准图样、设计单位及设计人员，商标来源、含义、背景；第四，商标所有权主体情况、背景；第五，使用商标的商品、类别；第六，使用该商标的商品标准、配方、工艺流程、质量指标；第七，商标初审公告、批准注册证书、申请号、注册生效日期；第八，商标申请时的异议情况、对方单位、主要理由、解决方式及结果；第九，办理续展的期限；第十，转让、变更、许可过程中的各种合同、材料、牵涉的各方关系；第十一，国外注册及领土延伸情况，委托的事务所人员、地址，获取的所有认可、批准材料，有关关键性的法律规定，争议情况及材料；第十二，历次重大广告宣传活动的资料、地点、目的、影响面、投放的成本;第十三,各种诉讼、争议、复议、仲裁档案;第十四,历次委托的印刷厂家及防伪技术特征。

企业还必须有意识地培养专门法律人才,一旦发生纠纷能有能力及时处置及起诉应诉。雇请的法律顾问要能干实事,防止虚饰,顾而不问。外贸企业则要随时研究自己的商标在国外的使用情况,防止境外对手的侵权行为及本国一些企业的假冒出口及多头压价竞销行为。通过这些严密的管理,保证自己的商标信誉,使商标权牢牢掌握在自己的手中,最大限度地发挥效益。

39. 美国的民事审判改革与中国法院改革的取向*

中国法院从20世纪90年代初开始,“审判方式改革”作为整个法院改革的一大内容,正在日益发展。尽管这些改革尚未得到国家立法甚至最高人民法院司法解释的认可,但全国许多基层法院、中级法院大量地以内部规定、办案规则、举证须知形式出现的文件,实际上已在执法实践中开始操作。① 其改革的取向,是将原先中国法院普遍遵从的接近于大陆法系的“法官讯问式”审判,逐渐改变为英美法系的“抗辩质证式”。“谁主张,谁举证”、加重当事人和律师的举证责任、法官要超脱地主持审判、实施“一步到庭”防止法官先入为主,这些改革举措无一不是借鉴英美法系。在判例法和成文法的法律依据方面,法院近年来通过《最高人民法院公报》和《中国审判案例要览》,也大大加强了判例法的比重,众所周知,判例法也是英美法系的基本精义之一。

尽管刑事审判中的“抗辩式”改革,由于表面上降低了检察官的地位,而遭到检察院系统的一定抵制,而在民事审判中,当事人双方和诉讼律师已基本遵从了法官的意志,举证责

---

* 本文完成于1995年8月24日,发表于10月11日的《上海法制报》理论版。其时我刚从高级法院调到法学所工作,还没有从事律师执业。十多年过去,文中担忧并提出的现象已经在中国出现,中国的审判方式改革使“法官调查”基本退出,律师申请法官调查也很难实现。举证责任基本采用了英美法系的当事人主义。律师和当事人的责任和负担都加重了。但是,中国律师的调查权同美国律师相比则远显不足,无法承担为当事人尽职调查的责任,从一个角度损害了中国民事审判的效能和司法公正的实现。

① 详见本书《中国法院改革运作状态》一文。

任和当庭抗辩已顺利地开展起来。总理一下这些迹象,中国法院的审判方式改革,总体上是从大陆法系向英美法系靠拢,同时融合了中华法系的传统精神和新中国四十多年的司法实践经验。这是同我国全面开放、法律理论和司法实务逐渐融入世界潮流的大背景相一致的。

同时,我国法院这些改革基本上来源于低层次的实践型的探索,来源于对海外司法制度的一种表象观测,甚至一些海外影视剧都产生了启发借鉴作用。因此,这些改革是缺乏总体设计和理论指导的。其中一个有力的佐证便是:审判制度改革基本上限于法院内部,理论界、法学界、立法界,甚至检察、律师、公安等系统,对这些改革都未给予应有的热情和太多的关注。

法院的审判方式改革是值得肯定的。这是中国强调依法治国、法院系统严格执行全国人大制定的三个诉讼程序法、[①]逐步改变过去特定历史条件下提倡"马锡五审判方式"所带来的不严格讲究程序的缺陷的一大进步。但有趣的是,当我国法院在参考借鉴"英美法系"的一些做法时,美国自身却在深刻反思英美法系审判制度中的缺陷,正在学习德国等欧洲大陆法系的审判方式。这体现了世界上两大法系的交互影响和融合。作为正在借鉴英美方式进行审判方式改革的我国法院而言,这一动向是值得我们加以注意的。

去年第1期《美国比较法杂志》(The American Journal of Comparative law NO. 1,1994)发表了纽约法学院斯蒂菲尔(Ernst. C. Stiefel)教授等写的论文《美国的民事审判改革——"开化"的欧洲程序开始取代长久以来的孤立》,[②]该文清楚地显示了美国当前法学理论和司法实践领域学习欧洲的发展趋向,明确指出,无论是对美国抗辩制审判还是及时裁判方面,大陆法系的经验都是值得借鉴的。

现行的美国民事审判制度在本土正在遭到前所未有的攻击。布什总统曾说美国已经从"自由家园"变成了一个"诉讼王国","疯狂的"诉讼甚至成了1992年总统竞选中各方抨击的重点。副总统奎尔因为领导这场运动,而被《纽约时报》署名文章指称为"给美国法律界带来了灾难"。1991年,奎尔在全美律师协会(ABA)大会上声称:"令人惊愕的花费和拖沓"正在使美国在全球经济竞争中处于不利地位。1984年,美国大法官沃伦·伯格(Warren Burger)告诫美国律师协会:"我们的制度对于一个真正有素养的民族来说,耗费

---

① 三大诉讼法分别为1979年7月立法的《刑事诉讼法》、1989年4月立法的《行政诉讼法》和1991年4月立法的《民事诉讼法》。这三个立法对中国法院审判方式改革产生了重大影响。

② *Civil Justice Reform in U. S. —Opportunity for Learning from 'Civilized' Enropean Procedure instead of Continued Isolation?* The American Jounal of Comparative Law, Vol. 42, No. 1, 1994, pp. 147 – 162.

过甚、太令人痛苦、太具破坏性、效率过于低下。”《加利福尼亚律师》近期一篇文章也认为,“当事人、律师、法官以及广大公众都认为:美国的民事诉讼费用失控了”。

美国的民事审判改革,作为一种思潮,可以追溯到1848年,美国的学者将之称为“第一次改革”。其标志是纽约州实施了“斐尔德法典”(The Field Code of 1848)。斐尔德是1848年美国民事审判改革的主导人物,他是美国法典编纂的首要创导者,其所做的主要工作是通过法典编纂统一了诸多不同的诉讼法,这一次主要是借鉴了法国的诉讼制度。美国民事审判的第二次改革是1938年的“联邦民事诉讼规则”的制定和施行。这次改革的主导人物是哈佛法学院的院长罗斯科·庞德(Roscoe Pound),他在是年发表的论文《关于对行政司法普遍不满的原因》,强烈要求实行民事审判制度的普遍改革。在一种普遍思潮的推动下,美国律师协会成立了专门的比较法研究机构,对美国和外国的民事审判制度进行了系统的研究。西北大学的米勒教授也于1920年前后写了《大陆法系民事诉讼史》,全面介绍了德国的民事诉讼历史。此书大大促进了美国的比较法研究,直接影响了《联邦民事诉讼规则》的起草。1938年,这一草案获国会通过。现在,美国正在进行被其本国学者称为“第三次改革”的民事审判制度改革运动,按斯蒂菲尔教授的话说,这种压力“比本世纪初前三分之一的任何时期都强烈得多”。许多团体,像美国律师协会、私立布鲁金斯协会、国会联邦法庭研究会、副总统奎尔任主席的总统委员会等都加入了这场声势颇大的改革运动。这次改革所指向的主要目标,就是试图改变美国司法制度中造成耗费过甚、耗时过长的那些弊端。

抗辩质证式的审判方式为什么会导致巨大的耗费和令人难以承受的拖沓呢?这是因为调取证据、保护证人、组成陪审团、确保当事人的诉讼权利、因出现新的证据而中止审判重新调查等一系列程序上的规定使许多案件无法及时结案,诉讼成本不断上升,法院、律师、警务、鉴定费用等大部分开支都将落到当事人头上。1992年美国律师协会的“蓝皮书”和其他团体的许多研究报告都认为,耗费过甚、耗时过长导致了目前美国民事审判制度的危机,并一致确认:诉讼中的“要求告知阶段”(discovery phase)是导致这种弊端的首要原因。“要求告知”是指法院应通知一方当事人,使其了解他方当事人或证人所知道的事实,以便其做好受审准备的一种制度。这种旨在保护当事人诉讼权利的制度,目前在美国被过分强调以致造成了无可避免的诉讼程序的拖沓。这个问题实际上长期存在,只不过直至现在才被美国法学界、司法界明确提出来。在1980年的一场争论中,美国最高法院的鲍威尔法官和另两位同行对批准

“联邦民事诉讼规则修正案”持不同意见，在他们看来，每位法官和当事人其实都明白，产生这类弊端的根源恰恰就是联邦诉讼规则本身。而全美律师协会的“蓝皮书”则不完全同意这一看法而为现制度辩解，他们认为目前的危机并非是由于制度本身的缺陷形成的，相反应归咎于长期的对审判制度的忽视而引起的衰退。此外持续增长的刑事诉讼费用对民事诉讼带来破坏性影响也不可忽视。此后，有一批文章支持这种观点，对那些一味抱怨法律制度中在所难免的缺陷以及那些危言耸听的批评表示反对。但直至今天，即便“律协”也已意识到确有一些严重的问题急需解决。

在这场改革运动中，已有三个方面的改革被认为是可行的：一是通过公共民事审判制度的完善以减少对讼争裁决的要求；二是加强对司法案件的管理以提高运转效率；三是修改酬金制度以将诉讼费用转移给败诉方。“公共民事审判制度”是试图将部分简易的案件分流，避免所有案件都付诸司法裁决；提高司法案件的运转效率主要是指发挥法官的主观能动性，布鲁金斯报告和美国律协“蓝皮书”都要求“法官扮演更重要更活跃的角色”，“必须对诉讼进程承担直接责任，在诉讼过程中应该积极监控和指导审判活动”。[①]“蓝皮书”还认为，审判制度实际上是法院控制下的制度。诸如由法院设定从立案到结案各个阶段的时限；监控每个个案以保证已确立的时限的执行；实施管辖裁定以纠正程序不当的案件等。耶鲁大学的兰格宾教授在1985年发表的《民事诉讼程序中的德国优势》一文中比较了德、美两国民事诉讼制度的不同点。第一，在德国，法院负有收集并评价证据的主要责任，法官有重要的审查权并由其确定证据的有效性；而美国则由控辩双方各自为出庭做准备，法官一直是被动的，事先对案件不作审查，而由当事人的律师充当证据的主要审查员。第二，在德国，法官控制着案件的进程，并确定审判的重点；而在美国则由双方的律师首先在“要求告知阶段”充分地调查案件，然后在审判中将案件全盘显示。第三，在德国，证人先由法官进行提问；而在美国，当事人的律师在准备证词前先得准备好证人。第四，在德国，鉴定人由法官指定并被认为是中立的；而在美国，鉴定人由诉讼当事人选择，并明确对其进行支持。兰格宾认为，德国模式通过指派法官而不是由律师去调查事实，避免了美国诉讼程序中最易出现问题的误区。他认为美国应当采用德国经验，在证据收集中限制律师的作用。他的观点尽管在美国法学界引起了不同的争论，但“学习德国”的口号

---

① The Brookings Report, p. 3; The 1984 ABA report, pp. 8-9. See *The American Journal of Comparative Law* No. 1, 1994, p. 153.

正在得到越来越多的响应和支持。可以看出，美国法院的民事审判改革的方向是强调用一种更严格的成文法制度来限制无节制的诉讼程序，同时日益强调法官的主观能动性。这一点与我国法院目前在改革的纠正法官包揽过多，防止“当事人动嘴、法官跑腿、律师阅卷办案”①的方向恰恰是相反的。

我们指出这样一个现实，是否意味着中国法院改革的方向就不能借鉴英美法系的一些做法呢？结论并不如此简单。对于中国现在法院审判制度的现状而言，强调公开审判、当庭质证，强调当事人的举证责任，强调法官要防止先入为主，客观公正地主持审判，无疑是十分必要的。美国的改革体现了对自身制度不足部分的反思和向大陆法系精华的借鉴，其“控辩模式”已被大量的实例证明，对保证法官公正办案、保障司法的民主和公平是极其重要的。但是另一方面，我们也必须注意，学习其审判方式中有用的东西也不可生搬硬套，不能停留在表象上的模仿，要根据中国的国情有机地吸收。

考察中、美两国法院当前审判方式改革的趋向，我想至少在以下几个方面是值得我们深入研究和注意的：

首先，法律制度是人类文明的共同遗产，在当今世界，各种法律流派正在互相融合取长补短，这种学习借鉴是不受国度和意识形态的影响的。作为一个经济上全方位向国际社会开放、日益强调依国际惯例办事的国家，我们应该以一种科学的态度和包容万象的胸怀，不但在民商法、行政法等实体法方面吸收别国的长处，在审判制度等程序法方面也有意识地借鉴那些对我国有用的东西，使我们的法律制度更加科学和完善，实现依法治国的目标。

其次，中国的法学界应该对我国法院现在正在进行的审判制度改革的探索以更多的关注。司法制度改革不是法院一家的事，也远非法院独力所能承担的。综观现在法院系统所进行的一些改革举措，基本上是一种出于实践需要的枝节性的不连贯的动作，缺乏一种总体的构思和法理上基础。考察了美国的三次改革运动，我们就可以看出学术、政治、司法界的力量是齐头并进的，其中法学界的学术权威起了先锋作用，特别是在学习别人的长处方面，比较法研究产生了决定性的影响。就是这样，仍有美国学者批评美国司法界由于傲

---

① 这句顺口溜出自法院系统的汇报反映。在1995年前后，这句形象化的顺口溜体现了中国法院民事法官的一种普遍心态：通过审判方式改革，把大量的原由法院包揽的事务交由当事人和律师去进行。因为按照延安时期的马锡五审判方式，法官到田头调查办案是提倡发扬的。中国进行经济改革和市场经济转轨后，民事纠纷大量增多，法官已经疲于应付，因此提出要改革。最高人民法院后来出台了《民事诉讼证据规则》，固定了这种举证责任分配原则。中国法院开始推行“坐堂问案”，“法官调查”职能基本退出。

慢和不通外国语言导致了夜郎自大故步自封。[1] 而对我国而言,对海外司法制度尤其是审判制度的比较研究还十分薄弱,法院的改革处在一种摸着石子过河的状态,各界的共识未能形成,检察等其他机关不能主动配合,立法界和学术界缺乏呼应。在这样的境况下,法院的审判方式改革是很难成功的。法院的改革需要法学家的理性思考,法学家也将从这场改革中分享好处。诸如为理论法学注入活生生的血肉,通过自己的研究为立法和执法者之间架起一座桥梁,从而将自己的思想上升为立法意志。

最后,我们回到中国法院改革的取向上来考察一下,"抗辩式"审判方式究竟是不是我国法院改革的方向?笔者是倾向于赞同这种改革的。相对于我们过去不强调程序、忽视开庭、法官书面审理先入为主、内部请示过多先定后审等诸多弊端,我国法院改革在现阶段必须大力推进公开开庭,"在法庭上做文章"。公开抗辩、当庭质证、加强合议庭的权力、加强当事人和律师的举证责任、法官事先不阅卷"一步到庭"以防止先入为主、增加当庭判决的比例,都是必须坚持的方向。但是我们也要看到,推进这些改革要有一定的配套条件,其中最重要的是法官素质。英美方式把重点放在庭审上,让律师充分陈述理由,其基础是有一个阵容可观的陪审团,陪审团定罪、法官量刑是保证这种方式公正而有效的基础。法官可以通过总结庭审、分析证据去影响陪审团,但无权左右陪审团。[2] 而中国则不同,我们现在民事经济案件审判的现实情形是合议庭负责制,实质上主审法官有很大的决定权,主审人的权力非常大,由于案多人少,合议庭成员绝大多数情况下不阅卷不审查证据,其合议意见往往被主审人所左右。在这种情况下,主审法官的素质就起着相当重要的作用。经常听到一些律师抱怨:法庭辩论的成功与否往往与法院判决无关,你辩你的,他判他的。有的案件尚未开庭,法官头脑里的观点早已形成,辩得再好也是白费力气。因此,没有陪审团的"抗辩式审判"的效果是值得怀疑的,甚至可以说是跛脚的。而中国不可能搞陪审团制,而只能是合议庭和审判委员会制。因此,在这种体制下法官永远处于一种主动的地位,"抗辩制"的效果不可能不受影响。我们只能寄希望于法官是高水平的、超然的、公正的,而实际上我们现在的法官素质很难完全达到这样的要求。从这个角度而言,审判方式改革不可能孤军深入,如果法院真正想把这项改革坚持下去,必须同法院的人事

---

① *Civil Justice Reform in U. S. —Opportunity for Learning from 'Civilized' Enropean Procedure instead of Continued Isolation?* The American Jounal of Comparative Law Vol. 42 No. 1,1994,p. 155.

② [英]大卫·巴纳德:《诉讼中的刑事法庭》,王国庆译,中国人民大学 1991 年版,第 60 页、第 282 页。

制度改革、内部机构改革、法官产生方式、法官保障条例、法院的开放式办案配套进行，并要试图从立法上征得支持。

斯蒂菲尔教授在《美国的民事审判改革》一文的结尾中这样预测：“未来民事审判改革的前景是模糊不清的”，“改革只能是零碎的和辅助性的”。考察了我们现在进行的探索，恐怕我们对中国法院的审判方式改革也只能作如此评价。所不同的是，中国的法律是全国统一的，司法机关一直是能够相当有效率地运转的，没有像美国这样庞杂的法律体系和他们称为“失控”的司法程序。我们所要注意的是，当我们想要进行一次探索时，我们要明白我们究竟需要什么，以及别人走过的路上有没有我们可走的捷径和可以避开的坎坷与陷阱。

40. 东京诉讼与战争民间索赔的国际法问题*

历时五年之久、经过27次开庭的中国民间的细菌战受害者向日本政府索赔案，于2002年8月27日由东京地方法院作出了一审判决。日本法庭不得不确认了日本在中国进行了细菌战的事实，确认了给中国人民造成了巨大损害、杀害了无数中国军民的事实，确认了使用细菌武器违反国际条约的事实，但以原告资格和国家主权豁免等理由，驳回了两案180名中国受害者的赔礼道歉和赔偿损失的诉讼请求。以中国的司法概念来说，中国人在事实和证据上赢了，日本人承认在中国犯了罪；但在法律适用上输了，日本法院依据国内法和国际法认为他们的国家无须为战争罪行提供赔偿。因此，一审的结果是中国人在日本打输了官司。此案原告诉讼团和律师团已经表示要提出上诉。由于浙江省是日本细菌战的重灾区，宁波、衢州、金华都发生过大面积的细菌战引发的鼠疫和霍乱，宁波还不得不烧了一条街防疫，这次都有被害人及家属参与了集团诉讼，因此也引起了大家的关注。对这个案件所涉及的一些国际法原则进行分析，有利于我们更全面地了解这一事件。

一、战争民间索赔的司法管辖权

对于告本国政府的索赔案，东京地方法院有无受理和审

---

* 本文写作于2002年8月，其时东京诉讼一审中方民间索赔者败诉，中日关系时冷时热。我应浙江法制报约稿写了此文，发表于该报当月的理论版。

理的权力？对于三权分立的国家,这不是问题。按照日本的国内法,他们受理了这个案件。其二审也是东京高等法院,还不是最高法院。也就是说,以本国政府为被告的案件,按日本法律,其地方法院是可以审理的。

相对于国际性的诉讼,国内法的规定还是次要的。对案件的管辖权,主要的是受国际法的约束。国际法规定国家管辖的范围和对管辖权的限制,国内法则确定国家管辖权具体行使的方式和程度。管辖分为国内司法管辖和国际性机构(如联合国、战胜国同盟)管辖。管辖涉及国家主权,因此对一国政府的诉讼,究竟由谁来进行审判,与其说是法律问题,不如说是政治问题。对日本的诉讼,涉及两种类型,一种是对战争罪的起诉,这属于刑事审判。在第二次世界大战结束的远东军事法庭上已经进行了“东京审判”,7 人处绞刑,14 人处无期徒刑,由战犯个人为国家承担了刑事责任。因为国际法中没有对国家追究刑事责任的规定。另一种是战争索赔,这属于民事范畴。中国清朝政府甲午战争战败,未经诉讼订立城下之盟,赔给日本人白银 2.3 亿两。相当于清朝国库三年的收入。“二战”中,中国属于战胜国,国家间的战争赔偿,因为某种特定政治关系我国执政者表示过放弃,即官方索赔已经无从进行。这次中国人对日本政府的诉讼,属于民间自发提起的民事方面的战争赔偿。刑事上的国际法庭,一共成立过四个,包括“二战”后的欧洲军事法庭和远东军事法庭,20 世纪 90 年代的前南斯拉夫问题国际法庭和卢旺达国际法庭。而民事上的国际法庭,一般只解决贸易争端,由 WTO 裁决机制等解决,而不管战争赔偿。因此,国与国之间的战争赔偿一般在停战协定中解决。对于民间赔偿,国际法中有一个原则,即所谓“最低国际标准”,为达这一标准,各国要采取保护外国人的人身和财产的措施。达不到这一标准,该国对因此造成的损害都要承担责任。在当事人已经用尽当地司法救济,或者司法审判显失公平,或者被拒绝司法救济时,受害人本国就可以进行外交干预,由国家出面为受害者要求赔偿。现在,日本采取的是本国接受起诉、同时采取拖延的战术,将战争历史遗留问题拖延下去,逐步化解。不让闹到国际法庭上去。因为半个多世纪已经过去,大多数原告已经去世,在进行诉讼的人也来日无多,证据在消亡,原告在消失。这是日本人采取的一着高棋。

二、他国自然人对日本政府享有原告资格

日本是受大陆法系和英美法系混合影响的国家,其司法权是独立的。但从本案的实体判决看,日本法官不可能不受本国利益和本国政府的影响。形式上的司法独立,并不能完全保障不受政治和国民情绪的影响。但有一点是

肯定的，即日本司法确认了中国受害公民以自然人的身份享有对日本政府的诉权。据报道，“二战”结束后的50多年间，日本国接到了环太平洋国家要求战争赔偿的诉讼达60多起，日本在国际社会压力下保护了原告诉权，但在实体上原告不是败诉，就是被久拖不决。已胜诉判决的有2001年15名韩国劳工获赔4500万日元；2002年4月日本东京高等法院裁定庭外和解的中国劳工“花岗惨案”，由日本鹿岛建筑公司向986名受害人“一揽子调解”赔偿5亿日元，但要日本政府和企业道歉的请求被驳回。另一件是中国逃入日本北海道深山13年的“野人”劳工刘连仁，日本地方法院在其去世十个月后，去年7月一审判决赔其家属2000万日元，日本政府不服已经上诉。

三、国家战争赔偿和民间战争索赔的区别

战争赔偿，是国与国之间的行为。为什么中国要百姓联合起来组成原告诉讼团进行呢？这是因为“二战”以后复杂的国际政治格局，美国从势力范围角度从中起作用，中国方面由于各种原因放弃了战争索赔权，导致日本渔翁得利造成的。

根据最近《党史文汇》中《中国放弃对日战争赔偿始末》中载，1945年中、美、英三个战胜国发布的《波斯坦公告》中，明确日本除留下维持其经济运转所必需的工业设备和物资，其余的都要用来赔偿战胜国。1946年美国政府制定日本“临时赔偿方案”，将日本30%的工业设备和实物用于赔偿，并“先期拆迁”，中国可得15%，国民政府当时计算，约值620亿美元。但“先期拆迁”只执行了2250万美元，只有万分之三。美国为了国际冷战的需要，扶持日本对抗前苏联，中国国民政府政权因国共内战失败又大势已去，于1949年5月指令停止了“先期拆迁”行动。台湾当局为求美国支持，同时为了拉拢日本对付大陆政权，1952年仍以“中国合法政府”名义同日本谈判，签订《日华条约》，同日本“结束战争状态”，“建立外交关系”，放弃全部战争赔偿。中国内地政府当时进行了强烈谴责。而“二战”后，前苏联从德国获赔120亿美元；犹太人从德国获赔600亿美元。中国作为战胜国，在经过这样的悲惨战乱后，又被国际政治舞台当做礼物玩了一把。20世纪70年代，中美关系转暖，中国恢复了联合国席位，台湾政权被逐出联合国。日本田中角荣内阁也开始将日中邦交正常化作为首要任务。在其同台湾断交，同我国建交的同时，我国政府鉴于蒋政权已经放弃国家的战争赔偿，为体现和日本人民世代友好的愿望，也采取了宽容的态度。1978年签订《日中和平友好条约》，放弃了战争赔偿的要求。但同时，日本以贷款和援助等方式支持中国改革开放初期的外汇资金严重不

足问题，变相地进行了一些补偿。但对民间索赔的权利，我国政府从未表示放弃。随着战争历史的曝光，细菌战史料和证据的搜集和研究，日本国内右翼势力复活，阁僚参拜靖国神社，不忏悔战争罪行，教科书隐瞒侵略历史，体现了日本国朝野根本没有接受战争的教训，对所犯罪行毫无悔意。我国放弃战争索赔的良好愿望被愚弄了，根本没有起到应起的作用。中国民间开始萌动清算日本战争罪行的思潮，民间索赔于是浮出了水面。因此，无论原告还是被告都明白，这一诉讼的政治意义和道义责任，远大于经济上的意义。但日本的司法再一次向世人证明了这个以"大和民族"、"优秀的国民性"自居的国度，对待历史罪行的顽固不化。国际社会都肯定德国战后的反思战争责任的悔罪态度，而谴责日本，直接影响了亚洲国家同日本的外交关系。

四、战争赔偿是否适用国家行为豁免权

日本法院既认定其细菌战是违反国际法义务的，但为什么又认为可以不用赔偿呢？这主要涉及一个国际法原则中的"国家主权豁免"问题。

国家主权豁免，是指国家根据国家主权和国家平等原则，不接受他国管辖的特权。因为国家之间是平等的，平等者之间无管辖权。实体权利是建筑在程序权利之上的。管辖权的豁免，就意味着赔偿责任免除。对于战争，传统国际法中，国家有战争权，因此发动或者从事战争不构成罪行。但违反战争法规和惯例，同样构成罪行。如使用协定禁止的生化武器和有毒武器，杀害战俘等。1899 年的《海牙公约》中就有《禁止使用散布窒息性或有毒气体炸弹的声明》。第一、二次世界大战后对战争罪行的概念有了扩大，1949 年的《日内瓦公约》，经 1993 年前南国际法庭规约阐释，"故意杀害、酷刑或不人道待遇、生物学实验、故意使身体或健康遭受重大痛苦或严重伤害，使用有毒武器或其他武器，以造成不必要的痛苦、灭绝种族"，均构成战争罪行。纽伦堡审判和东京审判还确立了国际刑事法庭的宪章，"不违反所在国的国内法，不能作为免除国际法责任的理由"，"被告的地位不能作为免除国际法责任的理由"。本案诉讼不是基于一般战争行为，而是日本在中国使用了国际协定中明确禁止使用的生化武器，并惨无人道地用活人进行生物实验，完全符合战争罪中不得豁免罪的范畴。因此，中国民间向日本政府索赔在国际法中完全是于法有据的。

五、政治和道义因素对本次索赔的影响

毋庸讳言，民间战争索赔的象征意义大于实际意义。民间索赔是困难重

重。尤其是作为中国的年迈受害者，要出国去告别国的政府，无论是政治背景还是经济能力，都是十分困难的。但得道多助，他们5年都坚持下来了，同时得到了包括日本国内人民在内的许多人的声援和支持。日本的律师作为维护社会正义的重要力量，敢于上法庭同本国政府对簿公堂，而且是真心实意地干，败诉以后敢公开抨击日本的法院，为中国原告讲话，这是一种十分可贵的法律素养。体现了日本法律的可靠和诚信的一面，法律制度的健全的一面，这是值得中国的司法制度和律师制度借鉴的。同时也让我们看到了，在日本也是有真正反思战争罪行、坚决反击右翼势力和复活军国主义势力的力量的。因为战争对于两国人民，带来的都是灾难。反思战争罪行对战败国同样有意义。不论法院的判决是输是赢，日本法院重事实重证据的审判，在法律上已经确立了有细菌战的事实和违反国际协定的事实，为今后的诉讼，在事实证据上先打下了基础。不判决赔偿，只会进一步损害日本的国际形象，恶化同周边国家的关系，孤立自己，在政治和道义上输得更多。这是日本在政治上的两难选择，也是司法是否能真正主持正义，真正体现独立审判的一个最好的检测。

41. 中日经贸关系与中国知识产权法律保护*

——在日本早稻田大学法学院的演讲

很高兴有机会同日本的知识产权法律界的同行进行这样的交流，感谢早稻田大学亚洲研究所给我这样的机会。我知道日本的同行非常关注中国的经济改革和法制进步，对中国的社会现状很了解，研究也比较深入。事实上，中国近年的法律制定，如行政法和公平交易法，对日本的法律也进行了很多的研究，有些给了我们很好的启发。我今天的演讲的题目有点大，但我会结合实例讲，主要限于中日经贸现状和中国投资法律环境的介绍，以及中国知识产权法律保护的新进展。因为日本的一些到中国投资的企业，以及在同中国进行技术和商品贸易的企业，都非常关注中国的知识产权司法现状。作为中国律师，在为外资企业服务中也遇到一些企业共同关心的问题。我今天就作些介绍。然后留些时间回答各位的现场提问。

---

* 2005年9月25日到10月2日，我作为中华全国律师协会知识产权委员会副秘书长，应日本日中贸易振兴协会和早稻田大学亚洲研究所的邀请，到日本访问讲学。在东京早稻田大学、关西地区的北陆大学、金泽市日本贸易振兴机构(JETRO)作了三场演讲，介绍了中国的投资环境和知识产权法律保护现状。早稻田的讲学影响很大，参加的有东京大学、千叶大学、日本大学、东京都立大学、中央大学法科大学院、独协大学、东京工业大学等各大学的知识产权专家、教授。日立、松下、东芝、伊滕忠、富士通、日本电器、山一电机等著名公司的高管和知识产权专务、协和特许法律事务所等专利商标专家听取了演讲。演讲后我现场回答了日本学者的十多个问题的提问，交流获得很大成功。日本媒体和早稻田大学校网作了报道。本文系综合三场演讲的内容压缩而成。

一、市场经济和近年中国的经济发展

（一）中国历史上是一个自由经济发达的国家

日本有很多文化学者和法史学者研究中国历史，当代法律学者则大多关心中国的现状。国际社会现在都有一个印象，中国是个非市场经济国家。中国加入WTO之后，仍然有不少国家这样认为。其实，了解中国历史的都知道，中国封建社会长久的历史阶段中，官僚机构不庞大，对基层乡村的控制、对经济行为的控制实际上是很弱的，官府只管赋税和治安，一直鼓励农业和自由贸易。中国著名的经济思想史专家胡寄窗教授认为，中国先秦、春秋战国时期，就有了市场交换的理论。司马迁《史记·货殖列传》中即有“天下熙熙，皆为利来，天下攘攘，皆为利往”的记载。中国的涉外贸易和文化交流，包括同日本的经济文化交流，则一直很活跃。汉、唐时期就有涉外贸易。明朝的贸易一直做到东南亚。因此，中国是一个有长久的自由经济传统的国家。

（二）新中国为什么选择计划经济

中国选择计划经济的时间并不长，只有半个世纪的历史。1949年的中国选择计划经济，主要是两大原因：一是前苏联经济模式的影响，前苏联70年的发展，从欧洲第四、世界第五，升为欧洲第一、世界第二。他们的成功给了中国启发。二是当时中国国家建设集中资金和国力的需要。中国连年战争要迅速恢复，加强国家控制是恢复经济的重要方式。计划经济给当时中国带来了好处。正面的影响是：在当时特定历史条件下，国家重点建设得到保障，中国在世界秩序中的地位迅速上升。1949年到1989年40年中，中国钢增长64倍，煤16倍，原油28倍，电91倍，水泥92倍。中国国民经济迅速恢复。当然计划经济也让中国人民付出了代价，具有消极的影响：主要是极大地抑制了个人的主观能动性的具体经济单位的生产积极性。计划失灵导致决策失误，供求关系紧张，后期经济停滞不前。

（三）邓小平主政后中国重新选择自由市场经济

从1978年中共召开十一届三中全会，到中共十六大，中国从提出计划经济为主商品经济为辅，到有计划的社会主义商品经济，到确立市场经济的宪法地位，在邓小平理论的指导下，我们进行了一步步以自由市场经济为取向的改革。中共十四大、十五大确立了市场经济的地位，1992年中共正式在党的报告中宣布中国实行社会主义市场经济。1998年，中国修改了《宪法》，使共产党的意志成为国家的意志，用法律保障了自由市场经济在中国经济模式中的地位。

中国自由市场经济的特征是：企业权力扩大、贸易自由、契约受尊重、按劳分配、法律逐步健全、规则公开化、司法秩序建立、经济信息高度开放、平等保护民权和私有财产权（宪法规定）、鼓励和保护外国企业利益、遵守国际协定和贸易惯例。

但中国的自由市场经济不同于西方国家传统的自由经济。还带有一些对原来计划经济的继承，表现在：（1）公有制为主体、国家垄断行业仍然存在；（2）政府对经济活动的强有力干预依然存在。行政许可权、审批权、处罚权、资源控制权、信息控制权，政府调控宏观经济的能力依然强大。

（四）市场经济改革后中国经济的发展

中国国家统计局公布：2004 年中国国内生产总值 136,515 亿元，按可比价格计算，比上年增长 9.5%。其中，第一产业增加值 20,744 亿元，增长 6.3%；第二产业增加值 72,387 亿元，增长 11.1%；第三产业增加值 43,384 亿元，增长 8.3%。第一产业、第三产业对国内生产总值增长的贡献率为 9.2% 和 29.0%，分别比上年提高 5.2 个百分点和 2.8 个百分点。年末国家外汇储备达到 6099 亿美元，比上年末增加 2067 亿美元。全年各项税收收入 25,718 亿元（不包括关税和农业税），比上年增加 5256 亿元，增长 25.7%。全国规模以上工业企业实现利润达 11,342 亿元，比上年增长 38.1%。中国保持了连续十多年的经济高速增长，人民币汇率基本稳定略有上调，人民生活水平不断提高，中国同世界经济的联系更加紧密。

二、长江三角洲地区的经济现状

（一）中国三大经济热点地区

诚如各位所知道的，中国东部沿海是改革开放的领先地区。目前有三个区域经济是日本朋友广泛关注的，即珠江三角洲、长江三角洲、京津塘地区。这些地区同时也是日本企业投资中国最为集中的地区。

目前日资企业投资的主要据点，是临近香港的珠江三角洲和以上海为腹地的长江三角洲。之所以选择这两个地区，原因是：选择华南地区（广东省）东莞和深圳为中心的珠江三角洲作为出口基地，意义在于利用丰富、低廉的劳动力和邻近香港的条件，有利于产品经由香港出口；选择华东地区（上海附近）的苏州、昆山长江三角洲作为进入中国市场的基地，意义在于利用产业基础、技术人才和国内最大的消费市场等条件，建立打入中国市场的产品销售据点。现在又出现了第三个投资据点——北京，以著名的中关村和上地为中心的研究与开发据点。图中的箭头方向从外指向里面，表示从外面到北京，即在这里投资具有利用留学归国人才到日资投资企业工作的特色。

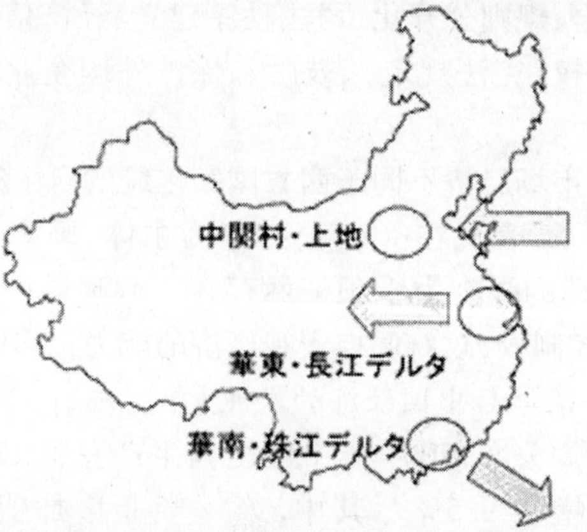

日本驻中国使馆千叶参赞制图:日资企业的三大产业集中地区

(二)目前中国经济最富有活力的地区

2004年度统计数据表明,长三角地区占全国土地的1%,人口占全国5.8%,创造了18.7%的国内生产总值、全国22%的财政收入和18.4%的外贸出口,是目前中国最富有活力的地区。

长三角和上海是日本企业投资的发展的重点地区。中国良好的投资环境、巨大的市场潜力为日本企业的发展创造了有利条件。近年来,在沪的日资企业数量大幅度增加。据2001年的《上海日资企业要览》记载,日本企事业单位常驻上海的代表机构为617家,日资企业为2967家;而2005年该刊记载的代表机构数量已经达到了1083家,日资企业数量为3234家。两项相加,截至2004年年底,上海的日本公司和代表处达到了4300多家,包括上海在内的长江三角洲地区共有日资企业7000多家。日企增多了,吸纳劳动力数量自然也增多。据测算,在华日资企业直接和间接吸纳就业人数920万人。

(三)长江三角洲包括的地区

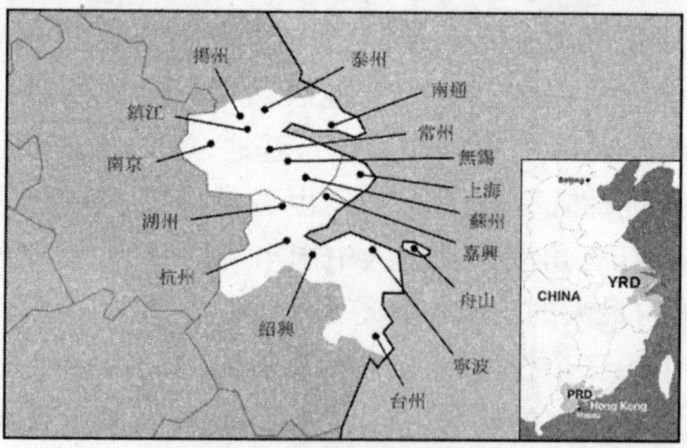

图:长江三角洲包括的城市

长江三角洲包括以上海为龙头的苏中南、浙东北工业经济带。这里是中国目前经济发展速度最快、经济总量规模最大、最具有发展潜力的经济板块。包括苏、浙、沪毗邻地区的17个市组成的都市群。包括:上海市;江苏省的8个市:南京、苏州、扬州、镇江、泰州、无锡、常州、南通;浙江省的7个市:杭州、宁波、湖州、嘉兴、舟山、绍兴、台州。

(四)长三角历史发展回顾

长三角经济圈的提出,有20多年过程。1982年12月22日,国务院发出《通知》,决定成立上海经济区。这是"长三角"经济圈概念的最早雏形。1983年8月18日,上海经济区规划工作会议在上海召开,决定建立经济区省市长会议制度。1984年12月6日,上海经济区省市长会议在上海召开,安徽省首次作为经济区成员与会。1986年7月10日,上海经济区省市长会议在杭州召开。直到1997年,原上海经济区城市经协办牵头,成立了长江三角洲城市经济协调会,长三角经济圈概念第一次被明确提出。2004年11月2日,在上海召开的长三角城市经济协调会第五次会议,此后每年召开1次。近年来,这一地区同日本的贸易和经济合作非常活跃。特别是伴随自由市场经济而来的民营经济,发展非常迅速。以浙江省为例,根据中国海关统计:2003年浙江进出口总额614亿,相比2002年的419亿,净增194亿,增加46.4%;其中出口增加41.45%,民营企业出口增加达115.92%。民营企业出口首次超过国有企业和外资企业,成为浙江外贸的"第一集团军"。

三、中国经济发展和同日本的经济合作

(一)日本企业对华投资概况

日本对华直接投资从金额上看,并非一直呈正增长趋势。若从投资项目数(曲线)来看,则更明显。从1995年到1999年,日本正处于"失去的十年"长期萧条中最严峻的时期,对华直接投资大幅度回落。但中国加入WTO之后,从投资项目数来看,确实一直呈上升趋势。但是,从投资金额上看,特别是实际到位的金额并不快。这意味着平均每个投资项目规模在减小,说得直接一些,这实际上意味着日本中小企业对华直接投资在增加。日本中小企业也开始向中国投资,意味着真正意义上的日本对华投资的开始。与大企业积累了向欧美等国投资的经验后才向中国投资有所不同,中小企业是作为第一个海外投资对象选择中国进行投资,而且这种投资企业在大量增加。尽管投资金额上升缓慢,但投资趋势很有后劲。累计投资为28,401件,累计合同额为575亿美元。

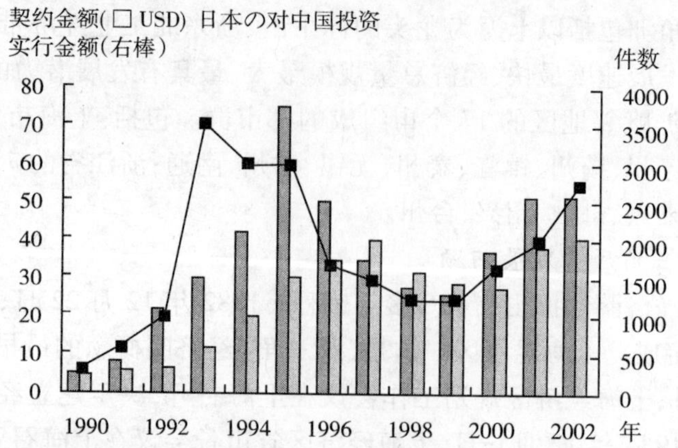

日本对华直接投资变化

资料来源:日本驻华使馆经济部根据《中国对外贸易年鉴》各年度版资料制作

(二)中日贸易发展概况

1. 连续5年创历史新高。日中贸易振兴协会(JETRO)根据财务省贸易统计(出口为准确值,进口为速报值,单位日元),按照美元换算的统计结果表明,2004年上半年日中贸易总额为787亿2057万美元(比去年同比增长30.2%),与2003年上半年实际(604亿4802万美元,比去年同比增长33.9%)呈同等增长,这是继2000年以后连续5年上半年创历史新高。日资企业进入中国市场后,以中国为生产基地提供高附加价值的部件,其出口在增加的同时,向日本进口产品的数量也在增加,贸易总额继续增长。

2. 贸易总额首次超过了日美贸易总额。2004年日本与中国(含香港)贸易总额首次超过了日美贸易总额。根据日本财务省的贸易统计,2004年日中两国之间的贸易总额为18兆1933亿日元。中国是日本第二大贸易伙伴,也是最大的进口国。包括香港的贸易总额达到了22兆2005亿日元,首次超过了日美贸易总额(20兆4795亿日元)。

日美·日中贸易总额的发展(单位:亿日元)

(出处:日本财务省贸易统计)

	2000年	2001年	2002年	2003年	2004年
日美贸易总额	231, 348	223, 826	221, 105	202, 372	204, 795
日中贸易总额	92, 158	107, 904	127, 076	153, 666	181, 933
日港贸易总额	31, 094	30, 030	33, 544	36, 110	40, 072
日中贸易总额(含香港)	123, 252	137, 934	160, 620	189, 776	222, 005

3. 今年有望突破2000亿美元。中国《人民日报》2005年4月11日报道：日本国际贸易促进协会理事长中田庆雄在北京访问期间说，中国2004年取代美国成为日本的第一大贸易伙伴，2005年日中贸易突破2000亿美元大有希望。中田说："日中经贸合作取得了长足进展，日中贸易已经占日本贸易总量的20%，中国的发展和经济状况已进入对日本国家和企业产生直接影响的时代。"

(三)中日经贸合作的互补性

根据我们律师业为中日双方企业进行的法律服务了解到，中日两国的经贸领域有很大的互补性。中国在合作中可以向日本企业学习管理水平、提高现代工业技术、引进一些必要的初期投资资本、提高产品的质量和国际竞争力、提供中国消费者喜欢的消费产品；而日本企业可以获得中国的巨大市场、相对低成本的劳动力、获取丰富的原料和能源、租赁到低廉的工业用地、享受中国的最优惠税收、转移一些在日本已经没有竞争力的企业。

日中贸易协会中田会长介绍2005年工作的三大方针：一是推动日中两国互补互惠的经贸合作，促进两国共同发展；二是促进改善两国的政治关系；三是促进东亚地区区域经济合作。

贵国驻中国的大使馆千叶参赞(2004年6月17日)关于日中经济关系现状演讲中说：中国对日本企业来说是黄金机会的宝库。根据日中贸易振兴协会(JETRO)的统计数据，中国向日本进口的主要是高附加值工业产品，而向日本出口的主要是初级农业产品和原料。

四、日本在华企业和对华贸易企业遇到的法律问题

我在国内担任多家日本在华企业的法律顾问，还帮助日本在杭州的企业"友成控股"在香港联交所创业板成功上市。见证了日本在华企业的成长和成功。根据我们中国律师对日本企业提供的法律服务，日本企业在中国遇到的法律事务主要类型有：

1. 对中国的投资政策和法律规定不了解，企业经营层注重内部管理和技术管理，不大愿意同中国当地政府和相关单位沟通联系。

2. 对中国的土地制度、税收制度、关税制度不了解。影响企业的长久发展。

3. 对中国的公司制度不了解。使用中国职业经理人不放心。

4. 对中国的劳工法律制度不了解，劳动用工上出现了一些问题。日本本土企业同样有一个招用中国雇工的纠纷。有些国际劳务派遣中对用工权利保

护不足。

5. 在对中贸易中，出现合同纠纷和货款结算纠纷。

6. 对自主知识产权保护的担心，担心自有的专利权、商标权、技术秘密权、被扩散和侵权。汽车摩托车技术、电子技术、家电行业都有争议，著作权领域有动漫版权、音像版权等问题。

7. 对中国投资收益和外汇管理制度的担心，经常有日本企业家询问在中国的投资利润如何汇回国内的问题。

8. 日本在中国销售的消费品如汽车和家电的质量索赔纠纷。由于日本产品在中国百姓日用高档消费品中占有很大市场份额，此类纠纷一直有发生。

9. WTO 范围的贸易纠纷，如绿色壁垒薹苔事件。已经出现农产品问题、绿色壁垒问题、市场开放不对等问题。

10. 日资企业在华相对封闭，自成体系，不能融入中国社会。

五、中国对外资企业的优惠政策

中国自从实施对外开放政策以来，对外资企业采取吸引、保护、超国民待遇的政策。许多对外商独资和合资企业的土地使用和税收优惠条件超过中国本土企业。

主要的优惠政策有：

(一)税收采取的特惠

1. 企业所得税的优惠

设在经济特区的外商投资企业、在经济特区设立机构、场所从事生产、经营的外国企业和设在经济技术开发区的生产性外商投资企业，减按 15% 的税率征收企业所得税。

能源、交通、港口、码头项目，在经报国家税务总局批准后，可以减按 15% 的税率征收企业所得税。

对生产性外商投资企业，经营期在 10 年以上的，从开始获利的年度起，第 1 年和第 2 年免征企业所得税，第 3 年至第 5 年减半征收企业所得税，但是属于石油、天然气、稀有金属、贵重金属等资源开采项目的，由国务院另行规定。

从事港口码头建设的中外合资经营企业，经营期在 15 年以上的，经企业申请，所在地的省、自治区、直辖市税务机关批准，从开始获利的年度起，第 1 年至第 5 年免征企业所得税，第 6 年至第 10 年减半征收企业所得税。

从事农业、林业、牧业的外商投资企业和设在经济不发达的边远地区的外商投资企业，享受免税、减税待遇期满后，经企业申请，国务院税务主管部门批准,在以后的10年内可以继续按应纳税额减征15%至30%的企业所得税。

外商投资举办的产品出口企业,在依照税法规定免征、减征企业所得税期满后,凡出口产品产值达到当年企业产品产值70%以上的,可以按照税法规定的税率减半征收企业所得税。但经济特区和经济技术开发区以及其他已经按15%的税率缴纳企业所得税的产品出口企业,符合上述条件的,按10%的税率征收企业所得税。

外商投资举办的先进技术企业,依照税法规定免征、减征企业所得税期满后仍为先进技术企业的,可以按照税法规定的税率延长3年减半征收企业所得税。

外商投资企业和外国企业在中国境内设立的从事生产、经营的机构、场所发生年度亏损,可以用下一纳税年度的所得弥补;下一纳税年度的所得不足弥补的,可以逐年延续弥补,但最长不得超过5年。

2. 个人所得税优惠

在中国境内的外商投资企业和外国企业中工作的外籍人员,应纳税所得额在每月在减除800元费用的基础上,附加减除费用3200元。

3. 再投资方面的退税优惠

外商投资企业的外国投资者,将从企业取得的利润直接再投资于该企业,增加注册资本,或者作为资本投资开办其他外商投资企业,经营期不少于5年的,经投资者申请,税务机关批准,退还其再投资部分已缴纳所得税的40%税款。外国投资者在中国境内直接再投资举办、扩建产品出口企业或者先进技术企业,可以依照国务院的有关规定,全部退还其再投资部分以缴纳的企业所得税税款。

(二)企业购买设备方面的优惠

1. 进口自用设备免税

《外商投资产业指导目录》鼓励类项目,在投资总额内进口的自用设备(含按照合同随设备进口的技术及配套件、备件),除《外商投资项目不予免税的进口商品目录》所列商品外,免征关税和进口环节增值税。

对已设立的鼓励类外商投资企业、外商投资研究开发中心、先进技术型和产品出口型外商投资企业技术改造,在原批准的生产经营范围内进口国内不能生产或性能不能满足需要的自用设备及其配套的技术、配件、备件,可按《国务院善于调整进口设备税收政策的通知》(国发〔1997〕37号)的规定免征进口关税和进口环节税。

外商投资企业为生产《国家高新技术产品目录》的产品而进口所需的自

用设备及按照合同随设备进口的技术及配套件、备件，除按照国发〔1997〕37号文件规定《国内投资项目不予免税的进口商品目录》所列商品外，免征关税和进口环节增值税。

2. 采购中国设备退税

外商投资企业的外国投资者已投入的资本金达到企业投资各方已到位资本金的25%（含）以上，符合《外商投资产业指导目录》鼓励类以及《当前国家重点鼓励发展的产业、产品和技术目录》的投资项目，外商投资企业在国内以货币采购未使用过的国产设备采购（含购货合同中列名的随设备购进的部分塑料件、橡胶件、陶瓷件及石化项目用的管材等），可全额退还国产设备增值税。对列入国务院《外商投资项目不予免税的进口商品目录》和《国内投资项目不予免税的进口商品目录》，在国内采购的设备，不能享受退税的税收优惠政策。

3. 固定资产折旧优惠

固定资产由于特殊原因需要缩短折旧年限的，可以由企业提出申请，经当地税务机关审核后，逐级上报国家税务局批准。

（三）对技术含量投资的特别支持

为科学研究、开发能源、发展交通事业、农林牧业生产以及开发重要技术提供专有技术所取得的特许权使用费，经国务院税务主管部门批准，可以减按10%的税率征收所得税，其中技术先进或者条件优惠的，可以免征所得税。

对单位和个人（包括外商投资企业、外商投资设立的研究开发中心、外国企业和外籍个人）从事技术转让、技术开发业务和与之相关的技术咨询、技术服务业务取得的收入，免征营业税。

外商投资企业引进属于《国家高新技术产品目录》所列的先进技术，按合同规定向境外支付的软件费，免征关税和进口环节增值税。

企业进行技术开发当年在中国境内发生的技术开发费比上年实际增长10%（含10%）以上的，经税务机关审核批准，允许再按当年技术开发费实际发生额的50%，抵扣当年度的应纳税所得额。企业技术开发费比上年增长达到10%以上、其实际发生额的50%如大于企业当年应纳税所得额的，可准予抵扣其不超过应纳税所得额的部分；超过部分，当年和以后年度均不再予以抵扣。

（四）灵活的外汇政策支持

允许外商投资企业自由选择外汇指定银行和境内外资银行开立现汇账户，保留现汇；外商投资企业正常经营范围内的外汇支付和偿还境内金融机构外汇贷款本息,可以从其现汇账户余额中直接办理。中国坚持外商投资企业外汇自求平衡的原则,但当企业外汇不能自求平衡时,可采取综合补偿的办法解决外汇收支平衡,属于国家鼓励生产项目下的资本金用汇,需经外汇局批准购汇解决。允许外商将获得的人民币利润进行再投资,并享受外汇投资待遇。

六、中国的知识产权保护法律制度

中国政府一直高度重视知识产权保护工作。中国政府认为,知识产权保护制度对于促进技术进步、文化繁荣和经济发展都具有重要意义和作用,它既是保证社会主义市场经济正常运行的重要制度,又是开展国际间科学技术、经济、文化交流与合作的基本环境和条件之一。近20余年间,中国在知识产权保护方面做了大量工作,在立法、执法及国际交流与合作方面均取得了巨大进步和长足发展。特别是近几年来,中国政府本着标本兼治,着力治本的原则,围绕打击假冒伪劣、侵权盗版,在着力提升知识产权整体保护水平方面,采取了一系列措施,付出了巨大努力,取得了很多成就。

(一)中国知识产权立法状况

20世纪80年代,中国就开始了知识产权保护的法制建设。通过借鉴国际公约、条约规定和其他国家在知识产权保护立法方面的先进经验,中国不断建立健全了知识产权保护的法律体系。专门法律主要包括:《商标法》、《专利法》、《著作权法》等;专门行政法规包括:《商标法实施条例》、《专利法实施细则》、《著作权法实施条例》、《知识产权海关保护条例》、《计算机软件保护条例》、《集成电路布图设计保护条例》、《植物新品种保护条例》等;专门行政规章包括:《驰名商标认定和保护规定》、《集体商标、证明商标注册和管理办法》、《专利实施强制许可办法》等。此外,中国的民法、刑法、对外贸易法以及最高人民法院和最高人民检察院发布的有关司法解释中也包括了知识产权保护的专门规定。在加入世贸组织的过程中,为履行承诺,中国政府严格遵循世贸组织《与贸易有关的知识产权协定》(TRIPs)的有关规定对国内知识产权立法进行了修改和完善。

此外,中国还在不断积极研究和制定有关知识产权保护的新法律、新法规,如自2004年12月22日起施行的《最高人民法院、最高人民检察院关于办理侵犯知识产权刑事案件具体应用法律若干问题的解释》,将于2005年3月1日开始实施的《著作权集体管理条例》以及目前正在研究制定的《信息网络传播权保护条例》等。相信随着这些新法律法规的出台,中国的知识产权保护法律体系会进一步得到健全与完善,中国的知识产权保护法制建设也会不断向前发展。

（二）中国参加知识产权保护国际公约的情况

自1980年中国加入《建立世界知识产权组织公约》起至今，用了23年时间完成了商标法、专利法、著作权法、反不正当竞争法、软件保护条例、刑法对知识产权的保护等国内立法和加入世界知识产权保护公约、巴黎公约、伯尔尼公约、马德里公约、罗马公约、世界贸易组织及TRIPs等国际公约，构建了达到国际保护水平的知识产权法律体系。中国积极参与这些公约、条约、协定项下的各种活动，中国政府恪守保护知识产权有关国际公约及协定的真诚立场和充分承担国际义务。此外，中国还在积极研究加入其他知识产权国际条约。如中国目前已经着手制定和修改法律，为加入《世界知识产权组织版权条约》（WCT）与《世界知识产权组织表演和录音制品条约》（WPPT）做准备。中国密切关注国际知识产权领域的发展动态，积极组织相关部门参与世界贸易组织（WTO）、世界知识产权组织（WIPO）、国际植物新品种联盟（UPOV）、亚太经合组织（APEC）、亚欧会议（ASEM）等国际组织的国际知识产权制度的改革和国际知识产权问题的谈判。如中国积极参与了在世贸组织与贸易有关的知识产权理事会（TRIPs理事会）主持下进行的，作为世贸组织多哈回合新一轮谈判重要组成部分的公共健康、地理标识、遗传资源、传统知识等知识产权议题的谈判；中国多次组织相关部门参加了世界知识产权组织举行的会议，中国代表团就中国知识产权制度取得的成绩，以及中国对国际专利制度、遗传资源、传统知识及民间文学艺术等国际知识产权热点问题的看法作了重要发言，阐明了中国的原则和立场；中国还组团参加了国际植物新品种联盟、亚太经合组织、亚欧会议等国际组织的会议，积极宣传中国的知识产权保护成就，并与其他国家进行了有益的交流。

（三）中国与其他国家开展知识产权交流与合作的情况

1992年，中美签署了《中美知识产权谅解备忘录》；2000年建立了知识产权定期磋商机制；在每年开展知识产权定期磋商的基础上，2003年共同举办了知识产权圆桌会议；2004年成立了中美商贸联委会保护知识产权工作小组。在与欧盟合作方面，1992年6月30日，中欧双方签订了有关保护知识产权的会谈纪要；自1996年进行了为期6年的中国—欧盟知识产权合作项目；1998年9月24日，中国与法国签订了《关于知识产权的合作协定》。中国与日本、韩国之间也建立了知识产权方面的双边及三边对话与合作机制，自2001年开始，中、日、韩三国知识产权局之间每年定期举行政策对话机制；中、日著作权行政部门之间每年举行定期会晤，并于2003年由中国国家版权局与日本文化厅签订了《著作权及邻接权合作协议》；自 1996 年起中国工商总局商标局与日本特许厅之间建立了两局不定期会谈机制以及与韩国知识产权局正在磋商建立的密切业务合作关系等；另外，中日、中韩双边经贸联委会、中日韩三国经济局长会议也涉及知识产权的议题。中国与巴西、墨西哥等国家（地区）也开展了卓有成效的知识产权保护方面的交流与合作。①

七、中国近年国际贸易和投资中的知识产权争端

中国正在融入国际经贸舞台。随着中国经济对国际社会的影响日益扩大，中国受到国际市场体系中的贸易壁垒的影响正在增多。近年来国际贸易争端不断发生。在反倾销问题上，中国的打火机、皮鞋、家具、电视机等受到调查；在反补贴问题上，美国同欧盟对中国纺织品进行调查；在品牌战略、产品近似混淆方面，中国一些企业的产品被控仿冒、一些外商到中国定制冒牌产品销往国际市场。在知识产权问题上，中国在专利技术、芯片、液晶技术、汽车关键技术、电池等领域遭到美国等国企业的投诉和调查。在绿色壁垒问题上，中国农产品被控受污染，同日本发生过蒜薹事件、茶叶事件和紫菜事件，遭到美国食品进口许可证制度的限制。在著作权方面，中国的动漫产业、网络传播业、IT 业、电影业、光盘生产线都遭到投诉和调查。中国加入 WTO 的 TRIPs 后面临着大量的知识产权要求，在商标假冒、版权打击盗版、背景音乐、计算机软件、不正当竞争、技术秘密、经营秘密等领域，面临着许多新的情况。

八、中国的知识产权执法状况

（一）中国的知识产权执法渠道

中国的知识产权执法保护有行政和司法两个平行的渠道。权利人在被侵权时可以向法院起诉，也可以向知识产权主管机关申诉。国家知识产权局（专利）、国家商标局（商标）、国家版权局（著作权）作为行政主管机关分管中国的知识产权行政执法。1995 年 6 月，中国海关总署设立了知识产权边境保护处，全国各海关也指定了本地区内负责知识产权保护的主管部门和联系人。因此，知识产权权利人除通过司法途径外，还可以通过这些行政途径保护其知识产权。对于侵犯知识产权的行为，权利人可以向行政主管机关申诉，行政机关也可以依职权进行查处；知识产权行政主管机关可以在查处过程中对侵权

---

① 《中国知识产权保护现状》，中国国际贸易促进委员会经济信息部，中国贸易救济信息网 2005 年 4 月 26 日发布。

物品进行查封和扣押，可以采取停止侵权的禁令、罚款等救济手段。由于行政程序在打击侵权方面速度较快，费用较低，受到知识产权权利人的欢迎。

在司法方面，中国中级法院以上的各级法院都已经建立起专门负责审理知识产权案件的审判庭；个别沿海发达地区的县一级的法院也享有了这类案件的审判管辖权。在诉讼中，法院可以采取财产保全和证据保全的临时措施；对于民事侵权行为，人民法院可以依法责令侵权人承担停止侵害、消除影响、道歉、赔偿损失等民事责任外，还可以对行为人给予没收非法所得、罚款、拘留等制裁；构成犯罪的，依法追究其刑事责任，中国《刑法》规定，对知识产权犯罪最高可以判处7年有期徒刑。

（二）中国知识产权执法的新成果

近年来，中国政府对知识产权的执法投入了极大的人力和物力，严厉打击各种假冒伪劣、侵权盗版的行为，取得了引人注目的成绩。据中国官方公布的知识产权保护白皮书，2004年查处商标违法案件5万余件；查缴各类违法音像制品1.54亿张；10年共收缴侵权盗版复制品3.5亿件；海关9年共查获进出口侵权案件4361起；中国已授权专利125万余件；2004年受理电子专利4239件；5年破获侵犯知识产权刑事案件5305起；4年查处800余件农业植物新品种侵权假冒案件；1996年至2003年10月，中国境内已破获非法光盘生产线163条。

（三）司法机关严惩知识产权犯罪

最高人民法院公布《关于办理侵犯知识产权刑事案件具体应用法律若干问题的解释》，降低了可以定罪的标准。非法经营额从20万、10万降为5万，违法所得额从5万降为3万即可以追究刑事责任。扩大了知识产权刑事保护的范围，明确了相关专业术语，集中解决了各地办理此类案件在法律适用方面的疑难问题，提高了相关刑法条文的可操作性。

（四）与外商投资企业的定期沟通协调机制

为了进一步改善外商投资环境，加大打击侵权和假冒伪劣商品的工作力度，保护知识产权，中国政府于2003年建立了“政府部门与外商投资企业定期沟通协调机制”。该机制由全国整顿和规范市场经济秩序领导小组办公室牵头，由中国公安部、商务部、海关总署、工商总局、质检总局、新闻出版总署、食品药品监管局、知识产权局、最高人民法院、最高人民检察院和中国外商投资企业协会组成，主要负责定期与外商投资企业互相沟通情况，了解他们在打击假冒商品，保护知识产权，改善外商投资环境，维护统一开放、公平有序的市场秩序等方面反映的问题、提出的意见和建议，并协调组织有关部门进行研究。

通过这一机制，各执法部门与外商投资企业加强了打击侵权方面的合作，取得了明显的成效。

九、中国律师的知识产权代理业务

中国现有律师12万多人，律师有严格的准入制度，中国律师不分地域，可以全国执业。中国已经有一批精通中国知识产权法律、了解国际惯例并富有实际经验的知识产权专业律师。并正在加强国际协作，向国际化的专业律师发展，在中国知识产权法制建设中发挥着重要作用，能够为外国企业提供良好的服务，并同国际同行开展合作。

中国律师可以承担企业知识产权战略的制定和实施、维护、对权利被侵害的调查、证据收集、刑事报案、民事调解、索赔、保全和司法诉讼活动。目前中国司法实践中中国律师已经办理的案件的类型，有著作权(版权)、商标权、专利权、商业秘密、不正当竞争、行业垄断、植物新品种、网络与电子商务方面的民事诉讼、刑事辩护、行政诉讼、行政复议、权利申请、专利和商标复审等法律事务。中国最高人民法院每年公布知识产权著名案例。从公布的判例看，国外企业的知识产权得到了中国司法平等的良好的保护。

十、中国律师的知识产权案件实例

下面介绍中国法院审理的几个知识产权的案例，以便各位专家学者亲自感受中国知识产权案件司法保护的真实形态。前面三个案例是我作为原告律师亲自办理的有很大影响的案件。

(一)德国西门子 OSRAM 商标被假冒案

德国西门子 OSRAM 公司，是全球著名的光源生产商，其 OSRAM 商标在国际市场享有盛誉。近年，该公司发现在中东、北非市场上有来自中国的假冒其商标的灯泡。2003 年 3 月 25 日，查获产品源自中国宁波一家灯具生产企业。该公司委托他人，以一般贸易方式向宁波北仑海关申报出口一票自镇流贡灯，总数量为 131,400 只。经过查验，海关发现货物的包装上标有“OSRAM”牌商标。OSRAM 公司委托中国律师事务所进行制止侵权的法律行动。中国宁波北仑海关对假冒公司发出《行政处罚决定书》。海关认为，侵权公司出口的商品是擅自使用了他人商标，侵犯了权利人受法律保护的商标权。《行政处罚决定书》中指出：“根据《中华人民共和国海关法》规定，决定没收在扣侵权货物，并对当事人处罚款人民币 37,500 元。”欧司朗公司认为该处罚不足以惩罚假冒公司，无法恢复该公司在中东和北非市场的产品已经饱受假冒行为给予其产品声誉带来的损害。8月31日,中国律师代理欧司朗公司向公安局送呈刑事报案书,经警方侦查,检察院起诉,2004年6月,中国法院判决:(1)被告公司犯假冒注册商标罪,判处罚金60万元;(2)被告单位法定代表人曹某犯注册商标罪,处缓刑一年六个月,罚金137,500元。律师再提起民事索赔,侵权公司自愿赔偿欧司朗公司人民币110万元。①

(二)五粮液公司商标被攀附混淆案

四川宜宾五粮液股份公司是中国著名酿酒公司,年利润人民币120多亿元。"老作坊"系该公司注册商标,根据600年"老作坊"原始生产方式而取名形成的白酒品牌。从1998年4月开始拥有"老作坊"包装装潢专有权,1998年6月享有外观设计专利权,1999年11月起享有专有商标权。"四川老作坊酒厂"是注册于2001年7月的一家小企业,用企业名称来混淆原告的"老作坊"品牌。以字号厂名近似、产地近似、包装相同、包装侵犯原告商标、包装侵犯原告专利等一系列方法,故意造成消费者的误认和混淆,嫁接原告斥巨资已经创下的市场进行销售获利。经过五粮液公司告发,受到四川、江苏、河南等工商局的行政处罚和没收。但由于仿冒成本低廉,依然屡罚屡犯。五粮液公司委托中国律师在宁波中级法院起诉侵权公司和销售公司。2004年6月,法院判决:(1)两被告停止侵犯原告商标权行为;(2)两被告停止侵犯原告"老作坊"白酒特有的名称、包装、装潢使用权;(3)两被告在判决生效之日起30天内消除其现存的商品侵权包装装潢;(4)销售公司赔偿原告10万元;(5)被告四川老作坊酒厂赔偿原告40万元。本案被中国最高人民法院公布为2004年度中国知识产权十大名案。

(三)鲁迅版画著作权侵权案

1974年,中国美术学院教授李以泰创作出了《鲁迅》版画作品。先后在《浙江日报》、《人民日报》上发表。发表30年来,成了全国各类鲁迅形象作品的最有代表性的作品,成了广为人知的名作,被国内外著名美术馆收藏,但从未用于商业性营利广告和营利性展览。2002年6月,绍兴市人民政府召开《关于鲁迅故里保护工作专题会议》,9月,鲁迅故里公司、绍兴文化旅游公司同杭州雁南公司签订设计合同书,委托其设计广场景墙《浮雕》等六件作品,设计制作费90余万元。景墙大幅画面采用了李以泰鲁迅版画的形象。随后被作为"鲁迅故里"的标志性图案在绍兴、杭州、沪杭甬高速公路上广泛复制和使用。其后,绍兴文旅公司将景墙图案广泛复制,委托浙江高速广告有限公

① "知识产权刑事附带民事第一案:西门子中国上告",载《21世纪经济报道》2003年9月8日。

司等对侵权作品的图案进行了使用，在沪杭甬高速公路边制作了巨型广告牌多处，在绍兴市闹市区设立了巨幅广告，并在公交卡、景点门票上使用。李以泰教授认为几家公司的行为直接侵犯了原告著作权权利中的复制权、署名权、修改权、获取报酬权，委托律师对侵权证据进行了取证和保全公证。随后，向杭州市中级人民法院提出起诉。先后将十被告告上法庭。要求停止侵权、赔礼道歉、赔偿损失100余万元。2005年10月，杭州市中级人民法院作出了一审判决，确认九个公司被告侵权成立，判令停止侵权、拆除侵权景墙作品，登报道歉，并赔偿原告损失30多万。二审法院组织调解。达成协议：(1)保留景墙，加上原告署名；(2)设计公司支付给李以泰25万元；(3)设计公司以书面形式向李以泰赔礼道歉。本案被评为2005年中国文坛八大名案。①

(四)NIKE商标运动鞋定牌加工返销日本案

宁波海关查报：宁波市的外向型经济中，定牌加工业务占了相当大一部分，以定牌加工形式出口的商品额占全市出口商品总额的75%。在被调查的157家企业中，开展定牌加工业务的有87家，占55%，其中以此业务为重要生产方式的有21家，占13.3%。宁波市一家知名公司接到日本某公司订单，为日方定牌生产NIKE商标的运动鞋返销日本。当时日本公司出具了授权书，但是这个商标在中国已为国内另一家公司独占许可使用。按规定，未经该中国独占许可人同意，其他任何单位在中国生产、销售、组织出口该品牌的货物均属违法。宁波海关根据这个独占许可人的申请，依法阻止这批货物出口，并对侵权公司作出罚款。这个案例中，宁波这家公司就是仅凭日本公司出具的授权书生产、出口，没有审查知识产权证明的真实性、有效性和合法性，导致了侵权。

(五)“丰田”诉“吉利”汽车的商标侵权案②

2002年12月，丰田公司以“商标和不正当竞争侵权”为由提起对吉利的诉讼，称吉利集团旗下的美日汽车在宣传单上的商标使用行为，侵害了丰田公司的知识产权，要求吉利赔偿人民币1400万元。2003年11月24日，北京市第二中级人民法院一审判决，对丰田公司的指控不予支持，吉利控股集团胜诉。作为中国经济型轿车的著名品牌，吉利一直以来都以自有品牌、自主知识产权为企业发展的基石。面对诉讼，吉利公司更加重视企业自主创新意识和

① “鲁迅故里标志物侵权案昨又开打”，载《今日早报》2005年12月22日。

② 邱伟：“日本汽车业巨头丰田诉吉利商标侵权索赔1400万元”，载《北京晚报》2003年8月6日。

企业知识产权意识。在对外合作上，在遵守国际惯例的条件下，在利用资金与技术的同时，很好地保持了品牌的独立性。

（六）“本田”诉“力帆”摩托车的商标侵权案①

日本本田技研工业株式会社从2000年开始聘请中国著名的律师事务所调查取证，2002年起在北京、上海等地对重庆力帆、宗申、隆鑫等摩托车企业陆续提起了十几件诉讼，还在菲律宾、越南等东南亚国家和德国等发达国家对中国同行提起知识产权诉讼，争议标的涉及专利权、商标权及著作权。上海市第二中级人民法院对外观设计专利侵权纠纷案作出判决：认定被告力帆公司生产并销售、被告文安公司销售的“力帆 LF100T”型摩托车，构成对原告日本本田公司专利权的侵犯，判令被告力帆公司赔偿日本本田公司经济损失人民币30万元。这类诉讼进一步促进了中国企业的尊重和保护知识产权意识的增强。

中国知识产权界反思后认为：这类诉讼具有积极意义，给了中国以启发。主要表现在：第一，日本政府的“知识产权立国”国策和日本企业的知识产权战略已步入了实施阶段。日本公司对中国同行的知识产权战略对推动中国企业的知识产权进步是起到了积极作用。通过知识产权诉讼的实战，短短十几年里，中国公司就已经从对知识产权一无所知到开始认识并遵守知识产权规则，并开始保护自己的自主知识产权。第二，中国的国家知识产权局专利局、商标局、版权局及公平交易局、海关、技术监督局、新闻出版署、文化局、公安局等行政执法部门对假冒、盗版、侵权等知识产权违法案件和犯罪案件加大了打击力度，使大部分侵权、违法、犯罪案件得到了及时有效的处理。中国法院受理的知识产权纠纷案件数量连年递增，对包括日本公司在内的外国权利人的保护越来越公正合理，诉讼规则、诉讼程序越来越严谨透明。第三，中国的知识产权保护正走向理性的、良性的轨道，企业和民众的知识产权意识日益提高。

这类知识产权摩擦也产生了中日两国的一些误解，有一些矛盾需要互相加深了解进行消除。主要表现在：第一，中国企业和舆论对于日本企业的诉讼目的往往理解为是利用经济优势争夺国际市场。中国企业和舆论对于日本同行努力在中国建立知识产权秩序的做法认为是无可厚非的，但日方以知识产权为武器，极力争夺国际市场的行为让中国企业心存芥蒂。中国企业认为应该允许中日双方的产品在市场中共存，尤其中国作为发展中国家，机动车制造

---

① 万静：“本田诉力帆商标侵权案终有结果”，载《法制日报》2005年11月29日、12月13日。

仅仅是刚刚迈向国际市场,而日本同行千方百计打击中国同行,有碍公平竞争。第二,中国企业和舆论对于日本企业的诉讼目的往往理解为日方是利用知识产权优势垄断行业。截至 2003 年 8 月,日本本田公司共在中国申请专利 1800 余件,其中 200 余件是外观设计专利,由于日本实施专利法比中国早 100 年,所以不论是在知识产权意识方面还是对知识产权规则的运用方面,甚至对中国知识产权状况的掌握方面,中国企业均与日本同行相差甚远,日本同行在中国人的知识产权意识尚未觉醒时就已经用大量专利申请实行了行业垄断。①

各位专家,今天我介绍的中国经贸环境和知识产权法律保护现状就到这里。中日之间的经济互相依存度已经很高,日本企业和经济界在中国的改革开放早期阶段提供了帮助,作出了贡献。现在的经济关系的发展状况也很好。但两国的法律界的交往还不多,互相的了解交流基本上还停留在大学学术的层面,不像两国经济界经常有一些高质量的高峰论坛。希望我今天的介绍给各位带来一些新信息,促进我们之间的理解和交往。

---

① "力帆本田商标争端　暴露企业模仿战略之伤",载《财经时报》2003 年 11 月 29 日。

42. 荷兰司法考察散记*

2008 年 10 月 3 日，星期五

北京晴，蒙古晴，俄国多云，荷兰夜雨

北京时间 11 时 55 分准点起飞，荷兰皇家航空公司的空中客车一路向西逐日而行。过蒙古时，三万英尺下的大地一片沙漠，偶有点点的沙湖，闪着白光，没有一丝绿色。看看航机电视上的航迹，差不多到乌兰巴托了。打开电脑改了会文稿，空姐播报已过圣彼得堡。窗外白云如海，依稀见大地森林，山顶白雪皑皑。大地上人烟稀少，上天厚待俄罗斯。过芬兰，时差 6 小时。到阿姆斯特丹的史基浦国际机场时，太阳还在天上。荷兰时间 3 时 50 分，飞机着地，故乡杭州应是午夜 10 时了。

乌德勒支大学李博士安排的吉娜小姐已在门口接机。司机是位很友善的荷兰老者，一路对中国精彩的奥运开幕式赞不绝口，他把我们拉到莱顿市附近的富人区，一个叫乌斯莱斯特的小镇。在一个名为“白屋”的漂亮小酒店住下。莱顿市位于阿姆斯特丹西南 40 公里，是个美丽的城市，也是个大学城。荷兰历史最悠久的莱顿大学即位于此。这是一所有 430 多年历史的大学，最早开始人体解剖学研究，走出了四位诺贝

---

* 2008 年 10 月，我应荷兰司法部的安排和乌德勒支大学法学院的邀请，作为中华全国律师协会宪法人权委员会的四人访问团成员，对荷兰作了为期 10 天的考察访问。广泛接触了荷司法部官员、海牙国际法院法官、荷兰法院法官、各大学教授学者和著名律师。以访问日记文体，记录了荷兰司法的现状，并对中国法制现状进行了一些对照思考。最早在《中国律师网》发表，并在《浙江法制报》摘发了一个版面。本次全文出版。

尔奖获得者。

巧得很，今天居然是莱顿的“解放日”，接待我们的李博士热情地邀请我们去看这个市的庆祝日活动。16世纪初，荷兰为了争取独立，展开反抗西班牙王国统治的“八十年战争”。1574年，莱顿城受到西班牙军的围困，居民拒不投降，一直坚持到10月3日，荷兰抵抗部队才赶来援助，给饥饿的市民运来了面包和鲱鱼。10月3日因此成为莱顿市的解放日，每年的这一天，全市都要举行庆祝活动，由市政府给每位市民赠送一份面包和鲱鱼，这种仪式一直延续到今天。当时，独立战争的领袖威廉·冯·欧朗叶亲王向政府要求创办一所大学，政府为了表彰莱顿市民，予以同意，这便是莱顿大学的由来。庆祝狂欢有点像中国的庙会，我第一次见到西欧的城市也能够集中起这么多的人。音响震耳欲聋，嘉年华娱乐应有尽有，博采游戏随处可见，大风车下人们买着小吃喝着啤酒，使我恍若到了中国的乡村集市。空气中飘满烤鱼和面包的香味，满地是包装纸。原来人类的庆祝基本上都是相似的。

李博士毕业于北大，受王铁崖先生之荐到莱顿大学攻读法学博士学位，就此定居。她的丈夫尼科是国际法教授。我们在市区晚餐后，已是晚上9点多，实际上中国已是凌晨3时了。天下着雨，秋夜清凉。在莱顿大学法学院等车，冷得有点发抖。李博士打电话叫来了尼科教授，开车把我们送回了小镇宾馆。尼科教授说，今天荷兰政府收购了一家将倒闭的富通银行。回房间看到当地新闻，美国参众两院通过8500亿美元救市方案。看来，美国感冒全球都在发烧。

2008年10月4日，星期六
莱顿市乌斯海斯特小镇，夜雨
代尔夫特市、海牙市，晴

接下去两天双休日，欧洲人不像中国人没命地干活，国家重视休息权，我们因此没有安排会晤。利用这个时间，先进行观光考察，对这个国家有些感观的了解。

清晨湿润的空气有些凉意。高大的槲栎树和橡树掩映着一幢幢漂亮的小别墅。雨下个不停。荷兰正名“尼德兰王国”，意为“低地之国”。1/4国土低于海平面。多雨使其河汊密布，大风车不停地把水抽到堤外大海里。因此风车亦是一道风景。1581年，由北方各省组成的三级会议宣布废黜西班牙国王腓力二世，正式成立联省共和国，由于荷兰省在联省中的经济和政治地位最重要，因此把国名称为荷兰共和国，1795年为法军占领。1806年荷兰成为王国，于是称“荷兰”。导游则另有个说法，说荷兰这个名称叫得响亮，是“森林之国”的意思。荷兰虽然很少有山，到处是平地草原，但有树的地方树都长得高大。秋林金黄，草野嫩绿，欧洲的原野有如油画。荷兰原有很多木建筑，“二战”的时候，鹿特丹等地被德军炸为平地，木建筑都烧光了。荷兰被迫投降。看来，这个现代发达国家，其历史也是饱经创伤。

荷兰人口1600多万，12个省，GDP排名全球第10位，在整个欧洲GDP的成长非常快速，是中国出口排名第六的合作伙伴国家。荷兰皇家壳牌集团、飞利浦电子、联合利华、诺贝尔都是著名的跨国公司，2001年人均国民收入达22,317欧元。

上午去了工业重镇代尔夫特市，这里是工业园和科技开发区，市里有皇家大教堂，也是皇室的墓地。李博士说，现女王的祖先都安葬在教堂地下。去世时打开地宫，用马车把先皇从海牙拉到这里隆重下葬。

对于法学人士来说，这里还有一个应去的理由。世界近代国际法学的奠基人、17世纪古典自然法学派主要代表人物格老秀斯就是这里的人，广场上有他的铜像。格老秀斯一生共撰写了三部国际法的著作，分别是《海洋自由论》、《捕获法》和《战争与和平法》，不到80页的小册子《海洋自由论》，在国际法历史上具有重要的意义。格老秀斯的两大贡献不能让人忘记：一是他第一次真正意义上阐述了国际法的概念；二是他提出了公海自由的经典理论。他认为，“海洋是取之不尽，用之不竭的，是不可占领的；应向所有国家和所有国家的人民开放，供他们自由使用”。时至今日，格老秀斯的“公海自由”已作为一项国际法原则。它的地位更在1982年得到肯定，《联合国海洋法公约》的问世和六大“公海自由”的规定，可说是格老秀斯传统的胜利。荷兰成为现代国际法的中心，同其法学家的历史贡献分不开。

李博士提议下午去海牙，因为后几天正式会晤时间安排很紧，不会有时间安排我们观光。我们欣然前往。海牙荷语名 Den Haag，意为“伯爵家的树篱”，13世纪是威廉二世伯爵的城堡。虽非首都，但是荷兰真正的政治中心。王宫、议会大厦、首相府、国际机构都在这个市，同中国有关的有“李鸿章大酒店”。甲午战争中国战败后，清廷急于争取国际上的广泛支持，制定了“以夷制夷”和“联俄抵日”的战略。1896年5月，正好俄皇尼古拉二世加冕，73岁的北洋大臣李鸿章率领中外随员45人，乘船出访俄、德、荷、比、法、英、美七国。出访历时七个月，行程几万里，是中国封建王朝首次派出规模如此宏大的外交使团。在荷兰，女王亲自派出了王宫的马车队迎接，入住海牙海边最豪华的“库尔豪斯大酒店”，晚上专为李鸿章等准备宴会和歌舞晚会。这家酒店规模宏大，现在仍然是海牙最好的五星级酒店。

在海牙我们参观了皇家美术博物馆，里面收藏的世界名画原作之多让人叹为观止。维米尔的“戴珍珠耳环的小女孩”、林布兰的“解剖学课”，都是蜚声世界的名作，是油画家从宫廷走向民间的代表作。首相府、皇宫、议会大厦都很精致，但都同周边建筑连在一起不相上下，并无官民的明显分野。河边古堡、广场院落，游人都娴静地漫步其间，并没有中国故宫和现在政府大楼这样的高屋广宇的气派和森严。政府的平民化从其每一个角落里浸透出来。与皇宫相连，隔几个门面临街，是好多家古玩店。同行徐君淘到了16世纪的宗教仪式用的教皇宝剑，价格不贵，喜不自禁。把玩半天，因国际航班飞机刀具管制，不得不忍痛割爱。

回莱顿，李博士全家在一家欧味十足的牛排馆热情招待我们晚餐。两个子女很可爱，兼有父亲的欧洲脸型和母亲的黑发。女儿十二岁，都一米六多了，怕自己长得太高而发愁。十岁的儿子见我们说得欢，以为在说他，制止妈妈，我说他赶快学好中国话，就不怕被欺侮了。尼科教授晚到了一会，是刚去参加了皇家美术馆馆长父亲的祝寿宴。看来，他们一家在当地确实生活得很成功。

2008年10月5日，星期日

莱顿乌斯海斯特小镇，雨

阿夫鲁戴克、沃伦丹、阿姆斯特丹，大风雨

驱车一百多公里经阿姆斯特丹往北，我们去了闻名世界的“海上长城”阿夫鲁戴克拦海大堤。网上曾传称，宇航员在太空能见的两个人类建筑，一是中国长城，一个就是它。堤外是北海，堤长32公里，是世界上最长的防洪堤防。车在堤上奔，使我想起了今年五一通车的世界跨度最长的杭州湾跨海大桥，全长是36公里。但这里是筑了高出海面7米、宽90米的大堤，将整个须德海湾一切两半，把两岸的弗里斯兰省与北荷兰省连接起来，内海湾形成了“艾瑟尔湖”，烟波浩瀚。抽低湖水后，开垦新土地，荷兰新多了一个弗列弗兰省。荷兰人改造自然的能力，是不能不让人佩服的。

堤上风雨大作，海风劲吹，海浪排空，堤上观景，我们的雨伞都被吹折了。这使我想起了少年务农时，浙江东海边抗台风保海塘的情境。荷兰北海的海水和堤内的艾瑟尔湖水高差至少四五米，站在渺如一线的长堤和一望无际的大海中，真让人觉得人既渺小又伟大，有不可思议的感觉。筑堤历时5年，1932年5月竣工。堤上有一个工程师的雕像和一个弓背搬石头青年民工的铜像，让人觉得伟大人物和芸芸百姓同样值得尊敬和纪念。大堤的发起和设计者是著名水利工程师莱利。他于1929年1月逝世，没有能够看到这一工程完工。为了纪念莱利，人们用他的名字命名弗列弗兰省的省会莱利斯达。

冒着风雨，我们回到渔港沃伦丹。“丹”，DAM，荷语意为堤坝。鹿特丹、阿姆斯特丹、沃伦丹，都是指有堤的地方。沃伦丹又称“北海渔村”，停泊着很多渔船和游船。漂亮的小楼顶着海堤而建，一堤之外的浩渺湖水比房子高出四五米，船好像就在房顶上。他们居然敢住。同事买了生鲱鱼，大家品尝，生鱼居然不腥。堤上两铜像，一翁一媪，翁是渔夫，剖鲱鱼的能手，他有能“一刀清肠”的绝活。凭此即立像纪念。

秋水竟如春水。绿油油平展展的牧场上牛羊悠闲地吃草，河汊就是围栏，吃饱的牛站在水边静静地望着远方，越不过这些小河。古老的风水车透出浓郁的乡村气息，伦勃朗的铜像就在草地上。风车抽走河堤内的水，外面的水位差总有好几米。圆圆的风车就是一个民宅，收拾得很精致，像个小宾馆。车子在雨的牧场上奔，沙质的道路一点不泥泞，两边的河道水面都是有高差的，使我觉得这个国家的人们大概一直在同水缠绵和搏斗。如果这个国家有一星期没有人工干预，雨水会很快漫过牧场和房子，美丽的乡村可能就会成为泽国。古老的四翼风车抽水，现代化的三翼风车发电，他们以自然之力治理自然，人和自然如此的和谐无间。

导游健谈，说荷兰的牛肉都是从新西兰运来的，当地的牛肉要上桌，会贵好几倍。荷兰的造田很有意思，围上海，抽走水，飞机播上芦苇籽让土地淡化，冬天烧了芦苇，春天用机械翻耕，土地就成了。由于土地成本高，他们搞高效农业。一是不卖成品粮卖种子，育种技术很高，效益很高。郁金香的球茎出口就是他们的一大收入。二是发明无土栽培。三是大棚种植工业化生产，都是国际领先的。这让我觉得对我们的长江三角洲有很好的借鉴意义，有海、有技术、有能源，而人口密度大、土地资源紧。围海技术和耕地利用技术都值得我们学习。荷兰都是低地平原，人口密度也不低，但村庄且不像中国群居，一户一牧场，有很好的间隔空间。如此宝贵的土地他们搞牧场，水土保持很好，一方面又搞高效农业。牧场让农民的生活很适意，让乡村美如画卷，比中国农民幸福多了。我作农民时整天翻腾土地，国家还搞一年三熟，围海造田大太阳下挖海涂，全靠人工体力。而这里的田野基本上见不到人。

今天还参观了阿姆市最早的钻石加工中心。荷兰不产钻，但拥有最好的加工切割技术。南非钻都跑这来了，老牌欧洲赚了别人资源的钱。这也值得浙江这个资源小省经济大省学习。参观了奶酪厂和木鞋厂，买了一双木鞋，整理花园可以穿，据说可以穿好多年。

2008 年 10 月 6 日，星期一

海牙，晴

中国使馆，国际法院，前南斯拉夫战犯刑事法庭，荷兰司法部

小镇的早晨仍然是湿漉漉的。九时多出发再去海牙，今天安排了很紧的访问日程。

中国使馆

先去了中国使馆，很多人排队等中国签证，一直到大街上。办证大厅人也很多，中国使馆对想到中国去的签证没有什么审查限制，排到就给办，态度也很好。中国奥运会后，荷兰人很惊讶中国现在这么发达，产生了很大的兴趣，中国旅游团都爆满。

海牙法院

今天考察法院。海牙有三个国际性的法院。一是联合国国际法院，审理的是国与国之间的纠纷，如领土、海洋权属、国家与国家间的权益争议。也可以说是公法法院，适用的是国际条约和习惯法。二是国际刑事法院，隶属于联合国安理会，审理全球的重大人权犯罪，如战争罪、反人类罪、种族灭绝罪。三是专门为前南斯拉夫种族冲突而成立的刑事法庭，简称联合国前南刑事法庭，米洛舍维奇曾在这里受审，但审了 4 年没有判就死了。现在又抓到了卡拉季奇，正在等待审判。还有一个卢旺达刑事法庭，设在非洲的坦桑尼亚。不在海牙，审理种族灭绝问题的战犯。海牙有监狱，关押国际刑事犯。但里面条件很好。一人一间，生活设施齐全，也不带铐，除了不能外出，同住宾馆差不多。

十点多，到前南刑事法院的上诉院会晤法官。先聊起了审判米洛舍维奇的事。法官说米氏在审理期间死亡，损失最大的是国际刑事法院。因为审了将近 4 年，花了联合国 4 亿美元，没有结论就死了。按照无罪推定的原则，没有判决就不能认定他有罪。因此成了一个无结论的案。至于为了一个国家的人权问题，联合国要花这么多钱是否值？他说公平正义是金钱买不来的。战争对人类的损害，不是几个亿的问题。一个巡航导弹价值就不菲。与人类为敌，国际社会就应当关注，应当有个明是非、说公理的地方。

法官安排我们参观了一个在审理的法庭，审判的是克罗地亚的战争罪被告。被告共有 7 人，今天在庭 3 人。黑人法警很文明。四位法官坐在审判台上，检察官在法官左侧的台下，律师团 20 多人，在法官右侧。每人面前都有视频和摄像，发言随时直播到外面大厅。被告西装革履，座在右侧靠墙的席上，律师坐在他们前面。证人反而在中国的被告席，正对法官。他们的理念是，刑事案件就是审检察官和证人，你要证明你的指控是成立的，要拿出证据来。如果说服了合议庭，就判他有罪。被告倒好像没有什么事。隔着玻璃外是旁听席，有同声传译，音质极好，同在庭内没有两样。但审判区没有干扰。

国际刑事法院对联合国负责，法官由国家集团提名，安理会任命，不代表其本国。任期4年，连选可以连任。法官没有陪审团，采用合议制，通常三名法官。不受任何个人和组织制约，只服从法律和自己的判断。适用的法律是国际公约和习惯法。审判风格接近大陆法系，兼收普通法的一些方法，证据认证体系采用大陆法。

政府律师

下午访问了派欧斯·瑞肯律师事务所。该事务所于1940年由两个合伙人发起成立，现有200多位律师，43个合伙人，实行公司制，人数居荷兰前10名，综合实力可能前5名。有12个法律部，分刑事、劳工、健康、公司、民事、欧盟法、环保、基建、招标等法律业务。除43个合伙律师外，其他都是授薪律师。刚毕业的法学院学生到大的律师楼工作，月薪税前2500欧元；7年以上的律师，年薪税前8～10万欧元；而大律师合伙人律师，年薪可以达到税前200万欧元，即2000万元人民币左右。但他们的个人所得税负为52%，比中国要高得多。但是，国家把什么都包了。退休者拿到每月保障金都在千欧元以上，最低保障金为900欧元。孩子4岁开始的读书费用都是国家包了。大学的年学费1000欧元左右即够。因此，荷兰的老人都很有钱，经常是老人请年轻人吃饭。“老有所养”，他们是国家把你养了，不需要子女养老人。这一点同中国尤其是中国农村大不一样。他们没有“养儿防老、积谷防饥”一说。这也可以解释他们为什么不像中国人一样喜欢生孩子。

合伙人法伦律师详细介绍了他们的业务情况和荷兰律师业的情况。法伦自称“政府律师”，即他总是代理政府一方，应对政府当被告的案件。他和两个经常批评政府的专家一起写了一本《欧洲人权法的理论与实践》著作，看厚度足有100余万字。瑞肯事务所做了好多政府项目，主要帮助政府做好法律顾问。如机场、车站，从预算、征地、设计、规划、谈判、招标，政府都要求律师参与，论证可能出现的法律问题。由于政府事先这样进行防范，因此当了被告时，律师一般都能有准备地代理。他介绍，政府的胜诉率在60%以上。这个比例同中国差不多，但是其原因则是大不相同的。他们没有政府对司法的干预，政府机构是绝不敢向法院施加影响的。荷兰全国16,000名律师，为政府服务接受代理的律师约300人，其他都是同政府“作对”的他们称为“商业律师”,实际上是指代理私人委托事务的律师。

法院没有立案庭。告政府案的受理,他们没有立案审查,只由法官对明显的地域等问题进行一些把关,一般都是有告就理。像博物馆为了拨款太少,可以告政府;犯人认为监狱条件太差,也可以告政府。政府行为过错造成国家赔偿,律师要去应对。可以说律师在政府行为中无处不在。政府要赢一个案件很难。如果觉得要输,政府不会去找法官干预说情,而是会找原告商量,达成谅解,解决问题,请他们撤诉。法律不允许政府方单方会见法官,如果要送证据和材料,必须同时给原告律师一份。否则法官就会被谴责和追究。

荷兰司法部

下午5时,我们按约访问荷兰司法部。负责代理荷兰政府向欧洲人权法院应诉的司法部高级官员马丁·库尔到一楼迎接我们。库尔40岁不到,对自己年纪轻轻担任司法部高级官员并没有特别在意,相反倒为同时担任阿姆斯特丹自由大学的法学教授非常自豪。因为荷兰一个大学中各个学科领域能够聘为教授的只有一到两人,只有绝对的学术权威、经过教授会议投票表决才能当上。他同时还是南部一个法院的法官。

库尔对欧洲人权事务非常精通,热情、专业而平实近人。他向我们介绍了荷兰政府对待欧洲人权事务的基本观念。他说他的职位有三大任务:一是代表荷兰政府到欧洲人权法院应诉;二是针对欧洲人权公约规定和法院的最新判决原则,向政府各部提出国内立法完善和改进的建议;三是根据联合国人权公约,定期向联合国提交荷兰人权状况和执行人权公约状况的报告。

欧洲法院(European Court of Justice)和欧洲人权法院(European Court of Human Rights)不是一回事。欧洲法院只管辖欧盟成员国(目前有27个国家),设在卢森堡,是欧盟的仲裁机构,审理的事务是各国的民商事权益争议。负责解释欧盟的各项条约和法规,同时负责审理和裁决在执行条约和规定中发生的各种争议。欧洲法院现有15名法官,15个成员国各出1名;另有9名检察官。

欧洲人权法院是超越国家的人权法律保护机构,隶属于全欧的欧洲理事会,总部在斯特拉斯堡。根据1950年签署的欧洲《保护人权及基本自由公约》(简称人权公约),于1959年成立。设院长一名,目前共有43名法官。法官由欧洲委员会成员国推荐,每个成员国拥有一名法官,经欧洲委员会议会投票同意,任期9年,可连选连任。法官以个人名义任职,独立审案,在任期内不得兼任有损其独立性的其他职务。只受理欧委会成员国提出的案件,涉案国家必须是欧洲人权公约签署国,且已申明完全接受该公约的约束,或就某一案件表明接受法院的审理。主要审理在各国法院权利救济已经穷尽的人权案件，还可以审理将欧洲国家作为被告的人权案件。准据法是欧洲人权公约。柏林墙倒塌之后，东欧国家和俄罗斯都加入了公约，现在案件大量上升，每年有一千多件积案，有的三四年也审理不了。

库尔说，荷兰有一个很弱的宪法，但有很强的遵守国际法的观念。宪法200年了，只有一些基本权利保护的内容，相对于现实社会已经过于简单，法官又遵循大陆法观念无权释法。但他们高度重视国际法的规则。格老秀斯是伟大的国际法奠基者。他风趣地说，也许是我们只是小国，没有办法像强国一样搞权术、搞强权，于是想建立国际法秩序来保护自己。我们在《宪法》修正案中直接写上了："荷兰政府批准加入的国际公约在荷兰直接有效。"这在各国宪法中是少见的。这包括三层含义：一是人权公约直接作为荷兰的法律；二是发生法律冲突时，国际法优于国内法；三是国际条约可以在荷兰法院的判决中直接引用。

他还介绍了律师和学者在贯彻欧洲人权法中的重要作用。1950年《欧洲人权公约》签署后的25年中，它只是个"睡美人"，在欧洲无声无息。荷兰法官不了解，议会也不当回事，认为荷兰国内法同《人权公约》没有冲突。但20世纪70年代，情况发生了重大转变。公民人权意识提高了；荷兰一些大学的博士生开始写论文研究欧洲人权公约，律师从中发现了很多有用的东西。特别从刑事诉讼的程序上，先发现了荷兰法院判决中的不合欧洲人权公约的问题。律师向欧洲人权法院提起诉讼的案件，判决荷兰法院不符合《人权公约》而推翻判决的接连发生。这就引起了荷兰法官的注意，开始研究本国判决的问题。法官学习《欧洲人权公约》成了必修课；也引起了议会的注意，审视自己的国内立法是否需要重新对照修改。现在大学法学院把人权课作为必修课进行教育。作为司法部，在国家当被告时，要去应诉。在本国判决被推翻时，我们要在国内贯彻人权法院的判决：一要对本案进行纠正和国家赔偿；二是要对法律规范进行修改。但是我们是政府机构，不能直接去干预法院进行改判。怎么办？我们最后用折中的办法，成立了司法委员会，让法官参加这个委员会，上诉法院院长担任主席，对这种冲突进行协调。以前司法部管法院的预算拨款，容易产生政府影响司法的问题，现在也改由司法委员会去进行拨款。虽然款的来源还是司法部，但对具体的法院已经不发生关系。因此，在唤醒"睡美人"的过程中，律师和学者起了很大的作用，可以说是关键性的。对于刑事法、移民法、行政法、诉讼法的发展，律师和学者也都起了推动的作用。

交流中我们发现，欧洲的人权概念同我国有很大的基本概念上的不同。

而他们则把肖像权、公司隐私权、移民权、环保权、教育权、不受歧视权等中国纳入民法调整的内容,都列为人权范畴。他们所说的好多人权案件,其实在中国就是民事侵权案件。由此看来,无论是中国学界、官方、律师,我们都过于把人权神秘化,从而也过于敏感化了,出现了好多概念性的麻烦。廓清一些基本的概念,可以防止鸡同鸭讲的误解。

库尔说,荷兰没有法衔,各个法院的法官都是平等的。当然影响力会有不同。合议时,要让资历浅的法官先发言,以防他们不敢说话损害合意。

在海牙晚餐,回到莱顿时,已经九点多,中国已经是凌晨3时。整理完记录稿,应是国内黎明。出访多次,以学术而言,也许此行收获最大。

2008年10月7日,星期二

阿姆斯特丹,晴

凌晨3时被手机吵醒。是国内当事人。也难怪,他们是上午9点多了。

6时多醒来,上网通过MSN安排了些国内律师所里事务。网上同事们一片忙碌。

夫妻律师所

上午9时,李博士安排专车去阿姆斯特丹,访问一家个人开业的律师所。

卡米罗·斯切特夫妻律师所位于阿市中心河边的一条整洁的小街上。一楼接待,二楼办公,三楼住宿。家和办公就在一起。李博士的助手吉娜早早等在街区领路,我们受到了夫妻律师的热情接待。

斯切特律师沉稳老练,四十多岁,曾在英国伦敦一家大律师行作商业律师。客户是一些大公司和项目事务,代理过一此国际合同纠纷和版权诉讼案。工作3年后回国。

妻子丽莎律师毕业于丹麦哥本哈根大学,到阿姆斯特丹大学研究国际法、荷兰法,获硕士学位。读书时生了3个孩子。孩子生完了,书也念完了。后在荷兰上诉法院作法官助手。在法院3年后,调到上诉检察院,给检察长委员会工作。海牙的检察长委员会,是有政治影响的机构,不完全是司法机构。刑案要否起诉,检察官有权决定。但如果检察官的决定不当,可以通过这个委员会要求他起诉。丽莎通过这些经历,知道了一些司法运作的内幕,积累了经验。然后到国际刑辩比较有名的拉蒂尼律师所作刑事律师,涉及国际刑事犯罪,如海牙国际法庭的案件。数年后,因家在阿市,工作在海牙不方便,加上所里业务有转变。她就和丈夫商量自己干,于是成立了夫妻律师所。

斯切特律师说:大律师行压力大。荷兰律师不如英、美律师向往钱,被人非议，但也有向这个方向发展的趋势。一案在手，先想有多少钱，道义感就差了。另外，大所都不重视诉讼，都做非诉。在人权方面，我们夫妻都有学国际法的背景，比较感兴趣。虽然我做商事案，但也多同人权有关。大所各种业务都做，合作中很浪费，还不如个人干。荷兰律师所成立没有特别的审批程序，注册一下就行。只要法学院毕业，有律师资格，有3年经历，比较自由。我问他税收如何办？他说，可以选择。选择公司性注册，所里要纳税25%，律师都要另外交个人所得税，按收入累进，最高52%。小所可以直接选择合伙，直接交个人所得税，按比例累进所得税。我想这一点倒同中国有点相同。

在荷兰，警察拘留嫌疑人最长3天。律师的工作，是要3天5小时内帮助他必须见到预审法官，决定是否有拘留必要，即程序性释放。被告有权获得法律援助，也可以自己请律师。预审法官如果未能定案，警察要求延长拘押，要经过3个预审法官合议批准。3个月后，如果还要延长，要再经法官合议批准。即在荷兰，只有法官有权决定是否要对人进行拘押，警察和检察官都没有这个权。

这类案即使被告自己付费，收费也是比较低的，因为多是穷人。司法改革后，刑事简易程序比较多。简易程序有时有利于被告，有时不利，律师要分析。我问他们荷兰拘押率、取保候审的情况，他们说在荷兰大多不拘押被告，拘押的则取保很少，要经法官同意。律师受委托后，警察、检察提供案卷。按法律，要平等收集不利、有利的证据，但警方往往只搜集不利的，所以凭他们的材料很难取保。荷兰与英美不同，英美是先拘然后取保率高，荷兰是大多数被控被告并不拘押，只要认为不影响治安，都放在家里，给他寄个到审通知。这样的比例很高。不到必要，一般不关起来。因为他们实行无罪推定，未审判的人并不是罪犯。他们认为，荷兰1920年制定的《刑事诉讼法》仍然存在很多问题。原来检察官也是侦查官，帮助搜集证据发现事实。最近20年，他们不参与搜集了，只负责审查，公正地起诉，由警察收集证据。定位改变了，但原来的检察权力没有变，发生了一些问题。

个人所，如何生存？丽莎是热心的理想主义者，做法律援助和公益案件，刑事辩护和婚姻家庭案居多，经常要出庭。为被告进行法律援助，每个刑案政府给700欧元的补贴。这在荷兰是等于不收费了。所里的收入也就是家庭的收入，主要还是靠丈夫的“商业客户”。援助案要做，但商业性养所。80%是诉讼，10%是商业性案件。诉讼中，也有70%是商业性的公司的业务。大公司小公司都有。其他同人权有关的，但大多也是当事人付得起钱的。向个人收费低一些，公司高一些。如果个人连低的都付不了，就考虑免费或者介绍给国家法援机构。斯切特律师办的人权有关案,都是《欧洲人权法》第 6 条的案件,“公正程序”方面的。还有就补充修正案中的第 1 条,“基本人权”中关于财产权的内容。有的客户是个人,有的是公司。委托人不限于荷兰人,涉及前南斯拉夫、克罗地亚等地战争罪案的一些个人财产被损害的问题,如物权侵权很多。因此,客户也不全是没有钱的。

1990 年,欧洲人权法院有好多判例。包括看得见的财产,还有看不见的,比如请求权、用益物权等潜在权益损失。比利时法院认为不损害,而欧洲人权法院判决认为会损害。这些案都可以告。法院有不同的看法,律师就可以有所作为。

凡·高博物馆

中午与丽莎夫妻共进午餐,在一个很精致的街边小酒馆里。告别后,李博士带我们去了附近的凡·高博物馆。看到了《自画像》、《挖土豆的女人》、《向日葵》、《麦田收割者》等大量的原作。凡·高没有受过正规美术教育,一生坎坷,自学成才,最后 2 年住在精神病院里。45 岁就开枪结束了自己。后 10 年中他留下了 800 多幅油画和 1000 多幅素描。他离开人世已经 120 年,但已经成为蜚声世界的艺术家,为荷兰赢得了世界性声誉。人体解剖学、透视学、油画颜料以及欧洲的乡村风光,成就了欧洲人的油画艺术。17 世纪阿姆斯特丹出现了大批画家,甚至超过了意大利的佛罗伦萨。

刑事大律师

下午我们访问 De, Roos&Pen 律师所的尤伦·潘律师,他自译中文名为“彭泽仁”,访问过中国,在中国政法大学进行过讲学,是荷兰最为著名的刑事辩护律师之一。

潘从 1977 年开始作律师,办公楼是 1984 年买的。原是教会的房子,旁边曾经是荷兰共产党的总部,前苏联入侵匈牙利事件后,这个总部遭围攻,曾经发生过火烧和“保卫战”。他的律所创办时,有十多个律师,专门搞刑辩。在荷兰专业所里,算是大的了。10 个律师有 5 个合伙人,4 个专职的,1 个是荷兰南部一个大学的教授。大部处理白领犯罪。年轻律师大量做的是政府付钱的法律援助案。主要让他们锻炼,熟悉程序。潘说,律师不能一开始就想做大案,服务于银行、大公司。荷兰有“社会事务律师”,是专为付不起钱的当事人服务,国家发薪。相当于中国的法援中心司法局编制的律师。而潘他们是专业律师,援助方面做得不多。荷兰近年比较大的经济犯罪案,他们都参与了。

他说,要了解荷兰的法律,就要知道他的历史,至少要考察 500 年。人权奋斗了五六百年了,才写进了宪法。现在的理解大家也很不一致。在《欧洲人权公约》中都能够找到他们理解的人权。欧洲人权法院刚成立时，荷兰司法部长说，同我国没有关系，因为我们已经很健全了，都是管西班牙等人权有问题的国家的。前 20 年确实没有一个案子。但后来律师发现，《公约》第 5 条、第 6 条、第 7 条对荷兰司法现状的批评很有用，一页纸都不到，但很重要。一开始法官认为没有用，但上诉到欧洲人权法院后，法院支持了荷兰律师，认为违反了人权公约。这样判决就否定了荷兰法院和议会的自信。迄今为止，仍然有一些判例判荷兰法院不对，因为对人权的理解不同。对律师而言，把这些纳入欧洲法院，也经过了一个漫长的历史，才有了今天的成果。如《公约》有一条，法院要在合理的期限内处理案子。如何理解"合理期限"？荷兰认为本国法律规定就是合理的。以前拘留后 4 天 6 小时要见到法官，不包括夜里时间。欧洲人权法院认为这样太长了。现在荷兰立法就改为 3 天了。这是一个来之不易的成果。如果要延长办案期限，必须先把人放了。联合国的公约我们不太用，用《欧洲人权公约》，我们认为这个更严密。

潘为好多官员犯罪辩护，他称为"行政类案件"，我理解大概就是中国的职务犯罪和经济犯罪的意思。他也为警察犯罪辩护，为官方公职人员辩护。还有一些当事人是法官检察官。如一位警察局长犯罪，为他辩护，能了解到不少东西，故也不拒绝。由于长期搞刑辩，打交道的都是检、警方面的人，所以得到他们的信任。如 2007 年年底，一个精神不正常的摩洛哥人行凶杀警，女警为保护同事击毙了凶手，潘为她提供法律帮助，上周四法院认定警察无罪。当时报上登出她的照片，潘马上向报社交涉侵犯了她的人权，因为荷兰有法律规定，必须经当事人同意才可以登她的肖像。因为报道使别人都认识她了，摩洛哥移民有受歧视情绪，可能会对她进行报复。

荷兰 16,000 名律师，1600 万人口，千分之一。同周边国家比，律师和法官都不多。律师主要集中在阿姆、海牙、鹿特丹、乌德勒支四个大城市和政治经济中心，都在西部。大律所多，分工细。而偏远的地方，律师业务就杂，离婚、劳工、刑事，什么案都做。全国大约有四五千律师在做刑事。荷兰有专门的刑事律师协会，有 250 名会员，必须有 6 年以上的律师经历。协会主席就在潘这个所。潘和主席的出镜率都很高，是名人，经常出现在电视台。该所还有一位女律师，是阿姆斯特丹市刑委会的负责人。如果警察搜查律师所，她经常会在场。

我们问到律师所为什么会被搜查？潘说，这主要涉及公司业务。律师和当事人受保护，但不等于什么都保护。大部分搜查的对象不是刑事律师，而是民事案的律师，主要涉及公司诉讼中的律师经手的证据问题，如洗钱的文本和账务凭据。有的需要律师帮助设立公司,起草合同,保留有证据,就会涉及被搜查问题,从律师这里找到证据。大业务往往有律师、公证、理财的帮助。律师资料原则上受法律保护,如果发现这些业务有犯罪嫌疑,这个资料就不受法律保护。但这种搜查出现的频率不高。检方要起诉律师也不容易,往往要好多年,程序复杂,真正追究的很少。每年有一两个。检察官搜查中发现资料有用,但一般也不追究律师。有个帮助洗钱的律师被当事人杀了,不杀他可能会被起诉。因此,律师中也有不好的。检察搜查时,律师协会要派人在场,看他们程序上是否合法,是否尊重律师。如果要拿走和封存,必须要经过律师同意。如果不同意,就只能封好,由法官决定能否给检察官。看来,他们同中国不同,中国是刑事律师风险大,而他们则是项目律师、公司律师风险大,刑事律师则警、检都有点怕他们。

潘律师介绍了刑事审判的大致概况。荷兰有 19 个基层法院,5 个上诉法院,1 个最高法院。阿姆市有 80 名法官。法官从事刑事民事和行政审判。有 50% 法官审刑事案,比重大。警、检、法力量都不够,不足以正常运转。

刑事案起诉与否由检察官作出,警察无权。现行犯可以拘留外,其他必须经检察院同意才能拘捕,并及时带给预审法官决定能否关押。在基层法院,小案、轻微案一个法官处理,大案、重案三人合议庭处理。小案多与交通肇事有关。治安法官(他们称"警察法官")负责这类案,最多判 1 年刑,可以上诉。一、二级法院是事实审和法律审。到最高法院只审法律适用,即法律审。我问开庭前嫌疑人是否拘留,他们说,从所有案来看,庭前拘留很少一部分,只是严重的犯罪、可能逃跑、可能进行新的犯罪,这三种才会拘留。贪污有两类,官员的和公司的。公司的贪污不起诉,认为是个人之间的纠纷。刑事案卷,送法官时要同时送给律师。律师看后,可以去见证人和搜集证据。比较大的案件,很多时间才能拿到案卷。律师的主要工作是阅卷和找证人,约预审法官作证。如果比较复杂的,会去找证人补证。一是要他上庭,一是要他在预审法官面前作证。如有一案件涉及出租汽车公司方面的犯罪,案卷很高,我们向预审法官提出要传 180 人作证,后交涉减为 140 人作证。最后 60 人作证,后来检察官决定这个案件不起诉了。大部分案子到此就结束了。大部分经济犯罪,在预审法官阶段,大量证人作证后,就结束了。因为检察官觉得他赢不了。在《财经报》上每天有这样的事例报道。有的银行案、公司舞弊案、金融犯罪案都这样。预审法官、侦查法官,作证不是直接到开庭法官那里,因为这样开庭时间太长,而不向法官作证可信度又不够,于是就先在预审法官面前作证,开庭时读证据就行了,展示只要两三天就够了。这都是法国的做法。法国征服了欧洲，传播了它的法律。但没有征服的国家，英国、芬兰就不是这样。证人都在法庭作证。如果这些国家也要200名证人出庭，恐怕几年才能审完。而我们就可以有这样多的证人。向预审法官作证时，检察官有权在场。但他们往往不来，没有时间。因此，往往没有检察官在场。证人、律师、法官必须在场，嫌疑人也可以在场。但检察官在法庭出示笔录时，可以要求见证人。法官这时就会说，你当时有权利在场，为什么不来？有时就会不同意他见。

我问：这样会不会影响惩罚犯罪？潘说：这不是我要考虑的事，因为国家设立了警察、检察官和法院，我作为律师，我的责任就是这样。公司犯罪本来就很少损害他人利益。人被超期关押才是我要关心的。一个性犯罪嫌疑人，我法律帮助后放出去可能又去强奸别人，但这不是我应考虑的。司法制度中就是这样分工的。不应要我管这些。

对于公司犯罪，他的介绍引起我的兴趣。西方公司绝大多数都是私有，内部的贪污他们认为用民事侵权法就够了。我们则用刑法保护公司财产，因为很多公司是国有的，中国《宪法》规定“公有财产神圣不可侵犯”，严格保护。引申到私营公司，也搞出一个“职务侵占罪”、“挪用资金罪”，中国近年经济犯罪高发，比西方国家多得多，可能就是立法上的原因。他们用民法解决这类问题。即使公法问题，如骗税犯罪，国家税收财产受损，由于严格证据原则，也很难追究。企业权益保护严格，自由度因此很高。他说比如出口退税问题，一个公司出口罐头，检察人员指控公司虚假经营多退税。调查中，无法确定肉的比例有多少，取证困难，鉴定困难，无法确定准确经营额，到底算多少比例，很多专家说法都不同。最后就无法对他定罪。律师也认为这个公司有欺诈存在，但检察证据被质疑，就无法定罪。

夜幕初上，阿姆斯特尔河上的水上餐厅“海上皇宫”灯火一片，我们同潘律师共进晚餐。这是一家有25年历史的中国餐馆，据说是广东人开的，规模很大，味道很正宗。餐后，我们就近浏览了阿姆斯特丹这个夜的都市。

2008年10月8日，星期三
莱顿，阿姆斯特丹，晴
荷丰技术公司，亚欧贸易投资公司
Nauta Dutilh 律师所，荷兰律师互助协会

今天再去阿姆斯特丹郊区，考察了机场附近的一家荷兰亚欧投资公司。这个公司的主要成员原是著名的荷丰技术公司的，荷丰在中国的业务始于1992年。主要集中在化工、石化、石油、天然气、电力、化肥、新能源及环境等领域的技术及设备的市场开发及销售工作。亚欧投资公司主要向中国出口技术,如机场设施、无线电技术。由韦伯斯和另一朋友合伙创建。他向我们介绍了一个规划中的项目。他们准备在阿市郊区搞个中欧贸易中心,类似于中国义乌的小商品城,吸引中国人来合作开发。设计师是中西结合的,要让中西客商都感到舒适。同中国商人在瑞典搞的独资不同,要有50%的欧洲投资。中国建筑师和投资人不了解当地情况,就很难成功。计划5年时间建成,现在在抓紧规划和政府协商。

下午访问了荷兰最大的律师事务所,以及总部设在这个所的荷兰律师互助协会。这个会的英文为"Lawyers For Lawyers",直译应该是"律师为律师服务组织",听了他们的介绍,似乎是对全球律师权益的一个关心和支持性组织。因此,我想译为"互助会"可能比较准确。

Nauta Dutilh,荷兰最大的律师所之一,成立于1724年,600多名律师,1990年开始中国业务。曾经开过办事处,现在关闭了。各国所不设了,开始同当地所合作。合伙人 Joost Italianer 介绍,他们主要从事公司业务和国际业务,有的中国公司在荷兰注册,设立总部,到德国上市,主要从税务处理上考虑。此外,平时也做知识产权诉讼。

荷兰律师互助组织 Phon van den Biesen 主席主要做行政法律业务,如环保法、规划法,还有一些国际业务。他向我们详细介绍了律师互助组织的主要职能。

他说:"律师为律师组织",主要参与者都是志愿者,是律师互相支持的一个民间组织。现常任主席是爱特丽克(Adric Van de Streek)主任。关注和帮助国际上律师权利被侵犯的事件,尽量给予可能的帮助。除了主要帮助遇困的个案,还了解研究各国情况。有时会同所在国政府联系,要求尊重律师独立和权利。在荷兰律师杂志《法律评论》月刊中,每期会发一篇各国律师遭遇的案例,对其进行帮助。鼓励律师写信声援受难的律师。如突尼斯一位律师由于写文章揭露司法腐败,被判刑,我们声援后减轻了。还有津巴布韦律师,面临随时被警察逮捕和起诉的风险。我们同他们协会联系进行一些道义上的支持。联系本身就有一定的支持作用。有些帮助也很现实,有时也有财政经济上的支持。前几年支持了利比亚的一个律师,买电脑支持他的工作。现在他是司法部长。最近来荷兰,还感谢当年对他的帮助。黎巴嫩的一个律师在国际上介绍本国情况,回去就被捕了,被指控叛国罪。5年了,我们一直通过欧盟、荷兰外交部,同黎方进行交涉。菲律宾也有类似的案例,情况很复杂。一有传统的斗争,二有新的恐怖活动。律师的权利被侵犯也很严重。不但威胁,还有直接的人身伤害，如在大街上被刺杀。有20多位法官和律师被枪杀。国内和国际的一些人权组织，都要求我们帮助。我们成立了一个小组去访问，同所有这些相关的组织进行联系，包括政府、法、检、律协等。结果写成报告放到网上。对这个律师群体有帮助，也有利于国际社会的了解。欧盟组织看了很惊讶，就同菲政府交涉。现基本上没有杀害律师事件发生了。我们现在还在进行回访。

我们的行动依据是《世界人权宣言》，还有联合国《律师权利的基本原则》。虽然没有联合国公约效力，但是在联合国框架下制定的，1990年在古巴签署。包含了律师所和律师个人权利的基本内容，还包括政府要保护律师不能迫害。这对全球律师都是很重要的。我们做了一个小册子。因为对这个文本荷兰律师也有好多不了解，因此，我们进行一些普及。

他说：我们对中国刑辩律师情况也很关注，对中国律师业的发展也很感兴趣。20多年前，社会主义国家是敌对面的，现在经济改革，自由经济了，我们认为中国不是敌对了，是伙伴。如果失去了中国这个伙伴，我们的损失会很大。他还点了几位在西方受关注的中国律师的名字。

我们介绍了中国律师维权的法律保障和律师协会的维权委工作，他们感到很新鲜。我们说中国律师生存状况总体是好的，一些被国际媒体报道的律师，确实有一些复杂的因素，但主要的是一些律师执业纪律方面的问题。我们还说明了在他们的媒体上能够看到的，不一定是中国律师行业中的主流，中国的律师真正愿意在国际媒体露面的并不多，有些消息是失真的。

同他们的情况交流，使我觉得中国律师对世界开放，仅在商业法律事务上的合作是不够的。越是回避国际社会的了解，限制律师参与国际事务，就越会产生一些猜疑和误解。一些个别性的案例和一些愿意在国际媒体上表达不满的律师，就会变成中国律师业的国际印象，这对中国的法制和人权形象是不利的。

2008年10月9日，星期四

乌德勒支市，晴

乌德勒支大学法学院

乌德勒支市法院

乌德勒支大学全球排名前50名。法学院是荷兰最大的。设在荷兰的"欧洲人权研究所"就设在这个法学院。李博士是法学院的高级研究员。

从莱顿出发往东约40分钟即到乌市，但进市区堵了半个多小时。到法学院已是11时,唐·霍尔教授已经在等我们。他是荷兰著名的法学权威,宪法行政法教授,到中国为法官培训进行过多次讲学。

霍尔教授在法学院教法哲学,也是兼职律师,同时在一个基层法院兼任法官,处理刑事案件。同时在阿姆斯特丹上诉法院担任法官,审理商事案件。教授、律师可以兼法官是荷兰司法的一个特点。他们认为法院与教授、律师建立联系很重要,有利于互相了解和法律观念上的沟通。但是也有人担心影响司法独立和公正,律师兼法官,不能是同一地的法院。

我们顺着话题谈到了律师和法官的关系,教授说:在荷兰律师很受尊重,因为他们受过良好的教育。有时法官还"怕"律师。不是因为律师咄咄逼人,而是因为他们有专业的水平。有些领域比法官更精通,更能发现法律上的问题。法官和律师平时接触不多,法官要给公众一个不偏不倚的印象。也不会让群众进入其办公区域,要保持距离。法官审案中,也不同律师单独接触,都是助手打交道,如证据材料的交接。法官和律师会一起参加法律培训,法官任命仪式,律师也可以参加。法律界人士的协会,法官、律师、公证人、学者都会在一起,会有交往。但要防止个人的接触,以防止损害司法公信力。

法院进行司法改革,也经常听取律师协会和律师的意见。如审理时间过长,一审民事一般要3年,有的甚至6年。希望改革成最多1年。这不光要求法官努力,而且必须要律师的配合。有的案件审理时间长的原因,是律师纠缠细节,钻空子,拖案件。现在建立了各种司法改革委员会,有法官、律师、法院的管理者参加,试图实现司法进步的目标。比如现在讨论能否把案卷数码化,电脑网上使用,可以节省很多时间,法官与律师了解材料也更方便。

欧洲自法国大革命后,制定了成文法典,包括很多基本原则,都形成了统一的法律制度。但司法中很快发现,在一个大国,很难完全靠成文法来规定所有的原则,这不能满足不同地区的不同情况。法国大革命后,不少人反对统一法典的制度。客观地看,200年的发展,法律给法官以很大的空间,需要让法官造法。在私法和商法领域十分明显。如民法典中,法官根据自我认知进行判断,即进行"自由心证"。以让其根据具体的社会现象进行针对性判断,发挥主观能动性。因此判例法的作用正在加强。但法官独立,就不能要求他必须参照他人判例。另一方面,判案应当平衡。法官也要互相了解,知道总的原则。程序和制度的建立,在保护自由裁量权的同时保持法律的统一。在荷兰,最高法院起了重要作用。通过判决释法,指导下级法院这么做。但有大量的案件到不了最高法院,因此各地法院会组织各种临时性的委员会,进行一些新类型的案例的研讨,理出共同的意见。海牙的司法委员会是正式常任的,法官和律师都参加。委员会中,律师往往最活跃,会引证其他的判例给法院,形成一种共识。但这种共识,不是成文法,法官只作参考,并无必然遵守的义务。

以前成文法地位高,现在这种以案例作为补充的作用也显示出来。议会也支持认可。法国大革命时的立法对司法不信任的现象改观了。比如荷兰的安乐死问题,就是如此。以前对医生要追究刑事责任,医生则认为这样的法律原则不公平,应当允许无望的人选择死亡。但议会几十年仍然完成不了立法,无法满足这种诉求。法院于是由法官理出了一些指南,某种特定情况下允许医生去做。二十多年中各法院都有这类判决,促进了议会立法的认可,这都来自司法实践。公法领域,如刑法,法官的自由裁量权比较小。法制原则总的是重要的,法官造法要限制。1994 年荷兰新民法典,汇集了法官的历年造法的智慧。我作为上诉法院法官,上月判的一个案,同以前最高法院的一个判决不同。我认为我是对的。而这个贡献是律师的,他事先提出了问题。我认为他的理解对,就采纳了。法官是被动的,主动权在律师。

下午到乌特勒支省的初审法院(Rechtbank Utrecht),法院的新闻法官接待了我们,安排我们观摩了两个庭三个案件的审判。一个是社保行政案:一波兰移民妇女认为自己身体不好应当全职退休享受社保,但当地社会保障局认为她的身体还可以工作,不能享受全额社保,该妇女把政府告上了法院。女法官一人审理,大概半小时,法官决定要社保局 6 周内再提供医院鉴定证明,然后再审判。因为证明这个人有工作能力的鉴定是在 2006 年作出的,这涉及证据是采信当时的还是现在的。新闻法官说这个案件社保局可能会赢,因为他们根据当时的鉴定作出决定是对的,现在的鉴定无法证明当时的情况。但现在她再提出可能又符合了。这个案例体现了西欧福利国家的公民保障。原告有律师出庭,社保局则由女工作人员出庭,双方也都很客气。

另一个是简易刑事法庭。一个多小时连续审了两个刑事案。一个是吸毒者在墓地墙上喷漆,被控破坏财物。被告说他的吸毒的朋友死了,有人在他墓的名字上打叉,他不满才用漆去涂。检察官则出具证据证明根本不是这样。法官判被告罚金 130 欧元,对社区的附带民事索赔 1500 欧元判决驳回。法官问服不服?不服可以上诉。被告说回去再考虑一下,起来就走了。另一个是醉酒后夫妻回家,被告在街上撒尿。警察要查他证件,他要警察下马。于是冲突起来,被带到警局的路上她妻子也同警察吵,他认为妻子受欺侮就殴打警察。于是被拷到警察局关在禁闭室。手拷疼了要求松一下没有人理,他把禁闭室的很贵重的门踢坏了。于是警局告他袭警附带民事赔偿。法官判决他罚金 130 欧元,但驳回民事赔偿请求。原因是警察局提供的门损坏的赔偿损失证据不足。检察官也没有太在意,说赔偿 1500 欧元,法官说书面证据是要求赔 3500 欧元,并把警察局的书面证据给了检察官。但民事原告警察局没有出庭,法官就把这项驳回了。被告当庭服判。两个庭都没有法警、没有律师,被告一直都坐着谈,检察官倒一发言就站起来。法官说个不停,充分体现了大陆法系的法官职权主义审判,是在"审"而不是"听"。

随后,这个法院的院长 Uniken Vennma 和一位行政法法官、刑事法官专门安排会见了我们。

院长说:我们法院有 100 个法官,400 个其他工作人员,是全国 19 个初审法院之一。该法院管辖乌特勒支全省 160 万人口的初审案件。法院有行政、劳工、刑事等法庭。法院编制也是固定的。

每年国家给我们法院拨款 4000 万欧元,有 800 万欧元是付办公楼房租,3200 万欧元可以自己决定干什么,如发薪、办公费用。除了政府给的,不准法院去建造大楼什么其他的事。司法独立,同地方没有关系。全国成立司法委员会,就是为了不同政府的司法部直接打交道。每年会有个预算,根据每年多少案,什么案,确定出预算标准。最高法院法官是这些法官自己提名,有空位时,邀请法学专家和资深法官递补,再投票决定补谁进来。

各个法院的院长由司法委员会任命,必须从法官中选任,任期 6 年。法官是终身制的,70 岁退休,退休金很高。庭长本院任命。法官没有任何人可以辞退,但病可自辞,犯罪如开车肇事,要辞退。判决书要有法官亲笔签名,不能印上就算。盖有法院的章,以示法律效力。

他说,检察院是准司法机构。既代表政府,又代表司法。所以同法官一起坐在台上,同英美法系不一样。

法院一年审理民事案 12 万件,大部分是小案。当事人都不来,书面审就可以。刑事案件有几千件。如果加上交通案,就不清楚。精力主要放在大要案上,有的要几天。每个庭有负责人,又分好多组。他们在一起成立一个管理委员会。院长同他们这些负责人对法院有个管理的职责。但不会干预法官对案件的判决,法官自己作出决定。我可以要他们读什么书,办多少案,讨论什么案。我们问这样如何平衡全院法官判决的一致性?院长说他们会自己讨论办案经验,自己遵守。办案指南(相当于中国法院的会议纪要)必须要由他们自己做出来,院长无权制定。指导意见,还可以同其他法院的法官一起去讨论。这些指南有的只是法官掌握,有的同律师一起作出,有的法官也可以向律师公布。全国性的指南都是公开的。指南不是刚性的,不大成正式文本。如刑事案方面,每年都会搞一本书,向社会和律师公开。

关于法官错案追究,荷兰没有这个概念。因为无法判断错误的标准,也没有奖金可罚。

荷兰律师是法官人数的十倍。法官如何看律师?他说,律师必须是让人能够信任的,很勇敢、很精明地全心全意为客户服务;也要有能力同法院合作,把案件往前推进;要做好自己的工作,清楚地展示证据,让我们能够直接采用,让法官可以清楚地适用法律。为客户服务的同时,又要明白自己并不是客户,不要等同于当事人。

关于律师回避的问题,规定律师成为法官,5 年内不能审本律师所的案子。但是,如果法官去当律师,则没有任何回避的限制,因为律师并没有权。对于家属回避问题,我们有各种亲属关系的指南,如果是亲属案,就移交到其他法院去。弟弟律师可以在任何法庭出庭,但不能在哥哥当法官的庭,要移送其他庭。律师可以兼任其他地区的法官,不能在他执业的城市和这个法院担任法官。但这个问题我们也在研究,可能会改革。荷兰律师执业也没有地域限制。

如何根据欧洲人权法院的判决来改判自己的案件?这主要是最高法院的事。昨天就收到这样的要保持同欧洲人权法院判决一致的意见通知。对改判案,最高法院会及时告知全国法院。在行政诉讼领域,《欧洲人权公约》第 6 条规定,应当在合理时间内结案。我们这个问题比较严重,有的案可能要三四年。如果被欧洲人权法院改判,我们法院审理期间给当事人造成的损失也要赔,如何办?政府说你法院赔,是你们拖的时间。我们法院说赔不起。法官不够,没有办法及时办结。这是一个大问题,中国如何办的?我们说中国由国家预算保障。因为有《国家赔偿法》规定,赔偿费没有问题,但赔的极少。

在乌市"大顺宫"中餐馆,与院长、法官等共进晚餐,又进行了进一步的交流。他们对我们这个考察团是高度重视的。夜,乘火车回莱顿市。

2008 年 10 月 10 日,星期五

鹿特丹,晴

昊博律师所,西蒙斯律师所

今天我们从莱顿市去鹿特丹,访问两家商业律师事务所。9 时 40 分出发,乘城际火车到鹿特丹 40 分钟。鹿特丹是港口城市,莱茵河由此入海,称马斯河,是欧洲黄金水道。这是著名的商业城市。"二战"时,城市被德军夷为平地,房子都是新建的,有很多现代派的建筑物。

11 时到昊博律师所,魏思律合伙人早已等在所里。中国事务部一位苏小姐把我们领到会客室。昊博所是荷兰最大律师所之一,有 750 名律师和工作人员,其中有 300 多名资深法律专家。在伦敦、阿姆市、海牙、布鲁塞尔都有办事处。业务范围是全方位的,主要是商业领域法律事务。客户都是世界大企业,如麦当劳、佳能、中国银行、中国保险集团等。最近陷入麻烦的富通银行、雷曼兄弟银行、中国平安保险等都曾经是他们的客户。20 世纪初,有大批的英美律所到荷兰,带来了大所的商业化服务水平,但费用也增加了,结果没有得到客户的认可。结果都陆续退出荷兰市场,本土的大律师行开始成长。现在昊博所保持自己的独立性,同国际的律师行进行协作。美英的律师所采取的方法也是找独立所合作而不是设立分所。他们有国际业务,参加了全球律师联盟,即一个比较松散的协作组织。同中国的业务主要涉及公司业务和投资性业务,为两国的企业服务。

刑事律师杰奎丽娜,原在阿姆市潘律师的所里搞刑事辩护。现在到昊博所执业。她说:荷兰商业律师原来不从事刑事业务,不重视公司犯罪问题,律师分工明确。2000 年前在商业律师所根本找不到刑事律师。在 2000 年前后美国安然公司欺诈案发生后,开始重视公司刑事业务。原来公司律师和刑事律师互相分割,现在也开始进行合作了,业务也有交叉。公司的竞争法范围、商业欺诈、反垄断的处罚,都有刑事问题。公司的高管也一直不大重视犯罪预防,不愿意听律师的提醒。往往是打一个电话来,说 50 个警察已经包围了我们公司,我们怎么办。律师于是跑去处理。现在一些公司也开始重视刑事犯罪问题,但总是比较被动。刑事律师业务往往是通过朋友熟人介绍。我问她荷兰有无国有公司和私营公司不同的刑罚标准?她说我们国家没有国有企业的概念,连油田、铁路都是私营的,因此没有什么不同的刑法标准。但国有企业私有化后,铁路公司出了一些事故。有人说私营企业管理问题,公司则说是设备老化问题,不是私有化出问题。

下午 3 时,我们拜访西盟斯律师行。他们对我们的到来高度重视,专门准备了中文的会谈提纲,派出了六位各个业务领域的资深律师,安排了接待计划,连准备的工作晚餐都是特意从广东餐馆叫来的各种中国点心。

西盟斯是国际十大律师所之一,在全球有 20 个办事处,2000 员工,1100 名法律从业人员,241 名合伙人。《财富》500 强中有 40%、《金融时报》100 强中有一半公司是他们的活跃客户。可以看出,商业和金融业务、公司业务是他们的主营业务。

资深合伙人漾·威勒姆·比特律师,欧洲大学法学博士,曾经在荷兰交通部工作,担任过荷兰某律师所古巴哈瓦那办事处负责人,他为我们准备了《荷兰法律体系下的国内法和国际法的关系》的中心演讲。

资深合伙人赫拉德律师是公司并购和交通法专家，他为我们介绍了荷兰律师业对促进法制进步的作用和律师的社会形象问题。他说：荷兰的民法是法国人强加的，1810年被法国拿破仑吞并占领后，照搬法国民法。1838年民法典制定后，框架和传统基本上继承下来。因此，荷兰法是大陆法。我们自己也在司法过程中进行了不断的完善和修订。人类社会中，两种人创制法律：一是教授学者，以他们的知识和研究，提出法律应该是怎样的；另一种就是律师，律师在为当事人服务的同时，不断地思考和丰富了法律。他们在执业中研究认准了一种法学观点，就会确信自己的正确性，不会轻易改变自己的观点，运用法律权利不断上诉，顽强坚持，直到权利穷尽。这种不懈的努力导致了法律的进步与变化。律师促进法制的作用是不可抹杀的。他们认为法官是被动的，律师才是主观能动的。法官的好多观点是律师这里得来的。但是也有的法官不同意律师引用案例，他们说，我现在就是在创造案例。因此，法官也在通过自己的判决创造法。

律师形象问题，有很多笑话。美国现在250人1个律师，荷兰是1000人1个。有人说律师太多了，互相争客户。其实律师远远不够，不是太多。有个真实的故事。1770年，美国新罕布什尔州总督向英皇乔治三世报告自己的子民有多少，说：尊敬的国王，我有多少多少土地，6490个生灵，大多是农民，有多少个做车轮的，有多少个做医生的，有多少个奴隶，多少个学生。但感谢上帝，我这里没有一个无用的律师。因此，历史上律师就不被重视，律师是现代社会的需要，其地位和作用要在实际生活中去努力和实现。

公众如何看我们律师，有的觉得律师过于站在当事人方了，不是公正看问题的。对这些看法我们要及时宣传律师的作用和定位，要宣传、解释和沟通。

莎斯姬亚律师还补充介绍了律师培训问题。荷兰没有统一的国家司法考试，法学院毕业生在律师所工作3年，分别参加培训考试拿到课程分。有些是在法院实习学分，到当地律师协会注册成功，可以进行执业。关于律师培训，有所内的培训、协会的培训，同法官一起的培训，得到律师注册资格后才能当律师和个人开所。每年律协培训拿满16分才能合格。

雨果·彭纳茨律师是行政法专家，兼任鹿特丹一所大学的副教授，曾经到中国政法大学讲学。他介绍了《公民权利政治权利公约》和《经济社会文化国际公约》在荷兰落实的情况。他说，在荷兰，法官可以直接引用国际公约和本国法判案，但是不能引用宪法判案。宪法的政治性强，同政治家有关，而我们更多关注司法，司法是独立的。因此不要法律人士太多地解释宪法，司法中也不直接去引用。由于荷兰宪法没有诉讼适用性，故律师和法官引用国际公约的多。罗马公约、欧洲人权公约都可以直接用。当然，现在也有人建议要成立宪法法院，让宪法参与司法审查，但还只是一种设想。

对于告政府的行政诉讼、公益诉讼，原告必须有相关性，应是利益直接受害者、受影响者。但公益诉讼往往又是一种比较抽象的社会公益。如何办？如果在一个非政府组织章程中，约定了这个组织是某一群体的代表者，他们也可以理解为有利益关联的原告。荷兰最高行政法院，可以对这个概念再进行解释。如社区居民的利益，居民组织就可以代理起诉。

巴特·施米茨律师毕业于赫尔辛基大学和奥地利萨尔斯堡大学国际法专业，在海牙担任过助理检察官，后在海牙担任3年刑事律师。因此他的业务主营是大公司的刑事防范，尤其是金融和财务犯罪。他向我们介绍了荷兰的刑事诉讼制度。荷兰刑法在欧洲人权公约监督之下，公约是更重要的法条，其条款在刑法、刑事诉讼法中都体现引用了。刑诉基本原则就是无罪推定。最重要的有三项原则：

1.“自由原则。”尽可能不用审前关押，拘留、逮捕越少越好，严重犯罪才关起来。但实践中还是超过了必要的限度。荷兰刑诉法，被告审前关押最长90天。但审前就有预备审，有的检察官会以此不断申请延长，因此会拖一年多。如果一年多关着，律师是不能去做什么的。有些案涉及反恐问题，时间就更长；有的非法移民，同已决犯关在一起；临时拘留所中的非法移民，把孩子也关在一起。这些都是问题，律师对此很关注。

2.“公正审判原则。”如沉默权的问题、酷刑问题。刑讯逼供，折磨嫌疑人，不让睡、把灯搞得很亮，把他的孩子被折磨的照片向他出示进行胁迫，都有发生。有的案例，警察酷刑口供被最高法院否决，被告无罪释放。还有保证合理期限得到审判问题，上诉权问题，给律师充分的时间准备辩护问题。检察官往往不把对嫌疑人有利的证据让律师知道，不同意会见控方的证人。这些都要通过法律的改革和司法的进步去改进。

3.“法无明文不为罪原则。”这一条很重要，欧洲国家都实行了。但现也有例外。如国际人道主义犯罪、反人类罪，往往并无国内成文法的规定。有的就是这个国家的领导人自己进行，他们不会去制定这类法律。因此根据国际习惯法原则、公认的人道原则进行定罪的也有。这对于成文法国家而言是一种新动向。

西盟斯律师所是一家著名的“商业律师所”，但同他们的律师交流，我们感到了深厚的人文和学术的力量。律师知识广博，娓娓道来，没有一丝的怨天尤人的牢骚,也没有一点趾高气扬的优越感。让我们感受到了国际大所深厚的法律底蕴。这种“法律人”的气质,我在一周的考察中,从荷兰的法官、教授、律师身上都无一例外地体会到了。无论是法律传统、法律思想、法学理论、国际公约和抽象的人权甚至法哲学等,并不会因为他们的“商业性”而有丝毫的淡化和忽视。他们对人性的关怀和律师定位的思考,真值得我们好好地体味和借鉴。其实,他们遇到法律上的困扰不一定比我们少。

2008 年 10 月 11 日,星期六
莱顿市乌斯海斯特小镇,夜雨
比利时安特卫普,布鲁塞尔,晴
原子城,欧盟总部,凯旋门广场

昨晚小镇的市民联欢,地点就在我们住的“白屋酒店”。据说他们每周会进行一次这样的邻里 party。端着啤酒,唱歌跳舞,互相聊天,其乐融融,直到午夜。欧洲人再一次向我们展示了他们生活的质量和他们享受的人生。

晨曦中醒来,到一楼餐厅端杯咖啡,清香弥漫开来。静静在窗前坐下,餐桌上一束新鲜的雏菊和月季带着露珠。望着窗外雨后的晨光,高高的槲栎树的叶子更加金黄,秋色更浓了。时间过得真快,在这异国的小镇竟然已有一周。这里成了我人生的一个驿站,也许以后不会再有机会到这里来了。

李博士、尼科教授带着女儿早早等在小酒店来给我们送行。一周来多亏了他们的关照和安排,竟又如此全家送行,让我们很是过意不去。

今天利用周末去布鲁塞尔。这是欧盟总部,值得一去。李博士为我们包了一辆旅游面包,一路往南,去比利时。申根国无须签证,欧洲一体化方便了人民。比利时、卢森堡在荷兰南部高地,原来同荷兰是一个国家,1830 年比利时独立,1890 年卢森堡也独立了。现在成了 3 个国家。由于比利时处于欧洲中心,有“神经中枢”之称,又由于不偏向某一个宗教等原因,成了欧洲各国可以认可的一个中心地带的国家。因此,他成了欧洲委员会即欧盟的总部所在地。布鲁塞尔也就成了名副其实的欧洲中心城市。

莱顿到布鲁塞尔要经过著名工业城市安特卫普,2 小时就到了布市。进城后我们先去观看了原子城和尤里卡广场。原子城的钛合金雕塑成了布鲁塞尔的标志性城雕。以放大 1600 万倍的铁原子的结构构建而成,标志着人类 20 世纪微观世界原子时代的到来。铁原子雕塑有 9 个球,恰好象征比利时 9 个省,每个球里有展厅。对面隔湖相望,是著名的尤里卡广场,经常举办各种国际工业品展览和评奖,世界工业界以自己的产品得到其展览奖为荣。

随后我们去了欧盟总部。这是一个现代化的办公大楼,欧盟成员国组成的委员会在这里办公。欧盟的成立象征着欧洲的协调发展和准国家雏形的形成。中国的《三国演义》说“天下大势,合久必分,分久必合”,欧洲“二战”前总是互相打个不停,给人民带来深重的灾难,“二战”后有了联合国和北约,国家之间进行和解和协作,成立欧盟、统一欧元、起草统一宪法,逐渐走向一体化。德国战败后在欧洲孤立,处境困难,联邦德国总理阿登纳很想要同其他国家修好,但法国等一直很冷淡。后来法国戴高乐时期的外交部长罗伯特·舒曼力主同德国和好,努力促成欧洲委员会的成立。他因为欧盟诞生作出的重要贡献,而被欧洲人纪念。欧盟总部通凯旋门的中央大道草坪上,专门塑了一座舒曼的铜像。

沿着总部大道一路到凯旋门广场,两排高大的橡树,草坪上掉满了栗子一样的肥大的橡子。广场草坪上一群人围成圈在又唱又跳,手里举着红五星带圆圈的小旗子,身上穿着印有某人头像的衣服。一问,是全欧洲的库尔德人在这里聚会,请愿要求释放被土耳其抓住后不知关押在哪里的民族首领厄贾兰。库尔德人是西亚最古老的民族之一,是中东地区仅次于阿拉伯、突厥和波斯民族的第四大民族,总人口约 3000 万。奥斯曼帝国瓦解后,库尔德人一直没有形成自己的国家,主要分布在土耳其、伊朗、伊拉克、叙利亚、黎巴嫩、阿塞拜疆和亚美尼亚。大部分居住在土耳其和两伊的接壤地区。在萨达姆时代他们受到迫害,很恨萨达姆。美国等北约国家为了声援他们,曾经在伊北部设禁飞区防止萨达姆轰炸他们的居住区。库尔德人有着强烈的民族独立愿望。土耳其库尔德工人党成立于 1979 年,其宗旨是通过武力手段在地处土耳其、伊拉克、伊朗和叙利亚交界处的库尔德人居住区,建立一个独立的“库尔德斯坦共和国”。1999 年 2 月,该组织领导人厄贾兰被土耳其情报人员抓捕,以叛国罪被土耳其国家安全法院判处死刑,但一直没有执行。2007 年 12 月,土耳其军队越境对伊拉克北部的库尔德工人党发动突然袭击。民族矛盾一直没有解决。于是他们经常把散居欧洲各国的库尔德人都集中起来,定期到布鲁塞尔进行聚会,展示他们的诉求,要求释放厄贾兰。各国团包的大车都是豪华大巴,聚会唱歌跳舞,就像参加一个庆祝聚会。我想他们是想向欧盟和世界展示他们的存在,不要忽略他们作为一个民族的权益。欧洲有吉普赛人、犹太人、库尔德人,历史上战争和宗教问题使他们丧失家园,成了浮萍民族,留下了很多的问题。现在前南斯拉夫地区和东欧地区也不安宁。欧洲共同体的作用和民族权益保障问题因此都突显出来。

晚上住在市中心的假日酒店,早些休息,准备明日回国。

2008年10月12日，星期日

布鲁塞尔，晴

滑铁卢，阿姆斯特丹，北京，晴

住的假日酒店挂了很多滑铁卢战役中拿破仑的画像。

这次欧洲之行行将结束，预订机票是晚上7点阿姆斯特丹起飞的，导游说上午有时间，可以去一下滑铁卢，开车40分钟就能到。大学时精读过《拿破仑传》，一将功成万骨枯，能够亲自到这个古战场凭吊，亦是一件有意义的事。

布鲁塞尔大街上九点多还是空荡荡的。欧洲的商店星期日不开门，道路很通畅。出市郊，一片遮天蔽日的高大树林，秋色中黄绿相间。车在林间的柏油路上轻快地行驶，空气十分清新。不久到了滑铁卢镇。

滑铁卢是布鲁塞尔以南20公里的一个小镇。往南5公里，隆起一座50米高的小山，是当年英军核心阵地，沿226级台阶可到顶端一览古战场全貌。山顶高处耸立着一尊铁狮子。据称是英军统帅威灵顿公爵用战场上废铁铸成的"滑铁卢雄狮"。小山据说是战役后妇女们用土筐运土，堆起来纪念将士的。我想原先威灵顿指挥作战时，这里应该就有个山坡高地，也许后来人工加高了。因为山的形状很圆很规则，应是人工形成的。坡上芳草青青，坡下是一片嫩绿的甜菜和青青的麦田，拿破仑的铜像静静地站在秋天的阳光下。欧洲人的是非观有点奇怪，按理这里应该塑个威灵顿公爵或者布吕歇尔元帅的像，拿破仑既是侵略者又是失败者，为什么这里还要树拿破仑的像？看来人类的英雄崇拜观念是不分敌我的。同时，也体现了欧洲人可能不以成败论英雄，他们认为拿破仑虽然失败了，仍然是个人杰。据说恩格斯就说过，拿破仑"甚至在遭到失败的进军中也是一位伟大的统帅"。拿破仑自己则说，他一生打了30多次胜仗，但抵不过一个滑铁卢带给他的耻辱。

1815年3月，拿破仑复辟，从流放地突然登陆法国南海岸，民众和军队一路欢呼迎他进入巴黎，他赶走了波旁王朝重新当上皇帝。被他打怕了的整个欧洲马上宣布，拿破仑是"人类的敌人"，英、俄、奥、普的70万军队从四面八方向法国进攻。此刻拿破仑只有不足20万正规军，一部分要应付国内叛乱，只有12万人可以机动。在分兵抵御兵力根本不够的情况下，常胜将军拿破仑决定进行进攻防御，在6月14日越过比利时边界向英军和普鲁士军进攻。先小胜了普鲁士军队。到6月18日，他的军队在夜雨初歇的这片原野上，同布防于此的威灵顿的英军进行了血战。

登上高高的土山，古战场尽收眼底。循着战场石碑的地图，远眺对面当年法军阵地的小山和普鲁士军关键时穿插的法军左翼阵地，无声的古战场仿佛重现着冷兵器时代双方近20万人血肉横飞的厮杀。记载说这样的互相残杀进行了整整一天,从太阳出来的十点多开始,一直到夜晚。拿破仑的10万法军损失了3.2万人和全部火炮,英、普、荷联军伤亡2.3万人。拿破仑丢弃残军带着1万多人逃回巴黎。从此结束了他辉煌的政治和军事生涯。这片原野躺下了55,000具死伤的人的躯体和战马的尸体,哀号之声不绝于野,战胜的威灵顿公爵在高坡上见到这惨烈的景象泪流满面地说:“胜利是除失败之外的最大悲剧。”

进入环幕战场的巨幅画卷和实物模型,看着法军和英军的血腥搏杀,辅之以战场的刀兵相接和哀号音效,我无法想象当年双方赴死的人们是带着怎样的心情互相陷向敌阵的。我仿佛见到了当年这些欧洲人的相互大规模的残杀。虽知历史的尘埃已经渐渐远去,但我的心仍然被深深地震撼。进了战争博物馆,见到了拿破仑的作战地图、军刀、火枪和军士的真人骷髅,见到了拿破仑同将军们临战前夜商讨军机的蜡像和雨夜中战士们无忘地等待黎明血战的蜡像,我陷入深深的沉思,好像在同他们进行历史的对话。战争是最后的政治,人类没有了理性和程序,就不如野兽。法律是维持人类社会安宁、用理性去进行政治的艺术。什么时候法律死亡了,人类的语言就只有残杀和哀号。

晚7时,阿姆斯特丹斯基浦国际机场。巨大的KLM航机冲向夜空。明天,我们将在俄罗斯的上空迎接东方新一天黎明的晨曦。

(10月14日午夜整理完稿,于故乡宁海城南溪畔)

43. 中国拆迁诉讼和公民权利保护*

——在苏州大学法学院中美公益诉讼论坛的演讲

一、中国拆迁诉讼的现状

随着中国经济的高速发展和城市化进程,居民对住房的需求增加和国家基础设施建设的加快,近年来,中国房屋拆迁诉讼案件呈不断上升趋势。

根据最高人民法院今年 3 月向全国人大的报告,地方各级人民法院全年共审结一审行政案件 92,192 件,上升 4.7%。其中关系公民人身权益和经济利益的行政案件上升幅度较大。全年共审理涉及卫生、计划生育、土地、交通、工商、税务、海关、商检、财政及劳动和社会保障案件 38,273 件,上升 18.79%。依法审理涉及城市房屋拆迁的行政案件,纠正违法强制拆迁行为,全年共审结此类案件 5478 件。

根据最高人民法院的报告,2004 年全年,中国民事审判一个重要特点是,集团诉讼和群体性诉讼呈上升趋势,全年共审结 538,941 件,上升 9.5%;集团诉讼、群体性诉讼主要类型,是土地问题和拆迁问题,另外是环境保护案件等类型。

根据中国律师在执业中了解的情况,真正成讼的拆迁纠纷,10 件中没有 1 件。中国实际发生的拆迁纠纷数据,应远

---

* 2005 年 10 月 15 日到 16 日,由中华全国律师协会宪法与人权委员会、美国律师协会亚洲法律事务委员会、苏州大学王健法学院、苏州大学东吴比较法研究会共同主办的“公益诉讼、人权保障与和谐社会”国际研讨会在苏州大学王健法学院举行。中美两国的法学专家和律师就公益诉讼和人权保障的理论与实践及其与和谐社会的关系进行了热烈的交流讨论,本文是我在会上的演讲。

高于此数。

建设部副部长刘志峰在2003年9月召开的全国城市房屋拆迁工作座谈会上透露，建设部2002年1~8月受理来信共4820件次，其中，涉及拆迁问题的占28%。上访1730批次，其中反映拆迁问题的占70%；在集体上访的123批次中，拆迁问题占83.7%。

《瞭望》杂志报道提供的数字：从1992年起，有关北京城建问题的群众上访事件骤然增加。以1995年为例，1~7月有163批，3151人次，占那一时期上访批数和人数的46.5%和43.2%。最著名的拆迁官司发生在2000年2月，10,357名被拆迁户联名向北京市第二中级人民法院提起行政诉讼。这个被称为万人诉讼的著名事件，在北京的拆迁户中几乎家喻户晓。

媒体近期还曝光出湖南嘉禾拆迁事件，南京拆迁户自焚事件，安徽农民朱正亮因其在安徽农村的家被强行拆迁，而试图赴京自焚进行上访的事件。8月，南京市一名男子吃过午饭后回家，却发现家已被拆毁，他随后在该市的拆迁办公室中自焚身亡。9月，北京拆迁户王宝光因遭强行搬迁而自焚身亡。中国发生了许多针对拆迁的抗议，范围遍布全国各城市。

中国有的拆迁纠纷得不到司法权的及时救济。往往在公民提起行政复议、提起诉讼前，房屋已经被拆。法院不愿意受理这类案件。根据最高人民法院的统计数据，中国公民"民告官"胜诉率为20%到30%。2001年，我国的"民告官"案有100,921件，首次突破10万件，这一数字后来被法学界视为我国行政审判的突破性标志。2003年，全国各地法院审结行政诉讼案件114,896件，公民胜诉率为30%。上海统计显示"民告官"胜诉率为19.21%。中新社报道，人民法院行政审判原告的胜诉率有所上升。据统计，2004年1至9月，一审原告胜诉率为21.37%，比2003年同期上升0.8%。因此，案件多、事态大、胜诉难、成讼少，是中国房屋拆迁中的严重问题。这已经影响到中国社会的安定，影响了中国政府努力追求的建设"和谐社会"的执政目标。

二、中国拆迁诉讼增加的现实原因

中国拆迁诉讼从积极方面来看，是因为中国经济的迅速发展，国家进入大开发的特殊历史时期。城市化、工业化浪潮兴起，大批农村人口涌入城市和卫星集镇。工业化导致土地用途转型，工商业、服务业与农争地的矛盾激化。

中国市场经济的实践，取消了福利分房。住宅商品化，分房货币化，激活了中国房地产市场。企业利益个性化刺激了投资置业热情，办公商业用房市场化，对土地的需求猛增。工业集群开发区用地加剧了这种矛盾。

土地公有制和住宅商品化的矛盾,是计划经济和自由经济的碰撞。原因之一是一些城市在改造拆迁过程中,开发商对居民地上建筑物作了严重低于市场价格的补偿,而且无视私房主的土地使用权。

根据最高人民法院给全国人大代表的提案答复,认为拆迁诉讼原因是:从审判实践看,因征地引起的行政诉讼案件争议的焦点是"补偿标准"和"行政程序的透明度"问题,现行法律规定的土地征用补偿标准过低,不能完全保障被征用人的基本利益;行政程序中民主、透明程度不高,在一定程度上影响了行政管理相对人的知情权。这也导致了诉讼中原告不相信政府、不相信法律的情况。

就行政诉讼而言,对于被诉具体行政行为,人民法院只能通过合法性审查来实现《行政诉讼法》设定的两个基本功能,即保护原告、法人或其他组织的合法权益,监督、维护行政机关依法行政。因此,尽管法律规定的补偿标准不合理,原告也不可能通过行政诉讼来满足其获得高于法律规定补偿标准的补偿费用的愿望。因此,最高人民法院认为代表提出的完善立法的建议是解决这类问题的根本途径,应当引起立法机关的足够重视。对于立法机关修改完善有关法律的活动,法院将积极予以协助和配合。

三、中国拆迁诉讼上升的法理原因

中国的宪法基础:公有财产神圣不可侵犯。对私有财产权的漠视是一个长期存在的司法观念。但随着中国法制的健全和经济体制改革的深入,私有财产权的保护正在逐步加强。

中国的土地法基础:土地公有。城市土地国家所有,农村和集镇土地集体所有。私人不享有一寸土地权,只有"租用权"和"定期使用权"。这种土地制度造成了公权力为后盾的拆迁变得十分容易,无须对私人进行协商、回购、等价谈判。这同土地私有的国家完全不同。

国有土地权的代表者,是各级政府。细而言之,是各级政府官员,甚至是乡村的官员。他们有权把土地合法地、非法地"出让"给其他主体,以换取各种"合法的"和"非法的"利益。

中国的民法基础:物权依附于地权,地上权依附于土地权。由于地权国有和公有,因此,中国的所有房产不属于私人。私人没有完整的房产所有权。实质上只有定期的使用权而没有完整的所有权。所有权和使用权是分离的。土地法和物权法是分裂的。

现阶段,中国公民最重要的私有财产是房产。因此,中国公民的最重要的私有财产权,由于上述的法律错位,是被架空和虚化的。

基于以上原因,作为土地权代表的政府,拥有处分土地的绝对权力。包括征用、征收、定价、补偿、拆迁等一系列权力。

所以,香港叫"迁拆",先迁后拆,不立不破。中国内地叫"拆迁",先拆后迁,不破不立。次序之争,看出了有没有以民为本,有没有充分尊重私权和公民权。

所以,中国房地产的一个怪现象是:向公民收回房产,是计划经济,价格是政府单方发文件定价,不需要同房地产拥有人协商,因为土地不是公民的;而政府以拍卖的方式将同一地块出让,则是市场经济,因为土地是国家的,在中国就理解为政府的;房地产商向市场卖出房产,也是自由经济,按行情定价,在人口膨胀土地紧缺的中国,于是房地产价格一路飙升。因此,同一地块中拆迁的人,无法买回祖居的房产。因为卖出价每平方米只有500元到1000元人民币,向房产商买回房产可能要8000元到1万元人民币。

这种矛盾综合体现,凝结到一起,就是中国公民对土地征用拆迁的不满情绪高涨和房地产拆迁纠纷矛盾的激化。

四、中国土地制度的发展过程

中国历史上,土地一直是私有的。封建帝国的井田制中,公田是补充。私田为主,官田为辅,国家以田课税。

土地兼并引发农民矛盾激化,一直是中国封建王朝更替的主要原因。

20世纪三四十年代中国共产党领导的土地革命,目标是实现耕者有其田,口号是"打土豪分田地"。革命胜利后,"土地改革"的目的,也是让农民得到土地。1947年的《中国土地法大纲》也保证土地的私有权利。"废除封建土地制度,实行耕者有其田的土地制度。""土地不分男女老幼,统一平均分配。"

20世纪50年代,中国参照前苏联模式,实行土地公有试点,鼓励农民将生产资料,主要是土地自愿"入社",即加入生产合作社共有。全国在50年代末完成了土地的"社会主义改造"。当时的政策是,入社自愿,退社自由,对社会的承诺是可以自由退回入社的土地。

后来,中国1954年《宪法》提出了"生产资料的社会主义改造",1982年《宪法》和此后的《土地管理法》将这种土地入社的事实法律化、固定化,以法律形式将中国土地全部公有,包括国有和集体所有。国家对土地进行了完全的控制,这种制度迅速建立了公有制的财富基础,国家通过行政权掌握了最重要的土地自然资源,保证了公有制的经济基础,保障了国家对最重要资源的控制，对中国的公有制、计划经济、国家建设和社会主义制度起了重要作用，但对公民私有财产权构成了重大的损害。

随后，中国对《宪法》作了三次修改。1988 年的修正案肯定了土地的商品化倾向，“任何组织或者个人不得侵占、买卖或者以其他形式非法转让土地”，但国家则“土地的使用权可以依照法律的规定转让”。此后，以国家出让的方式开展的中国土地使用权的拍卖，大规模开展。《土地管理法》对这个做法进行了具体化。国家通过集体化无偿向农民获得的土地，变成了有偿出卖。各地政府的“土地财政”现象出现，有的地方土地出让收入占政府财经收入的一半以上。这种事实极大地刺激了政府出让土地的积极性，成了“拆迁”的最重要的原动力。

1990 年颁布的《城镇国有土地使用权出让和转让暂行条例》规定住宅用地的使用权出让的最高年限为 70 年，期满后土地使用权及其地上建筑物和其他附着物所有权由国家无偿收回。同时，《城市房地产管理法》第 21 条规定：“土地使用权出让合同约定使用年限届满，土地使用者需要继续使用土地的，应当至迟于届满前一年申请续期，除根据社会公共利益需要收回该土地时，应当予以批准。经批准准予续期的，应当重新签订土地使用权出让合同，依照规定支付土地使用权出让金。”即要重新购买一次土地。《物权法》草案明确了这一土地权益原则。

五、现有土地制度带来的问题

中国现有的土地制度，带来了一系列的现实问题。

第一，土地权和房产权分割，损害房权的完整性和稳定性。按民法物权法的概念，地权和地上权是无法分割的。没有地权的房产权是靠不住的，房子不可能吊在天上。中国公民的财产权，现在最主要的还是体现在房产上。什么是私有财产权？财产权是一束权利的集合，是占有、使用、收益、处分等一系列权利的集合。每一项权利都应该得到充分的尊重与保障。目前的土地所有权与使用权界限不明确。建立在这样的财产权观念基础上，政府决策对每一项权利的限制或剥夺，都必须受到正当规则的约束，保护这一系列各自独立而有价值的权利。自《罗马法》以来，便确立了一个优先保护房屋所有人权利的原则，就是土地所有权人有义务尊重房产权人的权利。这样的制度安排有利于鼓励人们建房，而且建造寿命较长的房屋。1990 年国务院发布的《城镇国有土地使用权出让和转让暂行条例》规定，国家收回土地所有权后，土地使用权及其地上建筑物、其他附属物所有权由国家无偿取得。就是说 70 年一到，连地带房国家可以无偿拿走，暗含了“房随地走”，中国只有地权而无地面上的房权。

第二，地权的代表人不明。国家所有，缺乏人民代表大会的监督制度，实际上政府代行了国家，官员代表了国家。政府又层层放权，各级政府都有权出让土地。一些地方政府动辄以收回国有土地或集体所有权土地为名，强制拆迁公民的房屋。所谓的集体所有，到底是谁所有亦成了虚的。在农村，土地集体所有权的概念，所带来的问题越来越突出，现在农村土地集体所有有的变成了村干部所有，不少是村干部擅自卖地，中饱私囊。如果农村土地所有权问题不解决，以各种形式出现的剥夺还会发生。

第三，房权是无限的。私房用地使用权以私房所有权为前提，也就是说“地权随房权”存在、变动与消灭。而法律对房权的保护应当是没有固定期限的，房屋有多长寿命则地权有多长期限。因而原则上说只要房屋所有权存在，国家就不能收回其土地使用权，所以现在“收回土地使用权”说法是不应该成立的。但按照《宪法》，土地国有，各种民事主体只拥有使用权，其中城市私房用地使用权性质上属于“划拨土地使用权”。

第四，全民所有的公民本质权利被漠视，割裂了公民财产权。土地使用权应该视作是公民财产权的一部分，公民具有占有、使用、处分、收益的权利。1982年以后，城市土地收归国有。国家拿走了所有权，使用权给留下来了，百姓的财产形式便从土地所有权变成了土地使用权。

第五，一些官员肆意侵犯公民权的事件普遍发生。国家给的征地补偿标准往往过低，既侵害农民利益，又造成耕地损失，对国家可持续发展亦带来侵害。北京市有关部门在1997年书面答复人大代表质询时，公开写上“根据我国1982年宪法规定，所有城镇土地归国家所有。私房主只拥有房屋所有权。拆迁时依照《北京市房屋估价办法》对私有房屋作价并予以补偿”。所有补偿标准，都是政府单方定价，没有协商和中立的价值评估。

第六，政府所有的观念，为公权力扩张侵害私权提供了方便，导致行政暴力侵犯公民财产权和人身权利。有的地方不保护公民的申请复议和提起行政诉讼的权利。补偿协议都没有签订，房子已经先拆了。行政程序不透明，政府行为出尔反尔。

第七，一些政府官员任意夸大“公共利益”的概念，为行政权侵越私权找借口。

六、中国司法权对拆迁行政行为的制约

中国于1990年由全国人大制定了《行政诉讼法》,引进了司法权对行政权的审查制度,对行政权侵犯公民权的问题进行审查和判决,协助私权对公权滥用进行防御和制约。这个法已经在中国产生了重大的影响,促进了依法行政。

1995年1月,中国人大制定实施了《国家赔偿法》,规定中国的行政机关、司法机关因为自己的违法行为造成公民财产权利损失的,由国家进行赔偿。但这项工作现在开展得不好。公民得到赔偿的机会很少,途径很难。

1999年10月,中国人大制定实施了《行政复议法》,通过政府内部的审查机制,对公民权利进行救济,防止政府行为的违法和过错损害公民权利,大大加强了中国政府机关的依法行政水平。

中国律师在行政复议和行政诉讼中发挥了重要的作用。协助公民进行证据收集、程序诉讼、同政府谈判、同房地产开发商交涉,保护被拆迁人的利益,协助公民冷静地按法律的渠道解决问题、保障权利,为中国社会的安定和公民权的保护作出了贡献。有1/3的诉讼请求,被中国法院采纳,帮助中国公民获得了胜诉。

中共十六大以来,中国又对《宪法》进行了修订,强调依法治国,强调"人权保护",强调平等保护私有财产权,都写进了宪法。新一届中央和政府,特别强调执政为民和创建和谐社会,更加关心群众的人身权、财产权和其他权利,做了大量实事。对拆迁问题,已经出台了一系列规范化的保民措施,处分了一批官员;法院判决了一批公民胜诉的案件,违法拆迁有了很大的遏制。对公民的财产物权的保护,正在起草一部更加重视私权的《物权法》,规定房产土地权应当法定无条件延长。对拆迁房产的补偿标准,限制政府单方定价,规定要由客观中立的评估机构进行评估确定,补偿费已经有较大的较合理的提高。但中国的土地制度没有改变的迹象。

七、中国保护拆迁公民权益的可行性措施

针对中国土地制度和拆迁社会问题的现状,我有一些可行的思考。

高度重视农民权利,查处违法用地的政府和企业、开发商。对于那些未能执行现行法规来保护拆迁户利益的官员,应当追究责任。

整顿房地产市场,所有土地出让公开挂牌透明,拆迁公告和补偿方案事先公布,直至举行听证,该措施已经大多数做到。

引进协商机制，改变强制征用。非因确实的公共利益的征用，协商不成的应允许公民有拒绝权。征收价和购回房产价应基本持平。改变政府单方定价的征用方式，对被征土地和房产价值进行客观评价后收购。

对征用项目进行利益均衡评价。例如德国公法的比例原理，具有三层含义：其一，政府采取的手段确实可以实现政府希望实现的目的；其二，政府采取的手段是在各种可选择的手段中对个人或相对组织权益最少侵害的；其三，受侵害个人或组织的利益损害不应超过政府所要实现的公共利益。给个人或组织更多的保护自己的机会。假设政府拟建一条高速公路，计划中准备穿过几个连在一片的村庄，为此，将征用大面积村民土地。可是，一方面，这些耕地对于村民而言是重要的生活资料；另一方面，这条高速公路如果略微绕一下弯，尽管要多支出一些成本，但可以不必征用或大大减少征用土地量。相形之下，政府可以对村民最小侵害的方式达到建设目标。这样，政府的规划方案就应当改变。更何况，政府也有可能节省拆迁的补偿开支。

规定在城市规划过程中征求社区意见。虽然大规模移民安置项目造成的问题不同于社区拆迁，为前者制定的政策仍可以适用于后者。例如，为中国一些项目出资或集资的国际金融机构要求，负责项目的官员应在受影响的社区征求意见。世界银行对强制移民的政策要求，在需要搬迁居民的项目中，"受搬迁者的意见应得到有效的征求，他们应有机会参与移民安置项目的计划和执行"。该政策还要求，向被搬迁者"征求意见，提供选择和提供技术及经济上可行的安置出路"。中国应在国家和地方的拆迁法规中要求有关方面征求社区意见，规定在足够的时间前向居民通知拆迁，以修改国家级的《城市房屋拆迁管理条例》，在其中规定市级拆迁管理部门提前向居民通知拆迁，以使居民在拆迁前有充足时间来商定赔偿协议和进行搬迁。各省市的条例也应包含类似的规定。

加强对拆迁户的法律救助。《经济、社会、文化权利国际公约》有关住房权的条款建议，对那些想通过诉讼来免遭强制搬迁的居民，应提供法律援助。虽然中国大部分地区都存在小型的法律援助机构，但大多数需要法律援助的中国公民仍无法如愿。中国应扩展其法律援助项目，来确保无力支付诉讼费用的人能得到律师的代理。同时，对限制律师的现象进行批评和纠正，让弱势私权利人得到有效的法律救助。

考虑对中国的土地法律制度进行修改，恢复中国共产党建立政权初期的"耕者有其田"的目标和对公民的承诺，在《物权法》起草过程中，这个问题应该一并研究考虑，切实保障土地这一私有财产权保护中无法回避的重大问题。

44. 中国公益诉讼:现状与趋势*

一、中国公益诉讼方兴未艾

中国的公益诉讼,近年来正被国内的法学界、司法界、舆论界广泛地提起和探讨。由于人民法院的统计口径上并没有这样的一种分类方法,现在要在数据上给出一种权威的解答,还是十分困难的。就中国的法律人士和社会公众的印象而言,2005 年是中国公益诉讼真正肇始的一年。在案件的数量上、类型上、影响上,对立法、修法的促进上,在诉讼实践中被明确作为一种概念提出来,都是破天荒的。

这一年在理论和实务界都发生了一些颇有影响的事件。

首先,是专业律师在过去消费者维权、法学硕士博士打公益官司的多年积累的基础上,开始实质性地介入中国公益诉讼。中华全国律师协会宪法与人权委员会 10 月份在苏州大学法学院召开了中美两国"公益诉讼、人权保障与和谐社会国际学术研讨会",全国热衷于此的律师、学者和国际同行参加了会议,会议发表了《公益诉讼苏州宣言》。12 月底,中华全国律师协会和《法制日报》主办、北京大学、清华大学、人民大学、中国政法大学、中央财经大学、中国社会科学院、新浪网等协助,举行了中国十大影响性诉讼评选。佘祥林案、中国民

---

* 本文完成于 2005 年年底,其时中华全国律师协会宪法与人权委员会在北京召开年会,会上进行了全国律协和《法制日报》共同举办的 2005 年度中国十大公益诉讼案例的评选。2006 年最高人民法院《中国审判》编辑部向我约稿,我对本课题进行了研究整理,在该刊创刊号首次发表。这次收入文集按原稿进行了增补。

间对日索赔案、马德 韩桂芝 田凤山腐败窝案、顾雏军内幕交易案、黄静死因鉴定案、杜宝良巨额罚单案、奥拓车撞人不白撞案、福建农民环境污染维权案、郝劲松告北京铁路局案、通用大宇诉奇瑞公司不正当竞争案十个案件成为2005年中国十大影响性诉讼。其中多数案件如佘祥林案、对日索赔案、顾雏军案、黄静案、奥拓车撞人案都可以归入广义上的公共利益的诉讼，而郝劲松因发票状告铁路局案、福建农民环境污染侵权案、杜宝良巨额罚单案，按现在学界公认的标准，就完全属于公益诉讼。而其中佘祥林案、对日索赔案、顾雏军案、黄静案、奥拓车撞人案、福建农民环境污染侵权案、杜宝良巨额罚单案，都是专业律师参与进行的诉讼。

其次，是一年中出现了一批有学术厚度、有代表性前瞻性、有认真思考的具体诉讼案例。清华大学博士李刚因为对天津、上海两大直辖市向机动车主收取的“进津费”、“进沪费”有乱立法、乱收费和市民歧视之嫌，分别启动了民事诉讼程序。中国政法大学法学硕士郝劲松，因火车站退票不开发票、火车销售商品不开发票、地铁收费厕所不开发票等公共事业企业单位长期无视国家法律、对消费者存在霸王条款而将铁路局多次告上法庭。《中国工商报》记者喻山澜因认为牡丹交通卡丢失需缴纳100元补卡费没有法律依据和侵犯消费者权益，起诉中国工商银行宣武支行及北京分行不当得利，北京市一中院2月1日终审判决喻山澜胜诉，判决工行返还他补卡费69.2元及利息。中国人民大学法学院在读博士生宋德新在去年8月，以“高速公路不高速”为由，状告河南省高速公路发展有限责任公司，要求法院判令其违约，并赔偿其直接经济损失10元钱。今年经郑州市中级人民法院审理，双方当庭和解。被告对因路面维修给原告带来的不便表示歉意，原告放弃赔偿要求。中国社会科学院黄金荣认为火车站售票搭售保险不进行告知系强制保险，侵犯消费者知情权，状告北京铁路局。北京铁路运输法院认为未在票面上说明意外强制保险，符合现行政府规章，驳回诉求。他向中国保险监督管理委员会递交申请书，要求对强制保险进行审查并依法撤销，3个月后，保监会的复函认为，保监会、铁路、保险公司都没有强制保险，建议黄金荣“依法向有关部门反映这个问题”。四川大学在读法学硕士杨世建，36岁报考中央国家机关公务员，被认为超龄不被接受，状告国家人事部就业歧视，揭开了中国行政机关的规定违宪审查的诉求。青年学者张春良因13岁的天津少年张潇艺在网吧连续36小时上网玩游戏后跳楼自杀，代理其监护人在天津第一中院状告美国暴雪公司，法院不受理。北京石佛营小学学生之父认为学校收费违反义务教育法律规定，起诉北京市教育委员会，西城法院认为，不属于法院行政审判权限范围，驳回诉讼请求。

最后，在诉讼层面频频"触礁"的公益诉讼，在法庭外却极大地影响了依法行政和立法行为。从孙志刚案的"教授上书"①促进国务院收容教养法规的彻底改变的模式出发，中国的行政机关、立法机关、司法机关好像达成了一种默契：不能让当事人在法庭上赢官司，但问题应当在改章立制、内部纠正上尽量解决。这是中国从人治走向法治的特定的过渡时期的一种"综合征现象"。今年，全国律协宪法人权委主任吴革代理的女教师黄静裸死死因疑案②的诉讼帮助，5次尸检6次鉴定，最后仍然没有一个定论的事例，引起了最高立法机关的重视，司法鉴定的混乱局面不整治不行了。全国人大常委会2月28日作出了《关于司法鉴定管理问题的决定》，10月1日马上实施。北京月收入只有千元的卖菜工杜宝良在同一地段行车被违章拍照处罚105次、扣分210分、罚款10,500元，在西城区法院状告交警暗中执法严重不负责任。引起全国对交警执法目的性的大讨论，也引起了公安部领导的重视，在内部大力加强执法

① 孙志刚，湖北武汉人，大学结业到广州工作，2003年3月17日晚外出，遇派出所民警，因未带身份证，被作为"三无人员"带回派出所。3月18日，作为三无人员送往收容遣送站和救护站。20日凌晨1时多，孙遭同室的8名被收治人员两度轮番殴打，于当日上午10时20分死亡。救护站死亡证明书上称其死因是"心脏病"。4月18日，中山大学中山医学院法医鉴定中心出具尸检检验鉴定书，证明，孙死前72小时曾遭毒打。4月25日，《南方都市报》以《被收容者孙志刚之死》为题，首次披露了孙志刚惨死事件。次日，全国各大媒体纷纷转载此文，并开始追踪报道。6月9日孙案责任人被判决：主犯乔燕琴被判死刑，李海婴被判死缓，钟辽国被判无期。其他9名被告人也分别被判处3年至15年有期徒刑。同日，孙案涉及的民警、救治站负责人、医生及护士一共6人，因玩忽职守罪，被分别判处2年至3年的有期徒刑。6月18日，国务院常务会议原则通过《城市生活无着的流浪乞讨人员救助管理办法(草案)》。8月1日起，1982年开始实行的《城市流浪乞讨人员收容遣送办法》废止。

② 黄静案中最受批评的就是"自侦自鉴、多头鉴定"的鉴定体制，经过5次尸检、6次死亡鉴定，每次的鉴定结果都不尽相同，最后黄静死因认定为非正常死亡，被告仍被判无罪。2003年2月24日上午，黄静被人发现裸体死于其工作的小学宿舍，遗体有多处多类伤痕，现场的卫生纸团遗留有男性精液。湘潭市雨湖区公安分局法医得出自然死亡的结论；2003年3月6日，湘潭市公安局《尸体检验鉴定书》，认定黄静"系患心脏疾病急性发作导致急性心、肺功能衰竭而猝死"。家属要求复检。2003年5月7日，湖南省公安厅刑侦局作出《法医学鉴定书》，认定黄静系"因肺梗死引起急性心力衰竭与呼吸衰竭死亡"。家属对复检结论持怀疑态度。2003年7月3日，黄静家人所委托的南京医科大学著名法医学专家作出了与湖南省公安厅、湘潭市公安局完全不同的鉴定结论；2004年3月22日，司法部法医来湘潭鉴定，在工作中发现原保存在湘潭市公安局法医技术室的黄静内脏器官标本不复存在，遂中止鉴定。2005年2月28日，十届全国人大常委会第14次会议通过《全国人民代表大会常务委员会关于司法鉴定管理问题的决定》，9月29日司法部颁布《司法鉴定机构登记管理办法》和《司法鉴定人登记管理办法》，开始加速进行我国司法鉴定改革。黄静男友姜某曾于2003年7月8日被逮捕，罪名是涉嫌强奸(中止)。2004年3月5日，姜某被取保候审。2006年6月30日，湘潭市雨湖区人民法院一审判决姜某无罪，但要为黄静的死承担一半的民事责任，赔偿原告黄静的父母经济损失59,399元。2007年12月，二审维持原判。

为民的教育，修订规章制度和执法措施，对全国公安交警系统规范执法起了重大的促进作用。喻山澜诉工商银行信用卡补交乱收费不当得利案胜诉后，北京市政府发改委发布《关于驾驶人信息卡补领换领收费标准的函》，明确每卡收费为30.8元，影响北京大批司机的北京工商银行自定的每卡100元成为历史。实质性地打败了垄断性金融大企业，维护了公众权益。佘祥林冤案等一系列刑事错案的曝光和反思，引起“两高一部”的高度重视，最高人民法院提出了刑事证据的严格审查要求和公开审判的要求，并收回死刑权；最高人民检察院提出了有罪则诉、无罪则放的严格审查要求；公安部则更严格地清理和制裁刑讯逼供问题。包头空难家属桂亚宁在律师帮助下，质疑对死难者最高限赔7万元的1993年国务院的《国内航空运输旅客身体损害赔偿暂行规定》，认为《航空法》实施后，10年中民航总局不制定新标准，构成立法不作为，向北京第二中级人民法院起诉。法院不受理。但全国人大常委会委员长会议修订了《行政法规审查备案程序》，明确规定公民可以对违宪的行政法规提出审查申请。全国人大设立了法案备案审查室，对行政法规的违宪审查打开了大门。

二、公益诉讼：趋义？趋利？趋名？

中国的公益诉讼，是在党和国家强调依法治国、国家经济实力提升提高了国家信心和公民的精神诉求、中国已经进行了长达25年的普法教育大大提高了普通民众的法治意识、中国各名牌大学法学院已经培养了一大批学贯中西有法律思维的专业人士、中国的法学学术界融入国际潮流这样一个大背景下，各种思维和实践交互影响而开始显现出来的。

但是，社会上对从事公益诉讼的原告和律师，还远没有达到一致肯定的层面。有人说他们为社会进步、公众权益做了大好事；有的则说他们是为了个人出名和间接图利；有的则根本不加研究和了解，直接认为他们是没事找事的“刁民”；还有的地方甚至把集团性公益诉讼列为要警惕的社会不安定因素加以防范。

公益诉讼来源于英文的“public interest litigation”的意译。到底起源于海外法学理论的介绍，还是起源于中国消费者权益保护（如王海打假）的实践，还是起源于“爱滋事生非”的中国律师和法学院学生的冒失探索，已经难以查考。也许这些因素都有。但得益于中国依法治国的大环境和舆论界的不断推介这一点，则是可以肯定的。总的评价，用“民权的觉醒”来形容是比较贴切的。使用这一热门名词的人，各有各的见地，各有各的目的，各有各的实践。

公益诉讼，由于并没有成文法的权威解释，其含义和概念是见仁见智的。

从国内见诸报端的印象看,中国公益诉讼的一般特征是:(1)涉及不特定的多数人的私有权益(这恰恰同“公益”在字面上存在冲突),不是指公权利益,而是指“公众的广泛的私有权益”;(2)个体诉讼的标的往往很小,或者说相对于涉及的公众总体权益而言往往是微不足道的;(3)被告一般是公权部门和大型垄断性企业等强势主体;(4)诉讼指向的目标都是有代表性和普遍性意义的,甚至是代表未来法制发展走向的。因此,有的公益诉讼又被从另一个角度归入“中国影响性诉讼”。

国内已经有一些学者企图从各种角度,对公益诉讼进行法理上的概念界定。《中国公益诉讼网》主编李刚博士研究比较了各种学界的观点,从诉讼目的理出了救济对象广义说和狭义说几大类。广义说认为公益诉讼是指特定的国家机关和相关的组织和个人,根据法律的授权,对违反法律法规,侵犯国家利益、社会利益或特定的他人利益的行为,向法院起诉,由法院依法追究法律责任的活动。其要实现的是“不特定的他人利益”。救济对象狭义说是指任何组织和个人都可以根据法律法规的授权,对违反法律、侵犯国家利益、社会公共利益的行为,有权向法院起诉,由法院追究违法者法律责任的活动。苏州大学杨海坤教授则根据罗马法渊源,认为公益诉讼是同“私益诉讼”相对的,“私益诉讼是为保护个人私有权利的诉讼,仅特定人可以提起;公益诉讼是为保护社会公共利益的诉讼,除法律有特别规定外,凡市民均可提起”。这同我们现在做的公益诉讼显然不是同一个概念。因为中国民事诉讼法和行政诉讼法都明确规定了原告同诉讼法律关系的关联性,没有自身的权益被侵害,他便没有原告资格。这导致王海等为了成为适格的原告,故意去买假,建立一种“买卖法律关系”和“民事侵权法律关系”。因此,可以这样说:中国现在的公益诉讼,是既包含原告个人私权,更代表了不特定多数人的公众权益的诉讼。其特征,就是前述的四个方面。至于准确的定义,在成文法国家,只有立法机关、最高司法机关才有最后的界定权。

对于公益诉讼的意义,学术界、新闻界同社会公众、法官明显存在不同的评价。如张春良起诉网游导致自杀案,据网上“您如何看待张春良的这一行为”的调查,61.29%的网民选择“纯属炒作,主要目的是卖书”,认为“出于公益的目的,应该鼓励”刚过20%。这同新闻界和热衷公益诉讼的法学人士、专业律师的评价相去甚远。其实,即使在律师界、法官的心目中,真正认识到公益诉讼的意义、愿意为之投入精力去做的,也并不多。这从多数律师重在处理经济效益好的案件,而把大量影响深远的公益诉讼让给时间充足的法学院教师和学生去指点江山,可以看出来;而从法院法官大量地以程序和实体上的借口驳回大多数公益起诉,也可以看出来。

三、私权的诉求:中国公益诉讼的类型

近年来,中国的公益诉讼主要有这样几大类:

1. 挑战传统的公共权力主要是行政权为背景的行政和公共事业单位对个人权利的损害。比如青岛学生告教育部招生分省划线歧视案;宁波律师袁裕来告市土地局不让律师查档案;某地律师告工商局查档乱收费案;李刚博士告车辆进津费进沪费案、乔占祥律师诉铁道部春运期间票价上浮未经国务院批准且未组织价格听证案。

2. 挑战公共垄断行业侵害公民人身财产权利。如告高速公路不高速、民航晚点不赔偿、铁路局退票不给正式发票;告电影发行公司强制搭片广告;告电信局计费吃零;告银行非法收取信用卡补卡费;告有线收费电视插播广告;告移动电话公司非法嫁接 SP 服务欺诈性收费等。如上海陶鑫良律师、斯伟江律师状告上海高架路收费口设置不合理导致不合理收费案。这个路口日均车流量大约两万多辆,其中约一半车辆都不走延安路高架,但都被收费 15 元,已经有 4 年。可所有的车主都选择了吃哑巴亏沉默。两位律师终于挺身而出。

3. 告强势企业损害多数人共同权益。这类诉讼主要包括环境污染、房产质量和面积违约、劳工职业病、大批量的产品质量问题和召回制度、传销、虚假广告、医疗欺诈、医院天价收费等。

4. 国际贸易领域的行业性权益。比如北京大学知识产权学院教授张平针对 3C 联盟重要成员飞利浦公司一项涉及数码相机、手机、DVD 等数码产品的编解码专利权无效宣告请求的提起;温州打火机企业主国际反倾销诉讼的应对。这些都是在为中国企业争生存空间,而且往往一个案件胜诉影响一大片中国同行业的相关企业。

5. 事关公民基本权利的诉讼。如教育平等权、就业平等权、招生招工中的健康歧视、性别歧视、残疾歧视、人格尊严的保护。如严某诉文体局不查处学校附近"色情表演面对孩子"案;河南某中学女教师王英因丈夫喝白酒过量导致酒精中毒死亡,起诉当地白酒厂没有标注真实成分和相关警示,误导消费者"白酒包装没有警示"案。

只要稍微考察一下,我们就可以知道,所有这些诉讼,从标的和经济利益看,没有一个是大案子。媒体关注的是其新颖性、代表性、前瞻性。其社会影响的意义、对中国法治理念更新上的意义,远远大于诉讼本身。有的案件,即使从肯定的角度而言,也存在起诉情绪化、案由猎奇化、处理简单化的味道,有

的案件在真正开展了公益诉讼的国家也是匪夷所思的。但是,中国的公益诉讼已经有点弄假成真、汇涓成河的味道。其来势恐怕不为某些主流意志所转移。越来越多的人认识到了中国引进公益诉讼的重要意义。以民为本、和谐社会、坚持环境保护和科学发展观,都已经为公益诉讼的正式登台作好了理论上、观念上、实践上的准备。

四、热闹的学者,冷静的法院

中国正处在重大公益诉讼来临的前夜。但许多重大问题,还没有真正找到解决的途径。

一个现象是,所有在中国已经发生的公益诉讼案件中,可以说都是执著的原告、热闹的媒体、稳如泰山的被告、无动于衷的法院。启动者和新闻媒体很起劲,法院则很消极,社会舆论则更像看热闹的看客,只有少数热衷探索的法律界人士在关心这种现象。而且,在身体力行的起诉者和呼喊者,多数被看做另类人士和"刁民",是吃饱了饭没有事干。不但一般群众这样看,官方人士、人民法院也往往这样看。绝大多数的案件,不是被从程序上和实体上驳回没有胜诉,就是被挡在法院大门之外不让立案。

中华全国律师协会青少年权益委员会主任佟丽华认为:"目前中国的社会观念不利于公益诉讼的发展。"法院往往持保守态度,"许多法院面对原告人数众多的公益诉讼或原告简单的公益诉讼,出于对被告权势、声誉等因素的考虑,往往消极对待"。

简单地罗列一下原因,一是因为我国公益诉讼的法律还不健全,主要是原告的资格问题。二是法院对集团诉讼的种种恐惧和限制,司法权不敢介入社会敏感问题。三是社会观念还不接受,认为搞公益诉讼是旁门左道,炒作大于实效。四是法院判赔的实体法依据还不完备。老是判几元几十元的,原告懒得告,律师也懒得理,群众也像看大戏哈哈一笑不当真。被告与其说怕原告还不如说怕媒体。五是诉讼费用问题。由于中国没有"吹哨人法案",也没有"费用转移制度",公益诉讼又是当前法院不欢迎不热衷的,好多法官认为这是浪费诉讼资源。因此,几乎所有的原告都是赔了夫人又折兵。其实,中国的公益诉讼的标的本不应该这么低。比如移动电信公司同 SP 商勾结进行的欺诈性收费,银行同移动公司联合通过委付系统引诱消费者进行违背意愿的消费,其暴利是惊人的,有的达到数亿数十亿。但由于人数极为众多和时间不断计算,分解到每个人每个月的个案标的,可能只有五元十元,起诉同其收益相比,完全有利于大公司。违法成本很低,而维权成本则奇高。比如香烟公司的变相广告，现在电视台和机场车站公开做，是直接违反《广告法》和国家工商局的相关规章的，没有人告。香烟致癌致死的事例也有，没有人告烟厂，倒是各地公安机关和人民法院，为了保护香烟的垄断经营暴利，每年在判非法经营香烟的人。再如试验性的成品西药导致的药害，10 多年后才出现后遗症，也没有人告药厂和医药公司；重大的环境污染、海洋污染，使得癌症高发；非法冶炼导致居民皮肤长瘤，也没有人告。这些都事关人命，索赔额都可以达到几个亿等很高的数字。正因为没有人告，没有企业因为这些违法行为被法院判得破产，所以我国假冒伪劣产品才会这么多，造假大户能够理直气壮地以社会成功人士面目出现。因为他们的违法成本很低，法律之鞭还没有抽到他们身上。老是听说外国人告药厂、告烟厂、告化工厂、告石油公司，法院判赔几千万美元甚至上亿美元。而对我们来说，还好像是在说故事。

大公司是惹不起的。他们不但能够影响司法，也能够影响舆论。笔者写过一篇《手机里的小偷》，揭示银行、移动公司、SP 商联合引诱消费者订购短信服务，不经同意用默认方式开通手机订购，通过信用卡委付直接划钱，每月偷我们 5 元钱。文章好多家报纸不敢登，原因是移动公司是他们的广告大户。我辩护成功一对夫妻烟草非法经营无罪释放案，报上登了。某省级烟草公司包下好几家报纸的版面大登烟草非法经营被判有罪的案例，进行长时间的广泛的"消毒"。大公司影响司法虽然很难抓到浮出水面的事例，但其无处不在的影响力已经是人所共知的事实。大企业的影响力有时超过了行政权的影响力。

因此，中国公益诉讼的阻力，来自于法律的缺位、法院的保守，以及被告的强大。司法权的稳妥和保守是应当的。司法不应处于社会的风口浪尖，而是在它的后面冷静地观察、评价、作出判断。但是，相对于中国的公益诉讼，我们的司法权已经显得过于保守和谨小慎微了。

五、一个律师和一个法案

2004 年 11 月，北京王府饭店。

美国卡特政府时期的司法部长本杰明、公益诉讼律师夏倚克、华盛顿上诉法院法官朱迪斯等同中国律师会聚一堂，进行学术交流，研讨公益诉讼问题。美国法律人士介绍了他们的"吹哨人法案"。

夏倚克律师是搞公益诉讼的专家。如果把他的成功历史说出来，说得俗一点，他是专靠没事找事发财的。美国人坦率不怕露富，我这里转达他自己说的几个案例：美国一个邮政公司搞欺诈被其职员揭发，公司解雇了职员，经过他作为“吹哨人”诉讼5年后，2004年，以公司支付1000万美元和解结案。2002年，一名高级销售经理反对公司年龄歧视被解雇，他帮助诉讼，陪审团裁决公司赔偿290万美元。1995年，新泽西州法院的判决不准“吹哨人律师”在企业律师不在场的情况下询问员工，他通过上诉推翻了州法院的判决，为“吹哨人”获取了普遍权利。美国的公益诉讼采取事后分成制收费，你可以想象夏倚克先生在为当事人实现公益权利的同时为自己挣了多少美元。

本杰明先生介绍，美国的“吹哨人法案”始于1986年，是《联邦民事欺诈索赔法案》的一个程序性修正案，也称“告发人诉讼”。该法案允许个人代表美国政府，起诉任何收到或使用政府资金，并从中获利的合约人和其他实体，包括州和地方政府的欺诈行为。这个人就是“吹哨人”，意即瞭望哨和告发者，帮助政府监察公共行为中的欺诈和不公。司法部在收到投诉、告发后60天内，要进行调查并决定是否作为原告参与起诉，如果司法部起诉，“吹哨人”可以分到赔偿额的15%～25%；如果司法部不参与，“吹哨人”可以自行调查并起诉，以“私人检察官”的身份打击影响政府金库的腐败行为，“吹哨人”可以分到赔偿额的25%～30%。本杰明说，美国这类索赔累计已达80亿美元，“吹哨人”已经分走了其中的10亿美元以上。当然，由于这种“吹哨人”并不是谁都有水平当的，因此实际上是律师拿走了这笔钱的绝大部分。本杰明还介绍了律师收费的“风险报酬机制”和“费用转移法规”。他说，“风险报酬”为无钱支付费用的人提供了私人律师，但也阻碍了一些没有钱赚但有社会意义的诉讼，没有律师会去打一个美元的诉讼。因此，美国用“费用转移法案”来补救，即对于律师的费用，以1976年的《民权律师费补偿法案》法定给予补偿，对于标的很小的公益诉讼，法院也可以判令被告支付高额的律师费和调查费用，律师并不会因为索赔小而赔上时间、本钱。这样一来，美国就建立了完备的公益诉讼机制，使每个公民都请得起律师，并对社会的不公正现象都有一种主人翁精神去主动管理。这样，违法乱纪的公司和政府官员就无处藏身。像夏倚克这样专同政府和大公司“作对”的律师，不但不是美国政府讨厌的，而且还是很有社会地位的名利双收的大律师。

六、诉权选择：公民还是检察院

在我国，有人把出路寄希望于检察院。

检察院也是强势公权，它可以为公众提起公益诉讼。已经有论者提出，检察机关应当作为提起公益诉讼的唯一主体，而且公民提出公益诉讼要向检察院申请，由其审查、立案并作出决定提起。界定检察受理的公益诉讼范围为：

(1)侵害国家利益的案件。如侵犯国有资产的所有权,造成国有资产流失的行为以及破坏国家资源的违法行为。(2)侵害社会公共利益的案件。例如,涉及环境污染违法行为和行政违法;社会治安的行政不作为;政策性行政垄断行为。(3)重大的涉外民事、行政公益诉讼纠纷案件。这一观点,是把国家刑事公诉权和民事起诉权、行政起诉权都包揽了。

对于一个国家而言,检察权力的扩张是好事还是坏事呢?

中国的检察机关,同司法部的职能不同,最早是作为刑事检控官的角色设定的。国民政府时,依附于法院,叫某某地方法院地方检察署(处)。其职能是检控犯罪。新中国成立后,中国引入苏联模式,检察职能同样是代表国家检控犯罪。后来,检察机关被赋予了监督法院审判的职能,并享有抗诉权。从刑事的抗诉权,逐渐发展到对民事、行政案件审判的监督,于是民事、行政抗诉被检察系统不断强调,作为检察机关机制完善、权力扩张的突破口。近年来,中国检察机关的权力在膨胀。因为反腐败反渎职的需要,两个侦查职能部门都升格为局。为保障侦查,于是又扩张了其后勤和装备机构。2001 年,最高人民检察院《关于加强民事行政检察工作若干问题的意见》要求各级检察机关"对侵害国家利益、社会公共利益的案件,支持有起诉权的当事人提起民事、行政诉讼"。但只是说支持,没有说由其直接提起。

检察机关介入民事、行政案件,其积极性来源于对法院权力的羡慕和对扩张自身权力的一种企求。群众申请民事抗诉,同申请法院再审一样难,一样有那么多的手续。如果健全了法院的申诉再审机制,民事抗诉几乎可以省略。即便是刑事领域,侦查、起诉审查由同一机构内部分工行使,弊端也已经充分暴露。检察机关介入民事、行政法律行为,对于私权利的保护,带来的不但不会是好处,很有可能是后患。

公益诉讼,本质上是私权诉讼。其所谓的公益,是指不特定多数的私人权利的集合。其积极性和主动性来源于被害人的利益企求。其对立面,大量的是公权机构。由公权去制约公权,会导致实质性原告诉求的缺损。如果让其成为"唯一的"公益诉权主体,无异于剥夺了公民的基本诉权。而且,公权起诉,获赔的所得属于谁?如何分割?权利人如何登记和鉴别?如果全部赔偿所得归国库,那进行公益诉讼岂不是等同于行政处罚?百姓告它何益?

因此,由检察机关承担公益诉讼的权力,同检察的基本职能不合,同公益诉讼的基本特征不合,同私权诉求的目的不合,并不可取。公益诉讼只能由民权及其特定的代理人提起。

七、期待中国立法的突破

中国公益诉讼要真正开展起来,从现在的实际问题和实践总结来看,立法上的突破是万河之源。

首先,是立法上对"利益相关人"的理解。在我国的三大诉讼法中,无一例外地要求原告是同具体诉求建立了直接的权利义务法律关系的人,即"直接利益相关人"才有权起诉。而起诉后也只能针对自己部分的权益提出主张,无权对同类他人的权益提出代位主张。法院立案庭的立案审查,都是遵循这一基本原则。这对于限制滥用诉权、节约诉讼和司法资源、减轻社会纠纷调处成本,是非常有利的。但这一原则相对于公益诉讼而言,则成了直接的"拦路虎"。一个公益诉讼,原告、律师、法院可能花了大量的精力,但最后结果只影响了几亿起重复行为中的一个行为。标的则可能只有五元钱十元钱。这种诉讼导致了中国公益诉讼只能限于新闻炒作层面,而没有司法程序上的实际意义。

其次,是诉讼法的修改。对公益诉讼要作出成文法上的明确界定,对原告资格、被告资格、诉求范围、取证程序都要作出明确的规定。美国的经验,不是把民权收到国家公权,而是相反把公权扩散到民权。他们的观点是:政府的能力和精力是有限的。由于职责众多,政府部门通常资源紧张。司法部长的精力集中在促进大众的利益,而非实现个体公民的目标。因此,公益诉讼需要引进"私人检察官",其手段就是进行公益诉讼的经济刺激。一旦司法部对"吹哨人"请求超过了60天的时间不受理,公民个人可以代表政府提起诉讼。这就是"告发人诉讼"。个人同司法部一起当原告的,打赢了官司,可以拿回全部的诉讼成本和律师费,并分到15%~25%赔偿所得;如果司法部不参加全部个人起诉的,可以分到25%~30%的赔偿所得。

美国的法系同我们不一样。但它们的方法有效地制约了不诚信的大公司,等于社会上有无数个瞭望哨在监督着它们。虽然打官司所得被挑讼的人拿走一大部分,但对社会则消除了隐患。如果我们借鉴它们的经验,立法允许"吹哨人"的存在,允许公民代表国家提起警戒性诉讼并获得分成,中国的公益诉讼立即就会实质性地开展起来。让社会大众都起来监督大公司和公权强势部门,我们的市场环境就会迅速好转。大公司和公共权力部门就会非常谨慎地为社会提供商品和服务。对建立和谐社会和良好的市场经济环境起到重大的促进作用。

八、公益诉讼:法院可以有所作为

一个公益案件,如果法院只判决其停止对本案的侵权,赔偿 10 元钱,这个案例就只有个案意义和宣传意义。

一个公益案件,如果法院在判决本案侵权成立、赔偿 10 元钱的同时,延伸到其基础性行为的审查,判令其依据的文件违法无效,不得适用,停止其所有的侵权行为,那么,一个五元十元的判决,就可能影响到一个大公司和公权部门的几亿几十亿的收入。比如进城费,能否不只限于判返还某一个体的几十元的进城费,而直接判决停止侵权收费?认定某收费文件违法无效?而这样的判决,在我国的《民事诉讼法》、《行政诉讼法》中,都是有明确的法律依据的。

因此,同样一个案件,法院可以把它审成一个毫无痛痒的小案,也可以审成引起"地震"的大案。即使是在现在的法律框架下不做修改,中国的法官们如果真正理解了公益诉讼的意义,同样是可以大有作为的。关键只在于法官和法院的观念、胆识和卓见。

集团诉讼是解决社会矛盾、释放社会不满、实现社会和谐的重要方式。即使不修改我们今天的法律,我们也不是难以作为的。只要法院敢于受理,现在的公益诉讼完全可以打出上亿的官司来。因为按照今天的《民事诉讼法》,无论是必要的共同诉讼还是非必要的共同诉讼,几百人、几千人作为共同原告、推举代表人进行诉讼也完全是可以的。只是现在我们有的地方人士,把集团诉讼视为不安定因素,视同社会闹事,害怕这种诉讼,不欢迎这种诉讼。把社会矛盾长期挡在法制的秩序之外,挡在法庭之外。结果反而真的出现了不安定。

法院应当向社会各类纠纷敞开大门。民有诉,官要理。现在中国律师的一个苦恼是,好多明确符合诉讼法立案条件的案件,律师要花很大的力气才能告进法院。公益诉讼立案难,则更是人所共知的事实。法院有时会以各种借口把这类案件推出门外。法院对公民诉权的保护观念,需要大力加强。违反法定条件,限制某类案件诉权的现象,应当尽量防止。

这样做,当然会牵涉到法院的独立审判权等更深层次的问题。一个独立的、受尊重的司法体系,可以有效地为受害人提供解决纠纷的渠道。最高人民法院提出的"二五"司法改革方案,应当能够为这种企求提供支持。当法院在处理案件时始终处于一种不带感情色彩、不带任何偏见、严守法定规则的态度时,人们就会对法院抱以信心和崇敬。

九、来日可期:公益诉讼将在中国推开

公益诉讼作为当今的一个社会热点现象,已经引起了所有法律相关人士的注意。它会健康扎实地发展下去,还是会像年度事件一样,慢慢销声匿迹?

从各种迹象判断,公益诉讼的前景看好,必将在中国司法领域逐步推开。

因为中国的执政者提出了"树立科学发展观、坚持执法为民、建立和谐社会"的基本目标,而依法诉讼,是解决各种不同的利益诉求、理顺社会矛盾、达到均衡和谐发展的成本最小、代价最低、最能实现治本安定的途径。

同时,中国的诉讼法实际上已经为公益诉讼设置了大量的可进之门。只要法院在司法实务中改变观念,立即就可以有实质性的判例产生。2005 年的这些案例,证明了在中国开展公益诉讼是可能的,也是有效的。

在去年"两会"上,全国政协委员梁从诫等人提交了题为《关于尽快建立健全环境公益诉讼制度的提案》。中国人民大学杨立新则认为:公益诉讼推动了社会进步。公益诉讼有望纳入《民事诉讼法》修正案。

中国的一批热衷公益诉讼的人士正在成长。他们总结经验、身体力行,为促进中国的法治和进步正在努力实践着。他们在诉讼经验、法理研究、互相启发、舆论支援等各个方面都比以前更为沉着和稳健。专业律师已经越来越多地介入公益诉讼。法院、检察院一些有前瞻性的人士,已经从司法权角度认真思考这一全新的领域。

今后,针对公权侵犯民权的诉讼、重大环保诉讼、大企业的长期性全局性侵权损害诉讼、动物生存环境的诉讼、公民基本权利方面的诉讼,都有可能逐步走上法庭。

一个法治和谐的社会,需要公益诉讼。

因此,我们有理由相信,中国的公益诉讼会有光明的未来。

45. 舆论监督和新闻侵权的防范*

——在浙江省新闻工作者协会的法律讲座

一、门外谈新闻:以法律的角度

我在大学里学的是中文,中文系就是现在浙江大学新闻系的前身,如果当年不被组织上分配去当政法干部,不再去学法律,我同大家可能还在一个系统里工作。因此,来作这样一场讲座,有一种亲切感。我当年的理想是当一个作家或者记者。搞法律是"服从党的分配",于是从当警察、法官、学者、律师,就到了现在这个职业。在座的都是新闻行家,在行家面前讲你们的专业强项,有点勉为其难,有点班门弄斧的感觉。

每一个讲座的价值,在于能解决受众头脑中的未知点,以及能够引起一些思考和警觉。所以我要讲的,就扬长藏拙,从法律角度谈新闻。着重说一下舆论监督中涉及的一些问题,即舆论监督的功能,监督的度,方法,效果,监督中失误的防范。更直接的说,就是记者和报社怎样防止当被告,少当被告。但也不得不涉及舆论监督本身的一些问题的分析,不妥之处请大家批评指正。

二、新闻:社会危机的了望哨

无论是东方还是西方,无论是什么样的意识形态背景,对

---

* 2004年8月,浙江省报业协会组织在杭州各大报社负责人、编辑、记者近百人,在浙江日报大楼举办法制讲座,我作了《舆论监督和新闻侵权的防范》的讲座。本文根据讲稿整理,部分内容发表于《新闻实践》2004年第9期。本次发表按原演讲稿作了增补。

报纸杂志的基本功能和基本特征，还是有一致的看法的。

新闻是政治的一部分。有什么样的政治就有什么样的新闻。我们强调新闻的党性原则，强调党性和人民性的高度统一。但新闻媒体和宣传文件是不同的。像嘉禾县的强制拆迁①，当地县委是认为党性和人民性高度一致的，拆37户的房是为了30万人民的经济发展利益。当地人大常委会也通过了决议支持县委、县政府。中央媒体去曝光，他们就对着干，公开叫板和抵制。最后国务院发话了，书记县长五个常委都撤职。这时国务院才是真正的代表了人民，体现了"立党为公、执政为民"。如果没有中央媒体的舆论监督，嘉禾事件完全会是另一个样子、另一种结局。有的人把自己理解为党，理解为人民，媒体对其工作的批评，他就理解为违反党性和人民性，不惜动用行政强权和政法力量去压制群众的不同意见和请求。因此，不恰当地强调舆论的工具性特征，就会使新闻失去警示社会、揭露问题的作用。没有新闻象猎狗一样嗅出社会的危机，这个社会就是麻木的，反应迟钝的，会出大乱子的。中央近年以来放开这些灾难性事件报导的尺度，坚决查处瞒报行为，是动态社会中社会灾难和疾病的惊人的传染速度，和信息时代的信息实际上无法封闭的现实促成的。现代的媒体，不改变观念不行，想封闭不行，想搞莺歌燕舞更不行。约瑟夫·普利策说："罪恶、卑鄙和腐败，最害怕的就是报纸，因为任何法律、伦理和规章制度都无法与报纸相比。"沃尔特·李普曼说："在一个民主化、法制化程度较高的社会中，仍然会有民主和法制的死角，揭露和清除这些死角，是每个新闻记者的义务和职责。"新闻有监督政府的本能的功能，他是代表社会对公共管理权力的永远的批评者。这不是因为其本能地给政府添麻烦，而是因为行政权的强大和管理的集权和刚性，没有一种制约和监督不行。而我国的国体和政体又是规定了人民当家作主，人民才是主人。人民的意志，只有通过媒体经常地表达出来，来监督政府和管理人。没有新闻的揭露和监督，只会导致相对人权利的萎缩，导致行政职权的滥用和行政专横。因此，舆论监督制度是新闻存在的最必要的基础，是其最基本的功能。我们媒体不能因为批评性报导会惹出麻烦，就变成绵羊，不敢进行正常的舆论监督。

---

① 2003年7月，湖南省嘉禾县为支持商业出让189亩的珠泉商贸城项目用地开发，以行政权力强制进行拆迁，县委县府发文并打出的大标语："谁不顾嘉禾的面子，谁就被摘帽子"；"谁工作通不开面子，谁就要换位子"；"谁影响嘉禾一阵子，我就影响他一辈子"，对不服从拆迁者进行株连，动用法院和警力强制拆迁，并以拘留、开除公职方式强行推进。被株及的公职人员达160余人。引发严重对抗事件。经《新京报》、中央电视台曝光后，引起中央重视和全国舆论的声讨，该县五名主要干部被撤职。见新华网2004年6月4日报导《建设部、湖南省委严查嘉禾拆迁案 县长书记被撤》。

三、当前影响正常舆论监督的几大因素

1. 稳定的要求。又分为合理的稳定要求和掩盖问题性质的稳定要求。先讲正常合理的要求。无论是哪一个政权,都不会无视媒体对管理和控制社会的重大作用。我国处在改革开放时期,社会各群体都有自己的利益诉求,各种社会利益都在不断调整中,各种矛盾每天在产生。中国还是一个多民族的国家,又处在国际复杂环境的影响之下。如果让各种利益群体的诉求都被毫无节制地释放,舆论完全放开,显然会不断地引起混乱,最终损害全体人民的利益。因此,为了稳定社会,对舆论进行适当的控制,是必要的。设立普利策奖的标榜舆论最自由的美国,对舆论也不是完全放开的。因此,我们不能无视从稳定全局出发的对舆论控制的要求,不要完全反感。再讲不正常不合理的要求。我们讲对舆论监督的消极影响,主要是指这一部分的"要求"。有些地方,有些官员,以维护稳定为名,压制批评,用金钱收买记者,找关系到《焦点访谈》去阻碍批评报导的播出,封锁消息来源搞信息制裁,对记者搞"差别待遇"。其目的只有一个,就是"保一方表面上的平安",不让问题浮出水面,不让中央知道,不让全社会的人民知道他这里的阴暗面和不好的事。特别是中央推行"官员问责制"以来,舆论监督简直就是官位的克星。因此,用"稳定大局"这个口号来压制舆论批评,就成了最常用的手法。用自己所有能调动的权力,来封堵舆论。

2. 经济因素的影响。包括对单位经济利益的影响和记者个人金钱新闻的影响。对单位的影响,主要是对一些广告大户的批评,如垄断性的烟草、电讯等单位,本来就是报社广告收入的主要来源,如果进行了批评性报导,就会招致经济制裁,一般就不敢去批评他们。另有一些专业报纸小本经营,要靠客户的协办和赞助,对涉及这些主体的批评自然也就不敢动。对记者个人经济影响,主要体现在有偿新闻上,谁出钱请采访就为谁说话,谁招待吃住就为谁写文章。对涉及他们的批评,也便无从下手,甚至违背真相为其粉饰。还有一些为报社拉广告和赞助的"准记者",实际上没有记者证,但由于是一些报社搞发行拉广告的"有功之臣",其对阻止批评性的报道的作用,搞粉饰性指导的作用,也就十分明显。

3. 记者和编辑的事业心和水平问题。不敢直面现实,触犯真正的社会问题。不敢触及真正的社会热点和国计民生。不得罪官方,不得罪大客户,也害怕被难缠的普通人抓住当侵权被告,于是就逃避重大问题和批评性问题,去迎合市民趣味,哪个明星离婚了,周润发在上海摔跟头了,韦唯在横店数钱了,赵

微被泼脏水了，那个名人出绯闻了，哪个球星踢臭球了，用一惊一乍的吓人的标题炒作一些毫无价值的东西。

4. 违背新闻规律，搞舆论判决。有的文章作者本身就是纪委、检察院、公安局的。他们在破案时，在反贪侦查时，往往是搞有罪推定的。因为他的职能是破案，一个嫌疑人到案，一定要把他的犯罪事实审出来，搞“有罪推定”是正常的。到了检察起诉审查阶段，到了法院审判阶段，口供和伪证、错误认定会被纠正，法律上在这一阶段就要搞“无罪推定”，反向审查。我写过一篇《有罪侦查和无罪推定》，说明了刑事诉讼两个阶段的基本不同的职能。我们好多搞新闻的同志不明白。根本不懂得“无罪推定”的概念。以为公安阶段就是可以定论的，以为反贪局公布的就是事实的，以为纪委宣布的就是可以定案的。其实不然。未经审判的所有事实，都只是嫌疑的事实。现在的反贪报导、公安破案报导，是有大量水份的。所有的贪污贿赂案件，发案时的报道和法院最后的认定，都是大幅度缩水的。象某市原市委书记案，纪委时说100多万，起诉审查是40万，法院判决认定是20万；像原某市委书记案，5000元股票根本没有实现，当时上了报纸电视，很大的事件，结果法院判不了，检察搞了免诉，通过申诉，最高检察院复查后撤销免诉决定。现在的《刑事诉讼法》取消了检察院的定罪权，规定不起诉就是无罪。但媒体并没有把这种新情况跟踪澄清，社会评价还是当时的印象。像我辩护过的一个杭州电脑赌球案，某快报报道是100多万赌资，照片还拍了一大批电脑作为配图，在杭州轰动一时，很有可读性，以为真的破了一个网络高手用澳门网络豪赌到了杭州。结果第一被告根本不会用电脑，是个电脑盲；电脑也只有二台，照片是其他地方配的，同本案完全无关；检察起诉只有2万多赌资，法院认定到主犯头上只有9千，关了6个月只好判6个月放了；这篇稿子就是从公安人员那里听来，加上记者网上找的赌球资料背景，胡编乱造出来的，但对被告一家的命运却起了严重的影响，也使法院审判受到了严重的影响。因为赌博罪是轻罪，象这样小的情节，本是不用判刑的。但关了这么长时间，不判不行了。还有一个台州的侵犯商业秘密案，报导是被害人损失374万，案件公安还在查，报纸电视就定了性，由当地县委书记讲话宣布了罪状。某化工报还拉了一些专家评论，实际上专家也让记者编辑给耍了，因为他不知道“链接”上去的背景材料完全是公安、检察的观点，法院审判后根本没有这样认为，查明有的证据是假的，评估是错的。媒体判决就这样形成了。杭州有个业主告房产开发商案件，开发商已经超标准交付了公建用房，业主还要求增加，法院是非都已经审明了，驳回了业主的诉求，但最早帮业主曝光的记者，还是按原观点狠批房产商，误导社会评价。

这样的舆论监督，就是误导社会的，同新闻的价值取向是背道而驰的。

5. 新闻尚不具备独立性的环境。温州市最近出新闻，新闻机关不找政府找人大，和市人大共办温州的"焦点访谈"，总要有个依托。其实，有依托的舆论不可能真正起监督的作用。如果你依托的人自己脸上有疤，你说不说？批评不批评？山西长治有个吕日周，大力支持舆论监督，当书记时当地舆论一片疾风暴雨，搞得冗官人心惶惶。他一走舆论也回到老样子。因此，依靠权力进行的舆论监督是不可能长久的，这是变相的人治，以权大的批评权小的。舆论必须要超脱独立，靠任何权力是靠不住的。只对社会良知负责，对人民负责，对党的执政为民的总的宗旨负责。不受个别人和个别机关的干预。

6. 新闻法制不健全。中国有名誉权法而没有新闻法，被批评的人有法律保护，新闻报导权和记者的采访权没有法律保护。由于没有法，只好以权压权。舆论找靠山，找"来头"，只有到记者被打、报社被冲，才可以用国家的治安法律来保护记者。如电视的暗访暗拍问题，就是一个法律空白。拍了合不合法？被打了被砸了如何查处？肖像丑化了是否侵权？没有经过别人的同意暗拍，侵犯不侵犯隐私权？侵犯不侵犯肖像权？没有法。结果新闻界比来头，谁的来头大压过谁。通过党委部门、政府部门，给法院施加压力，不受理这类案件。从根本上就排除司法的审查监督。因为这种现象一旦上了法庭，没准就会构成名誉侵权，那么采访便会束手无策。现在我国还没有一个法律可以明晰地说出是非来。最高法院的两个名誉侵权的司法解释都是侧重为名誉权保护的，[①]没有涉及新闻采访权保护。有的记者引述西方新闻理论来保护自己，说这是公共利益需要，说公众人物就要受监督，说机关公共场所就是可以拍的。但法律依据在哪里？每个记者都有采访的权利，每个人也都有拒绝采访的权利。你这样偷拍就不侵犯其个人权利吗？像娱乐业小姐的曝光，难道这些人里面就没有一个洁身自好的吗？罪犯都要蒙面，在中国这个环境里，对一个女子进行这种曝光，就是人道的吗？违法者也有作为人的权利，我们有的新闻从业者就没有这种观念。原因是，新闻采访权本身就没有一个明确的法律保障。因而也就没有一个应当遵守的界限。

7. 司法权的苛求问题。法院的有些苛求性质的判决，扼杀了部分正常的舆论批评。个别法官审判水平不高，不懂新闻规律，对舆论批评和新闻的警世的本质不了解，过于抓住枝节问题。如浙江电视台当被告的一个案件，引用行

---

① 《关于审理名誉权案件若干问题的解答》1993 年 6 月 15 日法发[1993]15 号；《关于审理名誉权案件若干问题的解释》1998 年 7 月 14 日法释[1998]26 号。

政机关的处理文书进行一个第三者被捉奸的报道,文字用了某某,但镜头上出现了真名字,但整个事实没有错。法院以出现真名为由判电视台侵权。这就是不理解图像报道的特点,图像是无法对所有的细节都作模糊处理的。基本事实没有错的鞭笞不良现象的批评,被判成了侵权。浙江有一些名誉侵权的判例,新闻单位的过错都是非本质性的,总体上是正确的,但都被判了败诉。这有好的一面,说明我们浙江法院是高度重视人身权名誉权保护的;不好的一面就是扼杀了大量的批评性报导,记者战战兢兢,搞得报纸都不敢批评,没有锋芒了。主要的原因,是报纸记者可以批评到什么程度,并没有一个明确的法律标准,法官的自由裁量权太大。

四、当前媒体当被告的十大原因

媒体当被告,有很多的原因。粗略地分析分类一下,有以下一些。

1. 领导授意性质的侵权报导。象我跨省法律援助的某省"疯记者"刘某某的案件,某省报是秉承领导的意图搞的,对一个揭露强迫卖淫的好记者进行恶毒的人身攻击,说他是招摇撞骗的"假记者",目的是要把这个挑刺的记者搞臭,从当地赶走。搞得这个特约记者丧失了基本的生存环境,导致其受刺激致反应性精神病发作,成了"疯记者",至今未愈。报社没有任何的把关,从法律主体上看,法律责任就是报社的。800 字的文章,赔了 70 万元。教训不可谓不深刻。

2. 采访作风不实导致的报导失实。这类事例是经常发生的,也是新闻侵权最为常见的类型。在座的都有很多例子,因此我就不举了。报导失实,有很多的原因,记者作风不严谨,不到现场,搞间接素材报导和臆测性报导,轻信一面之辞,都容易造成失实报导。编辑不能以严谨的作风审核,不认真把关,就会让失实报导出笼。有些批评性的报导一旦失实,就会发生麻烦。有的被批评对象明知自己总体上没有道理,就抓住细节上的失实告你一把。故意刁难,胡搅蛮缠,法律又没有不准告的规定,我国法院对名誉权案件立案又没有美国这样严格要求举证,于是官司就来了。

3. 编辑追求轰动效应处理标题失实。做标题是编辑的重要基本功,所有的报导都有一个标题处理问题。特别是现在关于家长里短的市民类报导,把标题做得"抓眼球"是一些报纸的"成功经验"之一。有的新闻,所有报纸都会从网上转载发表,但谁做的标题标新立异,谁就能把旧闻炒成新闻。在这一过程中,有的不应突出的东西被突出了,有的记者采访时的真正的要点,反而被处理淡化了。这个处理过程,有时就会出现同真相不符的"标题失实"。在文中正常叙述，人家可能没有意见，但处理成标题，则就有可能构成侵权。像我作无罪辩护的一个打击报复举报人案件，检察院在法院开庭审判二天后撤回了起诉。按我国刑事诉讼法和“两高”的解释，撤诉案没有新的事实新的证据检察院不得再起诉，法院不得再受理。我向记者发表的采访言论就作了这样的阐述，记者也作了这样的报道。但夜编部发稿编辑想当然地把导语改成了“某某昨日已经被无罪释放”。实际上这个案件在权力干预下不但没有放，后来又再起诉把被告判了。这就导致了失实。违法再起诉的机关这时反而给报社打电话兴师问罪。这方面的例子很多，在绯闻报道、明星报导、体育报导、政法报导中，都会经常发生。

4. 记者或编辑同报导内容有利害关系。有的对报导内容故意进行恶意的取舍和裁剪，突出地表现了他们的倾向性。我代理的杭州一家房地产开发商被二十多户业主告上法院，说公建用房不够。应把另一幢房也交付业主。实际上，按杭州市政府制定的标准，公建房为千分之三，这个公司已经交付了千分之四点七。但有个记者在报导中写道：“被告律师陈有西承认，另一公建房已经被卖予他人”。律师的一句法庭陈述，在这位记者笔下，就成了对被告不利的“承认”。而对我在法庭上一再阐述的无需再多交付的杭州市政府的明确规定，这位记者只字不提。这个案件某报和某电视台都进行了大量不利于开发商的报导，为二十多户业主说话，好像这个开发商完全是奸商。对最后法院全部驳回原告诉求的结果，则没有一篇报导。原因是这些业主中，有好几户本身就是在新闻单位工作的，有很多的新闻界朋友，利用舆论对法院审判进行影响。还有一些新闻是有偿新闻，记者和编辑成了一方的工具，有的受外围广告人士的利益驱动，对报导也体现出了强烈的倾向性，如断章取义，歪曲性的图像照片等等。有时就会构成侵权。

5. 刑事报导记者不知悉《刑事诉讼法》，搞有罪推定媒体判决。

这个问题前面已经说到，这里再剖析一下。在我国的刑事诉讼程序中，侦查阶段的有罪推定是必然的。因为一旦一个单位，一个个人被列入刑事侦查，是不会无缘无故的。公安局、安全局、反贪局为了破案，对到案嫌疑人是从破案的角度进行审讯的。不可能搞温良恭俭让，这样破不了案。因此，这个阶段是搞“有罪推定”的，对每一个嫌疑人，都不会客气。事实上绝大多数案件是搞对的。但是，到了检察院审查起诉阶段，到法院审判阶段，搞的是“无罪推定”，对似是而非的认定，一般都会排除。我办理过的所有贪污受贿案件，没有一个是法院百分之百认定侦查结论的。经过审判，都会排除掉一些无法认定、证据不足的情节。司法制度要设定公开审判，互相制约，要律师辩护，意义也在这里,以做到不枉不纵。但我们有些记者,特别是由公安系统、检察院系统自备的宣传部门的同志写的稿子,都会把侦查结论就当作审判结论,进行不实的报导。有的甚至为了立功,进行好大喜功式的夸大。对这样的稿子,我们有的报社、有的编辑缺乏应有的警惕,以为破案的事实就是真相,往往会失实报导。由于我们的新闻纪律是要求"一槌定音","报纸不能打架",这样的失误往往就没有滚动后续新闻来修正和纠正。有的就会导致当被告。这类侵权的防范,主要靠追踪报导。随时纠正当时的失误,一般当事人都会谅解。有的报社缺乏《刑事诉讼法》的知识,以为侦查结论就是判决结论,新闻来源又是政法机关,错了就坚持不改,就会导致侵权。

6. 记者介入过深,自已当法官,直接干预案件的处理。超越了作为一个报导记者的身份,直接成为办案者,结果导致侵权。战地记者是不能持有武器的,一旦持有武器,介人一方,他就是士兵的身份,得不到国际上记者协会的豁免权的保护,敌对国可以将记者作战斗人员处理。打死不管,被俘就作战俘处理。我们现在有的记者,对报导事件介入过深,自己完全陷入一方的观点。有一位记者,对生产伪劣产品进行批评报导,被批评人主动认错,在杭州百货大楼收回销货退钱,退了 20 多万。这本是好事。这位记者竟打电话责问说,你凭什么去退款? 你是为了逃避舆论监督。原因是这位记者希望事态扩大、搞追踪报道。这个记者就超越了自已的身份。还有的记者自已把自己当作法官,无视行政权和司法权,想完全掌控事态的发展和结局,完全把自己当成了法官和行政执法者。这是完全违背新闻规律的。

7. 言论类文章指名道姓。评论类文章、本报特约评论员文章,是表明报社态度、批判社会不良现象的重要方式。但有的媒体不知道自我保护,批评性报导不注意方法,对批评对象进行指名道姓的批评,手头又没有过硬的证据,很容易构成新闻侵权。批评报导应当对事不对人,对现象不对具体的对象,这样就不会导致被批评人跳出来对号入座。著名戏剧家吴祖光批评北京某知名商厦侵犯人权对女孩进行搜身,基本事实没有错,但在评论中指名道姓,个别细节又有不实,于是就当了被告。这对言论类作者是一个很好的教训。当然,对一些完全有把握的批评报导,也不要一味地搞某某之流类的抽象批评,可以直指其名。只是这类报导要特别小心,记者必须有完全有把握的证据在手。

8. 著作权侵权。有的他人享有个人著作权的文学作品和纪实作品,报纸在转载时必须征得原作者和出版社的书面同意。如果擅自转载,哪怕你是出于好心的转载,同样可能会构成侵权。新闻类文稿、互联网上公布的没有声明著作权保留的作品,可以转载,但一旦作者异议交涉,应当及时撤除。

9. 转载作品侵权。最高法院《关于审理名誉权案件若干问题的解释》中规定："新闻媒介和出版机构转载作品，当事人以转载者侵害其名誉权向人民法院提起诉讼的，人民法院应当受理。"因此，并不是转载别的报刊杂志的文章就可以不加审查。有的报导源已经进行了更正和道歉，而转载人还不知道，会加大侵权的范围和程度，就可能当被告。

10. 广告欺诈，损害消费者权益，损害其他企业声誉。现在广告市场竞争激烈，我的印象是"电视躺着吃、报纸坐着吃、电台讨着吃"。有些发行量不大的报纸、有的广播电台，为了能够赚到广告费，对广告真实性审查就降低标准，对明知的欺诈性广告、虚假广告、庸俗广告、骚扰性广告也照播不误。按照《反不正当竞争法》、《消费者权益保护法》、《广告法》，虚假不实广告的发布人，造成他人损害后果的，同虚假广告主体一样，同样要承担民事责任。有的广告夸大自己损害别人，有的广告哗众取宠，用"严正声明"、"全市最低"、"最好"、"唯一"等用词，侵犯其他企业的权利，损害他人的商誉，协助进行不正当竞争。这样的广告发布媒体，同样会构成侵权。

五、新闻侵权的构成要件

"构成要件"是法律术语，指对一种法律事实，用解剖的方式进行分解认定，以准确定性。新闻侵权的构成要件，是从民法理论出发确定的，具体是最高法院 1993 年的一个解释，即《关于审理名誉权案件若干问题的解答》中规定的。法院审理名誉权案件，认定一种行为是否构成名誉侵权，就是按照这个解释的构成要件来认定的。具体内容是：

1. 受害人确有名誉被损害的事实。名誉，是一种客观的社会评价。因此认定某人的名誉是否被损害，不是以受害自我感觉，而是以社会评价确实降低为依据。这种"降低"，要有一系列的证据来证明。有时由法官根据原告的举证来作出载量判断。

2. 行为人的行为违法。这个违法，是指违反《民法通则》101 条和相关的最高法院的解释。101 条的规定是："公民、法人享有名誉权，公民的人格尊严受法律保护，禁止用侮辱、诽谤等方式损害公民、法人的名誉。"侮辱，是指用暴力或者其他方式（讥讽、谩骂）指责他人缺陷或者贬损他人人格；诽谤，是指捏造事实、造谣污蔑并向第三人散布贬损被害人人格的行为。

按最高法院的 1993 年的《解答》，"违法"行为还特指：书面形式、口头形式的侮辱、诽谤；擅自公布他人的隐私材料或以书面、口头形式宣扬他人的隐私；新闻报导严重失实致人名誉损害；基本真实的批评文章侮辱人格使人名誉受损;批评文章失实,损害他人名誉等等。

3. 违法行为和损害结果之间有因果关系。即只有发生了损害的结果,而且这个结果是这个侵权行为造成的,这时侵权行为才能够完整地构成。

4. 行为人主观上有过错。名誉侵权是过错责任原则。过错包括“故意”和“过失”两种形式的过错。故意是指行为人能够预见到自己行为的损害后果,仍希望或者放任其结果发生;过失是指应当或者能够预见自己行为的损害后果却没有预见,或者轻信能够避免。新闻侵权由于传播快、范围广、对公众影响大,因此对过失过错也必须追究民事责任。

六、名誉权案件的若干法律问题

下面我再向大家介绍一下名誉权案件的一些具体法律问题。

1. 关于管辖法院。发生了名誉侵权案件,在哪个法院受理是首先要考虑的问题。新闻单位当被告,一般都是原告在选择。原告就被告,是《民事诉讼法》的基本原则。就是一般要到被告所在地法院管辖。但一般原告都不愿意在被告地打官司,以防止当地关系对法院的影响。那么另一个选择就是侵权行为地法院,也可以管辖。根据最高法院 1998 年的《解释》,侵权行为地,包括侵权行为发生地、结果发生地、结果地又可以理解为被侵害的公民、法人、其他组织的住所地。这样一来,好多名誉权案件一般都在原告地的法院管辖。对新闻单位往往很不利。

2. 关于“内参”的可诉性。《内参》是新闻单位常用的一种监督方式。但有的内参同样会存在不公正不客观、片面反映甚至诬告的问题。由于内参是向有权的上级反映,本人可能一辈子都不知道,有时竟会影响其一生的仕途和声誉。有时不实内参对一个人的伤害甚于公开报道。关于《内参》侵权,可不可以告?最高法院规定,仅供领导参阅的向上反映的内参资料不可以告,即向上的反映不可诉;但对分发本单位、本系统或者其他一定范围的内刊内参,所刊内容引起名誉侵权的,可诉,因为分发行为是一种扩散性质的影响公众评价行为。

3. 关于内部处理决定可不可以告。最高法院规定,国家机关、社会团体、企事业单位对其工作人员所作的结论或者处理决定,是不可以告的。

4. 关于检举控告可不可以告。公民依法向有关部门检举、控告别人,侵害他人名誉权,法院不会受理。但如果行为人是借检举控告为名侮辱、诽谤他人,例如无中生有地检举他人有通奸行为,以控告为名进行扩散,法院可以受理。

5. 引用公开国家公文文书问题。新闻报导引用国家机关依职权制作的公开的文书和依职权进行的行为所作的报导，报道准确的，当然不构成侵权，比如随同公安机关查处色情场所的报导。但报导失实的，或者国家机关公文已经更正的，新闻单位如果拒绝更正，导致他人名誉权受损的，就构成名誉侵权。

6. 对提供报导材料者的责任问题。主动提供新闻材料，损害他人名誉的，提供人有责；被动提供材料，没有同意和没有默许发表，提供人没有责任；有默许或者同意的，构成侵权。这一点可以判断新闻源的责任问题。

7. 关于质量批评问题。消费者对质量和服务的投诉、评论，不构成侵权；但借机故意诋毁诽谤的构成侵权。新闻报导中内容属实的，不侵权。但主要内容失实、损害他人名誉的，构成侵权。

七、新闻名誉侵权的责任形式和赔偿标准

根据《民法通则》120 条、134 条的规定，新闻侵害他人名誉权要承担的法律责任形式，主要有三种。

一是被责令停止侵害。如停止播出、停止出版、停止连载、停止报导。

二是为被侵害者恢复名誉、消除影响、向其赔礼道歉。这三种形式可以是书面的，也可以是口头的，根据情节而定。如果新闻构成侵权，一般要在原版面位置消除影响为其恢复名誉。

三是损失赔偿。包括经济损失的赔偿和精神损害的赔偿。对于法人商业声誉的侵害，还要包括生产经营性损失的赔偿。

赔偿额的计算方式，经济损失一般指直接的损失和为制止侵权的费用。如调查费、律师费。造成人身损害（如刺激导致精神病）的，还要承担人身损害赔偿的医疗费、营养费等。对于精神损害赔偿，主要根据侵权者过错程度，具体情节，造成的后果，支付能力等综合酌定。由法官作出判断。生产经营性赔偿，主要指客户退货，解除合同的损失。最高法院[2001]7 号《关于确定民事侵权精神损害赔偿责任若干问题的解释》对此作了详细的规定。最高法院今年又对《人身损害赔偿标准》作了修订，提高了标准。在 5 月 1 日实施。

国内名誉权赔偿，法院的判例都不大高，一般在数万十几万之间。我代理的湖南记者案获赔 70 万最终是调解结案的。主要是因为有一个精神病后续治疗费用问题，还有 10 万精神损害赔偿。可能是国内赔偿最高的一个案例了。

八、新闻侵权的防范

介绍了这么多新闻侵权方面的内容，作为新闻单位的负责人、记者、编辑，如何有效地防止这类侵权事件的发生，从而少当甚至不当被告呢？是不是走向另一个极端，干脆就不搞舆论监督，不进行媒体批评呢？担心是不必要的。如前所述，新闻如果丧失了舆论监督的功能，就不是新闻而是宣传资料和文件了。只要我们把握新闻规律，掌握一定的法律知识，舆论监督照样要搞，而且还要进一步加大力度搞。发挥其社会报警器的作用。从防范角度，我觉得以下一些建议是有用的。

1. 认清新闻的本质，摆正位置，只披露事实，不试图干预事实。舆论只负责揭露问题，追踪动态，而不着眼于自己去解决问题。舆论不是党委，不是政府，不是司法机关。象“某某县委虚心接受本报批评”之类的报导，就是报纸的“官气”和越位。你是党委的机关报，但不是党委。你也不是政府，不要试图把政府的施政功能也拿过来。你也不是法院，你只负责报导和评论，但不能对一个案件下定论，更不能司法有定论后，还要另写一套坚持自己的定论。有不同意见可以评论，但不要试图自己向社会宣告结论。战场上的记者就是记者，不要试图拿起枪杆成为士兵。

2. 客观、中立、公正。新闻的职能是挖掘真相。应该不带任何事先的倾向性。好多新闻侵权案件发生的原因，是记者带有过于明显的倾向性，帮助一方而贬损另一方，甚至在事实真相已经心知肚明时，还要按自己的原意图进行不实的报导和评论。如果严守客观中立公正，这样的事件就不会发生。记者编辑要提高修养，真实是新闻的生命。

3. 摆脱金钱的干扰，权力的干预。有偿新闻是现在偏向性新闻导致侵权的最常见的原因。这方面的事例大家都了解得很多，无需多说。权力干预性质的侵权稿件现在较少发生，但在非正常时期，在为了处理群众性事件中，很可能会发生这样的现象。新闻要保持清醒的头脑，不丧失原则。

4. 牢记动态真实，不搞一槌定音。新闻真实不是一篇的真实，而是动态的真实。一篇稿件可能批评了一方，批错了，但通过追踪报道，把真相澄清了，受众会通过不断的报道，了解真相，对被报导者进行判断。即使有失误，也会得到鉴别和纠正。一般被误伤的人就不会来告你。新闻是多元的、比较的，新闻就是要“打架”，才能穷尽真相。我们有的领导说：“报纸不能打架”。这是不了解新闻的基本功能。有的媒体不是动态的穷追真相，而喜欢搞媒体审判，一稿定性。没有其他的参照，没有让受众自我比较判断的机会。这样的结果，就会是新闻官司不断，因为被侵权人只有通过法庭才能让社会知道真相。

5. 及时纠正、更正，不激化矛盾。媒体报道不可能不出一点失误。有的媒体以老大自居，漠视群众的权益，对群众投诉处理不当、不及时，往往酿成官司。第一时间反应很重要。最高法院司法解释规定："编辑出版单位在作品已被认定为侵害他人名誉权或者被告知明显属于侵害他人名誉权后，应刊登声明消除影响或者采取其他补救措施。拒不刊登声明，不采取其他补救措施，或者继续刊登、出版侵权作品的，应认定为侵权。"这就清楚地规定了媒体的改正权利。只有不改正的才构成侵权，改正了就不侵权了。而且也容易得到被侵权人谅解。有的媒体自恃后台硬，对投诉不理不睬，就会激化矛盾走上法庭。

九、关于新闻侵权的诉讼

1. 重视法律顾问的作用。做好事先防范。律师不可能事先参加审稿，但可以经常提醒。不要到出了事打官司才想到找律师。因为每一个证据、每一个处理环节，对诉讼的结果都将产生影响。由专业人士提前介入案件的协商和处理是有好处的。如果一审已经判决、证据已经固定，找最好的律师也没有什么用。法律是讲事实、讲证据、讲程序的。

2. 及时反应，把纠纷解决在萌芽状态。只要不是原则性的让步，不是讹诈性的当事人，我们都可以同投诉人协商谈判解决。对事件分析后冷静处理，不要自恃过高、以强凌弱。

3. 保护记者，不要互相埋怨。批评性的报导，记者的风险是最大的。领导要关心重视，不要一出事就找替罪羊。单位要敢为记者说话。我遇到过一些领导，一出事就责怪记者和编辑。这样下去，这个报纸就不会有优秀的记者去挖掘真正有价值的新闻，批评性报导就会夭折。单位要积极主动地为记者组织好应诉，然后来内部总结经验教训。

4. 请专业律师答辩应诉。不是专业人士，对名誉权这种比较复杂的案件，很难成功进行诉讼。如诉讼时效、管辖权、取证权、证据的自认、名誉权的要件、什么叫侮辱、什么是诽谤、传真和快递的作用，并不能都了解。请专业律师进行诉讼，一般会减少失误，也能够节约法庭的时间。

5. 平时注意证据收集，注意举证的时效。一般新闻稿件很少会去保存资料和素材。一旦有涉讼倾向，记者编辑对新闻来源的素材和报导依据要立即进行证据保护。如采访录音、采访记录、引用的资料、证人证言，有时一片纸也是重要证据。举证日期也非常重要。因为现在最高法院出台了《民事诉讼证据规则》,对过期不举的证据,法院不再采纳,要承担举证不能的败诉责任。请有律师的,一般律师会注意这些问题。

十、关于新闻立法

要长久地解决舆论监督和新闻侵权的问题,使大家有个共同的界限标准,关键还是推动新闻的立法。现在我国有个奇怪的现象,就是保护名誉权的法有《民法通则》和最高法院的二个解释,而记者的采访权利却是没有法律保护的。只有文件层次的一些规定和一些新闻的学理常识。也就是说,别人告你是有法的,你保护自己采访权利是无法可依的。原因就是中国还没有《新闻法》。如电视记者偷拍,把人搞成变形的怪模怪样的,有没有法律依据?对他人肖像权、隐私权是否构成侵权?如记者进入他人办公室、家中进行偷拍,侵犯不侵犯他人宪法权利?如果侵犯,记者都无法采访了,记者又如何行使报导职能?都是一片空白。现在是靠中央电视台的示范作用,靠法院不受理这类案件来保护这种采访方式。法院不受理,意味着这是一个法律黑洞,因为法制国家的所有社会矛盾,都必须是司法权可以审查和调整的。这样的事法律不能管,是不正常的。我们不要以为无法更好,无法是不可能有真正的记者权利和媒体权利的。因此,我们要共同促进《新闻法》的尽快立法。

经过长久的实践,有这样一些原则是我们在新闻立法时应当关注和考虑的。一、公众的知情权和记者的采访权;二、权利范围;三、象德国新闻法规定的,国家和政府的一切从业人员有义务向新闻记者等媒体代表提供有关信息;四、除外规定,即涉及国家机密、影响未完程序的公正操作(如审判前的倾向性报导)、个人隐私的不提供;五、新闻来源的保密权利;六、各媒体平等时间获取官方信息权利;七、任何人对报导失实的公开反驳权利;八、在守法的前提下不受新闻检查的权利等等。同时,为了减轻名誉权司法审查的压力,在民间协商解决和司法审判解决的中间,可以考虑特定机构的新闻听证和仲裁制度,象有的国家由一半媒体人员、一半普通公众组成的新闻委员会来解决一般的新闻侵权纠纷,国家主管部门只管舆论导向和行政性审批和许可审查。防止将一般民事侵权都揽到国家身上进行刚性处理的蔽端。有了《新闻法》,一个规范有序的新闻从业环境就会形成,国家可以进行明确有效的管理,社会的一大传播和监察系统,就可以发挥稳定社会、促进政治、经济发展的更为重大的作用。

46. 阶级斗争导致犯罪的观点值得探讨*

对以阶级斗争为纲的观点的否定，使得当前的犯罪学研究逐步回到了比较清醒的、实事求是的基点上，那种简单化的、笼统地把各类社会犯罪都归结为“阶级敌人”破坏的分析方法，已逐渐被法学界和执法部门扬弃。但是，在“严打"期间，特别是在提出初级阶段理论之后，在法学界、在政法领导同志的讲话中，“阶级斗争还都部分存在，因此犯罪还不可能消除”的观点又开始被沿用。

一、阶级斗争与社会犯罪之间的关系究竟如何？在现阶段，阶级斗争因素对我国犯罪的影响究竟有多大？我觉得这是很有必要探讨一番的。我认为，“阶级斗争导致社会犯罪”的说法，已不符合我国现阶段的社会实际，“阶级斗争说”既不能全部、也不能部分地解释当前社会犯罪的原因。对当前诱发社会犯罪的诸多因素，应该实事求是地还其本来面目，是什么原因就解释什么原因，这才有利于我们找准病根，对症下药，及时采取相应措施整治好社会治安。

---

* 本文是我早期的论文，是我思考法的本源、“法倒底是什么”的一个起点。写作于 1986 年，其时我已经从省公安厅调到省委工作，担任省委政法委员会领导的秘书。本文的否定“阶级斗争导致犯罪”的观点，在现在看来已经是非常平常的不成为问题的问题，早已经解决，“反革命罪”也早已经被《刑法》修改时取消，但在当时，阶级斗争论还很流行，提出这个观点是非常前卫和危险的，以致本文只能在中国法学会的一份内参刊物上发表。录此存照，让人们知道中国法学思想的进步是如此的积跬步以行千里，回顾一下，我们已经有了如此巨大的进步。

（一）从我国现阶段的阶级基础看，“阶级斗争导致犯罪说”解释不通

我国开始用“阶级斗争”观点来分析社会、指导斗争的经典著作是大革命时期毛主席的《湖南农民运动考察报告》和《中国社会各阶级分析》，随后逐步发展完善，夺取政权后，成了治理国家的重要理论支柱和思想支柱。对工、农、兵、学、商、知识分子、地、富、反、坏、右等，都作出了中坚力量、依靠力量、可团结力量、敌对势力等不同层次的划分。解释阶级成份的主要标谁，是人们的经济地位和社会地位，即剥削与被剥削、压迫与被压迫、反抗与被反抗。这在革命斗争时，为发动群众夺取政权、正确地区分敌、我、友力量，夺取革命的胜利，起了决定性的巨大作用。但是，当新中国建立，无产阶级从被压迫被剥削阶级上升为统治阶级，共产党作为无产阶级先进分子的代表获得了政权，那种旧的社会基础中的剥削者、压迫者、被反抗者已彻底地丧失了那些资本和权力，他们作为一个阶级已经不复存在。如果不分词义的褒贬，压迫与被压迫就是专政与被专政，统治与被统治，在新中国，经过土改反霸及三反五反，这些旧势力的地位恰恰倒了过来，变成了被统治者、被专政者。尽管解放初期这些“阶级”的成员并未甘心退出舞台，还有不少的反抗和挣扎，但经过我们几十年的社会主义改造教育，绝大多数人已变为自食其力的劳动群众，对共产党和社会主义制度有深仇大恨的那代人，已随自然规律退出了人生的主要舞台，“地富子弟”们除了记忆中留下一些伦理上的积怨外，作为“阶级意识”已与他们的上一代相去甚远。为此，我们在文革结束不久，根据这种实际情况，对这些人一概去除了“帽子”，也即是从理论上、实践上正式宣告这一“阶级”经过我们几十年的教育改造，已不再存在。随着这一对立面的消失，“阶级斗争”也不再成为社会的主要矛盾。至于资本主义“资产阶级”，本来在我国就未成多少气候，随着“一化三改造”运动，影响也远比封建地主阶级更弱。

（二）从当前社会成员的经济状况看，原来那种划分阶级的观念已无法适用

我们原先划分阶级的主要标准是经济条件和政治地位。我国现阶段社会成员之间的经济地位，已与解放、土改时的状况大不相同，已经经过了翻天覆地的重新排列和组合。“共产党领导咱翻了身”，许多当时的贫下中农、工人、失业者、流浪无产者，都过上了安定的较为富足的生活，而当时的“地主资本家”大多降回到与大多数人相同的生活标准。十一届三中全会以来，我们党和国家为激发社会生产力的发展，允许一部分人先富起来，允许收入拉开差距，国民收入的不平衡性有所扩大，但这时的经济成份组合已完全不同于解放初的概念，与原先的阶级基础已毫无渊源关系。只要我们

还没有进行新的“阶级划分”，那么再套用“阶级”的观念去分析当前的事物，无疑地会陷于“无皮而求其毛”的两难境地，导致理论上的混乱和实践上的简单化行为。

（三）从当前犯罪成员看，“阶级斗争”论也无法解释

近几年来，全国刑事犯罪的作案成员中，25 岁以下的青少年由 30% 上升为 50%，其中已满 14 岁、未满 18 岁的未成年人犯罪约占 15%。这些人都是在新中国出生，在我们的学校、社会里长大的。同样，在成年人犯罪中，阶级成分好的占绝大多数，其中共产党员、共青团员、国家干部犯罪占有相当比例。在当前，即便把已摘帽的地富反坏都算上，这些人犯罪的比例也极小，无法为“阶级斗争论”资佐证。根据统计资料，现在一些明确以推翻共产党领导，推翻社会主义制度为目的，煽动闹事，勾联资敌、制造重大事端的作案分子，大多是普通意义上的社会成员，地富反坏余属极少。只有一些披着宗教外衣的反动势力，还有一些历史渊源关系。除非我们把当前的各种罪犯都列为“新生的地富反坏敌对分子”，否则便无法用“阶级斗争”去解释，没有具体的“阶级斗争”而抽象地去说“阶级斗争”，并以此去解释现在的社会犯罪为什么会存在，无疑是说不通的。

（四）从当前犯罪的侵害对象看，“阶级斗争观念”也不切实际

阶级斗争作为社会成员群体之间的斗争，应该是某一群体基于某一观念，对另一群体的根本利益和大的目标进行斗争、侵害和反抗。在当前来说，应该是对我们党、我们国家政权实施颠覆破坏的行为，才能算作“阶级斗争”。而且，这种破坏和侵害的动机，必须来源于他们原先的阶级意识。这些人不应包括新生的对社会现状不满者、政治观点对立者、基于个人利益的报复者。而我们当前治安的现实是：影响社会治安最大、政法机关化主要精力对付的，是大量的分散的个体的刑事犯罪。如杀人、抢劫、强奸、盗窃、诈骗、贪污、，受贿等，动机太多是出于私欲。把基于摄取财物或复仇的抢劫、杀人等犯罪也理解为“阶级斗争”，未免是荒唐的。“文革”中有的地方把抓获小偷、赌徒、发现通奸行为也作为“阶级斗争新动向”大张旗鼓地批，就是这一类极左思潮的反映。现行的反对党反对社会主义制度、妄图颠覆国家政权的犯罪，只是极少数。据法院系统统计，自 1983 年以来全国处理的刑事案件中，以“反革命罪”惩处的仅占 0.28%。而且，从近年的这类案件分析，一些反动标语案、通敌案、劫机案、间谍案中，绝大多数是基于个人欲望及单个的对现实不满者，真正有组织、有纲领、明确以反抗现政权和国家制度为目的的极少。而且，即便有这种意识，也很难将之归于哪一个阶级的意识形态阵营。

（四）剥削阶级意识的影响是存在的，但意识不等于阶级，更不能理解为社会犯罪的直接动因。

我们现在理论中的一个有力说法是：剥削阶级是不存在了，但其思想影响还存在，“还在散发着腐臭”，许多犯罪就是在此影响下滋生的，因此可以推定“阶级斗争在一定范围内存在”。这实际上是一种无法自圆其说的理论。人的社会意识具有继承性，它兼收并蓄，潜移默化，融会贯通。中国历史上、世界历史上出现过的多种意识，都会给当代中国以影响。有些旧的剥削阶级的意识，如贪图享受、自私自利、绝对直我等都会给现代以影响，有的也确会诱发犯罪。但是，

意识不等于阶级，思想意识形态之间的感染和斗争，不能理解为阶级之间的斗争。否则，就会导致“客观归罪”，如共党员、国家干部不犯罪时，就认为他是好的中坚力量，一旦犯罪，就可说他“受了剥削阶级腐朽思想的毒害”，将其推到“阶级敌人”一方去。这样，实际上也失去了阶级斗争一词的本来含义。同时，还有一个不容忽视的情况是：无产阶级在上升为统治阶级之前的一些劣根性，也会导致当前的社会犯罪。如贫农阶层、无业游民阶层中的狭隘、小生产意识、宗法观念，文化水平低下，法制观念不强等，不管我们承认与否，都是存在的。这就更无法用“阶级”意识去进行解释。至于国外敌对势力和资产阶级思想观念的影响，实际上是社会割度上的对立和分歧问题，有些犯罪在他们的国家法律上也是在打击惩处之列，并不能代表它的阶级意识。有些敌对活动，是共产主义阵营和资本主义阵营之间的碰撞，用阶级斗争的概念已经无法容纳。国与国之间的情报间谍活动、地区之间的情报渗透，是一种政治范围的斗争，很难用阶级斗争的观念去阐释。社会主义阵营内部，间谍活动和颠覆活动也已是众所周知的事实。因此，只要稍微深究一下，“资本主义思想侵袭”导致社会犯罪的说法也是值得商榷的。“反革命罪”的罪名严格地说也只是一种政治概念，而非法律概念。在我国准备实施一国两制的大背景下，这个罪名也已不能适应，而应代之以“危害国家安全罪”。

二、用阶级斗争的观念来阐释当前犯罪原因的论点为什么会被重新接受？

这里的原因是多方面的。其一，这个观点是一些部门的领导同志多次阐述过的，结果层层沿用，每会必讲，每文必引，遂成定论。理论探讨上的“官本位”观念束缚了人们去探索事物本来面目的积极性。其二，传统观点的影响。从革命根据地的保卫部，到建国初期的军营会，再到其后数十年的阶级斗争为纲的观念占主导地位，直至“文革”中砸烂公检法，历史从好的、坏的两方.面加强了我们这一代政法工作者的“阶级斗争观念”，分析问题已形成现成的模

式，习惯于从“阶级斗争新动向”上去找原因，听起来也比较容易接受。三、受当前科学社会主义理论的影响。一些理论研究工作者从社会主义制度是当今社会最好的一种制度这一点出发，否认我们这个制度本身存在的一些缺陷，在理论上采取不承认主义，以维护社会主义制度的纯洁性。由于无法从现有制度出发寻求犯罪原因，就只好从外部原因，即反对现制度的敌对因素中去寻找，遂使“阶级斗争”导致犯罪的理论成了一种较能自圆其说的理论。四、我们的犯罪学研究还未脱离实用型、应急型、经验型的范畴，分析犯罪作出决策还是“拍脑门”型的，带有随意性、灵感性、缺乏严格周密的、科学的分析，犯罪学研究流于简单化，解释犯罪原因就流于肤浅单薄，习惯于从笼统的概念上去下结论。由于缺乏浓厚的理论研究环境和丰富的研究资料，只好以领导的观点为观点，无法提出更全面的论点来解剖社会现实，进行周密的分析，为领导决策服务。

三、“阶级斗争导致犯罪”的观点对我们的犯罪学研究带来了一些消极的影响，使犯罪对策缺乏针对性，使我们不能及时地对社会治安作出有效反应。

（一）影响对社会犯罪作出实事求是的分析。这种观点给人一个错觉，好象当前犯罪的一个很大原因，就是阶级斗争还存在。要减少犯罪，只能去消除“阶级矛盾”。而中央早就指出，在社会主义建设阶段，阶级矛盾已远不是主要矛盾。由于“阶级斗争”的具体表现已不明显，使人无所适从，不知努力方向在哪里。人为地去寻找、划分“两类不同性质的矛盾”，还导致了人们思想观念上的混乱。在司法实践上，我们预防犯罪的主要工作，也并不是在消除“阶级矛盾”，而是把犯罪当作一种无阶级的社会消极现象去进行惩处，通过人民内部的教育治理措施进行防范。对于一切触犯刑律的罪犯，我们并不管他的阶级成份阶级意识如何。“阶级斗争引发犯罪”的观点，掩盖了真正的犯罪渊源，使我们的认识停留在虚假的表面上。同时，这种观点使人觉得，我国的犯罪同别国不同，是社会主义初级阶段“阶级斗争还在一定范围内存在”引起的，忽略了犯罪原因上的许多共性因素，使我们不去重视国际犯罪学上的许多成功有用的经验。

（二）导致运动式的工作方法。宣传阶级斗争是犯罪原因这一观点，使人不把犯罪看作是一种普遍的社会现象，缺乏长期作战的思想准备，从而助长运动式工作方法的出现。阶级斗争的主要表现形式是群众运动。当某时某地治安状况恶化、波动较大时，就会以阶级斗争的新动向新形式去解释，去对付，导致“短期行为”，使工作缺乏连续性，时紧时松，突击对付社会犯罪。在步骤上，就会出现一些违反程序法的做法，使严格依法办事受到影响。如短期内集中收捕、等案算总帐、集中宣判执行、对罪犯游街示众等。

（三）使政法工作的主攻方向出现偏移，不能集中力量对付当前社会犯罪中的主要矛盾。按马克思主义法学原理，任何国家的法律都是为维护统治阶级的权益服务的，我们无产阶级政权当然也不例外。维护国家主权，维护党的领导和无产阶级国家权力，惩处一切颠覆破坏活动，当然是我国法律的一项重要任务。从当前的执法实践看，这类危害也确实不容低估。但实际情况同时也表明，当前我们的政权和社会制度是稳定的，政法工作中主要在对付的并不是那种阶级斗争意义上的敌对势力，绝大部分精力用在对付不属阶级概念上的普通犯罪。在我们大局稳定，无产阶级政权已无容置疑地确立之后，政法工作的主要任务是对付普通含义的社会犯罪，即不管属于哪个阶级的、扰乱和侵害社会正常秩序以及公民合法权益的犯罪分子。如果现在仍然用阶级斗争的观念，用主要精力去对付"反革命分子"，则会使指导思想和注意力、精力上都出现偏差，不能集中精力去惩处严重危害社会治安和人民群众安全感的严重刑事犯罪和严重经济犯罪。

（四）不利于在犯罪学研究领域解放思想，拓宽思路。用阶级斗争观点去阐释犯罪原因、寻找对策措施的方法，使我们的思路受到了很大的束缚，使研究工作"口既不广，挖之难深。"对导致我国当前犯罪率较大幅度上升的许多客观原因，如社会学、伦理学、生理学、心理学、政治学、宗教学等领域的因素，都缺乏深层的专题研究。对改革开放与我国社会治安的相互关系问题，一般性的论述已有很多，但从宏观的背景上考察，以及结合我国国情进行深层的分析，则仍很少。犯罪预测学和对策学上权威的论著还很少见到，这不能不说是与法学研究上的思路过窄有关。

总之，在今天，我们再以阶级斗争的观点去解释日趋上升的社会犯罪现象，是不符合当前我国社会的实际情况的。不仅如此，这种解释还会带来一些不利的影响。当前的犯罪学研究亟需拓宽思路，发扬实事求是，一切从实际出发的精神，对一切犯罪现象，都应还其本来面目，是什么罪就什么罪，该追到什么根源就什么根源。社会主义社会的制度是先进的制度，但它也仅是人类社会发展的一个阶段，也有自己的不完善性，还不可能消除社会犯罪原因。应该理直气壮地承认这一点，并正视它，找出根源，努力采取有效的措施去进行治理。

后 记

变革时代的法律秩序

生年不满百，常怀千岁忧。时光飞逝，信息社会如此让人步履匆忙。从自己的人生阶段看，觉得应该整理一下这些年的思考和文字的累积了。

读者面前的这本书，是我这十几年中在国内主要学术刊物上发表作品的自选集。它们都是这些年的思考成果，介于理论法学和法律实务之间，自觉尚有出版的价值。因为当代中国的法学处在这样一个充满着活力、期待、焦虑的背景中，从现实出发上升到理论的一些思考，会是一个重要的视角。而我的经历使我有了这样思考的条件和可能。

我出生在中国沿海的乡村，小时候从未想过自己会同法学和政治有什么关系。当时只感知到乡村的贫穷和自身的无奈，只期望跳出农门，走向未知的远方。邓小平复出后的一个决策改变了我的命运。1977年，我考上大学，离开乡村，第一次见到火车，第一次见到省城的高楼广宇，第一次知道浙江大学和杭州大学是两个大学。当时不知有法律系，也不知法律为何物。浙江大学是理工大学，杭州大学有中文系，自己当了五年农民，高中数理化的书都当瓮盖给老鼠啃了，只剩下阅读和写作还坚持着，于是就考了中文系。老师说，中文系不培养作家，你们将来主要是去教书。我不想教书，想当作家和记者，因为这样可以求名和济世。现在想来，成名成家的欲望，虽然经过文化大革命的批判，仍然在我这个乡下人的心里头孕育着。

物以稀为贵，由于"文革"权斗后的清理，国家机关空出了大量的位置;又由于第一批高考大学生是稀罕之物,国家包分配,我们绝大多数人最终没有去教书。一百二十多位同学中,直接进省级机关的有五十多位,其他的也大多在市县党政机关工作。但可惜,由于这一代人在饱受磨难后养成的对现状的批判精神,独立思考、自我奋斗、特立独行的个性,特别是中文系教育的浪漫主义、不懂权谋和书生意气,这批人最终从政都不是很成功。毕业分配时这样高的起点,到二十多年后的今天,能够真正在政坛有些作为的,并没有几个。几乎每一次的中国思想界的左和右交锋,特别是 1989 年的风波,都有七七届的毕业生成为败退者或者说被边缘化者。"工农兵系"和"党校系"的毕业生成了现阶段中国政治舞台的主导力量。当时自知留省城名额不属于我,我没有去找任何门路,也不知道找谁,但被通知说已经列为后备干部培养对象,到基层培养。而这个"基层",居然是我"脸朝黄土背朝天"时仰之弥高的县委机关。这对于我简直就是"十年寒窗苦、一朝天下闻"了。后来知道,这一命运安排,主要得益于胡耀邦主政的"第三梯队"思维。于是真有"天将降大任"的一番雄壮,去书店买了一本《法学概论》,利用等分配的一个多月时光,把它通读了一遍。因为通过大学教育,知道从政离不开法律,法律是政治的工具,不了解一些法律当不好干部。这便是我的法学知识的起点。

1983 年年底的时候,我已经在县城工作了一年多。写出了第一篇同法学政治学有点沾边的《也谈县级机关的机构改革》,提出县级机关应当精简,"县政协"和司法局等机构可以撤销。在中共中央的《红旗》杂志"内参选编"上发表了,这是我的第一次"政治参与",内心很是自豪了一番。县委组织部一位领导找我谈话,表扬之余,说政治问题要慎重,最好不要随便议论。对这位领导我常怀感恩。常想后些年我如果能听他的话,"仕途"也许会更顺利些。但当时并不服气。好在是年的 11 月,我就被通知借调到省公安厅工作,因为为了整顿"文革"后乱糟糟的社会秩序,邓小平的又一个重要决策"严厉打击严重刑事犯罪斗争"开始了,公安机关需要掌握和反馈全省的"严打"情况,省委组织部选调了一些在"基层锻炼"的大学生。我的人生于是真正开始同法律结缘。

到公安厅后被安排到杭州市公安局,向老公安见习预审,审了一些杀人盗窃抢劫强奸的罪犯。知道了刑事诉讼的一些常识和审讯的技巧。中国的"公安"称谓,是 1919 年的时候,毕业于美国哥伦比亚大学的孙中山先生的公子孙科,当广州市长时引进并首创的,兼有警察、警卫、消防的职能。我从这个职业开始了我的法务生涯。1984 年的一天,处长对我说以后要从事政法工作了,有些场面你要见识一下。于是,全程经历了杭州"严打第二网"的公判大会,

20个死刑犯的执行。从凌晨的提出犯人，到市体育场的万人宣判大会，刑车列队过六和塔驶向中村刑场，我第一次近距离见到了行刑的场面。排枪响起的时候，人在黄土中挣扎痉挛，我的内心被强烈地震撼。知道了法律和政治确实不是儿戏，以法律的公平正义的理由杀人也是如此惨烈。无论是后来在高级法院参加审理刑事案件，还是后来写作慎用死刑问题的法学论文，这一幕都经常在我脑海浮现，深深地影响了我。我一直想，所有审理死刑的法官，第一课应当是去看死刑的执行。但是，我们今天大多数的刑事法官并没有这种机会。

借调7个月后，县里开始机构改革，文化局和广播电视局合并，我被县委要回，担任分管文化的副局长。当时的政治气候是干部革命化、年轻化、知识化、专业化，我逢其时，成了被重点培养的幸运者。作为县城最年轻的副局长，我踌躇满志急于求成，立即感知了自己的天真和不谙世事。开始知道和体验了中国政治制度的运作模式，知道了政坛的复杂，知道了权力的被追捧。8个月后，我被正式调到省公安厅研究室担任调查研究科副科长，成了一名正式警察。我开始熟悉公安业务，对刑法和刑事诉讼法有了一些研究，并开始关注犯罪学和法医学。1年后，我被调到省委，担任省委常委、政法委书记袁芳烈的秘书。幸运的是，我的领导是一位非常奇特而卓越的人，“文革”后被重用的最年轻的中央候补委员。他曾经担任农业副省长，忠实执行计划经济和“农业学大寨”的政令，同时又是数度成为中国经济理论界争论不休、饱受非议的“自由经济典型”的“温州模式”的创始人。他从副省长被派到温州当市委书记，成功地探索了从“计划”到“市场”的转轨；同时又以铁腕整治温州治安、“平反八大王”保护自由经济的企业家著称。其后，“温州模式”一度成为中国政治气候和学术气候的一个风向标。他对党和国家事业的忠诚、对人民的忠诚、实事求是的思想方法和对中国未来经济模式的远见，对我影响至深。他从自由经济发展和维护社会公平角度来统筹全省政法工作的独特视角，也对我产生了长远的影响。在省委机要秘书这个特殊的岗位，我能够接触中国最高层的信息和最底层的社会的脉动，接触公安、检察、法院、监狱、民政、安全、军政关系，开始在法律和政治的园地学步。由此，也开始了我并不系统的法学知识的养成和关于中国法的一些思考。处庙堂之高而思山野之远，贫苦出身带给我的底层平民的心态，一直是我的行事准则。这期间我处理了大量的民间来信来访，也写了《影响中国治安的三大宏观因素》、《信访咏叹调》等一系列的文章，成为了中国法学会的会员。当时我的关注点尚在治安和犯罪学的研究。

1988年，领导兼任高级法院院长，要我从省委转到法院工作，继续担任秘书兼高院的办公室副主任，后来又担任研究室副主任。当时我并没有想到，法院会成为我工作时间最长的处所，而且会在这里结束我的从政生涯。在法院，我系统地学习了法律各个学科的基础知识，进修了法律文凭。1993 年又考取北京大学法律系高级法官班进修行政法，1994 年在北大出版了我的第一本知识产权专著，在实践中丰富了自己的思考，理出了一些法律实务上的思路。

法院不同于公安之处，是它不但涉及刑法、治安法，更要知晓民法、经济法、行政法、诉讼法、知识产权法。近八年中，我为法院写作了数百万字的公文、报告、讲话和调研材料，借调到最高人民法院研究室参与起草全国法院十年规划"八五"期间发展纲要，参加了全国人大法工委的一些立法论证会议。知道了法院作为社会公平的最后一道防线的真谛，以及中国法院的现状和真相。也因为我的这种经历和法律实务的需要，法院的办公室、研究室需要遇到什么、答复什么、研究什么，我成了一个"杂家"。法学的各学科研究肤浅而庞杂，使自己很难涉足高深的法理境界。同时，这样的环境也注定了我的法学思维模式总是前沿的、现实的、鲜活的，我的法学研究偏重于应用法学和现实的法学。学术含量主要体现为思想性的东西，而历史学理的考察和逻辑论证则有不足。

在北大一年多的日子，是我人生的一个重要转折。使我知道了人生道路也许不只是从政。回法院后，我又思考了 1 年，最后决定告别机关。其时，我还不到四十岁，已经有 8 年处级干部经历。我的另类举措让期望我在政治上能有所作为的朋友师长都深感惊愕，只有我自己清楚为什么这样抉择，我将面临着什么。没有钱，没有权，没有学术职称，没有律师资格，几乎没有任何准备就自愿放弃了努力奋斗来之不易的省机关的"职位"。随后我调到社科院法学所工作了 2 年，又到大学参加创办法律系担任负责人，教了 2 年书，最终完全辞去了"公职"。因为不到退休年龄，离职福利保障自然也没有，我彻底成了一个没有任何保障的"自由民"。奋斗了近二十年，人生的资本重新归零，除了知识的积累、不安分的经历和对人生的思考。

1999 年，我开始了律师生涯。开始了从人生谷底的再一次爬坡跋涉。友人问我，为什么选择这个职业？我其实并没有精心安排，只是顺其自然。对于人生，我好像从来没有认真设计过，国家的命运安排了我的命运，只知道模糊地完善自己，往前走。干了这么多年的法律实务工作，我能够谋生的手段也许只有干这行。我说："做律师也不错，进可以匡扶正义，退可以养家糊口。"符合中国传统知识分子"达则兼理天下、穷则独善其身"的处世哲学。环境好、法官正，律师就可以匡扶些正义；环境不好，回天无力，谋点稻粮也可以过个日子。由于中国律师比法官还少一半，律师在中国还是稀缺资源，只要认真做人、踏实做事，较少牵制地过个日子还是可能的。因为未泯的“忧天下”的心结，我做律师，同别人有些许的不同。除了谋生之需，还多了些对中国法制现状的思考。记录下来，便有了这些积累的文字。命运眷顾，应了中国一句老话，无心插柳柳成荫，做律师让我获得了原先不敢奢望的一些东西。比如名利，比如民望，比如在野、在堂多角度观察后的一些深深的思考。

这本文集，就是我这些年从警察、秘书、法官、学者、律师一路走来，记录下的一些心路历程。思考了我们这个变革时代的法治精义、法律产生、嬗变、进步和迷茫，思考了中国这样一个充满活力和机遇的国家应当建立一种什么样的法律秩序。与学贯中西的学院派学者相比，我的这些文章失之肤浅；同潜心专业的专家相比，我的这些文字失之芜杂；同紧跟形势的正统学者相比，我的想法可能还有些另类。但从理论和实务结合，从现实问题中升华出一些法学思考，从多种职业角度思考中国法制的现状和未来，我却有特别的经历得出的一些特别的感受。这也许是这本文集值得出版一下的价值所在。在“经院派”学者的眼里，这本书可能欠缺学术含量，而我则有些许的自信：也许今日中国的法学界，真正缺少的正是这样的一些思考。

感谢应松年前辈为本书写了一个非常贴切而又充满鼓励期望的序言。以他在今日中国法学界的声望，能够百忙中为我审读命笔，是我莫大的荣幸。他对我的评价，是我期望而还没有完全达到的。他对我的肯定、理解和学术上的扶持，是我此生的重要精神财富。我的两位助手，兰州大学法学硕士向义、荷兰阿姆斯特丹自由大学法学硕士李薇为本书的出版整理文稿、扫描录入，付出了很多的劳动。我还要感谢法律出版社的戴伟分社长和张新新诸君，是他们的慧眼，给了我这样一个尚无名望的学人以学界名流的待遇，能够破格将文集出版。我知道只有法学大家和作古故人，才可能会有这样的机遇。

我本平民，赖时代和国家之赐，能够幸运地偶涉庙堂，知道了些个中事理，因此也只能思考些平民的法律。虽然失之芜杂，但均系思绪精致的凝集，没有空言虚语。敝帚自珍，这部文集的出版到底是有意义的，还是只会浪费读者诸君的时间和精力，只有留待日后去审视和评价了。如果能够引来方家的批评和指教，则是我衷心期待的。

陈有西

2008年7月27日草于新疆西域旅途

2009年2月10日改于杭州西湖黄龙

图书在版编目(CIP)数据

变革时代的法律秩序:当代中国重大立法司法问题探讨 / 陈有西著. —修订版. —北京:法律出版社,2012.6
ISBN 978-7-5118-3621-2

Ⅰ.①变… Ⅱ.①陈… Ⅲ.①立法—中国—文集②司法制度—中国—文集 Ⅳ.①D920.0-53②D926-53

中国版本图书馆 CIP 数据核字(2012)第 126492 号

变革时代的法律秩序:
当代中国重大立法司法问题探讨
陈有西 著

编辑统筹 法律应用出版分社
策划编辑 戴 伟 贺 兰
责任编辑 贺 兰
装帧设计 乔智炜

出版 法律出版社
总发行 中国法律图书有限公司
经销 新华书店
印刷 北京北苑印刷有限责任公司
责任印制 陶 松

开本 720 毫米×960 毫米 1/16
印张 30
字数 508千
版本 2012 年 7 月第 1 版
印次 2012 年 7 月第 1 次印刷

法律出版社(100073 北京市丰台区莲花池西里 7 号)
网址/www.lawpress.com.cn
电子邮件/info@lawpress.com.cn
销售热线/010-63939792/9779
咨询电话/010-63939796

中国法律图书有限公司(100073 北京市丰台区莲花池西里 7 号)
全国各地中法图分、子公司电话:
北京分公司/010-62534456
上海公司/021-62071010/1636
深圳公司/0755-83072995
西安分公司/029-85388843
重庆公司/023-65382816/2908
第一法律书店/010-63939781/9782

书号:ISBN 978-7-5118-3621-2
定价:68.00 元
(如有缺页或倒装,中国法律图书有限公司负责退换)